日本思想大系12

道元 上

寺田透
水野弥穂子

岩波書店刊行

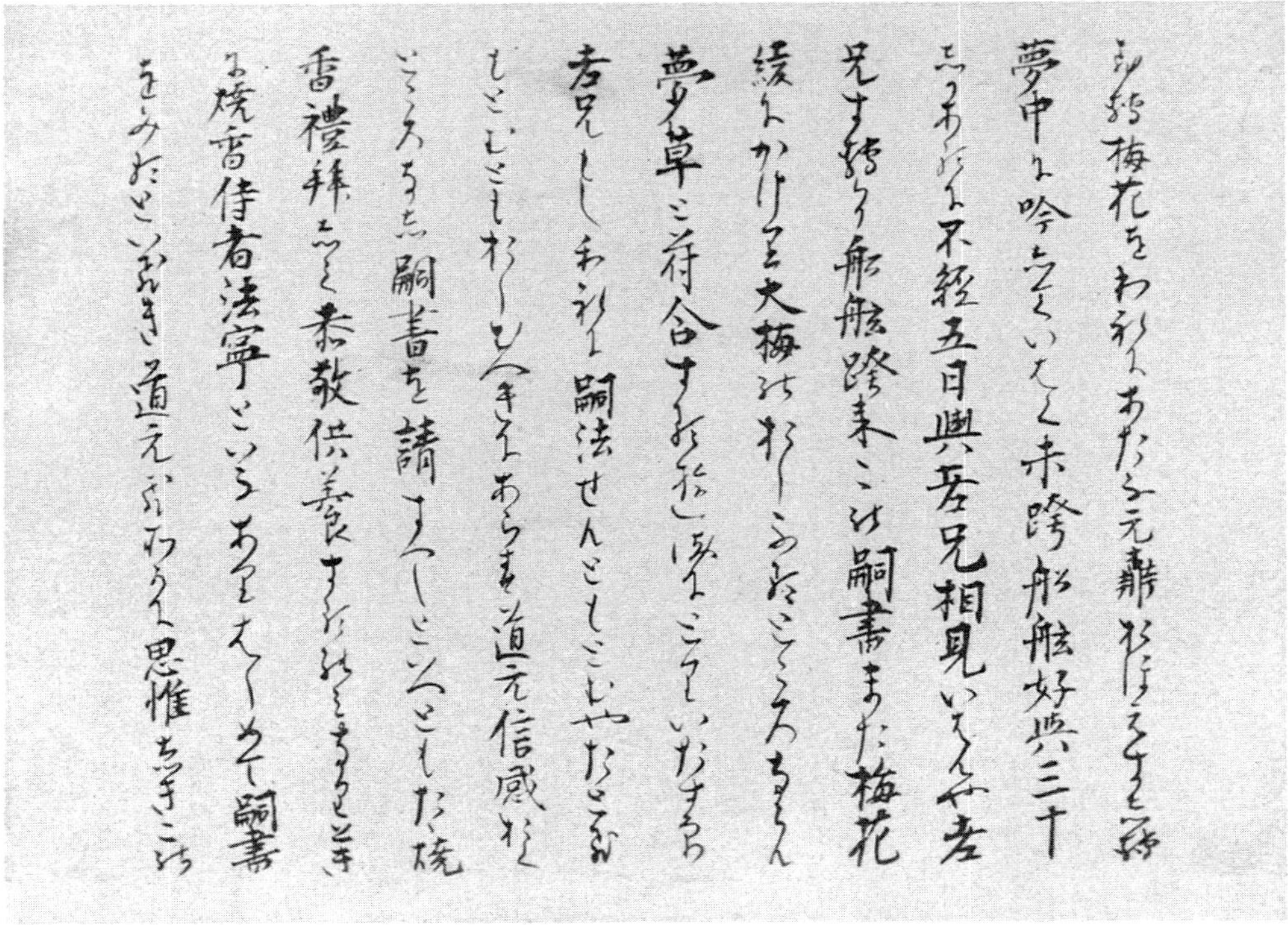

第三十九　嗣書　（道元自筆）

目次

凡例

一　本書には、「辦道話」及び「正法眼蔵」七十五巻のうち初めの四十巻を収めた。

一　「辦道話」の底本は、天明八年(一七八八)玄透即中刊の「辦道話」を用いた。

一　「正法眼蔵」の底本は、洞雲寺本を用いた。洞雲寺本以外の本を底本に用いた巻は次の通りである。(*印は洞雲寺本の欠巻を示す)

第三　仏性……………懐弉書写本

第八*　心不可得……乾坤院本

第十二*　坐禅箴……広福寺本
　広福寺本に欠けている部分は乾坤院本で補った

第十四　空華…………永平寺蔵古写本

第十六　行持下………真筆本
　真筆本に欠けている部分は洞雲寺本で補った

第二十五　渓声山色……永平寺蔵古写本

第二十八　礼拝得髄……乾坤院本・秘密正法眼蔵本
　前半は洞雲寺本になく、乾坤院本に依り、後半は秘密正法眼蔵所収の本文に依った

第二十九*　山水経………真筆本

第三十二*　伝衣…………乾坤院本

第三十四*　仏教…………乾坤院本

第三十七*　春秋…………乾坤院本

第三十九　嗣書…………真筆本

校合には、解説の「諸本」の項に挙げた古写本を用いた。

一　翻字にあたっては、底本を忠実に再現することにつとめた。底本の字句を改めた時は、▽印をつけ、巻末に「校異」として記録した。ただし、明らかな誤り及び他の諸本により容易に見分けられる底本独自の異文の訂正は一々挙げなかった。

一　読解に資するため、段落分け・改行を行い、句読点・引用符などを付した。

一　仮名は現行普通の平仮名字体に改めた。

一　濁音符号は校訂者においてつけた。

一　仮名づかいは底本通りとしたが、読解を助けるため、必要に応じて、右側に（）に入れて歴史的仮名づかいを示した。

一　漢字は、当用漢字表にあるものは同字体表により、当用漢字表にないものは現行普通の字体に改めた。

一　振仮名は、底本にあるものは片仮名で、校訂者によるものは平仮名でつけた。校訂者による振仮名は歴史的仮名づかいによった。

底本にある仮名で妥当でないと思われるものは削った。ただし、真筆本にある仮名は、できるだけ残して、その読み方を尊重した。

一　漢文の句読点・返点などは、古写本の読みにもとづいて、校訂者が補った。

一　漢文につけられている振仮名は、底本にあるものだけを片仮名で付した。

一　漢文の読み下しは《　》の中に入れて、校訂者が加えた。

一　本文中、典拠のある文及び語については、巻末に「渉典」の項を設け、一括してこれを示した。ただし、繁を避け、渉典記述のある語句について、頭注に見出し項目を掲げたり、本文に記号をつけたりすることはしなかった。

一　主要祖師には☆印を付し、その略解説を巻末にまとめて掲げた。
一　巻末に「伝燈仏祖法系略図」を掲げた。
一　本文の作成、校異・渉典・主要祖師略解説・伝燈仏祖法系略図の執筆は水野弥穂子が当った。
一　頭注を施す語は＊印をもって示し、その執筆には寺田透が当った。ただし、仏名・人名・史実などは主として水野が執筆した。
一　解説はそれぞれの題目の下に両者が分担執筆した。
一　本書に使用した主な書名略号は左の通りである。

伝燈録―景徳伝燈録　　会要―聯燈会要　　普燈録―嘉泰普燈録
広燈録―天聖広燈録　　三百則―正法眼蔵三百則

また、「洞山良价禅師語録」「百丈懐海禅師語録」などの語録類は、「洞山録」「百丈録」などの略称を用いた。

頭注における中国文の解釈及び本文の訓読についても入矢義高氏の教示に負うところが多い。あつく御礼申上げる。併せて、頭注の中に尊名を掲げるにあたり敬称を省いた点はお許し願いたい。

本文作成にあたって、必要な写真の借覧を快諾された竹之内静雄氏に深く感謝の意を表する。

辦道話

辨《べん》道《だう》話《わ》

諸仏如来、ともに妙法を単伝《タムデム》して、阿耨菩提《ノクボダイ》を証《シヨウ》するに、最上《サイ》*無為《ムヰ》の妙術《メウジユツ》あり。これたゞ、ほとけ仏《ほとけ》にさづけてよこしまなること*なきは、すなはち*自《ジ》受用《ジユヨウ》三昧《マイ》、その標準《ヘウジユム》なり。この三昧に*遊化《ユクエ》するに、端坐《タムザ》参禅《サムゼム》を正門《しやうもん》とせり。この法は、人々《にんにん》の分上《ぶんじやう》にゆたかにそなはれりといゑ《(へ)》ども、いまだ修《シユ》せざるにはあらはれず、*証《シヨウ》せざるにはうることなし。*はなてばてにみてり、一多のきはならむや。かたればくちにみつ、縦横《ジユウハウ》きはまりなし。諸仏のつねにこのなかに住持《ヂウヂ》たる、各々《かくかく》の*方面《ハウメン》に知覚《チカク》をのこさず。群生《グムジヤウ》のとこしなへにこのなかに*使用《シヨウ》する、各々《かくかく》の知覚に方面あらはれず。

いまお《(を)》しふる功夫《クウフ》辨道《ハムタウ》は、*証《シヨウ》上に万法をあらしめ、*出路《シユツロ》に一如《いちによ》を行ずるなり。その超関《チヨウクワム》脱落《トチラク》のとき、*この節目《セチモク》にかゝはらむや。

予《ヨ》、発心《ホツシムグ》求法《ホウ》よりこのかた、わが朝《テウ》の遍方《ヘムバウ》に知識《チシキ》をとぶらひき。ちなみに建仁《ケムニム》の☆全公《ゼムコウ》をみる。あひしたがふ霜華《サウクハ》すみやかに九廻《キウクハイ》をへたり。いさゝか臨際《リムザイ》の家風《カフウ》をきく。全公《ゼムコウ》は祖《ソ》師《シ》☆西和尚《セイクワシヤウ》の上足《ソク》として、ひとり無上の仏法を正伝《しやうデム》せり。あえ《(へ)》て余輩《ヨハイ》のならぶべきにあらず。

予《ヨ》、かさねて大宋国《ダイソウコク》におもむき、知識《チシキ》を*両浙《リヤウセチ》にとぶらひ、家風《カフウ》を五門《モム》にきく。つゐ《(ひ)》に太《タイ》

無為　因縁の働きによらず、発生・持続・衰退・滅尽などの相を持たない。

…ことなきは　…ことなきものにしてそれは。

自受用三昧　自ら受け自ら用いて純一無雑を貫く態度。

遊化　遊戯と解すべきだろう。

証　証悟の意。後を見よ。

はなてば　放つと。已然形構文だが内容は仮定。

方面　四方八面。時間的にも空間的にもあらゆる方角地点。「知覚」の上に「それについての」を補う。

使用　受身に解すべきだろう。次の「方面」は前文と対句を作るための虚辞。「各々」は「群生」の各々。

証上に万法…　最上智の認識と表象の上に全現実を成立たせ。

出路に一如…　出路は、『普勧坐禅儀』にいう「出身の活路」の略。執着繫縛を脱し証悟を活用発揮する境涯。「一如」は不二不異の義。自己と外界、外界における諸存在を無差別に統轄している真理そのものである存在の様相。それをわがこととして修行するのだという修証一如の考え。「その超関脱落のとき」とは、こういう重大なことを悟り恰も関門を超え、重い繫縛を捨てえたようになったときの意。

この節目　かような小節細目。

両浙　江蘇省丹徒県以東の江南及び

白峰《ハクホウ》の☆浄禅師《シムぜムジ》に参《サム》じて、一生参学《サムガク》の大事《だいジ》こゝにお《(を)》はりぬ。それよりのち、＊大宋紹定《ダイソウショウチム》のはじめ、本郷《ホムキヤウ》にかへりしすなはち、弘《グ》法救生《ホウクシヤウ》をおもひとせり。なお《(ほ)》重担《ヂウタム》をかたにおけるがごとし。

しかあるに、弘通《グヅウ》のこゝろを＊放下《ハウゲ》せむ激揚《ゲキヤウ》のときをまつゆゑに、しばらく雲遊萍寄《キムユヒムキ》して、まさに先哲《セムテチ》の風《フウ》をきこえむとす。ただし、おのづから名利《ミヤウリ》にかゝはらず、道念《ダウネム》をさきとせん真実《シムジチ》の参学《サムガク》あらむか、いたづらに邪師《ジヤシ》にまどはされて、みだりに正解《しやうゲ》をおほゐ《(ひ)》、むなしく自狂《ジクキヤウ》にゑ《(う)》ふて、ひさしく迷郷《メイキヤウ》にしづまん、なにゝよりてか＊般若《ハムニヤ》の正種《しやうシュ》を長《チヤウ》じ、得道《トクダウ》の時《トキ》をえん。貧道《ヒムダウ》はいま雲遊萍寄《キムユヒむキ》をことゝすれば、いづれの山川《サムセム》をかとぶらはむ。これをあはれむゆゑに、まのあたり大宋国《ソウコク》にして禅林《ぜムリム》の風規《フウキ》を見聞《ケムモム》し、＊知識《チシキ》の玄旨《グエムシ》を＊稟持《ヒムヂ》せしを、しるしあつめて、＊参学閑道《サムガクカムダウ》の人にのこして、仏家《ぶつケ》の正法《しやうボウ》をしらしめんとす。＊これ真訣《シムクエチ》ならむかも。いはく、

大師《シ》☆釈尊《シヤクソム》、霊山会上《リヤウぜムエジヤウ》にして法を☆迦葉《カセウ》につけ、祖《ソ》々正伝《シヤウデム》して☆菩提達磨尊者《ボダイタツモソムジヤ》にいたる。尊者《ソムジヤ》、みづから神丹国《シムダムコク》におもむき、法《ホウ》を☆慧可大師《エカシ》につけき。これ東地《トウチ》の仏法伝来《デムライ》のはじめなり。

かくのごとく単伝《タムデム》して、おのづから六祖《ソ》☆大鑑禅師《カムぜムジ》にいたる。こ(の)とき、真実《シムジチ》の仏法まさに＊東漢《トウカム》に流演《ルエム》して、節目《セチモク》にかかはらぬむねあらはれき。ときに六祖《ソ》に二位《キ》の神足《ジムソク》ありき。南嶽《ガク》の☆懐譲《ゑじやう》と青原《せいげん》の☆行思《ぎやうし》となり。ともに＊仏印《ぶついム》を伝持《デムジ》して、おなじく人天《にんでん》の導師《ダウシ》なり。その二派の流通《ルヅウ》するに、よく五門《モム》ひらけたり。いはゆる法眼宗《ホウゲムしゅ》・潙仰宗《ゐぎやうしゅ》・曹洞宗《サウトウしゅ》・雲門宗《うんもんしゅ》・臨《リム》

浙江省全域。宋代の路名。

大宋紹定　一二二八—三四年。

放下　うっちゃってしまうことだが、「弘通のこゝろ」にすら全く捉われなくなるの意。「激揚のとき」は仏法のそれ。

般若　知慧。無上正遍智と訳される阿耨菩提(仏智)に比べると一般的。

知識　善知識の略。元来は美しき友の義。禅宗では学人が師家を呼ぶ語。「玄旨」はその奥深い思想の精髄。

稟持　稟は承。

参学閑道　閑は習、習熟の意。

これ真訣ならむかも　「真訣なり」でいい。

東漢　東土である中夏。次の「節目」は具体的に教学の性格を指す。

仏印　仏心印の略。仏心とは証悟の本体である、仏であるところの〈心〉。それが決定不改の形で成立つことを、印証に等しいとしてかく言うという説と、それの師資の間の授受の間髪を容れぬ一体性、その狂いのなさの方に重点をおいて言うとする説と二通りある。

際宗《ザイしゅ》なり。見在《ゲムザイ》、大宋《ソウ》には臨際《リムザイ》宗のみ天下にあまねし。五家《ケ》ことなれども、たゞ一仏心印《イム》なり。

大宋国《ソウコク》も後漢《ゴカム》よりこのかた、*教籍《ケウジャク》あとお《(を)》たれて一天にしけりといゑ《(へ)》ども、雌雄《シイウ》いまださだめざりき。祖師《ソシ》西来のゝち、直《ヂキ》に葛藤《カチトウ》の根源《コムグエム》をきり、純一《ジュムイチ》の仏法ひろまれり。わがくにも又しかあらむ事をこひねがふべし。

いはく、仏法を住持《ヂウヂ》せし諸祖《シヨソ》ならびに諸仏、ともに自受用《ジジュヨウ》三昧《マイ》に端坐《タムザ》*依行《エギヤウ》するお《(を)》、その開悟《カイゴ》のまさしきみちとせり。西天東地《さいてんとうち》、さとりお《(を)》えし人、その風《フウ》にしたがへり。これ、師《シ》資《シ》ひそかに妙術《ジュツ》を正伝《しやうでん》し、真訣《シムクエチ》を稟持《ヒムヂ》せしによりてなり。

宗門《シュもん》の正伝にいはく、この*単伝正直《タムデムしやうヂキ》の仏法は、最上《サイジヤウ》のなかに最上なり。参見知識《サムケムチシキ》のはじめより、さらに焼香《セウカウ》・礼拝《ライハイ》・念仏《ネムブツ》・*修懺《シュサム》・看経《カムキム》をもちゐず、たゞし*打坐《チヤウザ》して*身心脱落《シムジムトツラク》することお《(を)》えよ。

もし人《ひと》、一時なりといふとも、*三業《ゴフ》に仏印《ぶつイム》を標《ヘウ》し、三昧《マイ》に端坐《タムザ》するとき、遍法界《ヘムホウカイ》みな仏印《イム》となり、尽虚空《ジムコクウ》こと〳〵くさとりとなる。ゆゑに、諸仏《シヨブツ》如来をしては*本地《ホムヂ》の法楽《ホウラク》をまし、*覚道《カクダウ》の荘厳《シヤウゴム》をあらたにす。および十方法界《じつぱうほふかい》、*三途《さんヅ》六道《ダウ》の群類《グムルイ》、みなともに一時《ジ》に身心明《しんじんミヤウ》浄《ジヤウ》にして、大解脱地《だいゲダチチ》を証《シヨウ》し、本来面目現《ホムライノメムモクゲム》ずるとき、諸法《シヨホウ》みな正覚《しやうガク》を証会《シヨウエ》し、万物《ばんモチ》ともに仏身《ブツシム》を使用《シヨウ》して、すみやかに証会《シヨウエ》の辺際《ヘムザイ》を一超《テウ》して、*覚樹王《カクジユワウ》に端坐《タムザ》し、一時《ジ》に*無等々《ムトウく》の大《だい》法輪《ほふりム》を転《テム》じ、*究竟無為《クキヤウムヰ》の深般若《ジムハムニヤ》を開演《カイエム》す。

教籍　経文。
依行　依学の対。修行専一の意。上の「三昧に」の「に」は、において。
単伝正直　師資相承の関係でまっすぐに伝えられたの意。
修懺　仏前での罪の告白。
打坐　打は動作であることを示す接頭語。意味は「坐」のみが持つ。
身心脱落　『眼蔵』全体の眼目なのでいま注釈しても無駄だが、概念的には身心のこだわり・いましめ・わずらいを脱けきるということだろう。
三業に仏印を標し　三業は身口意三密のはたらき。それに仏から直伝の教えを、すなわち我は仏なりという印をつけ。
本地の法楽　垂迹身としてではなく真実身として在る喜び。法楽の「法」は仏法における の意の修飾語。
覚道の荘厳　荘厳は元来飾りのことだが、ここではその効果のこと。仏道のうるわしさ。
三途六道　地獄・餓鬼・畜生の三世界が三途、それに天上・人間・修羅の三世界を加えたものが六道。この重複語法にも声調を重んずる道元の文章理念の一斑がうかがえる。
覚樹王　菩提樹。釈迦牟尼が正覚をえた場所にあった樹中の王の意。
無等々　等しきもの無き等級、等類。
究竟無為　最上無為に同じ。

これらの*等正覚《トウシヤウガク》、さらにかへりてしたしくあひ*冥資《ミヤウシ》するみちかよふがゆゑに、この坐禅《ざぜん》人《にん》、*確爾《クワクニ》として身心脱落《トツラク》し、従来雑穢《ジユウライザウヱ》の知見思量《チケムシリヤウ》を截断《セチトム》して、天真《シム》の仏法に*証会《シヨウヱ》し、あまねく*微《み》塵際《ヂムザイ》そこばくの諸仏如来の*道場《ダウヂヤウ》ごとに*仏事を助発《ジヨホツ》し、ひろく*仏向上《ブツカウジヤウ》の機《キ》にかうぶらしめて、よく*仏向上《ブツカウジヤウ》の法を激揚《ゲキヤウ》す。このとき、十方法界の土地《トチ》・草木《サウモク》・牆壁《シヤウヘキ》・瓦礫《グワリヤク》みな仏事お《(を)》なすお《(を)》もて、そのおこすところの風水《フウスイ》の利益《リヤク》にあづかるともがら、みな甚妙不可思議《ジムメウフカシギ》の*仏化《ぶつくゑ》に冥資《ミヤウシ》せられて、ちかきさとりお《(を)》あらはす。この水火《スイクワ》を受用《ジユヨウ》するたぐひ、みな*本証《ホムシヨウ》の仏化《クヱ》を*周旋《シウセム》するゆゑに、これらのたぐひと共住《グヂウ》して同語《ドウゴ》するもの、またこと〴〵くあひたがひに無窮《ムグ》の仏徳《ブツトク》そなはり、展転広作《テムデムクワウサ》して、無尽《ムジム》、無間断《ムゲムダム》、不可思議《フカシギ》、不可称量《フカシヨウリヤウ》の仏法を、遍法界《ヘムホウカイ》の内外《ナイグヱ》に流通《ルヅウ》するものなり。しかあれども、このもろ〳〵の当人《タウニム》の知覚《チカク》に*昏《コム》ぜざらしむることは、*静中《ジヤウチウ》の無造作《ムザウサ》にして直証《ヂキシヨウ》なるをもてなり。もし、凡流《ボムル》のおもひのごとく、修証《シウシヨウ》を両段《リヤウトム》にあらせば、*おの〳〵あひ覚知《カクチ》すべきなり。*もし覚知《カクチ》にまじはるは証則《シヨウソク》にあらず、証則には迷情《メイジヤウ》およばざるがゆゑに。

又、*心境《シムキヤウ》ともに静中《ジヤウチウ》の証入《シヨウニウ》・悟出《ゴシユツ》あれども、自受用《ジジユヨウ》の境界《キヤウガイ》なるお《(を)》もて、*一塵《チム》をうごかさず、一相《サウ》をやぶらず、広大《クワウダイ》の仏事《ジ》、甚深微妙《ジムジムミメウ》の仏化《ぶつくゑ》をなす。この*化道《クヱダウ》のおよぶところの草《サウ》木《モク》・土地《トチ》、ともに大光明《クワウみやう》をはなち、深妙法《ジムメウホウ》をとくこと、きはまるときなし。草木牆壁《サウモクシヤウヘキ》はよく*凡聖含霊《ボムシヤウガムレイ》のために宣揚《セムヤウ》し、凡聖含霊《ボムシヤウガムレイ》はか(へ)つて草木牆壁《サウモクシヤウヘキ》のために演暢《エムチヤウ》す。*自覚《ジカク》・覚《カク》他《タ》の境界《きやうがい》、もとより*証相《シヨウサウ》をそなへてかけたることなく、証則《シヨウソク》おこなはれておこたるときなからしむ。

等正覚　等シキ正覚(仏の完全な知恵悟達)。「これら」は、前頁末段の「諸仏如来」「十方法界」「三途六道」をさす。
冥資　ひそかに資ける。
確爾　確爾。
証会　証悟会得。ここでは上の助詞が「に」なので、「会」に会うの意が籠められている。巡り合い会得する。
微塵際そこばく　微は天眼の見得る最小量。それほどこまかい塵の分際、状態に等しいの意。
道場　仏成道の金剛座を言い、また学道修行の場所を言う。
仏事　仏の教化。
仏向上の機・法　仏向上についてはは『仏向上事』参照。機は働き、且つ機縁。法は仏向上という現象乃至その存在そのこと。
仏化…おあらはす　仏化は仏の化導。「ちかきさとり」は、仏祖のそれの如く遠くはるかな〈向上〉の悟りでなく、身近のそれ。「あらはす」は現成。
本証・周旋　本証は本来証得、本来成仏の意。すべてに本来具わっている等正覚をそれぞれが開発自覚すること。そういうものの作用(化導)を巡らし巡らし他に伝えて行くこと。
昏ぜざらしむることは　諸説あるが、今、昏を婚にとる。昏時に行われるゆえ婚という説を援用すれば一層解しやすい。これらもろもろのことが当事者の知覚といい加減に交

こゝをもて、わづかに一人一時の坐禅《ザゼム》なりといへども、諸法とあひ*冥《ミヤウ》し、諸時とまどかに通《ツウ》ずるがゆゑに、無尽法界《ムジムホフカイ》のなかに、去来現《コライゲム》に、常恒《ジヤウガウ》の*仏化道事《ブツクヱダウジ》をなすなり。彼々《ヒヽ》ともに一等《トウ》の同修《ドウシユ》なり、同証《ドウシヨウ》なり。たゞ坐《ザ》上の修《シユ》のみにあらず、空《クウ》をうちてひゞきお《(を)》なすこと、*撞《トウ》の前後《ゼムゴ》に妙声綿々《メウシヤウメムメム》たるものなり。*このきはのみにかぎらむや、百頭《ハクトウ》みな本面目《ホムメムモク》に本修《ホムシユ》行《ギヤウ》をそなゑ《(へ)》て、はかりはかるべきにあらず。

しるべし、たとひ十方無量恒河沙《じつぱうムリヤウゴウガシヤ》数《シユ》の諸仏、ともにちからをはげまして、仏智慧《チエ》をもて、一人坐禅《ザゼム》の功徳《クドク》をはかりしりきはめんとすといふとも、あえ《(へ)》てほとりをうることあらじ。

いまこの坐禅《ザゼム》の功徳《クドク》、高大《カウダイ》なることをきゝお《(を)》はりぬ。おろかならむ人、うたがふ《(う)》ていはむ、仏法におほくの門あり、なにお《(を)》もてかひとゑ《(へ)》に坐禅《ザゼム》をすゝむるや。

しめしていはく、これ仏法の正門《しやうもん》なるお《(を)》もてなり。

とふ《(う)》ていはく、なんぞひとり正門とする。

しめしていはく、大師釈尊《シシヤクソム》、まさしく得道《トクダウ》の妙術《メウジユツ》を正伝《しやうデム》し、又三世の如来、ともに坐禅《ザゼム》より得道せり。このゆゑに正門なることお《(を)》あひつたゑ《(へ)》たるなり。しかのみにあらず、西天東地《さいてんトウチ》の諸祖《シヨソ》、みな坐《ザ》禅《ゼム》より得道《トクダウ》せるなり。ゆゑ《(ゑ)》にいま正門を人天《にんでん》にしめす。

わっていないわけは。「しむる」は後に時々見られるように、敬語でも使役でもない一種の言葉癖ととる。

静中の…直証云々　安静無為のうちに行われることであって、悟るものはそれを分別智をはたらかすことなく直接悟る云々。

おの〳〵…　修と証とが(殊に証は修を離れたものとして、「覚知」の対象たりうる「修」を)…。

もし覚知に…がゆゑに　何にしてもかりに覚知に交わる(婚)ようなことがあればそれは証則ではない。覚知は迷情煩悩の世界に属するのに証則はそれに捉えられるものではないから。「証則」は本則(公案、従って全存在の根本的理法)を証悟することの意か。

心境　心と境(自己をとりまく現実)。それが無為安静の中で証悟というありようでもって動いてやまぬ。

一塵　ほんのわずかのものの意と境(塵と境は同義語。知覚・意識の対象たる外的存在)の意を兼ねていよう。「一相」はその縁語。推移変遷するもの。

化道　化導に同じ。

凡聖含霊　凡人聖者をこめた有情のものら。衆生。

自覚覚他　みずから覚ることと他をして覚らしめること。両者兼備せるものが仏。自覚は単に意識ではなく根本智を体現する。

とふ《(う)》ていはく、あるいは如来の妙術《メウジュツ》を正伝《しやうデム》し、または祖師《ソシ》のあとお《(を)》たづぬるによらむ、まことに凡慮《ボムリヨ》のおよぶにあらず。しかはあれども、読経《ドキヤウ》・念仏《ネムブツ》はおのづからさとりの因縁《イムエム》となりぬべし。たゞむなしく坐《ザ》してなすところなからむ、なにゝよりてかさとりお《(を)》うるたよりとならむ。

しめしていはく、なんぢいま諸仏の三昧《さんマイ》、無上の大法《だいほふ》を、むなしく坐してなすところなしとおもはむ、これを*大乗《ダイジヨウ》を謗《ハウ》ずる人とす。まどひのいとふかき、大海《だいカイ》のなかにゐながら水《ミヅ》なしといはむがごとし。すでにかたじけなく、諸仏自《ショブツジ》受用《ジュヨウ》三昧《マイ》に安坐《アムザ》せり。これ広《クワウ》大の功徳《クドク》をなすにあらずや。あはれむべし、まなこいまだひらけず、こゝろなほ*ゑ《(ひ)》いにあることお《(を)》。

おほよそ諸仏《ショブツ》の境界《キヤウガイ》は不可思議《フカシギ》なり。*心識《シムシキ》のおよぶべきにあらず。いはむや不信劣智《フシムレチチ》のしることお《(を)》えむや。たゞ正信《しやうシム》の大機《キ》のみ、よくいることお《(を)》うるなり。不信《フシン》の人は、たとひお《(を)》しふともうくべきことかたし。霊山《リヤウぜム》になお《(ほ)》*退亦佳矣《タイヤククエイ》のたぐひあり。おほよそ心に正信《しやうしん》おこらば、修行し参学《サムガク》すべし。しかあらずは、しばらくやむべし。むかしより法のうるお《(ほ)》ゐ《(ひ)》なきことお《(を)》うらみよ。

又読経《ドキヤウ》・念仏等《ネムブツトウ》のつとめにうるところの功徳《クドク》を、なんぢしるやいなや。たゞしたお《(を)》うごかし、こゑお《(を)》あぐるお《(を)》仏事《ブツジ》功徳《クドク》とおもえ《(へ)》る、いとはかなし。仏法に擬《ギ》するにうたゝとお《(ほ)》く、いよ〳〵はるかなり。又、経書《キヤウショ》をひらくことは、ほとけ*頓漸《トムぜム》修行の儀則《ギソク》をお《(を)》しへおけるを、あきらめしり、教《ケウ》のごとく修行すれば、かならず証《ショウ》をとらしめむとなり。いたづらに*思量《シリヤウ》

証相　証悟の相で、仏相好のこと。
あひ冥し　冥合。人知れぬ合体。
仏化道事　仏化・化導・仏事。
撞　撞木。
このきはのみに…　(その坐禅は)「一人一時」のことに限られず、沢山の坐禅人がそれぞれその本来の面目(存在様相)において本然の修行をわがこととしてすることになるのであって、その数その功徳たるや…。

大乗　多くのひとを乗せ彼岸にわたす大きな乗物。単に自分の完成ではなく、多くの人を救うための仏の教え。大人(摩訶薩埵)が乗るとも説かれ、菩薩乗に一致しもする。
ゑい　酔。
心識　心・意・識の略。心は志向・思慕のごとき能動性と方向性を持つもの。意は理解思慮の能力。識は識別の能力。明確には言いきれないが以上三種の性能の差ありと考えられた精神能力。
退亦佳矣　去れば去ったでそれもいいような連中。
頓漸修行　たちどころに証悟をうる修行と、次第に階梯を踏んで仏果に至る修行との二。
思量念度　理知・分別のはたらきで、道元がもっとも手厳しく否定するもの。
越　漠然と中国南部をさす。
七仏　釈尊までに出世した過去七仏。

念度《ネムタク》をつゐ《(ひ)》やして、菩提《ボダイ》をうる功徳《クドク》に擬《ギ》せんとにはあらぬなり。おろかに千万誦《ジュ》の口業《クゴフ》をしきりにして仏道にいたらむとするは、なお《(ほ)》これながえお《(を)》きたにして、*越《エチ》にむかはむとおもはんがごとし。又、円孔《エムク》に方木《ホウモク》をいれんとせんとおなじ。文《モム》をみながら修《しゅ》するみちにくらき、それ医方《イホウ》をみる人の合薬《カウヤク》をわすれん、なにの益《ヤク》かあらん。口声《クシヤウ》をひまなくせる、春《ハル》の田《タ》のかへるの、昼夜《チウヤ》になくがごとし、つゐ《(ひ)》に又益《ヤク》なし。いはむやふかく名利《ミヤウリ》にまどはさるゝやから、これらのことお《(を)》すてがたし、それ利貪《リトム》のこゝろはなはだふかきゆゑに、むかしすでにありき、いまのよになからむや。もともあはれむべし。

たゞまさにしるべし、*七仏の妙法《メウホウ》は、*得道明心《トクダウミヤウシム》の宗匠《ソウシヤウ》に、*契心証会《ケイシムショウエ》の学人《ガクニム》あひしたがふ《(う)》て正伝《しやうデム》すれば、的旨《てきシ》あらはれて稟持《ヒムヂ》せらるゝなり。文字習学《モムジシウガク》の法師《ホッシ》のしりおよぶべきにあらず。しかあればすなはち、この疑迷《ギメイ》をやめて、正師《しやうシ》のお《(を)》しゑ《(へ)》により、坐禅辨道《ザゼムハムタウ》して、諸《ショ》仏自受用三昧《ブッジジュヨウザムマイ》を証得《ショウトク》すべし。

とふ《(う)》ていはく、いまわが朝《テウ》につたはれるところの法華宗《ホクエシュ》・華厳教《クエゴムケウ》、ともに大乗《だいジョウ》の究竟《クキヤウ》なり。いはむや真言宗《シムゴムシュ》のごときは、*毘盧遮那《ビルシヤナ》如来したしく*金剛薩埵《コムガウサッタ》につたえ《(へ)》て師資《シシ》みだりならず。その談《ダム》ずるむね、即心是仏《ソクシムゼブッ》、是心作仏《ゼシムサブッ》といふ《(う)》て、*多劫《タゴウ》の修行をふることなく、一座《ザ》に*五仏《ブッ》の正覚《シヤウガク》をとなふ、仏法の極妙《ゴクメウ》といふべし。しかあるに、いまいふところの修行、なにのすぐれたることあれば、かれらお《(を)》さしおきて、ひとへにこれをすゝむるや。

しめしていはく、しるべし、仏家《ぶっケ》には、教《ケウ》の殊劣《シュレチ》お《(を)》対論《タイロム》することなく、法の浅深《セムジム》をえら

毘婆尸(びばし)仏・尸棄(しき)仏・毘舎浮(びしやふ)仏・拘留孫(くるそん)仏・拘那含牟尼(くなごんむに)仏・迦葉(かしよう)仏・釈迦牟尼仏。釈尊の悟られた法は、釈尊一代の修行によって得られたものでなく、無量劫の修行によるものであることを人格的に象徴したもの。禅宗で過去七仏の名称が見られる最初の文献は『祖堂集』(九五二)で、それが『景徳伝燈録』や『伝法正宗記』に受け継がれたと考えられる。

得道明心　仏道を会得し心を明らめていること。自覚の重要視を見るべきである。

契心証会　師の心に契(かな)うことと証悟会得。しかしこの二つは同一のこととされ、証契(次頁七行)とも熟す。

毘盧遮那如来　大日如来。→三一三頁「毗盧」注。

金剛薩埵　大日如来の内眷属。執金剛の上首。金剛法界宮に処して親しく如来の教勅を蒙り、密教を伝持して人間に伝えたといわれ、密教の付法第二祖と称せられる。

多劫　劫は時のかぞえ方。四四三頁「劫量・寿量」注参照。

五仏　密教で中尊に大日如来をおき、その四方に四仏を配したものの総称。金剛界では大日・阿閦(あしゆく)・宝生・弥陀・不空成就の五仏。胎蔵界では大日・宝幢・開敷華・無量寿・天鼓雷音の五仏。

ばず、たゞし修行の真偽《シムグヰ》をしるべし。草花山水《サウクヱサムスイ》にひかれて仏道《ダウ》に流《ル》入《にふ》することありき、土《ド》石沙礫《シャクシャリャク》をにぎりて仏印《ブツイム》お《(を)》稟持《ヒムヂ》することあり。いはむや広大《*クワウだい》の文字《モムジ》は、万象《ばんザウ》にあまりてなお《(ほ)》ゆたかなり、転大法輪《テムダイホウリム》又一塵《ヂム》にお《(を)》さまれり。しかあればすなはち、即心即仏のことば、なお《(ほ)》これ水中の月なり、即坐成仏《ソクザジヤウブツ》のむね、さらに又かゞみのうちのかげなり。ことばのたくみにかかはるべからず。いま直証菩提《*ヂキショウボダイ》の修行をすゝむるに、仏祖《ソ》単伝《タムデム》の妙道《めうダウ》をしめして、真実《シムジチ》の道人《だうにん》とならしめんとなり。

又、仏法を伝授《デムジュ》することは、かならず証契《ショウケイ》の人をその宗師《*しゅシ》とすべし。文字《モムジ》をかぞふる学《ガク》者《シャ》をもてその導師《ダウシ》とするにたらず。一盲《マウ》の衆盲《しゅマウ》をひかんがごとし。いまこの仏祖正伝《ブッソシャウデム》の門下には、みな得道証契《トクダウショウケイ》の哲匠《*テチシャウ》をうやまひて、仏法を住持《*ヂウヂ》せしむ。かるがゆゑに、冥陽《*ミャウヤウ》の神《シム》道《タウ》もきたり帰依《クヰエ》し、証果《*ショウクワ》の羅漢《ラカム》もきたり問法《モムボウ》するに、おの〳〵心地《シムチ》を開明《カイミャウ》する手《テ》をさづけずといふことなし。余門《ヨモム》にいまだきかざるところなり。ただ、仏弟子《ぶっデシ》は仏法をならふべし。

又しるべし、われらはもとより無上菩提《むじやうボダイ》かけたるにあらず、とこしなへに受用《ジュヨウ》すといへども、承当《*ジョうタウ》することをえざるゆゑに、みだりに知見《*チケム》をおこす事お《(を)》ならひとして、これを物《*モノ》とおふによりて、大道《だいだう》いたづらに蹉過《*サコ》す。この知見《チケム》によりて、空花《*クウクヱ》まち〳〵なり。あるいは*十二輪転《リムテム》、二十五有《ウ》の境界《きやうがい》とおもひ、三乗《ジョウ》五乗《ジョウ》、有仏無仏《ウぶつムぶつ》の見《けん》つくる事なし。この知見をならふ《(う)》て、仏法修行の正道《しやうだう》とおもふべからず。しかあるを、いまはまさしく仏印《イム》によりて万事《ばんジ》を放下《ハウゲ》し、一向《カウ》に坐禅《ザゼム》するとき、迷悟情量《メイゴ*ジヤウリヤウ》のほとりをこゑ《(え)》て、凡聖《ボムシヤウ》のみちにかゝはらず、すみやかに格外《*カクぐわい》に逍遙《セウエウ》し、大菩提《ボダイ》を受用《ジュヨウ》するなり。かの文字《モムジ》の筌罤《*セムテイ》にかゝはるもの

広大の文字　経。「転大法輪」は、仏説法。
直証菩提　ただちに菩提(仏智)を証す(悟る)。
宗師　宗とする師。最も大切な師家。
哲匠　明眼の師家。
住持　すでに出たが、先には「住」に重点がおかれ、いわば自動詞だった。ここでは「持」に重点がおかれ、保持の意、他動詞。下の「せしむ」は単に「す」。
冥陽　冥界と陽界。可見不可見の全世界。「神道」→一八〇頁注
証果　修行を因として得られる果であるところの証悟。
承当　『学道用心集』には「以此身心直証於仏是承当也。所謂不廻転従来身心、但、随他証去名直下也、名承当也」とある。『渓声山色』『仏性』参照。まともに意識的に引受け体験体認すること。
知見　理智的認識や観察的知識。
物とおふ　「おふ」は「逐ふ」。一〇四頁「逐物為己…」参照。物は実在するものの意。
蹉過　見過す、うっかりやりすごす。
空花　『空華』参照。
十二輪転・二十五有　衆生の迷いを作り出す原因十二と、衆生輪廻の境界二十五種。この主格は、三行前の「われら」だろう。
情量　情識識量。
格外　格式の外。規矩準縄の束縛を

ゝ、かたをならぶるにおよばむや。

とふ《(う)》ていはく、*三学《ガク》のなかに定学《ヂヤウガク》あり、*六度《ド》のなかに禅度《ゼムド》あり。ともにこれ一切《いっさい》の菩薩《ボサツ》の、初心《ショしん》よりまなぶところ、利鈍《リドム》をわかず修行す。いまの坐禅《ザゼム》も、そのひとつなるべし、なにゝよりてか、このなかに如来の正法《しやうぼふ》あつめたりといふや。

しめしていはく、いまこの如来《にょライ》一大事《だいジ》の*正法眼蔵《しやうぼふゲムザウ》、無上の大法《だいほふ》を、禅宗《ゼムシュ》となづくるゆゑに、この問《モム》きたれり。

しるべし、この禅宗《ゼムシュ》の号《ガウ》は、神丹以東《シムダムイトウ》におこれり、*竺乾《チクけん》にはきかず。はじめ☆達磨《タツモ》大師、*嵩山《スウ》の少林寺《セウリムジ》にして九年面壁《クネムメムベキ》のあひだ、道俗《ダウゾク》いまだ仏正法をしらず、坐禅《ザゼム》を宗《シュ》とする*婆羅《バラ》門《モム》となづけき。のち代々《ダイ〳〵》の諸祖《シヨソ》、みなつねに坐禅《ザゼム》をもはらす。これをみるおろかなる俗家《ゾクケ》は、実《ジチ》をしらず、*ひたゝけて坐禅宗《ザゼムシュ》といひき。いまのよには、坐《ザ》のことばを*簡《カム》して、たゞ禅宗《ゼムシュ》といふなり。そのこゝろ、諸祖《シヨソ》の*広語《クワウゴ》にあきらかなり。六度《ド》および三学の禅定《ゼムヂヤウ》にならべていふべきにあらず。

この仏法の相伝《サウデム》の*嫡意《チヤクイ》なること、一代《ダイ》にかくれなし。如来むかし、霊山会上《リヤウゼムエジヤウ》にして、正法眼蔵《ゲムザウ》*涅槃妙心《ネハムメウシム》、無上の大法《だいほふ》をもて、ひとり迦葉尊者《カセウソムジヤ》にのみ付法せし儀式《ギシキ》は、*現在《ゲムザイ》して上界《カイ》にある天衆《シュ》、まのあたりみしもの存《ゾム》ぜり、うたがふべきにたらず。おほよそ仏法は、かの天衆、とこしなへに護持《ゴヂ》するものなり、その功《コウ》いまだふりず。まさにしるべし、これは仏法の*全道《ゼムダウ》なり、ならべていふべき物なし。

脱したその外の世界。

筌罤　魚をとる竹器と兎をとる網。方便の意に用いる。

三学・六度　戒学・定学・慧学の三および布施・持戒・忍辱・精進・静慮・智慧の達成の六。「禅度」は後者の第五。

正法眼蔵　清浄法眼ともいう。釈迦一代の無上の大法のこと。従って下の語は繰返し。禅林での言い方。

竺乾　乾は天。天竺に同じ。

嵩山　河南省登封県の北にある。

婆羅門　インド四姓の最上位にあり、梵天の裔、その口から出たものと称し、ヴェーダを唱えて祭祀・教法に従事することは周知の通り。四期四種の生活を送るが、その第三期の隠遁苦行、第四期の諸方遊行が達磨の行状に当嵌まると見られたのだろう。

ひたゝけて　しまりなく、濫りに。

簡して　簡略して。

広語　広く法を説いた言葉の意から出たのだろうが、祖師の語をいう。『伝燈録』巻二十八の見出しに「諸方広語」とある。

嫡意　世つぎの息子にもなぞらえられる趣意。

涅槃妙心　一五〇頁「正法眼蔵涅槃妙心」の注参照。涅槃をもって妙心(不可思議なる心即理即性の体現者)とする。

現在して　現にあって。『眼蔵』読解に当り、見馴れぬ語法に出会った

とふ《う》ていはく、仏家《ケ》なにゝよりてか、*四儀《ギ》のなかに、ただし坐にのみ*おほせて禅定《ゼムヂヤウ》をすゝめて証入《シヨウニウ》をいふや。

しめしていはく、むかしよりの諸仏、あひつぎて修行し、証入《シヨウニウ》せるみち、きはめしりがたし。ゆゑお《を》たづねば、たゞ仏家のもちゐるところをゆゑとしるべし。このほかにたづぬべからず。ただし、祖師《ソシ》ほめていはく、「坐禅《ザゼム》はすなはち*安楽《アムラク》の法門なり」。はかりしりぬ、四儀《ギ》のなかに安楽《アムラク》なるゆゑか。いはむや、一仏二仏の修行のみちにあらず、諸仏諸祖《ソ》にみなこのみちあり。

とふ《う》ていはく、この坐禅《ザゼム》の行《ぎやう》は、いまだ仏法を証会《シヨウヱ》せざらんものは、坐禅辨道《ザゼムハムタウ》してその証《シヨウ》をとるべし。すでに仏正法をあきらめえん人は、坐禅《ザゼム》なにのまつところかあらむ。

しめしていはく、癡人《チニム》のまゑ《へ》にゆめお《を》とかず、*山子《さんす》の手には舟棹《シウサウ》をあたえ《へ》がたしといゑ《へ》ども、さらに訓《クム》をたるべし。

それ、修証《シユシヨウ》はひとつにあらずとおもへる、すなはち外道《グエダウ》の見なり。仏法には、修証《シユシヨウ》これ*一等《トウ》なり。いまも証上《シヨウじやう》の修《シユ》なるゆゑに、初心《シヨシム》の辨道《ハムタウ》すなはち本証《ホムシヨウ》の全体《ゼムタイ》なり。かるがゆゑに、修行の用心《ヨウジム》をさづくるにも、修《シユ》のほかに証《シヨウ》をまつおもひなかれとお《を》しふ、*直指《ヂヤシ》の本証《ホムシヨウ》なるがゆゑなるべし。すでに修《シユ》の証《シヨウ》なれば、証《シヨウ》にきはなく、証《シヨウ》の修《シユ》なれば、修《シユ》にはじめなし。ここをもて、

とき読者のとるべき態度について暗示を与えるもっとも単純な例の一つ。

全道　道は言で、欠くることない教えのすべてということだろう。

四儀　行住坐臥の四。

おほせて　「おはせて」。大事なものを皆しょわせて。上の「ただし」はただに同じ。「し」は強め。

安楽の法門　大自在大安楽をうるための門に比せられる(仏)法。

山子　やまがつ。

一等　同じ一つのもの。

直指の本証　じかに指示されて、端的に自覚にのぼされるおのれ本来の普遍的根本智。

☆釈迦《シャカ》如来《ニヨライ》・迦《カ》葉尊者《セウソムジヤ》、ともに証《ショウ》上の修《シュ》に*受用《ジュヨウ》せられ、達磨《タツモ》大師《ダイシ》・☆大鑑高祖《ダイカムカウソ》、おなじく証上の修《しゅ》に引転《イムデム》せらる。仏法住持《ヂウヂ》のあと、みなかくのごとし。

すでに証《ショウ》をはなれぬ修《シュ》あり、われらさいはゐ《(ひ)》に一分《いちぶん》の*妙修《メウシュ》を単伝《タムデム》せる、初心《ショシム》の辨道《ハムタウ》すなはち一分の本証《ホムショウ》を無為《ムヰ》の地《チ》にうるなり。しるべし、修《シュ》をはなれぬ証《ショウ》を*染汚《ゼムワ》せざらしめんがために、仏祖しきりに修行のゆるくすべからざるとお《(を)》しふ。妙修《メウシュ》を放下《ハウゲ》すれば本証手《ホムショウテ》の中《ウチ》にみてり、*本証《ホムショウ》を出身《シュツシム》すれば、妙修通身《メウシュツウシム》におこなはる。

又、まのあたり大宋国《ソウコク》にしてみしかば、諸方《ショハウ》の禅院《ゼムヰム》みな坐禅堂《ザゼムダウ》をかまえ《(へ)》て、五百六百および一二千僧《ソウ》を*安《アム》じて、日夜《ニチヤ》に坐禅《ザゼム》をすゝめき。その席主《セキシウ》とせる伝仏心印《デムブツシムイム》の宗師《シュシ》に、仏法の大意《ダイイ》をとぶらひしかば、修証《シュショウ》の両段《リヤウトム》にあらぬむねをきこえき。

このゆゑに、門下《モムカ》の参学《サムガク》のみにあらず、求《グ》法《ホウ》の*高流《カウリウ》、仏法のなかに真実《シムジチ》をねがはむ人、初心後《ショシムゴ》心《シム》をえらばず、凡人聖人《ボムにんシヤウにん》を論《ロム》ぜず、仏祖《ソ》のお《(を)》しへにより、宗匠《ソウシヤウ》の道《ミチ》を*おふ《(う)》て、坐禅《ザゼム》辨道《ハムタウ》すべしとすゝむ。

きかずや*祖師《ソシ》のいはく、「修証《シュショウ》はすなはちなきにあらず、染汚《ゼムワ》することはえじ」。又いはく、「道《ダウ》をみるもの、道《だう》を修す」と。しるべし、得道《トクダウ》のなかに修行《シュギヤウ》すべしといふことを。

とふ《(う)》ていはく、わが朝《テウ》の先代《セムダイ》に、教《ケウ》をひろめし諸師《ショシ》、ともにこれ入唐伝法《ニッタウデムボウ》せしとき、なんぞこのむねをさしおきて、たゞ教《ケウ》をのみつたえ《(へ)》し。

しめしていはく、むかしの人師《にんし》、この法《ホウ》をつたえ《(へ)》ざりしことは、時節《ジセチ》のいまだいたらざ

受用　受持使用。次行の「引転」は引導転処などの略。

妙修　本証妙修の略という。証悟の中でなお行われる修行の意。二行先の「放下」は、そういう修行にすらこだわらなくなるの意で言っているだろう。

染汚　または染汙。けがれ、執着のあとをとどめていること。梵原語は、苦しめられ、傷めつけられているの意。

本証を出身すれば　修によって得られる証だが、実は自分に本来具わった証悟であった。そういう証にすらこだわらず、それをかなぐり捨てれば。

安じて　置いて。

高流　すぐれた人々。

おふて　追うて。

祖師　一宗一派の開祖をいうのが普通だが、禅林では禅宗史上の師と仰げる傑出した先輩を言っている。ここのは六祖大鑑慧能。

りしゆゑなり。

とふ《(う)》ていはく、かの上代《じやうダイ》の師《シ》、この法を会得《エトク》せりや。

しめしていはく、*会《エ》せば通《ツウ》じてむ。

とふ《(う)》ていはく、あるがいはく、「生死《しやうジ》をなげくことなかれ、生死を出離《シュツリ》するにいとすみやかなるみちあり。いはゆる*心性《シャウ》の常住《ジャウヂウ》なることは《(わ)》りをしるなり。その*むねたらく、この身《シン》体《タイ》は、すでに生《しやう》あればかならず滅《メチ》にうつされゆくことありとも、この心性はあえ《(へ)》て滅《メチ》する事なし。よく生滅《しやうめつ》にうつされぬ心性わが身にあることお《(を)》しりぬれば、これを本来《ホムライ》の性《しやう》とするがゆゑに、身はこれかりのすがたなり、*死此生彼《シシシャウヒ》さだまりなし。心《しん》はこれ常住《ジャウヂウ》なり、去《コ》来現在《ライゲムザイ》かはるべからず。かくのごとくしるお《(を)》、生死《しやうジ》をはなれたりとはいふなり、このむねをしるものは、従来《ジュうライ》の生死ながくたえて、この身お《(を)》はるとき*性海《しやうカイ》にいる。性海に朝宗《テウソウ》するとき、諸仏如来のごとく妙徳《メウトク》まさにそなはる。いまはたとひしるといゑ《(へ)》ども、前世《ゼムゼ》の*妄業《マウゴフ》になされたる身体《シムタイ》なるがゆゑに、諸聖《ショシャウ》とひとしからず。いまだこのむねをしらざるものは、ひさしく*生死にめぐるべし。しかあればすなはち、たゞいそぎて心性《シャウ》の常住《ジャウヂウ》なるむねを了《レウ》知《チ》すべし。いたづらに閑坐《カムザ》して一生をすぐさん、なにの*まつところかあらむ」。

かくのごとくいふむね、これはまことに諸仏諸祖《ショブッショソ》の道《ダウ》にかなへりや、いかむ。

しめしていはく、いまいふところの見《ケム》、またく仏法にあらず。*先尼外道《セムニグエダウ》が見《ケム》なり。

会せば通じてむ　わが国へ通達の意。反語。

心性　妙心・仏性・法性・覚などと同一視され、性として把握された〈心〉。この場合〈心〉は、仏智・仏心でありうる衆生心。性は〈相〉と相対し、恒常的理法。不改を性と名づくと言われる。

むねたらく　「むね」は根本義。「たらく」はていたらくのたらくに同じ。

死此生彼　ここでは死ぬかと思えばあちらでは生れる。同時に生・死・此・彼の四者。

性海　真実不変の現存在総体を海にたとえたもの。法性真如の海。「朝宗」は海に川の集まること。そこに注ぎ入る。

妄業になされたる　妄業は虚妄不実の業。「に」は、において。「なされたる」はその所為の意。

生死にめぐる　生れては死し、死しては生れる輪廻の世界をめぐる。

まつところ　期待するところ。

先尼外道　セニカという名のバラモン修行者。↓八一頁八行目以下

いはく、かの外道《グヱダウ》の見《ケム》は、わが身、うちにひとつの霊知《レイチ》あり、かの知《チ》、すなはち縁《エム》にあふところに、よく好悪《カウアク》お《(を)》わきまへ、是非《ゼヒ》をわきまふ。痛痒《ツウヤウ》をしり、苦楽《クラク》をしる、みなかの霊知《レイチ》のちからなり。しかあるに、かの霊性《レイシヤウ》は、この身の滅するとき、もぬけてかしこにむまるゝゆゑに、こゝに滅《メチ》すとみゆれども、かしこの生《しやう》あれば、ながく滅せずして常住なりといふなり。かの外道《グヱダウ》が見《けん》、かくのごとし。

しかあるお《(を)》、この見をならふ《(う)》て仏法とせむ、瓦礫《グワリヤク》をにぎ(つ)て金宝《コムボウ》とおもはんよりもなおを《(ほお)》ろかなり。癡迷《チメイ》のはづべき、たとふるにものなし。大唐国《タウコク》の☆慧《エ》忠国師《チウコクシ》、ふかくいましめたり。いま、*心常相滅《サウメチ》の邪見《ジヤケン》を*計《ケ》して、諸仏《シヨブツ》の妙法にひとしめ、生死《しやうじ》の*本因《ホムイム》をおこして、生死《しやうジ》をはなれたりとおもはむ、おろかなるにあらずや。もともあはれむべし。たゞこれ外《グヱ》道《ダウ》の邪見《ジヤケム》なりとしれ、みゝにふるべからず。

ことやむことお《(を)》えず、いまなお《(ほ)》あはれみをたれて、なんぢが邪見をすくはゞ、しるべし、仏法にはもとより身心《しんじん》一如《ニヨ》にして性《正》相《サウ》不《ふ》二《に》なりと談《ダム》ずる、西天東地《サイテムトウチ》おなじくしれるところ、あへ《(へ)》てたがふべからず。いはむや常住《ジヤウヂウ》お《(を)》談《ダム》ずる門には、万法《まんぼふ》みな常住なり、身《ミ》と心《コヽロ》とお《(を)》わくことなし。*寂滅《ジヤクメチ》を談《ダム》ずる門には、諸法みな寂滅なり。性《正》と相《サウ》とをわくことなし。しかあるお《(を)》、なんぞ身滅心常《シムメチシムジヤウ》といはむ、正理《しやうり》にそむかざらむや。しかのみならず、生死《しやうじ》はすなはち涅槃《ネハム》なりと*覚了《カクレウ》すべし。いまだ生死のほかに涅槃《ネハム》を談《ダム》ずることなし。いはむや、心《コヽロ》は身《ミ》をはなれて常住《ジヤウヂウ》なりと領解《リヤウゲ》するお《(を)》もて、生死をはなれたる仏智《ブツチ》に妄計《マウケ》すといふとも、この領解智覚《リヤウゲチカク》の心は、すなはちなお《(ほ)》生滅して、またく常住ならず。これ、はかなきにあらずや。

心常相滅　心性常住身相生滅と同じ。相は生滅変化遷移するもの、現象的なもの。

計して　「活計」して。はたらかせて。下に「これを」を補って読む。

本因をおこし　(生死の)根本原因を取り上げ、押し立て。

寂滅　涅槃の意訳。生のあるいは煩悩の火の消し去られた状態。

覚了　「了」も悟る。

*嘗観《シヨウクハム》すべし、身心《しんじん》一如《ニヨ》のむねは、仏法のつねの談《ダム》ずるところなり。しかあるに、なんぞ、この身《ミ》の生滅《しやうめち》せんとき、心ひとり身をはなれて、生滅せざらむ。もし、一如なるときあり、一如ならぬときあらば、仏説《セチ》おのづから虚妄《コマウ》になりぬべし。又、生死《しやうじ》はのぞくべき法ぞとおもへるは、仏法をいとふつみとなる。つゝしまざらむや。

しるべし、仏法に*心性《正》大総相《ソウサウ》の法門といふは、一大法界《ホウカイ》をこめて、性《正》相《サウ》をわかず、生滅をいふことなし。菩提涅槃《ボダイネハム》におよぶまで、心性にあらざるなし。一切諸法、万象森羅《マムザウシムラ》ともにたゞこれ一心にして、*こめずかねざることなし。このもろ〳〵の法門、みな平等《ビヤウドウ》一心なり。あえ《(へ)》て異違《イヰ》なしと談《ダム》ずる、これすなはち仏家《ケ》の心性《正》をしれる様子《ヤウシ》なり。しかあるお《(を)》、*この一法に身と心とを分別《フムベチ》し、生死《しやうじ》と涅槃《ネハム》とをわくことあらむや。すでに仏子《ぶつシ》なり、外道《グエダウ》の見《ケム》をかたる狂人《クヰヤウジム》のしたのひゞきを、みゝにふるゝことなかれ。

とふ《(う)》ていはく、この坐禅《ザぜむ》をもはらせむ人、かならず戒律《カイリチ》を*厳浄《ゴムジヤウ》すべしや。

しめしていはく、持戒《チカイ》*梵行《ボムギヤウ》は、すなはち禅門《ゼムモム》の規矩《キク》なり、仏祖《ソ》の家風《カフウ》なり。いまだ戒《カイ》をうけず、又戒《カイ》をやぶれるもの、*その分《ぶん》なきにあらず。

とふ《(う)》ていはく、この坐禅《ザぜむ》お《(を)》つとめん人、さらに*真言止観《シムゴンシクワン》の行《ギヤウ》をかね修《シユ》せん、さまたげあるべからずや。

しめしていはく、在唐《ザイタウ》のとき、宗師《シユシ》に真訣《シムクエチ》をきゝしちなみに、西天東地の古今《ココム》に、仏印

嘗観　嘗は味わい試すの意。丁寧に考えてみる。

心性大総相　心性が大いなる総相そのものだという考え。総相は、因があって生ずる諸現象の相互に関連した全体。『大乗起信論』では「一法界大総相法門」という。この法門は前二者と同格におかれており、全仏法のこと。本文でも同様だろう。

こめずかねざる　籠めず(包含せず)兼ねざる(兼備せざる)。

この一法　右にいう一法界。一切法(全現実)はそのまま法(理法)として単一普遍であるとする考えに基く表現。

厳浄　『法華経』序品に「示諸仏土衆宝厳浄乃見諸仏此非小縁」とある。そこでの意味は、おごそかに浄らかに飾られるということだろう。ここではそれが汚されず尊ばれるの意に消極的被動的に用いられている。

梵行　この場合は一切の欲念を捨てての清浄行の意。

その分　それ相応の持ち分。未受戒、破戒のものも禅門に入り仏祖の家風に浴するかぎりは、その分があるというのだろう。

真言止観　真言と止観。密教の呪ダラニ(真言すなわち呪文によって災厄をのぞくこと。→二二六頁)と、天台などの精神集中による対象観想の二つの行。

を正伝《デム》せし諸祖《ソ》、いづれもいまだしかのごときの行《ぎやう》をかね修すときかずといひき。まことに、一事《ジ》をことゝせざれば一智《チ》に達《タツ》することなし。

とふ《(う)》ていはく、この行は、在俗《ザイゾク》の男女《ナムニヨ》もつとむべしや、ひとり出家人《シユツケにん》のみ修《シユ》するか。

しめしていはく、祖師《ソ》のいはく、仏法を会《エ》すること、男女貴賤《ナムニヨクキセム》をえらぶべからずときこゆ。

とふ《(う)》ていはく、出家人《シユツケニム》は、*諸縁《シヨエム》すみやかにはなれて、坐禅辨道《ザぜムハムタウ》にさはりなし。在俗《ザイゾク》の繁務《ハム ム》は、いかにしてか一向《カウ》に修行《シユギヤウ》して、無為《ムヰ》の仏道《ダウ》にかなはむ。

しめしていはく、おほよそ、仏祖《ソ》あはれみのあまり、広大《クワウダイ》の慈門《ジもん》をひらきおけり。これ一切衆生を*証入《シヨウニウ》せしめんがためなり、人天《にんでん》たれかいらざらむものや。こゝをもて、むかしいまをたづぬるに、その証これおほし。しばらく*代宗《ダイソウ》・*順宗《ジユムソウ》の帝位《テイヰ》にして万機《バムキ》いとしげかりし、坐禅辨道《ザぜムハムタウ》して仏祖《ブツソ》の大道を*会通《エヅウ》す。*李相国《リシヤウコク》・*防相国《バウ正コク》ともに輔佐《フサ》の臣位《シムヰ》にはむべりて、一天の股肱《ココウ》たりし、坐禅辨道《ザぜムハムタウ》して仏祖《ソ》の大道《だいダウ》に証入《シヨウニウ》す。ただこれこゝろざしのありなしによるべし、身《ミ》の在家出家《ザイケシユツケ》にはかゝはらじ。又ふかくことの殊劣《シウレチ》をわきまふる人、おのづから信《シム》ずることあり。いはむや世務《せム》は仏法をさゆ《(ふ)》とおもへるものは、ただ世中《せチウ》に仏法なしとのみしりて、*仏中《チウ》に世法《セホウ》なき事をいまだしらざるなり。

ちかごろ大宋《だいそう》に、*馮相公《ヒムシヤウコウ》といふありき。祖道《ソダウ》に長《チヤウ》ぜりし大官《タイクワン》なり。のちに詩《シ》をつくりて

諸縁　この縁は普通の世縁のことだろう。

証入せしめん　入らしめん。それすらすでに証会により、正覚に基くとする考えから、「証」を冠した。修は証上にもあるとする考えから、修を妙修というのに似ている。

代宗　唐の第八主。在位七六二―七八〇。南陽慧忠国師に参じた。

順宗　唐の第十主。在位八〇五―六。仏光如満禅師に参じた問答が、『伝燈録』巻六に見える。

会通　会得通達。

李相国・防相国　不詳。

仏中　「世中に云々」と対句をつくるための措辞。現実存在の全体を仏とする見方が同時に取出され、生かされている。

馮相公　(―一一五三)。名は楫。字は済川。不動居士と号す。壮年から禅門に親しみ、仏眼清遠に参じて契悟したという。大慧宗杲にも参じて印可を得た。邛州(四川省邛崍県の東南)の知事となっても、参禅に倦むことを知らなかった。

みづからをいふに、いはく、

公事《クウジ》之《ノ》余《ヒマニ》喜《コノム》二坐禅《ザゼムヲ》一、　《公事の余《ひま》に坐禅を喜《この》む、

少《ナシ》二曾《カツテ》将《モテ》レ脇《ワキヲ》到《イタシテ》レ床《ユカニ》眠《ネブルコト》一。　曾て脇を将《も》て床に到して眠ること少《な》し。

雖《イヘドモ》三然《シカク》現《セリト》二出宰官相《サイクワムシヤウト》一、　然く宰官相と現出せりと雖ども、

長老《チヤウラウノ》之名《ナ》四海《カイニツタハル》伝。　長老の名、四海に伝はる》

これは、宦務《クワムム》にひまなかりし身なれども、仏道《ダウ》にこゝろざしふかければ、得道《トクダウ》せるなり。他《タ》をもてわれをかへりみ、むかしをもていまをかゞみるべし。

大宋国《ソウコク》には、いまのよの国王大臣《コクワウダイジム》・士俗男女《シゾクナムニョ》、ともに心を祖道《ソダウ》にとゞめずといふことなし。武門文家《ブモムブムケ》、いづれも参禅学道《サムゼムガクダウ》をこゝろざせり。こゝろざすもの、かならず*心地《しんヂ》を開明《カイミヤウ》することおほし。これ世務《セム》の仏法をさまたげざる、おのづからしられたり。

国家《コクケ》に真実《シムジチ》の仏法弘通《グヅウ》すれば、諸仏諸天ひまなく衛護《ヱゴ》するがゆゑに、王化太平《ワウクワタイヘイ》なり。*聖《セイ》化太平《クワタイヘイ》なれば、仏法そのちからをうるものなり。

又、釈尊《シヤクソム》の在世《ザイセ》には、*逆人邪見《ギヤクニムジヤケム》みちをえき。祖師《ソシ》の会下《ヱカ》には、*獦者樵翁《レウシヤセウヲウ》さとりをひらく。いはむやそのほかの人をや。たゞ正師《シ》の教道《ケウダウ》をたづぬべし。

(3)とふていはく、この行は、いま末代悪世《マツダイアクセ》にも、修《シユ》行せば証《シヨウ》をうべしや。

しめしていはく、*教家《ケウケ》に*名相《ミヤウサウ》をことゝせるに、なほ*大乗実教《ジヨウジチけウ》には、*正像末法《ザウマツボウ》をわくことなし。修《シユ》すればみな得道《トクダウ》すといふ。いはむやこの単伝《タムデム》の正法には、*入法出身《ニつボウシユツシム》、おなじく*自《ジ》

心地　この語多義。たとえば既出〈心性〉と同じ。従って妙心・仏性・覚などをいう。また戒をいう。しかし、ここでは単に心のことだろう。「地」は仏種の育つ場所の意味で添えられたものか。

聖化　聖人の教化、天子の徳化。

逆人　道理に順わぬ人。

獦　大狼などの意の文字。しかし猟の異体字としてこれと酷似した文字が、すでに唐代の写本に見られる。「獦者」はそのために起った混用にもとづく。(入矢)

教家・名相　教(理論)・観(実践)二門のうち前者に従う流派が教家。(教は接近・出現・取得などを原義とする梵語の訳とも、捉・教示・嚮導の意味のそれの訳とも言われる。)この流派では当然〈名〉〈相〉などにかかわる認識論が栄える。名は耳がきく事物の仮名、相は眼が見る事物の相(従って変化生滅するもの)。

大乗実教　仏が衆生を大乗に入らしめる便宜のために説いた(とされる)教を権教というのに対して、真実本体の教えを実教・実大乗教などという。

正像末法　仏滅後の仏法のあり方の三時期。正法は五百年とも千年ともいい、その間正しい教行証があり、成仏するものがある。像法は正法後の五百年または千年。像は形だけ似ているの意。教行のみあり、証のな

家《ケ》の財珍《ザイチム》を受用《ジユヨウ》するなり。証《シヨウ》の得否《トクフ》は、修《シユ》せむもの、おのづからしらむこと、用水《ヨウスイ》の人の冷煖《リヤウナム》をみづからわきまふるがごとし。

とふ(う)ていはく、あるがいはく、「仏法には、即心是仏のむねを*了達《レウダツ》しぬるがごときは、くちに経典《ヤウデム》を誦《ジユ》せず、身《ミ》に仏道《ダウ》を行ぜざれども、あえ(へ)て仏法にかけたるところなし。たゞ仏法はもとより自己《ジコ》にありとしる、これを得道の全円《ゼムエム》とす。このほかさらに他人《タ》にむかひてもとむべきにあらず。いはむや坐禅辦道《ザゼムハムタウ》をわづらはしくせむや」。

しめしていはく、このことば、もともはかなし。もしなんぢがいふごとくならば、こゝろあらむもの、たれかこのむねをおし(を)へむに、しることなからむ。しるべし、仏法はまさに自他《ジタ》の見《ケム》をやめて学《ガク》するなり。もし、自己即仏《ジコソクブツ》としるをもて得《トク》道《ダウ》とせば、釈尊《シヤクソム》むかし化道《クヱダウ》にわづらはじ。しばらく*古徳《コトク》の妙則《メウソク》をもてこれを証《シヨウ》すべし。

むかし、☆則公監院《ソクコウカムエム》といふ僧《ソウ》、☆法眼禅師《ホウゲムゼムジ》の*会中《エチウ》にありしに、法眼禅師、とふ(う)ていはく、「則《ソク》監寺《カムス》、なんぢわが会《エ》にありていくばくのときぞ」。

則公《ソクコウ》がいはく、「われ師《シ》の会《エ》にはむべりて、すでに三年をへたり」。

禅師《ゼムジ》のいはく、「なんぢはこれ後生《コウセイ》なり、なんぞつねにわれに仏法をとはざる」。

則公《ソウコク》がいはく、「それがし*和尚《クワシヤウ》をあざむくべからず。かつて☆青峰《セイホウ》の禅師《ゼムジ》のところにありしとき、仏法におきて安楽《アムラク》のところを了達《レウダチ》せり」。

い時期とされる。教のみあって行・証のないのが末法時とされ、一万年つづくともいう。

入法出身　↓一一頁「出路に一如…」注。出身の活路、証入などに拠って解すべき語。

自家の財珍　さきに本証と言われたことに拠って解すべし。本覚・本証・本性・仏性・心性・妙心は結局同一のものである。

了達　覚了悟達。

古徳の妙則　古徳は大徳の語から解しうる。徳には元来賢者の義があった。妙則は本則・古則の美称。公案。

会中　会下に同じ。説法の会座の仲間。

和尚　元来は、ヴェーダなどの一部を教える教師、説教者のこと。師僧を呼ぶ言葉。

禅師《ゼムジ》のいはく、「なんぢいかなることばによりてか、いることお《(を)》えし」。

則公《ソクコウ》がいはく、「それがし、かつて青峯《セイホウ》にとひき、「*いかなるかこれ学人の自己なる」。

青峯《セイホウ》のいはく、「丙丁童子《ヒヤウチヤウドウジ》来《キタつテ》求《モトム》レ火《ヒヲ》」」。

法眼《ホウゲム》のいはく、「よきことばなり。たゞし、おそらくはなんぢ会《エ》せざらむことお《(を)》」。

則公《ソクコウ》がいはく、「*丙丁《ヒヤウチヤウ》は火《ヒ》に属《ゾク》す。火《ヒ》をもてさらに火をもとむ、自己《ジコ》をもて自己をもとむるにたりと会《エ》せり」。

禅師《ゼムジ》のいはく、「まことにしりぬ、なんぢ会《エ》せざりけり。仏法もしかくのごとくならば、けふまでにつたはれじ」。

こゝに則公《ソクコウ》、懆悶《サウモム》して、すなはちたちぬ。中路《チウロ》にいたりておもひき、禅師はこれ天下《テムカ》の善知識《ゼムチシキ》、又五百人の大導師《ダウシ》なり、わが非《ヒ》をいさむる、さだめて長処《チヤウショ》あらむ。禅師のみもとにかへりて懺悔礼謝《サムグヱレイシヤ》してとふ《(う)》ていはく、「いかなるかこれ学人《ガクニム》の自己《ジコ》なる」。

禅師のいはく、「丙丁童子来求火《ひやうちやうどうじらいきうくわ》」と。

則公《ソクコウ》、このことばのしたに、おほきに仏法をさとりき。

あきらかにしりぬ、自己即仏《ジコソクブツ》の領解《リヤウゲ》をもて、仏法をしれりといふにはあらずといふことお《(を)》。もし自己《ジコ》即仏の領解《リヤウゲ》を仏法とせば、禅師*さきのことばお《(を)》もてみちびかじ、又*しかのごとくいましむべからず。たゞまさに、はじめ善知識《ゼムチシキ》をみむより、修行の儀則《ギソク》を咨問《シモム》して、一向《カウ》に坐禅辨道《ザゼムハムタウ》して、一知半解《チハムゲ》を心にとゞむることなかれ。仏法の妙術《メウジユツ》、それむなしからじ。

いかなるかこれ…　仏道を会せんとはげむものの本性、真面目はどういうものか。
丙丁　十干のうち、ひのえ、ひのと。
さきのことば　「よきことばなり云々」。
しかのごとく　「まことにしりぬ云々」。
乾唐　乾竺唐土。インドと中国。
たけのこゑ・はなのいろ　それぞれ香厳智閑・霊雲志勤の証悟の機縁。『渓声山色』参照。
刹竿　塔の心柱が原義。後世、仏堂前に樹てる宝珠焔形を頂く長竿をいう。
六代　第六祖大鑑慧能。
五家　既出(一一二頁)中国禅宗五門のこと。

とふ《(う)》ていはく、*乾唐《カムタウ》の古《コ》今《コム》をきくに、あるいは*たけのこゑをきゝて道《ダウ》をさとり、あるいは*はなのいろをみてこゝろお《(を)》あきらむる物あり、いはむや、☆釈迦《シヤカ》大師《シ》は、明星《ミヤウジヤウ》をみしとき道《ダウ》を証《シヨウ》し、☆阿難尊者《アナムソムジヤ》は、*刹竿《セチカム》のたう《(ふ)》れしところに法をあきらめしのみならず、*六代《ロクダイ》よりのち、*五家《ケ》のあひだに、一言半句《ゴムハムク》のしたに心地《しんぢ》をあきらむるものおほし。かれらかならずしも、かつて坐《ザ》禅《ぜム》辨道《ハムタウ》せるもののみならむや。

しめしていはく、古《コ》今《コム》に*見色明心《ケムシキミヤウシム》し、*聞声悟道《モムシヤウゴダウ》せし当人《タウニム》、ともに*辨道《ハムタウ》に*擬《ギ》議量《ギリヤウ》なく、*直《チヨく》下《カ》に第二《ダイニ》人《ニム》なきことお《(を)》しるべし。

とふ《(う)》ていはく、西天および神丹国《シムダムコク》は、人もとより質直《シチヂキ》なり。中華《チウクワ》のしからしむるによりて、仏法を教化《ケウクエ》するに、いとはやく会入《エにふ》す。我朝《ワガテウ》は、むかしより人に仁智《ジムチ》すくなくして、正種《しやうシユ》つもりがたし。蕃夷《バムイ》のしからしむる、うらみざらむや。又このくにの出家人《シユツケニム》は、大国《コク》の在家人《ざいケにん》にもおとれり。挙世《コセ》おろかにして、心量狭少《シムリヤウケウシヨウ》なり。ふかく*有為《ウヰ》の功《コウ》を執《シフ》して、*事《ジ》相《サウ》の善《ぜム》をこのむ。かくのごとくのやから、たとひ坐《ザ》禅《ぜム》すといふとも、たちまちに仏法を証《シヨウ》得《トク》せむや。

しめしていはく、いふがごとし。わがくにの人、いまだ仁智《ジムチ》あまねからず、人また迂曲《ワゴク》なり。たとひ正直《しやうヂキ》の法《ホウ》をしめすとも、*甘露《カムロ》かへりて毒《ドク》となりぬべし。名利《ミヤウリ》にはおもむきやすく、惑執《ワクシウ》*とらけがたし。しかはあれども、仏法に証入《シヨウニウ》すること、かならずしも人天《にんでん》の世《せ》

見色明心　肉眼によって事物を見ることから、わが本然の性について自覚すること。

聞声悟道　前者に対し、耳に物音をきくことによって存在の理法を悟る。〈心〉と道とがいわば等価におかれている。

辨道　成辦道業の略と言われる。仏道のためになすべきことに力め、これを成就すること。しかし辦(辨ではない)は力を致すの義を持つので、道に力むとだけでいいのではなかろうか。具体的には坐禅。

擬議量　擬は計。議は謀・評。いずれもはかる。量もはかる。かれこれ思案して加減するの意。

直下に第二人なし　直下にして第二人なし。余人余事を考慮に入れず純一無雑に修行(辦道)した。

有為　造作による。

事相　すでに見たように〈理・性〉の対。不変の本体である理性に対して変化遷移生滅する現象的なもの。物の特質・性状など。また教の相(法の教えとしての現われ方)に対する事の相(教理の実践修行の面)をも事相というが、上の「有為」の縁語であることから見れば、前者に解すべきだろう。

甘露　諸天の飲みもの。味甘くして不死を齎す。

とらけがたし　とらくは別る・散る。蕩・盪をあてるものとは別。

智《チ》をもて*出世《シユつセ》の舟航《シウカウ》とするにはあらず。仏在世《ブツザイセ》にも、てまりによりて四果《シクワ》を証《シヨウ》し、袈裟《ケサ》をかけて大道《だいダウ》をあきらめし、ともに愚暗《グアム》のやから、癡狂《チクキヤウ》の畜類《チクルイ》なり。たゞし、正信《しやうシム》のたすくるところ、まどひをはなるゝみちあり。また、癡老《チラウ》の比丘《びく》黙坐《モクザ》せしをみて、*設斎《セチサイ》の*信女《シムニヨ》さとりお《(を)》ひらきし、これ智《チ》によらず、文《モム》によらず、ことばお《(を)》またず、かたりお《(を)》またず、たゞしこれ正信《しやうシム》にたすけられたり。

また、釈教《シヤクケウ》の三千界《ガイ》にひろまること、わづかに二千余《ヨ》年の前後《ぜんゴ》なり。刹土《セチド》のしなぐ\なる、かならずしも仁智《ジムチ》のくにゝあらず。人またかならずしも利智聡明《リチソウミヤウ》のみあらむや。しかあれども、如来《ニヨライ》の正法、もとより不思議《フシギ》の大功徳力《ダイクドクリキ》をそなえ《(へ)》て、ときいたればその刹土《セチド》にひろまる。人まさに正信修行《しやうシムシユぎやう》すれば、利鈍《リドム》をわかず、ひとしく得道するなり。わが朝《テウ》は、仁智《ジムチ》のくにゝあらず、人に知解《チゲ》おろかなりとして、仏法《ブツポウ》を会《エ》すべからずとおもふことなかれ。いはむや、人みな般若《ハムニヤ》の正種《しやうシユ》ゆたかなり、たゞ承当《ジヨうタう》することまれに、受用《ジユヨウ》することいまだしきならし。

さきの問答往来《モムダウワウライ》し、賓主相交《ヒムジユサウカウ》することみだりがはし。いくばくか*はなゝきそらにはなお《(を)》なさしむる。しかありとも、このくに、坐禅辨道《ザゼムハムタウ》におきて、いまだその宗旨《ソウシ》つたはれず、しらむとこゝろざさむもの、かなしむべし。このゆゑに、いさゝか異域《イヰキ》の見聞《ケムモム》をあつめ、*明師《メイシ》の真訣《シムクエチ》をしるしとゞめて、参学《サムガク》のねがはむにきこえむとす。このほか、叢林《ソウリム》の規範《キハム》および寺院《ジヰム》の格式《カクシキ》、いましめすにいとまあらず、又草々《サウく》にすべからず。

出世　出世間。迷いの現世を脱すること。

設斎　仏事の際の食事を斎という。それを供えること。

信女　優婆夷。

はなゝきそらに云々　空しい為業のたとえのようだが、『空華』に「この空かならず花さく、百草に花さくがごとし。…空花は実にあらず、余花はこれ実なりと学するは、仏教を見聞せざるものなり」(一五二頁)とあるのを合せ考えるべきだろう。

明師　明眼の師匠。

おほよそ我朝《ワガテウ》は、*竜海《リヨウカイ》の以《イ》東《トウ》にところして、雲煙《キムエム》はるかなれども、欽明《キムメイ》・用明《ヨウメイ》の前後《ゼムゴ》より、*秋方《シウハウ》の仏法東漸《トウゼム》する、これすなはち人のさいはゐ《(ひ)》なり。しかあるお《(を)》、名相《ミヤウサウ》*事縁《ジエム》しげくみだれて、修行《シユギヤウ》のところにわづらふ。いまは、破衣《ホイ》裰盂《トツウ》を生涯《シヤウガイ》として、青巌《セイガム》白石《ハクセキ》のほとりに茅《ハウ》をむすむで、端坐《タムザ》修練《シユレム》するに、仏向上《ぶつカウじやう》の事《ジ》たちまちにあらはれて、一生参学《シヤウサムガク》の大事《だいジ》すみやかに究竟《クキヤウ》するものなり。これすなはち*竜牙《リヨウガ》の誡勅《カイチヨク》なり、*鶏足《ケイソク》の遺風《キフウ》なり。その坐禅《ザゼム》の儀則《ギソク》は、すぎぬる嘉禄《カロク》のころ撰集《セムジユ》せし普勧坐禅儀《フクワムザゼムギ》に依行《えぎやう》すべし。

曾礼《ソレ》、仏法を国中《コクチウ》に弘通《グヅウ》すること、　王勅《チヨク》をまつべしといゐ《(へ)》ども、ふたゝび　*霊山《リヤウゼム》の遺《ユイ》嘱《ソク》をおもへば、いま百万億刹《ヒヤクマムヲクセチ》に現出《ゲムシユツ》せる王公相将《ワウコウシヤウシヤウ》、みなともにかたじけなく　仏勅《チヨク》をうけて、*夙生《シユクシヤウ》に仏法を護持《ゴヂ》する*素懐《ソクワイ》をわすれず、*生来《シヤウライ》せるものなり。その化《クエ》をしくさかひ、いづれのところか　仏国土《コクド》にあらざらむ。このゆゑに、仏祖《ぶつソ》の道《ダウ》を流通《ルヅウ》せむ、かならずしもところお《(を)》えらび縁《エム》をまつべきにあらず、たゞ、けふお《(を)》はじめとおもはむや。

しかあればすなはち、これをあつめて、仏法をねがはむ哲匠《セチシヤウ》、あはせて道をとぶらひ雲《キム》遊《ユ》萍《ヒム》寄《キ》せむ参学《サムガク》の真流《ジムリウ》にのこす。ときに、

*寛喜辛卯中秋日　　　　入宋伝法沙門道元記

辨道話

竜海　竜淵などに従い解すべし。大海。
秋方　西方。
事縁　さきの「事相」(二九頁)は因に縁って起る現象的なものであった。
竜牙　竜牙居遁。↓祖師
鶏足　迦葉尊者のこと。↓祖師
霊山の遺嘱　霊鷲山上で説法したときの迦葉尊者への附法のこと。
夙生　前世。夙世の語あり、これは前々の世代の意。
素懐　これも右に準じ平生の願いというより、本来の願いの意にとるべきだろう。
生来　主語は前の行の「王公相将」だから、生れ来る。
寛喜辛卯　寛喜三年。一二三一年。

正法眼蔵

正法眼蔵《しやうぼふげんざう》第一

*現《げん》成《じやう》公《こう》按《あん》

*諸法の仏法なる時節、すなはち迷悟あり、修行あり、生《しやう》あり、死あり、諸仏あり、衆生《しゆじやう》あり。

*万法《まんぼふ》ともにわれにあらざる時節、まどひなくさとりなく、諸仏なく衆生なく、生《しやう》なく滅《めち》なし。

仏道、もとより*豊倹《ほうけん》より跳出《てうしゆつ》せるゆへ《(ゑ)》に、生滅《しやうめち》あり、迷悟あり、*生仏《しやうぶつ》あり。

*しかもかくのごとくなりといへども、花は愛惜《あいじやく》にちり、草は棄嫌《きけん》におふるのみなり。

自己をはこびて万法を修証《しゆしよう》するを迷《まよひ》とす、万法すゝみて自己を修証するはさとりなり。迷を大悟《だいご》するは諸仏なり、悟に大迷《だいめい》なるは衆生なり。さらに悟上に得悟する漢あり、迷中又迷《いうめい》の漢あり。諸仏のまさしく諸仏なるときは、*自己は諸仏なりと覚知することをもちゐず。しかあれども*証仏なり、仏を証しもてゆく。

身心《しんじん》を挙《こ》して色《しき》を見取し、身心を挙して声《しやう》を聴取するに、したしく会取《うゐしゆ》すれども、かゞみに影をやどすがごとくにあらず、水《みづ》と月《つき》とのごとくにあらず。一方を証するときは、一方はくらし。

現成公按　現成せる(現在、現実化されている)公案。公案は役所の調書をいうというが、その意味での用例が元代以前のどこまで遡れるのか不明。一方、『碧巌録』(宋代)の序に「百則公案、従頭一串穿来。一隊老漢、次第揔将按過」とある。これらから汲みとれる確かなことは、それが言語表現であることと、〈理性〉と等しく改められざるものなることとの二義である。(公案の語そのものはもっと古く『伝燈録』巻十二陳尊宿章に見える。)

諸法の仏法　前の法は現象事物の意、あとの法は全存在を統べ現実化する理法のこと。下の「すなはち」は正にそのとき。一見矛盾と見えることを強調するための副詞。

万法ともに…あらざる　過去現在未来の全体にわたり自然人事の総体をおおうものとしての全現実が「われ」においてない、即ち「われ」のものでない。前の行と結局同じ場合。しかしそのとき、前の行の語るのとは異った事態の生ずることが、下に述べられる。要は有無・常住断滅に執する存在認識の迷妄なことを断言する。

豊倹より…ゆへに　多少にかかわる量でもって量られるものではないが。

生仏　衆生と仏。

しかも…　「仏道」に包摂されて、生滅・迷悟・生仏があるのが現実だが。

仏道をならふといふは、自己をならふ也。自己をならふといふは、自己をわするゝなり。自己をわするゝといふは、万法に証せらるゝなり。万法に証せらるゝといふは、自己の身心をよ《(お)》び*他己《たこ》の身心をして脱落《とつらく》せしむるなり。*悟迹《ごしやく》の休歇《きうけつ》なるあり、休歇なる悟迹を*長《ちやう》々出《しゆつ》ならしむ。

人、はじめて法をもとむるとき、はるかに*法の辺際《へんざい》を離却《りきやく》せり。法すでにを《(お)》のれに正伝《しやうでん》するとき、すみやかに*本分人《ほんぶんにん》なり。

人、舟にのりてゆくに、めをめぐらして岸をみれば、きしのうつるとあやまる。目をしたしく舟につくれば、ふねのすゝむをしるがごとく、身心を乱想して万法を*辨肯《はんけん》するには、自心自性《じしんじしやう》は常住《じやうぢゆう》なるかとあやまる。もし*行李《あんり》をしたしくして箇裏《こり》に帰《き》すれば、*万法のわれにあらぬ道理あきらけし。

たき木はい《(ひ)》となる、さらにかへりてたき木となるべきにあらず。しかあるを、灰はのち、薪《たきぎ》はさきと見取すべからず。しるべし、薪は薪の*法位《ほふゐ》に住して、さきありのちあり。前後ありといへども、*前後際断せり。灰は灰の法位にありて、のちありさきあり。かのたき木、はい《(ひ)》となりぬるのち、さらに薪とならざるがごとく、人のしぬるのち、さらに生《しやう》とならず。しかあるを、生《しやう》の死になるといはざるは、仏法のさだまれるならひなり。このゆへ《(ゑ)》に*不生《ふしやう》といふ。死の生《しやう》にならざる、法輪《ほふりん》のさだまれる*仏転《ぶつてん》なり。このゆへに不滅といふ。生も一時のくらゐなり、死も一時のくらゐなり。たとへば、冬と春とのごとし。冬の春となるとおもはず、春の夏となるといはぬなり。

自己は　この自己は仏の自己である。
証仏なり　(従って)証会自性である。

他己　自己の対。他者もまた一個の己であるとの認識の上で言う。
悟迹の休歇　証会の辺際であると同時に証跡であるものを、すなわちここでどう悟ったかという悟りの情況と内容、それを表立たせずにおく。休歇は休止。「なるあり」は上の「万法に証せらるゝといふは」を受け、そういう場合「悟迹、休歇…」の意。
長々出　右のようにしておいて、しかもその悟りの辺際証跡を長く長く顕在化させはたらかす。
法の辺際　仏法のありか。
本分人　自己本来の存在様態において、安んじて生きうるようになった人間。
辨肯　この辨は辨と同意。辨別首肯。
行李…帰すれば　行状を綿密に心の籠ったものにして、おのれの存在(箇裏)と結びつければ。
万法の…　しかもなおわれは万法に証せられるものとしてある。無媒介の冥合などが問題なのではない。
法位　法は仏法世界の問題であることを示す修飾語。位は居るべき位置。
前後際断せり　前後は断ち切られていて、あるのは中際(現在)のみ。↓三際(三三七頁)・際断(四〇三頁)注
不生　生の否定ではない。不生という形の存在である。

人のさとりをうる、水に月のやどるがごとし。月ぬれず、水やぶれず。ひろくおほきなるひかりにてあれど、尺寸の水にやどり、全月も*弥天《みてん》も、くさの露にもやどり、一滴《いってい》の水にもやどる。さとりの人をやぶらざる事、月の水をうがたざるがごとし。人のさとりを*罣礙《けいげ》せざること、滴露《てきろ》の天月を罣礙せざるがごとし。ふかきことはたかき分量なるべし。*時節の長短は、大水小水《だいすいせうすい》を撿点し、天月の広狭《くわうけふ》を辦取《はんしゆ》すべし。

身心《しんじん》に法*いまだ参飽《さんぱう》せざるには、法すでにたれりとおぼゆ。法もし身心に充足すれば、ひとかたはたらずとおぼゆるなり。たとへば、船にのりて山なき海中にいでゝ四方《よも》をみるに、たゞまろにのみみゆ、さらにことなる相《さう》みゆることなし。しかあれど、この大海、まろなるにあらず、方《けた》なるにあらず、のこれる*海徳つくすべからざるなり。*宮殿《ぐうでん》のごとし、瓔珞《えうらく》のごとし。たゞわがまなこのを《(お)》よぶところ、しばらくまろにみゆるのみなり。かれがごとく、万法もまたしかあり。*塵中格外《ぢんちゆうかくぐわい》、おほく様子《やうす》を帯《たい》せりといへども、*参学眼力《さんがくげんりき》のを《(お)》よぶばかりを見取会取《ういしゆ》するなり。*万法の家風をきかむには、方円《はうゑん》とみゆるよりほかに、のこりの海徳山徳おほくきはまりなく、*よもの世界あることをしるべし。*かたはらのみかくのごとくあるにあらず、直下《ちよくか》も一滴《てい》もしかあるとしるべし。

うを水をゆくに、ゆけども水のきはなく、鳥そらをとぶに、とぶといへどもそらのきはなし。しかあれども、うをとり、いまだむかしよりみづそらをはなれず。只*用大《ようだい》のときは*使大《しだい》なり。要小《えうせう》のときは使小《しせう》なり。かくのごとくして、*頭々《てうてう》に辺際《へんざい》をつくさずといふ事なく、処々に踏翻《たふほん》せずといふことなしといへども、鳥《とり》もしそらをいづればたちまちに死す、

仏転なり 上の「法輪」とともに、転法輪(仏所説)なりの意。「仏」は右の「法位」の法と同じく事柄の所在を示す修飾語。

弥天 「空に満つ」が原意。全天。

罣礙 妨ぐ・邪魔する。この使い方は正常だが、『有時』『仏性』等では、引き留めて、それ自体たるを得しめるというような意を持たされている。

時節の長短…辦取すべし 時間の長短は、これを、水の大小とは何のことか、露に宿る天の月は広いのか狭いのかを点検・弁別会得することによって確かめよ。長短不可弁の意を寓している。前の「ふかきことは云々」も高低と深浅との別に執することをしりぞける言葉。

法 悟りと同一のものである仏法、即全存在の理法。「参飽」は仏道を身心飽満するまで参究すること。ここでは「飽」のみに意味がある。

海徳 海の功徳・効用。

宮殿のごとし… ↓一七〇頁「四見」注

塵中格外 格外既出(一八頁)。塵中は俗界。両方熟して全世界。

参学眼力 参学眼(仏道修行することによってえられた認識能力)の力。

万法の家風 万法をそれぞれ師家に見立てて、それらにそれぞれのやり方があるとしての表現。

よもの世界あること そうして尽十方の世界が成立っている。

かたはら　眼前の外界。「直下」は自己に直接なもの、自心自性等。「一滴」は客観世界の極微。**用大・使大**　用が次行では要と書かれていることに注意。用いる側の力量必要度を用と言い、使い方・使い道を使と言っている。**頭々**　個々の存在。それらがその所在を隅々まで動きまわる。「踏翻」は辺際をつくすと同意。

以鳥為命・以魚為命　それぞれ空・水についていう。**以命為鳥・以命為魚**　環境と主体の不可分、相互賦活を示す。しかし修辞の必然による言回しでもある。**進歩**　思惟の推進。**寿者命者**　寿命あるそれぞれのものの意。仏語中のこれらの語ととる必要はあるまい。**得一法通一法・遇一行修一行**　上の修・証と対偶を作ってかくいう。時々刻々見まうものによって専心修行し明心証会することができるの意。**これにところあり**　そのための場所はちゃんとある。**しらるゝきはの…**　(みち通達せる故)本来知られるはずなのに、その辺際(場所)がはっきり知られないのは、この知るというはたらき(証会)が、知られるもの(一応は別の対象、しかし根本的には同一のもの)たる仏法を究めつくすということと、同時に現実化されるものだからだ。

魚《うを》もし水をいづればたちまちに死す。以《い》水《すい》為《ゐ》命《めい》しりぬべし、以《い》空《くう》為《ゐ》命《めい》しりぬべし。*以鳥為命あり、*以魚為命あり。*以命為鳥なるべし、*以命為魚なるべし。このほかさらに*進歩あるべし。修証《しゆしよう》あり、その*寿者命者《じゆしやみやうしや》あること、かくのごとし。

しかあるを、水をきはめ、そらをきはめてのち、水そらをゆかむと擬する鳥魚あらむは、水にもそらにもみちをうべからず、ところをうべからず。このところをうれば、この行李《あんり》したがひて現成公按《げんじやうこうあん》す。このみちをうれば、この行李したがひて現成公按なり。このみち、このところ、大にあらず小にあらず、自にあらず他にあらず、さきよりあるにあらず、いま現ずるにあらざるがゆへ《(ゑ)》にかくのごとくあるなり。

しかあるがごとく、人もし仏道を修証《しゆしよう》するに、*得一法《とくいつぽふ》、通一法《つういつぽふ》なり、*遇一行《ぐういちぎやう》、修一行《しゆいちぎやう》なり。*これにところあり、みち通達《つうだつ》せるによりて、*しらるゝきはのしるからざるは、このしることの、仏法の究尽《きうじん》と同生《どうしやう》し、同参《どうさん》するゆへにしかあるなり。得処《とくしよ》かならず自己の知見《ちけん》となりて、慮知《りよち》にしられむずるとならふことなかれ。証究《しようきう》すみやかに現成《げんじやう》すといへども、*密有《みつう》かならずしも現成《げんじやう》にあらず、見成これ*何必《かひつ》なり。

*麻《ま》浴山《よくざん》宝徹《ほうてつ》禅師、あふぎをつかふちなみに、僧きたりてとふ、「*風性《ふうしやう》常住《じやうぢゆう》、無処《むしよふ》不周《しう》なり、なにをもてかさらに和尚《をしやう》あふぎをつかふ」。

師いはく、「なんぢたゞ風性常住をしれりとも、いまだところとしていたらずといふことなき道理をしらず」と。

僧いはく、「いかならむかこれ無処不周底《むしよふしうち》の道理」。

ときに、師、あふぎをつかふのみなり。

僧、礼拝《らいはい》す。

仏法の*証験《しようけん》、正伝《しやうでん》の活路《くわつろ》、それかくのごとし。常住なればあふぎをつかふべからず、つかはぬおり(を)も*かぜをきくべきといふは、常住をもしらず、風性をもしらぬなり。風性は常住なるがゆへに、仏家《ぶつけ》の風《ふう》は、*大地の黄金《わうごん》なるを現成《げんじやう》せしめ、*長河《ちやうが》の蘇酪《そらく》を参熟《さんじゆく》せり。

正法眼蔵見成公按第一

これは*天福元年中秋のころ、かきて鎮西《ちんぜい》の俗弟子《ぞくでし》 *揚光秀《やうくわうしう》にあたふ。

*建長壬子拾勒

密有　密意と言って仏意をいうごとく、仏法でいう有、すなわち仏法の有(存在)。　**何必**　何ぞ必ずしもしからん。見てとる(見、成る)ことはかならずしもできるわけではない。

麻浴山　山西省永済県の山。↓祖師

風性　性は〈理性〉の性とひとまず同じ。「無処不周」はいたらざるところなし。

証験　しるし。上の「仏法の」は下の「正伝の活路」にもかかっている。

かぜをきくべき　聞香の用例に従った語法。ただ風に当るのではなく、それをそうと知覚するの意までもつ。

大地の黄金・長河の蘇酪　本来黄金である大地を黄金として現実化させるし、また本来蘇酪である長河(黄河)を蘇酪として熟せしめている。(仏)法が自然にその本来の面目を現実化させているの意だが、またこういう自然の面目現成以外に(仏)法の現成はないとも言える。正しくは酥酪。酥・酪いずれも牛羊の乳を精製した飲料。「参熟」は参飽(参究飽満)などの造語法により、参究熟通などの省略形だろう。それを使役態として使っており、長河の酥酪をして仏法を参究、これに熟通せしめ、それとして現成させているの義。

天福元年　一二三三年。

揚光秀　不明。大宰府の役人か。

建長壬子　同四年。一二五二年。「拾勒」は収録の意。↓校異

五枚の般若　五蘊にあてている。そのうちの色は対象界ではなく主体として立てられた存在そのものの肉体的形相。それらを対象視する「照見」もまた般若という考え。
開演現成　展開され現実化される。開演はもと仏陀の説法についていう「開示演説」の省略形。
百草・万象　それぞれの性・相をもって存在する個別存在の現実性をいう。以下全存在の全体も個々もすべて智慧ならざるはないという考えの表現である。
十二入　六根(眼耳鼻舌身意の各根。六識が依ってはたらくもの)と六境(色声香味触法。六識の対象となるもの)。それらがことごとく十二の般若波羅蜜だという。
十八枚　右の十二入に、六根によってはたらく識(知覚、識別作用。梵語では第五蘊の〈意〉に同じ)六種を加えたもの。
苦集滅道　いわゆる四諦。四種の真実。われわれの生きるこの世界は苦である。その苦は無常の世界で生きるわれわれの執着に原因を持つ(集)。それを乗り超え捨て去ることが苦を無くす(滅)。この滅に至るために八正道を正しく行じなければならない(道)。八正道のうちの初め二つはこの四諦の理を正しく見、正しく考えることだというから、結局四諦は、八正道の第八、煩悩断滅清浄の禅定

正法眼蔵第二

摩《ま》訶《か》般若《はんにや》波《は》羅《ら》蜜《みつ》

観自在菩薩の行深般若波羅蜜多時《ぎやうじんはんにやはらみたじ》は、渾身《うんしん》の照見五蘊皆空《せうけんごうんかいくう》なり。五蘊は色受想行識《しきじゆさうぎやうしき》なり、*五枚の般若なり、照見これ般若なり。この宗旨《そうし》の*開演現成《げんじやう》するにいはく、色即是空《しきそくぜくう》なり、空即是色《くうそくぜしき》なり、色是色《しきぜしき》なり、空即空《くうそくくう》なり。*百草《はくさう》なり。*万象《ばんざう》なり。般若波羅蜜十二枚、これ*十二入《にふ》なり。また*十八枚の般若あり、眼耳鼻舌身意《げんにびぜつしんい》、色声香味触法《しきしやうかうみそくほふ》、を《（お）》よび眼耳鼻舌身意識等なり。また四枚の般若あり、*苦集滅道《くじふめつだう》なり。また六枚の般若あり、布施《ふせ》・浄戒《じやうかい》・安忍《あんにん》・精進《しやうじん》・静慮《じやうりよ》・般若なり。また一枚の般若波羅蜜、而今《しきん》現成せり、阿耨多羅三藐三菩提《あのくたらさんみやくさんぼだい》なり。また般若波羅蜜*三枚あり、過去・現在・未来なり。また般若*六枚あり、地・水・火・風・空・識なり。また*四枚の般若、よのつねにおこなはる、行《ぎやう》・住《ぢゆう》・坐《ざ》・臥《ぐわ》なり。

釈迦牟尼如来ノ会中ニ有リ二一ノ*苾蒭《ビッスウ》一、竊《ヒソカニ》作ス二是ノ念ヲ一、「我レ応《ベシ》レ敬二礼甚深般若波羅蜜多ヲ一。此ノ中ニ雖《ドモ》レ無ト二諸法生滅一、而モ有リ二*戒蘊・定蘊・慧蘊・解脱蘊・解脱知見蘊施設可得一、亦有リ二預流果・一来果・不還果・阿羅漢果ノ施設可得一、亦有リ二*独覚菩提施設可得一、亦有リ二無上正等菩提ノ施設可得一、亦有リ二仏法僧宝ノ施設可得一、亦有リ二転妙法輪・度有情類ノ施設可得一」。

《釈迦牟尼如来の会中《ゑちゆう》に一の苾芻《びつすう》あり、竊《ひそ》かに是の念をなす、「我れ甚深般若波羅蜜多《じんじんはんにやはらみた》を敬礼《きやうらい》すべし。此の中に諸法の生滅《しやうめつ》無しと雖も、而も戒蘊《かいうん》・定蘊《ちやううん》・慧蘊《ゑうん》・解脱蘊《げだつうん》・解脱知見蘊《げだつちけんうん》の施設可得《しせちかとく》有り、また預流果《よるくわ》・一来果《いちらいくわ》・不還果《ふくゑんくわ》・阿羅漢果《あらかんくわ》の施設可得有り、また独覚菩提《どくかくぼだい》の施設可得有り、また無上正等菩提の施設可得有り、また仏法僧宝の施設可得有り、また転妙法輪《てんめうほふりん》・度有情類《どうじやうるい》の施設可得有り」》

仏知テ二其ノ念ヲ一、告テ二苾芻ニ一言ク、「如是如是。甚深般若波羅蜜、微妙ナリ難測」。

《仏、其の念を知《しろしめ》して、苾芻に告《つ》げて言《のたまは》く、「是《かく》の如《ごと》し、是の如し。甚深般若波羅蜜は、微妙《みめう》なり、難測《なんしき》なり」》

而今《しきん》の一苾芻の「竊作念《せつさねん》」は、諸法を「敬礼《きやうらい》」するところに、「*雖無生滅《すいむしやうめち》」の般若、これ敬礼なり。この正当敬礼時《しやうたうきやうらいじ》、ちなみに「*施設可得《しせちかとく》」の般若現成《げんじやう》せり。いはゆる「戒定慧《かいちやうゑ》」乃至「度有情類《どうじやうるい》」等なり、*これを無といふ。無の施設、かくのごとく可得なり。これ「甚《じん》深微妙難測《みめうなんしき》」の般若波羅蜜なり。

天帝釈問テ二*具寿善現ニ一言ク、「大徳、若*菩薩摩訶薩、欲レ学バト二甚深般若波羅蜜多ヲ一、当ニ二如何サニ学一」。

《天帝釈《てんたいしやく》、具寿善現《ぐじゆぜんげん》に問《と》うて言《いは》く、「大徳《だいとく》、もし菩薩摩訶薩、甚深般若波羅蜜多を学ばんと欲《おも》はば、まさに如何《いかん》が学すべき」》

善現答言テク、「憍尸迦《けうしか》、若菩薩摩訶薩、欲レ学バト二甚深般若波羅蜜多一、当シ下如ニ二虚空一学ス上」。

《善現答《こた》へて言《いは》く、「憍尸迦《けうしか》、もし菩薩摩訶薩、甚深般若波羅蜜多を学ばんと欲《おも》はば、まさに虚空

のうちに止揚されることになる。
三枚・六枚・四枚　三世・六大（一切衆生の生ずるもと。本文中の最初五種は色蘊に分類される）・四威儀。
苾芻　比丘。
蘊　集積。下の「預流果」以下の四果については↓三二四頁注
独覚　師に依らず諸々の因縁の理を観じて覚りを得ること。独善的覚者の意で、縁覚と言われるもの。説法以前の釈迦牟尼もこれだった。「覚他」の功徳がない。
雖無生滅　右の経文中の一句。「雖」は省いて読む。
施設可得　「施設ノ得ベキ有リ」。施設は建立・発起等の義という。説法・戒律等はその一。
これを無といふ　右の経文中の五蘊四果両菩提三宝説法衆生済度の全体をさして無という。なぜならそれらは般若波羅蜜（彼岸に行きついた智慧）として、生滅なく非実体的なはずだからだ。が同時にそれらはその現実体として得らるべき、敬礼さるべき、行われる（施設される）べきものとしてあったものだ。即ち無でありながら現実的機能である。こういう般若波羅蜜は測り難い。
具寿善現　具寿は法寿をそなえた。長老の意だが、師長から後進の弟子を呼ぶときに用いる。四字で須菩提のこと。仏十大弟子の一。解空(げく)第一と称せられる。舎衛城の鳩留長

の如く学すべし」》

しかあれば、「学般若*」これ「虚空《こくう》」なり、虚空は学般若なり。

天帝釈、復白《テ》レ仏《ニ》言《サク》、「世尊、若善男子善女人等、於《テ》二此《ノ》所説甚深般若波羅蜜多《ニ》一、受持読誦《シ》、如理思惟《シ》、為《ニ》レ他《ノ》演説《セン》、我当《ニ》二云《キ》何而守護一。唯願《ハ》世尊、垂《レ》レ哀《ヲ》示レ教《ヲ》」。

《天帝釈、また仏に白《まう》して言《まうさ》く、「世尊、若し善男子《ぜんなんし》善女人等《ぜんにょにんとう》、此の所説の甚深般若波羅蜜多に於て、受持読誦し、如理《にょり》思惟《しゆい》し、他の為に演説せんに、我れまさに云何《いかん》が守護すべき。ただ願はくは世尊、哀《あい》を垂れ教《をしへ》を示したまへ」》

爾時《キ》具寿善現、謂《テ》二天帝釈《ニ》一言《ク》、「憍尸迦、汝《チ》見《ルヤ》レ有《ヲ》三法《ノ》可《キ》二守護《ス》一不《ナヤ》」。

《その時《とき》に具寿善現、天帝釈に謂《いっ》て言《いは》く、「憍尸迦、汝、法の守護すべき有るを見るや不《いな》や」》

天帝釈言《ク》、「不也《イナヤ》、大徳、我不《ズ》レ見レ有《ヲ》三法《ノ》是《レ》可《キ》二守護《ス》一《不《いな》なり、大徳、我れ法の是れ守護すべき有るを見ず》」。

善現言《ク》、「憍尸迦、若善男子善女人等、作*《バ》二如レ是説《ヲ》一、甚深般若波羅蜜多、即《コレ》為《ベシ》二守護《ス》一。若善男子善女人等、作*《サバ》レ如《ク》二所説《ノ》一、甚深般若波羅蜜多、常《ニ》不《ズ》二遠離一。当《ニ》レ知《ル》、一切人非人等、伺《シ》二求《グシテ》其便《ヲ》一、欲レ為《サント》二損害《ヲ》一、終《ニ》不レ能レ得《コト》。憍尸迦、若《シ》欲《バ》二守護《セント》一、作《ナスベシ》レ如《ク》二所説《ノ》一。甚深般若波羅蜜多、諸菩薩者《ハ》、無《シ》レ異《ナルコト》*レ為三欲守二護虚空《ト》二」。

《善現言《いは》く、「憍尸迦、若し善男子善女人等、是《かく》の如くの説をなさば、甚深般若波羅蜜多、即《これ》守護たるべし。若し善男子善女人等、所説の如くなさば、甚深般若波羅蜜多、常に遠離《をんり》せず。まさに

者の子。般若経典の対告(たいごう)者として登場する。

菩薩摩訶薩　菩提薩埵(最上智の衆生)と摩訶薩埵(大いなる衆生)の合成語。菩薩に同じ。

学般若これ虚空　般若(→一二頁注)はありはする、しかし実体はない。この経文の出所も前掲に同じ。

作如是説　如是は「次のような」の意。下の「いと深遠な到彼岸智をわれわれは守護せねばならぬ」をさす(入矢)。

作如所説　いま上に言った通りにすれば。

為欲　与欲とも言い、単に「欲」と同じで「…しようと思う」の意。(入矢)

知るべし、一切人非人《にんひにん》等、其の便《たより》を伺求《しぐ》して、損害を為《な》さんと欲《おも》はんに、終《つひ》に得《う》ること能《あた》はじ。憍尸迦、若し守護せんと欲《おも》はば、所説の如くなすべし。甚深般若波羅蜜多、諸菩薩は、虚空を守護せんと為欲《おも》ふに異なること無し」》しるべし、受持《じゆぢ》読誦《どくじゆ》、如理《により》思惟《しゆい》、すなはち守護般若なり。欲守護は、受持読誦等なり。

先師古仏云、 《先師《せんじ》古仏云《いは》く、

渾身似レ口掛リ二虚空ニ一、 渾身《うんしん》口に似て虚空に掛り、

不レ問ハ二東西南北ノ風ヲ一、 東西南北の風を問はず、

一*等為レ他談二般若ヲ一、 一等他の為に般若を談ず、

滴*丁東了滴丁東。 滴丁東了滴丁東《ていちんとんりやんていちんとん》》

これ仏祖嫡々《ちやくちやく》の談般若なり。渾身般若《うんしんはんにや》なり、渾他《うんた》般若《はんにや》なり、渾自般若なり、渾東西南北般若なり。

釈☆迦牟尼仏言ク、「舎利子、是レ諸ロノ有情、於テ二此ノ般若波羅蜜多ニ一、応シ下如ク二仏住ノ一供養シ礼敬シ思惟ス上。般若波羅蜜多、応レ如ク三供養シ礼敬スルガ二仏薄伽梵ヲ一。所以者何。般若波羅蜜多、不レ異ラ二仏薄伽梵ニ一、仏薄伽梵、不ズレ異二般若波羅蜜多ニ一。般若波羅蜜多ハ、即是仏薄伽梵ナリ。仏*薄伽梵ハ、即チ是レ般若波羅蜜多ナリ。何ヲ以ノ故ニ。舎利子、一*切如来応正等覚ハ、皆由二般若波羅蜜多ニ一得二出現一故。舎利子、一切ノ菩薩摩訶薩・独覚・阿羅漢・不還・一来・預流等、皆由二般若波羅蜜多ニ一得ルガ二出現スルコトヲ一故。舎利

一等為他 常に一様にひとのために。

滴丁東了滴丁東 風鈴音の擬声。

薄伽梵 有徳・能破(異論異説を破する能力の所有)・世尊・衆祐などと訳される諸仏の称号の一。イギリス訳では「神聖な」。

一切如来応正等覚 「応」はその化導する衆生に応じて姿を決めてゆく応身の意。「正等覚」も仏の意、上の「一切如来」と同格。如来は真如のままにこの世に来て真如を体現するひと。真如は、そのままで真理が具現されている存在様態。

十善業道 十悪(殺生・偸盗・邪婬・妄語・悪口・両舌・綺語・貪欲・瞋恚・邪見)を離れている、あるいはそれらの無い状態。積極的規定はない。

四静慮・四無色定 前者は四禅と同じとも説かれるし、四禅を修し終ったものの入る色界での「定」とも説かれる。(従ってこの意味では四諦を完全に体得実践しえたものの定ということになる。)いま後者をとれ

ば、追尋探求・分別推求・喜・楽を順次離脱することを可能にする「定」であり、これを修し終ると無色界に入る。そこでの「定」が無色界定。受想行識の四蘊しかない、従って空間性すらないこの世界での最後の定は非想非非想の境地にあるとされる。

五神通　天眼・天耳・他心・宿命・如意の各通力。ある種の修行者が持つ世の常ならぬ不可思議の力量。経文中では「一切世間」以下、それぞれの人を指している。

諸法は空相　以下『般若心経』の句。この相も〈性相〉の相(特質・性状)ととっていい。しかし相は可見のものなので、様相・相状の意味が派生する。梵語ではむしろ徴候の意が強い。「諸法空相」は諸法の相は空ととるのがいい。

奉観承事　まみえ、従い仕える。

夏安居　陰暦四(五)月十五日から七(八)月十五日の三ヵ月間、修行者が揃って精舎にこもり専心修行することをいう。雨安居とも言い、もと婆羅門が雨期みだりに出歩いて生類を欲せずして殺すのを忌むことから始まったという。この日付は「現成公按」の執筆より早い。

寛元二年　一二四四年。

宇　国士。

侍司　侍者寮のこと。

子、一切世間十善業道*・四静慮*・四無色定*・五神通*、皆由ニ般若波羅蜜多一得《ガ》ニ出現《コト》一故《ニ》」。

《釈迦牟尼仏の言《のたまは》く、「舎利子、是れ諸《もろもろ》の有情、此の般若波羅蜜多に於て、仏の住したまふが如く供養し礼敬《らいきやう》し、思惟すべし。般若波羅蜜多、応《まさ》に仏薄伽梵《ぶつばがぼん》を供養し礼敬《らいきやう》するが如くすべし。所以《ゆゑ》は何《いかん》。般若波羅蜜多は仏薄伽梵に異《こと》ならず、仏薄伽梵は般若波羅蜜多に異ならず。般若波羅蜜多は、即ち是れ仏薄伽梵なり。仏薄伽梵は、即ち是れ般若波羅蜜多なり。何を以ての故に。舎利子、一切の如来応正等覚は、皆《みな》般若波羅蜜多より出現することを得《う》るが故《ゆゑ》に。舎利子、一切の菩薩摩《ぼさつま》訶薩《かさつ》・独覚《どくかく》・阿羅漢《あらかん》・不還《ふぐゑん》・一来《いちらい》・預流《よる》等、皆《みな》般若波羅蜜多によりて出現することを得るが故に。舎利子、一切世間の十善業道《じふぜんごふだう》・四静慮《しじやうりよ》・四無色定《しむしきぢやう》・五神通《じんづう》、皆《みな》般若波羅蜜多によりて出現することを得るが故に》

しかあればすなはち、仏薄伽梵《ぶつばがぼん》は般若波羅蜜多なり、般若波羅蜜多は是諸法《ぜしよほふ》なり。この*諸法は空相なり、不生不滅なり、不垢不浄《ふくふじやう》、不増不減《ふぞうふげん》なり。この般若波羅蜜多の現成せるは、仏薄伽梵の現成せるなり。問取すべし、参取すべし。供養礼敬《くやうらいきやう》する、これ仏薄伽梵に*奉観承事《ぶこんしようじ》するなり、奉観承事の仏薄伽梵なり。

正法眼蔵摩訶般若波羅蜜多第二

爾時天福元年夏安居*日在観音導利院示衆

*寛元二年甲辰春三月廿一日侍越宇*吉峯精舎侍司*書写之　懐弉

正法眼蔵第三

仏《ぶつ》 性《しやう》

☆釈迦牟尼仏言《しやかむにぶつごん》、「一切衆生《いっさいしゅじやう》、悉有仏性《しつうぶつしやう》、如来常住《にょらいじやうぢゅう》、無有変易《むうへんやく》」。

これ、われらが大師釈尊《だいししやくそん》の師子吼《ししく》の転法輪《てんぼふりん》なりといへども、一切諸仏、一切祖師の頂𩕳《*ちんにん》眼睛《がんぜい》なり。参学しきたること、すでに二千一百九十年〈当日本仁治二年辛丑歳〉正嫡《しやうちやく》わづかに五十代〈至先師天童浄☆和尚〉西天二十八代、代代住持しきたり、東地二十三世、世世《せぜ》住持しきたる。十方の仏祖、ともに住持せり。

世尊道《せそんだう》の「一切衆生《いっさいしゅじやう》、悉有仏性《しつうぶつしやう》」は、その宗旨《そうし》いかむ。是什麼物恁麼来《ししもぶついんもらい》《是れ什麼物《なにもの》か恁《いん》麼《も》に来《きた》る》の*道転法輪《だうてんぼふりん》なり。あるいは衆生といひ、*有情《うじやう》といひ、群生《ぐんじやう》といひ、群類といふ、*悉有《しつう》の言《ごん》は衆生なり、群有《ぐんう》也。すなはち悉有*は仏性なり。悉有の一悉を衆生といふ。正《しやう》当恁麼時《たういんもじ》は、衆生の内外《ないぐゑ》すなはち仏性*の悉有なり。単伝する皮肉骨髄《ひにくこつずい》のみにあらず、*汝得《にょとく》吾皮肉骨髄《ごひにくこつずい》なるがゆへ《(ゑ)》に。

しるべし、いま仏性*に悉有せらるゝ有《う》は、有無《うむ》の有《う》にあらず。悉有は仏語なり、仏舌なり。仏祖眼睛なり、*衲僧鼻孔《なっそうびくう》なり。悉有の言《ごん》、さらに*始有《しう》にあらず、*本有《ほんぬ》にあらず、*妙有《めうう》等にあらず。いはんや*縁有《えんう》・*妄有《まうう》ならんや。心《しん》・境《きやう》・性《しやう》・相《さう》等にかゝはれず。しかあれば

頂𩕳眼睛　𩕳も頂。最高最要のもの。
道転法輪　道と転法輪と重複。これはどういうことなのか(「是什麼物恁麼来」の上四字活用)と問うべき仏所説。
有情　衆生。情・識あるもの。
悉有の言は衆生なり　上の一切のことばは衆生を言っているのだ。
悉有は仏性なり　衆生は群有であって悉有ではないという論理。それによって世尊道の四字を言いかえたもの。従って悉(有)である仏性は悉(有)の一分に過ぎない衆生より当然大きい。　**仏性の悉有**　悉有という形の仏性。有は存在。　**汝得吾皮肉骨髄**　(誰のものということなくまっすぐに相承されてゆく皮肉骨髄ばかりでなく)吾授け汝受くという風に個人格により分節されるそれもある。→四二六頁三行以下。　**仏性に悉有せらるゝ有**　仏性においてあらしめられている悉有(一切存在)の有(存在というもの)。　**衲僧鼻孔**　破衣綴衣の僧すなわち禅僧の真面目の意だが、衲僧は仏祖と同一化されている。　**始有**　そこで始めてある有。この有は存在でありつつ所有。　**本有**　本来の有。非時間的・形而上的有。　**妙有**　有であるとともに非有、従って無であるとともに無でもない存在。空なる有。　**縁有・妄有**　縁によって起る有と妄境界(色声香味触法の六境)の有。現実世界の有。

すなはち、*衆生悉有《しつう》の*依正《えしやう》、しかしながら*業増上力《ごふぞうじやうりき》にあらず、妄縁起《まうえんぎ》にあらず、*法爾《ほふに》にあらず、神通修証《じんづうしゆしよう》にあらず。もし衆生の悉有《しつう》それ業増上《ごふぞうじやう》および縁起《えんぎ》法爾《ほふに》等ならんには、諸聖《しよしやう》の証道《しようだう》および諸仏の菩《ぼ》提《だい》、仏祖の眼睛《がんぜい》も業増上力および縁起法爾なるべし。しかあらざるなり。尽界はすべて*客塵《かくぢん》なし、直下《ちよくか》さらに第二人あらず、直截根源人未識《ちきせつこんげんにんみしき》、忙忙《ばうばう》*業識幾時休《ごつしききじきう》《直《ちき》に根源を截《き》るも人未だ識《し》らず、忙忙たる業識《ごつしき》幾時か休せん》なるがゆへ(系)に。妄縁起の有にあらず、*偏界不曾蔵《へんかいふすんざう》のゆへに。偏界不曾蔵といふは、かならずしも満界是有《まんかいぜう》といふにあらざるなり。*偏界我有は外道の邪見なり。本有《ほんぬ》の有にあらず、亘古亘今《くわんこくわんこん》のゆへに。*始起の有にあらず、不受一塵のゆへに。*条々の有にあらず、*合取《がつしゆ》のゆへに。無始有《むしう》の有にあらず、是什《しし》麼物恁《もぶついんも》麼来《らい》のゆへに。*始起有《しきう》の有にあらず、*吾常心是道《ごじやうしんぜだう》のゆへに。まさにしるべし、悉有中に衆生*快便難逢《くわいびんなんふ》なり。悉有を会取《ういしゆ》することかくのごとくなれば、悉有それ*透体脱落《とうたいとつらく》なり。

仏性の言《ごん》をきゝて、学者おほく先尼外道《せんにぐゑだう》の我《が》のごとく邪計《じやけ》せり。それ、人にあはず、自己にあはず、師をみざるゆへなり。いたづらに*風火《ふうくわ》の動著《どうちや》する心意識を、仏性の覚知覚了とおもへり。たれかいふし*、仏性に覚知覚了ありと。覚者知者はたとひ諸仏なりとも、仏性は覚知覚了にあらざるなり。いはんや諸仏を覚者知者といふ覚知は、なんだちが云云《うんぬん》の邪《じや》解《げ》を覚知とせず、風火の動静《どうじやう》を覚知とするにあらず。たゞ*一両の仏面祖面、これ覚知なり。

往々に古老先徳、あるいは西天《さいてん》に往還《わうぐゑん》し、あるいは人天《にんでん》を化道《くゑだう》する、漢唐より宋朝にいたるまで、稲麻《たうま》竹葦《ちくゐ》のごとくなる、おほく風火の動著《どうちや》を仏性の知覚とおもへる、あはれむべし、学道《がくだう》*転疎《てんそ》なるによりて、いまの失誤あり。いま仏道の晩学初心、しかあるべからず。

衆生悉有 一切衆生の持つ。

依正 依報正報。環境世界と当の衆生。 **業増上力** ある業が因となって果の生ずる際その関係は単純でなく、因に相応しない果が生ずることがある。その関係に向上の方向を持たせる働き。本文は、その結果の意。

法爾 真理そのままであることを存在の方式とも様態ともしている存在。

客塵 よそから来たもの。塵は異物。心ばかりか境をも乱すもの。

業識 無智のために妄念が動くこと。また、因業の招く果報についての慮知。 **偏界不曾蔵** 感覚の対象ばかりでなく〈理性〉も、すべてが蔵されるところなく現われている。

偏界我有 「梵は我なり」というバラモンの教説。全存在は我であるという形で有なる我の所有である。

始起の有 そこで始めて生ずる有。「尽界」は、今さら何かを受けるというようなことはない(不受一塵)真如である。 **条々の有** 個別的な有。

合取 綜合的に一体化されている。取は十二因縁にいう倶生起の意にとる。 **始起有** 始めて生じた有。あるとき生じ始めた有。

吾常心是道 吾が常心、是道。ここで必要なのは常のみ。主格は「尽界」。

快便難逢 「下坡不走…」という二句の形で、早く土手を駈け降りないと便船に間に合わないぞの意。早くせよ、機を失するぞの意に転用(入

たとひ覚知を学習すとも、*覚知は動著にあらざるなり。たとひ動著を学習すとも、動著は恁麼にあらざるなり。もし真箇の動著を会取《ういしゆ》することあらば、真箇の覚知覚了を会取すべきなり。*仏之与性《ぶつしよしやう》、達彼《たつぴ》達此《たつし》なり。*仏性かならず悉有なり、悉有は仏性なるがゆへに。悉有は*百雑砕《はくざつすい》にあらず、悉有は*一条鉄にあらず。*拈拳頭《ねんけんてう》なるがゆへに、大小にあらず。すでに仏性といふ、諸聖《しよしやう》と斉肩《せいけん》なるべからず、*仏性と斉肩すべからず。

ある一類おもはく、仏性は草木《さうもく》の種子《しゆうじ》のごとし。法雨の*うるひしきりにうるほすとき、芽茎生長《げきやうしやうちやう》し、枝葉花菓《しえふくゑくわ》*もすことあり。果実さらに種子《しゆうじ》をはらめり。かくのごとく見解《けんげ》する、凡夫《ぼんぶ》の*情量なり。たとひかくのごとく見解すとも、種子および花果、ともに*条々の赤《せき》心《しん》なりと参究すべし。果裏に種子あり、種子みえざれども根茎《こんきやう》等を生ず。あつめざれどもそこばくの枝条大囲《だいゐ》となれる、*内外《ないぐゑ》の論にあらず、古今の時に*不空《ふくう》なり。しかあれば、たとひ凡夫の見解《けんげ》に一任すとも、根茎枝葉みな同生《どうしやう》し同死し、同悉有なる仏性なるべし。

仏言、「欲知仏性義《よくちぶつしやうぎ》、当観時節因縁《たうくわんじせついんねん》。時節若至《じせつにやくし》、仏性現前《ぶつしやうげんぜん》」。

《仏の言《のたま》はく、「仏性の義を知らんと欲《おも》はば、まさに時節因縁を観ずべし。時節若し至れば、仏性現前す」》

いま「仏性義をしらんとおもはゞ」といふは、たゞ知のみにあらず、行ぜんとおもはゞ、証せんとおもはゞ、とかむとおもはゞとも、わすれんとおもはゞともいふなり。かの説・行・証・*亡《まう》・錯《さく》・不錯《ふさく》等も、しかしながら時節の因縁なり。時節の因縁を観ずるには、時

矢)。ここでは「難逢」のみ有意。伝燈二十三明招謙章に出る。

透体脱落　透は跳・過。体を超越す。超関・透関・超関脱落等の語参照。

風火の動著　動を性としものを長大ならしめる要素(風)と、温熱を性としものを調熟せしめる要素(火)、この二要素の動かす。一七行目以下の「動著」は自動詞。

いふし　言っし。

たゞ一両の　個々現実の。

転疎　転はうたた。

覚知は動著に…　本来の覚知は動揺起滅するものであってはならない。次行の「恁麼」は、そういうもの、動著するもの。　**仏之与性達彼達此**　之与二字で「と」。仏・性の二者不二の強調。

仏性かならず悉有　仏性はかならず一切が持つという形で存在する。

百雑砕・一条鉄　紛々たる個別存在と、不可分の全一存在。

拈拳頭　単純至極なこと。それゆえ差別相のもとには捉えられない(大小にあらず)。

仏性と斉肩…　仏性に二つはない故。

うるひ　潤い。　**もす**　茂す。　**情量**　情識の思量。**条々の赤心**　それぞれそれからすべてが発する本質的なもの。　**内外の論**　内から育った、外から附け加わったなどという議論。

不空なり　実なり。実在である。

亡　忘か。

節の因縁をもて観ずるなり。払子《ほっす》・拄杖《しゅぢゃう》等をもて相観《さうくわん》するなり。さらに*有漏智《うろち》・無漏智《むろち》、本覚・始覚、無覚・正覚等の*智をもちゐるには観ぜられざるなり。

「当観」といふは、能観・所観にかゝはれず、正観《しゃうくわん》・邪観《じゃくわん》等に準ずべきにあらず、*これ当観なり。当観なるがゆへ(ゑ)に*不自観なり、*不他観なり。時節因縁*聻《にい》なり、超越因縁《てうをついんねん》なり。仏性聻《にい》なり、脱体《トッたい》仏性なり。*仏々聻《にい》なり、性々聻《しゃうしゃうにい》なり。

「時節若至《じせつにゃくし》」の道《だう》を、古今のやから往々におもはく、仏性の現前する時節の向後《きゃうこう》にあらんずるをまつなりとおもへり。かくのごとく修行しゆくところに、自然《じねん》に仏性現前の時節にあふ。時節いたらざれば、参師問法するにも、辦道功夫するにも現前せずといふ。恁麼《いんも》見取《けんしゅ》して、いたづらに*紅塵《こうぢん》にかへり、むなしく*雲漢《うんかん》をまぼる。かくのごとくのたぐひ、おそらくは*天然外道《てんねんげだう》の流類《るるい》なり。いはゆる「欲知仏性義」は、たとへば当知仏性義といふなり。「当観時節因縁」といふは、当知時節因縁といふなり。いはゆる仏性をしらんとおもはゞ、しるべし、時節因縁これなり。「時節若至《じせつにゃくし》」といふは、すでに時節いたれり、なにの*疑著《ぢゃ》すべきところかあらんとなり。疑著時節さもあらばあれ、*還我仏性来《ぐゑんがぶつしゃうらい》《我れに仏性を還し来れ》なり。しるべし、「時節若至」は、十二時中不空過なり。「若至」は、既至といはんがごとし。時節若至《じせつにゃくし》すれば、仏性不至《ぶつしゃうふし》なり。しかあればすなはち、時節すでにいたれば、これ仏性の現前なり。あるいは*其理《ごり》自彰《じしゃう》なり。おほよそ時節の若至せざる時節いまだあらず、仏性の現前せざる仏性あらざるなり。

有漏智　世俗智。煩悩のけがれを持った智で、惑いの根源を断ち切れない。「無漏智」は出世間智で、そのまま解脱涅槃の内容とされる。

智をもちゐるには…　以上のものの主体である智は、これを用いると言われる以上実体化され、境を客体視するはずだから。

これ当観なり　かれこれ限定辞のついた観ではない。仏のいう観だ。

不自観・不他観　自にあらざる観、他にあらざる観。

聻　→一三一頁注

仏々聻なり性々聻なり　仏性という概念を突き崩し、しかしまたそれらであるという暗示的表現。

紅塵　紅は色蘊の強調。塵は塵界。

雲漢　天の河。「まぼる」は見守る。

天然外道　自然外道。→四三四頁注

疑著　疑う。次の句は、「時節を疑うならそれはそれでこの際いいとして」。

還我仏性来　「来」は「還」という動作が話者の方を指向することを示す(入矢)。必要なのは「仏性来」のみ。

其理　『聯燈会要』百丈語に則れば、仏性の理を識るのに時節因縁を観ぜねばならぬとする、その理。ここでは冗辞。

第十二祖☆馬鳴尊者《めみやうそんじや》、十三祖のために仏性海《ぶつしやうかい》をとくにいはく、「山河大地皆依建立《せんがだいちかいえこんりふ》、三昧《さんまい》*六通由茲発現《ろくづうゆうじはつげん》《山河大地皆依つて建立し、三昧六通茲《これ》に由つて発現す》」。

しかあれば、この山河大地みな仏性海なり。「皆依建立《かいえこんりふ》」といふは、建立せる正当恁麼時《しやうたういんもじ》、これ山河大地なり。すでに皆依建立といふ、しるべし、仏性海のかたちはかくのごとし。さらに*内外中間《ないぐゑちゆうげん》にかゝはるべきにあらず。恁麼ならば、山河をみるは仏性をみるなり、仏性をみるは*驢腮馬觜《ろさいめし》をみるなり。「皆依」は全依《ぜんえ》なり、*依全《えぜん》なりと会取《ういしゆ》し、不会取《ふういしゆ》するなり。

「三昧六通由茲発現《さんまいろくづうゆうじはつげん》」。しるべし、諸三昧の発現未現、おなじく皆依仏性なり。全六通の由茲不由茲、ともに皆依仏性なり。六神通はたゞ*阿笈摩教《あぎふまけう》にいふ六神通《ろくじんつう》にあらず。六といふは、*前三々後三々《ぜんさんさんごさんざん》を六神通ハラ蜜といふ。しかあれば、六神通は明々百草頭*、明々仏祖意なりと参究することなかれ。六神通に滞累《たいるい》*せしむといへども、仏性海の朝宗《てうそう》に罣礙《けいげ》するものなり。

五祖大満禅師☆、蘄州黄梅*人也。無レ父而生、童児得レ道、乃栽松道者也。初在二蘄州西山一栽レ松、遇二四祖出遊一。告二道者一、「吾欲レ伝二法与一レ汝、汝已年邁。若待二汝再来*一、吾尚遅レ汝」。《五祖大満禅師は、蘄州黄梅《きしうわうばい》の人なり。父無くして生る、童児にして道を得たり、乃ち栽松道者なり。初め蘄州の西山に在りて、松を栽《う》ゑしに、四祖の出遊に遇ふ。道者に告ぐ、「吾れ汝に伝法《でんぱふ》せんと欲《おも》へば、汝已《すで》に年邁《す》ぎたり。若し汝が再来を待たば、吾れ尚《なほ》汝を遅《ま》つべし」》

師諾。遂往二周氏家女一托生。因抛二濁港中一。神物*護持、七日不レ損。因収養矣。至二七歳一

六通　六神通。普通は既出五神通に、漏尽通が加わったもの。漏尽通は煩悩(漏)を去って迷い無きに至る自在の(通)力。

内外中間に…　方位方角などの規定は受けない。

驢腮馬觜　驢馬のあご、馬の口先。取り立てていうことない個物。

依全なりと…不会取…　全依をひっくり返して依全と言ったのは、右の馬鳴道の存在の関係が相互的で断絶ないことを提示するため。さりとてその会得で満足し停止してしまってはならぬので、以下の表現が出る。

阿笈摩　阿含。接近・到着・学習などの義。万法ここに帰する意という。

前三々後三々　六をひらいて三々、一なるものをひらいて前後とした。「六神通ハラ蜜」は六神通そのもの。

明々百草頭…　明々は一つ一つ明らかの意。百草頭は感覚的現実界の個物。頭は名詞に添えて語声を助ける助辞。仏祖意は真理。その二つは相即のものだという表現。「六神通」をこのような「真如」の姿と思うな。

せしむといへども　せば。「しむ」については→一四頁「昏ぜざらしむることは」注。

黄梅　湖北省黄梅県の北西。

待汝再来　もしお前がもう一度この世に生れかわって来ることになったらの意。(入矢)

神物　物は類の意。

為㆓童子㆒、於㆓黄梅路上㆒逢㆓四祖大医禅師㆒。☆

《師諾す。遂に周氏家の女《むすめ》に往《ゆ》いて托生《たくしやう》す。因《ちな》みに濁港《ぢよくかう》の中に抛《す》つ。神物《じんもつ》護持して七日損ぜず。因《ちな》みに収《と》りて養《やしな》へり。七歳に至るまで童子たり、黄梅路上に四祖大医禅師に逢ふ》

祖見㆑師、雖㆓是小児㆒、骨相奇秀、異㆓乎常童㆒。

《祖、師を見るに、是れ小児《せうに》なりと雖も、骨相奇秀、常の童《わらはべ》に異なり》

祖見問曰《みてとうていはく》、「汝何姓《汝何《いか》なる姓ぞ》」。

師答曰《こたへていはく》、「姓即有、不㆓是常姓㆒《姓《しやう》は即ち有り、是れ常の姓にあらず》」。

祖曰、「是何姓《是れ何《いか》なる姓ぞ》」。

師答曰、「是仏性《是れ仏性》」。

祖曰、「汝無㆓仏性㆒《汝に仏性無し》」。

師答曰、「仏性空故、所以言㆑無《仏性空なる故に、所以《ゆゑ》に無《む》と言ふ》」。

祖識㆓其法器㆒、俾㆑為㆓侍者㆒、後付㆓正法眼蔵㆒。居㆓黄梅東山㆒、大振㆓玄風㆒。

《祖、其の法器なるを識《し》つて、侍者たらしめて、後に正法眼蔵を付す。黄梅東山に居《こ》して、大きに玄風を振ふ》

しかあればすなはち、祖師の道取を参究するに、「四祖いはく汝何姓《によかしやう》」は、その宗旨《そうし》あり。*むかしは何国人《かこくじん》の人《じん》あり、何姓《かしやう》の姓《しやう》あり。なんぢは何姓《かしやう》と*為説《ゐせつ》するなり。たとへば吾亦如《ごやくによ》是《ぜ》、汝亦如是《によやくによぜ》と道取するがごとし。

五祖いはく、「姓即有《しやうそくう》、不是常姓《ふぜじやうしやう》」。*いはゆるは、*有即姓《うそくしやう》は常姓にあらず、常姓は即有に

むかし　何国の人なりやというような問の発せられた国家分裂の時代。

為説　(相手に)説く。「吾亦如是、汝亦如是」はここでは初対面の相手を確認するときにいう言葉の一例として挙げられたまでだろう。

いはゆるは　いはるるは。

有即姓…不是なり　最初の主語がすでに提示の言回しの顚倒。それによって提示「姓即有」の有性は奪われ、非非有の性格を持つ。姓一般であることを否定され、わが姓になったとも言える。この文の属詞だった「常姓」は第二の文の主格としても、「(即)有でない」と否定される。(是は繫辞、入矢。)姓一般も常姓も吾姓も否定され「空」が現ずる。

何は是なり…これ姓なり　ここでは是は指示代名詞として用いられている。疑問形容詞「何」が属詞でありつつ先行する主格「是」を自己自身としつつ喚起する。しかもそのことが「姓」そのものとして現成する。非実体的なものの止むことない生動・現成力の提示。(道元が「是」をどう解しているのか不審。入矢。)

何ならしむる…何の能なり　対格の「姓を」が略されている。姓を指して何と問うのは、是という指示代名詞あればこそ。是と言って指示させるのは何という疑問のはたらきだ。

蒿湯　字面から想像する他ない。

是は何姓…仏姓なり　是の言を究めると言って何の

不是なり。

「四祖いはく是《ぜ》何《か》姓《しやう》」は、*何《か》は是なり、是を何《か》しきたれり。これ姓《しやう》なり。*何ならしむるは是のゆへ《(ゑ)》なり。是ならしむるは何の能なり。姓は是《ぜ》也《や》、何《か》也《や》なり。これを*蒿《かう》湯《たう》にも点ず、茶湯にも点ず、家常の茶《さ》飯《はん》ともするなり。

五祖いはく、「是《ぜ》仏《ぶつ》姓《しやう》」。いはくの宗《そう》旨《し》は、是《ぜ》は仏性なりとなり。何《か》のゆへに仏なるなり。*是《ぜ》は何姓のみに究《きう》取《しゆ》しきたらんや、是すでに不是のとき仏姓なり。しかあればすなはち是《ぜ》は何《か》なり、仏《ぶつ》なりといへども、*脱《とつ》落《らく》しきたり、*透《てう》脱《とつ》しきたるに、かならず姓《しやう》なり。その姓すなはち周なり。しかあれども、父にうけず祖にうけず、母《も》氏《し》に相《さう》似《じ》ならず、*傍観に斉肩ならんや。

四祖いはく、「汝無仏性」。いはゆる道取は、汝はたれにあらず、*汝に一任すれども、無仏性なりと開演するなり。しるべし、学すべし、いまはいかなる時節にして無仏性なるぞ。仏《ぶつ》頭《てう》にして無仏性なるか、仏向上にして無仏性なるか。*七通を逼《ひつ》塞《そく》することなかれ、*八達を摸《ぼ》捺《さく》することなかれ。無仏性は*一時の三昧なりと修《しゆ》習《じふ》することもあり。*仏性成《じやう》仏《ぶつ》のとき無仏性なるか、*仏性発心のとき無仏性なるかと問取すべし、道取すべし。露《ろ》柱《しゆ》をしても問取せしむべし、*露柱にも問取すべし、仏性をしても問取せしむべし。

しかあればすなはち、無仏性の道《だう》、はるかに四祖の祖室よりきこゆるものなり。黄《わう》梅《ばい》に見《けん》聞《もん》し、*趙《でう》州《しう》に流《る》通《づう》し、大《だい》潙《ゐ》に挙《こ》揚《やう》す。無仏性の道《だう》、かならず精《しやう》進《じん》すべし、*趑《し》趄《そ》することなかれ。無仏性*たどりぬべしといゐ《(へ)》ども、何《か》なる標《へう》準《じゆん》あり、汝《によ》なる時節あり、是《ぜ》なる*投機

姓ぞということにばかり限定していいだろうか。是は不是常姓と言われた場合のように否定されると、仏性として現われる。(仏姓と書かれているのは、仏という姓の意だろう。) **脱落・透脱** 何また仏としての是も、そうであることへの執着を捨て、面目一新すれば、姓である。何もないという意味の無が現ずるわけではない。 **傍観** 任意の他者。 **汝に一任すれども** 汝が(誰でもなく)、正に汝だとしても。 **七通・八達** いずれも仏語ではなかろう。 **一時** あるとき。 **仏性成仏・仏性発心** 仏性は現在の問題の成立つ場を示す修飾語。 **露柱にも…** 石頭希遷が「いかなるかこれ祖師西来意」と問われたときの語。(入矢) **趙州** 河北省趙県。 **趑趄** 立ちもとおる。行き悩む。 **たどりぬべしといゐども** 分ろうとして頭を悩ますことがあるとしても。以下のような条件の下では「直趣」(まっすぐ目標に到達)できる。 **投機** 展事投機と熟す。言葉で事柄をのべ、対者の証悟を成就せしめる機(刹那)の、しかし深処より発する気ばたらきをとらえ、有効ならしめる。前後の何汝是周の一々の区別にこだわるには及ばない。ある標準を持ち、ある時節を得、ある投機にめぐまれ、ある同生ある故に。「同生」は周姓のものと同生している、即ち人間であるという意味。

あり、周なる同生《どうしやう》あり、直趣《ちきしゆ》なり。

五祖いはく、「仏性空故《ぶつしやうくうこ》、所以《しよい》言無《ごんむ》」。*あきらかに道取す、空は無にあらず。仏性空を道取するに、半斤《はんぎん》といはず、八両といはず、無と言取するなり。空なるゆへ《(ゑ)》に空といはず、無なるゆへに無といはず、仏性空《くう》なるゆへに無《む》といふ。しかあれば、*無の片々は空を道取する標榜《へうばう》なり、*空《くう》は無を道取する力量なり。*いはゆるの空は、色即是空《しきそくぜくう》の空にあらず。色即是空といふは、色《しき》を強為《かうゐ》して空《くう》とするにあらず、空《くう》をわかちて色《しき》を*作家《そか》せるにあらず。*空是空《くうぜくう》の空なるべし。空是空の空といふは、空裏《くうり》一片石《いっぺんせき》なり。しかあればすなはち、仏性無と仏性空と仏性有と、*四祖五祖、問取道取。

*震旦《しんだん》第六祖☆曹谿山大鑒《さうけいざんだいかん》禅師、そのかみ黄梅山に参ぜしはじめ、五祖とふ、「なんぢいづれのところよりかきたれる」。

六祖いはく、「嶺南人《れいなんじん》なり」。

五祖いはく、「きたりてなにごとをかもとむる」。

六祖いはく、「作仏《さぶつ》をもとむ」。

五祖いはく、「*嶺南人無仏性《れいなんじんむぶつしやう》、いかにしてか作仏せん」。

この「嶺南人無仏性」といふ、嶺南人は仏性なしといふにあらず、嶺南人は仏性ありといふにあらず、嶺南人、無仏性となり。「いかにしてか作仏《さぶつ》せん」といふは、いかなる作仏をか期《ご》するといふなり。

あきらかに…無にあらず　五祖道の論法は空と無の別を根拠としてはじめて成立つ。「空」は固定的実体性の否定撥無された状態。これに対して無は梵語の阿字(それのつく語の意味を否定、その内容の無いことを示す接頭辞)の訳。

無の片々　個々の無(否定される存在)。

空は無を　もろもろの無から空が帰納されるのと反対に空から無が演繹されるということ。五祖道は空として捉えた普遍的存在たる仏性を個体に即して無と言ったもので、論理的。

いはゆるの空は…　ここでいう空は、感覚的外界は空だ(なんら実体ではない)という意味の空ではない。

作家　元来は力量ある明眼の師家。ここでは家には意味がない。存在全体の相である空を、分別智によって造作して色とするの意。

空是空の空　前の「色即是空」の空を受けている。それが、同語反覆で言い現わすのが適切な個々の存在の一々について言うべき空だという意味。それを「空裏一片石」と言いかえるのは、摑みがたいあやふやなものではなく明確な事実だという意味。これに対して仏性の空は同語反覆によって実体化し個体化するわけに行かないものである。それは無とも空とも有とも言えるし、また言えない。

四祖五祖問取道取　右の次第で問答

おほよそ仏性の道理、あきらむる先達《せんだち》すくなし。諸阿笈摩教《しよあぎふまけう》および経論師《きやうろんじ》のしるべきにあらず。仏祖の児孫《じそん》のみ単伝するなり。仏性の道理は、仏性は成仏《じやうぶつ》よりさきに具足せるにあらず、成仏よりのちに具足するなり。仏性かならず成仏と同参するなり。この道理、よく〳〵参究功夫《くふう》すべし。三二十年も功夫参学すべし。*十聖三賢《じつしやうさんげん》のあきらむるところにあらず。衆生有仏性《しゆじやううぶつしやう》、衆生無仏性《しゆじやうむぶつしやう》と道取する、この道理なり。成仏以来に具足する法なりと参学する正的《しやうてき》なり。かくのごとく学せざるは、仏法にあらざるべし。かくのごとく学せずは、仏法あへて今日にいたるべからず。もしこの道理あきらめざるには、成仏をあきらめず、見聞せざるなり。このゆへに、五祖は*向他道《かうただう》するに、「嶺南人、無仏性」と為道《ゐだう》するなり。見仏聞法の最初に、難得難聞《なんてなんもん》なるは衆生無仏性なり。或従知識《わくじゆうちしき》、或従経巻《わくじゆうきやうぐわん》するに、きくことのよろこぶべきは衆生無仏性なり。一切衆生無仏性を、見聞覚知に参飽《さんぱう》せざるものは、仏性いまだ見聞覚知せざるなり。六祖もはら作仏をもとむるに、五祖よく六祖を作仏せしむるに、他の道取なし、善巧《ぜんげう》なし。たゞ「嶺南人、無仏性」といふ。しるべし、*無仏性の道取聞取、これ作仏の直道《ちきだう》なりといふことを。しかあれば、無仏性の正当恁麼時《しやうたういんもじ》、すなはち作仏なり。無仏性いまだ見聞せず、道取せざるは、いまだ作仏せざるなり。

六祖いはく、「人有南北《にんうなんぼく》なりとも、仏性無南北《ぶつしやうむなんぼく》なり」。この道取を挙《こ》して、句裏を功夫すべし。南北の言《ごん》、まさに赤心に照顧《せうこ》すべし。六祖道得《だうて》の句に宗旨《そうし》あり。いはゆる人は作仏すとも、仏性は作仏すべからずといふ*一隅の搆得《こうとく》あり。六祖これをしるやいなや。

四祖五祖の道取する無仏性の道得《だうて》、はるかに*罣礙《けいげ》の力量ある一隅をうけて、迦葉仏《かせふぶつ》およ

往来することとなったという意味の表現。しかし言葉にとらわれる煩わしさを自ら断ち、ひとにも断てと言っている。

震旦　インドでの中国の呼称の音訳。

嶺南人無仏性　主客をわけその間の関係の有無を論ずる見とは異るという意味で言われた不可分の一語。嶺南は南中国。

十聖三賢　仏となるまでの菩薩の位。

↓九三頁注

向他道　他に向って道う。下の「為道」は為に(向って)道う。

無仏性　さきの仏性無が仏性がその全体であるような世界での無、空なる仏性を帰納できるような個々の無だったのに対し、ここでは無仏性が問答の主題だということで示されるように無が全体を覆い、その中に仏性が(無として)ある。

一隅の搆得　搆は牽。ひとをひきとめる一箇所。南北のない、空間性のないところでは作仏であろうと何であろうと、「作」ということはなくなる。次行の「一隅をうけて」で、時間性否定の思考が提示される。

罣礙　さまたぐ。搆得と同意。

び釈迦牟尼仏等の諸仏は、作仏《さぶつ》し転法《てんぼふ》するに、悉有仏性と道取する力量あるなり。悉有の有《う》、なんぞ無無《むむ》の無《む》に*嗣法せざらん。しかあれば、無仏性の語、はるかに四祖五祖の室よりきこゆるなり。このとき、*六祖その人ならば、この無仏性の語を功夫すべきなり。「有無の無はしばらくおく、いかならんかこれ仏性」と問取すべし、「なにものかこれ仏性」とたづぬべし。いまの人も、仏性ときゝぬれば、「いかなるかこれ仏性」と問取せず、仏性の有無等の義をいふがごとし、これ倉卒《さうそつ》なり。しかあれば、*諸無の無は、無仏性の無に学すべし。六祖の道取する「人有南北、仏性無南北」の道《だう》、ひさしく再三*撈摝《らうろく》すべし、まさに撈《らう》波子《ぼす》に力量あるべきなり。六祖の道取する「人有南北、仏性無南北」の道、しづかに*拈放《ねんぱう》すべし。おろかなるやからおもはくは、人間には*質礙《ぜつげ》すれば南北あれども、仏性は*虚融《こゆう》にして南北の論におよばずと、六祖は道取せりけるかと推度《すいたく》するは、*無分の愚蒙《ぐまう》なるべし。この邪解《じやげ》を抛却《はうきやく》して、*直須勤学《ちきしゆごんがく》すべし。

六祖示二門人行昌☆一云、「無常者即仏性也、有常者即善悪一切諸法分別心也」。

《六祖、門人行昌《ぎやうしやう》に示して云く、「無常は即ち仏性なり、有常は即ち善悪一切諸法分別心なり」》

いはゆる六祖道の無常は、外道二乗等の測度《しきたく》にあらず。二乗外道の*鼻祖鼻末《びそびまつ》、それ無常なりといふとも、かれら窮尽《ぐうじん》すべからざるなり。しかあれば、無常のみづから無常を説著《せつちや》、行著《ぎやうちや》、証著《しようちや》せんは、みな無常なるべし。今以《こんい》現自《げんじ》身得度《しんとくど》者《しや》、即現自《そくげんじ》身而《しんに》為《ゐ》説法《せつぽふ》《今、自身を現ずるを以て得度すべき者には、即ち自身を現じて而も為に法を説く》なり。これ仏性なり。さら

嗣法　嗣字のみ有意。あとをつぐ。連続する。「無無の無」は無きこと無しと言われる「無」。無仏性の無に等しい。

六祖その人ならば　六祖が六祖であるなら。

諸無の無　もろもろの無の意味する無。

撈摝　両字とも水中のものを取ること。「撈波子」はたものごときか。魚は入らず水のみ撈うことになるかも知れないが、徒労を恐れず努力するの義か。

拈放　把定放行。把定はしっかり捉えて放さない、放行は自由に行動させる(入矢)。あわせて、緩急寛厳さまざまにやってみるの意。

質礙　五蘊のうち色には変壊質礙の意味があるとされる。質礙は形質あり礙える性質のあること。

虚融　実体性なく融通無礙。

無分　見さかいの無いこと。

直須勤学すべし　須とべしは重複。

鼻祖鼻末　鼻祖は普通にいう。それによって解せよ。

或現　相手次第であるいは…。

常聖　常住聖者たるもの。冒頭の「如来常住」に呼応。

常凡聖ならんは　それがもし無常凡聖でなく常凡聖だとすると、それは。凡は冒頭の「衆生」に相対する。

小量の愚見・測度の管見　常聖常凡はそのまま常に聖・凡でありつつ、

に*或現長法身《わくげんちやうほつしん》、或現短法身《わくげんたんほつしん》なるべし。*常聖《じやうしやう》これ無常なり、常凡《じやうぼん》これ無常なり。*常凡聖ならんは仏性なるべからず。*小量の愚見なるべし、*測度《しきたく》の管見《くわんけん》なるべし。*仏者小量身也《ぶつしやせうりやうしんや》、性者《しやうしや》小量作也《せうりやうさや》。このゆへ(ゑ)に六祖道取す、「無常者仏性也《むじやうしやぶつしやうや》」。

常者《じやうしや》*未転《みてん》なり。未転といふは、たとひ能断と変ずとも、たとひ*所断と化《くゑ》すれども、かならずしも*去来《こらい》の蹤跡《しようせき》にかゝはれず、ゆへに常なり。

しかあれば、草木叢林の無常なる、すなはち仏性なり。人物身心《にんもつしんじん》の無常なる、これ仏性なり。国土《こくど》山河《せんが》の無常なる、これ仏性なるによりてなり。阿耨多羅《あのくたら》三藐三菩提《さんみやくさんぼだい》これ仏性なるがゆへに無常なり、*大般涅槃《だいはつねはん》これ無常なるがゆへに仏性なり。もろ〳〵の二乗の小見および経論師の*三蔵等は、この六祖の道《だう》を驚疑怖畏《きやうぎふゐ》すべし。もし驚疑せんことは、*魔外《まぐゑ》の類なり。

第十四祖竜樹☆尊者、梵云二那伽閼刺樹那一。唐云二竜樹亦竜勝一、亦云二竜猛一。西天竺国人也。至二南天竺国一。彼国之人、多信二*福業一。尊者為説二妙法一。聞者遞相謂曰、「人有二福業一、世間第一。徒言二仏性一、誰能覩レ之」。

《第十四祖竜樹《りゆうじゆ》尊者、梵《ぼん》に那伽閼刺樹那《ながありじゆな》と云ふ。唐には竜樹また竜勝と云ふ、また竜猛《りゆうみやう》と云ふ。西《さい》天竺国《てんぢくこく》の人なり。南天竺国《なんてんぢくこく》に至る。彼《か》の国の人、多く福業《ふくごふ》を信ず。尊者、為《ため》に妙法を説く。聞く者、遞相《たがひ》に謂《い》つて曰く、「人の福業有る、世間第一なり。徒《いたづ》らに仏性を言ふ、誰か能《よ》く之れを覩《み》たる」》

尊者曰《いはく》、「汝欲レ見二仏性一、先須レ除二*我慢一」《汝仏性を見んと欲《おも》はば、先づ須《すべか》らく我慢を除くべし》」。

しかも仏性の現われだとするのは。

仏者小量身也… 右のごとき見解をもって捉えられた仏身は小量だし、仏性は小量の作略造作にとどまる。

転 転依の略か。凡夫が生死に執着し、二乗が涅槃に執着する依止(熏習)を転じて、それら生死・涅槃の分別相対性から、真の涅槃を体得し悟界に入るのを転依という。この転依に四義があり、その第一の能転道(「道」は智慧の意)が能伏道と能断道に分れる。この場合、伏の対象は日常的煩悩と仏法にかかわる執着の現勢二種であり、これを打ち伏せる。断はそれらの原因となるものを取り除くこと。

所断と化すれども 能断道によって化導されるべきもの、凡夫の姿をとってこの世に現われても。

去来の蹤跡に 来たとか去ったとかいう際の足跡のような変移の各局面が残す固定的な形相とかかりあいにはならない。「無有変易」である。

大般 偉大にして完全な。

三蔵 経・律・論。ここではこれらに精通したひと。

魔外 魔類・外道。

福業 福徳をまねく所業。

我慢 七慢の一乃至四煩悩の一。我というものがあり、それこそが拠りどころだと執して、誇らかに振舞う。倨傲。

彼人曰、「仏性大耶小耶《仏性大なりや小なりや》」。

尊者曰、「仏性非レ大非レ小、非レ広非レ狭、無レ福無レ報、不死不生《仏性は大に非ず小に非ず、広に非ず狭に非ず、福無く報無く、不死不生なり》」。

彼聞二理勝一、悉廻二初心一。

《彼、理の勝《すぐ》れたることを聞いて、悉《ことごと》く初心を廻《めぐ》らす》

尊者復於二坐上一現二自在身一、如二満月輪一。一切衆会、唯聞二法音一、不レ観二師相一。

《尊者、また坐上に自在身を現ずること、満月輪《まんぐわつりん》の如し。一切衆会《しゆゑ》、唯《ただ》法音のみを聞いて、師相を観《み》ず》

於二彼衆中一、有二長者子☆迦那提婆一、謂二衆会一曰、「識二此相一否」。

《彼の衆《しゆ》の中に、長者子迦那提婆《ちやうじやしかなだいば》有り、衆会に謂《い》つて曰く、「此の相を識るや否や」》

衆会曰、「而今我等目所レ未レ見、耳無二所聞一、心無二所識一、身無二所住一《而今《いま》我等《われら》目に未だ見ざる所、耳に所聞無く、心《しん》に所識無く、身に所住無し》」。

提婆曰、「此是尊者、現二仏性相一、以示二我等一。何以知レ之。蓋以三無相三昧形如二満月一。仏性之義、廓然*虚明*《此れは是れ尊者、仏性《ぶつしやう》の相を現じて、以て我等に示すなり。何を以てか之れを知る。蓋《けだ》し、無相三昧《むさうざんまい》は形満月《かたちまんぐわつ》の如くなるを以てなり。仏性の義は廓然《くわくねん》として虚明《こめい》なり》」。

言訖輪相即隠。復居二本坐一、而説レ偈言、

《言ひ訖《をは》るに、輪相即《すなは》ち隠る。また本坐に居《こ》して、偈《げ》を説いて言《いは》く》

身現二円月相一、以表二諸仏体一、　《身《しん》円月相を現じ、以て諸仏体を表《へう》す、

廓然　廓は大、また、うつろの意。

虚明　人気ないところに一つ明るくとぼっている。

不可数量　数は動詞。

除法　除くについて用いるべき法。

眼見目観　肉眼が見ること。上にい

説法無二其形一、用辯非二声色一。　説法其《そ》の形《かたち》無し、用辯声色《ようべんしやうしき》に非ず》

しるべし、真箇の「用辯《ようべん》」は「声色《しやうしき》」の即現にあらず、真箇の「説法」は「無其形《むごぎやう》」なり。尊者かつてひろく仏性を為説《ゐせつ》する、*不可数量《ふかしゆりやう》なり。いまはしばらく一隅《ぐう》を略挙《りやくこ》するなり。

「汝欲見仏性《によよくけんぶつしやう》、先須除我《せんしゆぢよが》慢《まん》」。この為説の宗旨《そうし》、すごさず辦肯《はんけん》すべし。見《けん》はなきにあらず、その見これ除我慢なり。我《が》もひとつにあらず、慢《まん》も多般なり、*除法また万差《ばんしや》なるべし。しかあれども、これらみな見仏性なり。*眼見目覩《げんけんもくと》にならふべし。

「仏性非大非小」等の道取、よのつねの凡夫二乗に*例諸《れいしよ》することなかれ。*偏枯《へんこ》に仏性は広大ならんとのみおもへる、邪念をたくわ《(は)》ゐ《(へ)》きたるなり。大にあらず小にあらざらん正当《しやうたう》恁麼時《いんもじ》の道取に*罣礙《けいげ》せられん道理、いま聴取《ちんしゆ》するがごとく思量すべきなり。思量なる聴取を使得《すて》するがゆへ《(ゑ)》に。

しばらく尊者の道著《だうぢや》する偈《げ》を聞取すべし、いはゆる「身現円月相《しんげんゑんぐわつさう》、以表諸仏体《いへうしよぶつたい》」なり。すでに「諸仏体」を「*以表《いへう》」しきたれる「身現」なるがゆへに「円月相」なり。しかあれば、一切の長短方円、この身現に学習すべし。身《しん》と現《げん》とに*転疎《てんそ》なるは、円月相にくらきのみにあらず、*諸仏体にあらざるなり。愚者おもはく、尊者かりに化身《くゑしん》を現ぜるを円月相といふとおもふは、仏道を相承《さうじよう》せざる儻類《たうるい》の邪念なり。いづれのところのいづれのときか、*非身の他現ならん。まさにしるべし、このとき尊者は高座せるのみなり。身現の儀は、いまのたれ人も坐せるがごとくありしなり。この身、これ円月相現《ゑんぐわつさうげん》なり。身現は方円《はうゑん》にあらず、有無《うむ》にあらず、隠顕《おんけん》にあらず、*八万四千蘊《うん》にあらず、たゞ身現なり。円月相といふ、

う見仏性は肉眼による見に準じて理解せよ、静かな澄んだ眼には何でも映るの意。
例諸　諸は之於。これに例(比)す。
偏枯　半身不随をもいうし、恩沢の一方に偏り、他方に及ばざるをもいう。半可通でというに等しかろう。
罣礙せられん　引きとめられ、本来の姿を示すの意。
以表し　以は冗辞。この造語法は、一つの句をなすための諸品詞の表わす現実の諸事象、いずれも独立しつつ他と融合し、また他を現成させるものだという存在観を提示するための一手段と言えよう。
転疎　転はむしろ冗辞に類する。
諸仏体にあらざるなり　「諸」はここでは冗辞。本体と顕現の関係に疎いものは仏ではありえないのだ。「仏体」は「体」としての仏の意。
非身の他現　現実身にあらざるものが他(これも身の対語)のものとなって現われた。
八万四千蘊　八万四千は仏教で数の大なることを現わす数字。いわれについては諸説あり。「蘊」四〇頁既出。

説細説麤月　上の「這裏云々」から一句をなす(入矢)。これが一体どうのこうの(細いとか太いとか)言えるところですか。言詮を絶した月。↓一八八頁九行。
先須除我慢なるがゆへに　先須は冗辞。
以表するが

這裏《しやり》是《し》甚麼《しも》処在《しよざい》、*説細説麤月《せつさいせつそぐわつ》《這裏《しやり》是れ甚麼《なに》の処在《しよざい》ぞ、細《さい》と説き、麤《そ》と説く月》なり。この身現《しんげん》は、*先須除我慢《せんしゆぢよがまん》なるがゆへ《（ゑ）》に、竜樹にあらず、諸仏体なり。*以表するがゆへに諸仏体を透脱《とう》す。しかあるがゆへに、*仏辺《ぶつぺん》にかゝはれず。*仏性の「満月《まんぐわつ》」を「形如《ぎやうによ》」する「虚明《こめい》」ありとも、「円月相」を排列《はいれつ》するにあらず。いはんや「用辯《ようべん》」も「声色《しやうしき》」にあらず、「身現」も*色心《しきしん》にあらず、*蘊処界《うんじよかい》にあらず、蘊処界に*一似《いちじ》なりといへども「以表」なり、「諸仏体」なり。これ*説法蘊《せつぽふうん》なり、それ「無其形《むごぎやう》」なり。無其形さらに「*無相三昧」なるとき、身現なり。一衆《いつしゆ》いま円月相を望見《まうけん》すといへども、「目所未見《もくしよみけん》」なるは、説法蘊の*転機なり、「*現自在身」の「非声色《ひしやうしき》」なり。「即隠《そくおん》」即現《そくげん》は、輪相の進歩退歩なり。「*復於座上現自在身《ぶおざじやうげんじざいしん》」の正当恁麼時は、「一切衆会《いつさいしゆゑ》、唯聞法音《ゆいもんほふおん》」するなり、「不覩師相《ふとしさう》」なるなり。

尊者の嫡嗣《ちやくし》☆迦那《かな》提婆《だいば》尊者《そんじや》、あきらかに満月相《まんぐわつさう》を「*識此《しきし》」し、円月相《ゑんぐわつさう》を識此し、身現を識此し、諸仏性を識此し、諸仏体を識此せり。*入室瀉餅《につしつしやべう》の衆《しゆ》たとひおほしといへども、提婆と斉肩ならざるべし。提婆は*半座の尊なり、衆会《しゆゑ》の導師なり、全座の分座なり。正法眼蔵《しやうぼふげんざう》無上大法《むじやうだいほふ》を正伝《しやうでん》せること、霊山《りやうぜん》に☆摩訶迦葉尊者《まかかせふそんじや》の*座元《ざげん》なりしがごとし。竜樹未廻心《みういしん》のさき、外道《ぐゑだう》の法にありしときの弟子おほかりしかども、みな*謝遣《しやけん》しきたれり。竜樹すでに仏祖となれりしときは、ひとり提婆を附法の正嫡《しやうちやく》として、大法眼蔵《だいほふげんざう》を正伝す。これ無上仏道の単伝なり。しかあるに、僭偽《せんぐゐ》の邪群ままに自称すらく、「われらも竜樹大士の法嗣《はつす》なり」。論をつくり義をあつむる、おほく竜樹の手をかれり。竜樹の造《ざう》にあらず、むかしすてられし群徒の、人天《にんでん》を惑乱するなり。仏弟子はひとすぢに、提婆の所伝にあらざらんは、竜樹の

ゆへに　月となった一身をもって諸仏体を表するが故に。　**仏辺**　仏のほとり。仏に関すること。あえて言えば現身としての仏。　**仏性の満月を…排列するにあらず**　「仏性の」は「仏性に」の意。「満月を形如云々」は形如満月を分断し、形如を動詞化した言い方。満月の如き形を現わすの意。そういう虚屋の燈火のごとき単一明瞭なものがあるにしても、円月相を並べてそうなっているわけではない。　**色心**　一切存在を分類して、物質的で延長ある色法と、心法とにする。心法は質礙なく、かえって諸法を存在せしめる、すなわち諸存在を縁起するはたらきを持った根本のもの。身現円月相の身現というはたらきは質量も延長もないが、また同時にそれらがなくては成立たない。超現実。　**蘊処界**　五蘊十二処十八界の三科。十二処は十二入(→四〇頁注)の旧訳。十八界は六根・六境・六識。結局物心両面にわたる全現実。　**一似**　似寄った。しかし「以表」、別個の顕現である。　**説法蘊**　説法の集積。従って音には聞けても形は無い。　**無相三昧**　無相は相応する因縁のないこと、一一頁注にいう「無為」の相をいう。こはそれと相(形状)のない意味の無相とが相合し、四字で、そういう状態に徹し、そうなりおおせること。　**転機なり**　はたらきの転換だからだ。

道《だう》にあらずとしるべきなり。これ*正信得及《しやうしんとくぎふ》なり。しかあるに、偽なりとしりながら稟受《ひんじゆ》するものおほかり。謗大般若《はうだいはんにや》の衆生の愚蒙《ぐまう》、あはれみかなしむべし。

迦那提婆尊者《かなだいばそんじや》、ちなみに竜樹尊者の身現をさして衆会《しゆゑ》につげていはく、「此是尊者、現二仏性相一、以示二我等一。何以知レ之。蓋以三無相三昧形如二満月一。仏性之義、廓然虚明《此れは是れ尊者、仏性の相を現じて、以て我等に示すなり。何を以てか之れを知る。蓋し、無相三昧は形満月《かたちまんぐわつ》の如くなるを以てなり。仏性の義は、廓然《くわくねん》として虚明《こめい》》なり」。

いま天上人間、大千法界《だいせんほふかい》に流布《るふ》せる仏法を見聞せる前後の皮袋《ひたい》、たれか道取せる、「身現相は仏性なり」と。大千界にはただ提婆尊者のみ道取せるなり。余者《よしや》はたゞ、仏性は眼見《げんけん》耳聞心識《にもんしんしき》等にあらずとのみ道取するなり。身現は仏性なりとしらざるゆへに道取せざるなり。祖師のお《(を)》しむにあらざれども、眼耳《げんに》ふさがれて見聞することあたはざるなり。*身識いまだおこらずして、了別《れうべつ》することあたはざるなり。無相三昧の形如満月《ぎやうによまんぐわつ》なるを望見《まうけん》し礼拝《らいはい》するに、「目未所覩《もくみしよと》」なり。「仏性之義《ぶつしやうしぎ》、廓然虚明《くわくねんこめい》」なり。

しかあれば、身現の説仏性なる、虚明なり、廓然なり。説仏性の身現なる、以表諸仏体なり。いづれの一仏二仏か、*この以表を仏体せざらん。仏体は身現なり、身現なる仏性あり。四大五蘊と道取し会取《ういしゆ》する*仏量祖量も、かへりて身現の造次《ざうじ》なり。*すでに諸仏体といふ、蘊処界《うんじよかい》のかくのごとくなるなり。一切《いつさい》の功徳《くどく》、この功徳なり。仏功徳はこの身現の究《きう》尽《じん》し、*囊括《なうくわつ》するなり。一切無量無辺の功徳の往来は、この身現の一造次なり。

しかあるに、竜樹・提婆師資《しし》よりのち、三国の諸方にある前代後代《ぜんだいこうだい》、まゝに仏学する人

現自在身の非声色　自在の身を現ずることも声色の現象ではない(からだ)。

復於座上…の正当恁麼時は　ある場合には、というに等しかろう。

識此　此は冗辞。

入室瀉餅　師の室に入ってその法を継ぐこと、一瓶の水を他瓶に注ぐがごとく完全円滑神速なこと。

半座・座元　半座は首位の弟子。仏陀が迦葉に附法のとき自座の半ばを与えしよりいう。「全座の分座」も同様。座元も首座に同じで首位の弟子。

謝遣　断り去らせる。

正信得及　正信ニシテ(はじめて)及ビ得。

身識　五識の一。五境のうちの触はこれが機縁となって生ずる。五根のうちの「身」によって生ずるというから触覚だが、ここでは渾身の認識の意。「了別」は識別。

この以表を…せざらん　この明瞭な仮現をおのが体とせざらん。「仏」は修飾語。

仏量祖量　かりに大いさあるものとして見た仏祖。それはそのうちに全人間を含む全宇宙(四大五蘊)と言え、かつ悟れる。これを時間的に見ると説仏性なる身現という造次(造作の意)である。時間も空間もすべて説仏性だということになる。

すでに…なるなり　説仏性なる身現がこれ仏体と言われる以上、蘊処界(全現実)はこういう風(説仏性としてある)であるのだ。

囊括　包含。

物、いまだ竜樹・提婆のごとく道取せず。いくばくの経師論師《きやうじろんじ》等か、仏祖の道《だう》を蹉過《さこ》する。大宋国むかしよりこの因縁を画《ぐわ》せんとするに、身に画《ぐわ》し心に画し、空《くう》に画し、壁に*画することあたはず、いたづらに筆頭に画するに、法座上に如鏡《によきやう》なる一輪相を図《づ》して、いま竜樹の身現円月相とせり。すでに数百歳《すはくさい》の霜華《さうくゑ》も開落して、*人眼《にんげん》の金屑《きんせつ》をなさんとすれども、*あやまるといふ人なし。あはれむべし、万事の*蹉跎《さた》たることかくのごとくなる。もし身現円月相は一輪相なりと会取《うゐしゆ》せば、真箇の画餅《わひん》一枚なり。*弄他《ろうた》せん、笑也《せうや》笑殺人《せうせつじん》なるべし。かなしむべし、大宋一国の在家出家、いづれの一箇も、竜樹のことばをきかずしらず、提婆の道《だう》を通ぜずみざること。いはんや身現に*親切ならんや、円月《ゑんぐわつ》にくらし、満月《まんぐわつ》を虧闕《きくゑち》せり。これ稽古《けいこ》のおろそかなるなり、慕古《ぼこ》いたらざるなり。*古仏新仏、さらに真箇の身現にあふ《(う)》て、画餅を賞翫《しやうくわん》することなかれ。

しるべし、身現円月相の相を画《ぐわ》せんには、法座上に身現相あるべし。揚眉《やうみ》瞬目《しゆんもく》それ*端直《たんぢき》なるべし。皮肉骨髄正法眼蔵、かならず兀坐《こつざ》すべきなり。破顔微笑《はがんみせう》つたはるべし、作仏作《さぶつさ》祖《そ》するがゆへ《(ゑ)》に。*この画《ぐわ》いまだ月相《ぐわつさう》ならざるには、形如《ぎやうによ》なし、説法せず、声色《しやうしき》なし、用辯《ようべん》なきなり。もし身現をもとめば、円月相を図すべし。円月相を図せば、円月相を図すべし、身現円月相なるがゆへに。円月相を画せんとき、満月相を図すべし、満月相を現ずべし。しかあるを、身現を画せず、円月を画せず、満月相を画せず、諸仏体を図せず、*以表を体せず、説法を図せず、いたづらに画餅《わひん》一枚を図す、用作《ようそ》什麼《しも》《用《もつ》て什麼《なに》にかせん》。これを*急《きふ》著眼看《ちやげんかん》せん、たれか*直至如今飽不飢《ちきしによこんはうふき》ならん。月は円形《ゑんぎやう》なり、円は身現なり。円を学するに、

画することあたはず　しかし壁には…。

人眼の金屑　眼に入った金粉。金粉だけれどごみ。

あやまる　違ったことをする。

蹉跎　時期を失し、かけちがう。

弄他…なるべし　ひとをからかうにも程がある。笑わせる。殺は助辞。「笑殺」と熟して他動詞。

親切　よく適合し懇切なこと。

古仏新仏　学道のひとびとよ。

端直　端正正直。あとの「兀坐」は上八字のうち「皮肉骨髄」のみを受ける。兀坐する皮肉骨髄が正法眼蔵（如来一代の正法）を具現するの意。

この画いまだ…　法座上に肉身を現じたところをえがいた画が、月相を呈しなければいけないという考え。

以表を体せず　仮現を具体にまでせず。

急著眼看　急は厳しく。著はつける。

直至如今飽不飢　タダチニ如今ニ至リテ飽キテ飢エズ。ここで必要なのは「飽不飢」のみ。本文はその反語。誰の腹の足しにもなりはしない。

一枚銭《まいせん》のごとく学することなかれ、一枚餅《まいひん》に相似《しやうす》することなかれ。*身相円月身なり、*形如満月形なり。一枚銭一枚餅は、円に学習すべし。

予、雲遊のそのかみ、大宋国にいたる。*嘉定十六年癸未《きび》秋のころ、はじめて*阿育王山広利《あいくわうざんくわうり》禅寺《ぜんじ》にいたる。西廊の壁間《へきかん》に、西天東地《さいてんとうち》三十三祖の変相を画せるをみる。このとき*領覧《りんらん》なし。のちに*宝慶《ほうきやう》元年乙酉《いついう》夏安居《げあんご》のなかに、かさねていたるに、西蜀《せいしよく》の成桂知客《じやうけいしか》と、廊下を行歩《ぎやうぶ》するついでに、

予、知客にとふ、「這箇是什麼変相《しやこししもへんさう》《這箇《しやこ》は是れ什麼《なに》の変相ぞ》」。

知客いはく、「竜樹身現円月相《竜樹の身現円月相なり》」。かく道取する*顔色に鼻孔《びくう》なし、声裏《しやうり》に語句なし。

予いはく、「真箇是一枚画餅相似《しんこしわひんしやうす》《真箇に是れ一枚の画餅に相似せり》」。

ときに知客、大笑すといへども、*笑裏無刀《せうりむたう》、破画餅不得《はわひんふて》《笑裏に刀無く、画餅を破すること不得》なり。

すなはち知客と予と、舎利殿《しやりでん》および*六殊勝地《ろくしゆしようち》等にいたるあひだ、数番《すばん》*挙揚《こやう》すれども、疑《ぎ》著《ちや》するにもおよばず。おのづから*下語《あぎよ》する僧侶《そうりよ》も、おほく*都不是《とふぜ》なり。

予いはく、「*堂頭《だうてう》にとふ《(う)》てみん」。ときに堂頭は*大光和尚《だいくわうをしやう》なり。

知客いはく、「他無鼻孔、対不得《ついふて》。如何得知《しゆおてち》《他は鼻孔《びくう》無し、対《こた》へ得じ。如何《いか》でか知ることを得ん》」。

身相円月身・形如満月形 身相ハ円月ナル身、形ハ満月ノ如キ形。相はここでは性に対する相ではない、ただ形状の意。形がむしろ仏教的意味の相。それ故次の「円(理としての)に学習すべし」が出る。

嘉定十六年 一二二三年。

阿育王山 浙江省鄞県の東にある。

領覧 見てそれと分る。領鑑。

宝慶元年 一二二五年。

顔色に鼻孔、声裏に語句 表情や音声に現われた確乎としてものを摑んでいる様子・内容。

笑裏無刀 笑いはしても一向に力がなく、自分の問いを笑いとばすことはできなかった。

六殊勝地 不詳。帝釈天を祀る建物を殊勝殿というそうだから、それを中心として六ヵ所特別風光の勝れていた一区画かも知れない。

挙揚 普通は賞揚の意。禅では特に取上げて言うの意。

下語 語を下す。著語。

都不是 すべて当っていない。

堂頭 住持。

大光和尚 伝未詳。『宝慶記』に、「育王山の長老大光」とあるのと同一人物。

ゆへ《(ゑ)》に光老《くわうらう》にとはず。恁麼《いんも》道取すれども、桂兄《けいひん》も会《うい》すべからず。*聞説《もんせつ》する皮袋も道取せるなし。前後の*粥飯頭《しゆくはんぢゆう》みるにあやしまず、あらためなほさず。又、画することうべからざらん法は、すべて画せざるべし。画すべくは端直《たんぢき》に画すべし。しかあるに、*身現の円月相なる、かつて画せるなきなり。

おほよそ仏性は、いまの慮知念覚ならんと見解《けんげ》することさめざるによりて、有仏性《うぶつしやう》の道《だう》にも、無仏性の道《だう》にも、*通達の端《たん》を失せるがごとくなり。道取すべきと学習するもまれなり。しるべし、この疎怠《そたい》は*癈《はい》せるによりてなり。諸方の粥飯頭、すべて仏性といふ道得《だうて》を、一生いはずしてやみぬるもあるなり。あるいはいふ、聴教のともがら仏性を談ず、参禅の雲衲《うんなふ》はいふべからず。かくのごとくのやからは、真箇《しんこ》是《し》畜生《しくさん》なり。なにといふ魔儻《またう》の、わが仏如来の道《だう》にまじはりけがさんとするぞ。聴教といふことの仏道にあるか、*参禅といふことの仏道にあるか。いまだ聴教・参禅といふこと、仏道にはなしとしるべし。

杭州塩官県《かうしうえんぐわんけん》☆斉安《せいあん》国師は、*馬祖下《ばそか》の尊宿《そんしゆく》なり。ちなみに衆《しゆ》にしめしていはく、「一切衆《いつさいしゆ》生有仏性《じやううぶつしやう》」。

いはゆる「一切衆生」の言《ごん》、すみやかに参究すべし。一切衆生、その*業道依正《ごふだうえしやう》ひとつにあらず、その見《けん》まち〳〵なり。凡夫外道《ぼんぶぐゑだう》、三乗五乗等、おの〳〵なるべし。いま仏道にいふ一切衆生は、有心者《うしんしや》みな衆生なり、心是《しんぜ》衆生《しゆじやう》なるがゆへに。無心者おなじく衆生なるべし、衆生是心《しゆじやうぜしん》なるがゆへに。しかあれば、心《しん》みなこれ衆生なり、衆生みなこれ有仏性なり。

聞説する　そのいうところを聞いた。

粥飯頭　住職のこと。「前後の」は、従前のの意。

身現の円月相　肉身が円月の相を具体的に現わしている図柄。「の」を省いて読んでみる。

通達の端　通達するための糸口。

癈せる　二行前の「さめざる」と対応する。不治の病で片端になっている。

参禅といふことの…　『辦道話』には「この三昧に遊化するに端坐参禅を正門とせり」(一一頁)とあった。ここで否定されているのは、自己目的化され、他の修行法と異るものであることの強調された参禅であろう。

馬祖　江西省余江県に馬祖巌あり。道一修行のところという。

業道　身口意の所作三種の赴きはたらくところの意。十悪業・十善業と普通言われているのは、それぞれ悪業道・善業道である。「依正」既出(四六頁)。

草木国土これ心《しん》なり、心なるがゆへに衆生なり、衆生なるがゆへに有仏性なり。日月星《にちぐわつしやう》辰《しん》これ心なり、心なるがゆへに衆生なり、衆生なるがゆへに有仏性なり。国師の道取する有仏性、それかくのごとし。もしかくのごとくにあらずは、仏道に道取する有仏性にあらざるなり。いま国師の道取する宗旨《そうし》は、「一切衆生有仏性」のみなり。さらに衆生にあらざらんは、有仏性にあらざるべし。しばらく国師にとふべし、「一切諸仏有仏性也無《やむ》」。かくのごとく問取し、試験《しけん》すべきなり。「一切衆生即仏性」といはず、「一切衆生有仏性」といふと参学すべし。有仏性《うぶつしやう》の有《う》、まさに脱落《とつらく》すべし。脱落は一条鉄なり、一条鉄は*鳥道《てうだう》なり。しかあれば、一切仏性有衆生なり。これその道理は、衆生を*説透《せつてう》するのみにあらず、仏性をも説透するなり。国師たとひ*会得《ういて》を道得《だうて》に承当《じようたう》せずとも、承当の期《ご》なきにあらず。今日の道得《だうて》、いたづらに宗旨《そうし》なきにあらず。又、自己に*具する道理、いまだかならずしもみづから会取せざれども、四大五陰《しだいごおん》もあり、皮肉骨髄もあり。しかあるがごとく、道取も一生に道取することもあり、*道取にかゝれる生々《しやうじやう》もあり。

*大潙山《だいゐさん》大円《だいゑん》禅師、あるとき衆《しゆ》にしめしていはく、「一切衆生無仏性《いつさいしゆじやうむぶつしやう》」。

これをきく人天《にんでん》のなかに、よろこぶ大機《だいき》あり、驚疑《きやうぎ》のたぐひなきにあらず。釈尊説道は「一切衆生悉有仏性」なり、大潙の説道は「一切衆生無仏性」なり。有無《うむ》の言理《ごんり》、はるかにことなるべし、道得《だうて》の当不《たうふ》、うたがひぬべし。しかあれども、「一切衆生無仏性」のみ仏道に*長《ちやう》なり。塩官有仏性の道《だう》、たとひ*古仏とゝもに一隻《しやく》の手をいだすににたりとも、なほ

鳥道　『現成公按』参照。鉄条になぞらえられる一条のものが、一方で上下四方に無辺際。脱落(実体性、被執着の否定抛棄)は一条鉄のごとく明快なものであり、仏性のみがそこに現われるようでなければならないが、脱落も脱落し、ただちに空とならねばならぬ。主格と対格の交替も不思議はない。

説透　説いてこれを超える。

会得を道得に承当　承当は、『辦道話』では自分がまともにそっくり引受ける動作を指す言葉だったが、ここでは他に引受けさせる、そっくり籠める。使役の意をもつ。

具する　そなわる。

道取にかゝれる生々もあり　上と反対に、まず真理の言表があり、生の諸局面がそれに依拠しているという場合もある。

大潙山　湖南省寧郷県の西にある山。潙山と同じ。→祖師

長なり　長けている。熟達している。次頁三行目の「老大なり」も同義だろう。「年少」はその対。

古仏　釈迦牟尼仏。

両人　釈迦牟尼仏と塩官。

いはんや　次行との関係で見れば冗語。

理致　理に叶った論旨。特に師家が開示する経論の道理をいうと。

曠然　広々とした様子。

宗旨なり　上に句切れあり。これ宗旨なり。

たとひ説得せば説著を　「たとひ」はもし。説得は説き得。著は助辞。

これ一条拄杖《いちでうしゆぢやう》*両人《りやうにん》舁《よ》なるべし。

いま大潙はしかあらず、一条拄杖呑両人《いちでうしゆぢやうたんりやうにん》なるべし。*いはんや国師は馬祖の子なり、大潙は馬祖の孫《そん》なり。しかあれども、法孫《はつそん》は、師翁《すをう》の道《だう》に老大《らうだい》なり、法子《はつし》は、師父の道に年少なり。いま大潙道の*理致《りち》は、「一切衆生無仏性」を理致とせり。いまだ*曠然縄墨外《くわうぜんじようぼくぐゑ》といはず。自家屋裏《じけをくり》の経典《きやうでん》、かくのごとくの受持《じゆぢ》あり。さらに摸𢴙《ぼさく》すべし、一切衆生なにとしてか仏性ならん、仏性あらん。もし仏性あるは、これ魔儻なるべし。魔子《まし》一枚を将来して、一切衆生にかさねんとす。仏性これ仏性なれば、衆生これ衆生なり。衆生もとより仏性を具足せるにあらず。たとひ具せんともとむとも、仏性はじめてきたるべきにあらざる*宗旨《そうし》なり。張公喫酒李公酔《ちやうこうきしゆりこうすい》《張公酒を喫すれば李公酔ふ》といふことなかれ。もしおのづから仏性あらんは、さらに衆生にあらず。すでに衆生あらんは、つゐ《(ひ)》に仏性にあらず。

このゆへ《(ゑ)》に百丈☆いはく、「説衆生有仏性、亦謗仏法僧。説衆生無仏性、亦謗仏法僧《衆生に仏性有りと説く、また仏法僧を謗《はう》ずるなり。衆生に仏性無しと説く、また仏法僧を謗ずるなり》」。しかあればすなはち、有仏性といひ無仏性といふ、ともに謗《はう》となる。謗となるといふとも、道取せざるべきにはあらず。

且問你《しやもんにい》、大潙、百丈しばらくきくべし。謗《はう》はすなはちなきにあらず、仏性は説得《せつて》すやいまだしや。*たとひ説得せば、説著《せつぢや》を罣礙《けいげ》せん、説著あらば聞著と同参なるべし。また、大潙にむかひていふべし。一切衆生無仏性はたとひ道得《だうて》すといふとも、一切仏性無衆生といはず、一切仏性無仏性といはず、いはんや一切諸仏無仏性は夢也未見在《むやみけんざい》《夢《ゆめ》にだも未《いま》だ見ざること在る》なり。試挙看《試《こころ》みに挙《あ》げて看《み》よ》。

☆百丈山大智禅師、示レ衆云、「仏是最上乗、是上上智。是仏道*立此人、是*仏有仏性、是導師。是使得無所礙風、是無礙慧。於後能使レ得因果一、*福智自由。是作レ車運ニ載因果一。*処ニ於生ニ不レ被ニ生之所留一、処ニ於死ニ不レ被ニ死之所礙一、処ニ於五陰一如ニ門開一。不レ被ニ五陰礙一、去住自由、出入無難。若能恁麼、不レ論ニ階梯勝劣一、乃至蟻子之身、但能恁麼、尽是浄妙国土、不可思議」。

《百丈山大智禅師、衆に示して云く、「仏は是れ最上乗なり、是れ上上智なり。是れ仏道立此人《りっしにん》なり、是れ仏《ぶっ》有仏性なり、是れ導師なり。是れ使得無所礙風《すてむしょげふう》なり、是れ無礙慧《むげゑ》なり。於後《ここに》能く因果を使得《すて》す、福智自由なり。是れ車となつて因果を運載す。生《しやう》に処《しよ》して生に留《と》められず、死に処して死に礙《さ》へられず、五陰《おん》に処して門の開《ひら》くるが如し。五陰に礙《さ》へられず、去住自由にして、出入無難《ぶなん》なり。若し能く恁麼なれば、階梯《かいてい》勝劣を論ぜず、乃至蟻子之身《ぎすのみ》も、但《ただ》能く恁麼なれば、尽《ことごと》く是れ浄妙国土、不可思議なり」》

これすなはち百丈の道処なり。いはゆる五蘊《うん》は、*いまの不壊身《ふゑしん》なり。いまの*造次は*門開なり、不被《ふひ》*五陰礙《ごおんげ》なり。生《しやう》を使得《すて》するに生にとゞめられず、死を使得するに死にさへられず。いたづらに生を愛することなかれ、みだりに死を恐怖《くふ》することなかれ。すでに*仏性の処在なり、*動著し*厭却《えんきやく》するは外道なり。*現前の衆縁《しゆえん》と認ずるは使得無礙風《すてむげふう》なり。これ最上乗なる是仏《ぜぶつ》なり。この是仏の処在、すなはち浄妙国土なり。

立此人　ここに立つ人。
仏有仏性　仏にして仏性あるもの。
福智　福徳と智慧。法身を荘厳するもの。菩薩のあらゆる行はこの二つに分類される。前者利他行、後者自利行。
処　居る。
いまの不壊身なり　五蘊(生身の人間)がとりもなおさず破れ潰えることのない(われわれの)この現在の体だの義。
造次・門開・五陰　五陰は五蘊の旧訳。集積の義。従って門開は陰の縁で言われたろう。束の間も出入通行が妨げられることはない。「いまの」は常に現在の。
すでに仏性の　主語は前々行の「五蘊」。
動著・厭却　動揺し厭わしく思う。却は強辞。
現前の衆縁と認ずるは　現在眼前に衆縁によって現実化されたものと認める。次は「無礙ノ風ヲ使イ得ルモノ」なり。

☆黄蘗在㆓☆南泉茶堂内㆒坐。南泉問㆓黄蘗㆒、「*定慧等学、明見仏性。此理如何」。

《黄蘗、南泉の茶堂《さあだう》の内に在《あ》つて坐す。南泉、黄蘗に問ふ、「定慧等学《ちやうゑとうがく》、明見仏性《みやうけんぶつしやう》。此の理如何」》

黄蘗云《いはく》、「十二時中不依倚《ふえい》一物《もつ》*始《し》得《て》《十二時中一物にも依倚せずして始得ならん》」。

南泉云、「莫《も》便《べん》是《し》*長老《ちやうらう》見処《けんじよ》麼《ま》《便《すなは》ち是れ長老の見処なることなきや》」。

黄蘗曰、「*不《ふ》敢《かん》」。

南泉云、「*漿水銭《しやうすいせん》且致《しやち》、草鞋銭《さうあいせん》教《けう》什麼《しも》人《じん》還《ぐゑん》《漿水銭は且《しばら》く致《お》く、草鞋銭は什麼人《なにびと》をしてか還さしめん》」。

黄蘗便休《べんきう》《黄蘗便《すなは》ち休す》。

いはゆる「定慧等学《ちやうゑとうがく》」の宗旨《そうし》は、定学《ちやうがく》の慧《ゑ》学《がく》をさへざれば、等学するところに明見仏性《みやうけんぶつしやう》のあるにはあらず、明見仏性のところに定慧等学の学あるなり。たとへば、「明見仏性はたれが所作なるぞ」と道取するなり。「此理如何」と道取するなり。「仏性等学、明見仏性、此理如何」と道取せんもおなじかるべし。道得《だうて》なり。

黄蘗いはく、「十二時中不依倚《ふえい》一物《いちもつ》」といふ宗旨《そうし》は、*十二時中たとひ十二時中に処在せりとも、不依倚なり。不依倚一物、これ十二時中なるがゆへ《(ゑ)》に、仏性明見なり。この十二時中、いづれの*時節到来なりとかせん、いづれの国土なりとかせん。いまいふ十二時は、人《にん》間《げん》の十二時なるべきか、*他那裏《たなり》に十二時のあるか、*白銀《びやくごん》世界の十二時のしばらくきたれるか。たとひ此土《しど》なりとも、たとひ他界なりとも、不依倚なり。すでに十二時中なり、不依

定慧等学明見仏性　定慧ヲ等シク学ババ明ラカニ仏性ヲ見ン。

始得　始メテ得テン。上のようにしてはじめて出来る。

長老　禅林では住持の僧をいうと。ここでは小比丘が大比丘を呼ぶときの尊称の準用か。

不敢　どう致しまして。

漿水銭　漿は多義だが、後で「こんづ」と訓まれているのに従う。濃水・おもゆ。三字で食費ということになろう。「致」は正しくは「置」。音が通ずるためによく代用される。「且致」二字で、それはともかくとして(入矢)。

十二時中たとひ…不依倚なり　最初の十二時中はこのままで主格。従って十二時中そのものが十二時中に依りかからぬということになり、全時全存在の独立顕前が説かれている。すなわち各自それぞれその性に徹するとき、仏性もまた明らかに見られるようになる。「仏性」というが根本の問題は「性」である。

時節到来　時節に到来。

他那裏　よそ。文字通りには、「かれの其所」「かれのところ」(入矢)。

白銀世界　「白銀世界金色身」の語あり。悟境のごとき意。「金色身」はその〈境〉にあるものの〈心〉。

回頭　頭を巡らす。自分のことかと振返ってみるようではいけない。

黄蘗にあらず　「黄蘗」の代りに自

倚なるべし。

「莫便是長老見処麼《もべんしちやうらうけんじよま》」といふは、「これを見処とはいふまじや」といふがごとし。長老見処麼と道取すとも、自己なるべしと*回頭《ういてう》すべからず。自己に的当なりとも、*黄蘗にあらず。黄蘗かならずしも自己のみにあらず、長老見処は*露回回《ろういうい》なるがゆへに。

黄蘗いはく、「不敢《ふかん》」。この言《ごん》は、宋土に、おのれにある能を問取せらるゝには、能を能といはんとても、不敢といふなり。しかあれば、*不敢の道は不敢にあらず。*この道得《だうて》はこの道取なること、はかるべきにあらず。長老見処たとひ長老なりとも、長老見処たとひ黄蘗なりとも、道取するには「不敢」なるべし。一《い》頭《てう》*水牯牛《すいくにう》出来道吽吽《しゆつらいだううんうん》なるべし。かくのごとく道取するは道取なり。道取する宗旨さらに又道取なる道取、こゝろみて道取してみるべし。

南泉いはく、「漿水銭且致、草鞋銭教什麼人還《けうしもじんぐゑん》」。いはゆるは、「こんづのあたひはしばらくおく、草鞋のあたい《(ひ)》はたれをしてかかへさしめん」となり。この道取の意旨、ひさしく生々《しやうじやう》をつくして参究すべし。漿水銭いかなればかしばらく*不管なる、留心勤学《りうしんごんがく》すべし。草鞋銭なにとしてか管得《くわんて》する、行脚《あんぎや》の年月にいくばくの草鞋をか踏破《たうは》しきたれるとなり。いまいふべし、「*若不還銭《にやくふぐゑんせん》、未著草鞋《みちやさうあい》」《若《も》し銭を還さずは、未だ草鞋を著《は》かじ》。またいふべし、「*両三緉《りやう》」。この道得《だうて》なるべし、この宗旨《そうし》なるべし。

「黄蘗便休」。これは休するなり。不肯《ふけん》せられて休し、不肯にて休するにあらず。*本色《ほんしき》衲子《のつす》しかあらず。しるべし、*休裏有道《きうりいうだう》は、笑裏有刀《せうりいうたう》のごとくなり。これ仏性明見の粥足飯《しゆくそくはん》

己とおいてみよ。自分にぴたり当嵌っていても、その自分は黄檗一個人ではない。

露回回 回々は光り耀く貌でもあるが、露堂々という別の言葉を併せ考えると、大いなりの意をとるべきだろう。黄檗の見処は堂々露われいでて黄檗にあまる。すぐ上の自己は限定された黄檗の自己。

不敢の道は… どう致しましてというのは、敢えてせんや、とてもいえることではないのだ。

この道得は… 不敢と言えるのを私にはとてもと言ったのだと推量してはいけない。

水牯牛 去勢された牡の水牛、それとも水牛の牝。

不管 取上げない、問題にしない。

若不還銭未著草鞋 わらじ代を払わないうちはわらじなど穿きはしないさ。還は払うの意。

両三緉 二、三足分のことじゃないか。緉は穿き物の数え方。

本色 本物の。

休裏有道 口をきかなくても言っている。かれが黙ってしまったことの中にかれの悟境がある(入矢)。↓笑裏無刀(六一頁注)

搆不得なりや 搆は既出。引きとめられなかったのではないか。 **捋虎頭** 虎の頭を撫でる。 **異類中行** 異類(けもの)の中を行く。けものに

足《そく》なり。

この因縁を挙《こ》して、潙山《ゐさん》、☆仰山《きやうざん》にとふ《(う)》ていはく、「莫是《もし》黄檗搆他《わうばくこうた》南泉不得麼《なんせんふてま》《是れ黄檗他《か》の南泉を搆《こう》すること得ざるにあらずや》」。

仰山いはく、「不然。須知、黄檗有陥虎之機《然らず。須《すべか》らく知るべし、黄檗陥虎《かんこ》之機有ることを》」。

潙山云《いはく》、「子見処、得恁麼長《ていんもちやう》《子《なんち》が見処、恁麼に長ずることを得たり》」。

大潙の道《だう》は、そのかみ黄檗は南泉を*搆不得《こうふて》なりやといふ。

仰山いはく、「黄檗は陥虎《かんこ》の機あり」。すでに陥虎することあらば、*捋虎《らつこ》頭《てう》なるべし。

陥虎捋虎《かんこらつこ》、*異類中行《いるいちゆうぎやう》。明見仏性也《みやうけんぶつしやうや》、開一隻眼《かいいしやくげん》。*仏性明見也《ぶつしやうみやうけんや》、失一隻眼《しついしやくげん》。*速道《しゆくたう》速道。*仏性見処、得恁麼長《ていんもちやう》《仏性見処、恁麼に長ずることを得たり》なり。

*このゆへ《(ゑ)》に、半物全物《はんもつぜんもつ》、これ不依倚《ふえい》なり。百千物、不依倚なり、百千時、不依倚なり。このゆへにいはく、*籮籠《らろう》一枚、時中《じちゆう》十二。*依倚不依倚《えいふえい》、如葛藤依樹《によかつとうえじゆ》。*天中及全天《てんちゆうぎふぜんてん》、*後頭未《こうてうみ》有語《いうご》なり。

趙州《でうしう》☆真際大師にある僧とふ、「狗子還有仏性也無《くしわんうぶつしやうやむ》《狗子にまた仏性有りや無《いな》や》」。

この問《とひ》の意趣あきらむべし。狗子《くし》とはいぬなり。かれに仏性あるべしと問取せず、なかるべしと問取するにあらず。これは、*鉄漢また学道するかと問取するなり。*あやまりて毒手にあふ、うらみふかしといゐ《(へ)》ども、三十年よりこのかた、さらに*半箇の聖人《しやうにん》をみる風*流

なってみる。菩薩の衆生済度の行。虎を陥れ、これをわがものとし、虎を撫で、これと仲良くし、非道の中にあって修行する。 **仏性明見也失一隻眼** 仏性を明らかに見て目が開くとか、仏性に見られて目がつぶれるとかいうが、いずれも仏性現前で、差異はないわけだ。 **速道** すみやかに道え。 **仏性見処** さきの「子(仰山)見処」と相応じ、仰山即仏性の考え。 **このゆへに** 右示されたように一切仏性の故に。 **籮籠一枚時中十二** 籮は漁撈の網。籠は鳥かご。繋縛煩悩妄執のたとえ。一枚はそれらの普遍的存在を言う。それも一度見方を変えれば十二時中(本文でこの語が倒置されているのには大した意味はない)のこと。仏性とその所在は変らぬ。 **依倚…依樹** 他に寄りかかって存在するものも独立の存在も、葛藤が樹にまつわりついているのと同じで、等しく草木であり、どちらもその本性によってあるのだ。 **天中及全天** 一天中および全天。宇宙の果まで訪ねてもの意だろう。 **後頭未有語** 「頭」はほとり。未有語は「かくのごとき語いまだあらず」。 **鉄漢** 鉄づくりの人間。七九頁一六行の用例に鑑みよ。 **あやまりて** この僧の問は毒を持っており、うっかりそんなものにあったのは残念だが。 **半箇** 禅的に理想的に解するのが普通だが、この語

なり。

趙州いはく、「無《む》」。

この道《だう》をきゝて、習学《しふがく》すべき方路《はうろ》あり。仏性の自称する無も*恁麼なるべし、狗子の自称する無も恁麼《いんも》道《だう》なるべし、傍観者《ばうくわんしや》の*喚作《くわんそ》の無も恁麼道なるべし。その無わづかに*消石《せうしやく》の日あるべし。

僧いはく、「一切衆生皆有仏性《いつさいしゆじやうかいうぶつしやう》、狗子《くし》為《ゐ》甚麼《じんも》無《む》《一切衆生皆《みな》仏性有り、狗子甚麼《なに》としてか無き》」。

いはゆる宗旨《そうし》は、*一切衆生無《む》ならば、仏性も無なるべし、狗子も無なるべしといふ、その宗旨作麼生《そもさん》、となり。狗子仏性、なにとして*無をまつことあらん。

趙州いはく、「為《ゐ》*他有業識在《たうごつしきざい》《他に業識の在る有るが為なり》」。

この道旨は、*為他有は業識なり。業識有《ごつしきう》、為他有《ゐたう》なりとも、*狗子無《くしむ》、仏性無《ぶつしやうむ》なり。業識いまだ狗子を会《うい》せず、*狗子いかでか仏性にあはん。たとひ*双放双収《さうはうさうしう》すとも、なほこれ業識の始終なり。

趙州有ㇾ僧問、「狗子還有仏性也無《くしわんうぶつしやうやむ》」《趙州に僧有つて問ふ、「狗子にまた仏性有りや無《いな》や」》。

この問取は、この僧搆得《こうて》趙州《でうしう》の道理なるべし。しかあれば、仏性の道取問取は、仏祖の家常茶飯《さはん》なり。

趙州いはく、「有《う》」。

この有《う》の様子は、教家《けうけ》の論師《ろんじ》等の有《う》にあらず、*有部《うぶ》の論有《ろんう》にあらざるなり。すゝみて仏《ぶつ》

の出典である石鞏道の「半箇漢」はやっとひとりに逢えたという感じの表現である。 **風流** 趣き。 **恁麼なるべし** そういう（ただ無という）ことだろう。 **喚作** 喚ビテ（無と）作ス。 **消石** 石をもとろかす。大なる功徳をあらわす。「わづかに」に当る漢字「纔」は「そうあってこそ初めて、それこそ正に」の意。ここもそうだろう（入矢）。 **一切衆生無ならば** この場合だけという条件で下にかかっていく。次の「その宗旨」もこの論理（趙州無仏性道の一解釈）を指している。行頭の「宗旨」とは違う。 **無をまつこと** 今さら否定されること。 **他** 狗子。 **為他有は業識** 右の趙州道の繰返し。それから、業識あり、他に有り（為は冗辞）と論旨を引出していく。従って「なりとも」は「なれば」だろう。業識は四六頁注参照。 **狗子無** 狗子無仏性。ということは「仏性無し」ということだ。 **狗子いかでか** 業識を持つ、それを性とする犬ころにどうして。業識では狗子の何たるかも把握できない。（業識すらあるかないか分らない）犬ころがどうして。 **双放双収** 双方を放下し双方を摂収する。双方は狗子と仏性。双方を否定するのも、双方を肯定結合するのも、やはり。 **有部** すべては実在すると説く教理を奉ずる小乗の一派。「論有」は有部が論ずる有。

有《う》を学すべし。*仏有は趙州有《でうしう》なり、趙州有は狗子《くし》有なり、狗子有は仏性有《ぶつしやう》なり。

僧いはく、「既有《きう》、為甚麽《ゐじんも》却《きやく》*撞入這皮袋《とうにふしやひたい》《既に有らば、甚麽《なに》としてか却《また》この皮袋に撞入《とうにふ》する》」。

この僧の道得《だうて》は、今有《こんう》なるか、古有《こう》なるか、既有なるかと問取するに、既有は*諸有に相似せりといふとも、*既有は孤明なり。既有は撞入すべきか、撞入すべからざるか。撞入這《とうにふしや》皮袋《ひたい》の行履《あんり》、いたづらに*蹉過《さこ》の功夫《くふう》あらず。

趙州いはく、「為他知而故犯《ゐ*たちにこぼん》《他、知りて故《ことさら》に犯すが為《ため》なり》」。

この語は、世俗の言語《ごんご》としてひさしく途中に流布《るふ》せりといへども、いまは趙州の道得《だうて》なり。いふところは、しりてことさらおか《(を)》す、となり。この道得は、疑著《ぎちや》せざらんすくなかるべし。*いま一字の入《にふ》あきらめがたしといへども、入之一字《にふしいちじ》も不用得《ふようて》なり。いはんや*欲識庵中不死人《あんちゆうふしにん》、豈離只今這皮袋《きりしきんしやひたい》《庵中不死の人を識らんと欲《おも》はば、豈只今《あにいま》のこの皮袋を離れんや》なり。不死人はたとひ*阿誰《おすい》なりとも、いづれのときか皮袋《ひたい》に*莫離《まくり》なる。故犯《こぼん》はかならずしも入皮袋にあらず、撞入這皮袋《とうにふしやひたい》、かならずしも知而故犯《ちにこぼん》にあらず。*知而《ちに》のゆへ《(ゑ)》に故犯《こぼん》あるべきなり。しるべし、この故犯すなはち脱体《とつたい》の行履《あんり》を覆蔵《ふざう》せるならん。これ撞入と説著《せつちや》するなり。脱体の行履、その正当覆蔵のとき、自己にも覆蔵し、他人にも覆蔵す。しかもかくのごとくなりといへども、*いまだのがれずといふことなかれ、*驢前馬後漢《ろぜんばごかん》。いはんや、

☆雲居高祖いはく、「たとひ仏法辺事を学得《がくて》する、はやくこれ*錯用心了也《さくようじんれうや》」。

*しかあれば、半枚学仏法辺事《はんまいがくぶつぽふへんじ》ひさしくあやまりきたること、日深月深《につしんぐわつしん》なりといへども、これ這皮袋《しやひたい》に撞入《とうにふ》する狗子なるべし。知而故犯なりとも、有仏性なるべし。

仏有は趙州有　「仏の(持つ、その〈性〉である)有」はとりもなおさず「趙州の(持つ、その存在である)有」である。

撞入　原典においては主格は狗子、ここでは仏性。

諸有・既有　前者は併立する諸実在。それらが既存だという点で既有に似る。しかし既有というのは抽象的真実で個物の現存在にはかかわらぬ。故に孤明(虚明。孤立して明らかなもの)と言える。

蹉過の功夫…　蹉過するのみにて功夫あらず。

他　趙州の言としては狗子。道元の文脈上は、「既有」。→解説参照。

いま一字の入…　今の趙州道では「撞入」と言われた「入」の意味をはっきりさせられないが、実は入之一字もつかえないところなのだ。(入るとされかかったものが既有のものだから、この考察は不可避である。次の「庵中不死人」も既有の縁で引き出されている。)

欲識庵中不死人…　不死の人を弁別認識したいなら、(自分は言うが)それはこの生身の人間とちっとも違ってはいないのだ。

阿誰なりとも　誰であっても。

莫離　意味のあるのは「離」のみ。

知而のゆへに故犯あるべきなり　やってはいけないことを、そうと知っているからこそやるという因果関係

*長沙景岑和尚《ちやうしやけいしんをしやう》の会《ゑ》に、竺尚書《ちくしやうしよ》とふ、「蚯蚓斬為両段《きういんぜんゐりやうとん》、両頭倶動《りやうてうくどう》。未審《みしん》、仏性在阿那箇頭《ぶつしやうざいおなこてう》《蚯蚓斬《き》れて両段と為《な》る、両頭倶《りやうてうとも》に動く。未審《いぶかし》、仏性阿那箇頭《おなこてう》にか在《あ》る》」。

師云《いはく》、「莫妄想《もまうざう》《妄想すること莫《なか》れ》」。

書云、「争奈動何《動ずるはいかがせん》」。

師云、「只是風火未散《只《ただ》是れ風火の未だ散ぜざるなり》」。

いま尚書いはくの「蚯蚓斬為両段《ぜんゐりやうとん》」は、未斬時《みぜんじ》は一段なりと決定《くゑちぢやう》するか。仏祖の家常に*不恁麼《ふいんも》なり。蚯蚓もとより一段にあらず、蚯蚓きれて両段にあらず。一両の道取、まさに功夫参学すべし。

「両頭倶動《りやうてうくどう》」といふ両頭は、未斬《みぜん》よりさきを一頭とせるか、*仏向上を一頭とせるか。両頭の語、*たとひ尚書の会不会《うゐふうゐ》にかゝはるべからず、語話をすつることなかれ。きれたる両段は一頭にして、さらに一頭のあるか。その動といふに倶動といふ、*定動智抜《ちやうどうちばつ》ともに動なるべきなり。

「未審《みしん》、仏性在阿那箇頭《ざいをなこてう》」。「仏性斬為両段《ぶつしやうぜんゐりやうとん》、未審《みしん》、蚯蚓在阿那箇頭《きういんざいおなこてう》」といふべし。この道得《だうて》は審細にすべし。「両頭倶動《りやうてうくどう》、仏性在阿那箇頭《ぶつしやうざいおなこてう》」といふは、倶動ならば仏性の所在に*不《ふ》堪《かん》なりといふか。倶動なれば、動はともに動ずといふとも、仏性の所在はそのなかにいづれなるべきぞといふか。

師いはく、「莫妄想《もまうざう》」。この宗旨《そうし》は、作麼生《そもさん》なるべきぞ。妄想《まうざう》することなかれ、といふな

があるべきだ。それは発心修行の関係であり、解脱という機能を孕む。
なりといへども 次に「のがるるものあり」があるとして読む。だからことさら発心し修行する必要がある。
驢前馬後漢 驢は逐うもの。馬は牽くもの。それすら弁えぬ前後顚倒漢。そういう連中はなおさらだ。
錯用心了也 錯(間違い)である、用心しなければならぬ。了は請求の助辞。上の「学得」は学成就の意を持とう。
しかあれば 雲居道に先立つ段の論旨を受け、次行の「これ這皮袋」にかかる。ここで初めて狗子無仏性話に帰る。間の「半枚学仏法…いへども」は雲居道を受けた挿入句。「これ」は学仏道。狗子即学仏道ということになる。
長沙 湖南省長沙県。↓祖師
不恁麼なり そうではない。上の「仏祖の家常に」は、…においては。
仏向上 「仏」は冗辞。それよりあとの意。
たとひ尚書の たとえ尚書の会不会いずれなりとも尚書の云々、この話が大事なのだ。
定動智抜 動は一物のみの動としては成立たない。つねに倶動である。仏の寂静が倶寂静であるのと同じだ。『涅槃経』師子吼品三十一に「禅定は(煩悩の根を)動かし、智慧は(これを)抜く」というが動一筋であるべ

り。しかあれば、両頭倶動するに妄想なし、妄想にあらずといふか、*たゞ仏性は妄想なしといふか。仏性の論におよばず、両頭の論におよばず、たゞ妄想なしと道取するかとも参究すべし。

「動ずるはいかゞせん」といふは、動ずればさらに仏性一枚をかさぬべしと道取するか、動ずれば仏性にあらざらんと道著《だうちや》するか。

「風火未散《ふうくわみさん》」といふは、仏性を出現せしむるなるべし。仏性なりとやせん、風火なりとやせん。仏性と風火と、倶出《くしゆつ》すといふべからず、一出一不出といふべからず、風火すなはち仏性といふべからず。ゆへ《(ゑ)》に長沙は蚯蚓に有仏性といはず、蚯蚓無仏性といはず、たゞ「莫妄想《もまうざう》」と道取す、「風火未散」と道取す。仏性の*活計《くわつけ》は、長沙の道《だう》を卜度《ぼくたく》すべし。風火未散といふ言語《ごんご》、しづかに功夫すべし。未散といふは、いかなる道理かある。風火のあつまれりけるが、散ずべき期《ご》いまだしきと道取するに、未散といふか、しかあるべからざるなり。風火未散はほとけ法をとく、未散風火は法ほとけをとく。たとへば一音《いつとん》の法をとく時節到来なり。*説法の一音なる、到来《たうらい》の時節なり。法は一音なり、一音の法なるゆへに。

又、仏性は生《しやう》のときのみにありて、死のときはなかるべしとおもふ、もとも少聞薄解《せうもんはくげ》なり。生《しやう》のときも有仏性なり、無仏性なり。死のときも有仏性なり、無仏性なり。風火の散未散を論ずることあらば、仏性の散不散なるべし。たとひ散のときも仏性有《ぶつしやうう》なるべし、仏《ぶつ》性無《しやうむ》なるべし。たとひ未散のときも有仏性なるべし、無仏性なるべし。しかあるを、仏性は*動不動によりて在不在し、識不識によりて*神不神なり、知不知に*性不性《しやうふしやう》なるべきと邪執

きだ。**所在に不堪**　所在たるに堪えず。

たゞ　あるいはまたの意のただしに同じ。

活計　元来は生計、手しごと。はたらき・はからい。

説法の一音なる、到来の時節なり　上の句を分解し、組立てなおした句。この段全体差別智の徹底的否定と個々の存在の無礙の承認を説いている。次段でも情況による仏性の有無の差別を退ける。

動不動　現実諸存在の…。

神不神　霊妙不可思議だったりそうでなかったりする。

性不性　理・性の性。不壊不改か否か。「知不知に」は「…によりて」。

せるは、外道《ぐゑだう》なり。

*無始劫来《むしこふらい》は、癡人《ちにん》おほく識神を認じて仏性とせり。*本来人とせる、笑殺人《せうしやじん》なり。さらに仏性を道取するに、*拕泥滞水《たでいたいすい》なるべきにあらざれども、牆壁瓦礫《しやうへきぐわりやく》なり。向上に道取するとき、作麼生《そもさん》ならんかこれ仏性。*還委悉麼《わんゐしちま》《また委悉すや》。

*三頭八臂《さんてうはつぴ》。

正法眼蔵仏性第三

同四年癸卯正月十九日書写之　　懐弉

爾時*仁治二年辛丑十月十四日在雍州観音導利興聖宝林寺示衆

再治御本之奥書也

*正嘉二年戊午四月廿五日以再治御本交合了

無始劫来は　始めもない曠劫の過去以来。

本来人　おのが本来の〈性〉に徹し安んじえた人。上の「識神」(分別智のはたらき)と同一化される。「仏性」と同格。ギリシア文法風に言えば、不定法主格「識神」に対する属詞。ただしこれは「癡人」の見。長沙景岑の偈に見える。

拕泥滞水　拕は引く。泥まみれのままでい、ずぶ濡れのままでいる。対者の迷いの中にわけ入って迷いをともにし、これを救う意にも用いられるが、ここでは低迷のごとき意。そうであってはいけないが、その場合には「仏性」は、眼前ありふれたものである。「向上」の反対方向。

還委悉麼　果して十分に理解しているか。

三頭八臂　異形の諸尊(馬頭観世音・降三世明王等)さながら端倪すべからざるものだ。わざと儀軌にないものを出したのだとする説があり、説として面白いが、該当する経軌も実作(大覚寺五大明王)もある。

仁治二年　一二四一年。

正嘉二年　一二五八年。

正法眼蔵第四

身《しん》心《じん》学《がく》道《だう》

仏道は、*不道《ふだう》を擬*するに不得《ふて》なり、不学を擬するに*転遠《てんをん》なり。

☆南嶽大慧《なんがくだいゑ》禅師のいはく、「修証《しゆしよう》はなきにあらず、汚染《わぜん》することえじ」。

仏道を学せざれば、すなはち外道《ぐゑだう》・*闡提《せんだい》等の道《だう》に堕在す。このゆへ（ゑ）に、前仏後仏かならず仏道を修行するなり。

仏道を学習するに、しばらくふたつあり。いはゆる心《しん》をもて学し、身《しん》をもて学するなり。

心《しん》をもて学するとは、あらゆる諸心をもて学するなり。その諸心といふは、*質多心《しつたしん》・*汗《か》栗駄心《りだしん》・*矣栗駄心《いりだしん》等也《なり》。又、*感応道交《かんのうだうかう》して、菩提心をおこしてのち、仏祖の大道《だいだう》に帰依《きえ》し、発菩提心《ほつぼだいしん》の行李《あんり》を習学するなり。たとひいまだ真実の菩提心おこらずといふとも、さきに菩提心をおこせりし仏祖の法をならふべし。発菩提心なり、赤心片々なり、古仏心なり、平常心なり、三界一心なり。

これらの心《しん》を放下《はうげ》して学道するあり、*拈挙《ねんこ》して学道するあり。このとき、思量して学道す、不思量して学道す。あるひは*金襴衣《きんらんえ》を正伝し、金襴衣を稟受《ひんじゆ》す。あるひは汝得吾髄《にょとくごずい》あり、*三拝依位而立《さんぱいえゐにりふ》あり。*碓米伝衣《ついめいでんえ》する、以心学心也《なり》。剃髪染衣《ていはつぜんえ》、すなはち回心《ういしん》なり、明心《めいしん》

道　学道を分解したうちの一字。行く、従いゆく。　**擬**　揣度。学べないのではないかと疑って推し量ること。　**転遠**　（学び得られないのではないかと疑っているうちは）うたた遠し。　**闡提**　一闡提の略。断善根・信不具足と訳される。欲望を抱くものという梵語の音訳。元来はインドの快楽主義者など。仏教では、漢訳の語義の如き理由により成仏しえざるもののこと。　**質多心・汗栗駄心・矣栗駄心**　質多は心の意味の梵語の音訳。志向・思慕性、思考のはたらきを持つものとして心を捉えたときの呼び方（既出）。汗栗駄は心臓の意。感情情動の生起の場所。矣栗駄は積集精要者とされる心。成長した、学を積んだ、励ましを受けた等の義の梵語 vṛiddhá の音訳。　**感応道交**　衆生に善根あり、これに感動の力があれば仏がそれに応じて来臨すること、及び、求法の心をもって仏道に参ずること。道交は、元来は徳義心をもって交わるという儒教的用語。　**拈挙して**　（心を）取上げて。　**金襴衣・三拝依位而立・碓米伝衣**　それぞれ仏陀と迦葉、達磨と神光、大満弘忍と大鑑慧能の附法の故事。　**踰城入山**　釈迦牟尼の故事。　**出一心入一心**　出るも入るも一心。　**思量箇不思量底**　箇は指示形容詞兼指示代名詞。底は「のような、のようなもの」などの形容句・代名詞句

なり。*踰城《ゆじやう》し入山《につさん》する、*出一心《しゆついつしん》、入一心《にふいつしん》なり。山の所入《しよにふ》なる、*思量箇不思量底《しりやうこふしりやうち》なり。世の所捨なる、非思量なり。これを眼睛《がんぜい》に*団《だん》じきたること二三斛《こく》、これを業識《ごつしき》に*弄《ろう》しきたること千万端《せんばんたん》なり。かくのごとく学道するに、有功《いうこう》に賞《しやう》おのづからきたり、*有賞《いうしやう》に功《こう》いまだいたらざれども、*ひそかに仏祖の鼻孔《びくう》をかりて出気《すいき》せしめ、驢馬の脚蹄《きやくてい》を拈じて印証せしむる、すなはち万古《ばんこ》の*榜様《ばうやう》なり。

しばらく山河大地《せんがだいち》日月星辰《にちぐわつしやうしん》、これ心《しん》なり、この正当恁麼時《しやうたういんもじ》、いかなる*保任《ほうにん》か現前する。

山河大地といふは、山河はたとへば山水なり。大地は此処のみにあらず、山もおほかるべし、大須弥小須弥あり。横《わう》に*処せるあり、竪《しゆ》に処せるあり、三千界あり、無量国あり。色《しき》にかゝるあり、空《くう》にかゝるあり。河《かは》もさらにおほかるべし、天河《てんが》あり、地河《ちが》あり、*四大河《しだいか》あり、*無熱池《むねつち》あり、*北倶盧洲《ほつくろじう》には四阿耨達池《しあのくだつち》あり、海あり、池あり。地《ち》はかならずしも土《ど》にあらず、土《ど》かならずしも地《ち》にあらず。土地《どち》もあるべし、心地《しんち》もあるべし、宝地《ほうち》もあるべし。万般《ばんばん》なりといふとも、*地《ち》なかるべからず、空《くう》を地《ち》とせる世界もあるべきなり。日月星辰は人天《にんでん》の所見不同あるべし、諸類の所見おなじからず。*恁麼なるがゆへに、一心の所見、これ一斉なるなり。これらすでに心《しん》なり。内《ない》なりとやせん、外《ぐゑ》なりとやせん。来《らい》なりとやせん、去《こ》なりとやせん。生時《しやうじ》は一点を増《ぞう》ずるか、増《ぞう》ぜざるか。死には一塵のさるか、さらざるか。この生死を《(お)》よび生死の見《けん》、いづれのところにを《(お)》かんとかする。*向来《きやうらい》はたゞこれ心《しん》の一念二念なり。一念二念は一山河大地なり、二山河大地なり。山河大地等、これ有無にあらざれば、大小にあらず、得不得にあらず、識不識にあらず、通不通にあらず、悟不悟

を作る助辞。七字で非思量と等価。 **団じきたること・弄しきたること** 団じきたれば、弄しきたれば。この対格は山の所入なる、世の所捨なる。「斛」は枡目。「端」は布帛の長さの単位。 **有賞に功** 有賞の程にまで功が。 **ひそかに** いつの間にか。以下、仏道が学道者をして。 **榜様** 模範、手本。 **保任** 保護任持。主体は「心」。しかしここでは、その結果たる現象の意を持たされている。 **処** 居る、在る。 **四大河** 無熱池より出て南閻浮提洲を潤す。 **無熱池** 阿耨達池に同じ。その水清冷。 **北倶盧洲** 須弥山の四方の鹹海にある四洲の一。北方にあり、地盤が他の三洲より高く、住む人の寿一千歳、早死にするものなく、無地獄にして快極まりなしという。 **地** 支えるもの、芽生えさせ育てるもの。 **恁麼** かくのごとく。次の「なるがゆへに」は、ここも、なれども。 **向来は** これまで(学んで来たところで)は。

知家非家捨家出家 「家、家ニ非ズト知リテ捨家出家ス」。ここではそういうことをした人を指す。「知家非家」には「若見諸相非相即見如来」についての論(下巻『見仏』)が想起される。 **向上向下** 要は上下のみ。「鼻祖鼻末」も端緒末尾というのみ。 **七尺八尺** 「展事(事を

に変ぜず。

かくのごとくの心《しん》みづから学道することを慣習《くわんじふ》するを、心学道といふと決定信受《くゑちぢやうしんじゆ》すべし。この信受、それ大小有無《うむ》にあらず。いまの*知家非家《ちけひけ》、捨家出家《しやけしゆつけ》の学道、それ大小の量にあらず、遠近《をんごん》の量にあらず。鼻祖鼻末にあまる、*向上向下にあまる。展事《せんじ》あり、*七尺八尺なり。投機あり、*為自為他なり。恁麼なる、すなはち学道なり。学道は恁麼なるがゆへ《(ゑ)》に、*牆壁瓦礫《しやうへきぐわりやく》これ心《しん》なり。さらに三界唯心《さんがいゆいしん》にあらず、法界唯心《ほふかいゆいしん》にあらず、牆壁瓦礫なり。*咸通年前につくり、咸通年後にやぶる、*拕泥滞水《たでいたいすい》なり、無縄自縛《むじやうじばく》なり。玉をひくちからあり、水にいる能あり。とくる日あり、くだくるときあり、*極微《ごくみ》にきはまる時あり。露柱《ろしゆ》と同参せず、燈籠《とうろう》と交肩せず。*かくのごとくなるゆへに赤脚走《しやきやくそう》して学道するなり、たれか*著《ちやく》眼看《げんかん》せん。*翻筋斗《ほんきんてう》して学道するなり、をの《(お)》〳〵*随他去《ずいたこ》あり。このとき、*壁落《へきらく》これ十方を学せしむ、*無門これ四面を学せしむ。

「発菩提心」者《は》、あるひは生死《しやうじ》にしてこれをうることあり、あるひは涅槃《ねはん》にしてこれをうる事あり、あるひは生死涅槃のほかにしてこれをうることあり。*ところをまつにあらざれども、発心のところにさへられざるあり。*境発《きやうほつ》にあらず、智発《ちほつ》にあらず、菩提心発《ぼだいしんほつ》なり、発菩提心《ほつぼだいしん》なり。発菩提心は、有《う》にあらず無《む》にあらず、善にあらず悪にあらず、*無記にあらず、*報地《ほうち》によりて縁起するにあらず。*天有情はさだめてうべからざるにあらず、たゞまさに時節とゝもに発菩提心するなり、*依《え》にかゝはれざるがゆへに。発菩提心の正当恁麼時《しやうたういんもじ》には、法界こと〴〵く発菩提心なり。依を転ずるに相似なりといへども、依にしらるゝにあ

展べる)」というがこまかに量的規定はできない。　**為自為他**　投機ということ一方から他方への関係のようだが、そうではなく、自他両者のための功徳だとの意。　**牆壁瓦礫これ心**…　現実眼前の事物がそのまま「心」であって、とり立てて欲・色・無色の三界や、仏法そのものとしての世界をすべてただ「心」たるのみとする思弁的哲学は正しくない。「心」である「牆壁瓦礫」は、ただの「牆壁瓦礫」にすぎない。　**咸通**　唐懿宗の年号。八六〇—八七三年。下の「つくる」「やぶる」は「心」を。「心」とはこれを客体化しようとすればどうとも見られるが、しかし本来そういう扱いをしてはならぬものである。　**拕泥滞水**　拕は引く。べとべとしてすっきりしないの如き意(入矢)→七三頁注。そうであり、また「縄もないのに縛られたようになっている」のだが、と下へ。→校異。　**極微にきはまる**　「極」と「きはまる」は重複。　**かくのごとくなる**　上述のようなその正体を記述しえない、得体の知れぬもの。「赤脚走」はとるものもとりあえず努力する。　**著眼看**　眼をすえて見る。　**翻筋斗**　とんぼがえり。身心あげての努力、奮発。　**随他去**　あとについて行く(のである)。他は冗辞、しいて言えば「学道」をさす。去は話の中の動作の方向が話し手から遠ざかること

らず。共出一隻手《ぐしゅついっしゃくしゅ》なり、自出一隻手なり、異類中行なり。地獄・餓鬼・畜生・修羅等のなかにしても発菩提心するなり。

「赤心片々」といふは、片々なるはみな赤心なり。一片両片にあらず、片々なるなり。荷葉団々団似ㇾ鏡、菱角尖々尖似ㇾ錐《荷葉団々、団なること鏡に似たり、菱角尖々、尖なること錐に似たり》。かゞみにゝたりといふとも片々なり、錐《きり》にゝたりといふとも片々なり。

「古仏心」といふは、むかし僧ありて大証国師にとふ、「いかにあらむかこれ古仏心」。ときに国師いはく、「牆壁瓦礫《しゃうへきぐわりゃく》」。

しかあればしるべし、古仏心は牆壁瓦礫にあらず、牆壁瓦礫を古仏心といふにあらず、古仏心、*それかくのごとく学するなり。

「平常心」といふは、此界他界《しかいたかい》といはず、平常心なり。昔日《しゃくじつ》はこのところよりさり、今日はこのところよりきたる。さるときは漫天《まんてん》さり、きたるときは尽地きたる。これ平常心なり。平常心この屋裏に開門す、千門万戸一時開閉なるゆへに平常なり。いまこの蓋天蓋地は、*おぼえざることばのごとし、*噴地《ふんち》の一声のごとし。*語等なり、*心等なり、*法等なり。*寿行生滅《じゅぎゃうしゃうめつ》の刹那《せつな》に生滅するあれども、*最後身《さいごじん》よりさきはかつてしらず。しらざれども、発心すればかならず菩提の道《だう》にすゝむなり。すでにこのところあり、さらにあやしむべきにあらず。*ゝ《す》でにあやしむことあり、すなはち平常なり。

身学道といふは、身にて学道するなり。赤肉団《しゃくにくだん》の学道なり。身は学道よりきたり、学道

を示す広義の助辞(入矢)。 **壁落・無門** 遮るものがなくなる。 **ところをまつ…** 境界に依拠する…。「あらざれども」は、あらずして。このまま読むとすれば、次に「そのところあり」などの句を補う。句末の「あり」は理由の提示だろうから、「なり」か「あるなり」と解して読む。 **境発** 六境の縁によって起る。 **無記** 善悪にあらざる中性。 **報地** 原因たる業のせいで報われた境界。それが更に因となって、その縁で、とつづく。 **天有情** 天(欲・色・無色の三界にある諸境界)と衆生の境界。以下の「うべからざるにあらず」の対格は上の「発菩提心」。 **依** 他にたよられること、もの。梵原語の意味は置くこと、置く場所。「依を転ず」は五五頁「転」の注参照。「依にしらる」は「依」と相待関係にあって、それに支配されるの意だろう。 **それかくのごとく** ものの実質・定義ではなく、その存在の様態だ。 **おぼえざる** 思わぬ。無意識裡の。意味上の主格は平常心。上の「蓋天蓋地」はその存在様態。 **噴地** 噴一字で嚏。地は情況・状態を現わす助辞。 **語等・心等・法等** 語だと思えば語として、心だと思えば心として、法だと思えば法として、等類。 **寿行** 寿(一期のあいだ生き通すこと)と行(まとめること、一切諸現象のこと。また、さまざまの業をなす

よりきたれるは、*ともに身なり。尽十方界是箇真実人体《じんじつぱうかいしこしんじつにんたい》なり、*生死去来《しやうじこらい》真実人体なり。この身体をめぐらして、十悪をはなれ、*八戒をたもち、三宝に帰依《きえ》して捨家出家する、真実の学道なり。このゆへ《(ゑ)》に真実人体といふ。後学《こうがく》かならず*自然見《じねんけん》の外道《ぐゑだう》に同ずることなかれ。

☆百丈大智禅師のいはく、「若執二本清浄本解脱自是仏、自是禅道解一者、即属二自然外道一《若し本清浄、本解脱、自ら是れ仏、自ら是れ禅道の解《げ》を執《しふ》せば、即ち自然外道に属す》」。

これら*閑家《かんか》の破具《はぐ》にあらず、学道の積功累徳《しやくくるいとく》なり。*跨跳《ふてう》して玲瓏《れいろう》八面なり、脱落《とつらく》して如《によ》藤倚樹《とういじゆ》なり。或現此身得度而《わくげんししんとくどに》為説法《ゐせつぽふ》なり、或現他身得度而《わくげんたしんとくどに》為説法《ゐせつぽふ》なり、或不現此身得度而《わくふげんししんとくどに》為説法《ゐせつぽふ》なり、或不現他身得度而《わくふげんたしんとくどに》為説法《ゐせつぽふ》なり、乃至《ないし》不為説法《ふゐせつぽふ》なり。

しかあるに、棄身するところに*揚声止響《やうしやうしかう》することあり、捨命《しやみやう》するところに断腸得髄することあり。*たとひ威音王よりさきに発足《はつそく》学道すれども、なを《(ほ)》これみづからが児孫《じそん》として増長《ぞうちやう》するなり。

「尽十方世界」といふは、十方面ともに尽界なり。東西南北四維上下《しゆいじやうげ》を十方といふ。かの表裏縦横の究尽《きうじん》なる時節を思量すべし。思量するといふは、人体はたとひ自他に罣礙《けいげ》せらるといふとも、尽十方なりと諦観《たいくわん》し、決定《くゑちぢやう》するなり。これ未曾聞《みぞうもん》をきくなり、*方等なるゆへに、*界等なるゆへに。人体は四大五蘊《うん》なり、*大塵ともに凡夫の究尽するところにあらず、聖者《しやうじや》の参究するところなり。又、一塵に十方を諦観すべし、十方は一塵に*嚢括《なうくわつ》するにあらず。あるひは一塵に僧堂・仏殿を建立《こんりふ》し、あるひは僧堂・仏殿に尽界を建立せり。*これより建立せり、建立これよりなれり。恁麼の道理、すなはち尽十方界真実人体なり。自

前生の身心のこと。いま、後者をとる)。それらの生滅が、刹那に…と下へかかる。　**最後身**　生死界における最後の身。阿羅漢の身あるいは仏の妙覚に入る直前の菩薩の境涯をいう。行きつく果てであるこのもの。

すでにあやしむことあり、すなはち平常なり　菩提の道にすすめないのかと不審に思うことがあるのは、菩提の道が平等常住のものだからこそだ。前行の「このところ」は「菩提の道」。

ともに　どのような身も身学道するかぎりは。　**生死去来真実人体**　生死去来が真実の人の体だ。↓次頁「人体」注。　**八戒**　八斎戒の略。在家の男女が一日だけ守って出家生活にならう戒。殺生、偸盗、性交、虚言、飲酒、装身化粧・歌舞見物、高いゆったりした寝台に寝ること、昼以後の食事の八つを絶つこと。　**自然見**　↓四三四頁「天然外道」注。　**閑家の破具**　無用のぶっこわれた家具。閑家具に同じ。(入矢)　**跨跳**　跨字、遺偈にも用いられているが不詳。勃に通ずるか。勃勃は盛なる様とともに身軽なことにいう。脱落と相関理解するとよい。　**揚声止響**　大音を発して雑音をとどめる。大法音が尽十方界を倶寂静に帰せしめるを言うだろう。　**たとひ威音王より…増長するなり**　はるか以前から学

然天然の邪見をならふべからず。界量にあらざれば広狭にあらず。尽十方界は八万四千の説法蘊《うん》なり、八万四千の三昧なり、八万四千の*陀羅尼なり。八万四千の説法蘊、これ転法輪なるがゆへに、法輪の転処は、亙界《くわんかい》なり、亙時《くわんじ》なり。方域なきにあらず、*「真実人体」なり。いまのなんぢ、いまのわれ、尽十方界真実人体なる人なり。これらを蹉過《さこ》することなく学道するなり。たとひ三大阿僧祇劫、十三大阿僧祇劫、無量阿僧祇劫までも、捨身受身しもてゆく、かならず学道の時節なる、*進歩退歩学道なり。礼拝問訊《らいはいもんじん》する、すなはち*動止威儀なり。枯木を画図《わづ》し、死灰を磨甎《*ません》す。しばらくの間断《けんだん》あらず。暦日は短促なりといへども、学道は幽遠《ゆうをん》なり。捨家出家せる*風流たとひ蕭然《せうぜん》なりとも、樵夫《せうふ》に混同することなかれ。活計たとひ競頭《*きんてう》すとも、佃戸《*でんこ》に一斉なるにあらず。迷悟善悪の論に比することなかれ、邪正真偽の際《きは》にとゞむることなかれ。

「生死去来真実人体《しやうじこらいしんじつにんたい》」といふは、いはゆる生死は凡夫の流転《るでん》なりといへども、大聖《だいしやう》の所脱なり。超凡越聖《てうぼんをつしやう》せん、*これを真実体とするのみにあらず。これに*二種七種のしなあれど、究尽するに、面々みな生死《しやうじ》なるゆへに恐怖《くふ》すべきにあらず。ゆへいかむとなれば、いまだ生をすてざれども、いますでに死をみる。いまだ死をすてざれども、いますでに生をみる。生は死を罣礙《けいげ》するにあらず、死は生を罣礙するにあらず。生死ともに凡夫のしるところにあらず。生は*栢樹子のごとし、死は鉄漢のごとし。栢樹はたとひ栢樹に礙《げ》せらるとも、生はいまだ死に礙せられざるゆへに*学道なり。生は一枚にあらず、死は両疋《*りやうひち》にあらず。死の生に相対《さうたい》するなし、生の死に相待するなし。

道の途に登ったものも、かれ自身の孫子のように学道にはげみ、成長してゆくのだ。威音王は『法華経』常不軽菩薩品に出る仏。無量無辺不可思議阿僧祇劫(→二八五頁「三祇百劫」注)の昔にあった仏。この世界あって最初の仏。 **方等・界等** さきの語等・心等・法等に準じて解す。方・界は尽十方界より。 **大塵** 四大六塵。しかし一塵は微小のものの意だろう。 **嚢括** 包括。みずからをひとまとめにの意だろう。 **これより建立せり** 「これ」は以上述べた関係。 **陀羅尼** →二二六頁注。「八万四千」は極大数。 **人体** 体は相性体の体。不変恒常の理(性)を体現しているもの。「人」は人について言われたことだということを示す限定辞。 **進歩退歩・動止威儀** 進むも退くも。動くも停まるも行住坐臥に。 **磨甎** 『古鏡』参照。ただし、ここは磨のみに意味がある。 **風流** 趣き。 **競頭** ぬきん出ようときおう。 **佃戸** 小作農家。 **これ** 上の超凡越聖、すなわち生死去来の解脱。 **二種七種** 分段生死と変易生死の二と、分段・流来・反出・方便・因縁・有後・無後の各生死七。分段生死は六道に輪廻転生する凡夫の生死。業因によって来世に受ける寿命に分限あり、生者としての形体に段別がある故かく言うと。変易生死は欲・色・無色三界の生死を離れた聖者が受け

☆圜悟《ゑんご》禅師いはく、「生也《しやうや》*全機現《ぜんきげん》、死也《しや》全機現《ぜんきげん》。*闔塞太虚空《ひつそくたいこくう》、赤心常《せきしんじやう》*片片《へんぺん》《生も全機現なり、死も全機現なり。太虚空に闔塞《ひつそく》し、赤心常に片々なり》」。

この道著《だうぢや》、しづかに功夫点撿すべし。圜悟禅師かつて恁麼いふといへども、なを《（ほ）》いまだ生死の全機にあまれることをしらず。去来を参学するに、去に生死あり、来に生死あり、生に去来あり、死に去来あり。去来は尽十方界を両翼三翼として飛去飛来《ひこひらい》す、尽十方界を三足五足として進歩退歩するなり。生死を頭尾《てうび》として、尽十方界真実人体はよく*飜身回脳《はんしんういなう》するなり。飜身回脳するに、如一銭大《によいつせんだい》なり、似微塵裏《じみちんり》なり。平坦々地、それ壁立千仭《へきりふせんじん》なり。壁立千仭処、それ平坦々地なり。このゆへ《（ゑ）》に*南州北州の面目あり、これを撿して学道す。*非想非々想の骨髄あり、これを*抗《かう》して学道するのみなり。

正法眼蔵身心学道第四

爾時仁治三年壬寅重陽日在于宝林寺示衆

*仁治癸卯仲春初二日書写　懐弉

る界外の生死。因果にしばられず転変改易する故にいうと。七種生死については略す。『止観補行』第七巻にあり。　**栢樹子**　栢は柏（このて／がしわ）の俗字。『栢樹子』参照。鉄漢も同じく、明々白々実在するもの。　**学道なり**　道を学ぶなり。しかし「学道」を名詞とすれば、「学道あるなり」。生は生に邪魔されるのみで、死に邪魔されるということはなく、生としてつづくもの故。　**両疋**　疋は匹に同じ、布二端（四丈）の称。また両（二端）の倍ともいう。「一枚」とともに長広なろうと短狭なろうと度量しうるものの意。

全機現　それはそれで全部のはたらきがすっかり表に出ているものだ。『全機』参照。
闔塞　すきまもなく満たすこと。闔と塞とは同義（入矢）。この句、生も死も全機現で、全現実世界（太虚空）を満しているの意。
片片　昭々乎の意。
飜身回脳　滞りなく変化して新生面を示す。
南州北州　州は洲の代用。全世界。
非想非々想　非想と非々想ではなく、非想にして非々想であろう。南州北州の全外界であるのに対し、学人の全内界。四四頁「四静慮・四無色定」注で言及したものとは異ろう。
抗　挙。　**仁治癸卯**　同四年。

正法眼蔵第五

即《そく》心《しん》是《ぜ》仏《ぶつ》

仏々祖々、いまだまぬかれず保任《ほうにん》しきたれるは、即心是仏《そくしんぜぶつ》のみなり。しかあるを、西天《さいてん》には即心是仏なし、震旦にはじめてきけり。学者おほくあやまるによりて、*将錯就錯《しやうさくじゆさく》せず。将錯就錯せざるゆへに、おほく外道《ぐゑだう》に零落《りんらく》す。

いはゆる即心の話《わ》をきゝて、癡人《ちにん》おもはくは、衆生の慮知念覚の未発菩提心《みはつぼだいしん》なるを、すなはち仏とすとおもへり。これはかつて正師《しやうし》にあはざるによりてなり。

外道のたぐひとなるといふは、西天竺国に外道あり、先尼《せんに》となづく。かれが見処のいはくは、大道《だいだう》はわれらがいまの身にあり、そのていたらくは、たやすくしりぬべし。いはゆる苦楽をわきまへ、冷煖《りやうなん》を自知し、痛癢を了知す。万物にさへられず、諸境にかゝはれず。物は去来し、境《きやう》は生滅すれども、霊知はつねにありて不変なり。此《この》霊知、ひろく周遍せり。凡聖含霊《ぼんしやうがんれい》の隔異《きやくい》なし。そのなかに、しばらく妄法《まうぼふ》の*空花《くうくゑ》ありといへども、一念相応の智慧あらはれぬれば、物も亡《まう》じ、境も滅しぬれば、霊知本性《ほんじやう》ひとり*了々として鎮常なり。たとひ身相はやぶれぬれども、霊知はやぶれずしていづるなり。たとへば人舎《にんしや》の失火にやくるに、舎主いでゝさるがごとし。昭々*霊々としてある、これを覚者智者の性《しやう》といふ。これを

将錯就錯　「錯ヲトッテ錯トナス」。間違いは間違いとしてその儘にしておく。誤りはそれとして、それに執せず正しい方向にすすむ。「さもあらばあれ」の態度。別本正法眼蔵の『後心不可得』における用法はこれと異り、就を、三径就荒・反邪就正などの用例に従って用いているらしい。

空花　虚妄な花。『空華』参照。

了々　賢きさま。昭らか。

霊々　霊は暁・明。昭らか。

ほとけともいひ、さとりとも称ず。自他おなじく具足し、迷悟ともに通達せり。万法諸境ともかくもあれ、霊知は境とゝもならず、物とおなじからず、*歴劫《りやくこふ》に常住なり。いま現在せる諸境も、霊知の*所在によらば、真実といひぬべし。本性《ほんじやう》より縁起せるゆへ(ゑ)には実法なり。たとひしかありとも、霊知のごとくに常住ならず、存没《ぞんもつ》するがゆへに、明暗にかゝはれず、霊知するがゆへに、これを霊知といふ。また真我と称じ、*覚元《かくげん》といひ、本性と称じ、本体と称ず。かくのごとくの本性をさとるを、常住にかへりぬるといひ、帰真の大士といふ。これよりのちは、さらに生死に流転《るでん》せず、不生不滅の性海《しやうかい》に証入するなり。このほかは真実にあらず。この性あらはさゞるほど、三界六道は*競起《きんき》する、といふなり。これすなはち先尼外道が見なり。

☆大唐国師慧忠和尚問フレ僧ニ、「従リカ二何レノ方一来ル《何《いづ》れの方よりか来れる》」。
僧曰《いはく》、「南方ヨリ来ル《南方より来る》」。
師曰、「南方ニ有ル二何ナル知識カ一《南方に何《いか》なる知識か有る》」。
僧曰、「知識頗ル多シ《知識頗《すこぶ》る多し》」。
師曰、「如何ガ示スレ人ニ《如何が人に示す》」。
僧曰、「彼方ノ知識、直下ニ示ス二学人ニ即心是仏ト一。々ハ是レ覚ノ義ナリ、汝今悉二具セリ見聞覚知之性ヲ一。此ノ性善能揚眉瞬目シ、去来運用ス。偏ク二於身中ニ一、*挃《シツ》レ頭ニ々知リ、*挃レ脚ニ々知ル、故ニ名ク二正遍知ト一。離レテ此ヲ之外、更ニ無シ二別ノ仏一。此ノ身ハ即チ有リ二生滅一、心性ハ無始以来、未ダ二曾テ生滅セ一。身生滅スルトハ者、如ク二竜ノ換フルガ一レ骨ヲ、似タリ三蛇ノ脱シ

歴劫　劫を歴る。無限大の時間に。

所在　そこにあるという事実。

覚元　覚性の覚が性の修飾語(覚悟せるの意でも覚知するの意でも)であるのと同じ覚の用法。「元」は寂静の本元。

競起　きそい起る。上の「この性あらはさゞるほど」は、以上述べたような「理」が顕在化されないからこそ。

挃　刺。擣。

レ皮《ヲ》、人《ノ》出《ルニ》二故宅《ヲ》一。即《チ》身《ハ》是《レ》無常《ナリ》、其《ノ》性《ハ》常也。南方《ノ》所説、大約《ヤク》如《シ》レ此《ノ》」。

《僧曰く、「彼方の知識、直下《ちよくか》に学人に即心是仏と示す。仏は是れ覚の義なり、汝今、見聞覚知《けんもんかくち》の性《しやう》を悉具せり。此の性善能《よ》く揚眉《やうみ》瞬目《しゆんぼく》し、去来運用《こらいうんよう》す。身中に徧《あまね》く、頭に挃《ふ》るれば頭知り、脚に挃《ふ》るれば脚知る、故に正遍知《しやうへんち》と名づく。此を離れて外《ほか》、更に別の仏無し。此の身は即ち生滅有り、心性は無始より以来《このかた》、未だ曾て生滅せず。身生滅するとは、竜の骨を換《か》ふるが如く、蛇の皮を脱《だつ》し、人の故宅を出づるに似たり。即ち身は是れ無常なり、其の性は常なり。南方の所説、大約《やく》此の如し」》

師曰、「若《シ》然《ラバ》者、与《ニ》二彼《ノ》先尼外道《ト》一、無《ケン》レ有《ルコト》二差別一。彼《ガ》云《ク》、我《ガ》此《ノ》身中《ニ》有《リ》二一《ノ》神性一、此《ノ》性能《ク》知《リ》二痛癢《ツウヤウヲ》一、身壊《スル》之時、神則《チ》出去《デル》、如《シ》二舎《ノ》被レ焼《カ》舎主出去《デルガ》一。舎《ハ》即《チ》無常《ナリ》、舎主《ハ》常《ナリ》矣。審《シンスラクハ》如《キハ》レ此《ノ》者、邪正莫《シ》レ辨《ズル》、孰《イカンカ》為《ン》レ是《ト》乎。吾比《ソノカミ》遊方《セシニ》、多《ク》見《ヤ》二此《ノ》*色《ヲ》一。近《イマ》尤《モ》盛《ンナリ》矣。聚《テ》二却三五百衆《ヲ》一、目《ニ》視《テ》二雲漢《ヲ》一云《ク》、是《レ》南方《ノ》宗旨《ナリト》。把《テ》二他《ノ》*壇経《ヲ》一改換《シテ》、*添《ニ》二糅《シ》鄙譚《ヲ》一、削《ニ》二除《シテ》聖意《ヲ》一、惑《ニ》二乱《ス》後徒《ヲ》一、豈《ニ》成《ランヤ》二言教《ヲ》一。苦哉、吾宗《ガ》喪《ビニタリ》矣。若《シ》以《テ》二見聞覚知《ヲ》一、是《ヲ》為《バ》二仏性《ト》一者、*浄名《ハ》不レ応《ニ》下云《フ》中法《ハ》離《ル》二見聞覚知《ヲ》一、若《シ》行《ゼバ》二見聞覚知《ヲ》一、是《レ》則《チ》見聞覚知《ナリ》、非《ズ》レ求《ルニ》レ法《ヲ》也」。

《師曰く、「若し然らば、彼の先尼外道と差別有ること無けん。彼が云く、「我が此の身中に一の神性有り、此の性能く痛癢《つうやう》を知り、身壊《ゑ》する時、神《しん》則ち出で去る、舎の焼かるれば、舎主出で去るが如し。舎は即ち無常なり、舎主は常なり」と。審《しん》すらくは此の如きは、邪正辦ずるなし、孰《いかん》か是とせんや。吾れ比遊《そのかみゆ》方《はう》せしに、多く此の色《しき》を見き。近《いま》尤も盛んなり。三五百衆を聚《あつめ》却て、目に雲漢《うんかん》を視《み》て云く、「是れ南方の宗旨なり」と。他の壇経を把《と》つて改換して、鄙譚《ひたん》を添糅《てんじう》し、聖《しやう》

色 類。
壇経 六祖壇経。
添糅 糅は雑、まじえる。
浄名 維摩居士のこと。梵名を意訳したもの。

意《い》を削除して後徒《こうと》を惑乱す、豈《あに》言教を成らんや。苦哉《くさい》、吾が宗喪《ほろ》びにたり。若し見聞覚知を以て是を仏性とせば、浄名は応《まさ》に「法は見聞覚知を離る、若し見聞覚知を行ぜば、是則ち見聞覚知なり、法を求むるに非ず」と云ふべからず」》

大証国師者《は》*曹谿古仏の上足なり、天上人間の大善知識なり。国師のしめす宗旨《そうし》をあきらめて、参学の亀鑑とすべし。先尼外道が見処としりてしたがふことなかれ。

▽近代は、大宋国に諸山の主人とあるやから、国師のごとくなるはあるべからず。むかしより国師にひとしかるべき知識いまだかつて出世せず。しかあるに、世人あやまりておもはく、*臨済・*徳山も国師にひとしかるべしと。かくのごとくのやからのみおほし。あはれむべし、明眼の師なきことを。

いはゆる仏祖の保任《ほうにん》する即心是仏は、外道二乗ゆめにもみるところにあらず。唯仏祖与《ゆいぶっそよ》仏祖《ぶっそ》のみ*即心是仏しきたり、究尽《きうじん》しきたる聞著《もんぢゃ》あり、*行取《あんしゅ》あり、証著《しょうぢゃ》あり。

「*仏《ぶつ》」百草《はくさう》を*拈却《ねんきゃ》しきたり、*打失しきたる。しかあれども、丈六の金身《こんじん》に*説似せず。

「*即《そく》」公按《こうあん》あり、見成《げんじゃう》を*相待せず、敗壊《はいゑ》を廻避《ういひ》せず。

「*是《ぜニ》」三界《さんがい》あり、*退出にあらず、唯心にあらず。

「*心《しん》」牆壁《しゃうへき》あり、いまだ泥水せず、いまだ造作《ざうさ》せず。

あるひは「即心是仏」を参究し、「心即仏是」を参究し、「仏即是心」を参究し、「即心仏是」を参究し、「是仏心即」を参究す。かくのごとくの参究、まさしく即心是仏、これを挙《こ》

曹谿　広東省曲江県の東南。↓祖師

臨済　院号。河北省正定県所在。↓祖師

徳山　湖南省常徳県にある山。↓祖師

即心是仏しきたり　「究尽しきたり」とも、「即心是仏にて保任しきたり」とも言い換えられる。

行取　取は助辞。上の動詞の表わす動作の進行を示す。ここで日本語として必要なのは聞行証の三。

仏百草　即心是仏も偏界不曾蔵・悉皆同時現成の立場からは四つに分解され、その組合せは二十四成立つ。ここに仏とおかれたのはその一(仏即是心)の頭一字。一字だけで即心是仏を表わし、そういうものとして「百草を」以下の主格。

拈却・打失　却は強辞、打は助辞。取ることと無くすこと。

説似　南嶽懐譲の「説似一物即不中」からの語。…に関して、…に向って説く。即心是仏が法身仏に向って説くようなことはせぬ。しかし晩唐においては「似」の前置詞性は失われ、二字一語の動詞となった(入矢)。

即公按　即字は「仏百草」の仏字と同様。一字で「即心是仏」。その公案がある。

相待　ただ待つというに同じ。「相待せず」は公案現成に同じ。次の「敗壊を廻避せず」も同断。

して即心是仏に正伝するなり。かくのごとく正伝して今日にいたれり。いはゆる正伝しきたれる心《しん》といふは、*一心一切法、一切法一心なり。このゆへ《(ゑ)》に古人いはく、「若人識二得《シ》心《セバヲ》一、大地無二《ニ》寸土一《シ》《若し人、心を識得《しきて》せば大地に寸土無し》」。しるべし、心を識得するとき、蓋天撲落し、迊地《さふち》裂破《れつぱ》す。あるひは心を識得すれば、*大地さらにあつさ三寸をます。

古徳云《いはく》、「作麼生是妙浄明心。山河《せんが》大地《だいち》、日月《にちぐわち》星辰《しやうしん》《作麼生ならんか是れ妙浄明心。山河大地、日月星辰》」。

あきらかにしりぬ、心とは山河《せんが》大地《だいち》なり、日月《にちぐわち》星辰《しやうしん》なり。しかあれども、この道取するところ、*すゝめば不足あり、*しりぞくればあまれり。山河大地心は、山河大地のみなり。さらに波浪なし、風煙なし。日月星辰心は、日月星辰のみなり。さらにきりなし、かすみなし。生死去来心《しやうじこらいしん》は、生死去来のみなり。さらに迷《めい》なし、悟《ご》なし。牆壁瓦礫心《しやうへきぐわりやくしん》は、牆壁瓦礫のみなり。さらに泥なし、水なし。四大五蘊心《しだいごうんしん》は、四大五蘊のみなり。さらに馬なし、猿なし。椅子払子心《いすほつすしん》は、椅子払子のみなり。さらに竹なし、木なし。かくのごとくなるがゆへに、即心是仏、*不染汚《ふぜんわ》即心是仏なり。諸仏、不染汚諸仏*なり。

しかあればすなはち、即心是仏とは、発心《ほつしん》・修行《しゆぎやう》・菩提《ぼだい》・涅槃《ねはん》の諸仏*なり。いまだ発心・修行・菩提・涅槃せざるは、即心是仏にあらず。たとひ一刹那《せつな》に発心修証するも即心是仏なり、たとひ一極微中《ごくみ》に発心修証するも即心是仏なり、たとひ無量劫《むりやうこふ》に発心修証するも即心是仏なり、たとひ一念中に発心修証するも即心是仏なり、たとひ*半拳裏《はんけんり》に発心修証するも即心是仏なり。しかあるを、長劫《ちやうこふ》に修行作仏《さぶつ》するは即心是仏にあらずといふは、即心是

是三界　是は右二字に同断。即心是仏現成の中での三界。

退出にあらず　退失出現することはない。それは実在である。即心是仏即唯心でもない。

心牆壁あり　右に同じく即心是仏を考えようとすると即心是仏なる牆壁(障害の意味ではない。物的存在)が現前する。それは露堂々として「泥水(拕泥滞水)せず」、周囲の汚れに染まることがない。また欲念や執着のしるしである「造作」に耽ることもない。

一心一切法・一切法一心　一心で一切法に当り、一切法が一心に当る。

大地さらに…　「三寸」も「増す」も直接の意味はない。大地の面貌をも変えるの意。

すゝめば・しりぞくれば　言語表現の意味(道取するところ)が強調されすぎたり、軟化したりすると。「しりぞくれば」はしりぞけば。「進めば」とともに自動詞。これも已然形構文だが未来完了的仮定を現わす。不足し、あまるものは、対象に比較したときの道取、言語表現そのものの在りよう。

不染汚即心是仏　それ以上でもそれ以下でもなく、何ものにも傷つけられず何ものも押捺されない、如々の即心是仏。

諸仏なり　「即」も「心」も「是」も思量の要なく、問題は「仏」のみの

仏をいまだ見ざるなり、いまだしらざるなり、いまだ学せざるなり。即心是仏を開演する正師を見ざるなり。

*いはゆる諸仏とは、釈迦牟尼仏なり。釈迦牟尼仏、これ即心是仏なり。過去・現在・未来の諸仏、ともにほとけとなるときは、かならず釈迦牟尼仏となるなり。これ即心是仏なり。

正法眼蔵即心是仏第五

爾時延応元年五月二十五日在雍州*宇治郡観音導利興聖宝林寺示衆

于時寛元三年乙巳七月十二日在越州吉田県大仏寺侍者寮書写之　懐弉

意。

半拳裏　時間的にわずかの間。

いはゆる諸仏とは　禅思想の根本である。これと『渓声山色』の「仏祖の往昔は吾等なり、吾等が当来は仏祖ならん」(二九八頁)を結びつけて考えるとよい。

雍州　山城国。

行足　智目の対。智を目とするとき行は足。二字で行。「行仏」はそういう「行」であるところの仏。　**報仏**　報身としての仏。仏となる因の行を積み、その果報たる功徳を具えた仏。抽象的理念的な理・智合一の「法身」仏、具体的地上的な、済度すべき衆生のあり方に応じて現ずる「応身」仏の綜合態。　**化仏**　応化身仏。右の応身仏に同じ。　**自性身仏**　法身仏。　**他性身仏**　「自性身仏」の

正法眼蔵第六

行《ぎやう》仏《ぶつ》威《ゐい》儀《ぎ》

諸仏かならず威儀《ゐいぎ》を*行足《ぎやうそく》す、これ行仏《ぎやうぶつ》なり。行仏それ報仏*にあらず、*化仏《くゑぶつ》にあらず、自*性身仏にあらず、*他性身仏にあらず。*始覚本覚《しかくほんがく》にあらず、*性覚無覚《しやうかくむかく》にあらず。如是《にょぜ》等仏《とうぶつ》、たえて行仏に斉肩することうべからず。

しるべし、諸仏の仏道にある、覚をまたざるなり。仏向上の道《だう》に*行履《あんり》を通達せること、唯《ただ》行仏のみなり。自性仏等、夢也未見在《むやみけんざい》なるところなり。この行仏は、*頭々《てうてう》に威儀現成《げんじやう》するゆへ(ゑ)に、*身前に威儀現成す、*道前に*化機漏泄《くゑきろうせつ》すること、亘時《くわんじ》なり、亘方《くわんはう》なり、*亘仏なり、*亘行なり。行仏にあらざれば、仏縛法縛《ぶつばくほふばく》いまだ解脱《げだつ》せず、仏魔法魔に*党類《たうるい》せらるゝなり。

「仏縛」といふは、菩提を菩提と知見解会《げゑ》する、*即知見《そくちけん》、*即解会《そくげゑ》に即縛せられぬるなり。一念を経歴《きやうりやく》するに、なを(ほ)いまだ解脱の期《ご》を期《ご》せず、いたづらに*錯解《さくげ》す。菩提をすなはち菩提なりと見解《けんげ》せん、これ菩提相応の知見なるべし、たれかこれを邪見といはんと想憶す、これすなはち無縄自縛《むじやうじばく》なり。縛々綿々として*樹倒藤枯《じゆたうてんこ》にあらず。いたづらに*仏辺の窠窟《くわくつ》に活計《くわつけ》せるのみなり。*法身《ほつしん》のやまふをしらず、報身《ほうじん》の窮《きう》をしらず。教家《けうけ》経師論師《きやうじろんじ》等の仏道を遠聞《をんもん》せる、なを(ほ)しいはく、「即於法性《そくおほつしやう》、起《き》法性見《ほつしやうけん》、即是無明《そくぜむみやう》《法性

対語。意味は同じ。「他」もそのものにとっては「自」である。 **始覚本覚** 理・智一体の大智慧光明の熏習によって、無明のうちに涅槃を求める智慧がはたらきはじめる。それを始覚と言い、仏によって体現される前者を本覚という。 **性覚無覚** 相に対して不生不変不滅な性に比せられる智慧すなわち仏智(本覚)と無明。 **行履を** 上の「道」において実践し通す。「仏向上」は→『仏向上事』。 **頭々** 個々の人々の上に。「威儀現成」のうち、重要なのは「現成」。「威儀」は問題の所在・性質を示す冠辞。 **身前・道前** 自分より先。仏道より先。 **化機漏泄** ひとを化導する働きがおのずと洩れること。しかしここでは重点は漏泄にかかる。 **亘仏・亘行** 上の「亘時亘方(常時全宇宙)」で足りる。行仏二字を分け「亘」を冠したもの **党類せらる** 仲間にされる。 **即知見・即解会に** これ即ち知見解会に。 **錯解** あやまり解す。 **樹倒藤枯にあらず** 樹が倒れるとそれにまきついていた葛藤が枯れるというような自然な成行きをとらないで。 **仏辺の窠窟** 仏智そのものでなく、その周囲の窮屈な場所。仏縛法縛。「活計」は齷齪生きるの如き意。 **法身のやまふ…** 上にいうような有様では…。法身報身の区別は無用。ただ仏身の危機ととればよい。

に即して法性の見を起す、即ち是れ無明なり》」。この教家のいはくは、*法性に法性の見《けん》おこるに、法性の縛をいはず、さらに無明の縛をかさぬ、法性の縛あることをしらず。あはれむべしといへども、無明縛のかさなれるをしれるは、発菩提心の種子《しゅうじ》となりぬべし。いま行仏、かつてかくのごとくの縛に縛せられざるなり。

かるがゆへに（五）、「我本行菩薩道《がほんぎやうぼさつだう》、所成寿命《しょじやうじゅみやう》、今猶未尽《こんいうみじん》、復倍上数《ぶばいじやうしゅ》《我れ本より菩薩道を行じて、成す所の寿命、今なほ未だ尽きず、また上の数に倍せり》」なり。

*しるべし、菩薩の寿命いまに連綿とあるにあらず、仏寿命の過去に布遍せるにあらず。いまいふ「上数《じやうしゅ》」は、全所成《ぜんしょじやう》なり。いひきたる「今猶《こんいう》」は、全寿命なり。「我本行《がほんぎやう》」たとひ万里一条鉄なりとも、*百年抛却任縦横《はくねんはうきやくにんじゆうわう》なり。

しかあればすなはち、修証《しゅしょう》は無《む》にあらず、修証は有《う》にあらず、修証は染汚《ぜんわ》にあらず。無仏無人の*処在に百千万ありといへども、行仏を染汚せず。ゆへに*行仏の修証に染汚せられざるなり。修証の不染汚なるにはあらず、*この不染汚、それ不無なり。

☆曹谿《さうけい》いはく、「祇此不染汚《ししふぜんわ》、是諸仏之所護念《ぜしょぶつししょごねん》、汝亦如是《にょやくにょぜ》、吾亦如是《ごやくにょぜ》、乃至西天諸祖亦如是《ないしさいてんしょそやくにょぜ》《ただ此の不染汚、是れ諸仏の所護念なり、汝もまた是の如し、吾もまた是の如し、乃至西天の諸祖もまた是の如し》」。

しかあればすなはち、「汝亦如是《にょやくにょぜ》」のゆへに*諸仏なり、「吾亦如是《ごやくにょぜ》」のゆへに諸仏なり。まことにわれにあらず、なんぢにあらず。*この不染汚に、如吾是吾《にょごぜご》、諸仏所護念《しょぶつしょごねん》、これ行

法性　法性は心性、真如、覚と同じとされるから、結局法身仏のこと。「見」は推究推度。智慧が分析・推論的にはたらく場合。　**しるべし…**　菩薩の寿命は現在にも過去にも遍満持続しているわけではなく、「上の数」の言い現わす全年数はそれだけですべてであり、「今なほ尽きない」と言う現在の寿命もこれはこれで全寿命である。経文に対する曲解の一例。→解説。　**百年抛却任縦横**　始めから最後まで(実はそういう区切りもないのだが)抛り出したまま勝手にさせておく。時間の撥無された尽界に遍満している。　**処在に**　処に。「在」は冗辞。　**行仏の**　主格。「修証の」と同様。　**この不染汚それ不無なり**　上の否定。上の修証は染汚せずの二重否定。修証もこれを透脱せねば繋縛なのだ。　**諸仏なり**　上の文では主格汝、下では吾。　**この不染汚に…これ行仏威儀なり**　いま言う一切不染汚における吾は吾であると言える存在は、諸仏の護持祈念するところだからこそそうであるので、それが即ち行たる仏の戒律に叶い、威徳そなわる立居振舞いなのだ。　**師勝資強**　師勝れ資(弟子)強し。一方が他方を圧倒し去るという関係では真の一体化はなり立たぬ。　**明行足**　明は智慧。足は具足。智慧である身修行が具わっている。仏十号の一。　**是諸仏之所護念と**　「と」

仏威儀なり。如汝是《にょにょぜ》汝《にょ》、諸仏所護念《しよぶつしよごねん》、これ行仏威儀なり。「吾亦」のゆへに師勝なり、「汝亦」のゆへに資強なり。*師勝資強、これ行仏の*明行足《みやうぎやうそく》なり。しるべし、「*是諸仏之所護念」と、「吾亦」なり、「汝亦」なり。曹谿古仏の道得《だうて》、*たとひわれにあらずとも、なんぢにあらざらむや。行仏之所護念、行仏之所通達、それかくのごとし。かるがゆへにしりぬ、修証は*性相本末《しやうさうほんまつ》等にあらず。行仏の去就、これ果然として仏を行ぜしむるに、仏すなはち行ぜしむ。

こゝに為《ゐ》法捨身《はふしやしん》あり、為《ゐ》身捨法《しんしやはふ》あり、不惜身命《ふしやくしんみやう》あり、但惜身命《たんじやくしんみやう》あり。*法のために法をすつるのみにあらず、心のために法をすつる威儀あり。捨は無量なること、忘るべからず。*仏量を拈来して大道を測量《しきりやう》し、度量《たくりやう》すべからず。仏量は一隅なり、たとへば花開《くゑかい》のごとし。心量を挙来《こらい》して威儀を摸索《ぼさく》すべからず、擬議すべからず。心量は一面なり、たとへば世界のごとし。一茎草量《きんさうりやう》、あきらかに仏祖心量なり。これ行仏の蹤跡《しようせき》を認ぜる一片なり。一心量たとひ無量仏量を包含せりと見徹すとも、行仏の容止《ようし》動静《どうじやう》を*量ぜんと擬するには、もとより過量の面目あり。過量の行履《あんり》なるがゆへに、*即不中《そくふちゆう》なり、使不得《しふて》なり、量不及《りやうふぎふ》なり。

しばらく、行仏威儀に一究あり。即仏即自と*恁麼《いんも》来《らい》せるに、吾亦汝亦《ごやくにょやく》の威儀《ゐいぎ》、それ*唯我《ゆいが》能《のう》にかゝはれりといふとも、すなはち*十方仏然《ぶつねん》の脱落《とつらく》、これ同条のみにあらず。かるがゆへに、

古仏いはく、「体取那辺事《たいしゆなへんじ》、*却来這裏行履《きやらいしやりあんり》《那辺の事を体取し、這裏に却来して行履せよ》」。

は上の「しるべし」を受ける。次の「吾亦なり汝亦なり」は上のことが吾汝に適用されるの意。**たとひわれに…あらざらむや** 誰かのことではある。**性相本末** 性・相、本・末。分析的に言えること。**法のために法を…** 法のための捨法は法を立てている。心のためならそうでない。しかし前頁「法性」の注参照。**仏量** 仏にこだわりそれを物指とする態度。単に「仏」と言ってよい。**量ぜん** 思量せん。**即不中なり…** 行仏をかりに量的に考えると、それは無量仏量を包含する一心量にも過ぎるものなので、現に行仏であるたとえば懐譲はこれを量ろうとしても中らない。剰ってしまう。使いこなせない。量って及ぶものではない。**恁麼来** とそんな風に(「即仏即自」と)来た仏は吾、吾は仏、吾また同じ、汝また同じという「是仏」の威儀。**唯我能** 次の「十方仏然」とともに『法華経』方便品中の「唯仏与仏乃能究尽(以上散文)…唯我知是相十方仏亦然(以上偈)」が出所。しかし意味は「タダ我ノミ能クス」、釈迦牟尼仏の能力のみの為しうるところ。**十方仏然の脱落…** (右の注に記したようなことは)それ(同条)ばかりでなく、直ちに(即ち)十方仏また然りという形の「脱落」として、修行者すべてにかかわって来る。**却来** 却は却後、そのあとでの意。(入矢)

すでに恁麼保任《ほうにん》するに、諸法・諸身・諸行・諸仏、これ*親切なり。この行・法・身・仏、を《(お)》の〱承当《じようたう》に罣礙《けいげ》あるのみなり。承当に罣礙あるがゆへ《(ゑ)》に、*承当に脱落《とつらく》あるのみなり。*眼礙《げんげ》の明々百草頭《めいめいはくさうとう》なる、不見一法《ふけんいつぽふ》、不見一物《ふけんいちもつ》と*動著《どうぢや》することなかれ。這法《しやはふ》に*若至《にやくし》なり、那法に若至なり。*拈来拈去、出入同門に行履する、偏界不曾蔵《へんかいふすんざう》なるがゆへに、世尊*密語・密証・密行・密附等あるなり。

出門便是草《しゆつもんべんしさう》、入門便是草《にふもんべんしさう》、万里《ばんり》無《む》寸草《すんさう》《門を出づれば是れ草、門を入るも是れ草、万里寸草無し》なり。入之一字《につしいちじ》、出之一字《しゆつしいちじ》、*這頭也不用得《しやてうやふようて》、那頭也不用得《なてうやふようて》《入の一字、出の一字、這頭も不用得、那頭も不用得》なり。*いまの把捉は、放行《はうあん》をまたざれども、これ夢幻空花《むげんくうくゑ》なり。たれかこれを夢幻空花と*将錯就錯《しやうさくじゆさく》せん。進歩也錯《しんふやさく》、退歩也錯《ついふやさく》、一歩也錯《いふやさく》、両歩也錯《りやうふやさく》なるがゆへに錯々なり。天地懸隔《けんきやく》するがゆへに*至道無難《しいだうぶなん》なり。威儀々威《ゐいぎぎゐ》、*大道体寛《だいだうたいくわん》と究竟《くきやう》すべし。しるべし、出生《しゆつしやう》*合道出《がふだうしゆつ》なり、入死《につし》合道入《がふだうにふ》なり。その頭正尾正《てうしんびしん》に、*玉転珠回《ぎよくてんしゆうい》の威儀現前するなり。仏威儀の一隅を*遣有《けんいう》するは、尽乾坤大地《じんけんこんだいち》なり、尽生死去来《じんしやうじこらい》なり。*塵刹《ちんせつ》なり、蓮花《れんぐゑ》なり。これ塵刹・蓮花、を《(お)》の〱一隅なり。

学人おほくおもはく、「尽乾坤」といふは、この南贍部州《なんせんぶしう》をいふならむと擬せられ、又この*一四州をいふならむと擬せられ、たゞ又*神丹《しんだん》一国おもひにかゝり、日本一国おもひにめぐるがごとし。又、「尽大地」といふも、たゞ三千大千世界とおもふがごとし、わづかに一州一県をおもひにかくるがごとし。尽大地・尽乾坤の言句《ごんく》を参学せんこと、三次五次も思

親切 ↓六〇頁注。 **承当に脱落あるのみ** 妨げは一体化にあるので、これを超越解脱する他ない。 **眼礙の明々百草頭なる** 認識力に障りのあるということは明白な現象だが、だからと言って。 **動著** 惑う。 **若至** 若は冗辞。 **拈来拈去出入同門に** ああするのもこうするのも(拈来拈去)すべて同一法門での行為であり、これはいつどこでもかくれもない事実(偏界不曾蔵)なので、と続く。 **密** 深密。因位にあるものの窺い知りえない。 **這頭也不用得那頭也不用得** あっちにもこっちにも用いられない。「得」は助辞だが可能を現わす。 **いまの把捉** 把捉は把定に同じ。段首の言葉を指し、この提示、あるいはその根拠である現実把握の意。下の「待たざれども」は待つまでもなく。 **将錯就錯せん** (夢幻空花だと言って)そのまま見過ごそうか。↓八一頁注。 **至道無難** 「至道ハ難キコトナシ」。ここでは、道に至るに難きことなし。上の「ゆへに」はなれど。 **大道体寛** 大道ハ体寛ヤカナリ。上の「儀威」は威儀を強めたもの。そうではあるけれど、と下に続く。 **合道** 道にかなって、従って。 **玉転珠回** 玉の盤上を転がるがごとく円転、凝滞ない。 **遣有** 遣は使役の助動詞。有ラシム。 **塵刹** 数知れぬ小国土。そういうも

ひめぐらすべし、ひろきにこそはとてやみぬることなかれ。この得道は、*極大同小《ごくだいどうせう》、極小《ごくせう》同大《どうだい》の超仏越祖《てうぶつをつそ》なるなり。大の有にあらざる、小の有にあらざる、疑著《ぎちや》にたりといへども、*威儀行仏なり。仏々祖々の道趣する尽乾坤の威儀、尽大地の威儀、ともに不曾蔵《ふすんざう》を偏界と参学すべし。偏界不曾蔵なるのみにはあらざるなり。これ行仏一中の威儀なり。

仏道を説著《せつちや》するに、*胎生《たいしやう》・化生《くゑしやう》等は仏道の行履《あんり》なりといへども、いまだ*湿生《しつしやう》・卵生《らんしやう》等を道取せず。いはんやこの胎卵湿化生《たいらんしつくゑしやう》のほかになを《(ほ)》生あること、夢也未見在《むやみけんざい》なり。いかにいはんや胎卵湿化生のほかに、胎卵湿化生あることを見聞覚知せんや。いま仏々祖々の大道には、胎湿卵化生のほかの胎湿卵化あること、不曾蔵に正伝せり、親密に正伝せり。この道得《だうて》、きかずならはず、しらずあきらめざらむは、なにの儻類《たうるい》なりとかせん。すでに四生はきくところなり、死はいくばくかある。四生には四死あるべきか、又、三死二死あるべきか、又、五死六死、千死万死あるべきか。この道理、わづかに疑著《ぎちや》せんも、参学の分なり。

しばらく功夫すべし、この四生衆類のなかに、生はありて死なきものあるべしや。又、死のみ単伝にして、生を単伝せざるありや。*単生単死の類の有無、かならず参学すべし。わづかに無生の言句をきゝてあきらむることなく、身心の功夫をさしを《(お)》くがごとくする物*あり。これ愚鈍のはなはだしきなり。*信法頓漸《しんぽふとんぜん》の論にもを《(お)》よばざる畜類といひぬべし。ゆへいかんとなれば、たとひ無生ときくといふとも、この道得《だうて》の意旨作麼生《そもさん》なるべし。さらに無仏・無道・無心・無滅なるべしや、無々生なるべしや、無法界、無法性なるべしや、無死なるべしやと功夫せず、いたづらに*水草但念《すいさうたんねん》なるがゆへなり。

のが仏道に従って生死する堂々たる容儀即ち仏の威儀即ち仏道そのものの威儀の一部分を構成している。

一四州　南瞻部洲・東勝身洲・西牛貨洲・北倶盧洲(七五頁注)の一。

神丹　震旦。インドにおける中国の呼称。旦・丹は地域・領域の意を持つ sthāna の音訳かとされる。

極大同小　極メテ大ニシテ小ニ同ジ。極以下、「尽乾坤」とは何かということを悟る(得道)のはかくの如き、またその反対である、仏祖を超越した証会なのだ。

威儀行仏なり　「大」も「小」も「有」でないなどいうのは懐疑説のようだが、そうではなく、戒律に叶い威徳具わる仏としての行、実践なのだ。「道趣」は道取。趣は取。

胎生・化生・湿生・卵生　上から順次、母胎内で自体を完全に具して生れるもの、托胎するところなく忽然自生するもの(諸天・魔物など)、湿った熱気によって生ずるもの(蛇など)、鳥などのごとき卵から生れるもの。即ち四生。以下のこれら四生「のほかになを生あること夢也未見在」は分別智の命名分類限局に対する批判否定の表現。

単生単死　ひとえに生れ、ひとえに死ぬ。

物類。

信法頓漸　信(仏法の有と可得と功徳を信ずることから仏道に入ること。漸と相応ず)と法(法性実相をきいて直ちに仏道に入ること。頓)の二種。

水草但念　ただ水草

しるべし、生死《しやうじ》は*仏道の行履《あんり》なり、生死は*仏家の調度なり。*使也要使《しやえうし》なり、*明也明得《みんやみんて》なり。ゆへ《(ゑ)》に諸仏は、この*通塞に明々《めいめい》なり、この要使に*得々《とくとく》なり。この*生死の際にくらからむ、たれかなんぢをなんぢといはん。たれかなんぢを了生達死漢といはむ。*生死にしづめりときくべからず、生死にありとしるべからず、生死を生死なりと信受すべからず、不会《ふうい》すべからず、不知すべからず。

あるひ《(い)》はいふ、たゞ人道《にんだう》のみに諸仏出世す、さらに余方余道には出現せずとおもへり。いふがごとくならば、仏在のところ、*みな人道なるべきか。これは*人仏の唯我独尊の道得《だうて》なり。さらに天仏もあるべし、仏々もあるべきなり。諸仏は唯人間のみに出現すといはんは、仏祖の*閫奥《こんあう》にいらざるなり。

祖宗いはく、「釈迦牟尼仏、自リ下従テ二迦葉仏ノ所ニ一伝ヘテ中正法ヲ上、往テ二*兜率天ニ一、化シテ二兜率陀天ヲ一、于レ今有在ス《釈迦牟尼仏、迦葉仏の所《みもと》にして正法を伝へてより、兜率天《とそつてん》に往《ゆい》て、兜率陀天を化《くゑ》して今に有在《ましま》す》」。

まことにしるべし、人間の釈迦は、このとき*滅度現の化《くゑ》をしけりといへども、上天の釈迦は、于今有在《うこんいうざい》にして化天《くゑてん》するものなり。学人《がくにん》しるべし、*人間の釈迦の千変万化の道著《だうちや》あり行取《あんしゆ》あり説著《せつちや》あるは、人間一隅の*放光現瑞なり。をろか《(お)》に上天の釈迦、その化《くゑ》さらに千品《ぼん》万門《もん》ならん、しらざるべからず。仏々正伝する大道の、断絶を超越《てうをつ》し、*無始無終を脱落《とつらく》せる宗旨《そうし》、ひとり仏道のみに正伝せり。自余の諸類、しらずきかざる功徳なり。行仏の*設

を思う。仏の教えに従うことを知らなかったために駱駝驢馬に生れ変り重荷を負い鞭打たれる苦しみを嘗めるが、欲するところはただ水草のみという境涯。食欲物欲のみの境涯。

仏道の行履・仏家の調度　行履は身をもってする行い。ここでは「道」の縁で旅の穿き物を匂わせている。調度は身辺の小道具。これも「家」の縁。　**使也要使・明也明得**　使いたければ使うべきだ。明らめたければ明らかになる。　**通塞**　通と塞と。↓四〇七頁注。　**得々**　なしうる。「得」の重複語法。　**生死の際**　生死の間の事情。「くらからむ」は迂(とう)いようだったら。了生達死にしてはじめて一個の人間である。　**生死にしづめり**…　汝自身を。下の「きく」は聞は知なりの用法による。　**みな人道**　仏道ではなく…。　**人仏の唯我独尊**　人間にすぎない仏が唯我独尊という(道得)ことだ。　**閫奥**　閫は門の下がまち。二字で奥所。　**兜率天**　欲界の第四天。弥勒菩薩が現に説法しているところ。一生ここにある菩薩は次世にはその出世の世界で仏の位置を補充するに至る。九四頁の「天堂」はその弥勒の居所を指す。　**滅度現**　滅度は涅槃。それによって仏陀の最後の衆生済度が行われた。現はあらわす。正しくは「現滅度」とあるべきところ。　**人間の**

化するところには、四生にあらざる衆生あり。天上・人間・法界等にあらざるところあるべし。行仏の威儀を*覰見《しよけん》せんとき、天上人間のまなこをもちゐることなかれ、天上人間の情量をもちゐるべからず。これを挙して測量《しきりやう》せんと擬することなかれ。*十聖三賢なを《(ほ)》これをしらずあきらめず、いはんや人中《にんちゆう》天上の測量のを《(お)》よぶことあらんや。人量《にんりやう》短小なるには識智も短小なり、寿命《じゆみやう》短促なるには思慮も短促なり、いかにしてか行仏の威儀を測量せん。

しかあればすなはち、たゞ人間を挙して仏法とし、人法を挙して仏法を局量《こくりやう》せる家門、かれこれともに仏子と許可することなかれ。これたゞ業報《ごつぽう》の衆生なり。いまだ身心《しんじん》の聞法《もんぼふ》あるにあらず、いまだ行道せる身心なし。従法生にあらず、従法滅にあらず、従法見にあらず、従法聞にあらず、従法行住坐臥にあらず。かくのごとくの儻類《たうるい》、かつて法の潤益《にんやく》なし。行仏は本覚を愛せず、始覚を愛せず、無覚にあらず、有覚にあらずといふ、すなはちこの道理なり。

いま凡夫《ぼんぶ》の*活計《くわつけ》する有念無念、有覚無覚、始覚本覚等、ひとへに凡夫の活計なり、仏々相承《さうじよう》せるところにあらず。凡夫の有念と諸仏の有念と、はるかにことなり、比擬することなかれ。凡夫の本覚と活計すると、諸仏の本覚と証すると、天地《てんち》懸隔《けんきやく》なり、比論の所及《しよぎふ》にあらず。十聖三賢の活計、なを《(ほ)》諸仏の道《だう》にを《(お)》よばず。いたづらなる算砂《さんじや》の凡夫、いかでかはかることあらむ。しかあるを、わづかに凡夫外道の本末の邪見を活計して、諸仏の境界《きやうがい》とおもへるやからおほし。

釈迦　人の世における釈迦牟尼仏。その言葉、その行い、その説法。**放光現瑞**　光を放ち瑞祥を現わす。上の一句は「(それすら)人間世界の片ほとりの(全人間界ではない)」の意。　**無始無終を脱落**　二字の無は冗辞。省いて訓む。　**設化**　施設化導。上の「行仏」は行なる仏。ただ仏でよい。**覰見**　覰はうかがう。
十聖三賢　十住(心を諸法空の真理に安住させる菩薩五十二位のうちの十位)・十行(その上の十位、右の最終段階の歓喜行から利他行に入り、苦楽を離れて中道の理をさとる真実行に及ぶ位)・十廻向(その上の十位、十行は事に係わるがここでは中道の理を行じ、衆生を済度しつつその善悪の不二、一切は法界にして諸法平等、それから一切法の無相・中道を証悟するに至る位)の諸位にある菩薩を三賢と言い、ここでは迷惑は打ち伏せられるにとどまるが、十聖の位ではそれが断ち切られる。十聖は中道の智を内に発して、自他を利することを喜びとすることから、衆生の垢中に入ってしかもこれを離れる境地を経、いよいよ中道の智を磨き熾盛ならしめ、やがて仏の職位をうけ、法界をおおう智慧と慈悲を持つに至る境地、これが十に段階づけられる。　**活計**　ここでは思量の意。

無端　糸口なし。どこで始まったと

諸仏いはく、「此輩罪根深重《しはいざいこんじんぢゆう》なり、可憐憫者《かれんみんしや》なり」。

深重の罪根たとひ*無端なりとも、此輩《しはい》の*深重担《じんぢゆうたん》なり。この深重担、*しばらく放行《はうあん》して著眼看《ちやげんかん》すべし。把定《はちん》して*自己を礙《げ》すといふとも、*起首にあらず。いま行仏威儀の無礙なる、ほとけに礙せらるゝに、*拕泥滞水《たでいたいすい》の活路を通達しきたるゆへ《(ゑ)》に無导礙《むけいげ》なり。*上天にしては化天《くゑてん》す、人間にしては化人《くゑにん》す。花開《くゑかい》の功徳あり、*世界起《せかいき》の功徳あり。かつて間隙《けんきやく》なきものなり。このゆへに自他に*迴脱《きやうだつ》あり、往来に*独抜あり。即往兜率天《そくわうとそつてん》なり、即来兜率天《そくらいとそつてん》なり、即々兜率天なり。即往安楽《そくわうあんらく》なり、即来安楽《そくらいあんらく》なり、即々安楽なり。即迴脱兜率《そくきやうとつとそつ》なり、即迴脱安楽《そくきやうとつあんらく》なり。即打破百雑砕安楽兜率《そくたあははくざつすいあんらくとそつ》なり、即々把定放行安楽兜率《そくそくはちんはうあんあんらくとそつ》なり、一口呑尽《いつこうたんじん》なり。

しるべし、*安楽・兜率といふは、浄土・天堂ともに輪廻《りんね》することの*同般なるとなり。行履《あんり》なれば、浄土・天堂おなじく行履なり。大悟なれば、おなじく大悟なり。大迷なれば、おなじく大迷なり。これしばらく行仏の鞋裏《あいり》の動指なり。あるときは一道の放屁声《はうひしん》なり、放屎香《はうしきやう》なり。鼻孔《びくう》あるは齅得《きうて》す、耳処《にしよ》・身処《しんじよ》・行履処《あんりしよ》あるに聴取《ちんしゆ》するなり。又、得吾皮肉《とくごひにく》骨髄《こつずい》するときあり、さらに行得《あんて》に他よりえざるものなり。

了生達死の大道すでに豁達するに、ふるくよりの道取あり、「大聖《だいしやう》は生死《しやうじ》を心にまかす、生死を身にまかす、生死を道にまかす、生死を生死にまかす」。この宗旨《そうし》あらはるゝ、*古今の時にあらずといへども、行仏の威儀忽爾《こつじ》として*行尽するなり。*道環《だうくわん》として生死身心の宗旨すみやかに辦肯《はんけん》するなり。行尽明尽、これ強為《かうゐ》の為《ゐ》にあらず、*迷頭認影《めいてうにんやう》に大似なり、*回光返照《うゐくわうへんせう》に一如なり。その明上又明《めいじやういうめい》の明は、行仏に*弥綸《みりん》なり。

も分らない。　**深重担**　先の滅度現と同じ語形。担深重。罪は深い。　**しばらく放行…**　当分、拘泥なく(対象の動きに拘束を加えず)じっと見守っていてみよ。　**自己を礙すといふとも**　自分を摑えひきとめ、自性を見るにしてもその時が。　**起首**　起源。「深重担」の起源。「にあらず」は自己が起源ではないの意。それと同じように、と下につづく。　**拕泥滞水**　前の用例とは異り、異類中の菩薩行の意を持たせられる。他を救うために他の汚れ惑いをおのがものとする。　**上天**　天にのぼる。「化天」は天を化導す。　**世界起**　世界がそこで始まる。　**迴脱**　迴は寥遠。超脱。　**独抜**　独歩抜群。他にぬきんで、かかわらぬの意。　**安楽**　西方浄土。下の「浄土」に同じ。　**同般**　同種、同類。　**古今の時にあらず**　昔とか今とかいう歴史的時間ではない。　**行尽**　修行の形での究尽。　**道環**　『行持』参照。めぐりめぐって全存在が与るという形で続いて行くこと。そういう意味で道環する「生死身心」という「宗旨」。　**迷頭認影**　頭部の真相がどうなのか見分けられぬからと言って、鏡に映った姿(「影」)を求める。老婆の払暁鏡を見る如き状という。洞山・五位の第二位。　**回光返照**　外に向うべき光を内に廻らして本来の面目を照し出す。以上二つ自然な(しかし必ずしも玲

これ行取《あんしゆ》に一任せり。この*任々の道理、すべからく心《しん》を参究すべきなり。その参究の*兀爾《ごつじ》は、*万回《ばんうい》これ心《しん》の明白《めいびやく》なり。三界たゞ心の*大隔《だいきやく》なりと知及《ちぎふ》し会取《ういしゆ》す。この知及・会取、さらに*万法なりといへども、自己の家郷を*行取《あんしゆ》せり、当人の活計《くわつけ》を*便是《べんし》なり。

しかあれば、*句中取則《くちゆうしゆそく》し、言外求巧《ごんぐゑぐげう》する再三撈摝《さいさんらうろく》、それ把定《はちん》にあまれる把定あり、放行《はうあん》にあまる放行あり。その功夫《くふう》は、いかなるかこれ生、いかなるかこれ死、いかなるかこれ身心、いかなるかこれ与奪、いかなるかこれ*任違。それ同門出入の不相逢《ふさうふ》なるか、*一著落在《いちちやらくざい》に蔵身露角なるか。大慮而解《だいりよにげ》なるか、老思而知《らうしにち》なるか、一顆明珠なるか、一大蔵教なるか、一条拄杖なるか、一枚面目なるか、三十年後なるか、一念万年なるか。子細に撿点し、撿点を子細にすべし。撿点の子細にあたりて、*満眼聞声《まんげんもんしやう》、満耳見色《まんにけんしき》、さらに沙門壱隻眼《いちしやくげん》の開明なる*に、*不是目前法《ふしもくぜんほふ》なり、*不是目前事《ふしもくぜんじ》なり。*雍容《ゐようよう》の破顔《はがん》あり、瞬目あり。これ行仏の威儀の暫爾《ざんじ》なり。*被物牽《ひもつけん》にあらず、不牽物《ふけんもつ》なり。*縁起の無生無作《むしやうむさ》にあらず、本性《ほんしやう》・法性《ほつしやう》にあらず、住法位にあらず、*本有然《ほんいうねん》にあらず、*如是を是するのみにあらず、たゞ威儀行仏《あいぎぎやうぶつ》なるのみなり。

しかあればすなはち、*為法為身の消息、よく心《しん》にまかす。脱生脱死の威儀、しばらくほとけに一任せり。ゆへに道取あり、「万法唯心《まんぼふゆいしん》、三界唯心《さんがいゆいしん》」。さらに向上に道得《だうて》するに、*唯心の道得あり、いはゆる「牆壁瓦礫《しやうへきぐわりやく》」なり。*唯心にあらざるゆへに牆壁瓦礫にあらず。これ*行仏の威儀なる、*任心任法・為法為身の道理なり。さらに始覚・本覚等の所及《しよぎふ》にあらず。いはんや外道二乗、三賢十聖《さんげんじつしやう》の所及ならむや。この威儀、たゞこれ*面々の不会《ふうい》なり、*枚々

瓏無雑とは言えない)心の働き。**弥綸**　洽く行きわたる。**任々**　さきの得々と同じく、一字で意味は足る。**兀爾**　じっと動かぬ様。究極。**万回**　一万遍の回光。次の「心の明白なり」は、「心の明白あるなり」の意。**大隔**（ただ心の中にのみある)大いなる差別。**万法なり**　万法にあり。**行取**　生きて実現している。「行」は行履の「行」。**便是**「便ち是」。上の「を」は「家郷を行取」と対句を作るためにおかれた助詞。なくてもよい。かくれもない現れだ。**句中取則**　取則は、『礼記』三年問に「中取則於人」とあるに出る。句中に則るべきものを見てとる。『坐禅箴』に「直須旨外明宗、莫向言中取則」(一三八頁)とあり。**任違**　委任と違背。要するに生死・与奪と同じく正反対のこと。それらが本来どれほど違ったことかを「功夫」「点検」すべしとなり。**一著落在**　碁の言葉で、一手落したとたん、の意か。断章句と見られ、意味の確定は困難(入矢)。**満眼聞声満耳見色**　不可能なまでにあらゆる感官をつかって。**なるに**　なるには。**不是目前法・不是目前事**　「不是」は否定の繫辞。生と死というように区別されている現象は、よく見える眼には目前たしかに見られる現象ではない。生死は一如だ。「法」は諸法実相

の不会なり。たとひ*活鱍々地《くわつぱつぱつち》も条々聻《でうでうにい》なり。一条鉄か、両頭動《りやうてうどう》か。*一条鉄は長短にあらず、*両頭動は自他にあらず。*この展事投機のちから、功夫をうるに、威掩万法《ゐえんまんぼふ》なり、眼高一世《げんかういつせ》なり。*収放をさへざる光明あり、僧堂・仏殿・厨庫《ちゆうく》・山門。さらに収放にあらざる光明あり、僧堂・仏殿・厨庫・山門なり。さらに十方通のまなこあり、大地全収のまなこあり。心《しん》のまへあり、心のうしろあり。*かくのごとくの眼耳鼻舌身意、光明功徳の熾然《しねん》なるゆへ《（ゑ）》に、*不知有を保任せる三世諸仏あり、却知有《きやちう》を投機せる*狸奴白牯《りぬはくく》あり。この*巴鼻あり、この*眼睛あるは、法の行仏をとき、法の行仏をゆるすなり。

☆雪峰山真覚大師、示衆云《じしゆにいはく》、「三世諸仏、在《テ》二火焔裏《ニ》一、転《ズ》二大法輪《ヲ》一《三世諸仏、火焔裏に在つて大法輪を転ず》」。

☆玄砂院宗一大師云《いはく》、「火焔為《ニ》二三世諸仏《ノ》一説法《スルニ》、三世諸仏《ハ》*立地《ニ》聴《ク》《火焔三世諸仏の為に説法するに、三世諸仏は立地《りつち》に聴《き》く》」。

☆圜悟《ゑんご》禅師云、「*将《ニ》謂《ヘリ》*猴白《ト》、更《ニ》有《リ》二*猴黒一。*互換《ノ》投機、神出鬼没《ナリ》《将《まさ》に謂《おも》へり猴白《こうはく》と、更に猴黒《こうこく》有り。互換の投機、神出鬼没なり》」。

烈焔亘天《ハ》仏説《クナリ》レ法《ヲ》、《烈焔亘天《れつえんくわんてん》は仏《ほとけ》法を説くなり、

亘天烈焔《ハ》法説《クナリ》レ仏《ヲ》。　亘天烈焔《くわんてんれつえん》は法仏《ほとけ》を説くなり。

風前《ニ》剪断《ス》葛藤窠、　風前《ふうぜん》に剪断《せんだん》す葛藤窠《かつとうくわ》、

一言《ニ》*勘破《ス》維摩詰　一言に勘破《かんは》す維摩詰《ゆいまきつ》》

というときの法。　**雍容**　和らぎ安らいだ容貌。　**被物牽にあらず不牽物なり**　物の牽引に負けることがなく、また物を牽きつけたがる執着もない。　**縁起の無生無作**…　何か原因、機縁があって起った無生無作ではない。　**本有然**　本有(もともとある。『仏性』参照)という姿である(もの)。　**如是を是す**　かくのごとき(上述の)ことをそういうものとして具有(現実化)する。　**為法為身**　法(事物現象)の為、身(肉身)の為。現世(にとって)の。　**唯心の道得**　「万法」とも「三界」とも言わぬ唯心についての言説。　**唯心に…瓦礫にあらず**　『身心学道』(七六頁)で言ったことの裏。　**行仏の威儀**　行である仏の威容、存立様態。　**任心任法**　三行前で「心にまかす。…ほとけに一任せり」と言われたこと。　**面々・枚々の不会**　ひとりびとりにとっては会得不能なもの。

活鱍々地も条々聻　鱍々は魚の泳ぐさま。生々躍動して無礙の状態であるのに、見る側次第で全くてんでんばらばらだ。　**一条鉄・両頭動**　一条鉄だとしても、両頭動だとしてもの意。　**この展事投機のちから**　このこと(行仏威儀)を展べ(その相貌を正しく捕え)機に乗じて活用する力。投機の意味が五一頁の用例とはやや異る。「功夫をうるに」はうまくは

いま「三世諸仏」といふは、一切諸仏なり。行仏はすなはち三世諸仏なり。十方諸仏、ともに三世にあらざるなし。仏道は三世をとくに、かくのごとく説尽するなり。いま行仏をたづぬるに、すなはち三世諸仏なり。たとひ知有《ちう》なりといへども、たとひ不知有《ふちう》なりといへども、かならず三世諸仏なる行仏なり。

しかあるに、三位《さんゐ》の古仏、おなじく三世諸仏を道得《だうて》するに、かくのごとくの道《だう》あり。しばらく雪峰のいふ「三世諸仏《さんぜしよぶつ》、在火焔裏《ざいくわえんり》、転大法輪《てんだいほふりん》」といふ、この道理ならふべし。三世諸仏の転法輪《てんぼふりん》の道場は、かならず火焔裏なるべし。火焔裏かならず仏道場なるべし。経師《きやうじ》論師《ろんじ》きくべからず、外道二乗しるべからず。しるべし、諸仏の火焔は諸類の火焔なるべからず。又、諸類は火焔あるかなきかとも照顧《せうこ》すべし。「三世諸仏」の「在火焔裏」の化儀《くゑぎ》*、ならふべし。火焔裏に処在する時は、火焔と諸仏と親切なるか、転疎なるか。依正一如《えしやういちによ》*なるか、依報正報《えほうしやうほう》あるか。依正同条なるか、依正同隔《どうきやく》なるか。「転大法輪」は転自転機あるべし、展事投機なり、転法・法転あるべし。すでに転法輪といふ、たとひ尽大地これ尽火焔なりとも、転火輪の法輪あるべし、転諸仏の法輪あるべし、転法輪の法輪あるべし、転三世の法輪あるべし。

しかあればすなはち、火焔は諸仏の転大法輪の大道場なり。これを界量*・時量・人量《にんりやう》・凡聖量《ぼんしやうりやう》等をもて測量《しきりやう》するは、あたらざるなり。これらの量に量ぜられざれば、すなはち三世諸仏、在火焔裏、転大法輪なり。すでに三世諸仏といふ、これ量を超越《てうをつ》せるなり。三世諸仏、転法輪道場なるがゆへに火焔あるなり。火焔あるがゆへに諸仏の道場あるなり。

たらけば。次は「威万法ヲ掩ヒ、眼一世ニ高カラン」。**収放**　回収と放出。現実の運動・活動一般。右の注で説明した条件下の事態。**かくのごとくの…**　ここの六根は上の「まなこ」「こころ」の敷衍。**不知有**　有は迷いの生涯。→四一二頁「有結」注。「却知有」の却は、反対の場合を提示する助辞。**狸奴白牯**　狸奴は猫。牯は牝あるいは去勢された牛。上の「投機せる」は「の機に投じた」の意。**巴鼻・眼睛**　巴鼻は把鼻と同じ。器物の耳・柄。口語では来由。捉えどころ。後者はかんどころ。こういう風なものがあるのは一切存在の理法としての法が発動させる(説き、許す)「行仏」のおかげである。句末の「なり」は理由を示す。**立地**　その場で。**将謂**　…だとばかり思っていたらの意の熟語。「意外にも…」とつづく(入矢)。**猴白・猴黒**　猿をつかって盗みを働くため猴盗と呼ばれる盗賊があった。それを白・黒両人に開いて言う。**互換投機**　相互換易投機。師資のあいだの禅的なやりとり。**勘破**　維摩を勘破す。限なく問詰訊問しつくす。**化儀**　化法の対。化導の儀式。説法の形式・方法など。化法はその内容・義理。**依正一如**　「火焔」は「依(環境)」、「諸仏」は「正(主体)」で、その二が完全無欠な一体(一如)になっているか。以下、その別があるのか、別の

玄砂いはく、「火焔の三世諸仏のために説法するに、三世諸仏は立地聴法す」。この道《だう》をきゝて、玄砂の道は雪峰の道よりも*道得《だうて》是《し》なりといふ、かならずしもしかあらざるなり。しるべし、雪峰の道は玄砂の道と別なり。いはゆる雪峰は、三世諸仏の転大法輪の処在を道取し、玄砂は、三世諸仏の聴法を道取するなり。雪峰の道、まさしく転法を道取すれども、転法の処在かならずしも聴法不聴を論ずるにあらず。しかあれば、転法にかならず聴法あるべしときこえず。又、「三世諸仏、為火焔説法」といはず、「三世諸仏、為三世諸仏、転大法輪」といはず、「火焔為火焔、転大法輪」といはざる宗旨《そうし》あるべし。「転法輪」といひ、「転大法輪」といふ、その別あるか。転法輪は説法にあらず、説法かならずしも為他あらむや。しかあれば、雪峰の道の、道取すべき道を道取しつくさゞる道にあらず。

雪峰の「在火焔裏、転大法輪」、かならず*委悉に参学すべし。玄砂の道《だう》に混乱することなかれ。雪峰の道を通ずるは、仏威儀を威儀するなり。火焔の三世諸仏を*在裏せしむる、一無尽法界・二無尽法界の*周遍のみにあらず。一微塵・二微塵の*通達のみにあらず。転大法輪を量として、大小広狭の量に擬することなかれ。転大法輪は、為自為他にあらず、*為説為聴にあらず。

玄砂の道《だう》に「火焔為《くわえんゐ》三世《さんぜ》諸仏説法《しょぶつせっぽふ》、三世《さんぜ》諸仏立地聴《しょぶつりっちちゃう》」といふ、これは火焔たとひ為三世諸仏説法すとも、いまだ転法輪すといはず、又三世諸仏の法輪を転ずといはず。三世諸仏

ものだが同一義理、等価のものとしてあるのか、あるいは別異のものなのか(「同隔」の同は虚辞)。**界量**…界・時・人等を判断の基準として量るという意味を強調するために、それらを単位量のごとく言ったもの。

道得是　言ヒタルトコロ是(正当)。

委悉　つまびらか。

在裏　裏(ち)に在り。

の周遍・の通達　これらの「の」は「における」の意だろう。主格は上の「火焔」で始まる名詞句。それが次の「転大法輪」と等価。

為説為聴　「タメニ説キタメニ聴ク」。ここの文意は説法も聴法も対者あってのことではないの義。

は立地聴すとも、三世諸仏の法輪、いかでか火焔これを転ずることあらむ。為三世諸仏説法する火焔、又転大法輪すやいなや。*玄砂もいまだいはず、転法輪はこのときなりと、転法輪なしといはず。しかあれども、*想料すらくは、玄砂を《(お)》ろかに転法輪は説法輪ならむと会取《うゐしゆ》せるか。もししかあらば、なを《(ほ)》雪峰の道《だう》にくらし。火焔の三世諸仏のために説法のとき、三世諸仏立地聴法すとはしれりといへども、火焔転法輪のところに、火焔立地聴法すとしらず。火焔転法輪のところに、火焔同転法輪すといはず。*三世諸仏の聴法は、諸仏の法なり、他よりかうぶらしむるにあらず。火焔を法と認ずることなかれ、火焔を仏と認ずることなかれ、*火焔を火焔と認ずる事なかれ。まことに師資の道《だう》なを《(ほ)》ざりなるべからず。*将謂赤鬚胡《しやうゐしちしゆう》のみならむや、さらにこれ胡鬚赤《うしゆしち》なり。

玄砂の道《だう》かくのごとくなりといへども、*参学の力量とすべきところあり。いはゆる経師論師の大乗小乗の局量《こくりやう》の性相《しやうさう》にかゝはれず、仏々祖々正伝せる性相を参学すべし。いはゆる三世諸仏の聴法なり。*これ大▽小乗の性相にあらざるところなり。諸仏は機縁に*逗ずる説法ありとのみしりて、諸仏聴法すといはず、諸仏修行すといはず、諸仏成仏すといはず。いま玄砂の道には、すでに「三世諸仏立地聴法」といふ、諸仏聴法する性相あり。かならずしも能説をすぐれたりとし、*能聴是法者を劣《れつ》なりといふことなかれ。説者尊なれば聴者も尊なり。

釈迦牟尼仏のいはく、「若説此経《にやくせつしきやう》、則《そく》*為見我《ゐけんが》、為《ゐ》一人説《いちにんせつ》、是《ぜ》則《そく》為《ゐ》難《なん》《若し此の経《きやう》を説かんは、則ち我を見ると為す、一人の為に説くは、是れ則ち難《かた》しと為す》」。

玄砂も…転法輪なしといはず　道元は、転法輪と説法を違うとしてあえてこう言う。

想料　おもんばかる。

三世諸仏の聴法は…　さきの「諸仏の仏道にある、覚をまたざるなり」(八七頁)参照。

火焔を火焔と認ずる事なかれ　火焔は火焔だというのに同じ。実在はこれを概念心象にわずらわされずに認識せよ。

将謂赤鬚胡　「将謂」は日本文の中では冗辞。下の「さらに」は中国語の「更」(意外にも)に当る。色々ある。おのが〈見〉に執してはならぬの比喩。

参学の力量　参学のもののおのが力量。次行の「参学すべし」は、段首の「玄砂の道」に就いての意で言われている。

これ大小乗の…　以下述べられているのがこの判断の理由。大乗とか小乗とかいうのは真の仏道を形骸化する所以だという考え。「性相」は本性様相で、あり方の如き意。

逗　投(投機と熟す)。乗ずるの意。

能聴是法者　ヨクコノ法ヲ聴ク(聴きうる)者。

為見我　我ヲ見ンガタメ。次頁一行目の同じ四字のうち必要なのは「我」のみ。「為一人」は、一人に向って。

しかあれば、能説法《のうせつぼふ》は見《けん》釈迦牟尼仏《しやかむにぶつ》なり、「則為《そくゐ》見我《けんが》」は釈迦牟尼仏なるがゆへ《(ゑ)》に。

又いはく、「於我《おが》滅後《めつご》、聴受此経《ちやうじゆしきやう》、問其《もんご》義趣《ぎしゆ》、是《ぜ》則為《そくゐ》難《なん》《我が滅後に於て、此の経を聴受し、其の義趣を問ふは、是れ則ち難しと為す》」。

しるべし、聴受者もおなじくこれ為《ゐ》難《なん》なり、勝劣あるにあらず。立地聴これ最尊なる諸仏なりといふとも、立地聴法あるべきなり、立地聴法これ三世諸仏なるがゆへに。諸仏は*果上なり、*因中の聴法をいふにあらず、すでに三世諸仏とあるがゆへに。しるべし、三世諸仏は火焔の説法を立地聴法して諸仏なり。一道の化儀《くゑぎ》、*たどるべきにあらず。たどらむとするに、*箭鋒《せんぶ》相拄《さうしゆ》せり。火焔は決定《くゑちぢやう》して三世諸仏のために説法す。赤心片々として*鉄樹《てつじゆ》花《くゑ》開世《かいせ》界香《かいかう》《鉄樹花開いて世界香し》なるなり。*且道《しやだう》すらくは、火焔の説法を立地聴しもてゆくに、畢竟じて*現成箇《げんじやうこ》什麼《しも》。いはゆるは智勝于師《ちしようし》《智、師に勝る》なるべし、智等于師《ちとうし》《智、師に等し》なるべし。さらに師資の閫奥《こんあう》に参究して三世諸仏なる也《なり》。

圜悟《ゑんご》いはくの「猴白《こうはく》」と「*将謂《しやうゐ》」する、さらに「猴黒《こうこく》」をさへざる「互換《ごくわん》」の「投機《とうき》」、それ「神出鬼没《しんしゆつきぼつ》」也《なり》。これは玄砂と同条*出すれども、玄砂に同条入せざる一路もあるべしといへども、火焔の諸仏なるか、諸仏を火焔とせるか。*黒白互換《こくびやくごくわん》のこゝろ、玄砂の神*鬼に出没すといへども、雪峰の声色《しやうしき》、*いまだ黒白の際にのこらず。しかもかくのごとくなりといへども、玄砂に道是《だうし》あり、道不是《だうふし》あり。雪峰に*道拈《だうねん》あり、*道放《だうはう》あることをしるべし。

いま圜悟さらに玄砂に同ぜず、雪峰に同ぜざる道《だう》あり、いはゆる「烈焔互天《れつえんくわんてん》はほとけ法

果上　因の段階での修行によって得られた果としての証の段階。

因中　因の段階にある。

たどる　模索。「べきにあらず」は出来ないの意。上の「一道」はこの一筋の意と一筋の道だがの意とを兼ねていよう。全体で、一挙に分らなければいけないことだの意。

箭鋒相拄　拄は支える。ただしここでは、力になるの意ではなく、こばむ・へだつ。箭と鋒とが相距てるが如く忽ち邪魔される。「箭鋒」はかならずしも必要ではない。石頭希遷の『参同契』の「事存函蓋合。理応箭鋒拄」が出所。

鉄樹花開世界香　火焔説法同様ありえそうもないことだが、これを認めてはじめて仏道、仏法世界は成立つ。

且道　「シバラク道ハン」、考えてみるにの意に使っているが、正しい使い方ではない。

現成箇什麼　そこでどんなことが現成するのか。

将謂する　…ことがの意の名詞句。それが「猿の黒いのもいる」が出るのを妨げない、相互に機に乗じて交換しあう融通無礙さを持ち、と下につづいてゆく。「投機」は機に投ずることでありの意。

同条出　「条」に智・筋道の意あり。ここはその意ならん。圜悟の発想は玄砂と同じ論拠に出るが、同所には入(帰)らぬ。

をとくなり、亙天烈焔《くわんてんれつえん》は法ほとけをとくなり」。

この道《だう》は、真箇これ晩進の光明なり。たとひ「烈焔」に*くらしといふとも、「亙天」におほはれば、われその分あり、他この分あり。亙天のおほふところ、すでにこれ烈焔なり。這箇をきらふ《(う)》て*用那頭《ようなてう》は作麽生《そもさん》なるのみなり。

よろこぶべし、この皮袋子《ひたいす》、むまれたるところは*去聖方遠《こしやうはうをん》なり、いけるいまは去聖時遠《こしやうじをん》なりといへども、亙天《くわんてん》の化導《くゑだう》なを《(ほ)》きこゆるにあへり。いはゆるほとけ法をとく事は、きくところなりといへども、法ほとけをとくことは、いくかさなりの不知をかわづらひこし。

しかあればすなはち、三世諸仏は三世に法にとかれ、三世の諸法は三世に仏にとかるゝなり。「葛藤窠《かつとうくわ》」の「風前《ふうぜん》」に「*剪断《せんだん》」する「亙天《くわんてん》」のみあり。「一言《いちごん》」は、かくるゝことなく、「勘破《かんは》」しきたる、「維摩詰《ゆいまきつ》」をも非維摩詰をも。しかあればすなはち、*法説仏なり、法行仏なり、法証仏なり、仏説法なり、仏行仏なり、仏作仏なり。かくのごとくなる、ともに行仏の威儀なり。亙天亙地、亙古亙今にも、*得者不《とくしやふ》軽微《きんび》、明者不《めいしやふ》賤用《せんよう》なり。

正法眼蔵行仏威儀第六

▽仁治二年辛丑十月中旬記于観音導利興聖宝林寺

沙門道元

黒白互換　自由無礙な投機。相互変換のはたらき。
神鬼　神出鬼没の機智機略。
いまだ黒白の際に　圜悟によって「黒白互換神出鬼没」と評される玄砂の智はその辺際(黒白の際)にとどまるが、雪峰の声色(具体的人間的なもの)はそこにはなかった。
道拈・道放　拈放は把定放行。道としてのそれ。完全な行為(ただし言葉の形での)。
くらし…　通ぜずの意。たとえそうであってももっと普通なこととして、全天が頭上を覆えば、われにもかれにもそれぞれの分け前・立脚地・証悟の機会がある。
用那頭　這箇(このもの)・那頭(あっちにあるもの)、ともに不定指示代名詞。一方がいやで、もう一方を用いるなんて一体どういうことだ。
去聖方遠　聖ヲ去ル コト方(セ)ニ遠シ。
剪断　受身に解する。圜悟偈の中においても。
法説仏　以下、仏・法・説・行・証・作仏を別々のものと見ることの否定。
得者不軽微、明者不賤用　「得バ軽微ナラズ、明ラメナバ賤用ナラジ」。得ればその得たところはわずかではないし、明らめれば、その明らめえたところはつまらぬ用途のものではないだろう。

正法眼蔵第七

一《いっ》顆《くわ》明《めい》珠《しゅ》

娑婆《しゃば》世《せ》界《かい》大宋国《だいそうこく》、福州*玄砂山院《げんしゃさんゐん》宗一《そういち》大師、法諱《ほふき》師備《しび》、俗姓《ぞくしやう》は謝《しや》なり。在家のそのかみ釣《てう》魚《ぎよ》を愛し、舟を南台江《なんだいかう》にうかべて、もろもろのつり人《びと》にならひけり*。*不《ふ》釣自上《てうじじやう》の金鱗《きんりん》を不《ふ》待《たい》にもありけん。唐《たう》の咸通《かんつう》のはじめ、たちまちに出塵《しゅつぢん》をねがふ。舟をすてゝ山にいる。そのとし三十歳になりけり。浮世《ふせい》のあやう《(ふ)》きをさとり、仏道の高貴をしりぬ。つゐ《(ひ)》に*雪峰山《せつぽうざん》にのぼりて、☆真覚大師《しんかくだいし》に参じて、昼夜に辦道《はんだう》す。

あるとき、あまねく諸方を参徹せんために、嚢《なう》をたづさへて出嶺《しゅつれい》するちなみに、脚指《きやくし》を石に*築著《ちくちや》して、流血《りうけつ》し、*痛楚《つうそ》するに、忽然《こつねん》として猛省《みやうしん》していはく、「是《せ》身非《しんひ》有《う》、痛自《つうじ》何《が》来《らい》《是の身有《う》に非ず、痛み何れよりか来れる》」。

すなはち雪峰にかへる。

雪峰とふ、「那箇《なこ》是《し》*備頭陀《びづだ》《那箇か是れ備頭陀》」。

玄砂いはく、「*終不敢誑於《しゅうふかんわうお》人《にん》《終《つひ》に敢て人を誑《たぶら》かさず》」。

このことばを、雪峰ことに愛していはく、「たれかこのことばをもたざらむ、たれかこのことばを道得《だうて》せん」。

玄砂山　玄沙。福建省閩侯県にある山の名。→祖師

ならひけり　『伝燈録』巻一八玄沙章では「狎」。狎れけりの延音か。

不釣自上　釣らないのにひとりでに上がって来る。「…の金鱗」は、漁師としての労さず、思いがけない、どえらい儲け。

雪峰山　福建省福州西方の山。

築著　突く。

痛楚　なやみ痛む。楚は痛。

備頭陀　頭陀は衣食住にかかわる貪著を捨てる行(→一六七頁注)。転じて雲水をいう。備は玄沙師備の一字。

終不敢誑於人　結局見た通りのものだ。

雪峰さらにとふ、「備頭陀なんぞ*偏参《へんざん》せざる」。

師いはく、「達磨《だるま》不来《ふらい》東土《とうど》、二祖《にそ》不往《ふわう》西天《さいてん》《達磨東土に来らず、二祖西天に往かず》」といふに、雪峰ことにほめき。

ひごろはつりする人にてあれば、もろ〳〵の経書《きやうしよ》、ゆめにもかつていまだみざりけれども、こゝろざしのあさからぬをさきとすれば、かたへにこゆる志気《しいき》あらはれけり。雪峰も、衆《しゆ》のなかにすぐれたりとおもひて、門下《もんか》の*角立《かくりふ》なりとほめき。ころもはぬの*をもちゐ、ひとつをかへざりければ、もゝつゞりにつゞれりけり。はだへには紙衣《しえ》をもちゐけり、艾草《がいさう》をもきけり。雪峰に参ずるほかは、自余《じよ》の知識をとぶらはざりけり。しかあれども、まさに師の法を嗣するち*から辦取《はんしゆ》せりき。

つゐ《(ひ)》にみちをえてのち、人にしめすにいはく、「尽十方世界是一顆明珠《じんじつぱうせかいぜいつくわめいしゆ》」。

ときに、
僧問《とふ》、「承《ルニ》和尚有《リ》レ言《ヘルコト》、尽十方世界是一顆明珠。学人如何会得《セン》《承るに和尚言へること有り、尽十方世界是一顆明珠と。学人如何《いかが》会得《ういて》せん》」。

師曰《いはく》、「尽十方世界是一顆明珠、用《テ》レ会《ヲ》作麼《尽十方世界是一顆明珠、会《ゑ》を用ゐて作麼《そも》》」。

師、*来日却問《テ》二其僧《ニ》一《来日却つて其の僧に問ふ》、「尽十方世界是一顆明珠、汝作麼生会《汝作《そ》麼《も》生《さん》か会《うい》せる》」。

僧曰、「尽十方世界是一顆明珠、用会作麼《ようういそも》《会を用ゐて作麼《そも》》」。

偏参　あまねく諸方に善知識を訪ね参学すること。『偏参』参照。

角立　傑出。別に禅語ではない。

ぬの　古くは麻・葛などの糸で織ったものに限って言った。

ちから辦取せりき　この辦は具わるの意。取は助辞。

来日　明日・翌日・後日いずれにも言う。

師曰、「知リヌ、汝向テ二*黒山*鬼窟裏ニ一作スコトヲ二活計ヲ一《知りぬ、汝黒山鬼窟裏に向《むか》つて活計《くわつけ》を作《な》すことを》」。

いま道取《だうしゆ》する「尽十方世界是一顆明珠」、はじめて玄砂にあり。その宗旨《そうし》は、尽十方世界は、広大《くわうだい》にあらず、微小《みせう》にあらず、*方円《はうゑん》にあらず、*中正《ちゆうしやう》にあらず、活鱍々《くわつばつばつ》にあらず、*露《ろ》迴々《ういうい》にあらず、さらに生死去来《しやうじこらい》にあらざるゆへ(ゑ)に生死去来なり。恁麼のゆへに、*昔日曾此去《しやくじつぞうしこ》にして、*而今従此来《しきんじゆうしらい》なり。究辦《きうはん》するに、たれか*片々《へんぺん》なりと見徹《けんてつ》するあらむ、たれか*兀々《ごつごつ》なりと撿挙《けんこ》するあらん。

「尽十方《じんじつぱう》」といふは、*逐物為己《ちくもつゐこ》、逐己為物《ちくこゐもつ》の未休《みきう》なり。*情生智隔《じやうしやうちきやく》を隔《きやく》と道取《だうしゆ》する、これ回頭換面《ういてうわんめん》なり、展事投機《てんじとうき》なり。逐己為物のゆへに、未休なる尽十方なり。*機先《きせん》の道理《だうり》なるゆへに、機要《きえう》の*管得《くわんて》にあまれることあり。

「是一顆珠《ぜいつくわしゆ》」は、いまだ*名にあらざれども道得《だうて》なり、これを名に認《にん》じきたることあり。一顆珠は、直須万年《ちきしゆばんねん》なり。亙古未了《くわんこみれう》なるに*亙今到来《くわんこんたうらい》なり。身今《しんこん》あり、心今《しんこん》ありといへども明珠なり。彼此《ひし》の草木《さうもく》にあらず、乾坤《けんこん》の山河《せんが》にあらず、明珠なり。

「学人如何会得《がくにんしゆおういて》」。この道取は、たとひ僧の弄業識《ろうごつしき》に相似《さうじ》せりとも、*大用現《だいようげん》、是大軌則《ぜだいきそく》なり。すゝみて*一尺水《いつしやくすい》、一尺波《いつしやくは》を突兀《とつこつ》ならしむべし。いはゆる一丈珠《いちぢやうしゆ》、一丈明《いちぢやうめい》なり。

いはゆるの道得《だうて》を道取▽するに、玄砂の道《だう》は「尽十方世界是一顆明珠、用会作麼《ようういそも》」なり。この道取は、仏《ぶつ》は仏に嗣《し》し、祖は祖に嗣し、玄砂は玄砂に嗣する道得なり。嗣せざらんと迴避《ういひ》せんに、迴避のところなかるべきにあらざれども、しばらく*灼然迴避《しやくねんういひ》するも、*道取生《だうしゆさん》あるは現前《げんぜん》の*蓋時節《がいじせつ》なり。

黒山　一世界をとりまく鉄囲山と大千世界をとりまく大鉄囲山のあいだにある陰陽不到の暗黒処を言う。**鬼窟**　幽鬼の住む暗黒処。「空」の観念にとらわれた学人の蒙昧にして見処ない境涯の比喩。**方円**　円くも四角くもない。**露迴々**　迴々ははるかな様にもあきらかな様にもいう。いま後者の意にとる。**昔日曾此去・而今従此来**　かつてここより去り、しかして今ここより来る。『有時』参照。遍満していて無実体。**片々・兀々**　きれぎれの軽いものと屹立する不動のもの。**逐物為己逐己為物の未休**　二五七頁に「われを排列しおきて尽界とせり、この尽界の頭々物々を時々なりと覰見すべし」(『有時』)参照。心・相不二の悟りで静止してしまわずにそのあいだのやむことない(未休の)移動変換が、この世界なのだ。**情生智隔**　「情(情識)生ジテ、智(般若)隔タル」。その全体を「隔」と断定するのは、「回頭換面」「展事投機」同様簡単なことだ。ところが「尽十方」はと続く。**機先**　物事の起ろうとするとき。起る前。「機要」はそれに対して物事の中心。同時に統轄の府。**管得**　管得は助辞。司る。**名**　物の名。名詞の意だろう。**亙今到来**　亙は虚辞。下の「身今」「心今」の身心も同様。**大用現**　大用現前。大いなるはたらき・力の現れ。そういうもの

「玄砂来日問其僧、尽十方世界是一顆明珠、汝作麼生会」。これは道取す、昨日説定法《さくじつせつぢやうほふ》なる、今日*二枚をかりて出気《すいき》す。今日説不定法《こんにちせつふぢやうほふ》なり、*推倒昨日点頭笑《すいたうさくじつてんとうせう》なり。

「僧曰、尽十方世界是一顆明珠、用会作麼」。いふべし、騎賊馬逐賊《きぞくばちくぞく》《賊馬《ぞくば》に騎《の》て賊《ぞく》を逐《お》ふ》なり。

古仏為汝説《こぶつゐによせつ》するには、異類中行《いるいちゆうぎやう》なり。しばらく迴光返照《ういくわうへんせう》すべし、幾箇枚《きこまい》の用会作麼《ようゑそも》かある。*試道《しだう》するには、乳餅《しゆうひん》七枚、菜餅《さいひん》五枚なりといへども、*湘之南《しやうのみなみ》、潭之北《たんのきた》の教行《けうぎやう》なり。

「玄砂曰、知、汝向黒山鬼窟裏作活計」。しるべし、日面月面《にちめんぐわちめん》は往古《わうこ》よりいまだ不換《ふくわん》なり。日面は日面とゝもに共出《ぐしゆつ》す、月面は月面とともに共出するゆへに、*若六月道正是時《にやくろくぐわつだうしやうぜじ》、不《ふ》可道我姓熱《かだうがしやうねつ》《若し六月に正《まさ》に是れ時《とき》と道《い》はば、我が姓《しやう》熱すと道《い》ふべからず》なり。

しかあればすなはち、この明珠の*有如無始《うによむし》は無端《むたん》なり。尽十方世界一顆明珠なり、両顆三顆といはず。全身これ一隻《しやく》の正法眼《しやうぼふげん》なり、全身これ真実体《しんじつたい》なり、全身これ一句なり、全身これ光明《くわうみやう》なり、全身これ全心なり。全身のとき、全身の罣礙《けいげ》なし。円《ゑん》*陀々地《だだち》なり、転轆々《てんろくろく》なり。明珠の功徳《くどく》かくのごとく見成《げんじやう》なるゆへに、いまの*見色聞声《けんしきもんしやう》の観音弥勒《くわんのんみろく》あり、現身《げんしん》説法《せつぽふ》の古仏新仏《こぶつしんぶつ》あり。

正当恁麼時《しやうたういんもじ》、あるひは虚空《こくう》にかゝり、衣裏《えり》にかゝる、あるひは頷下《がんか》におさめ、髻中《けちゆう》におさむる、みな尽十方界一顆明珠なり。ころものうらにかゝるを*様子《やうす》とせり、おもてにかけむと道取することなかれ。*髻中頷下《けちゆうがんか》にかゝれるを様子とせり、髻表頷表《けへうがんぺう》に弄《ろう》せんと擬《ぎ》する事なかれ。*酔酒《すいしゆ》の時節にたまをあたふる*親友《しんぬ》あり、親友にはかならずたまをあたふべし。

であり、かつ、これは大いなる道理でもある、と続く。**一尺水一尺波**　一尺の水を一尺の波として。**灼然**　明らかな様。はっきりと。**道取生**　生は強めの助辞。**蓋時節**　蓋天蓋地の用法に従い、全時節。現実の全時間裡のことだ。**二枚をかりて出気す**　出気は息を吹き出す。言う。「二枚」は両片皮と同じ。上下の唇、口。**推倒昨日**　推倒はおしたおす。きのうのことはうっちゃって。**試道**　まあ言ってみれば。→一〇〇頁「且道」注。以下、「乳餅七枚菜餅五枚」などというくらいの僅かさのようでも、やはり広い「教」であり「行」であるのだ、と続く。**湘之南潭之北**　中国湖南省湘水の南、広西省潭水(柳江)の北。「嶺南」とほぼ同地域。**若六月道正是時不可道我姓熱**　かりに自分の姓をきかれて、薬山が言ったように「正是時」と答えたとして、それが六月のことだったとしても、自分の姓は熱だということにはならぬ。自分の存在様態が熱いということにはならぬ。自然は自然、時は時、我は我だ。**有如無始**　強いて訓めば、「(この明珠の)有如にして始なきは」。有ではあるけれども、真如としていつ始まったなどというものでないことは。「無端」は糸口がない、捉えどころがない意なので、無始と重複しているとも言える。**陀々地**　斜めな様をも崩落

たまをかけらるゝ時節、かならず酔酒するなり。

*既是恁麼《きぜいんも》は、尽十方界にてある一顆明珠なり。しかあればすなはち、*転不転《てんふてん》のおもてをかへゆくににたれども、すなはち明珠なり。まさにたまはかくありけるとしる、すなはちこれ明珠なり。明珠はかくのごとくきこゆる*声色《しやうしき》あり。既得恁麼《きていんも》なるには、われは明珠にはあらじと*たどらるゝは、たまにはあらじとうたがはざるべきなり。たどりうたがひ、取舎《しゆしや》する*作無作《さむさ》も、たゞしばらく小量の見《けん》なり、*さらに小量に相似《さうじ》ならしむるのみなり。

愛せざらむや、明珠かくのごとくの彩光きはまりなきなり。彩々光々《さいさいくわうくわう》の片々条々は、尽十方界の功徳《くどく》なり。たれかこれを攙奪《ざんだつ》せん、*行市《あんし》に塼《かはら》をなぐる人あらず。六道《ろくだう》の因果《いんぐわ》に*不落有落《ふらくうらく》をわづらふことなかれ。*不昧本来《ふまいほんらい》の頭正尾正《てうしんびしん》なる、明珠は面目《めんぼく》なり、明珠は眼睛《がんぜい》なり。

しかあれども、われもなんぢも、いかなるかこれ明珠、いかなるかこれ明珠にあらざるとしらざる*百思百不思《ひやくしひやくふし》は、*明々《めいめい》の草料《さうれう》をむすびきたれども、玄砂の*法道《ほふだう》によりて、明珠なりける身心《しんじん》の様子をもきゝしり、あきらめつれば、心《しん》これわたくしにあらず、*起滅《きめつ》をたれとしてか明珠なり、明珠にあらざると取舎にわづらはん。たとひたどり▽わづらふも、明珠にあらぬにあらず、明珠にあらぬがありておこさせける*行《ぎやう》にも念《ねん》にもにてはあらざれば、たゞまさに黒山鬼窟の進歩退歩、これ一顆明珠なるのみなり。

をもいう。いずれにせよ円いものが斜めなところを転がる様。**見色聞声の**　通常の現実世界に現れた。**様子**　型。形式。**髻中頷下**　もとどりの中、あごの下。仏と竜とがそれぞれに持つ珠のありか。**酔酒**　無明の酒に酔うとも仏法の酒に酔うとも釈せられる。(後者曹山本寂が親の喪のあけに大酒した故事に基く。)「たま」は仏果正覚。**親友**　四四一頁「親人」の注参照。

既是恁麼　すでにそのようであること。(入矢)
転不転の…　転ずるものあり、転じないものあり、一切が表面の様相を変えてゆくにすぎないようだが。
声色あり　上の「きこゆる」は「声」にかかり「声」が「色」を呼んだ。様相。
たどらるゝは　たどらるるとも。思いまどわれようとも。
作無作　必要なのは「作」のみ。
さらに　また新しく。
行市に塼をなぐる　抛塼引玉という熟語あり(→一三二頁七行)、ひとに和韻を請うときの謙譲の言葉で、まずい詩句にいい詩句を継いでもらう、の意。「行市」(行商・市場の取引)に結びつけていえば、低廉劣悪のものをもとでに高価上等のものを得ようとすること。本文は、大体そういうことをするものはないの意。

正法眼蔵一顆明珠第七

爾時*嘉禎四年四月十八日雍州宇治県観音導利興聖宝林寺示衆

寛元々年癸卯閏七月廿三日書写　越州吉田郡志比庄吉峰寺院主房侍者比丘懐弉

不落有落をわづらふ　落ちるとか落ちないとか思いわずらう。「不落有落」の補語は上の「六道(に)」。「わづらふ」の補語は上の「因果に」。
不昧本来の頭正尾正なる　不昧因果という言葉がある。因果の道理を明知して悩惑のないこと。その「不昧」ということが人間本来のまるまるの姿だというのがこの句の意味。以下「明珠」がその「面目」であり「眼睛」である(様相であり、本質である)とつづく。
百思百不思　上に述べたようなさまざまの思量不思量。
明々の草料　無論「明々百草頭」の縁語。「草料」は想料(→一一四頁注)に同じ。ここで意味があるのは「想」に当る「草」のみ。
法道　「法」は仏法界におけるの意の限定辞。ただ道(言)でよい。
起滅　生死起滅。
行にも念にもにては　主格は、上の「たとひたどりわづらふも(それは)」。「にては」は冗語。「行」は行為造作、「念」は、心をしてその力によって認得せられるものごと(所縁)を記憶して忘れさせないようにする作用。
嘉禎四年　一二三八年。

底本奥書「嘉慶三年二月三日在永平寺衆寮奉書写之　宋吾」。

正法眼蔵第八

心《しん》不《ふ》可《か》得《とく》

☆釈迦牟尼仏言《ノタマハク》、「過去《くわこ》心不可得《しんふかとく》、現在《げんざい》心不可得《しんふかとく》、未来《みらい》心不可得《しんふかとく》」。

これ仏祖の参究なり。*不可得裏に過去・現在・未来の*窟籠《くつろう》を*剜来《ゑんらい》せり。*しかれども、自家の窟籠をもちゐきたれり。いはゆる自家といふは、*心不可得なり。*而今《しきん》の思量分別は、心不可得なり。*使得《すて》十二時の渾身《うんしん》、これ心不可得なり。仏祖の*入室《にっしつ》よりこのかた、心不可得を会取《ういしゅ》す。いまだ仏祖の入室あらざれば、心不可得の問取なし、道著《だうちゃ》なし、見聞《けんもん》せざるなり。経師論師《きゃうじろんじ》のやから、声聞縁覚《しゃうもんえんがく》のたぐひ、夢也未見在《むやみけんざい》なり。

その験《げん》ちかきにあり、いはゆる☆徳山宣鑒禅師、そのかみ金剛般若経をあきらめたりと自称す、あるいは*周金剛王と自称す。ことに青竜疏《しゃうりゅうしょ》をよくせりと称ず、さらに十二担の書籍《しょじゃく》を撰集《せんじふ》せり、斉肩の*講者《こうじゃ》なきがごとし。ゝ《(し)》かあれども、文字法師の末流なり。あるとき、南方に嫡々相承《ちゃくちゃくさうじょう》の無上仏法あることをきゝて、いきどほりにたへず、経書《きゃうしょ》をたづさえ《(へ)》て山川をわたりゆく。ちなみに*竜潭《りゅうたん》の☆信禅師の会《ゑ》にあへり。かの会に投ぜんとおもむく、*中路に歇息《けっそく》せり。ときに老婆子《らうばす》きたりあひて、路側に歇息《けっそく》せり。

不可得裏に　「不可得」という見処で。

窟籠　心(→七四頁「質多心」)をこう認識している。いろいろのものが巣食っているもの。

剜来　えぐりとって来た。

しかれども…　そうはいうけれども、それは仏自身の「窟籠(心)」を取上げてそう言っている。「もちゐ」には挙を当てることができよう。

心不可得なり　その心的動機、心的持続はとらえられないと言いあらわされるようなものだ。

而今　今という今。この現在。

使得十二時　現実の時間を活用し活動する。

入室　この室は現実世界の意味だろう。

周金剛王　周なる姓の『金剛般若経』(冒頭の仏言の出典)の第一人者。『青竜疏』は唐玄宗の勅により青竜寺の道氤なる僧の作ったその注釈書。

講者　次頁一行目を見ると、講師と言いかえられるものらしい。しかるべき場所(講肆)で書を講ずるもの。経を講ずるものをも言ったか。

竜潭　『伝燈録』によれば澧州(湖南省澧県)にある。同省漵浦県西南にこの名の潭がある。

中路…老婆子　会要二十徳山章。

買餅　売餅に同じ。中国の文献では、売・買はかなり自由に通じ用いている(入矢)。

点　点心は少しの食を心胸の間に点ずる意という。ちょっぴり入れる。ここの「点」は語呂合せだが、強いて意味をつければ、点のしるしをつけるの意か。

祗対　支対とも書く。対処、応対する(入矢)。

ときに鑒講師《かんこうじ》とふ、「なんぢはこれなに人ぞ」。

婆子いはく、「われは*買餅《まいひん》の老婆子《らうぼす》なり」。

徳山いはく、「わがためにもちゐ《(ひ)》をうるべし」。

婆子いはく、「和尚もちゐをかふ《(う)》てなにかせん」。

徳山いはく、「もちゐをかふて点心《てんじん》にすべし」。

婆子いはく、「和尚のそこばくたづさえ《(へ)》てあるは、それなにものぞ」。

徳山いはく、「なんぢきかずや、われはこれ周金剛王なり。金剛経に長ぜり、通達せずといふところなし。わがいまたづさえ《(へ)》たるは、金剛経の解釈《げしやく》なり」。

かくいふをきゝて、婆子いはく、「老婆に一問あり、和尚これをゆるすやいなや」。

徳山いはく、「われいまゆるす、なんぢこゝろにまかせてとふべし」。

婆子いはく、「われかつて金剛経をきくにいはく、過去心不可得、現在心不可得、未来心不可得。いまいづれの心《しん》をか、もちゐをしていかに*点ぜんとかする。和尚もし道得《だうて》ならんには、もちゐをうるべし。和尚もし道不得《だうふて》ならんには、もちゐをうるべからず」。

徳山ときに茫然《まうぜん》として*祗対《しつい》すべきところおぼえざりき。婆子すなはち払袖《ほつしう》していでぬ。つゐ《(ひ)》にもちゐを徳山にうらず。

うらむべし、数百軸《すはくちく》の釈主、数十年《すじふねん》の講者《こうじや》、わづかに弊婆の一問をうるに、たちまちに負処に堕して、祗対におよばざること。正師をみると、正師に師承せると、正法をきけると、いまだ正法をきかず、正師をみざると、はるかにことなるによりてかくのごとし。徳山このときはじめていはく、「画《ゑ》にかけるもちゐ《(ひ)》、うえ《(ゑ)》をやむるにあたはず」と。いまは竜潭に嗣法すと称ず。

つら〱この婆子《ばす》と徳山と相見する因縁をおもへば、徳山のむかしあきらめざることは、*いまきこゆるところなり。竜潭をみしよりのちも、なほ婆子を*怕却《はきゃ》しつべし。なほこれ参学の晩進なり、*超証の古仏にあらず。婆子そのとき徳山を杜口《とこう》せしむとも、*実にその人なること、いまださだめがたし。そのゆへ《(ゑ)》は、「心不可得」のことばをきゝては、「心、うべからず、心、あるべからず」とのみおもひて、かくのごとくとふ。徳山もし丈夫《ちゃうふ》なりせば、婆子を勘破《かんぱ》するちからあらまし。すでに勘破せましかば、婆子まことにその人なる道理もあらはるべし。徳山いまだ徳山ならざれば、婆子その人なることもいまだあらはれず。

現在大宋国にある雲衲霞袂《うんなふかべい》、いたづらに徳山の*対不得《ついふて》をわらひ、婆子が霊利《りんり》なることをほむるは、いとはかなかるべし、おろかなるなり。そのゆへは、いま婆子を疑著《ぎちゃ》する、ゆへなきにあらず。いはゆるそのちなみ、徳山道不得《だうふて》ならんに、婆子なんぞ徳山にむかうていはざる、「和尚いま道不得なり、さらに老婆にとふべし、老婆かへりて和尚のためにいふべし」。かくのごとくいひて、徳山の問をえて、徳山にむかふ《(う)》ていふこと*道是《だうし》ならば、婆子まことにその人なりといふことあらはるべし。問著《もんちゃ》たとひありとも、いまだ道処あらず。むかしよりいまだ一語をも道著せざるをその人といふこと、いまだあらず。いたづらなる自称の始終、その益《やく》なき、徳山のむかしにてみるべし。いまだ道処なきものをゆるすべか

いまきこゆる　いま分っている。
怕却　こわがる。却は強辞。
超証　証悟を超越した。頓悟に同じともいう。
実にその人　本当にそれだけの力量のある人。

対不得　応対不能。

道是　是のみにて可。「道」は上の「いふこと」と重複。

らざること、婆子にてしるべし。

こゝろみに徳山にかはりていふべし、婆子まさしく恁麼《いんも》問著《もんちゃ》せんに、徳山すなはち婆子にむかひていふべし、「恁麼《ナラバ》則你莫二与レ吾買一レ餅《恁麼ならば則ち你《なんぢ》吾が与《ため》に餅を買《う》ること莫れ》」。

もし徳山かくのごとくいはましかば、伶利《りんり》の参学ならん。

婆子もし徳山とはん、「現在心不可得、過去心不可得、未来心不可得。いまもちゐをしていづれの心をか点▽ぜんとする」。

かくのごとくとはんに、婆子すなはち徳山にむか(つ)ていふべし、「和尚はたゞもちゐの心《しん》を点ずべからずとのみしりて、*心のもちゐを点ずることをしらず、心の心を点ずることをもしらず」。

恁麼いはんに、徳山さだめて擬議すべし。当恁麼時《たういんもじ》、もちゐ三枚を拈じて徳山に*度与《つうよ》すべし。徳山とらんと擬せんとき、婆子いふべし、「過去心不可得、現在心不可得、未来心不可得」。

もし又徳山*展手擬取せずは、一餅《いっぴん》を拈じて徳山をうちていふべし、「無魂屍子、你莫茫然《無魂の屍子、你《なんぢ》茫然なること莫れ》」。

かくのごとくいはんに、徳山いふことあらばよし、いふことなからんには、婆子さらに*とくさんのためにいふべし。たゞ払袖《ほっしゅう》してさる、そでのなかに蜂《はち》ありともおぼゐ(え)ず。徳山も、「われはいふことあたはず、老婆わがためにいふべし」ともいはず。

心のもちゐを…　以下、個々の存在の不変自同と対立関係に固執することの批判。

度与　手渡す(入矢)。

展手擬取　手ヲ展ベテ取ラント擬ス。

とくさん　徳山。

しかあれば、いふべきをいはざるのみにあらず、とふべきをもとはず。あはれむべし、婆子・徳山、過去心・未来心、問著《もんぢゃ》・道著《だうぢゃ》、未来心不可得なるのみ也《なり》。

おほよそ徳山それよりのちも、させる発明ありともみへ《(え)》ず、たゞあら〳〵しき*造次《ざうじ》のみなり。ひさしく竜潭にとぶらひせば、*頭角触折《てうかくそくせつ》することもあらまし、頷珠《がんしゅ》を正伝する時節にもあはまし。わづかに*吹滅紙燭《すいめつしそく》をみる、伝灯に不足なり。

しかあれば、参学の雲水、かならず勤学《きんがく》なるべし、*容易にせしは不是《ふし》なり、勤学なりしは仏祖なり。*おほよそ心不可得とは、画餅《わひん》一枚を買弄《まいろう》して、一口に咬著嚼尽《かうぢゃしゃくじん》するをいふ。

正法眼蔵第八

爾時仁治二年辛丑夏安居于雍州宇治郡観音導利興聖宝林寺示衆

造次　既出（五九頁・六五頁）。遽しい造作の意にかかっているらしい。
頭角触折　竜潭の竜の縁語。頭の角も触れて折れる。除我慢の意。
吹滅紙燭　紙燭の火を吹きけす。徳山の証悟の機とされていること。
容易にせしは不是　安易にやったのは不是の漢（得道できなかった奴）だ。
おほよそ…　心的動機・心的持続はとらえ得ないというが、それは明白率直に発動する人間の現実的行為のようなものだ。これを客観視・法則視しても何になろう。「買弄」は正しくは売弄。ひけらかすの意（入矢）。ここでは買うの意で用いているのではなかろうか。

――底本奥書「永享二年正月書」。――

正法眼蔵第九

古《こ》仏《ぶつ》心《しん》

祖宗《そそう》の嗣法するところ、七仏より☆曹谿《さうけい》にいたるまで四十祖なり。曹谿より七仏にいたるまで四十仏なり。七仏ともに向上向下《かうじやうかうげ》の功徳《くどく》あるがゆへ《(ゑ)》に、曹谿にいたり七仏にいたる。曹谿に向上向下の功徳あるがゆへに、七仏より正伝し、曹谿より正伝し、後仏《ごぶつ》に正伝す。たゞ前後のみにあらず、釈迦牟尼仏のとき十方諸仏あり、☆青原のとき☆南嶽あり、南嶽のとき青原あり。乃至☆石頭《せきとう》のとき*江西《かうぜい》あり。あひ㝵礙《けいげ》せざるは、不礙《ふげ》にあらざるべし。かくのごとくの功徳あること、参究すべきなり。

向来の四十位の仏祖、ともにこれ古仏なりといへども、心あり身あり、光明あり国土あり、過去久矣《くわこきうい》あり、未曾過去《みぞうくわこ》あり。たとひ未曾過去なりとも、たとひ過去久矣なりとも、おなじくこれ古仏の功徳なるべし。古仏の道《だう》を参学するは、古仏の道を証するなり。代々の古仏なり。いはゆる古仏は、新古の古に一斉《いつせい》なりといへども、さらに古今を超出せり、*古今に正直《しやうぢき》なり。

先師《せんじ》いはく、「与二☆宏智古仏一相見《宏智《わんし》古仏と相見《しやうけん》す》」。

江西　江西省九江県東南の馬祖山に因んでいう。↓祖師

古今に正直　古今を貫いてまっすぐ続いている。

はかりしりぬ、天童の屋裏に古仏あり、古仏の屋裏に天童あることを。

☆圜悟《ゑんご》禅師いはく、「稽首ス曹谿真ノ古仏《稽首《けいしゅ》す曹谿真の古仏》」。

しるべし、釈迦牟尼仏より第三十三世は、これ古仏なりと稽首すべきなり。圜悟禅師に古仏の荘厳光明《しやうごんくわうみやう》あるゆへ《(ゑ)》に、古仏と相見《しやうけん》しきたるに、恁麼《いんも》の礼拝《らいはい》あり。しかあればすなはち、曹谿の頭正尾正《てうしんびしん》を草料＊して、古仏はかくのごとくの巴▽鼻あることをしるべきなり。この巴鼻あるは、これ古仏なり。

＊疎山《そざん》いはく、「＊大庾嶺頭有リ二古仏一、放光射二到ス此間ニ一《大庾嶺頭《だいゆれいてう》に古仏有り、放光此間《すかん》に射到す》」。

しるべし、疎山すでに古仏と相見《しやうけん》すといふことを。ほかに参尋すべからず。古仏の有処《いうしよ》は大庾嶺頭なり。古仏にあらざる自己は、古仏の出処をしるべからず。古仏の在処をしるは、古仏なるべし。

雪峰いはく、「☆趙州古仏《でうしうこぶつ》」。

しるべし、趙州たとひ古仏なりとも、雪峰もし古仏の力量を＊分奉《ぶんぶ》せられざらむは、古仏に奉覲《ぶごん》する骨法《こつぽふ》を了達しがたからん。いまの行履《あんり》は、古仏の加被《かび》によりて、古仏に参学するには、＊不答話の功夫あり。いはゆる雪峰老漢、大丈夫なり。古仏の家風を《(お)》よび古仏の威《ゐ》儀《ぎ》は、古仏にあらざるには相似ならず、一等ならざるなり。しかあれば、趙州の初中後善

草料　九九頁の「想料」、四四一頁の夢想の代りと覚しい「夢草」から推し、想料と同じと見る。思いはからう。

疎山　江西省金谿県の西北にある山。→祖師

大庾嶺　中国五嶺の一。江西省と広東省の堺にあり、要塞にして梅の名所。

分奉　わかち持つ。奉は受ける。

不答話の功夫　趙州の簡明強靱真実の家風をきいて、雪峰が答話しないで功夫をしたという話。

を参学して、古仏の寿量*を参学すべし。

☆西京光宅寺大証国師は、曹谿の法嗣《はっす》なり。人帝《じんてい》・天帝《てんたい》おなじく恭敬尊重《くぎやうそんちゆう》するところなり。まことに神丹国《しんだんこく》に見聞まれなるところなり。四代の帝師なるのみにあらず、皇帝てづからみづから車をひきて参内せしむ。いはんやまた*帝釈宮《たいしやくぐう》の請《しやう》をえて、はるかに上天す。諸天衆のなかにして、帝釈《たいしやく》のために説法す。

国師因《ニ》僧問《フ》、「如何是古仏心《如何にあらんか是れ古仏心》」。

師云《いはく》、「牆壁瓦礫《しやうへきぐわりやく》」。

いはゆる問処は、*這頭得恁麼《しやてうていんも》といひ、那頭得恁麼《なてうていんも》といふなり。この道得を挙して、問処とせるなり。この問処、ひろく古今の道得《だうて》となれり。

このゆへに、花開《くゑかい》の万木百草、これ古仏の道得なり、古仏の問処なり。*世界起の*九山八海《くせんはっかい》、これ古仏の*日面月面《にちめんぐわちめん》なり、古仏の皮肉骨髄なり。さらに又古心の行仏なるあるべし、古心の証仏なるあるべし、古心の作仏なるあるべし、*仏古の為心なるあるべし。古心といふは、心古なるがゆへなり。心仏はかならず古なるべきがゆへに、古心は椅子竹木《いすちくぼく》なり。尽大地覓《モトムルニ》下一箇《ノ》会《スル》二仏法《ヲ》一人《ヲ》上不可得《尽大地一箇の仏法を会《うい》する人を覓《もと》むるに不可得》なり。和尚喚《デ》二這箇《ヲ》一作甚麼《和尚這箇《しやこ》を喚んで作甚麼《そしも》》なり。いまの時節因縁をよび《(お)》塵刹虚空、ともに古心にあらずといふことなし。古心を保任《ほうにん》する、古仏を保任する、*一面目にして両頭保任《りやうてうほうにん》なり、両頭画図《りやうてうわと》なり。

寿量 寿命の長さ。前の「初中後」がこれに当る。そこの「善」は、法・理に従って自他に仏道の利益を与える力、はたらきのこと。

帝釈宮 忉利天善見城内の帝釈天の居所、殊勝殿といわれる。

這頭得恁麼といひ那頭得恁麼といふ こっちではこうなり、あっちではああなる。断定しえまいの意。

世界起 上の「花開」と同じ性質の語。世界が生起するそのとき。

九山八海 須弥山を中心とする一小世界の山海の総称。他に七金山あり。それぞれ名を持ち、須弥山を取巻く。須弥山とのあいだに一つ一つ大海があり、その数七。八功徳水を湛えている。その外周を鉄囲山に区切られた外海が取巻き、海の数都合八。四大洲(九一頁「一四州」注)はこの外海中にある。鉄囲山を入れて山の数都合九。要するに全世界ということ。

日面月面 日として現われ月として現われたもの。『仏名経』および馬祖道一の公案より採る。

仏古の為心なるあるべし ここら全体「古仏心」の語を分解し三字のうちの二字をもって自由に語を構成したもので、言語表現そのものの透脱の好例。この場合の「古」はいわば虚字。「為心」は「心たり」の意に用いていよう。

一面目にして 一つことで二つのことを含み、それに成り了せている。

師いはく、「牆壁瓦礫《しやうへきぐわりやく》」。

いはゆる宗旨《そうし》は、牆壁瓦礫にむかひて道取する一進あり、牆壁瓦礫なり。*道出する一途《いちづ》あり、牆壁瓦礫の牆壁瓦礫の許裏《こり》に道著《だうぢや》する一退あり。これらの道取の現成するところの*円成十成《ゑんじやうじふじやう》に、千仭万仭《せんじんばんじん》の壁立《へきりふ》せり、*迊地迊天《さふちさふてん》の牆立《しやうりふ》あり、一片半片の瓦蓋《ぐわがい》あり、*乃大乃《ないだいない》小《せう》の礫尖《りやくせん》あり。かくのごとくあるは、たゞ心《しん》のみにあらず、ゝ《(す)》なはちこれ身《しん》なり、乃至依《え》正《しやう》なるべし。

しかあれば、「作麼生《そもさん》是《し》牆壁瓦礫《しやうへきぐわりやく》」と問取すべし、道取すべし。答話せんには、「古仏心」と答取すべし。かくのごとく保任してのちに、さらに参究すべし。いはゆる牆壁はいかなるべきぞ。なにをか牆壁といふ、いまいかなる*形段《いんとん》をか具足せると、審細に参究すべし。造作《ざうさ》より牆壁を出現せしむるか、牆壁より造作を出現せしむるか。造作か、造作にあらざるか。有情なりとやせん、無情なりや。現前すや、不現前なりや。かくのごとく功夫参学して、たとひ天上人間にもあれ、此土他界《しどたかい》の出現なりとも、古仏心は牆壁瓦礫なり、さらに一塵の*出頭して染汚《ぜんわ》する、いまだあらざるなり。

*漸源仲興《ぜんげんちゆうこう》大師、因《ちなみに》僧問《とふ》、「如何是古仏心《如何にあらんか是れ古仏心》」。

師云《いはく》、「世界崩壊《ほうゑ》《世界崩壊す》」。

僧云、「為二甚麼一世界崩壊ナル《甚麼《なに》としてか世界崩壊なる》」。

師云、「*寧無二我身一《寧ろ我身無からん》」。

道出　道取の取は助辞だが、その意を生かして、実辞のごとく見なし対語「道出」を作った。「言ひ出づ」。

円成十成　円成のみでよい。円満具足の成就のしかた。

迊　すでにしばしば出た帀に同じ。徧し。

乃　ものを列挙するための文字。あるいは。

形段　形も境・区切り。段もしきり・こわけ。

出頭　頭を出す。現れ出る。

漸源　地名。湖南省長沙にありという。→祖師

寧無我身　願望の表現。……無カランコトヲ。イヅクンゾ云々と訓んでも意に於て同じ。現時点では僧の「我身」はまだ無にはなっていない。

いはゆる世界は、十方みな仏世界なり。非仏世界いまだあらざるなり。崩壊の形段《いんとん》は、この尽十方界に参学すべし、自己に学する事なかれ。自己に参学せざるゆへ《(ゑ)》に、崩壊の当恁麼時は、一条両条、三四五条なるがゆへに無尽条なり。かの条々、それ*寧無我身《ねいむがしん》なり。我身《がしん》は寧無なり。而今《しきん》を自惜《じしやく》して、我身を古仏心ならしめざることなかれ。

まことに七仏以前に古仏心壁竪《へきじゆ》す、七仏以後に古仏心*才生《さいしやう》す、諸仏以前に古仏心花開《くゑかい》す、諸仏以後に古仏心結果《けちくわ》す、古仏心以前に古仏心脱落《とつらく》なり。

正法眼蔵古仏心第九

爾時*寛元々年癸卯四月二十九日在六波羅蜜寺示衆

寛元二年甲辰五月十二日在越州吉峯庵下侍司書写　懐弉

寧無我身　句頭の「寧」は次行の「寧無」のそれとともに引用原文の「寧」を残した冗辞。四字のうち「無」のみ有意。

才生　才は纔に同じ。はじめて(入矢)。二字で、芽生え。生れたて。

寛元々年　一二四三年。
——底本奥書「嘉慶三年二月六日奉書写之　宋吾」。——

不悟至道　「悟ラズシテ道ニ至ル」。無論大事なのは「至道」である。**省悟弄悟**　悟りの内容を省み、弄ぶ。弄は拈弄、弄精魂などと熟し、悪い意味でいうのではない。**失悟放行**　悟りを放下して、自在に振舞う。放行の対象は自己だろう。**挙拈・拋却**　対象は「悟」だろう。**使得十二時・被使十二時**　能動的求道的に生きる態度と、受身で遊行する態度と。「十二時」は無論時間のこと。それを自分の方から主体的能動的に使って、繋縛されず、現在を超脱、向上に生きることができるのを使得十二時と言ったのだが、ここは時間そのものを問題にしているのではない。**関棙子**　からくり。**弄泥団**　弄精魂の心的精励なのに対する語。いずれにせよ、功夫努力。**恁麼現成する**　(仏祖は)必ずそのように即ち仏祖として現実化されるものだ。下の「参学」は「といふ参学」ないし参学の結果把握される意味、観念の如き意だろう。**大悟の渾悟**　大悟の渾(すべ)て。渾大悟と言っていいはずのもの。仏祖と渾大悟を別に立て、さてそのあとでそれらの一如を説くやり方の否定。仏祖は仏祖、大悟は大悟で互いに拘束されず、それぞれ自分を超えて躍動するのがそれら本来の面目である。「向上」はもと俗語で、その上、それから先、の意(入矢)。**面目なり**　上に、「これぞ」

正法眼蔵第十

大《だい》　悟《ご》

仏々の大道《だいだう》、つたはれて綿密なり。祖々の功業《くうごふ》、あらはれて平展なり。このゆへ《（ゑ）》に大悟《だいご》現成し、*不悟至道し、*省悟《さうご》弄悟《ろうご》し、*失悟《しつご》放行《はうあん》す。これ仏祖家常なり。*挙拈《こねん》する*使得《すて》十二時あり、*拋却《はうきやく》する*被使《ひし》十二時あり。さらにこの*関棙子《くわんれいす》を跳出する*弄泥団《ろうでいとん》もあり、弄精魂《ろうぜいこん》もあり。大悟より仏祖かならず*恁麼現成する参学を究竟《くきやう》すといへども、*大悟の渾悟《うんご》を仏祖とせるにはあらず、仏祖の渾仏祖を渾大悟なりとにはあらざるなり。仏祖は大悟の辺際を跳出し、大悟は仏祖より向上に跳出する*面目なり。

しかあるに、*人根《にんこん》に多般あり。いはく、*生知《しやうち》、これは生じて生を透脱《てうとつ》するなり。*いはゆるは、*生の初中後際に体究なり。いはく、学而知《がくにち》、これは学して自己を究竟《くきやう》す。いはゆるは、*学の皮肉骨髄を体究するなり。いはく、*仏知者《ぶつちしや》あり、これは生知にあらず、学知にあらず。自他の際を超越《てうをつ》して、*遮裏《しやり》に*無端なり、*自他知に無拘《むこう》なり。いはく、無師知者《むしちしや》あり、善知識によらず、経巻によらず、性《しやう》によらず、相によらず、自を*撥転《はつてん》せず、他を*回互《うゐご》せざれども、露堂々なり。これらの数般《しゆはん》、ひとつを利と認じ、*ふたつを鈍と認ぜざるなり。多般ともに多般の功業を現成するなり。

しかあれば、いづれの情無情か生知にあらざらむと参学すべし。生知あれば生悟あり、生証明あり、生修行あり。しかあれば、仏祖すでに*調御《でうご》丈夫《ちやうぶ》なる、これを生悟と称じきたれり。悟を拈来せる生なるがゆへにかくのごとし。参*飽大悟する生悟なるべし。拈悟の学なるがゆへにかくのごとし。

しかあればすなはち、三界を拈じて大悟す、百草を拈じて大悟す、四大を拈じて大悟す、仏祖を拈じて大悟す、公按を拈じて大悟す。みなともに大悟を拈来して、さらに大悟するなり。その正当恁麼時は、而今《しきん》なり。

☆臨済院慧照大師云《いはく》、「大唐国裏、覓《モトムルニ》二一人不悟者一難得《大唐国裏、一人の不悟者を覓《もと》むるに難得《なんて》なり》」。

いま慧照大師の道取するところ、正脈《しやうみやく》しきたれる皮肉骨髄なり、不是《ふし》あるべからず。「大唐国裏」といふは、自己眼睛裏なり。尽界にかゝはれず、塵刹《ちんせつ》にとゞまらず。遮裏に不悟者の一人をもとむるに難得《なんて》なり。自己の昨自己も不悟者にあらず、他己の今自己も不悟者にあらず。山人・水人の古今、もとめて不悟を要するにいまだえざるべし。学人かくのごとく臨済の道《だう》を参学せん、*虚度光陰《ことくわういん》なるべからず。

しかもかくのごとくなりといへども、さらに祖宗《そそう》の*懐業《くわいげふ》を参学すべし。いはく、しばらく臨済に問《もん》すべし、不悟者難得《ふごしやなんて》のみをしりて、悟者難得《ごしやなんて》をしらずは、未足為足《みそくゐそく》なり。不悟者難得をも参究せるといひがたし。たとひ一人の不悟者をもとむるには難得なりとも、半

などの語を補う。**人根** 人の〈根(機関・能力の意味を兼備)〉。**生知** 生れながらに知る。またその知の内容。下は生れて生を超越解脱するの意。従ってここで言う「知」は仏智である。次の「学而知」とともに元来は『論語』季氏の語。**いはゆるは** 言うところは。**生の初中後際** 一生の過現未。一生を通して初(前)中後を三際という。「体究」は身をもって究める。対象は仏智、仏果、覚。**学の皮肉骨髄を** 学が皮肉骨髄(覚、証悟の道)を。**仏知者** 仏知を具えた者。**遮裏** 遮は這。「自他の際」を指す。**無端** ここではとらえどころなし、とらわれぬの意。「無拘」同断。**自他知** 自他の差別上に立つ知。**撥転** 転回。この撥字は転の義。撥を「撥無」の用法とともに考える要があるかも知れぬ。**回互** 多義な言葉だが、そのうちに一、回を避ける、互を差(がた)うととって忌んで避けるととる場合、二に、回を巡る、互を入混るととって、二物が互いに自在に入りこみ、交渉しあうことを言うとする場合がある。禅語としては後者の意にとるのが普通らしいが、今は前の場合だろう。前の句とともに、自己を誇示せず他者を忌避せずの意だろう。**ふたつ** 他方。**調御丈夫** 丈夫(衆生)を物軟らかな、また厳しい、また卑近な言葉をもって思うままに操る

人の不悟者ありて面目*雍容《ゐようよう》、巍々《ぎぎ》堂々《だうだう》なる、相見《しやうけん》しきたるやいまだしや。たとひ大唐国裏に一人の不悟者をもとむるに難得なるを、究竟とすることなかれ。一人半人のなかに両三箇の大唐国をもとめこゝろみるべし。難得なりや、難得にあらずや。この眼目をそなへんとき、参飽の仏祖なりとゆるすべし。

*京兆《きやうてう》華厳寺《くゑごんじ》☆宝智《ほうち》大師〈嗣二洞山一諱休静《きうじやう》〉、因僧問、「大悟《だいご》底《ち》人《じん》却迷《きやめい》時《じ》如何《しゆお》」。

《京兆華厳寺の宝智大師〈洞山に嗣す、諱《いみな》は休静〉、因《ちな》みに僧問ふ、「大悟《だいご》底《ち》人《じん》却つて迷ふ時如何《いかん》」》

師云《いはく》、「破《は》鏡《きん》不《ふ》重《ちよう》照《せう》、落《らく》花《くゑ》難《なん》上《じやう》樹《じゆ》《破鏡重ねて照らさず、落花樹に上り難し》」。

いまの問処は、問処なりといへども示衆《じしゆ》のごとし。華厳《くゑごん》の会《ゑ》にあらざれば開演せず、洞山の嫡子《ちやくし》にあらざれば*加被《かひ》すべからず。まことにこれ参飽仏祖の*方席《はうせき》なるべし。

いはゆる「大悟《だいご》底《ち》人《じん》」は、もとより大悟なりとにはあらず、*余外《よぐゑ》に大悟してたくはふるにあらず。大悟は*公界《くがい》にを《(お)》けるを、*末上の老年に相見《しやうけん》するにあらず。自己より強為《かうゐ》して牽《けん》挽出来《めんしゆつらい》するにあらざれども、かならず大悟するなり。不迷なるを大悟とするにあらず、大悟の*種草のためにはじめて迷者とならんと擬すべきにもあらず。大悟人さらに大悟す、大迷人さらに大悟す。大悟人あるがごとく、大悟仏あり、*大悟地水火風空あり、大悟露《ろ》柱《しゆ》燈《とう》籠《ろう》あり。いまは大悟底人と問取▽するなり。「大悟《だいご》底《ち》人《じん》却迷《きやめい》時《じ》如何《しゆお》」の問取、まことに問取すべきを問取するなり。華厳きらはず、叢席に慕古す、仏祖の勲業《くんごふ》なるべきなり。

しばらく功夫すべし、大悟底人の却迷は、不悟《ふご》底《ち》人《じん》と一等なるべしや。大悟底人却迷の

人。仏十号の一。　**参飽大悟する生悟**　参飽は仏道に参じ、これを究め身心飽満するに至るの義ゆえ、この言い方は矛盾。生悟は生れながらすでに悟りを得ているはずだから。しかしそのものも「拈悟」してさらに学仏道する。「拈」は積極的動作を現わす。　**虚度光陰**　むなしく光陰をわたる。　**懐業**　『三十七品菩提分法』に「仏位はこれ出家位なり、…この出家位の諸業、これ正業なり、諸仏七仏の懐業なり」とあり。心に懐けるわざ。「心業」とは別。

雍容　既出。穏和な容貌、そうしてしかもと下へつづく。　**京兆**　陝西・湖北・河南・四川諸省に置かれたことのある都・県名。しかし華厳寺のあった福州(福建省閩侯県)からは検出しえない。　**加被**　加護。　**方席**　方は処。処るべき場所。　**余外**　その他。格別。　**公界**　公の道場、一般大衆の共同に使用する所という。　**末上の老年**　最後の老年期。「公界(青壮年期の修行場裡)」にすでに成立っていたのに、晩年に至ってこれと巡りあうのではない。「末上」を最初の意とする注釈書もある。　**種草**　種子と言っても同じだろう。草を種う。　**大悟地水火風空**　大悟の世界を構成する五大。　**他那裏**　どこか他のところ。文字通りには他のそこ、彼のところ(入矢)。　**却迷**

時節は、大悟を拈来して迷を造作するか。*他那裏より迷を拈来して、大悟を蓋覆《がいふ》して却*迷するか。また大悟底人は一*人にして、大悟をやぶらずといへども、さらに却迷を参ずるか。また大悟底人の却迷といふは、さらに一枚の大悟を拈来するを却迷とするかと、かたぐ\参究すべきなり。また*大悟也《だいごや》一隻手《いちしやくしゆ》なり、却迷也《きやめいや》一隻手《いちしやくしゆ》なるか。いかやうにても、大悟底人の却迷ありと聴取《ちんしゆ》するを、参来の究徹《きうてつ》なりとしるべし。却迷を*親曾《しんぞう》ならしむる大悟ありとしるべきなり。

しかあれば、認賊為子《にんぞくゐし》を却迷とするにあらず、認子為賊《にんしゐぞく》を却迷とするにあらず。大悟は認賊為賊なるべし、却迷は認*子為子なり。*多処添些子《たしよてんしやす》を大悟とす。少処減些子《せうしよげんしやす》、これ却迷なり。しかあれば、却迷者を*摸著《もちや》して、把定了《はちんれう》に大悟底人《だいごちじん》に相逢《さうふ》すべし。而今《しきん》の自己、これ却迷なるか、不迷なるか、*撿点将来すべし。これを参見仏祖とす。

師云、「破鏡不重照《はきんふちようせう》、落花難上樹《らくくゑなんじやうじゆ》」。

この示衆《じしゆ》は、破鏡の正当恁麼時を道取するなり。しかあるを、未破鏡の時節にこゝろをつかはして、しかも破鏡のことばを参学するは不是《ふし》なり。いま華厳道《くゑごんだう》の「破鏡不重照、落花難上樹」の宗旨《そうし》は、「大悟底人不重照」といひ、「大悟底人難上樹」といひて、大悟底人さらに却迷せずと道取すると会取《ういしゆ》しつべし。しかあれども、恁麼の参学にあらず。人のおもふがごとくならば、「大悟底人家常如何《かじやうしゆお》」と*問取すべし。これを答話せんに、「有却迷時《いうきやめいじ》」とらいはん。而今《しきん》の因縁、しかにはあらず。「大悟底人、却迷時、如何」と問取するがゆへ《（ゑ）》に、正当却迷時を未審《みしん》するなり。恁麼時節の道取現成は、「破鏡不重照」なり、「落花

する　かえって迷う。主格は「大悟底人」。　**一人にして**　別に余人がいるわけではなく、同一人のことだが。　**大悟也一隻手…**　大悟は一方の手、迷(却は助辞)はもう一方の手と、そう言ったことか。　**親曾**　一本「ムカショリ」と左注あり。『大修行』に引かれる枯木法成の偈頌「百丈親曾見野狐。為渠参請太心麤。而今敢問諸参学。吐得狐涎尽也無」の第一句の「親曾」を断章したものとするのがその根拠だろう。「曾」のみに意あり、単に「ムカシ」と解していい。往事。「…ならしむ」で、まさしくあったものとする、過去とする、しかし無にはしないの意だろう。尚↓下巻第五十三。　**認子為子**　子を認めて子と為す。「大悟」の「認賊為賊」と等価。賊・子の別とそれぞれのものの常住に執することの否定。　**多処添些子**　沢山あるところに些かなものを添える。些かなものの功徳を弁えるところに迷悟の差は生ずる。　**摸著**　つかまえる。迷っている人間をとらえて、これを放さずに落ちつかせていると、それが大悟の人となる。把定と同じ。　**撿点将来**　撿点はすでに出たが、調べる意。将来は持ち来す。　**とら**　「ら」は意味のない接尾辞。公卿社会の口語という。

難上樹」なり。落花のまさしく落花なるときは、百尺《はくせき》の竿頭に*昇晋《しょうしん》するとも、なを《(ほ)》これ落花なり。破鏡の正当破鏡なるゆへ《(ゑ)》に、そこばくの活計見成《くわつけげんじゃう》すれども、おなじくこれ不重照の照なるべし。破鏡と道取し落花と道取する宗旨を拈来して、大悟底人却迷時の時節を参取すべきなり。

これは、「大悟」は作仏《さぶつ》のごとし、「却迷」は衆生のごとし。*還作衆生《ぐゑんさしゆじやう》といひ、*従本垂迹《じゆうほんすいじやく》とらいふがごとく学すべきにはあらざるなり。かれは大覚《だいがく》をやぶりて衆生となるがごとくいふ、これは大悟やぶるゝといはず、大悟うせぬるといはず、迷《めい》きたるといはざるなり。かれらにひとしむべからず。まことに*大悟無端なり、却迷無端なり。大悟を罣礙《けいげ》する迷あらず。大悟三枚を拈来して、少迷半枚をつくるなり。こゝをもて、*雪山《せっせん》の雪山のために大悟するあり、木石《もくしやく》は木石をかりて大悟す。諸仏の大悟は衆生のために大悟す、衆生の大悟は諸仏の大悟を大悟す、*前後にかゝはれざるべし。而今の大悟は、自己にあらず他己にあらず、きたるにあらざれども*塡溝塞壑《てんこうそくがく》なり。さるにあらざれども*切忌《せつき》随他覓《ずいたみやく》なり。なにとしてか恁麼なる。いはゆる随《ずい》他《た》去《こ》也《なり》。

☆京兆米胡《きやうてうめいう》和尚、令㆔僧問㆓仰山㆒*ニ、「今時人、還仮㆑悟否」。

《京兆米胡和尚、僧をして仰山《きやうざん》に問はしむ、「今時の人、また悟を仮るや否や」》

仰山云、「悟即不㆑無、争㆘奈落《コトヲ》㆓第二頭㆒何㆖」。

《仰山云く、「悟は即ち無きにあらず、第二頭に落つることを争奈何《いかんかせ》ん」》

昇晋　晋はすすむ。

還作衆生　「カヘリテ衆生トナル」。大悟を得たものが。

従本垂迹　法華三喩の一。「為蓮故華」「華開蓮現」「華落蓮成」の第一。迹門の仏は本門の仏を開顕するために出世したという教え。「本ニヨッテ迹ヲ垂ル」。

大悟無端　大悟はとらえどころなし。あとの「大悟三枚」はあれやこれやの「大悟」。それから「迷」が生ずるとすれば生ずる。わきから来るのではない。

雪山　ヒマラヤをいう。過去世において釈迦牟尼が菩薩道を修したところ。そこから釈迦牟尼の意となる。しかし「雪山のために」は「雪山によって」の意で言われているだろう。前の叙述及び「木石をかりて」から類推。次の「衆生のために」は「…の利益を思って」の意だろう。

前後にかゝはれざるべし　上に述べたことは歴史事実の前後とは無関係だ。

塡溝塞壑　みぞを埋め谷をふさぐ。(大悟の)大道通ずの意ならん。一二九頁二行目に和文で出る。

切忌随他覓　「切ニ他ニ随ツテ覓ムルヲ忌ム」。上の「さる」は「去る」。もう一つ上の「きたる」と対句。去るわけではないが、ひとの真似をして欲しがるのは強っていやなのだ。どうしてかというとそういう場合は

僧廻挙*二似米胡一。々深肯レ之。
《僧、廻《かへ》りて米胡に挙似す。胡、深く之を肯《けん》せり》
いはくの今時は、人々の而今《しきん》なり。令我念過去未来現在《りやうがねんくわこみらいげんざい》いく千万なりとも、今時なり、而今なり。人々の分上は、かならず今時也《なり》。あるひは眼睛《がんぜい》を今時とせるあり、あるひは鼻《び》孔《くう》を今時とせるあり。

「還仮悟否《ぐゑんけごひ》」、この道《だう》をしづかに参究して、胸襟《きようきん》にも換却*《くわんきや》すべし、頂𩕳《ちんにん》にも換却すべし。

近日大宋国禿子《とくす》等いはく、「悟道是本期*《しほんご》」。かくのごとくいひていたづらに待悟《たいご》す。しかあれども、仏祖の光明にてらされざるがごとし。たゞ真善知識に参取すべきを、懶堕《らんだ》にして蹉過《さこ》するなり。古仏の出世にも度脱*せざりぬべし。

いまの「還仮悟否」の道取は、さとりなしといはず、ありといはず、きたるといはず、「かるやいなや」といふ。「今時人のさとりはいかにしてさとれるぞ」と道取せんがごとし。*たとへば、「さとりをう」といはゞ、ひごろはなかりつるかとおぼゆ。「さとりきたれり」といはゞ、ひごろはそのさとり、いづれのところにありけるぞとおぼゆ。「さとりになれり」といはゞ、さとり、はじめありとおぼゆ。かくのごとくいはず、かくのごとくならずといへども、さとりのありやうをいふときに、「さとりをかるや」とはいふなり。

しかあるを、さとりといふはいはる▽、しかあれども、「第*二頭へおつるぞいかにかすべき」といひつれば、「第二頭もさとりなり」といふなり。第二頭といふは、「さとりになりぬる」といひ*や、「さとりをう」といひや、「さとりきたれり」といはんがごとし。「なり

「ひとのあとについて行ってしまうことだからだ」。この随他去の「他」は不定代名詞として用いられている。
仰山 江西省宜春県の南。↓祖師
挙似 挙示に通じ用う。「似」は向っての意なること「説似」におけると同じ。

換却 交換・換易の換。却はすでにたびたび見た強辞。
本期 本より(前世より)期するもの。八八頁五行目「我本行菩薩道」(解説参照)、二九六頁七行目「本期」参照。
度脱 得度解脱。上の「古仏の出世に」は、…に会うともの意。

たとへば… 『仏性』(四六頁)の論証を読む上の参考になる。

第二頭 次善のあたり。

いひや いうや。「や」は、列挙の「や」だろう。

ぬ」といふも「きたれり」といふも、さとりなりといふなり。しかあれば、第二頭におつることをいたみながら、*第二頭をなからしむるがごとし。さとりのなれらん第二頭は、またまことの第二頭なりともおぼゆ。しかあれば、たとひ第二頭なりとも、たとひ百千頭なりとも、さとりなるべし。第二頭あれば、これよりかみに第一頭のあるをのこせるにはあらぬなり。たとへば、昨日のわれをわれとすれども、昨日はけふを第二人といはんがごとし。而今のさとり、昨日にあらずといはず、いまはじめたるにあらず、かくのごとく参取するなり。しかあれば、*大悟《だいご》頭黒《てうこく》なり、*大悟《だいご》頭白《てうはく》なり。

正法眼蔵大悟第十

爾時仁治三年壬寅春正月二十八日住観音導利興聖宝林寺示衆

而今寛元二年甲辰春正月二十七日錫駐越宇吉峯古寺而書示於人天大衆

同二年甲辰春三月二十日侍越宇吉峯精舎堂奥次書写之　懐弉

第二頭をなからしむる　二流の悟りなどないと認めるようなものだ。

大悟頭黒・大悟頭白　大悟にもさまざまある。いずれをと煩《わずら》うなかれ。

底本奥書「嘉慶三年二月七日奉書写之　宋吾」。

正法眼蔵第十一

坐《ざ》禅《ぜん》儀《ぎ》

参禅*は坐禅なり。

坐禅は静処《じやうしよ》よろし。*坐蓐《ざにく》あつくしくべし。*風烟《ふうえん》をいらしむる事《こと》なかれ、雨露《うろ》をもらしむることなかれ、容身《ようしん》の地を護持《ごち》すべし。*かつて金剛《こんがう》のうへに坐し、盤石《ばんじやく》のうへに坐する蹤《しよう》跡《せき》あり、かれらみな草をあつくしきて坐せしなり。坐処あきらかなるべし、昼夜くらからざれ。冬暖夏涼《とうだんかりやう》をその術とせり。

諸縁を放捨《はうしや》し、万事《ばんじ》を休息《きうそく》すべし。善也不思量《ぜんやふしりやう》なり、悪也不思量《あくやふしりやう》なり。*心意識《しんいしき》にあらず、*念想観《ねんさうくわん》にあらず。作仏《さぶつ》を図《づ》する事《こと》なかれ、坐臥《ざぐわ》を脱落《とつらく》すべし。

飲食《おんじき》を節量すべし、光陰《くわういん》を護惜《ごしやく》すべし。*頭燃《づねん》をはらう《(ふ)》がごとく坐禅をこのむべし。*黄梅《わうばい》山《ざん》の五祖、ことなるいとなみなし、唯務坐禅《ゆいむざぜん》のみなり。

坐禅のとき、袈裟《けさ》をかくべし。蒲団《ふとん》をしくべし、蒲団は*全跏《ぜんか》にしくにはあらず、跏趺《かふ》の半《なかば》よりはうしろにしくなり。しかあれば、累足《るいそく》のしたは坐蓐《ざにく》にあたれり、脊骨《せきこつ》のしたは蒲団にてあるなり。これ仏々祖々の坐禅のとき坐する法なり。

あるひは半跏趺坐《はんかふざ》し、あるひは*結跏趺坐《けつかふざ》す。結跏趺坐は、みぎのあしをひだりのもゝの

参禅　参学禅道。

坐蓐　蓐、しとね。草冠であることに注意。さもないと後段解しがたくなる。

風烟　この場合の烟は霞や靄の類い。

かつて金剛のうへに…　釈迦牟尼の故事。

心意識　心・意・識の三。→一六頁注

念想観　念(記憶・想起)と想(色彩・長さ・生滅・苦楽などを脳裡に表象する力。五蘊の一として既出)と観(一般に実践修行をいうものとして既出。しかし今の拈挙の中では、心を専一に、智慧をもって仏や法のうちの一定のものを観察・念想して、悟りをうるにつとめること)の三。

頭燃をはらう　頭についた火を払い消す。遅疑なく。

黄梅山　湖北省黄梅県の北西にあり。

全跏・結跏趺坐　降魔坐・吉祥坐の二があるが、膝を内に曲げて坐し、左右の腿の上に、両蹠が上向きに出るようにする坐り方。

上におく。ひだりの足をみぎのもゝのうへにおく。あしのさき、おの〳〵*もゝとひとしくすべし。参差《シンシ》なることえざれ。半跏趺坐は、たゞ左の足を右のもゝのうへにおくのみなり。

*衣衫《えさん》を寛繋《くわんけ》して斉整《せいせい》ならしむべし。右手を左足のうへにおく。左手を右手のうへにおく。ふたつのおゝ(ほ)ゆび、さきあひさゝふ。両手かくのごとくして、身にちかづけておくなり。ふたつのおほゆびのさしあはせたるさきを、ほぞに対しておくべし。

正身端坐《しやうしんたんざ》すべし。ひだりへそばたち、みぎへかたぶき、まへにくゞまり、うしろへあを(ふ)のくことなかれ。かならず耳と肩と対し、鼻と臍《ほぞ》と対すべし。舌は、かみの腭《あぎ》にかくべし。息は鼻より通ずべし。くちびる・歯あひつくべし。目は開《かい》すべし。*不張不微《ふちやうふび》なるべし。かくのごとく身心《しんじん》をとゝのへて、*欠気一息《けんきいつそく》あるべし。兀々《ごつごつ》と坐定《ざぢやう》して*思量箇不思量底《しりやうこふしりやうち》なり。不思量底《ふしりやうち》如何《しゆお》思量。これ非思量なり。これすなはち坐禅の法術なり。

坐禅は*習禅にはあらず、大安楽《だいあんらく》の法門なり。不染汚《ふぜんわ》の修証《しゆしよう》なり。

正法眼蔵坐禅儀第十一

▽爾時寛元癸卯冬十一在越州吉田県吉峯精舎示衆

もゝとひとしく　腿より上に突き出たり、下にひっこみすぎたりしないように。

衣衫　袈裟と偏衫。偏衫は左肩にかけ体を巻くだけだった比丘尼用(のち、比丘も用いた)の僧祇支と覆肩衣のつなぎあわされたもの。今日の僧衣の前身。今日の僧衣はこれに更に裙子をつなぎ合せた直裰(じきとつ)というもの。

不張不微　張は張目(目をみはる)。微は細い。

欠気一息　欠はあくび。深く一息、息を吐き出しての意。

思量箇不思量底　→一二七頁四行以下

習禅　単に禅を習うというのでなく、種々の観念を修得し次第に禅定を学修するのをいう。

正法眼蔵第十二

坐《ざ》禅《ぜん》箴《しん》

観音導利興聖宝林寺

*薬山弘《やくさんく》道大師《だうだいし》、坐次有僧問《薬山弘道大師、坐次《ざし》に、有る僧問ふ》、「*兀々地《ごつごつち》思量什麼《しりやうしも》」。

師云《いはく》、「思量箇不思量底《箇の不《ふ》思量底《しりやうち》を思量す》」。

僧云、「不《ふ》思量底《しりやうち》如何《しゆお》思量」。

師云、「非思量」。

大師の道《だう》、かくのごとくなるを*証《しよう》して、兀坐《ごつざ》を参学すべし。兀坐正伝《しやうでん》すべし。兀坐の仏道につたわ(は)れる参究《さんきう》なり。兀々地の思量ひとりにあらずといへども、薬山の道《だう》は其《それ》一なり。いはゆる「思量箇《しりやうこ》不《ふ》思量底《しりやうち》」なり。*思量の皮肉骨髄《ひにくこつずい》なるあり、不思量の皮肉骨髄なるあり。

僧のいふ、「不《ふ》思量底《しりやうち》如何《しゆお》思量《しりやう》」。まことに不思量底たとひふるくとも、*さらにこれ如何《しゆお》思量《しりやう》なり。兀々地に思量なからんや、*兀々地の向上《かうじやう》なにゝよりてか通ぜざる。賤近《せんごん》の愚《ぐ》にあらずは、兀々地を問著《もんぢや》する力量あるべし、思量あるべし。

大師いはく、「非思量」。

薬山　湖南省常徳県の北にある。↓祖師

兀々地　兀々は不動のさま。地は状態様相を現わすための接尾辞。正しい坐禅の姿勢。

証して　悟って。

思量の皮肉骨髄…　思量のうちにそれぞれ皮肉骨髄と評価される思量がある、云々。

さらにこれ…　やはり思量の道はついているのだ。

兀々地の向上　理想的な坐禅の境地をさらに超えた境地。してみれば次の「通」は透脱というのにひとしかろう。しかしその透脱が「思量」なしには可能でないように言われていることに注意。

いはゆる*非思量を使用すること玲瓏《れいろう》なりといへども、*不思量底を思量するには、かならず非思量をもちゐるなり。*非思量にたれあり、たれわれを保任《ほうにん》す。*兀々地たとひ我《われ》なりとも、思量のみにあらず、兀々地を*挙頭《こてう》するなり。兀々地たとひ兀々地なりとも、兀々地いかでか兀々地を思量せん。しかあればすなはち、兀々地は*仏量にあらず、法量にあらず、悟量にあらず、会量《うゐりやう》にあらざるなり。薬山かくのごとく単伝すること、すでに釈迦牟尼仏《しやかむにぶつ》より直下《ちよつか》三十六代なり。薬山より向上をたづぬるに、三十六代に釈迦牟尼仏あり。かくのごとく正伝せる、すでに思量箇不思量底あり。

しか(あ)るに、近年を《(お)》ろかなる杜撰《づせん》いはく、「功夫坐禅、得胸襟無事了《てきようきんぶすりやう》、便是平穏地也《べんしひいんちや》《功夫坐禅は、胸襟無事《きようきんぶじ》なることを得了《をは》れば、便《すなは》ち是れ平穏地《へいをんち》なり》」。この見解《けんげ》、な《(ほ)》を小乗の学者にを《(お)》よばず、*人天乗《にんでんじよう》よりも劣《れつ》なり。いかでか学仏法の漢《かん》といはん。見在《げんざい》大宋国に恁麼の功《く》夫人《ふうにん》を《(お)》ほし、祖道の荒蕪《くわうぶ》かなしむべし。

又一類の漢あり、「坐禅辦道《はんたう》はこれ初心晩学《しよしんばんがく》の*要機《えうき》なり、かならずしも仏祖の行履《あんり》にあらず。行亦禅《ぎやうやくぜん》、坐《ざ》亦禅《やくぜん》、語黙動静《ごもくどうじやう》*体安然《たいあんぜん》《行もまた禅、坐もまた禅、語黙動静《ごもくどうじやう》に体安然《たいあんぜん》たり》なり。*たゞいまの功夫《くふう》のみにかゝはることなかれ」。臨済の余流と称ずるともがら、を《(お)》ほくこの見解《けんげ》なり。仏法の正命《しやうみやう》つたわ《(は)》れることを《(お)》ろそかなるによりて、恁麼道《いんもだう》するなり。なにかこれ初心、いづれか初心にあらざる、初心いづれのところにかを《(お)》く。

しるべし、学道のさだまれる参究には、坐禅辦道するなり。その*榜様《ばうやう》の宗旨《そうし》は、作仏《さぶつ》をもとめざる行仏《ぎやうぶつ》あり。行仏さらに*作仏《さぶつ》にあらざるがゆゑに公按見成《こうあんげんじやう》なり。*身仏さらに作仏

非思量・不思量　五二頁「空」と「無」に関する注参照。非思量は「空」。不思量は思量の否定。非思量が「玲瓏」だというのは、「空」が主体客体、有無の差別を超越している以上、当然。
非思量にたれあり　「空」である以上、誰もいるわけはない、われもいるわけはないのに。「たれあり」は「たれありて」。上下二箇の「たれ」は重複語。
兀々地たとひ…　坐禅の主体がたとえ自己だとしても。「我」を代表・代弁するのは「思量」ではない。
挙頭　持ち上げる。「頭」は不定詞、一般的に言った「もの」のこと。
仏量　以下「法」「悟」「会」につけた量は「思量」の縁でついたもの。それぞれのものとしてのはからい。
人天乗　仏でない人間・天部の教法。乗は導き・運搬・車などの意であること既出。
要機　重要な機関。眼睛。肝腎。
体　「行」と「坐」の主体。性・相とともに「法」のありようの一。
たゞいまの功夫　而今の(坐禅にかかわる)功夫。
榜様　立札によって示される為すべきこと。
作仏にあらざるがゆゑに　個体が仏になるというのであっては偏界不曾蔵同時現成の「公按」という考えは成立ちえない。
身仏　現にその身体において仏とな

にあらず、*籮籠打破《らろうたあは》すれば坐仏さらに作仏をさゑ《(へ)》ず。正当恁麼《しやうたういんも》のとき、千古万古《せんこばんこ》、ともにもとより*ほとけにいり魔にいるちからあり。進歩退歩、したしく溝《みぞ》(に)みち壑《たに》にみつ量あるなり。

*江西大寂《かうぜいだいじやく》禅師、ちなみ(に)*南嶽大慧《だいゑ》禅師に参学するに、密受心印《みつじゆしんいん》よりこのかた、つねに坐禅す。

南嶽、あるとき大寂のところにゆきてとふ、「大徳《だいとく》、坐禅図箇什麼《ざぜんづこしも》」。

この問《とひ》、しづかに功夫参究すべし。そのゆへ《(ゑ)》は、坐禅より向上にあるべき図《づ》のあるか、坐禅より格外に図すべき道《だう》のいまだしきか、すべて図すべからざるか。当時《たうじ》坐禅せるに、いかなる図か現成《げんじやう》すると問著《もんちや》するか。審細に功夫すべし。*彫竜《テウりゆう》を愛するより、すゝみて真竜を愛すべし。彫竜・真竜ともに雲雨《うんう》の能《のう》あること学習すべし。*遠《をん》を貴《くゐ》することなかれ、遠を賤《せん》することなかれ、遠に慣熟《くわんじゆく》なるべし。近《きん》を賤することなかれ、近《きん》を貴《くゐ》することなかれ、近に慣熟なるべし。目をかろくすることなかれ、目をを《(お)》もくすることなかれ。耳をを《(お)》もくすることなかれ、耳をかろくすることなかれ、耳目《じぼく》をして聡明《そうめい》ならしむべし。

江西いはく、「図作仏《づさぶつ》」。

この道《だう》、あきらめ達すべし。作仏と道取するは、いかにあるべきぞ。ほとけに作仏せらるゝを作仏と道取するか、*ほとけを作仏するを作仏と道取するか、ほとけの*一面出、両面出するを作仏と道取するか。図作仏は脱落《とつらく》にして、脱落なる図作仏か。作仏たとひ万般《ばんばん》な

っている存在。

ほとけにいり魔に… 主語は前行の「坐仏」。この段、問題は「作仏」の否定であろう。

江西 長江中流の南岸。大寂は江西省南昌県に住した。→祖師

南嶽 衡嶽。湖南省にあり、湘・資二水の分水嶺。→祖師

彫竜 春秋時代楚の人葉公子高なるもの竜を好み、室中に画竜彫竜を飾る。天竜これを聞き地に降って子高の窓を窺う。子高これを見、忽ち逃げて魂魄を失い、物も覚えずという説話。漢の劉向撰『新序』雑事に出る。

遠 現実から離れたもの。「貴遠賤近」は『文選』第七より。

ほとけを作仏 ほとけを作る。「仏」は冗辞。まだ存在しない仏を自分の力であらしめるということになろう。

一面出両面出 仏の面目が部分的に次々と現れる。

りとも、この図に葛藤《かつとう》しもてゆくを図作仏と道取するか。

しるべし、大寂の道《だう》は、坐禅かならず図作仏なり、坐禅かならず*作仏《さぶつ》の図なり。図は作仏より前なるべし、作仏より後なるべし、作仏の正当恁麼時なるべし。且問《しやもん》すらくは、この一図、いくそばくの作仏を*葛藤《かつとう》すとかせん。この葛藤、さらに葛藤をまつふべし。このとき、*尽作仏の条々なる葛藤、かならず尽作仏の端的なる、みなともに条々の図なり。一図を迴避《うゐひ》すべからず。一図を迴避するときは、喪身失命《さうしんしつみやう》するなり。喪身失命するとき、一図の葛藤なり。

南嶽ときに一塼《せん》をとりて石上にあてゝとぐ。

大寂つゐ(ひ)にとふにいはく、「師、作什麽《そしも》」。

まことに、たれかこれを磨塼《ません》とみざらん、たれかこれを磨塼とみん。しかあれども、磨塼はかくのごとく「作什麽《そしも》」と問《もん》せられきたるなり。作什麽なるは、かならず磨塼なり。此土他界《しどたかい》ことなりといふとも、磨塼いまだやまざる宗旨《そうし》あるべし。自己の所見を自己の所見と決定《くゑちちやう》せざるのみにあらず、万般《ばんばん》の作業《さごふ》に参学すべき宗旨あることを*一定《いちぢやう》するなり。しるべし、仏をみるに仏をしらず、会《うい》せざるがごとく、水をみるをもしらず、山をみるをもしらざるなり。眼前の法、*さらに通路あるべからずと倉卒《さうそつ》なるは、仏学にあらざるなり。

南嶽いはく、「磨作鏡《まそきん》」。

この道旨《だうし》、あきらむべし。磨作鏡は、道理かならずあり。見成《げんじやう》の公按あり、虚設《こせつ》なるべからず。塼《せん》はたとひ塼《せん》なりとも、鏡《きん》はたとひ鏡《きん》なりとも、磨《ま》の道理を力究《りききう》するに、許多《こた》の

作仏の図　作仏を図る。先の江西道。

葛藤す　…とからみあう。

尽作仏の…　すべての「作仏」の一つ一つである「葛藤(招き寄せ、問題化しているその状態)」、それは例外なくすべての「作仏」のたしかな間違いのない事情であるが、そのどれもが「図」すなわち思量計画なのだ。

一定　一重に決定する。

さらに通路あるべからず　このほか別に(仏への)通路はあるまい。

榜様《ばうやう》あることをしるべし。古鏡も明鏡も、磨塼より作*鏡をうるなるべし、もし諸鏡は磨塼よりきたるとしらざれば、仏祖の道得《だうて》なし、仏祖の開口《かいく》なし、仏祖の出気《すいき》を見聞せず。

大寂いはく、「磨《ま》塼《せん》豈《き》得《て》成鏡耶《しんきんや》」。

まことに磨塼の鉄*漢なる、他の力量をからざれども、磨塼は成鏡《しんきん》にあらず、成鏡たとひ*聻《にい》なりとも、*すみやかなるべし。

南嶽いはく、「坐《ざ》禅《ぜん》豈《き》得《て》作《さ》仏耶《ぶつや》」。

あきらかにしりぬ、坐禅の作仏《さぶつ》をまつにあらざる道理あり、作仏の坐禅にかゝはれざる宗旨かくれず。

大寂いはく、「如何《しゅお》即是《そくし》」。

いまの道取、ひとすぢに這頭《しゃてう》の問著《もんちゃ》に相似《さうじ》せりといへども、那頭《なてう》の即是《そくし》をも問著するなり。たとへば、親友の親友に相見《しゃうけん》する時節をしるべし。われに親友なるはかれに親友なり。「如何即是」、すなはち一時の出現なり。

南嶽いはく、「如人駕《にょにんが》車《しゃ》、車若不行《しゃにゃくふあん》、打《た》車即是《しゃそくし》、打《た》牛即是《にうそくし》」。

しばらく、「車若不行」といふは、いかならんかこれ車行、いかならんかこれ車不行。たとへば、水流は車行なるか、水不流は車行なるか。流*は水の不行といふつべし、水の行は流にあらざるにもあるべきなり。しかあれば、「車若不行」の道《だう》を参究せんには、不行ありとも参ずべし、不行なしとも参ずべし、*時なるべきがゆへ《(ゑ)》に。若不行の道《だう》、ひとへに不行と道取せるにあらず。「打《た》車即是《しゃそくし》、打《た》牛即是《にうそくし》」といふ、打車もあり、打牛もあるべきか。打

作鏡をうる　作は冗辞。

鉄漢　鉄づくりの男のようにびくともしない、堂々たる人物。

聻　接尾辞。上の名詞を受け、ここの例で言えば「成鏡かい」「成鏡だって」と反問の語気を現わす場合と、「成鏡だよ」と断言の語気を現わす場合とある(入矢)。ここは塼を磨して鏡成るということが言えても、の意だろう。

すみやかなるべし　よって成るというようなまだるっこいことではない。磨鏡即鏡でなければならぬの意。

流は水の不行といふつべし　「いふつべし」は仮定法だろう。「とも言へる」。「流」は流であって、水という実体を離れてもある。その「行」とは関係ない。

時なるべきがゆへに　その時次第で両方でありうるから。

車と打牛《たにう》とひとしかるべきか、ひとしからざるべきか。世間に打車の法なし、凡夫《ぼんぷ》に打車の法なくとも、仏道に打車の法あることをしりぬ、参学の眼目なり。たとひ打車の法あることを学すとも、打牛と一等なるべからず、審細に功夫すべし。打牛の法たとひよのつねにありとも、仏道の打牛はさらにたづね参学すべし。水牯牛《すいくにう》を打牛するか、鉄牛を打牛するか、泥牛を打牛するか。鞭打《べんだ》なるべきか、尽界打《じんかいだ》なるべきか、尽心打なるべきか、*打迸《たヒン》髄《ずい》なるべきか、拳頭打《けんてうだ》なるべきか。拳打拳あるべし、牛打牛あるべし。

「大寂《だいじやく》*無対《ぶつい》」なる、いたづらに蹉過《さこ》すべからず。抛塼引玉《はうせんいんぎよく》あり、回頭換面《ういてうわんめん》あり。この無対さらに*攙奪《ざんだつ》すべからず。

南嶽、またしめしていはく、「*汝学坐禅《によがくざぜん》、為学坐仏《ゐがくざぶつ》」。

この道取を参究して、まさに祖宗《そそう》の要機を辦取《はんしゆ》すべし。いはゆる「学坐禅」の端的、いかなりとしらざるに、「学坐仏」としりぬ。正嫡《しやうちやく》の児孫《じそん》にあらずよりは、いかでか学坐禅の学坐仏なると道取せん。まことにしるべし、初心の坐禅は最初の坐禅なり、最初の坐禅は最初の坐仏なり。

坐禅を道取するにいはく、「*若学坐禅《にやくがくざぜん》、禅非坐臥《ぜんひざぐわ》」。

いまいふこゝろは、坐禅は坐禅なり、*坐臥にあらず。坐臥にあらずと単伝するよりこのかた、*無限の坐臥は自己なり。なんぞ親疎《しんそ》の命脈《めいみやく》をたづねん、いかでか迷悟を論ぜん、たれか智断《ちだん》をもとめん。

南嶽いはく、「若学坐仏《にやくがくざぶつ》、仏非*定相《ぶつひちやうさう》」。

打迸髄　打チテ髄ヲ迸ラシム。
無対　答えない。
攙奪　横あいから奪いとる。
汝学坐禅為学坐仏　詳しくは「汝為学坐禅、為学坐仏」。「為」の繰返しは、二つ提示されることのうちのどちらかと問うときの定式。ただし、語調のためにどちらかの「為」を略すことがある(入矢)。しかし「いはゆる学坐禅の端的」以下の道元の評唱は、選択ではなく合致を説いている。
若学坐禅禅非坐臥　(前の二者択一の問を受けて、またもし)お前が坐禅を学ぶのだというのだったら、(言ってきかせるが)禅と坐臥とは無関係だぞ。この「坐臥」は坐を二字に引きのばしただけのもの(入矢)。
坐臥にあらず　この坐臥は、行住坐臥の略と解せるが、右の注のようにとったほうが、次の「無限の坐臥」が解しやすくなる。
無限の坐臥は自己なり　限りない坐、坐禅ということに執しない坐は、それ自体一個の己である。
定相　ある一定のきまった姿(入矢)。上の四字は、先の問のうちの後者を受けていう。

いはゆる道取を道取せんには、恁麼《いんも》なり。「坐仏」の一仏二仏のごとくなるは、「非定相《*ひぢやうさう》」を荘厳《しやうごん》とせるによりてなり。いま「仏非定相」と道取するは、仏相を道取するなり。非定《*ひぢやう》相仏《さうぶつ》なるがゆへ《(ゑ)》に、坐仏さらに廻避《うゐひ》しがたきなり。しかあればすなはち、仏非定相の荘厳なるゆへに、若学坐禅すなはち坐仏なり。たれか無住法*にをき《(お)》て、ほとけにあらずと取捨し、ほとけなりと取捨せん。取捨さきより脱落せるによりて、坐仏なるなり。

南嶽いはく、「汝若坐仏《によにやくざぶつ》、即是殺仏《そくぜ*せつぶつ》」。

いはゆるさらに「坐仏」を参究するに、「殺仏」の功徳あり。「坐仏」の正当恁麼時は、「殺仏」なり。殺仏の相好光明《さうがうくわうみやう》は、たづねんとするにかならず坐仏なるべし。殺《せつ》の言《ごん》、たとひ凡夫《ぼんぶ》のことばにひとしくとも、ひとへに凡夫と同ずべからず。又坐仏の殺仏なるは、有什麼《いうしも》形段《いんとん》と参究すべし。仏功徳すでに殺仏なるを拈挙《ねんこ》して、われらが殺人《せつにん》・未殺人《みせつにん》をも参学すべし。

「若執坐相《にやくしふざさう》、非達其理《ひたつごり》」。

いはゆる「執坐相」とは、坐相を捨《*しや》し、坐相を触《*そく》するなり。この道理は、すでに坐仏するには、不執坐相なることえざるなり。不執坐相なることえざるがゆえ《(ゑ)》に、執*坐相はたとひ玲瓏《れいろう》なりとも、「非達其理」なるべし。恁麼の功夫《くふう》を、脱落身心《とつらくしんじん》といふ。いまだかつて坐せざるものにこの道《だう》のあるにあらず。打坐時《たざじ》にあり、打坐人《たざにん》にあり、打坐仏にあり、学坐仏にあり。たゞ人《びと》の坐臥する坐の、この打坐仏なるにあらず。人坐《にんざ》のをの《(お)》づから坐仏・仏坐に相似《さうじ》なりといへども、人作仏《*にんさぶつ》あり、作仏人《さぶつにん》あるがごとし。作仏人ありといへども、一《いつ》

いはゆる道取を… 右の一句の道取を言いかえて言うと。次の「恁麼」は以下を指す。

坐仏の一仏二仏のごとく 「一仏二仏」と言ったとき考えられていたのは仏像に近かろう。そういう形ばかりの坐仏は。

非定相を荘厳とせる 「荘厳」は装飾。本来「定相」でないものを装飾として身に帯びるので。

非定相仏なるがゆへに… 非定相という仏の相なので、仏たるためには「坐仏」は避けえざる修行となる。

無住法 無住なる法。無住は、〈性〉〈体〉なく、固定的なものでないことをいう。すなわち「非定相」。

殺仏 殺はころす。仏を乗りこえる(入矢)。

捨 対格の「坐相」は正しい坐相。それを捨てたものだ。

触 推触の触。犯す。この判断の根拠は次に示される。

執坐相はたとひ もしそれが「執坐相」であったら、玲瓏、すなわち純粋無雑な坐相でも。屈折重畳の語法。

人作仏あり… 人が(これからのこととして)仏に作(な)るのもあれば、仏に作(な)った人もある。

切人《さいにん》は作仏にあらず、ほとけは一切人にあらず。一切仏は一*切人のみにあらざるがゆへ《(ゑ)》に、人かならず仏にあらず、仏かならず人にあらず。坐仏もかくのごとし。

南嶽・江西《かうぜい》の師勝資強《ししようしきやう》、かくのごとし。坐仏の作仏を証する、江西これなり。作仏のために坐仏をしめす、南嶽これなり。南嶽の会《ゑ》に恁麼《いんも》の功夫あり、薬山の会《ゑ》に向来《きやうらい》の道取あり。

しるべし、仏々祖々の要機とせるは、これ坐仏なりといふことを。すでに仏々祖々とあるは、この要機を使用《しよう》せり。いまだしきは夢也未見在《むやみけんざい》なるのみなり。をほ《(お)》よそ西天東地《さいてんとうち》に仏法つたわ《(は)》るゝといふは、かならず坐仏のつたわ《(は)》るゝなり。それ要機なるによりてなり。仏法つたわ《(は)》れざるには坐禅つたわ《(は)》れず、嫡々相承《ちやくちやくさうじよう》せるはこの坐禅の宗旨《そうし》のみなり。この宗旨、いまだ単伝せざるは仏祖にあらざるなり。この一法あきらめざれば、万法《まんぼふ》あきらめざるなり、万行《まんぎやう》あきらめざるなり。法々あきらめざらんは明眼《みやうがん》といふべからず、得道にあらず。いかでか*仏祖の今古《こんこ》ならん。こゝをもて、仏祖かならず坐禅を単伝すると一定《いちぢやう》すべし。

仏祖の光明《くわうみやう》に照臨《せうりん》せらるゝといふは、この坐禅を功夫参究するなり。を《(お)》ろかなるともがらは、仏光明をあやまりて、日月《じつげつ》の光明のごとく、珠火《しゆくわ》の光耀《くわうえう》のごとくあらんずるとを《(お)》もふ。日月光耀は、わづかに六道輪廻《ろくだうりんね》の業相《ごつさう》なり、さらに仏光明に比《ひ》すべからず。仏光明といふは、一句を受持聴聞《じゆぢちやうもん》し、一法を保任護持《ほうにんごぢ》し、坐禅を単伝するなり。光明にてらさるゝにを《(お)》よばざれば、この保任なし、この信受《しんじゆ》なきなり。

一切人のみに…　竜女成仏ということもある。

仏祖の今古　今古にわたる仏祖の存在に等しいもの。

古来なりといへども　(今に限らず)古くからのこととしても。

甲刹　五山十刹をのぞく、他山の上にある禅寺。

銘　金石や器物に刻んで日夜いましめとするに役立てる語・文。

坐禅儀　儀は矩。

箴　いましめ。またそのための文の文体名。「銘」も、警戒の語を金石にしるした文の文体名。

その行履　坐禅の行履(坐禅とはどういうことをするものかということ)。

景徳伝燈録・嘉泰普燈録　前者北宋景徳元年(一〇〇四)僧道原の撰した禅宗祖師列伝。後者南宋の嘉泰年間(一二〇一—一二〇四)雷庵正受の撰。いずれも三〇巻。

打坐すでになんぢにあらず　「坐」(打は助辞)は本来なんじ(他者)ではなく、おのれであるべきなのに。下の「功夫」は「打坐の功夫」と熟すべきだった文字。

これ坐禅のをのれが身心を　「坐禅」を擬人的に使っている。

還源返本の様子　「様子」は手本。既出。昔にさかのぼって引出した手

しかあればすなはち、*古来なりといへども、坐禅を坐禅なりとしれるすくなし。いま現在大宋国《だいそうこく》の諸山に、*甲刹《かつせつ》の主人とあるもの、坐禅をしらず、学せざるを《（お）》ほし。あきらめしれるありといへども、すくなし。諸寺にもとより坐禅の時節さだまれり。住持より諸僧ともに坐禅するを本分の事《じ》とせり、学者を勧誘《くわんいう》するにも坐禅をすゝむ。しかあれども、しれる住持人はまれなり。このゆへに、古来より近代にいたるまで、*坐禅銘を記せる老宿一両位あり、*坐禅儀を撰せる老宿一両位あり。*坐禅箴を記せる老宿一両位あるなかに、坐禅銘ともにとるべきところなし、坐禅儀いまだ*その行履《あんり》にくらし。坐禅をしらず、坐禅を単伝せざるともがらの記せるところなり。*景徳伝燈録《けいとくでんとうろく》にある坐禅箴、を《（お）》よび*嘉泰普燈録《かたいふとうろく》にあるところの坐禅銘等なり。あはれむべし、十方《じつぱう》の叢林《さうりん》に経歴《きやうりやく》して一生をすごすといへども、一坐の功夫《くふう》あらざることを。*打坐《たざ》すでになんぢにあらず、功夫さらにを《（お）》のれと相見《しやうけん》せざることを。*これ坐禅のを《（お）》のれが身心をきらふにあらず、真箇の功夫をこゝろざゝず、倉卒《さうそつ》に迷酔せるによりてなり。かれらが所集は、たゞ*還源返本《ぐゑんげんへんぽん》の様子なり、いたづらに*息慮凝《そくりよぎやう》寂《じやく》の経営《けいえい》なり。*観練薫修《くわんれんくんじゆ》の階級にを《（お）》よばず、*十地《じふぢ》等覚《とうがく》の見解《けんげ》にを《（お）》よばず、いかでか仏々祖々の坐禅を単伝せむ。*宋朝の録者《ろくしや》、あやまりて録《ろく》せるなり、晩学すてゝみるべからず。

坐禅箴は、大宋国慶元府《きんくゑんふ》太白名山《たいはくみんさん》天童景徳《きんて》寺《す》、☆宏智《わんし》禅師正覚和尚《しやうかくをしやう》の撰せるのみ*仏祖なり、坐禅箴なり。道得《だうて》是《し》なり。ひとり法界《ほふかい》の表裏に光明なり。古今の仏祖に仏祖なり。前仏後《ぜんぶつご》仏《ぶつ》、この箴《しん》に箴せられもてゆき、今祖古祖、この箴より現成《げんじやう》するなり。かの坐禅箴は、す

本。

息慮凝寂　思慮を息め静寂を凝らす。

観練薫修　三種禅(世間禅・出世間禅・出世間上々禅)の第二。観・練・薫・修の四。観は貪欲・惑業を離れるための屍相観から始めて、自己内外の浄・不浄相を観じ、色・想そのものを断じ、さらに空無辺の行・相を修し、識無辺・無所有の相を観じて、特別すぐれた想はないが無想でもない相に住し、そこで心と心の作用を断ずるという八解脱を成就し、そこにおいてはじめて得られる境地そのものをさらに観の対象とする禅定。「練」は「四禅・四空」(既出)及び右の「八解脱」の最後の境地において、煩悩と解脱を練って染汚をのぞく禅定、「薫」は諸禅を薫じて融通無礙なものとすること皮革を薫じて軟らげ諸種のものを作りうると同様にするとされる禅定、「修」は超越三昧と言われ、出入定住自在の境の禅定、「修」は行為行動の意に用いられている。

十地等覚　十地は「十聖三賢」の注(九三頁)参照。この等覚は正覚に等しの意。菩薩五十二位の一、まさに妙覚をえようとする位。

宋朝の録者　六行前にある『景徳伝燈録』および『嘉泰普燈録』を撰した道原・雷庵正受を指す。

仏祖なり　究竟処に達した至尊のもの。

なはちこれなり。

坐　禅　箴

勅諡《ちよくし》宏智禅師　正覚　撰

仏々ノ要機、祖々ノ機▽要。不《ズシテ》ㇾ触《セ》ㇾ事《ヲ》而知《シリ》、不《ズシテ》ㇾ対《セ》ㇾ縁《ニ》而照。不《ズシテ》ㇾ触《セ》ㇾ事《ヲ》而知《シル》、其知自《ラ》微《*ミナリ》。不《ズシテ》ㇾ対《セ》ㇾ縁《ニ》而照、其照自妙《ナリ》。其知自微《ナルハ》、曾《テ》無《シ》二分別之《ノ》思一。其照自妙《ナルハ》、曾《テ》無《シ》二毫忽之兆一。曾《テ》無《キ》二分別之《ノ》思一、其知無《ニシテ》ㇾ偶而奇《ナリ》。曾《テ》無《キ》二毫忽之《ノ》兆一、其照無《クシテ》ㇾ取《コト》而了《ナリ》。水清《ムデ》徹《トホテ》ㇾ底《ソコニ》兮、魚行《ウホノユクコトヲソシ》遅々。空闊《ヒロクシテ》莫《ナケレバ》ㇾ涯《カギリ》兮、鳥飛《トリノトブコトエウエウナリ》杳々。

《仏々の要機、祖々の機要。事《じ》を触せずして知り、縁に対せずして照《せう》なり。事を触せずして知る、其知《ごち》自ら微《み》なり。縁に対せずして照《せう》、其照《ごせう》自妙なり。其の知《ち》自ら微なるは、曾《かつ》て分別《ふんべつ》の思《し》無し。其照《ごせう》自妙なるは、曾て毫忽《がうこつ》の兆《てう》無し。曾て分別《ふんべつ》の思《し》無き、其知《ごち》無偶《むぐう》にして奇なり。曾て毫忽の兆無き、其照《ごせう》取ること無くして了《れう》なり。水清《す》んで底に徹《とほ》つて、魚の行くこと遅々《おそし》。空闊《ひろ》くして涯《かぎ》りなければ、鳥の飛ぶこと杳々なり》

いはゆる「坐禅箴」の「箴」は、*大用現前《たいようげんぜん》なり、*声色向上威儀《しやうしきかうじやうゐいぎ》なり。*父母未生前《ぶもみしやうぜん》の節《せち》目《もく》なり。*莫《も》謗仏祖《はうぶつそ》好《かう》なり、*未免喪身失命《みめんさうしんしつみやう》なり、*頭長《てうしやう》三尺頸長《きんしやう》二寸なり。

仏々要機

「仏々」はかならず仏々を要機とせる、その「要機」現成《げんじやう》せり、これ坐禅なり。

祖々機▽要

先師無此語《せんじむしご》なり。この道理、これ「祖々」なり、法伝衣伝《ほふでんえでん》あり。を(お)ほよそ回頭換面《ういてうわんめん》の面

微　妙なること。精しいこと。

大用現前　→一〇四頁「大用現」注。大いなる自由無礙なはたらきがありと現われる。「箴」には大用あり、それが現前するという言い方だろう。

声色向上威儀　「箴」は文字で書かれ音声で言われるものゆえ「声色」である。そういうものでありつつ声色を超えたものとしての堂々たる現実体である。

父母未生前　朕兆未萌前とも言い、まだ形をなす何ものもない当時、一切空の境涯をいう。

莫謗仏祖好・未免喪身失命・頭長三尺頸長二寸　「仏祖ヲ謗スル莫クンバ好シ(さもないと…)」「イマダ免レズ身ヲ喪ヒ命ヲ失フヲ(これで一体どうなるか…)」「頭ハ長キコト三尺、頸ハ長キコト二寸(異類の姿)」。第一句で言われている条件を守らないと第二句第三句のようなことになる。第三句は、一僧の問「如何沙門行」に答えた洞山良价の語。三句とも結果のほどは想像を絶す意を寓しているようである。

了知　覚知が感覚・知覚的な認識であるのに対し、了解等にもとづく認識。これが「造作なり」と言われているところをみると、精神を能動的にはたらかせた成果を言っているということになろう。

不触事なり　「事ニ触レズ(触れてはならぬもの)」なり。対象も刺戟もなしに成立つものでなければならない。

々、これ「仏々要機」なり。換面回頭の頭々《てうてう》、これ「祖々機要」なり。

不《ふ》触事《そくじ》而《に》知《ち》

「知」はもとより覚知にあらず、覚知は小量《せうりやう》なり。*了知の知にあらず、了知は造作《ざうさ》なり。かるがゆへ《(ゑ)》に、「知」は「*不触事」なり、不触事は知なり。遍知《へんち》と度量《たくりやう》すべからず、自知と局量《こくりやう》すべからず。その不触事といふは、*明頭来明頭打《みんてうらいみんてうだ》、暗頭来暗頭打《あんてうらいあんてうだ》なり、坐《ざ》破《は》*嬢《にやん》生皮《しやんひ》なり。

不《ふ》対縁《たいえん》而《に》照《せう》

この「照《せう》」は、*照了の照にあらず、*霊照にあらず、「不対縁」を照とす。照の*縁と化《くゑ》せざるあり、縁これ照なるゆへに。不対といふは、遍界《へんかい》不《ふ》曾蔵《すんざう》なり、*破界不出頭なり。微《み》なり、妙《めう》なり、*回互《ういご》不《ふ》回互《ういご》なり。

其《こ》知《ち》自《じ》微《み》、曾無《ぞうむ》分別《ふんべつ》之《し》思《し》

「*思《し》」の「知《ち》」なる、かならずしも他力《たりき》をからず。「*其知《ごち》」は形なり、形は*山河《せんが》なり。この山河は「微《み》」なり、この微は妙なり、*使用《しよう》するに活潑々《くわつぱつぱつ》なり。*竜《りゆう》を作《さく》するに、禹門《うもん》の内外《ないぐゑ》にかゝわ《(は)》れず。いまの一知《いつち》わづかに使用するは、尽界山河《じんかいせんが》を*拈来《ねんらい》し、尽力《じんりき》して知《ち》するなり。山河の*親切にわが知なくは、一知《いつち》半解《はんげ》あるべからず。分別思量のを《(お)》そく来到するとなげくべからず。*已曾《いぞう》分別《ふんべつ》なる仏々、すでに現成《げんじやう》しきたれり。「*曾無《ぞうむ》」は已《い》曾《ぞう》なり、*已曾は現成《げんじやう》なり。しかあればすなはち、「曾無分別」は、*不《ふ》逢《ふ》一人《いちにん》なり。

其《こ》照《せう》自《じ》妙《めう》、曾無《ぞうむ》毫忽《がうこつ》之《し》兆《てう》

明頭来明頭打　「頭」はいわば不定代名詞。「打」は片づける、こなす。明るいものが来れば明るいものを片づける云々。情況に応じ確執凝滞なくやってのけられること。**嬢生皮**　おっかさんの生んでくれた皮膚。**照了・霊照**　物理的な照明と霊的な照らし方をいうか。**縁**　心識が外境を認知認識する機能。**破界**　界をやぶって。**回互不回互**　回互→一一九頁注。しかしこの五字を一語と解すれば問題消散。**思**　思慮・思考。思考が知識・認識になってゆくのはそれ自身の進路に俟つ。**其知は形なり**　いわばデュナミスたる思考のエネルゲイア(形相)としての「其知」、現実的具体的な知が生れる。**山河なり**　かならずしも山河なるを要しない。具体的現実的なもの。**使用する**　機能する。**竜を作する**　竜となる。「禹門」は登竜門。**拈来し**　挙げきたり。それほどの力量をもって。「形は山河なり」の「山河」とは関係がない。**親切に**　密に接したところに。**已曾分別なる**　「已曾」は、すでにかつて。以前それぞれ分別を行った。**曾無は已曾なり**　「若至」「既至」の同一化と同種の論理。**已曾は現成なり**　一二一頁の「親曾ならしむ」と考えあわせること。**不逢一人**　そんな風の(曾無分別の)一人にも出会さない。何物をも現実化しない。

*「毫忽《がうこつ》」といふは、尽界なり。しかあるに、「自妙」なり、自照なり。このゆへ《(ゑ)》に、いまだ*将来せざるがごとし。目をあやしむことなかれ、耳を信ずべからず、直須《ちきしゆ》*旨外明宗《しぐゑみやうしゆう》、莫向言中取則《まくかうげんちゆうしゆそく》《直《じき》に旨《し》外《ぐゑ》に宗《むね》を明らむべし、言中に向つて則《のり》を取ること莫れ》なるは、照なり。このゆへに*無偶《むぐう》なり、このゆへに無取《むしゆ》なり。これを奇なりと住持しきたり、了《れう》なりと保《ほう》任《にん》しきたるに、我却疑著《がきやぎちや》《我れ却つて疑著せり》なり。

水清徹底兮《すいせいてつちけい》、魚行遅々《ぎよかうちち》

「水清《すいせい》」といふは、空《くう》にかゝれる水《みづ》は*清水に不徹底《ふてつち》なり、いはんや*器界《きかい》に*泓澄《ワイタイ》する、水清の水にあらず。辺際《へんざい》に涯岸《がいがん》なき、これを徹底の清水とす。魚《うを》もしこの水をゆくは、「行《かう》」なきにあらず、行はいく万程《まんてい》となくすゝむといへども、不測《ふしき》なり、不窮《ふぐう》なり。はかる岸《きし》なし、うかむ空《そら》なし、しづむそこなきがゆへに測度《しきたく》する*たれなし。測度を論ぜんとすれば、「徹底」の「清水」のみなり。坐禅の功徳《くどく》、かの魚行《ぎよあん》のごとし。千程万程《せんしんばんしん》、たれか卜度《ぼくたく》せん。徹底の行程《あんしん》は、*挙体《こたい》の不行鳥道《ふあんてうだう》なり。

空闊莫涯兮《くうくわつまくがいけい》、鳥飛杳々《てうひえうえう》

「空闊」といふは、*天にかゝれるにあらず。天にかゝれる空は闊空《くわつくう》にあらず。いはんや彼此《ひし》に普遍なるは闊空にあらず。*隠顕《おんけん》に表裏《へうり》なき、これを闊空といふ。鳥《とり》もしこの空《そら》をとぶは、飛空の一法なり。飛空の行履《あんり》、はかるべきにあらず。*飛空は尽界なり、尽界飛空なるがゆへに。この飛《ひ》、いくそばくといふことしらずといへども、*卜度《ぼくたく》のほかの道取を道取するに、「杳々」と道取するなり。直須《ちきしゆ》足下《しゆくきや》無《む》*糸《し》去《くゐ》なり。空の飛去《ひこ》するとき、鳥《とり》

毫忽　ごくわずか。毫は細毛。忽は微の十倍、糸の十分の一という小さな数。

将来　将は省いて訓む。

旨　言語あるいは理論によって表明されているもの。次の「言」と照応。

無偶　単独だ。「無取」、取るところなし、ただ本然のそのものだけだ。「奇」は偶数奇数の懸けことばであるとともに「未曾有」の意を持たされていよう。

清水に　清水にも。「水」は冗辞。

器界　山河大地草木城宅のごとき衆生の受用する現実。

泓澄　水の深くして澄む様。

たれなし　誰人もいない。

挙体の不行鳥道　渾身行かざる鳥道。

天　この天は現実の天。

隠顕に表裏なき　あらわれるとか隠れるとか表裏などない、事・相ではない。

飛空は尽界　飛空とは全世界のことだ。以下、何となれば尽界は飛空としてあるからだ。

卜度　うらないはかる。測度計量。

糸　かすかなあと。原義は行脚時に履く麻鞋の麻糸のこと。ここは痕跡をとどめぬ行脚をせよの意(入矢)。このあたりの「去」すべて助辞。

も飛去するなり▽。鳥の飛去するに、空も飛去するなり。飛去を参究する道取にいはく、只在這裏《しざいしやり》なり。これ兀々地《こつこつち》の箴《しん》なり。いく万程《ばんしん》か只在這裏をきほひいふ。

☆宏智《わんし》禅師の坐《ざ》禅箴《ぜんしん》、かくのごとし。諸代の老宿のなかに、いまだいまのごとくの坐禅箴あらず。諸方の臭皮袋《しうひたい》、もしこの坐禅箴のごとく道取せしめんに、一生二生のちからをつくすとも、道取せんことうべからざるなり。いま諸方にみえず、ひとりこの箴のみあるなり。

先師《せんじ》上堂《じやうだう》の時、尋常《ヨノツネ》に云く、「宏智《わんし》、古仏《こぶつ》なり」。自余《じよ》の漢を＊恁麼《いんも》いふこと、すべてなかりき。＊知人《ちにん》の眼目あらんとき、仏祖をも知音《ちいん》すべきなり。まことにしりぬ、＊洞山《とうざん》に仏祖あることを。

いま宏智禅師より後《のち》八十余年なり、かの坐禅箴をみて、この坐禅箴を撰す。いま仁治三年壬寅《じんいん》三月十八日なり。今年より＊紹興《ぜうこう》二十七年十月八日にいたるまで、前後を算数《さんじゆ》するに、わづかに八十五年なり。いま撰する坐禅箴、これなり。

坐　禅　箴

仏々要機、祖々機要。不思量而《ニテ》現《ズ》、＊不回互《ウイゴ》而《ニテ》成《ズ》。不思量而現《ズル》、其現自親《＊ナリ》。不回互而成、其成自《カラ》＊証《ナリ》。其現自親《ナル》、曾《テ》無《シ》二染汚一。其成自証《ナル》、曾《テ》無二＊正偏一。曾《テ》無《キ》二染汚一之親、其親《ノ》無＊委《キニシテ》而脱落《ナリ》。曾無二正偏一之証、其証無＊図《ト》而《シテ》功夫《ナリ》。水清《スム》徹地《ナリ》兮、魚《ノ》行《クモ》似レ魚。＊空闊《ヲ、ゾラ》透天《ナリ》兮、鳥《ノ》飛《モ》如レ鳥。

恁麼いふ　そういう。古仏だという。
知人　人を知る。
洞山　江西省宜豊県の東北。→祖師
紹興二十七年　一一五七年。
不回互　この用法によっても、従来禅語の「回互」の意とされたものは、実は「不回互」が持っていると察せられる。
親　親し。
証　真実なることが証明されている。
正偏　正位、偏位。洞山五位には関係させなくていいだろう。
無委　棄つるなくか。「委」はすておく。
無図而功夫　図ることなくして(おのずと)功夫せらる。功夫は受身。
空闊透天　振仮名の理由不明。空広くして天を超えの意だろう。上の「徹地」の地は形容語を作るための助辞たりうるが、この「天」が実辞なので、「徹」とともに、水底の地面までの意。「天」は、頭上最高所。

《仏々の要機、祖々の機要。不思量にして現ず、不回互《ふういご》にて成《じやう》ず。不思量にして現ず、其現自《ごげんじ》親《しん》なり。不回互《ふういご》にして成《じやう》ず、其成《ごじやう》自《おのづ》から証《しよう》なり。其現自《ごげんじ》親《しん》なり、曾て染汚《ぜんわ》無し。其成《ごじやう》自証なり、曾て正偏《しやうへん》無し。曾て染汚無きの親《しん》、其の親無委《むゐ》にして脱落なり。曾て正偏無きの証、其証無図《ごしようむと》にして功夫なり。水清《す》んで徹地なり、魚行くも魚に似たり。空闊透天《くうくわつてうてん》なり、鳥飛ぶも鳥の如し》

宏智禅師の坐禅箴、それ道未是《だうみぜ》にあらざれども、さらにかくのごとく道取すべきなり。おほよそ仏祖の児孫、かならず坐禅を一大事なりと参学すべし。これ単伝の正印《しやういん》なり。

▽正法眼蔵坐禅箴第十二

正法眼蔵第十三

海《かい》印《いん》三《ざん》昧《まい》

*諸仏諸祖とあるに、かならず海印三昧なり。この*三昧の游泳に、説時あり、証時あり、行時あり、海上行の功徳、*その徹底行《てっていかう》あり。これを深々海底行なりと海上行するなり。流《る》浪生死《らうしやうじ》を還源《ぐゑんげん》せしめんと願求《ぐわんぐ》する、*是《し》什《し》麼《も》心行《しんぎやう》にはあらず。従来の透関破節《てうくわんはせち》、もとより諸仏諸祖の面々なりといへども、これ海印三昧の*朝宗なり。

仏言《ぶつごん》、「但以衆法《たんいしゆほふ》、合成此身《がふじやうししん》。起時《きじ》唯法起《ゆいほふき》、滅時《めつじ》唯法滅《ゆいほふめつ》。此法起時《しほふきじ》、不言我起《ふげんがき》。此法滅《しほふめつ》時《じ》、不言我滅《ふげんがめつ》。前念後念《ぜんねんごねん》、念々不相待《ねんねんふさうたい》。前法後法《ぜんぽふごほふ》、法々不相対《ほふほふふさうたい》。是即名為海印三昧《ぜそくみやうゐかいいんざんまい》」。

《仏言はく《のたまはく》、「但《ただ》衆法を以て此身《ししん》を合成《がふじやう》す。起時《きじ》は唯《ただ》法の起なり、滅時《めつじ》は唯《ただ》法の滅なり。此法《しほふ》起る時、我《われ》起ると言はず。此法《しほふ》滅する時、我滅《われめつ》すと言はず。前念後念、念々不相待なり。前法後法、法々不相対なり。是れを即ち名づけて海印三昧とす」》

この仏道、くはしく参学功夫すべし。得道入証はかならずしも多聞《たもん》によらず、多語によらざるなり。多聞の広学はさらに*四句に得道し、恒沙《ごうじや》の徧学つゐ《(ひ)》に一句偈に証入するなり。いはんやいまの道《だう》は、本覚を前途にもとむるにあらず、*始覚を証中に拈来するにあらず。おほよそ本覚等を現成せしむるは、仏祖の功徳なりといへども、始覚・本覚等の諸覚を仏

諸仏諸祖とあるに　諸仏諸祖が諸仏諸祖としてある、そのあり方は…。

三昧の游泳に　「三昧(原義は集中)に遊化(戯)するに」(『辦道話』一一頁四行目)に同じ。

その徹底行　「その」は上の「海」を受ける。その底を徹行。「徹」は冗辞化される。

是什麼心行　そんな風の心のはからい。間接疑問文。

朝宗　諸侯が天子に春夏、謁すること、河水が海に集まり流れ入ることを言うが、ここでは海の縁語の海印三昧が、「透関破節」(超越解脱)に湊合流入しているの意で用いた比喩的語法。

四句　偈のこと。その代表は「諸行無常。是生滅法。生滅々已。寂滅為楽」の雪山偈。「一句偈」は偈の体をもなさぬ片言隻句の意だろう。

始覚　↓八七頁「始覚本覚」注。無明に沈み多劫の間迷いにあった衆生本来の本覚の可能性が教をきいて自覚に達すること。

祖とせるにはあらざるなり。

いはゆる「海印三昧」の時節は、すなはち「*但以衆法《たんいしゆほふ》」の時節なり、「但以衆法」の道得《だうて》なり。このときを「合成此身《がふじやうししん》」といふ。衆法合成せる一合相《いちがつさう》、すなはち此身《ししん》なり。此身を一合相とせるにあらず、衆法合成なり。合成此身を此身と道得《だうて》せるなり。

「起時唯法起《きじゆいほふき》」。この法起、かつて*起をのこすにあらず。このゆへ《(ゑ)》に、*起は知覚にあらず、知見にあらず、これを「不言我起《ふげんがき》」といふ。我起を不言するに、別人は此法起《しほふき》と見聞覚知し、思量分別するにあらず。さらに*向上の相見《しやうけん》のとき、まさに相見の*落便宜《らくびんぎ》あるなり。起はかならず*時節到来なり、時は起なるがゆへに。「いかならんかこれ起なる、起也《きや》」なるべし。

すでにこれ時なる起なり。皮肉骨髄を独露せしめずといふことなし。起すなはち合成の起なるがゆへに。起《き》の此身《ししん》なる、起《き》の我起《がき》なる、但以衆法《たんいしゆほふ》なり。声色《しやうしき》と見聞するのみにあらず、我起なる衆法なり、不言《ふごん》なる我起なり。*不言は*不道にはあらず、道得《だうて》は言得《ごんて》にあらざるがゆへに。*起時は此法なり、十二時にあらず。*此法は起時なり、三界の競起《きんき》にあらず。

古仏いはく、「忽然《こつねん》火起」。この起の*相待にあらざるを、「火起」と道取するなり。

古仏いはく、「起滅不停時如何《きめつふちやうじしゆお》」。

しかあれば、起滅は*我々起、我々滅なるに不停なり。この不停の道取、かれに一任して辨肯《はんけん》すべし。この起滅不停時を、仏祖の命脈として断続せしむ。起滅不停時は、是誰起滅《ぜすいきめつ》なり。*是誰起滅は、応以此身得度者《おういししんとくどしや》なり、即現此身《そくげんししん》なり、而為説法《にゐせつぽふ》なり。過去心不可得なり、汝得吾髄《によとくごずい》なり、汝得吾骨《によとくごこつ》なり、是誰起滅なるゆへに。

但以衆法の時節なり　ただ衆法(あまたの現象)からという言い方で現わされるような時期である。まさに発動して、何かを成ぜんとする情況の全体。**「此身を一合相と」**みてそこで停止する。客観主義的認識の否定。縁起と空の思想。　**起をのこすにあらず**　「起」という事実を現象から遊離したものとして、外に止めることはない。　**知覚にあらず**　知覚においてない。知覚に属さない。　**向上の相見**　相見はあいまみゆることだが、ここでは問題の直視ということだろう。この「向上の」も、さらにその上のの意。　**落便宜**　おのずと便宜を得る。道元の誤用(入矢)。↓二九九頁「得便宜・落便宜」注。　**時節到来**　↓七二頁、二七一頁注。下の「いかならんかこれ…」は問答を一つに纏めたもの。「起也」は「それもう起った」の意(入矢)。　**不言・不道**　道は「言ふ」とするのが正統な考え方である。ここでは説く・語るの意が加わっている。　**起時は此法なり**　「起時唯法起」の意訳。「法」と言われる以上それをそのまま「十二時(日常的時間)」と同一視はできない。「此」は具体的現実的な「法」を指す。　**此法は起時なり**　諸法は全時において現われ、その時諸法は全身を現わしているはずで、六天・十八天・四空処などから成る三界がきそって現われるようなことではない。

「此法滅時、不言我滅」。まさしく不言我滅のときは、これ此法滅時なり。滅は法の滅なり、滅なりといへども法なるべし。法なるゆへに客塵《かくぢん》にあらず、客塵にあらざるゆへに不《ふ》染汚《ぜんわ》なり。たゞこの不染汚、すなはち諸仏諸祖なり。汝もかくのごとしといふ、たれか汝にあらざらん、前念後念あるはみな汝なるべし。吾もかくのごとしといふ、たれか吾にあらざらん、前念後念はみな吾なるがゆへに。*この滅に多般の手眼《しゆげん》を荘厳《しやうごん》せり。いはゆる無上大涅槃なり、いはゆる*謂《ゐ》之《し》死《し》なり、いはゆる*執為《しふゐ》断《だん》なり、いはゆる*為《ゐ》所住《しよぢゆう》なり。いはゆるかくのごとくの許《こ》多《た》手眼《しゆげん》、しかしながら滅の功徳なり。*滅《めつ》の我《が》なる時節に不言なると、起《き》の我《が》なる時節に不言なるとは、*不言の同生ありとも、*同死の不言にはあらざるべし。すでに前法の滅なり、後法の滅なり。*法の前念なり、法の*後念なり。*為法の前後法なり、為法の前後念なり。不相待は為法なり、不相対は法為なり。不相対ならしめ、不相待ならしむるは、*八九成《しん》の道得なり。滅の四大《だい》五蘊《うん》を手眼《しゆげん》とせる、拈あり収あり。滅の四大五蘊を行程《あんしん》とせる、進歩《しんふ》あり相見《しやうけん》あり。このとき、*通身是手眼、還是不《ぐゑんしふ》足《そく》なり。遍身是手眼、還是不足なり。

おほよそ滅は、仏祖の功徳なり。いま不相対と道取あり、不相待と道取あるは、しるべし、起は初中後起なり。*官不《くわんふ》容針《ようしん》、私《し》通車馬《つうしやめ》《官には針を容《い》れず、私に車馬を通ず》なり。滅を初中後に相待するにあらず、相対するにあらず。従来の滅処に忽然《こつねん》として起法すとも、滅の起にはあらず、法の起なり。法の起なるゆへに、*不対待相なり。また滅と滅と相待するにあらず、相対するにあらず。滅も初中後滅なり、*相逢《さうふ》不拈出《ふねんしゆつ》、挙《こ》意《い》便知《びんち》有《う》なり。従来の

時の中での階程を踏んで通過するものは排除される。　**相待**　相互に相手に期待しあう。これに対し「相対」は相対峙するの意。　**我々起我々滅**　意味は「我ハ我ノ起ルナリ、云々」だろう。「なるに不停」はなる様態において果てしなく続くの意。　**是誰起滅…**　それは誰が起滅するということなのか、すなわち「此身(すなはち仏祖)」ということになる。以下六句、仏祖の表徴としての仏祖の言。　**この滅に多般の…**　「滅」の一語で象徴された「法」に、沢山の手眼が飾りつけられている。「法」は現実の生きたものであり、しかも「大涅槃」である。　**謂之死**　之ヲ死ト謂フ。　**執為断**　執スルハ断ゼンガ為。　**為所住**　所住ト為ス。　**滅の我なる時節に…**　滅するのが我である場合にそう言わない。段首の「不言我滅」の言換え。　**不言の同生**　言わないということとの生起としての同一。「ありとも」は「なりとも」。　**同死の不言**　「同死」は悉皆滅の意味。五字でそのことを言わないということ。　**法の前念・後念**　念は〈際〉の意にとる。　**為法**　法たること。次行の「不相対は法為なり」の「法為」も同じことが逆方向からも言えることを暗示する表現。　**八九成**　八、九分通り。「ならしむ」というような認識は完全な表現ではない。　**通身是手眼還是不足**　通身コレ手眼

起処に忽然として滅すとも、起の滅にあらず、法の滅なり。法の滅なるがゆへ《(ゑ)》に不相対待なり。たとひ*滅の是即にもあれ、たとひ起の是即にもあれ、但以海印三昧《たんいかいいんざんまい》、名為衆法《みやうゐしゆほふ》なり。是即の修証はなきにあらず、只此不染汚《ししふぜんわ》、名為海印三昧《みやうゐかいいんざんまい》なり。

三昧は現成なり、道得《だうて》なり。*背手摸枕子《はいしゆもちんす》の夜間なり。夜間のかくのごとく背手摸枕子なる、摸枕子は億々万劫のみにあらず、我於海中《がおかいちゆう》、唯常宣説《ゆいじやうせんぜつ》妙法華経なり。不言我起なるがゆへに、我於海中なり。前面も一波《ば》纔動《さいどう》万波《ばんば》随《ずい》なる常宣説《じやうせんぜつ》なり、後面《こうめん》も万波纔動一波随の妙法華経なり。*たとひ千尺万尺の糸綸を巻舒《けんじよ》せしむとも、うらむらくはこれ直下垂《ちよつかすい》なることを。*いはゆるの前面後面は、我於海面《がおかいめん》なり。前頭後頭《ぜんてうこうてう》といふは、*頭上安頭《てうしやうあんてう》なり。*海中は有人《いうじん》にあらず、我於海《がおかい》は世人《せじん》の住処にあらず、聖人《しやうにん》の愛処にあらず。我於《がお》ひとり海中にあり。これ唯常の宣説なり。この海中は中間《ちゆうげん》に属せず、内外《ないぐゑ》に属せず、*鎮常在説《ちんじやうざいせつ》法華経なり。東西南北に不居《ふこ》なりといへども、満船空載月明帰《まんせんくうさいぐゑつめいき》なり。この*実帰は、便帰来《びんきらい》なり。たれかこれを*滞水の行履《あんり》なりといはん。たゞ仏道の*剤限に現成するのみなり。これを印水の印とす。さらに道取す、印空の印なり。さらに道取す、印泥の印なり。印水の印、かならずしも*印海の印にはあらず、*向上さらに印海の印なるべし。これを*海印といひ、水印といひ、泥印といひ、心印といふなり。心印を単伝して印水し、印泥し、印空するなり。

*曹山元証《ぐゑんしよう》大師、因《ちなみに》僧問、「承教有レ言、大海不レ宿二死屍一。如何是海《承るに、教《けう》に言へる

ナルモマタコレ足ラズ。**官不容針私通車馬**　一方は通れぬかと思うと他方は大っぴらで通れる。曹山本寂の語。**不対待相**　起が滅と相待ならず、また相対ならずを逆方向から言ったもの。**相逢不拈出挙意便知有**　「相逢ウテ拈出セザルモ、意ヲ挙スレバスナハチ有ルヲ知ル」。「拈出」は相手の拈出(相手がはっきり持ち出す)。「挙」は問うの意。その問い方は必ずしも言葉によらぬ(入矢)。

滅の是即　是即滅という漢語を分解したもの。ただちにそこにおける滅。**背手摸枕子**　『観音』(一三三頁以下)参照。**たとひ千尺万尺…直下垂なることを**　海上の波のひろがり起って果てしないのに比べると、糸というものは千尺万尺まきほぐしてみても、下に垂れてゆくだけで、横にひろがるということがない。比喩にとるものとして、この場合海にまさるものはない。**いはゆるの前面後面**　ここで言うところの(むしろ、言いたい)前後というのは。次の「我於海面」のうち必要なのは「海面」のみ。**頭上安頭**　「頭上ニ頭ヲ安ンズ」。相連なって果てしなし。『夢中説夢』(三一一頁)参照。**海中は有人**　海の中には人が有る。次の「我於海」三字のうち意味のあるのは「海」のみ。また次行の「我於」においては「我」のみ有意味。**鎮常在説法華経**

こと有り、大海死屍《だいかいしし》を宿《しゅく》せずと。如何《いか》なるか是れ海》」。

師云《いはく》、「包含万有《はうがんばんいう》」。

僧云、「為什麼不宿死屍《ゐしもふしゅくしし》《什麼《なに》と為《し》てか死屍を宿せざる》」。

師云、「*絶気者不著《ぜつきしゃふちゃ》」。

僧云、「既是包含万有、為二什麼一絶気者不著《既に是れ包含万有、什麼《なに》と為《し》てか絶気者不著なる》」。

師云、「*万有非二其功絶気一《万有其の功絶気に非ず》」。

この曹山は、雲居《うんご》の兄弟《ひんでい》なり。洞山の☆宗旨《そうし》、このところに正的《しゃうてき》なり。いま「承教有言《しょうけういうごん》」といふは、仏祖の正教《しゃうけう》なり。凡聖《ぼんしゃう》の教《けう》にあらず、附仏法の小教《せうけう》にあらず。

「大海不宿死屍」。いはゆる大海は、内海・外海《ぐゑかい》等にあらず、八海等にはあらざるべし。これらは学人のうたがふところにあらず。海にあらざるを海と認ずるのみにあらず、海なるを海と認ずるなり。たとひ海と強為《かうゐ》すとも、大海といふべからざるなり。大海はかならずしも*八功徳水の重淵《ちょうえん》にあらず、大海はかならずしも鹹水《かんすい》等の*九淵《きうえん》にあらず。衆法《しゅほふ》は合成《がふじゃう》なるべし、大海かならずしも深水《じんすい》のみにてあらんや。このゆへに、「いかなるか海」と問著《もんちゃ》するは、大海のいまだ人天《にんでん》にしられざるゆへに、大海を道著《だうちゃ》するなり。これを聞著せん人は、*海執を*動著せんとするなり。

「不宿死屍《ふしゅくしし》」といふは、不宿は*明頭来明頭打《みんてうらいみんてうた》、暗頭来暗頭打《あんてうらいあんてうた》なるべし。死屍は死灰なり、*幾度逢春不変心《きどふしゅんふへんしん》《幾度か春に逢ふも心を変ぜず》なり。*死屍といふは、すべて人々《にんにん》いまだみざ

鎮もつねに・ながくの意。次の七言は船子徳誠の偈の一句、「満船空シク月明ヲ載セテ帰ル」。 **実帰** 「帰」のみに意味がある。次の三字は「スナハチ(忽ち)帰リ来ル」。 **滞水** 水に滞る。水に執着した。同時に拕泥滞水の滞水。 **剤限** 際限。その範囲内。 **印海・海印** 海に印す。それを海の印とする。すなわち印された跡がない。 **向上さらに** 向上印水さらに。印水を超え、それ以上に。 **曹山** 江西省宜黄県の北。↓祖師。 **絶気者不著** 息のとまったものは(海中に)とどめておかぬ。著は置く(入矢)。 **万有非其功絶気** これでは文意不通。『伝燈録』巻一七、曹山章の完全な原文は「万有非其功、絶気有其徳」(万有が万有たり得ているのは、万有の功徳ではない。気息を絶ったものにはそれなりの功徳がある。)(入矢)。しかし道元は訓読文の意味するようにこれを曲用したのである。一四六頁一八行以下参照。 **八功徳水** ↓一一五頁「九山八海」注。甘い、冷い、軟い、軽い、清浄である、臭くない、飲んでのどを傷めぬ、飲んだあとで腹が痛まぬ、などの性質を持つ水。 **九淵** きわめて深い淵。 **海執** 深い執着。 **動著** うごかす。ゆさぶる。 **明頭来…暗頭打** ↓一三七頁注。ああもこうも、正反様々にこだわりなくやれること。 **幾度逢春不変心** 必要な

るものなり。このゆへ《(ゑ)》にしらざるなり。

師いはく、「包含万有《はうがんばんいう》」は、海を道著《だうちや》するなり。宗旨《そうし》の道得《だうて》するところは、*阿誰《おすい》なる一物の、万有を包含するとはいはず、包含《はうがん》、万有《ばんいう》なり。大海の万有を包含するといふにあらず。包含万有を道著するは、大海なるのみなり。なにものとしれるにあらざれども、しばらく万有なり。仏面祖面と相見《しやうけん》することも、しばらく万有を*錯認《さくにん》するなり。*包含のときは、たとひ山なりとも、*高々峰頭立《かうかうほうてうりふ》のみにあらず。たとひ水なりとも、*深々海底行のみにあらず。収《しう》は*かくのごとくなるべし、放《はう》はかくのごとくなるべし。仏性海といひ、*毘盧蔵海《びるざうかい》といふ、たゞこれ万有なり。海面*みえざれども、游泳の行履《あんり》に疑著する事なし。たとへば、☆多福《とふく》一叢竹を道取するに、「一茎両茎曲《きんりやうきんきよく》」なり。「*三茎四茎斜《きんきんしや》」なるも、万有を錯失《さくしつ》せしむる行履なりとも、なにとしてかいまだいはざる、千曲万曲なりと。なにとしてかいはざる、千叢万叢なりと。一叢の竹、かくのごとくある道理、わすれざるべし。曹山の「包含万有」の道著、すなはちなを《(ほ)》これ*万有なり。

僧のいはく、「為什麼《ゐしも》絶気《ぜつき》者《しや》不著《ふちや》」は、*あやまりて疑著の面目なりといふとも、是什麼心《ししもしん》行《ぎやう》なるべし。*従来疑著《じゆうらいぎ》這漢《ちやしやかん》なるときは、従来疑著這漢に相見《しやうけん》するのみなり。*什麼処在に為什麼絶気者不著なり。為什麼不宿死屍なり。*這頭《しやてう》にすなはち既是包含万有、為什麼絶気者不著なり。しるべし、包含は著《ちや》にあらず、包含は不宿なり。万有たとひ死屍なりとも、*不宿の直須万年《ちきしゆばんねん》なるべし。*不著《ふちや》の這老僧《しやらうそう》一著子《ちやす》なるべし。

曹山の道《だう》すらく、「万有非其功絶気《ばんいうひごくうぜつき》」。いはゆるは、万有は*たとひ絶気なりとも、たとひ

のは「不変」のみ。↓一七六頁七行。
死屍といふは…　死屍死屍と繰返しながらそれがどういうものかは見ていないのだ。

阿誰なる一物の　どんなものが。さきの問題の「師云、包含万有」に主語が示されていないことを指す。
錯認するなり　まちがってそう見てとるのだ。　**包含のときは…**　包含ということの現成する場合は、包含されるものが。　**高々峰頭立・深々海底行**　『有時』巻首参照。ここでは「包含」はこういう形でも行われるが、そればかりではないの意で用いている。　**かくのごとく**　収も放も上に述べた「包含」のごとき様態のものだ。どこにどう作用すると規定のできないものだ。　**毘盧蔵海**　法身仏ビルシャナの「体」の広大無辺なのを海にたとえた語。「仏性海」は、「性」の方を海にたとえている。
みえざれども　見えずとも。　**三茎四茎斜なるも**　斜なりともの意で、下の文(森羅万象を迷わせるような活動様式)と同格。　**万有なり**　万有においてあり、に属す。　**あやまりて**　下の「といふとも」にかかる。
従来疑著這漢　これまで、この男は只者ではないと思って来た。下の同じ言葉は「これまで只者ではあるまいと思って来たその男(相手)」。　**什麼処在に…**　どんなところだからど

不絶気なりとも、不著なるべし。死屍たとひ死屍なりとも、万有に同参する行履あらんがごときは、包含すべし、*包含なるべし。万有なる前程後程《ぜんしんこうしん》、その功あり、これ絶気にあらず。いはゆる一盲引衆盲《まういんしゅまう》なり。一盲引衆盲の道理は、さらに一盲引一盲なり、衆盲引衆盲なり、衆盲引衆盲なるとき、包含万有、*包含于《はうがんう》包含万有《はうがんばんいう》なり。*さらにいく大道にも万有にあらざる、いまだその功夫現成せず、海印三昧なり。

正法眼蔵海印三昧第十三

仁治三年壬寅孟夏二十日記于観音導利興聖宝林寺

寛元々年癸卯書写之　懐弉

うして絶気者は入れないというのか。疑問同士の押し問答になるだけだ。**這頭**　「大海」をさす。下の「にすなはち」は省いてよむ。『祖堂集』巻八、曹山和尚章では「万有非其功」は「大海非其功」となっている。すなわち、大海が大海たるのは絶気者を容れるからではないの意で、この箇所の道元の論と同趣旨。**不宿の直須万年**　(これを)宿せざること直ちにすべからく万年なるべし(→二八〇頁「直須万年」注)。序ながら、「直」は単に「須」をつよめる強辞(入矢)。上の句は「万有もし死屍ならば、万有なりとも」だろう。**不著の這老僧一著子**　這老僧一著子不著の意。一著子は碁の用語。この老僧は一子も石をおかない。「老僧」は誰ということはないが、非常に大きな力量作用を持った存在。問題はやはり「不著」にある。**たとひ絶気なりとも…**　もし絶気ならば、また「たとひ…」。絶気不絶気が問題になるようなものならば。**包含なるべし**　すでに包含されていよう。**包含于包含万有**　包含万有ヲ包含ス。**さらにいく大道にも…**　さらに幾大道にしても、万有でないようなものは、かつてその功夫が現実化したことはなく、ただひたすら海にしるした印のごとく染汚せず凝滞しない現実があるばかりだ。「道」は国、世界の意。

正法眼蔵第十四

空《くう》　華《くゑ》

*高祖道、「一華開五《いつくゑかいご》葉《えふ》、結果自然成《けちくわじねんじやう》」。

この華開《くゑかい》の時節、および光明色相《くわうみやうしきさう》を参学すべし。「*一華」の重《ちゆう》は五葉なり、五葉の開は一華なり。一華の道理の通ずるところ、「吾《ご》本来此《ほんらいし》土《ど》、伝法救迷情《でんぽふきうめいじやう》」なり。*光色《くわうしき》の尋処《じんしよ》は、この参学なるべきなり。*結果任你《けちくわジンジ》結果《けちくわ》なり、自然成《じねんじやう》をいふ。「自然成」といふは、修因感果なり。*公《く》界《がい》の因あり、公界の果あり。この公界の因果を修《しゆ》し、公界の因果を感ずるなり。自《じ》は己《こ》なり、己《こ》は必定これ你《じ》なり、四大《だい》五蘊《うん》をいふ。*使得無位《すてむゐ》真人《しんじん》のゆゑに、われにあらず、たれにあらず。このゆゑに不必なるを「自」といふなり。「*然《ねん》」は聴許《ちやうこ》なり。自然成すなはち華開結果の時節なり、伝法救迷の時節なり。たとへば、*優《う》鉢羅《はつら》華《くゑ》の開敷《かいふ》の時処は、火裏・火時なるがごとし。*鑚火餤火、みな優鉢羅華の開敷処なり、開敷時なり。もし優鉢羅華の時処にあらざれば、*一星火《しんくわ》の出生するなし、一星火の活計なきなり。しるべし、一星火に百千朶《ダ》の優鉢羅花ありて、空《くう》に開敷し、地に開敷するなり。過去に開敷し、現在に開敷するなり。火の現時現処を見聞《けんもん》するは、優鉢羅花を見聞するなり。優鉢羅華の時処をすごさず見聞すべきなり。

高祖　達磨。↓祖師

一華の重　花びらの数。それが五弁だということだろう。「重」は普通こうは使わない。一重、八重などの日本的用法によったか。

光色　光明色相。

結果任你結果　「結果ハ你ノ結果ニ任ス」。結果は汝にまかせたその結果生じたものだ。「你」は特に誰ということはない。任你はわがはからいでないということ。

公界　既出(一二〇頁)。ここでは禅林でのその用法よりずっと広い意味で使っているらしい。

使得無位真人　真人は元来は道教の語だが仏教的には真理を悟ったひと。無位はきまった身分がない。如来のようなもの。それをすら「使得」するものゆえ。

然は聴許　「然」は無論「自然成」の「然」である。それをしかりという肯定の辞に訓んだ。「然というのは聞き入れることだ」。上の「不必なるを(かならずしもしからざるを)自(おのずからしかり)といふ」とともに対象のことは対象まかせにし、その生滅変移をその意のままに許すという態度の表明。

優鉢羅華　青蓮華あるいは青花睡蓮。

鑚火　木を磨りもんで火を作る。

一星火　ちょっぴりの火。

*古先いはく、「優《う》鉢羅《はつら》華火裏《くゑくわり》開《かい》」。

しかあれば、優鉢羅華はかならず火裏に開敷するなり。火裏をしらむとおもはゞ、優鉢羅華開敷のところなり。*人見・天見を執して、火裏をならはざるべからず。疑著《ぎちや》せむことは、水中に蓮華の生ぜるも疑著しつべし。枝条に諸華あるをも疑著しつべし。又疑著すべくは、器世間の安立《あんりふ》も疑著しつべし。*しかあれども疑著せず、仏祖にあらざれば、華開世《くゑかいせ》界起《かいき》をしらず。華開といふは、*前三々後三々《ぜんさんざんごさんざん》なり。この員数を具足せむために、森羅《しんら》をあつめて*いよゝかにせるなり。

この道理を到来せしめて、春秋をはかりしるべし。たゞ春秋に華果あるにあらず、*有時《いうじ》かならず花果あるなり。華果ともに時節を保任《ほうにん》せり、時節ともに花果を保任せり。このゆゑに百草みな華果あり、諸樹みな華果あり。金《こん》・銀《ごん》・銅・鉄・珊瑚《さんご》・*頗梨樹《はりじゆ》等、みな華果あり。地水火風空樹みな華果あり。人樹に花あり、人花に花あり、枯木に花あり。かくのごとくあるなかに、

世尊道、「虚空華《こくうくゑ》」なり。

しかあるを、少聞小見のともがら、空華の彩光葉華《サイくわうえふくゑ》いかなるとしらず、わづかに空華と聞取するのみなり。しるべし、仏道に空華の談あり、外道は空華の談をしらず、いはんや覚了せむや。たゞし、諸仏諸祖、ひとり*空華《くうくゑ》・地華《ぢくゑ》の開落をしり、世界華等の開落をしれり。空華・地華・世界花等の経典《きやうでん》なるとしれり。これ学仏の規矩なり。仏祖の所乗は空華なるがゆゑに、仏世界および諸仏法、すなはちこれ空華なり。

古先　先祖。ここでは同安察禅師。

人見・天見　人間や天部の推度、評価、分別智。

しかあれども　そうではあるが、疑問を起さないのが普通だ。

前三々後三々　あとに先に数々あり、その数ははっきり言えないことだ。

いよゝか　丈高い様。ここではいよいよその程度を高めるなどの意。

有時　『有時』参照。有時は、元来は時として、或る時、その時が来て、の意。道元はそれを在る時、一般に現実の時間の意に用いる。

頗梨樹　水精樹。

空華　これは空(くう)である華の意に転用している。

しかあるに、如来道の翳眼《えいげん》所見は空華とあるを、伝聞する凡愚おもはくは、「翳眼」といふは、衆生の顚倒《てんだう》のまなこをいふ。病眼《びやうげん》すでに顚倒なるゆゑに、浄虚空に空花を見聞するなりと*消息す。この*理致を執するによりて、三界六道、有仏無仏、みなあらざるをありと妄見するとおもへり。この迷妄の眼翳《げんえい》もしやみなば、この空華みゆべからず。このゆゑに空本無華《くうほんむくゑ》と道取すると活計するなり。あはれむべし、かくのごとくのやから、如来道の空華の時節始終をしらず。諸仏道の翳眼空華の道理、いまだ凡夫外道の所見にあらざるなり。諸仏如来、この空華を修行して、*衣座室《えざしつ》をうるなり、得道得果するなり。拈華《ねんげ》し瞬目する、みな*翳眼空花の現成する公按なり。*正法眼蔵涅槃妙心、いまに正伝して断絶せざるを、翳眼空華といふなり。菩提涅槃、法身自性等は、空華の開五葉の両三葉なり。

☆釈迦牟尼仏言《ごん》、「亦如翳人《やくにょえいにん》、見空中華《けんくうちゆうくゑ》、翳病若除《えいびやうにやくぢよ》、華於空滅《くゑおくうめつ》《また翳人の空中の華を見るが如し、翳病若し除《のぞ》こほれば、華《はな》空に滅す》」。

この道著《だうちや》、あきらむる学者いまだあらず。空をしらざるがゆゑに空華をしらず、空華をしらざるがゆゑに翳人をしらず、翳人をみず、翳人にあはず、翳人ならざるなり。翳人と相見《しやうけん》して、空華をもしり、空華をみるべし。空華をみてのちに、華於空滅《くゑおくうめつ》をもみるべきなり。ひとたび空花やみなば、さらにあるべからずとおもふは、小乗の見解《けんげ》なり。空花みえざらむときは、なにゝてあるべきぞ。たゞ空花は所捨となるべしとのみしりて、空花のゝちの大事をしらず、空花の種熟脱《しゆじゆくとつ》をしらず。

消息　消は死、息は生の義とし、進退動静の意の語。しかしここではその消息を知る、察するの意に転用していよう。

理致　→六四頁注。ここは単に「理」。

衣座室　衣・座・室の三。

翳眼空花の現成する公按　「現成する」は上の句をうけず、上の句と同格で「公按」にかかる。

正法眼蔵涅槃妙心　上三字は、釈迦牟尼仏の覚悟した正法は、これを会得すれば眼のよく一切を見うるように、一切時一切事を照見し、迷妄に陥らざるを得という意味の表現。蔵はそれを蘊積包含していることを意味し、これは多くの文義を蘊含する経文のあり方に基いて言われる。そのことから経そのもの、経の述べる教えをも「蔵」という言い方が出た。この場合の「正法眼蔵」はただ正法と言えば尽きる。また、下四字は涅槃と妙心に分けられるが、妙心は、不可思議な「心」(不変の本質・理)を体現するものを言う語である。一方、仏性・心性・法性などとも呼ばれる「本覚真性」そのものを言うともされ、大乗による涅槃の解と合致する。すなわち「涅槃」は大乗の教えでは「不生不滅」の理に他ならぬ一方、「真如」なる如来の法身だからである。結局八字で、正法の理と体、

いま凡夫の学者、おゝ《(ほ)》くは陽気のすめるところ、これ空ならむとおもひ、日月星辰《にちぐわちしやうしん》のかゝれるところを空ならむとおもへるによりて、*仮令《けりやう》すらくは、空華といはむは、この清気《しんき》のなかに、浮雲のごとくして、飛花の風にふかれて東西し、および昇降するがごとくなる彩色のいできたらむずるを、空花といはむずるとおもへり。能造所造の四大、あはせて器世間の諸法、ならびに本覚・本性等を空花といふとは、ことにしらざるなり。又*諸法によりて能造の四大等ありとしらず、諸法によりて器世間は*住法位なりとしらず、器世間によりて諸法ありとばかり知見するなり。眼翳によりて空花ありとのみ覚了して、空花によりて眼翳あらしむる道理を覚了せざるなり。

しるべし、仏道の翳人といふは、本覚人なり、妙覚人なり、諸仏人なり、*三界人なり、仏向上人なり。おろかに翳を妄法《まうぼふ》なりとして、このほかに真法ありと学することなかれ。しかあらんは、少量の見なり。翳花もし妄法ならむは、これを妄法と邪執する能作所作、みな妄法なるべし。ともに妄法ならむがごときは、道理の成立《じやうりふ》すべきなし。成立する道理なくは、翳華の妄法なること、しかあるべからざるなり。悟の翳なるには、悟の*衆法《しゆほふ》、ともに翳荘厳《エイしやうごん》の法なり。迷の翳なるには、迷の衆法、ともに翳荘厳の法なり。しばらく道取すべし、翳眼平等なれば空花平等なり、翳眼無生なれば空華無生なり、*諸法実相なれば翳花実相なり。過現来を論ずべからず、初中後にかゝはれず。生滅に罣礙《けいげ》せざるゆへ《(ゑ)》に、よく生滅をして生滅せしむるなり。空中に生じ、空中に滅す。翳中に生じ、翳中に滅す。華中に生じ、花中に滅す。乃至諸余の時処もまた〳〵かくのごとし。

仏智であるところの全存在を意味することになる。

仮令 「かりに…しめば」を熟語実辞化したもの。

諸法によりて この法は事物現象等現実的具体的なもの。それによって「能造」という能動的機能をもったものが「ある」というのは、「よりて」を「因」でも「縁」でもなく、あるいは「縁」のあり方として「場」を形成しているという物理学的見方を示唆する。

住法位 法位に住す。この「法」は積極的な仏法世界の意を持っている。

三界人 単に「人」というのと同じこととなろう。

悟の衆法 悟りを成立たせる諸事象。次の「翳荘厳(翳を仏を飾るがごとく飾る)の法」の「法」は、そのことを成立たせ支配する理法だろう。

諸法実相 梵原語では諸法がそのまま実相であるという意の一単語であって、主語・述語・属詞より成る文ではない。しかし上の「翳眼平等」以下「空華無生」までの諸語の構造から推すと、道元は「諸法は実相なり」の意の文と解しているらしい。

衆品　あまたの種類。

瞎　めくら、片目の二義あり。いま前者の意にとる。

空すでに　この空は「空華」の空。下の「華」とともに「空華」をひらいて言ったもの。結局「空華」が幾品幾重、どれほどとも言い現わせないほど、見るものによって別ものに見られているという論。

春時も　主格である。

祖師　神光慧可(→祖師)。

空華を学せむこと、まさに*衆品《しゆほん》あるべし。翳眼の所見あり、明眼《みやうげん》の所見あり。仏眼《ぶつげん》の所見あり、祖眼の所見あり。道眼の所見あり、*瞎眼《カツげん》の所見あり。三千年の所見あり、八百年の所見あり。百劫の所見あり、無量劫の所見あり。これらともにみな空花をみるといへども、*空《くう》すでに品々《ほんほん》なり、華《くゑ》また重々なり。

まさにしるべし、空は一草なり、この空かならず花さく、百草に花さくがごとし。この道理を道取するとして、如来道は「空本無華《くうほんむくゑ》」と道取するなり。本無花なりといへども、今有花《こんいうくゑ》なることは、桃李《たうり》もかくのごとし、梅柳《むいりう》もかくのごとし。梅昨無華《むいさくむくゑ》、梅春有華《むいしゆんいうくゑ》と道取せむがごとし。しかあれども、時節到来すればすなはちはなさく花時なるべし、花到来なるべし。この花到来の正当恁麼時、みだりなることいまだあらず。梅柳の花はかならず梅柳にさく、花をみて梅柳をしる、梅柳をみて花をわきまふ。桃李の花、いまだ梅柳にさくことなし、梅柳の花は梅柳にさき、桃李の花は桃李にさくなり。空花の空にさくも、またかくのごとし。さらに余草にさかず、余樹にさかざるなり。空花の諸色をみて、空菓の無窮《むぐう》なるを測量《しきりやう》するなり。空花の開落をみて、空花の春秋を学すべきなり。空花の春と余華の春と、ひとしかるべきなり。空花のいろいろなるがごとく、*春時もおほかるべし。このゆへ《(ゑ)》に古今の春秋あるなり。空花は実にあらず、余花はこれ実なりと学するは、仏教を見聞せざるものなり。「空本無華」の説をきゝて、もとよりなかりつる空花のいまあると学するは、短慮少見なり。進歩して遠慮あるべし。

*祖師いはく、「華亦不曾生《くゑやくふすんしやう》」。この宗旨《そうし》の現成、たとへば華亦不曾生、花亦不曾滅なり。

花亦不曾花なり、空亦不曾空の道理なり。華時の前後を*胡乱《ウロン》して、有無の戯論《けろん》あるべからず。華はかならず諸色にそめたるがごとし、諸色かならずしも華にかぎらず。諸時また青《しやう》黄《わう》赤《しやく》白《びやく》等のいろあるなり。春は花をひく、華は春をひくものなり。

☆張拙秀才《ちやうセツシウさい》は、☆石霜の俗弟子なり。悟道の頌《じゆ》をつくるにいはく、

「光明寂照遍河沙《くわうみやうじやくせうへんがしや》《光明寂照、河沙に遍し》」。*この光明、あらたに僧堂・仏殿・厨庫《ちゆうく》・山門を現成せり。遍河沙《へんがしや》は光明現成なり、現成光明なり。

「凡聖含霊共我家《ぼんしやうがんれいぐうがけ》《凡聖含霊、共に我が家》」。凡夫《ぼんぷ》賢聖《けんじやう》なきにあらず、これによりて凡夫賢聖を謗《はう》ずることなかれ。

「一念不生《いちねんふしやう》*全体現《ぜんたいげん》《一念生ぜざれば全体現ず》」。念々一々なり、これはかならず不生なり、これ全体全現なり。このゆゑに一念不生と道取す。

「六根纔動《サイどう》被《ひ》雲遮《うんシヤ》《六根纔かに動ずれば雲に遮らる》」。六根はたとひ眼耳《げんに》鼻《び》舌身意《ぜつしんい》なりとも、かならずしも二三にあらず、*前後三々なるべし。*動は如須弥山《によしゆみせん》なり、如大地なり、如六根なり、*如纔動なり。動すでに如須弥山なるがゆゑに、不動また如須弥山なり。たとへば、雲をなし水をなすなり。

「断除煩悩《だんぢよぼんなう》重《ちゆう》増病《ぞうびやう》《煩悩を断除すれば重ねて病《やまふ》を増《ま》す》」。従来やまふなきにあらず、*仏病・祖病あり。いまの智断は、やまふをかさね、やまふをます。断除の正当恁麼時、かならずそれ煩悩なり。*同時なり、不同時なり。煩悩かならず断除の法を帯せるなり。

胡乱して　いい加減に、ぞんざいに扱って。

この光明…僧堂・仏殿・厨庫・山門　『行仏威儀』(九六頁)参照。

全体　それ自身真理である具体的全一存在のことだろう。

前後三々　↓一四九頁「前三々後三々」注

動は如須弥山…　動不動の場所を特定し、量を決定することはできない。それは存在の実相だ。秀才の頌の現実性とは大分違ったことになる。

如纔動　(六根の)動きはじめさながらだ。↓三九五頁「識」注

仏病・祖病　仏という病、祖という病。(入矢)

同時なり不同時なり　(煩悩の生ずるのが、断除と)同時のこともあれば、同時でないこともあるが、時間的関係は問題でない。

「趣向《しゆかう》真如《しんによ》亦是《やくぜ》邪《じや》《真如に趣向するも亦《また》是れ邪なり》」。*真如を背《ハイ》する、これ邪なり。真如に向《きやう》する、これ邪なり。真如は向背なり、向背の各〻にこれ真如なり。たれかしらむ、この邪の*亦是《やくぜ》真如《しんによ》なることを。

「随順《ずいじゆん》世縁《せえん》無《む》罣礙《けいげ》《世縁に随順して罣礙無し》」。*世縁と世縁と随順し、随順と随順と世縁なり。これを無罣礙といふ。罣礙不罣礙は、*被《ひ》眼礙《げんげ》に慣習《くわんじふ》すべきなり。

「涅槃《ねはん》生死《しやうじ》是《ぜ》空花《くうくゑ》《涅槃と生死と是れ空花》」。涅槃といふは、阿《あ》耨多羅《のくたら》三藐三菩提《さんみやくさんぼだい》なり。仏祖および仏祖弟子の所住これなり。生死は*真実人体なり。この涅槃生死は、*その法なりといへども、これ空花なり。空華の根茎《こんきやう》・枝葉《しえふ》・花菓《くゑくわ》・光色《くわうしき》、ともに空花の花開なり。空花かならず空菓むすぶ、空種をくだすなり。いま見聞する三界は、空花の五葉開なるゆゑに*不如三界《ふによさんがい》、見於三界《けんおさんがい》なり。この諸法実相なり、この諸法華相なり。乃至不測《ふしき》の諸法、ともに空花空果なり、梅柳《リウ》桃李とひとしきなりと参学すべし。

☆大宋国福州*芙蓉《フヨウ》山霊訓禅師、初参ニ☆帰宗寺至真禅師ニ而問《初め帰宗寺の至真禅師に参じて問ふ》、「如何是仏《如何ならんか是れ仏》」。

帰宗云《いはく》、「我向レ汝道、汝還信否《我れ汝に向つて道《い》はんに、汝また信ずるや否や》」。

師云、「和尚誠言、何敢不レ信《和尚の誠言《じやうごん》、何ぞ敢て信ぜざらん》」。

帰宗云、「*即汝便是《即ち汝便《すなは》ち是《これ》なり》」。

師云、「如何保任《如何が保任《ほうにん》せん》」。

真如　梵語では、かくなりしその姿のままであるというような意味。真実であり現実である全体的存在。

亦是真如　直訳すれば「やはり真如である」。(入矢)

世縁と世縁と…世縁なり　「世縁に随順す」という表現に現われた主格・与格・述語という諸存在を差別相においてとらえる認識のしかたの否定。

被眼礙　「眼ニ礙ヘラル」。このとき眼はかならずしも翳眼ではない。

真実人体　↓七九頁「人体」注

その法　「その」は「真実人体」。上の「涅槃生死」は涅槃なる生死。張拙の偈における四字とは意異る。

不如三界見於三界　三界ノ三界ヲ見ルガ如クナラズ。

芙蓉山　山東省臨沂県の南にある。

即汝便是　ほかならぬお前さんがそれだ。「是」はさきの「仏」を指す。次の「如何保任」は、「それ(自分が仏だということ)をどう保護任持して行ったらいいでしょう」の意。

帰宗云、「一翳在眼《いちえいざいげん》、空花乱墜《くうくゑらんつい》《一翳眼に在れば、空花乱墜す》」。

いま帰宗道の「一翳在眼、空花乱墜」は、*保任仏《ほうにんぶつ》の道取なり。しかあればしるべし、翳*花の乱墜は諸仏の現成なり、*眼空の花果は諸仏の保任なり。翳をもて眼を現成せしむ、眼中に空花を現成し、空花中に眼を現成せり。*空花在眼《くうくゑざいげん》、一翳乱墜《いちえいらんつい》。一眼在空《いちげんざいくう》、衆翳乱墜《しゆえいらんつい》なるべし。こゝをもて、翳也《えいや》全機《ぜんき》現《げん》、眼也《げんや》全機《ぜんき》現《げん》。空也《くうや》全機《ぜんき》現《げん》、花也《くゑや》全機《ぜんき》現《げん》なり。乱墜は千眼なり、通身眼なり。およそ一眼の在時在処、かならず空花あり、眼花あるなり。眼花を空花とはいふ、眼花の道取、かならず開明なり。このゆゑに、

瑯*瑘山広照大師いはく、「奇哉十方仏、元是眼中花。欲レ識二眼中花一、元是十方仏。欲レ識二十方仏一、不二是眼中華一。欲レ識二眼中花一、不二是十方仏一。於レ此明得、過在二十方仏一。若未二明得一、声聞作*舞、独覚臨粧《リンサウス》《奇《すぐ》れたる哉《かな》十方仏、元《もと》より是れ眼中花なり。眼中花を識らんと欲《おも》はば、元《もと》是れ十方仏なり。十方仏を識《し》らんと欲《おも》はば、是れ眼中華にあらず。眼中花を識らんと欲《おも》はば、是れ十方仏にあらず。此《ここ》に於て明得《みんて》すれば、過《とが》十方仏に在り。若し未だ明得せずは、声聞《しやうもん》作舞し、独覚臨粧す》」。

しるべし、十方仏の実ならざるにあらず、もとこれ眼中花なり。十方諸仏の住位せるところは眼中なり、眼中にあらざれば諸仏の住処にあらず。眼中花は、無にあらず有にあらず、空にあらず実にあらず、を《(お)》のづからこれ十方仏なり。いまひとへに十方諸仏と欲識すれば、眼中花にあらず、ひとへに眼中花と欲識すれば十方諸仏にあらざるがごとし。かく

保任仏　仏たることを保任しえたもの、仏。

翳花の乱墜　眼翳のせいで見える空華が乱れ散る。

眼空の花果　眼をも空と見て、そこに見える花から生じた果。それは諸仏がわがものとして保護任持するものだ。

空花在眼…衆翳乱墜　空花が眼にある場合はただ一つの翳りが乱れ散るだけだが、眼の方が空に行ってしまうと乱れ散るのは沢山の翳りだ。ともかく大事なのは自分を保任することである。

瑯瑘山　安徽省滁県の西南の山。↓祖師。

作舞・臨粧　舞いをなし、粧に臨まんとすの意か。喜びの状ならん。菩薩ではなく、二乗の徒輩がよろこぶ。

のごとくなるゆへに(五)、明得《ミンテ》未《ミ》明得《ミンテ》、ともに眼中花なり、十方仏なり。*欲識および不是、すなはち現成の奇哉《サイ》なり、太奇《たいき》なり。

仏々祖々の道取する空華地華の宗旨、それ恁麼の*逞風流《シンふうりう》なり。空花の名字《みやうじ》は、経師論師もなほ聞及《もんぎふ》すとも、*地華の命脈は、仏祖にあらざれば見聞の因縁あらざるなり。地花の命脈を知及せる仏祖の道取あり。

大宋国*石門山の慧徹☆禅師は、*梁山下の尊宿なり。ちなみに僧ありてとふ、「如何是《しゅおし》山中宝《如何ならんか是れ山中の宝》」。

この問取の宗旨《そうし》は、たとへば、「如何是仏《しゅおしぶつ》《如何ならんか是れ仏》」と問取するにおなじ、「如何是道《しゅおしだう》」と問取するがごとくなり。

師いはく、「空花従地発、*蓋国買無門《カイこくマイむもん》《空花地より発《ひら》け、蓋国《かふこく》買ふに門無し》」。

この道取、ひとへに自余の道取に*準的《ジュンテキ》すべからず。よのつねの諸方は、空花の空花を論ずるには、於空《おくう》に生じてさらに於空に滅するとのみ道取す。「従空」しれる、なほいまだあらず。いはんや「従地《じゅうち》」としらんや。たゞひとり石門のみしれり。従地といふは、初中後つゐ(ひ)に従地なり。発《はつ》は開なり。この正当恁麼のとき、従尽大地発《じゅうじんだいちはつ》なり、従尽大地開《じゅうじんだいちかい》なり。

「蓋国買無門」は、蓋国買はなきにあらず、買無門なり。従地発の空華あり、従花開の尽地あり。

欲識および不是　一言語表現を分解し、個々の要素、またそれらの組合せのあらゆる存立様式をもって、もとの表現の意味したことの正しさを、なまの抽象的な形でではなく、すなわち言葉の意味によってではなく、姿をもって、すなわち象徴的に具体的に、あえて言えば「真如」の現成様態をもって表現しようとする道元の態度の、ここは割合に抽象的・裸形な一例。

逞風流　底本、逞字左注「タクマシイ」。しかし、「ほしいままにす」と訓むのがよい。風流は既出(六八頁)の意味とは異り、礼法にかかわらぬこと。自由無礙の義。

地華　すでに出たが、具体的存在を指すものとして言葉を用いていない例証の一つ。現実から特立した言語空間での組合せの可能性を極端にまで行使しようとする能度の現われの一つ。次段においてこの態度はもっと玲瓏と発揮される。

石門山　湖北省鄂城県東の山か。

梁山　朗州にあるというので、湖南省常徳県にあるはず。しかしそこの山名から検出しえない。↓祖師

蓋国買無門　一国中つくして買ったところで入れるところがない。

準的　名詞として、まと・標準。「準」一字の意味(なぞらう)で使っていよう。

しかあればしるべし、空花は、地空《ちくう》ともに開発《かいはつ》せしむる宗旨なり。

正法眼蔵空華第十四

爾時寛元元年癸卯三月十日在観音導利興聖宝林寺示衆

正法眼蔵第十五

光《くわう》　明《みやう》

☆大宋国湖南長沙招賢大師、上堂示衆云《上堂の示衆に云く》、

「尽十方界、是沙門眼。尽十方界、是沙門家常語。尽十方界、是沙門全身。尽十方界、是自己光明。尽十方界、在㆓自己光明裏㆒。尽十方界、無㆔一人不㆓是自己㆒《尽十方界、是れ沙門の眼。尽十方界、是れ沙門の家常語。尽十方界、是れ沙門の全身。尽十方界、是れ自己の光明。尽十方界、自己の光明裏に在り。尽十方界、一人として是れ自己にあらざる無し》」。

仏道の参学、かならず勤学《きんがく》にすべし。転疎《てんそ》転遠《てんのん》なるべからず。*これによりて、光明を学《がく》得《て》せる作家《そか》、まれなるものなり。

震旦国《しんだんこく》、後漢の*孝明皇帝、々諱《ていぎ》は荘なり、廟号は顕宗皇帝とまふ《(う)》す。*光武皇帝の第四の御子なり。孝明皇帝の御宇、永平十年戊辰の年、*摩《ま》騰迦《とうが》・*竺法蘭《ちくほふらん》、はじめて仏教を漢国に伝来す。焚経台《ふんきんだい》のまへに、道士の邪徒を降伏《がうぶく》し、諸仏の神力《じんりき》をあらわ《(は)》す。それよりのち、梁武帝の御宇、*普通年中にいたりて、初祖みづから西天より南海広州に幸す。これ正法眼蔵正伝の嫡嗣《ちやくし》なり、釈迦牟尼仏より二十八世の法孫《はつそん》なり。ちなみに*嵩山《すうざん》少室峰少林寺に掛《くわ》錫《しやく》しまします。法を二祖大禅師に正伝せりし、これ仏祖光明の*親曾《しんぞう》なり。それよりさきは、

これによりて　(ところが)この長沙道をよりどころとして。文末の「なるものなり」は単に「なり」、あるいは「なる(もの)あり」。

孝明皇帝　明帝のこと。劉荘。光武皇帝第四子。天竺に使をやって仏法を求めさせ、洛陽に白馬寺を建てて仏法東漸の基をなした。在位五七―七五年。年号は永平。永平十年は西暦六七年。道元は仏教東漸のはじめのこの年号から永平寺の寺号をとった。「廟号」は天子の霊を宗廟に祀るとき、追尊して贈る名。

光武皇帝　劉秀。蔡陽の人、字は文叔。諡は光武。高祖九世の孫。在位二五―五七年。

摩騰迦　迦葉摩騰。中天竺の人。明帝の招請により竺法蘭と共に洛陽に来り、白馬寺に居る。竺法蘭と共に四十二章経を訳した。洛陽に寂。

竺法蘭　中天竺の人。摩騰迦と共に洛陽に来り、白馬寺に居った。四十二章経・仏本行集経等五部を訳出した。洛陽に寂。

普通年中　五二〇―二六年。達磨と武帝の相見は同元年あるいは大通元年(五二七)とされる。

嵩山　河南省登封県の北にあり、五山の一。

親曾　親しく曾つてありしことの意。↓一二一頁注

頂𩕳より担来して　頭上に光明のあるのは仏相好である。それを見覚え

仏祖光明を見聞せるなかりき、いはんや自己の光明をしれるあらんや。たとひその光明は、*頂𩕳《ちんにん》より担来して相逢《さうふ》すといゐ《(へ)》ども、自己の眼睛《がんぜい》に参学せず。このゆへ《(ゑ)》に、光明の長短方円をあきらめず、光明の巻舒斂放《けんじよれんばう》をあきらめず。光明の相逢を*厭却《えんきや》するゆへに、*光明と光明と、転疎転遠なり。この*疎遠《そをん》たとひ光明なりとも、疎遠に罣礙《けいげ》せらるゝなり。

転疎転遠の臭皮袋おもわ《(は)》くは、仏光も自己光明も、*赤白青黄《しやくびやくしやうわう》にして、火光・水光のごとく、珠光・玉光のごとく、竜天の光のごとく、日月の光のごとくなるべしと見解《けんげ》す。或《わく》従知識《じゆうちしき》し、或従経巻《わくじゆうきやうぐわん》すといへども、光明の言教《ごんけう》をきくには、螢光《けいくわう》のごとくならんとおもふ、さらに眼睛頂𩕳《がんぜいちんにん》の参学にあらず。漢より隋・唐・宋および而今《しきん》にいたるまで、かくのごとくの流類《るるい》おほきのみなり。文字の法師《ほつし》に習学することなかれ、*禅師胡乱《うろん》の説、きくべからず。

いはゆる仏祖光明は、尽十方界なり、尽仏尽祖なり、唯仏与仏《ゆいぶつよぶつ》なり。仏光なり、光仏なり。仏祖は仏祖を光明とせり。この光明を修証《しゆしよう》して、作仏《さぶつ》し、坐仏し、証仏す。このゆへに、「此光照東方《しくわうせうとうはう》*万八千仏土《まんはつせんぶつど》」の道著《だうちや》あり。これ*話頭光《わてうくわう》なり。「此光」は仏光なり、「照東方」は東方照なり。「東方」は彼此の俗論にあらず、法界《ほふかい》の中心なり、拳頭《けんてう》の中央なり。東方を罣礙すといへども、光明の*八両なり。此土に東方あり、他土に東方あり、東方に東方ある宗旨《そうし》を参学すべし。「万八千」といふは、万は半拳頭《はんけんてう》なり、*半即心《はんそくしん》なり。かならずしも十千にあらず、万々・百万等にあらず。仏土といふは、眼睛裡なり。照東方のことばを見聞して、一条*白練去《びやくれんこ》を東方へひきわたせらんがごとくに憶想参学するは、学道にあらず。

て自己頭上にも光明ありと考え、それを担ぎ降して来るような場合でも、それが自分の眼にあるという風には考えない。「参学」はここでは考えきわめて知るのごとき意。以下仏祖光明の性質をきわめようとしないことへの批判。

厭却　厭却に同じ。上の「光明の相逢」は光明と相逢うの意。

光明と光明と　仏祖光明と自己光明と。

疎遠たとひ光明なりとも　一切仏祖光明の立場に立つ以上、疎遠も光明たらざるをえぬ。しかしそうではあっても、…光明たりえぬ。

赤白青黄　↓二八六頁「陰陽の運」

注

禅師胡乱の説　禅坊主のいい加減な言説。

万八千　四万八千。極大数。

話頭光　頭はほとり。話のほとりの光。

八両　有限量。「両」は布・銭・車などを数えるときの単位名。ここは、「東方をひきとめてその本来の面目を現ぜしむるほどの功徳を見せても、それは仏祖光明の一部分のはたらきにすぎない」の意。

半即心　「即心」はただ心というに同じ。「半拳頭」とともに三字の熟語を作るための「即」。「半心」は尽界にあらずということを心的方面から言ったもの。

尽十方界は東方のみなり、東方を尽十方界といふ。このゆへ《(ゑ)》に、尽十方界あるなり。尽十方界と開演する話頭《わてう》、すなはち「万八千仏土」の聞声《もんしやう》するなり。

唐*憲宗皇帝は、*穆宗・*宣宗両皇帝の帝父なり。*敬宗《きんそう》・*文宗・*武宗三皇帝の祖父なり。仏舎利を拝請《はいしやう》して、入内《じゆだい》供養のちなみに、夜放光明《やはうくわうみやう》あり。皇帝大悦し、早朝の群臣、みな賀表をたてまつるにいはく、「陛下の聖徳聖感なり」。

ときに一臣あり、*韓愈《かんゆ》文公《ぶんこう》なり。字《あざな》は退之《たいし》といふ。かつて仏祖の席末《せきばつ》に参学しきたれり。文公ひとり*賀表せず。

憲宗皇帝宣問す、「群臣みな賀表をたてまつる、卿なんぞ賀表せざる」。

文公*奏対《そうつい》す、「微臣かつて仏書をみるにいはく、「仏光は青黄赤白《しやうわうしやくびやく》にあらず」。いまのはこれ竜神衛護《りゆうじんゑいご》の光明なり」。

皇帝宣問す、「いかにあらんかこれ仏光なる」。

文公無対《ぶつい》なり。

いまこの文公、これ在家の士俗なりといへども、丈夫《ちやうふ》の志気《しいき》あり。回天《ういてん》転地の材といひぬべし。かくのごとく参学せん、学道の初心なり。不如是学《ふによぜがく》は非道なり。たとひ講経して天花《てんくゑ》をふらすとも、いまだこの道理にいたらずは、いたづらの功夫なり。たとひ十聖三賢なりとも、文公と同口《どうく》の長舌を保任《ほうにん》せんとき、発心なり、修証なり。

しかありといへども、韓文公なを《(ほ)》仏書を見聞せざるところあり。いはゆる「仏光《ぶつくわう》非《ひ》青黄《しやうわう》

白練去　白練は白絹。一条白練去は石霜七去の一。次に韓愈が出るのは、この句を含む韓愈・孟郊の聯句「秋雨」の想起に基こう。「去」は「去りて東方へ」とつづくべき文の一部か。

憲宗皇帝　李純。順宗の長子。唐朝第十一代の天子。在位八〇五―二〇年。

穆宗　李恒。憲宗の第三子。唐朝第十二代の天子。在位八二〇―二四年。

宣宗　李忱《(しん)》。憲宗の第十三子。唐朝第十六代の天子。在位八四六―八五九年。→『行持』上(一八六頁)

敬宗　李湛。穆宗の第一子。唐朝第十三代の天子。在位八二四―二六年。

文宗　李昂。穆宗の第二子。唐朝第十四代の天子。在位八二六―四〇年。

武宗　李炎。穆宗の第五子。唐朝第十五代の天子。在位八四〇―四六年。

韓愈文公　七六八―八二四年。唐代、昌黎の人。諡は文公。憲宗の仏骨拝請について極諫して潮州刺史に貶せられた。のち帰って吏部侍郎となって世を卒る。唐宋八大家の一。大顚和尚の法嗣、『広燈録』に見える。

賀表　朝廷または国家の祝事の際臣下から奉る祝賀文。

奏対　奏は天子に申す。対は答える。

赤白等《しやくびやくとう》」の道《だう》、いかにあるべしとか学しきたれる。「卿もし青黄赤白をみて仏光にあらずと参学するちからあらば、さらに仏光をみて青黄赤白とすることなかれ」。憲宗皇帝もし仏祖ならんには、かくのごとくの宜問ありぬべし。

しかあれば、明々*の光明は百草なり、百草の光明、すでに根茎枝葉《こんきやうしえふ》、花菓光色《くゑくわくわうしき》、いまだ与奪あらず。五道*の光明あり、六道の光明あり。這裡是什麼処在《しやりしじもしよざい》なればか、説光説明*《せつみやう》する。*云何《うんが》忽生山河《こつしやうせんが》大地《だいち》なるべし。長沙道の「尽十方界、是自己光明」の道取を、審細に参学すべきなり。光明自己尽十方界*を参学すべきなり。

生死去来《しやうじこらい》は光明の去来なり。超凡越聖《てうぼんをつしやう》は、光明の藍朱《らんしゆ》なり。作仏作祖《さぶつさそ》は、光明の玄黄《げんわう》なり。修証はなきにあらず、光明の染汚《ぜんわ》なり。草木牆壁《さうもくしやうへき》、皮肉骨髄、これ光明の赤白《しやくびやく》なり。烟霞水石《えんかすいしやく》・鳥道玄路*、これ光明の迴環《うゐくわん》なり。自己の光明を見聞するは、*値仏《ちぶつ》の証験なり、見仏の証験なり。尽十方界は是自己なり。是自己は尽十方界なり。迴避《うゐひ》の余地あるべからず。たとひ迴避の地ありとも、これ出身の活路なり。而今《しきん》の髑髏《どくろ》七尺*、すなはち尽十方界の形《けい》なり、象《しやう》なり。仏道に修証する尽十方界は、髑髏形骸《けいがい》・皮肉骨髄なり。

雲門山*大慈雲匡真大師は、如来世尊より三十九世の児孫なり。法を雪峰真覚大師*に嗣す。仏衆*の晩進なりといへども、祖席の英雄なり。たれか雲門山に光明仏の未曾出世《みぞうしゆつせ》と道取せん。

あるとき、上堂示衆云《じしゆにいはく》、「人々尽有光明在、看時不見暗昏々、作麼生《そもさん》是諸人《しよにん》光明在《くわうみやうざい》《人

明々の光明は…　「明々百草頭」の形で後に説く(二六七頁注)。ここでも「いまだ与奪あらず」にかけて、百草の一本一本のあらゆる部分あらゆる変態が光明をそなえて独自存立しているの意。

五道　六道(地獄・餓鬼・畜生・修羅・人間・天)のうち、「修羅」を「地獄」のうちに算入した考え方。

説光説明　四字目の「明」はいうまでもなく「光明」の「明」。(「這裡是什麼処在」↓一八八頁九行。そこがどんなもののありかだから)「光明」が説けるのか。「説」は放ととってよい。

云何忽生山河大地　「イカニカシテ忽チ山河大地ヲ生ズル」。放光明と生山河大地は等価である。「光明」とはそこで「仏性」ということになる。↓二九三頁一一行

光明自己尽十方界　このまま読んで一概念とするのがいいのだろうが、分析的に言えば、光明なる自己がそのまま全世界。

玄路　『礼記』月令では、黒い車。ここでは天の路の意ならん。玄は天ともいう。また洞山三路の一。

値仏　仏にあう。

七尺　大人の背丈。『戦国策』『荀子』などに見える。また、黄檗希運(↓祖師)の身の丈。

雲門山　浙江省紹興県の南にあり。↓祖師。　**仏衆**　仏祖仲間。

々尽《ことごと》く光明在る有り、看《み》る時見ず暗昏々なり。作麽生《そもさん》ならんか是れ諸人の光明在ること》」。

衆無対《衆、対《こた》ふること無し》。

自代云《自ら代つて云く》、「僧堂・仏殿・厨庫《ちゆうく》・山門」。

いま大師道の「人々尽有光明在《にんにんじんいうくわうみやうざい》」は、のちに出現すべしといはず、往世《わうせ》にありしといはず、*傍観の現成といはず。「人々自有光明在」と道取するを、あきらかに聞持《もんぢ》すべきなり。百千の雲門をあつめて同参せしめ、一口同音に道取せしむるなり。「人々尽有光明在」は、雲門の*自搆にあらず、人々の光明みづから*拈光為道なり。「人々尽有光明」とは、渾人自是《うんにんじぜ》光明《くわうみやう》*在《ざい》なり。光明といふは人々なり。光明を拈得して、依報・正報とせり。*光明尽有《くわうみやうじんいう》人々在《にんにんざい》なるべし、光々自是《くわうくわうじぜ》人々在《にんにんざい》なり、人々自有《にんにんじいう》人々在《にんにんざい》なり、光々自有《くわうくわうじいう》光々在《くわうくわうざい》なり、有々尽有有々在《いういうじんいういういうざい》なり、尽々有々尽々在《じんじんいういうじんじんざい》なり。

しかあればしるべし、人々尽有の光明は、現成の人々なり。光々尽有の人々なり。しばらく雲門にとふ、「なんぢなにをよむでか人々とする、なにをよむでか光明とする」。

雲門みづからいはく、「作麽生是光明在《そもさんしくわうみやうざい》」。この問著《もんぢや》は、*疑殺話頭《ぎせつわてう》の光明なり。しかあれども、恁麽《いんも》道著《だうぢや》すれば、人々光々なり。

ときに「衆無対《しゆぶつい》」。たとひ百千の道得《だうて》ありとも、無対を拈じて道著するなり。これ仏祖正伝の正法眼蔵涅槃妙心なり。

「雲門自代云、僧堂・仏殿・厨庫・三門」。いま道取する自代は、雲門に自代するなり、大衆《だいしゆ》に自代するなり、光明に自代するなり。僧堂・仏殿・厨庫・三門に自代するなり。し

傍観　ここでは、傍に観る、すなわち現在の意。

自搆　この搆は構と同じ。

拈光為道　「光ヲ拈ツテ為メニ道フ」。光を言葉として人に言ってきかせる。

在　中国語としてはこの前後の「在ること有り」の「在」と同じで、存在するの意。次行「光々自是人々在」の「在」は「なり」。

光明尽有人々在　「光明ハコトゴトク人々在ルコト有リ」。雲門道の「人々」と「光明」の倒置。以下「光々自是人々在」を除きすべて同様の訓みに従う。たとえば「人々オノヅカラ人々在ルコト有リ」。これらの「在ること」は、しかし次段「しかあればしるべし」以下の道元の文によると、「なること」の意に解されている。

疑殺話頭　(この)話頭(話題)をあくまで疑ってかかる。殺はつくすの意(入矢)。

かあれども、雲門なにをよむでか僧堂・仏殿・厨庫・山門とする。大衆および人々をよむで僧堂・仏殿・厨庫・三門とすべからず。*いくばくの僧堂・仏殿・厨庫・三門かある。雲門なりとやせん、七仏なりとやせん。*四七なりとやせん、*二三なりとやせん。拳頭《けんてう》なりとやせん、鼻《び》孔《くう》なりとやせむ。いはくの僧堂・仏殿・厨庫・三門、たとひいづれの仏祖なりとも、*人々をまぬかれざるものなり。このゆへ《(ゑ)》に人々にあらず。しかありしよりこのかた、有仏殿の無仏なるあり、無仏殿の無仏なるあり。有光仏あり、無光仏あり。無仏光あり、有仏光あり。

☆雪峯山真覚大師、示衆云《じしゆにいはく》、「僧堂前、与諸人相見了也《僧堂前に、諸人と相見し了《をは》れり》」。

これすなはち雪峯の通身是《つうしんぜ》眼睛時《がんぜいじ》なり、雪峯の雪峯を覰見《しよけん》する時節なり。僧堂の僧堂と相見するなり。

☆保福、挙問㆓*鵝湖㆒、「僧堂前*且置、什麽処望州亭・*烏石嶺相見」。

《保福、挙《こ》して鵝湖《がう》に問ふ、「僧堂前は且《しばら》く置く、什麽《いづれ》の処か望州亭《まうしうちん》・烏《う》石嶺《しちりん》の相見《しやうけん》なる」》

鵝湖、*驟歩帰㆓方丈㆒《鵝湖、驟歩《しうほ》して方丈に帰る》。

保福、便入㆓僧堂㆒《保福便《すなは》ち僧堂に入る》。

いま帰方丈《くゐはうちやう》、入僧堂《にふそうだう》、これ*話頭出身《わてうしゆつしん》なり。相見《しやうけん》*底《ち》の道理なり、*相見了也《しやうけんれうや》僧堂《そうだう》なり。

☆地蔵院真応大師云《いはく》、「典座《てんぞ》入《にふ》*庫《く》堂《だう》《典座庫堂に入る》」。

いくばくの…　いくらもありはしない。次の「雲門」「七仏」等はそれぞれ「僧堂」「仏殿」等にあたる。

四七　釈迦から達磨までの西天二十八祖。

二三　達磨から慧能までの六代の祖師。

人々をまぬかれざるものなり　「光明」である人々の〈保任〉を云々。

鵝湖　江西省鉛山県の北にある山。僧智孚の住山。↓祖師

且置　それはともかくとして。↓六六頁「漿水銭」注

烏石嶺　この名の山、諸地にある。しかし鵝湖の所在から推して江西省徳安県の北のものか。

驟歩　走る。

話頭出身　この話題を糸口として出身(証会透関)した。

底　関係詞。日本文の中では冗辞。

相見了也僧堂　相見し了るや即僧堂に入るという事態から「入」を撥無している。〈即〉(それがそのまま、立ちどころに)の見地の暗示。

庫堂　庫院・庫裡に同じ。厨房。

この話頭は、七仏已前事なり。

正法眼蔵光明第十五

仁治三年壬寅夏六月二日夜、三更四点、示衆于観音導利興聖宝林寺、于時梅雨霖々、簷頭滴々、作麼生是光明在、*大家未免雲門道覷破

寛元甲辰臘月中三日在越州大仏寺之侍司書写之　懐弉

大家未免雲門道覷破　「大家イマダ雲門道ニ覷破セラルルヲ免レズ」。大家は俗語で、皆の人、人々すべての意(入矢)。「人々はみな本来仏祖光明なのだ。それなのに目を注ぎながら見てとらず、無明に堕している。一体諸人は光明なりとはどういうことか」という雲門の問いに見通され(覷破)ざるをえぬ。

正法眼蔵第十六

行《ぎやう》持《ぢ》　上

仏祖の大道《だいだう》、かならず無上の行持《ぎやうぢ》あり。道環《だうくわん》して断絶せず、発心《ほつしん》・修行《しゆぎやう》・菩提《ぼだい》・涅槃《ねはん》、しばらくの間隙《けんぎやく》あらず、行持道環《ぎやうぢだうくわん》なり。このゆへ（ゑ）に、みづからの強為《かうゐ》にあらず、他の強為にあらず、不《ふ》曾染汚《ぞうぜんわ》の行持なり。

この行持の功徳《くどく》、われを保任《ほうにん》し、他を保任す。その宗旨《そうし》は、わが行持、すなはち十方の*匝地《さふち》漫天《まんてん》、みなその功徳《くどく》をかふむ（う）る。他もしらず、われもしらずといへども、しかあるなり。このゆへに、諸仏諸祖の行持によりてわれらが行持見成《げんじやう》し、われらが*大道《だいだう》通達するなり。われらが行持によりて、諸仏の行持見成し、諸仏の大道通達するなり。われらが行持によりて、この道環の功徳あり。これによりて、仏々祖々、*仏住し、仏非し、*仏心し、仏成じて断絶せざるなり。この行持によりて日月星辰《にちぐわちしやうしん》あり、行持によりて大地虚空《だいちこくう》あり、行持によりて依正身心《えしやうしんじん》あり、行持によりて四大五蘊《ごうん》あり。行持これ世人の*愛処にあらざれども、諸人《しよにん》の*実帰《じつくゐ》なるべし。過去・現在・未来の諸仏の行持によりて、過去・現在・未来の諸仏は現成するなり。その行持の功徳、ときにかくれず、かるがゆへに発心修行す。その功徳、ときにあらはれず、かるがゆへに見聞覚知せず。あらはれざれども、かくれずと参

匝　帀に同じ。

大道　仏道。

仏住し　「仏」は省いて訓んで差支えない。「仏非」も同断。「非す」は「住す」の反対で、非在となる。

仏心し　心(「色」の対。「性」と同一化される。不変の存在原理)なる仏としてあり。この「仏」も省いて訓んでいい。

愛処　このむところ。

実帰　真実帰りつくべきところ。

学すべし。隠顕存没《おんけんぞんもつ》に染汚《ぜんわ》せられざるがゆへ(ゑ)に。われを見成《げんじやう》する行持、*いまの当隠《たうおん》に、*これいかなる縁起の諸法ありて行持すると不会《ふゑ》なるは、行持の*会取《ゑしゆ》、さらに*新条《しんでう》の特地《てつし》にあらざるによりてなり。*縁起は行持なり、行持は縁起せざるがゆへにと、功夫《くふう》参学を審細にすべし。かの行持を見成する行持は、すなはちこれわれらがいまの行持なり。行持のいまは、自己の*本有元住《ほんぬげんぢゆう》にあらず、行持のいまは、*自己に去来出入《こらいしゆつにふ》するにあらず。いまといふ道《だう》は、行持よりさきにあるにはあらず、行持現成するをいまといふ。

しかあればすなはち、一日の行持、これ諸仏の*種子《しゆうじ》なり、諸仏の行持なり。この行持に諸仏見成《げんじやう》せられ、行持せらるゝを、行持せざるは、諸仏をいとひ、諸仏を供養せず、行持をいとひ、諸仏と同生同死《どうしやうどうし》せず、同学同参せざるなり。いまの花開葉落《くゑかいえふらく》、これ行持の現成なり。磨鏡破鏡《もきんはきん》、それ行持にあらざるなし。このゆゑに、行持をさしおかんと擬《ぎ》するは、行持をのがれんとする邪心をかくさんがために、*行持をさしおくも行持なるによりて、行持におもむかんとするは、なを(ほ)これ行持をこころざすににたれども、真父《しんぷ》の家郷《かきやう》に宝財をなげすてゝ、さらに他国*跉跰《れいへい》の窮子《ぐうじ》となる。跉跰のときの風水、たとひ身命《しんみやう》を喪失《さうしつ》せしめずといふとも、真父の宝財なげすつべきにあらず。真父の*法財なを(ほ)失誤《しつご》するなり。このゆへに、行持はしばらくも懈惓《けげん》なき法なり。

慈父大師☆釈迦牟尼仏《しやかむにぶつ》、十九歳の仏寿より、深山《しんざん》に行持して、三十歳の仏寿にいたりて、大地有情同時成道《だいちうじやうどうじじやうだう》の行持あり。八旬《じゆん》の仏寿にいたるまで、なを(ほ)山林《せんりん》に行持し、*精藍《しやうらん》に行持

いまの当隠　当所・当時・当有などの当の使い方。ちょうど隠れている。
これいかなる縁起の…　どういう因によって起る現象があって、それが「われを見成する行持」を行持するのか、会得できないのは。
会取　会得のしかた。
新条の特地　新規の特別なもの。上に、「因習になずんでいて」の如き語を補って解す。　**縁起は行持なり**　縁起生のものは行持によって生ず。
本有元住　「本有」既出(四五頁)。「元住」はもとより住せしところ。
自己に去来出入　自己まで来て入りこみ、また出て去ってゆくという風に流動する。主語の「行持のいま」は、一般の今、而今。
種子　(諸仏の播く)たね。
行持をさしおくも行持　上に「行持をさしおく行持にして」を補い読む。
跉跰　跉は歩の運び方が良くない。跰は足を並べて立つ。歩み方をあやまったり立ちもとおったりの意か。竮竛(跉)の語あり、これは歩み行くさま。　**法財**　上の宝財と対。法だけでいい。たとえ身命を失わずにすんだからとて、父から承けついだ宝財を投げすててはいけない。仏祖(真父)より承けつぐ財である法も、うっかり間違って失うことがあるのだ。　**精藍**　精舎伽藍。
布僧伽梨　僧伽梨は大衣。王宮聚落に入り乞食・説法するときの衣。九

す。王宮《わうぐう》にかへらず、国利を領《りやう》ぜず、*布僧伽梨《ふそうぎやり》を衣持《えち》し、在世に*一経《きやう》するに*互換《ごくわん》せず、一《いち》盂《う》在世に互換せず。一時一日も*独処することなし。人天《にんでん》の*閑供養《かんくやう》を辞せず、外道《ぐゑだう》の訕謗《せんばう》を忍辱《にんにく》す。おほよそ*一化《くゑ》は行持なり、浄衣乞食《じやうえこつじき》の仏儀《ぶつぎ》、しかしながら行持にあらずといふことなし。

第八祖☆摩訶迦葉尊者《まかかせふそんじや》は、釈尊の嫡嗣《ちやくし》なり。生前《しやうぜん》もはら十二*頭陀《づだ》を行持《ぎやうち》して、さらにおこたらず。十二頭陀といふは、

一者不㆑受㆓人請*㆒、日行㆓乞食㆒。亦不㆑受㆓比丘僧一飯食分銭財㆒《一つには人の請《しやう》を受けず、日《ひび》に乞食を行ず。亦《また》比丘《びく》僧《そう》の一飯食分《いつぽんじきぶん》の銭財を受けず》。

二者止㆓宿山上㆒、不㆑宿㆓人舎郡県聚落㆒《二つには山上《せんじやう》に止宿して、人舎郡県聚落《にんしやぐんけんじゆらく》に宿《しゆく》せず》。

三者不㆑得㆔従*㆑人乞㆓衣被㆒、人与衣被亦不㆑受。但取㆓丘塚間、死人所㆑棄衣㆒、補治衣㆑之《三つには人に従《したが》つて衣被《えひ》を乞《こ》ふことを得ず、人の与ふる衣被《えひ》も亦《また》受けず。但丘塚《ただくちよう》の間《かん》の、死人の棄《す》つる所の衣《え》を取《と》つて、補治して之《これ》を衣《き》る》。

四者止㆓宿野田中樹下㆒《四つには野田の中《なか》の樹下《じゆげ》に止宿す》。

五者一日一食。一名㆓*僧迦僧泥㆒《五つには一日に一食《ひとたびじき》す。一《あるい》は僧迦《すんが》僧泥《すんない》と名づく》。

六者昼夜不臥、但坐睡経*行。一名㆓*僧泥沙者傴㆒《六つには昼夜不臥なり、但《ただ》坐《ざ》睡経行《すいきんひん》す。一《あるい》は僧泥沙者傴《すんないさしやきゆう》と名づく》。

七者有㆓*三領衣㆒、無㆑有㆓余衣㆒。亦不㆑臥㆓被中㆒《七つには三領衣《りやうえ》を有《たも》ちて、余衣《よえ》を有すること無

乃至二十五条の布を縫いあわせて作る。次の「衣持」の衣は省いて訓む。**一経** 一貫。着たきり雀で通すの意か。**互換** 「互」に意味はない。**独処することなし** 僧は和合衆と訳される梵語の音訳省略形。多数ともにいるのが僧の建前。**閑供養** 人天の福を得たくて仏祖に供養するをいう。無駄な供養。**一化** 仏一代の化導。しかし、ここでは一の字尽しの表現の一環。**頭陀** (衣食住の貪著を)払いのけたという意味の梵語の音訳。**請** 招き。**従人** 人にたよる。**僧迦僧泥** saṃgha-saṃghâṇna の音訳か。そうとすれば聚落から僧に供される食餌のこと。この第五規定を「受一食法」「節食量」のいずれに当てても、その梵語の音訳はこうはならない。**経行** 坐禅中血行の不順を正し睡気を払いなどする為、立って一定の場所を巡りまた往復する運動。**僧泥沙者傴** 上の「僧」が不審だが、naishadyika の音訳と思われる。**三領衣** 大(すなわち既出僧伽梨)・中(七条・入衆衣。礼拝・聴法・反省懺悔の集りなどに着用)・小(日常労役や就寝時に着る)三種の衣。袈裟はこれが中国・日本で気候のせいもあり、いわゆるころも(直裰)を着用した上に懸けるように形式化されたもの。衣の色(何色とも言えないような色。渋色とも訳せる)の梵名の音訳。

し。亦被中《ひちゆう》に臥せず》。

八者在二冢間一、不レ在二仏寺中一、亦不レ在二人間一。目視二死人骸骨一、坐禅求道《八つには冢間《ちようけん》に在《す》んで、仏寺の中《うち》に在《す》まず、亦《また》人間に在《す》まず。目に死人骸骨《がいこつ》を視《み》て、坐禅求道す》。

九者但欲二独処一、不レ欲レ見レ人、亦不レ欲二与レ人共臥一《九つには但《ただ》独処を欲《おも》ふ、人を見んと欲《おも》はず、亦人と共に臥《ぐわ》せんと欲《おも》はず》。

十者先食二果蓏*一、却食レ飯。食已不レ得三復食二果蓏一《十には先《さき》に果蓏《くわら》を食《じき》し、却《をは》りて飯《はん》を食《じき》す。食し已《をは》りて復《また》果蓏を食すること得ず》。

十一者但欲二露臥一、不レ在二樹下屋宿一《十一には但《ただ》露臥を欲《おも》ふ、樹下屋宿に在《す》まず》。

十二者不レ食レ肉、亦不レ食二醍醐*一。麻油*不レ塗レ身《十二には肉を食《じき》せず、亦醍醐《だいご》を食せず。麻油身《み》に塗らず》。

*これを十二頭陀《づだ》といふ。摩訶迦葉尊者《まかかせふそんじや》、よく一生に不退不転*なり。如来の正法眼蔵を正伝すといへども、この頭陀を退することなし。

あるとき、仏言《ぶつごん》すらく、「なんぢすでに年老《ねんらう》なり、*僧食《そうじき》を食《じき》すべし」。

摩訶迦葉尊者いはく、「われもし如来の出世にあわ《(は)》ずは、*辟支仏《びやくしぶつ》となるべし、生前《しやうぜん》に山林《せんりん》に居《こ》すべし。さいわ《(は)》ひに如来の出世《しゆつせ》にあふ、法のうるい《(ひ)》あり、しかりといふとも、つゐ《(ひ)》に僧食《そうじき》を食《じき》すべからず」。

如来《によらい》称讃しまします。

あるいは迦葉、頭陀行持のゆへ《(ゑ)》に、形体憔悴《ぎやうたいせうすい》せり。衆《しゆ》みて軽忽《きやうこつ》するがごとし。ときに如

果蓏　樹上の実と地上乃至蔓生の実。

醍醐　酥(→三九頁注)と同じという。牛酪のエキス。

麻油塗身　化粧の一種。

これを…　これらとはかなり違う規定もある。

不退不転　退歩転化しない。次行の「退」は退転の略。一度得たものを遠ざけるの意で使っていよう。

僧食　乞食によらざる僧堂にての食か。一六七頁の「僧迦僧泥」がこれに当るか。

辟支仏　仏のいまだ出でざる世に出て、寂静を愛し、修行を積み、師友なしに悟りをえた仏。ただ衆生の済度とは無縁。独覚。

来、ねんごろに迦葉をめして、半座をゆづりまします。迦葉尊者、如来の座に坐す。しるべし、摩訶迦葉は仏会《ぶつゑ》の上座《じやうざ》なり。生前《しやうぜん》の行持、こと〴〵くあぐべからず。

第十祖☆波栗湿縛《はりしつば》尊者は、一生*脇不至席《けふしせき》なり。これ八旬老年の辨道なりといへども、*当時すみやかに大法《だいほふ》を単伝す。これ光陰《くわういん》をいたづらにもらさゞるによりて、わづかに三箇年《かねん》の功夫《くふう》なりといへども、*三菩提《さんぼだい》の正眼《しやうげん》を単伝す。尊者の在胎六十年なり、出胎髪白《はちはく》なり。

誓不二*屍臥一、名二脇尊者一。乃至暗中手放二光明一、以取二経法一《誓ひて屍臥《しぐわ》せず、脇尊者《けふそんじや》と名づく。乃至暗中に手より光明を放つて、以て経法を取る》。

これ生得《しやうとく》の奇相《きさう》なり。

脇尊者、生年八十、垂二捨家染衣一。城中少年、便誚レ之曰、「愚夫朽老、一何浅智。夫出家者、有二*二業一焉。一則習定、二乃誦経。而今衰耄、無レ所二進取一。*濫迹二清流一、徒知二飽食一」。《脇尊者、生年《しやうねん》八十にして、捨家染衣《しやけぜんえ》せんと垂《す》。城中の少年、便ち之《これ》を誚《せ》めて曰く、「愚夫朽老《ぐふきうらう》なり、一《ひとへ》に何《なん》ぞ浅智《せんち》なる。夫《そ》れ出家は、二業《ごふ》有り。一には則ち習定《しふぢやう》、二には乃ち誦経《ずきやう》なり。而今《いま》衰《すい》耄《もう》せり、進取する所《ところ》無けん。濫《みだり》に清流に迹《あと》し、徒《いたづら》に飽食《はうじき》することを知らんのみ」》

時脇尊者、聞二諸識議一、因謝二時人一、而自誓曰、「我若不レ通二*三蔵理一、不レ断二三界欲一、不レ得二六神通一、不レ具二*八解脱一、終不三以レ脇而至二於席一」。

《時に脇尊者、諸《もろもろ》の識議《きぎ》を聞《き》いて、因《ちな》みに時の人に謝して、而《しか》も自ら誓《ちか》つて曰く、「我れ若し三蔵の理を通ぜず、三界の欲を断ぜず、六神通を得ず、八解脱を具せずは、終《つひ》に脇《わき》を以て席に至《つ》けじ」》

脇不至席　横腹を敷物につけない。

当時　即座に。下の「すみやかに」とは重複する。上の「八旬老年の」は八十歳の老人になって。

三菩提　正等覚、無上仏智の意。（この場合の「三」は具備・完全を意味する梵語の音訳。）また「三」を数とみて、真性（実相）・実智・方便それぞれの菩提をいう場合その他あり。道元の立場からすれば第一のものとしてよかろう。

屍臥　横臥。仰臥の意に用いているか。

二業　業はなすべきわざ。行い。

迹　行い、業。

三蔵理　経・律・論のもつ根本思想。

八解脱　→一三五頁「観練薫修」注

自レ爾之後、唯日不レ足、経行宴坐*、住立思惟*。昼則研二習理教*一、夜乃静慮凝神。綿*二歴三歳一、学通二三蔵一、断二三界欲一、得二三明智*一。時人敬仰、因号二脇尊者一。

《爾《それ》より後《のち》、唯日《これ》も足らず、経行宴坐《きんひんえんざ》し、住立思惟《ちゆうりふしゆい》す。昼《ひる》は則ち理教を研習《けんしふ》し、夜は乃ち静慮凝神《じやうりよげうしん》す。三歳を綿歴《めんれき》するに、学三蔵を通じ、三界《さんがい》の欲を断じ、三明《さんみやう》の智を得《う》。時の人敬仰《きやうがう》して、因みに脇尊者《けふそんじや》と号す》

しかあれば、脇尊者処胎六十年、はじめて出胎せり。胎内に功夫《くふう》なからんや。出胎よりのち八十にならんとするに、はじめて出家学道をもとむ。託胎よりのち一百四十年なり。まことに不群《ふぐん》なりといへども、朽老《きうらう》は阿誰《おすい》よりも朽老ならん。処胎にて老年あり、出胎にても老年なり。しかあれども、時人の譏嫌《きげん》をかへりみず、誓願《せいぐわん》の一志《いつし》不退なれば、わづかに三歳をふるに、辨道現成するなり。たれか見賢思斉《*けんけんしせい》をゆるくせむ、年老耄及《ねんらうもうぎふ》をうらむることなかれ。

この生《しやう》しりがたし、生《しやう》か、生にあらざるか。老か、老にあらざるか。四見*すでにおなじからず、諸類の見《けん》おなじからず。たゞ志気《しいき》を専修《*せんじゆ》にして、辨道功夫すべきなり。辨*道に生《しやう》死《じ》をみるに相似せりと参学すべし、生死に辨道するにはあらず。いまの人、あるいは五旬六旬におよび、七旬八旬におよぶに、辨道をさしおかんとするは至愚《しぐ》なり。生来《しやうらい》たとひいくばくの年月と覚知すとも、これはしばらく人間《にんげん》の精魂《しやうこん》の活計《くわつけ》なり、学道の消息《せうそく》にあらず。壮齢耄及《さうれいもうぎふ》をかへりみることなかれ、学道究辨《きうはん》を一志すべし。脇尊者に斉肩《せいけん》なるべきなり。塚間《*ちようけん》の一堆《たい》の塵土《ちんど》、あながちにお《(を)》しむことなかれ、あながちにかゑ《(へ)》りみることなかれ。一*

宴坐　燕坐ともいう。身心寂静のうちに坐禅すること。宴はやすらか。

住立思惟　「住立シ思惟ス」。「経行」と「住立(一所にじっと立つこと)」、「宴坐」と「思惟」がそれぞれ対語となるか。

理教　一切理なりとする教え。理(本質、性)と相(相状、事)の差別を設けず、事・相は平等に理・性だと説く。

綿歴　綿々経歴。

三明智　「六通」のうち宿命通(宿住智証明ともいう)・天眼通(死生智証明ともいう。未来を見通す眼力)・漏尽通(漏尽智証明ともいう。現世の苦の相を知り一切の煩悩すなわち「漏」を断つ智)。しかし道元の思惟の中ではさきの「三菩提」と同一視できそうである。

見賢思斉　「賢ヲ見テハ斉シカランコトヲ思フ」。『論語』里仁。

四見　「一水四見」。同じ水でも天人は瑠璃地、人は水、餓鬼は濃血、魚は住所とこれをみる。→三三五頁

専修にして　「修」は冗辞。もっぱらにして。

辨道に生死をみる　辨道そのものに生死の相を見る。辨道がすべてに超越するいわば理・性であり、生死はそのうちの事・相にすぎない。「生死に(において)辨道する」のであってはならないのだ。

塚間の一堆の塵土　死者たるべき身。

志に度取せずは、*たれかたれをあはれまん。*無主の形骸《けいがい》いたづらに偏野《へんや》せんとき、眼睛《がんぜい》を*つくるがごとく正観《しやうくわん》すべし。

六祖は新州*の樵夫《せうふ》なり、有識《いうしき》と称じがたし。いとけなくして父を喪《さう》す、老母に養育せられて長ぜり。樵夫の業を養母の活計とす。十字の街頭《くわてう》にして一句の聞経《もんきやう》よりのち、たちまちに老母をすてゝ大法《だいほふ》をたづぬ。これ奇代《きたい》の大器《だいき》なり、抜群《ばつくん》の辨道なり。*断臂《だんぴ》たとひ容易なりとも、この割愛《かつあい》は大難《だいなん》なるべし、この棄恩《きおん》はかろかるべからず。黄梅《わうばい》の会《ゑ》に投じて八箇月、ねぶらず、やすまず、昼夜に米をつく。夜半に▽衣《え》鉢《はつ》を正伝《しやうでん》す。得法已後《いご》、なを石臼《（ほ）いしうす》をおひありきて、米をつくこと八年なり。出世度人《どにん》説法するにも、この石臼をさしおかず、奇世《きせい》の行持なり。

☆江西馬祖《かうぜいばそ》の坐禅することは二十年なり。これ南岳の密印を稟受《ひんじゆ》するなり。伝法《でんぼふ》*済人《さいにん》のとき、坐禅をさしおくと道取せず。参学のはじめていたるには、かならず心印を密受せしむ。*普請作務《ふしんさむ》のところに、かならず先赴《せんぶ》す。老にいたりて懈惓《けげん》せず。いま臨済《りんざい》は江西の流《りう》なり。

*雲岩和尚《うんがんをしやう》と*道吾《だうご》と、おなじく薬山☆に参学して、ともにちかひをたてゝ、四十年わきを席につけず、一味《いちみ》参究《さんきう》す。法を洞山《とうざん》の☆悟本大師《ごほんだいし》に伝付《でんぶ》す。洞山いはく、「われ、欲㆔打㆓成一片㆒、

一志に度取　ひとえに志を立てて生死の苦海をわたり彼岸に至ること。度は渡る、度越。取は助辞。

たれかたれをあはれまん　誰が、このものが誰にもせよ、そのものを哀れもうか。

無主の形骸　屍体。

つくる　着眼の意。

新州　諸地にある地名だが、『伝燈録』に「南海之新州」とあるので、広東省新興県のそれだろう。

断臂　二祖神光の故事。

済人　「済」は済度と熟す字。人を救う。

普請作務　普く同志に請うて事（肉体労働）をなす。

雲岩　諸所にある山名。『祖堂集』では潭州（湖南省長沙）澧陵県にあるとされる。→祖師

道吾　湖南省劉陽県の北にある山の名。→祖師

坐禅辨道已二十年《一片に打成《たじやう》せんと欲して、坐禅辨道すること已《すで》に二十年》なり」。いまその道《だう》、あまねく伝付せり。

*雲居山弘覚大師《うんごさんぐかく》、そのかみ*三峯庵《さんぼうあん》に住《ちゆう》せしとき、*天厨送食《てんちゆうそうじき》す。大師、あるとき洞山に参じて、大道を決択《けつちやく》して、さらに庵にかへる。天使また食《じき》を再送して師を尋見《じんけん》するに、三日を経《へ》て師をみることゑ《(え)》ず。天厨をまつことなし、大道を所宗とす。辨肯《はんけん》の志気《しいき》、おもひやるべし。

*百丈山大智禅師《ひやくちやうさんだいち》、そのかみ馬祖《ばそ》の侍者とありしより、入寂《にふじやく》のゆふべにいたるまで、一日も為衆為人《ゐしゆゐにん》の勤仕《ごんじ》なき日《ひ》あらず。かたじけなく一日不作《ふさ》、一日不食《ふじき》のあとをのこすといふは、百丈禅師すでに年老《ねんらう》*臘高《らふかう》なり、なを普請作務《(ほ)ふしんさむ》のところに、壮齢《さうれい》とおなじく励力《れいりき》す。衆《しゆ》、これをいたむ。人、これをあわ《(は)》れむ。師、やまざるなり。つゐ《(ひ)》に作務《さむ》のとき、作務の具をかくして、師にあたへざりしかば、師、その日一日不食なり。衆《しゆ》の作務にくわ《(は)》ゝらざることをうらむる意旨なり。これを百丈の一日不作、一日不食のあとゝいふ。いま大宋国に流伝《るでん》せる臨済の玄風ならびに諸方の叢林《そうりん》、おほく百丈の玄風を行持するなり。

☆鏡清和尚《きんしんをしやう》住院のとき、*土地神《とちじん》かつて師顔《しがん》をみることゑ《(え)》ず、たよりをゑ《(え)》ざるによりてなり。

雲居山　江西省永修県の南にある山。欧山。→祖師

三峯庵　三峯山(江西省貴渓県の南にあり)の庵室。

天厨　天部の厨(料理人)。

百丈山　江西省奉新県の西にあり。→祖師

臘高　臘はもと中国で冬至ののち第三の戌の日、先祖百神を祭ることを言った。仏教では比丘受戒ののち一夏九旬(四月あるいは五月十五日より七月あるいは八月十五日まで)の雨安居を経たのを一臘と言った。

土地神　寺院の境内地を守護する神。延暦寺における山王権現などその例。ただしこの本文の語る話は、次の三平山義忠の話とともに、『伝燈録』『会要』『会元』等に見えない。

*三平山義忠禅師《さんぺいざんぎちゆう》、そのかみ天厨送食《てんちゆうそうじき》す。☆大巓《だいてん》をみてのちに、天神《てんじん》また師をもとむるに、みることあたはず。

☆後大潙和尚《こだいゐをしやう》いはく、「我二十年在二潙山一、喫二潙山飯一、*屙二潙山屙一、*不レ参二潙山道一。只牧二得一頭水牯牛一、終日露回々也《我れ二十年潙山に在《あつ》て、潙山の飯《はん》を喫《きつ》し、潙山の屙《あ》を屙す、潙山の道《だう》を参ぜず。只一頭の水牯牛《すいくにう》を牧得《ぼくて》して、終日露回《ろういうい》々なり》」。

しるべし、一頭の水牯牛《すいくにう》は、二十年在潙山《ざいゐさん》の行持より牧得《ぼくて》せり。この師、かつて☆百丈の会下《ゑげ》に参学しきたれり。しづかに二十年中の消息おもひやるべし、わするゝ時なかれ。たとひ参潙山道《さんゐさんだう》する人ありとも、不参潙山道《ふさんゐさんだう》の行持はまれなるべし。

*趙州観音院真際大師従諗和尚《でうしうくわんのんゐんしんさいだいしじゆうしんをしやう》、とし六十一歳なりしに、はじめて発心求道《ほつしんぐだう》をこゝろざす。*瓶錫《べうしやく》をたづさへて行脚《あんぎや》し、遍歴諸方《へんれきしよはう》するに、つねにみづからいはく、「七歳童児、若勝レ我者、我即問レ伊。百歳老翁、不レ及レ我者、我即教レ他《七歳の童児なりとも、若《も》し我《われ》よりも勝《まさ》れば、我《われ》即ち伊《かれ》に問ふべし。百歳の老翁も、我に及ばざれば、我即ち他《かれ》を教ふべし》」。

かくのごとくして☆南泉《なんせん》の道《だう》を学得《がくて》する功夫《くふう》、すなはち二十年なり。年至《ねんし》八十のとき、はじめて趙州城東観音院に住して、人天《にんでん》を化導《くゑだう》すること四十年来なり。いまだかつて一封の書をもて*檀那《だんな》につけず。僧堂おほきならず、*前架なし、*後架《こうか》なし。あるとき、牀脚《じやうきやく(を)》おれき。一隻《しやく》の焼断《せうだん》の燼木《じんぼく》を、縄《なは》をもてこれをゆひつけて、年月《ねんげつ》を経歴《きやうりやく》し修行するに、知事、この

三平山　福建省竜渓県にあり。→祖師

屙　厠にゆく。厠そのものをもいうか。上の「喫飯」とともに、仏の教え・行状を忠実に学ぶことの比喩。

不参潙山道　潙山の教え・みちに親しく耳を傾けなかった。

趙州　河北省趙県。→祖師

瓶錫　水瓶錫杖。雲水の持ち物。

檀那　元は布施に当る梵語の音訳。布施者・信徒の意に用いられる。

前架・後架　禅堂にて知事(都寺・監寺・副寺・維那・典座・直歳の六役)の坐する床を前架。僧堂の背後にある洗面所を後架という。架は棚の義。便所は別に東司という。

床脚をかゑ《(へ)》んと請《しやう》ずるに、趙州ゆるさず。古仏の家風、きくべし。

趙州の趙州に住することは、八旬よりのちなり、伝法《でんぽふ》よりこのかたなり。正法正伝《しやうぼふしやうでん》せり、諸人《しよにん》これお《(を)》古仏といふ。いまだ正法正伝せざらん余人《よにん》は、師よりもかろかるべし。いまだ八旬にいたらざらん余人《よにん》は、師よりも強健《かうこん》なるべし。壮年にして*軽爾《きやうに》ならんわれら、なんぞ老年の崇重《すうちゆう》なるとひとしからん。はげみて辨道行持すべきなり。

四十年のあい《(ひ)》だ、世財をたくわ《(は)》ゑ《(へ)》ず、常住に米穀なし。あるいは栗子《りす》・椎子《すいす》をひろうて食物《じきもつ》にあつ。あるいは*旋転飯食《せんでんぼんじき》す。まことに上古竜象《りゆうざう》の家風なり、恋慕すべき操行《さうぎやう》なり。

あるとき、衆《しゆ》にしめしていはく、「你若一生不レ離ニ叢林一、不語十年五載、無三人喚レ你作二啞漢一、已後諸仏也不奈你何《你若し一生叢林を離れず、不語なること十年五載ならんには、人の你を喚《よ》んで啞漢《あかん》と作《す》る無《な》けん、已後《いご》には諸仏も也不《またふ》奈你《ないに》何《お》ならん》」。これ、行持をしめすなり。

しるべし、十年五載の不語、おろかなるに相似せりといへども、不離叢林の功夫《くふう》によりて、不語なりといへども、啞漢にあらざらん。仏道かくのごとし、*仏道声《ぶつだうしやう》をきかざらんは、*不語の不啞漢なる道理あるべからず。しかあれば、行持の至妙は不離叢林なり。不離叢林は*脱落《とつらく》なる全語なり。至愚のみづからは、不啞漢をしらず、不啞漢をしらせず。*何誰《おすい》か遮《しや》障《しやう》せざれども、しらせざるなり。不啞漢なるを*得恁麼《ていんも》なりときかず、得恁麼なりとしらざらんは、あわ《(は)》れむべき自己なり。不離叢林の行持、しづかに行持すべし。東西の風に東西することなかれ。十年五載の春風秋月、*しられざれども声色透脱《しやうしきてうとつ》の道《だう》あり。その道得《だうて》、われに不知なり、われに不会《ふうい》なり。行持の寸陰を*可惜許《こしこ》なりと参学すべし。不語を空然《くうねん》なる

軽爾　爾は形容詞を作る助辞。

旋転飯食　旋転は周旋廻転の略。翌日に繰り越すことを言う。

仏道声　仏の道(い)う声。仏道である声。

不語の　その男が趙州のように「不語」であっても。

脱落なる全語　全語は「不語」の逆。語りえざるところなし。しかしその境地を透関脱落している。

何誰か…　誰が邪魔するというわけではないが(不啞漢とはどういうものかを)ひとに知らせるということがない。

得恁麼　そういう風(「仏道声」をきき、「脱落の全語」なるものだけが不啞漢なのだが、そういうもの)でありうるということ。

しられざれども　そうとは気づくものがないけれども。下の「道」は言。言いうること。言い分。理論。

可惜許　許は助辞。惜しむべし。

とあやしむことなかれ。*入之一叢林《にふしいちそうりん》なり、*出之一叢林《しゆつしいちそうりん》なり。鳥路《てうろ》一叢林《いちそうりん》なり、偏界一叢林《へんかいいちそうりん》なり。

大梅山《だいばいざん》は*慶元府《きんぐゑんふ》にあり。この山に護聖寺《ごしやうじ》を草創《さうさう》す、☆法常《はふじやう》禅師その*本元《ほんぐゑん》なり。禅師は*襄《じやう》陽人《やうのひと》なり。かつて馬祖☆の会《ゑ》に参じてとふ、「如何是仏《しゆおしぶつ》」と。

馬祖いはく、「即心是仏」と。

法常このことばをきゝて、言下大悟《ごんかだいご》す。ちなみに大梅山の絶頂にのぼりて、人倫に不群なり、草庵に独居す。松実《しようじつ》を食《じき》し、荷葉《かえふ》を衣《え》とす。かの山に*少池あり、池に荷《か》おほし。坐禅辨道すること三十余年なり。人事《にんじ》たへ(え)て見聞《けんもん》せず、年暦《ねんれき》おほよそおぼえず、*四山青又黄《しざんせいいうくわう》のみをみる。おもひやるにはあはれむべき風霜なり。

師の坐禅には、八寸の鉄塔一基を頂上におく、如戴宝冠《によたいほうくわん》なり。この塔を*落地却《らくちきや》せしめざらんと功夫《くふう》すれば、ねぶらざるなり。その塔いま*本山にあり、*庫下《くか》に交割《かうかつ》す。かくのごとく辨道すること、死にいたりて懈惓《けげん》なし。

かくのごとくして年月を経歴《きやうりやく》するに、☆塩官《えんぐわん》の会《ゑ》より一僧きたりて、やまにいりて拄杖《しゆぢやう》をもとむるちなみに、迷山路《めいさんろ》して、はからざるに師の庵所《あんしよ》にいたる。*不期《ふご》のなかに師をみる、すなはちとふ、「和尚、この山に住してよりこのかた、*多少時也《たせうじや》」。

師いはく、「只《し》見四《けんし》山青又黄《ざんせいいうくわう》《只四《ただし》山《ざん》の青又《また》黄なるを見るのみ》」。

この僧またとふ、「出山路《しゆつさんろ》、向什《かうし》麼《も》処去《しよこ》《出山《しゆつさん》の路《ろ》、什麼《いづれ》の処《ところ》に向ひてか去《ゆ》かん》」。

入之一叢林・出之一叢林　入るも一叢林。出るも一叢林。「之」は兮に同じ、助辞。

慶元　宋の置いた浙江省の県名。

本元　大本。開山。

襄陽　湖北省にある府・郡の名。

少　小に通じ用いる。

四山青又黄　四季の移り変り。

落地却　「却」は強めの助辞。地に落す。

本山　この山。大梅のこと。

庫下に交割　都寺・監寺・副寺(寺務の総監者たち)の三役を「庫司」という。その交替のとき申送り引継ぎをする。下は下番。交割は新旧両官の事務受授。

不期のなかに　期せずして。「予期しない」ということを一つの場と扱っている点、空間主義的思考を暗示していて興深い。

多少時　いくばくの時。

師いはく、「随流去《ずいりうこ》《流れに随《したが》ひて去《ゆ》くべし》」。

この僧あやしむこゝろあり。かへりて塩官に挙似《こじ》するに、塩官いはく、「そのかみ江西《かうぜい》にありしとき、一僧を*曾見《ぞうけん》す。それよりのち、消息をしらず。莫《も》是《し》此《す》僧否《すんひ》《是れ此の僧に莫《あら》ずや否や》」。

つゐ《(ひ)》に僧に命じて師を請ずるに、出山せず。偈《げ》をつくりて答《たふ》するにいはく、

摧残枯木倚㆓寒林㆒、　《摧残《さいざん》の枯木寒林に倚《よ》る、
幾度逢㆑春不㆑変㆑心。　幾度《いくたび》か春に逢《あ》うて心を変ぜず。
樵客遇㆑之猶不㆑顧、　樵客之《せうかくこれ》に遇《あ》うて猶顧《なほかへり》みず、
*郢人那得㆓*苦追尋㆒。　郢人那《えいじんなん》ぞ苦しく追尋することを得ん》

つゐ《(ひ)》におもむかず。これよりのちに、なを《(ほ)》山奥へいらんとせしちなみに、*有頌《いうじゆ》するにいはく、

一池荷葉衣無㆑尽、　《一池の荷葉衣《かえふき》るに尽《つ》くること無し、
数樹松花食有㆑余。　数樹の松花食《じき》するに余《あま》り有り。
*剛被㆔世人知㆓住処㆒、　剛《いま》世人に住処を知らる、
更移㆓茅舎㆒入㆓深居㆒。　更に茅舎《ばうしや》を移して深居に入る》

つゐ《(ひ)》に庵を山奥にうつす。

あるとき、馬祖ことさら僧をつかはしてとわ《(は)》しむ、「和尚《をしやう》そのかみ馬祖を参見せしに、得《とく》何《が》道理《だうり》、便住此《びんぢゆうし》山《ざん》《何《いか》なる道理を得てか、便《すなは》ち此の山に住する》なる」。

曾見　かつて見き。

郢人　春秋戦国時代の楚の都が郢。その土地の左官を郢人という。しかしここは郢匠すなわち大工のこと。塩官をさしていう(入矢)。

苦　はなはだしく。

有頌　頌有り。それを名詞化して「する」を送った。

剛　今しがた。現代中国語の「剛纔」に同じ(入矢)。

師いはく、「馬祖、われにむかひていふ、「即心是仏」。すなはちこの山に住す」。

僧いはく、「近日は仏法また別なり」。

師いはく、「作麼《そも》生別《さんべつ》なる」。

僧いはく、「馬祖いはく、「非心非仏」とあり」。

師いはく、「這老漢《しやらうかん》、ひとを惑乱すること、*了期《れうご》あるべからず。*任他非心非仏、我*祇管即心是仏《さもあらばあれ非心非仏、我れは祇管《しくわん》に即心是仏なり》」。

この道《だう》をもちて、馬祖に挙似《こじ》す。

馬祖いはく、「*梅子《ばいす》熟也《じゆくや》《梅子《ばいす》熟せり》」。

この因縁は、人天《にんでん》みなしれるところなり。☆天竜《てんりゆう》は師の*神足《じんそく》なり、☆倶胝《ぐてい》は師の法孫《はつそん》なり。高麗《かうらい》の☆迦智《きやち》は、師の法を伝持して、*本国の初祖なり。いま高麗の諸師は、師の遠孫《をんそん》なり。生前《しやうぜん》には一虎《こ》一象《ざう》、よのつねに給侍す、あひあらそはず。師の円寂《ゑんじやく》のゝち、虎象いしをはこび、泥をはこびて師の塔《たふ》をつくる。その塔、いま護聖寺《ごしやうじ》に現存せり。

師の行持、むかしいまの知識とあるは、おなじくほむるところなり。劣慧《れつゑ》のものはほむべしとしらず。貪名愛利《とんみやうあいり》のなかに仏法あらましと強為《かうゐ》するは、小量の愚見なり。

*五祖山の☆法演《ほふえん》禅師いはく、「師翁《すおう》はじめて*楊岐《やうぎ》に住せしとき、▽老屋敗椽《はいてん》して風雨之《ふううの》敝《へい》はなはだし。ときに冬暮なり、殿堂こと〴〵く旧損《くそん》せり。そのなかに僧堂ことにやぶれ、雪霰《せつさん》満床《まんしやう》、居不遑処《きよふくわうしよ》《雪霰床に満ちて、居、処《を》るに遑《いとま》あらず》なり。*雪頂《せつちやう》の耆宿《ぎしゆく》なを《(ほ)》*澡雪《さうせつ》し、*厖眉《まうみ》

了期　終るとき。
任他　遮莫と同じ。「…なら…でも構わない。お好きなように」という語気。「たとえ…であろうとも」に転じ用いられる(入矢)。「非心非仏はさもあらばあれ」。
祇管　ひたすら。只管と同じ。
梅子　梅の実。大梅法常の愛称。
神足　勝れた弟子。妙用測りがたく所依たりうる故いうと。
本国　ここでは高麗、即ち朝鮮。
五祖山　湖北省蘄春県にあり。
楊岐　江西省萍郷県の北にある山。
雪頂　白髪。
澡雪　『荘子』知北遊では洗い濯ぐの意。しかしここでは「雪頂」の縁語として用いられ、雪を浴びるの意。「雪頂・澡雪」と「厖眉・皺眉」は対句をなす。
厖眉　厚い眉。

の尊年、*皺眉《しうび》のうれへあるがごとし。衆僧《しゆぞう》やすく坐禅することなし。*衲子《のつす》、*投誠《とうじやう》して修造《しゆざう》せんことを請《しやう》ぜしに、師翁却《ケテ》レ之《ヲ》いはく、「我仏有レ言、時当ニ*滅劫一、高岸深谷、遷変不レ常。安得三円満如意、自求ニ*称足一《我仏《がぶつ》言へること有り、時《とき》、滅劫《げんごふ》に当《あた》つて、高岸深谷、遷変して常ならず。安《いづ》くんぞ円満如意《あんまんによい》にして、自ら称足《しようそく》なるを求むることを得ん》ならん。古往《こわう》の聖人《しやうにん》、おほく樹下露地《じゆげろち》に経行《きんひん》す。古来の勝躅《しようちよく》なり、*履空《りくう》の玄風なり。なんだち出家学道する、*做手脚《そしゆきやく》なを(ほ)いまだおだやかならず。わづかにこれ四五十歳なり、たれかいたづらなるいとまありて、豊屋《ほうをく》をことゝせん」。つゐ(ひ)に不従《ふじゆう》なり。

翌日に上堂して、衆《しゆ》にしめしていはく、

揚岐乍住屋壁疎、《揚岐《やうぎ》乍《はじ》めて住す屋壁疎《おろそ》かなり、
満床尽撒ニ雪珍珠一。満床に尽《ことごと》く雪の珍珠を撒《ち》らす。
縮ニ却項一、暗*嗟嘘、項《くび》を縮却《つづめ》て、暗に嗟嘘《さきよ》す、
翻憶古人樹下居。翻つて憶《おも》ふ、古人樹下《じゆげ》に居《こ》せしことを》

つゐ(ひ)にゆるさず。しかあれども、四海五湖の雲衲霞袂《うんなふかべい》、この会《ゑ》に掛錫《くわしやく》するをねがふところとせり、耽道《たんだう》の人おほきことをよろこぶべし。この道《だう》、こゝろにそむべし、この語、みに銘《めい》ずべし。

*演和尚、あるときしめしていはく、「行無越思、々無越行《ぎやうむをつし、しむをつぎやう》《行《ぎやう》は思《し》を越ゆることなく、思《し》は行《ぎやう》を越ゆることなし》」。

この語、おもくすべし。日夜思之《にちやしし》、朝夕行之《てうせきぎやうし》《日夜に之を思ひ、朝夕《てうせき》に之を行ふ》、いたづら

皺眉　眉をしかめる。
衲子　衲衣(原意はつくろった衣)を着た僧。禅僧。
投誠　誠心を投げ出す。
滅劫　一世界の成立から次の世界の成立のあいだを四劫にわけたその二番目を住劫と言い、住劫のうちに増劫と減劫がそれぞれ十回ずつあり、減劫は、八万歳の人間の寿命が、百年ごとに一歳ずつ減じ、寿命十歳となるまでのあいだ。八万年たったときの寿命は、七万九千二百歳ということになる。
称足　足レリト称ス。
履空　「空ヲ履ム」。一切空の思想を体し、行ずる。「空」は「樹下露地」とも「玄風」とも縁語関係にあろう。玄風は玄妙の道風。
做手脚　做は作の俗字。動作。
嗟嘘　吐息をついて嘆く。

演和尚　法演禅師のこと。→祖師

に東西南北の風にふかるゝがごとくなるべからず。いはんやこの日本国は、王臣《わうしん》の宮殿なを(ほ)その豊屋あらず、わづかにおろそかなる白屋《はくをく》なり。出家学道の、いかでか豊屋に幽棲《いうせい》するあらん。もし豊屋をゑ(え)たる、*邪命《じやみやう》にあらざるなし、清浄《しやうじやう》なるまれなり。もとよりあらんは論にあらず、はじめてさらに経営することなかれ。草庵白屋《さうあんはくをく》は古聖《こしやう》の所住なり、古聖の所愛なり。晩学したひ参学すべし、たがゆ(ふ)ることなかれ。

*黄帝《くわうてい》・*堯《げう》・舜《しゆん》等は、俗なりといゑ(へ)ども草屋《さうをく》に居《こ》す、世界の勝躅《しようちよく》なり。

*尸子曰、「欲ㇾ観二黄帝之行一、於二*合宮一。欲ㇾ観二堯舜之行一、於二総章一。黄帝明堂以ㇾ草蓋ㇾ之、名曰二合宮一。舜之明堂以ㇾ草蓋ㇾ之、名曰二総章一」。

《尸子《しし》曰く、「黄帝《くわうてい》の行を観《み》んと欲《おも》はば、合宮《がふきゆう》に於てすべし。堯舜《げうしゆん》の行を観《み》んと欲《おも》はば、総章に於てすべし。黄帝の明堂《めいだう》は草を以て之を蓋《ふ》く、名づけて合宮と曰ふ。舜の明堂は草を以て之を蓋《ふ》く、名づけて総章と曰ふ」》

しるべし、合宮・総章はともに草をふくなり。いま黄帝・堯・舜をもてわれらにならべんとするに、*なを(ほ)天地の論にあらず。これなを(ほ)草蓋《さうがい》を明堂とせり。俗なを(ほ)草屋《さうをく》に居《こ》す、出家人いかでか高堂大観《たいくわん》を所居《しよこ》に擬《ぎ》せん。慚愧《ざんぐゐ》すべきなり。古人の樹下《じゆげ》に居《こ》し、林間にすむ、在家出家ともに愛する所住なり。黄帝は*崆峒道人広成《くうとうだうじんくわうせい》の弟子なり、広成は崆峒といふ岩《いは》のなかにすむ。いま大宋国の国王大臣、おほくこの玄風をつたふるなり。

しかあればすなはち、塵労中人《ぢんらうちゆうじん》なを(ほ)かくのごとし。出家人《しゆつけにん》いかでか塵労中人よりも劣《れつ》ならん、塵労中人よりもにごれらん。向来《きやうらい》の仏祖のなかに、天の供養をうくるおほし。しか

邪命　命は道なりともいう。邪道。

黄帝　中国、古伝説中の帝王の名。暦算・律呂・文字・医薬等のことを民に教えた。軒轅の丘に生れたので軒轅氏ともいう。

堯・舜　いずれも中国古代の伝説的聖天子。

尸子　尸ただしくは尸。戦国楚の人。尸佼。またその撰した書物の名。もと二十篇、その一篇に『明堂』あり。

合宮　黄帝の政務をみた宮の名。「総章」は万物を総べてこれを章(あき)らかにするの意で、正室につづく西堂の南面の名。「明堂」は王者の大廟で、政教を執行する堂。

なを　まして。

崆峒　黄帝が広成子に道をきいた山の名。一に河南省臨汝県南西、二に甘粛省酒泉県東南、三に同省平涼県西方などの山をこれに擬す。

あれども、すでに得道のとき、*天眼《てんげん》およばず、鬼神《きじん》たよりなし。そのむね、あきらむべし。天衆《てんしゅ》*神道《しんだう》もし仏祖の行履《あんり》をふむときは、仏祖にちかづくみちあり。仏祖あまねく天衆神道を*超証《てうしよう》するには、天衆神道はるかに見上《けんじやう》のたよりなし、仏祖のほとりにちかづきがたきなり。

☆南泉いはく、「老僧修行のちからなくして、鬼神《きじん》に覷見《しよけん》せらる」。

しるべし、無修《むしゅ》の鬼神《きじん》に覷見《しよけん》せらるゝは、修行のちからなきなり。

*太白山《たいはくさん》☆宏智《わんし》禅師正覚和尚《しやうかくをしやう》の会《ゑ》に、*護伽藍神《ごがらんじん》いはく、「われきく、覚和尚《かくをしやう》この山に住すること十余年なり。つねに*寝堂《しんだう》にいたりてみんとするに、*不能前《ふのうぜん》なり、*未之識《みししき》なり」。

まことに有道の先蹤《せんしよう》にあひあふなり。この天童山《てんどうざん》は、もとは小院なり。覚和尚の住裡に、道士観《だうしくわん》・尼寺《にじ》・*教院《けうゐん》等を掃除《さうぢよ》して、いまの景徳寺となせり。

師、遷化《せんげ》のゝち、*左朝奉大夫《さてうほうだいぶ》・*侍御史王《じぎよしわう》*伯庠《はくしやう》、ちなみに師の*行業記《あんごふき》を記するに、ある人いはく、「かの道士観・尼寺・教寺をうばい(ひ)て、いまの天童寺となせることを記すべし」。御史いはく、「不可也《ふかや》。此事《すじ》非僧徳矣《ひすんてい》《不可なり、此の事、僧徳に非ず》」。ときの人、おほく侍御史をほむ。

しるべし、かくのごとくの事《じ》は、俗の能なり、僧の徳にあらず。おほよそ仏道に登入する最初より、はるかに三界《さんがい》の人天《にんでん》をこゆるなり。*三界の所使《しよし》にあらず、三界の所見にあらざること、審細に咨問《しもん》すべし。*身口意《しんくい》および依正《えしやう》をきたして、功夫参究すべし。仏祖行持

天眼　肉眼・慧眼・法眼・仏眼とともに五眼をなす。天道の眼。天中の浄色を体とし、粗細遠近の一切の諸色(地上的現象)、衆生の未来における生死の相を見る力があるという。

神道　未詳。「天衆」が前行の「天眼」に対し、これは「鬼神」と呼応するか。鬼神は、普通は夜叉・乾闥婆・阿修羅・迦楼羅・緊那羅・摩睺羅迦の六部をいう。また、夜叉・羅刹・風神・雷神などを悪鬼神、梵天・帝釈・地祇・竜王などを善鬼神という。「道」は梵原語より推して「境涯」の意にとりうる。

超証　→一一〇頁注。ここでは「超(超越)」にのみ意味がある。

太白山　大白峯。天竜山の別名。浙江省鄞県の東。

護伽藍神　さきの土地神(一七二頁)に同じ。

寝堂　さきに見た「総章」が附属する正室。奥座敷、表座敷。

不能前・未之識　前(ス)ムアタハズ、イマダコレヲ識ラズ。

教院　禅院の対。教相家の経論を研究する寺。

左朝奉大夫　左朝奉郎のことか。朝奉郎は司諫(宋代には政事の欠陥を天子に諫める役)の異称。

侍御史　宏智在世時の宋制でも、御史台に三院あり、侍御史はその一の台院に属した。殿中の給事がその役。

伯庠　『宏智広録』巻九の末尾に行

の功徳、もとより人天《にんでん》を済度《さいど》する巨益《こやく》ありとも、人天さらに仏祖の行持にたすけらるると覚知せざるなり。

いま仏祖の大道を行持せんには、*大隠小隠《だいいんせういん》を論ずることなく、聡明鈍癡《そうみやうどんち》をいとふことなかれ。たゞながく名利をなげすてゝ、万縁《ばんえん》に繫縛《けばく》せらるゝことなかれ。光陰《くわういん》をすごさず、頭燃《づねん》をはらふべし。大悟《だいご》をまつことなかれ、大悟は家常の茶飯《さはん》なり。不悟をねがふことなかれ、不悟は*髻中《けちゆう》の宝珠なり。たゞまさに家郷《かきやう》あらむは家郷をはなれ、恩愛あらんは恩愛をはなれ、名あらんは名をのがれ、利あらんは利をのがれ、田園あらんは田園をのがれ、親族あらんは親族をはなるべし。名利《みやうり》等なからんも又はなるべし。すでにあるをはなる、なきお《(を)》もはなるべき道理、あきらかなり。それすなはち一条の行持なり。生前《しやうぜん》に名利をなげすてゝ一事を行持せん、仏寿長遠《ちやうをん》の行持なり。いまこの行持、さだめて行持に行持せらるるなり。この行持あらん身心《しんじん》、みづからも愛すべし、みづからもうやまふべし。

*大慈《だいじ》寰中《くわんちゆう》禅師いはく、「*説得《せつて》一丈《ちやう》、不《ふ》如行取《によあんしゆ》一尺《しやく》。説得《せつて》一尺《しやく》、不《ふ》如行取《によあんしゆ》一寸《すん》《一丈を説得《せつて》せんよりは、一尺を行取《あんしゆ》せんに如《し》かず。一尺を説得《せつて》せんよりは、一寸を行取《あんしゆ》せんに如《し》かず》」。

これは、時人の行持おろそかにして、仏道の通達をわすれたるがごとくなるをいましむるにたりといへども、一丈の説は不是とにはあらず。一尺の行《ぎやう》は一丈説よりも大功なるといふなり。なんぞたゞ丈尺の度量のみならん、はるかに須弥《しゆみ》と芥子《けし》との論功もあるべきなり。須弥に全量あり、芥子に全量あり。行持の大節*、これかくのごとし。いまの道得《だうて》は、

業記を記している。伝記等未詳。

行業記　行状をしるした文章。行業には、身口意の所作(人間としての行為)の意と修行の意とあり。なお一八二頁「説取行不得底」注参照。

三界の所使　欲界・色界・無色界にあって使役される身。下の「所見」は見当るもの。

身口意…　人間の現存在(身口意)と、依正(→四六頁注。前世の因の見地から見た人間およびその生活環境の全体)を持ち来して。

大隠小隠　環境の支配を脱しきった隠者が大隠。白居易に「大隠住ニ朝市一、小隠入ニ丘樊一」とある。

髻中宝珠　法華七喩の一。転輪王が諸国討伐の際、最大の戦功あったものにもとどりの中の珠を与えた話をたとえとし、如来が法華経を、五蘊、煩悩、死などと戦った菩薩たちに与えると言ったことを指す。

大慈　浙江省杭県にある山。→祖師

説得…行取　「得」「取」は助辞。

大節　留意して守るべき大切な事柄。

*寰中の自為道《じゐだう》にあらず、寰中の自為道なり。

☆洞山悟本大師《とうざんごほんだいし》道《いはく》、「*説取行不得底《せつしゅあんふてち》、行取説不得底《あんしゅせつふてち》《行不得底《あんふてち》を説取《せつしゅ》し、説不得底《せつふてち》を行取《あんしゅ》す》」。

これ高祖《かうそ》の道《だう》なり。その宗旨《そうし》は、行《ぎやう》は説に通ずるみちをあきらめ、説の行に通ずるみちあり。しかあれば、終日とくところに、終日おこなふなり。その宗旨《そうし》は、行不得底《あんふてち》を行取《あんしゅ》し、説不得底《せつふてち》を説取《せつしゅ》するなり。

☆雲居山弘覚《うんござんぐかく》大師、この道《だう》を七通八達するにいはく、「説時無行路《せつじむあんろ》、行時無説路《あんじむせつろ》」。

この道得《だうて》は、*行説《あんせつ》なきにあらず、その説時は、一生不離叢林なり。その行時《あんじ》は、洗頭到《せんてうたう》雪峰前《せつぽうぜん》なり。説時無行路、行時無説路、さしおくべからず、みだらざるべし。

古来の仏祖いひきたれることあり、いはゆる「若人生百歳、不レ会二諸仏機一、未レ若三生一日、而能*決二了之一《若し人、生きて百歳あらんも、諸仏の機を会《うい》せずは、未だ生きて一日にして、能く之《これ》を決了《くゑちれう》せんには若《し》かじ》」。

これは、一仏二仏のいふところにあらず、諸仏の道取しきたれるところ、諸仏の行取しきたれるところなり。百千万劫の*回生回死《ういしやうういし》のなかに、行持ある一日は、髻中《けちゆう》の明珠《みやうしゆ》なり、同生同死《どうしやうどうし》の*古鏡なり。よろこぶべき一日なり、行持力みづから*よろこばるゝなり。行持のちからいまだいたらず、仏祖の骨髄うけざるがごときは、仏祖の身心をお《(を)》しまず、仏祖の面目をよろこばざるなり。仏祖の面目骨髄、これ*不去《ふこ》なり、如去《によこ》なり、如来《によらい》なり、不来《ふらい》な

寰中の自為道　寰中は普通名詞としては封建領主の領内。一小世界の中。そういう世界での自ら道(言)を為すこととはちがう。僧寰中のみずから道(言)を為すことなのだ。寰中の語呂合せ。

説取行不得底　行じえないところを説き云々。「行」はただちに「業」ではなく、まず「業」のもとたる意志の発動、福・非福・不動などの〈業〉をなす身心を言うが、大きくとれば行・業は同一視される。

行説なきにあらず　行・説両立なしと(いう)にあらず。下の「洗頭到雪峰前なり」も「…と(いう)なり」の意。いずれも上の「道得は」を受ける。

決了　悟了決定。次頁一六行の「決了」とは意味の上で同じ。語の成立ちとしては異ろう。

回生回死　回生は生きかえる。二語で生死の回を重ねることの意だろう。

古鏡　『古鏡』参照。人間の生れつき持っている仏性。

よろこばるゝなり　受身ではない。おのずと喜ばしくなる。

不去なり…不来なり　去らないのに去ったごとく、来たかのごとくだが来ない。結局、中間の如去如来は省いて読んでよい。「如来」と「如去」は、同一原梵語の読み方の違いから来た二訳語で、同じものの呼び名である。如来と如去は同じもの。

りといへども、かならず一日の行持に稟受《ひんじゆ》するなり。しかあれば、一日はおもかるべきなり。いたづらに百歳いけらんは、うらむべき日月なり、かなしむべき形骸《けいがい》なり。たとひ百歳の日月は声色《しやうしき》の奴婢《ぬび》と馳走《ちそう》すとも、そのなか一日の行持を*行取《あんしゆ》せば、一生の百歳を行取するのみにあらず、百歳の他生《たしやう》をも度取《どしゆ》すべきなり。この一日の身命《しんみやう》は、たふとぶべき身命なり、たふとぶべき形骸なり。かるがゆへ《(ゑ)》に、いけらんこと一日ならんは、諸仏の機を会せば、この一日を*曠劫多生《くわうごふたしやう》にもすぐれたるとするなり。このゆへに、いまだ決了《くゑちれう》せざらんときは、一日をいたづらにつかふことなかれ。この一日はお《(を)》しむべき重宝《ちようはう》なり。*尺璧《せきへき》の価直《けちき》に擬《ぎ》すべからず、驪珠《りしゆ》にかう《(ふ)》ることなかれ。古賢お《(を)》しむこと、身命《しんみやう》よりもすぎたり。

しづかにおもふべし、驪珠はもとめつべし、尺璧はうることもあらん。一生百歳のうちの一日は、ひとたびうしなはん、ふたゝびうることなからん。いづれの*善巧方便《ぜんげうはうべん》ありてか、すぎにし一日をふたゝびかへしゑ《*(え)》たる、*紀事《きじ》の書《しよ》にしるさゞるところなり。*もしいたづらにすごさざるは、日月を皮袋《ひたい》に包含《はうがん》して、もらさざるなり。しかあるを、古聖先賢《こしやうせんけん》は日月ほ《(を)》お《(を)》しみ光陰をお《(を)》しむこと、眼睛《がんぜい》よりもお《(を)》しむ、国土よりもお《(を)》しむ。*そのいたづらに蹉過《さこ》するといふは、名利《みやうり》の浮世《ふせい》に濁乱《ちよくらん》しゆくなり。いたづらに蹉過せずといふは、道にありながら、道のためにするなり。

すでに決了することをゑ《(え)》たらん、又一日をいたづらにせざるべし。ひとへに道のために行取し、道のために説取すべし。このゆへにしりぬ、古来の仏祖、いたづらに一日の功夫をつゐ《(ひ)》やさざる儀、よのつねに観想《くわんさう》すべし。*遅《ち》々《ちタル》花日《くわじつ》も明窓《めいさう》に坐《ざ》しておもふべし、蕭々《せうせうタル》

行取　次行の「度取」とともに取字は動作の進行を現わす助辞。行業の異同は前頁の注でみた。度は渡す・救う。

曠劫多生　「曠」は曠日・曠世にそれぞれ二義あるうち、その一方の用法におけると同じく、久しいの意。

尺璧　径一尺の珠。『淮南子』原道訓「聖人不貴尺璧而重寸之陰」より。

善巧方便　うまい手段。対者である衆生の性質能力に応じて善く巧みな方法を用いて近づき、これを教化すること。

ゑたる　得たる。(現在)完了。下の「しるさゞる」に、そういう例はという形でかかってゆく。

紀事　紀は記す。

もしいたづらにすごさざるは　「…すごさざる」ものあらば、そは。

その　そを。それを。「蹉過」はすでに出たが、見過す、うっかりやりすごす。

遅々花日　のどかな春の日。

雨夜《うや》も白屋《はくをく》に坐してわするゝことなかれ。光陰なにとしてかわが功夫をぬすむ。一日をぬすむのみにあらず、多劫《たごふ》の功徳をぬすむ。光陰とわれと、なんの*怨家《をんけ》ぞ。うらむべし、わが不修《ふしゆ》のしかあらしむるなるべし。われ、われとしたしからず、われ、われをうらむるなり。仏祖も恩愛《おんない》なきにあらず、しかあれどもなげすてきたる。仏祖も諸縁なきにあらず、しかあれどもなげすてきたる。たとひお《(を)》しむとも、自他の因縁お《(を)》しまるべきにあらざるがゆへ《(ゑ)》に、われもし恩愛をなげすてずは、恩愛かへりてわれをなげすつべき*云為《うんゐ》あるなり。恩愛をあわ《(は)》れむべくは、恩愛をあわ《(は)》れむべし。恩愛をあはれむといふは、恩愛をなげすつるなり。

☆南岳大恵禅師懐譲和尚《なんがくだいゑぜんじゑじやうをしやう》、そのかみ☆曹谿《さうけい》に参じて、*執侍《しふじ》すること十五秋なり。しかうして*伝道授業《じゆごふ》すること、一器水瀉一器《いつきすいしやいつき》《一器の水を一器に瀉《うつ》す》なることをゑ《(え)》たり。古先《こせん》の行履《あんり》、もとも慕古《ぼこ》すべし。十五秋の風霜《ふうさう》、われをわづらはすお《(ほ)》ゝかるべし。しかあれども純一に究辦《きうはん》す、これ晩進の亀《き》鏡《けい》なり。寒炉《かんろ》に炭なく、ひとり虚堂《こだう》にふせり、涼夜《りやうや》に燭《しよく》なく、ひとり明窓《めいさう》に坐する、たとひ一知半解《はんげ》なくとも、*無為《むゐ》の絶学なり。これ行持なるべし。

おほよそ、ひそかに貪名愛利《とんみやうあいり》をなげすてきたりぬれば、日々《にちにち》に行持の積功《しやつく》のみなり。このむね、わするゝことなかれ。説似一物即不中《せつじいちもつそくふちゆう》は、八箇年の行持なり。古今のまれなりとするところ、賢不肖《けんふせう》ともにこひねがふ行持なり。

怨家　うらみのある家。われに怨みを結ぶもの。

云為　言動。

執侍　侍者。主人のそばにあって事を執り行う者。

伝道授業　主格は曹谿である。下の「一器水瀉一器」は遅滞なく遺漏なく、即座完全に師の証悟が弟子に伝わり、師資契合すること。

無為の絶学　分別智のはからいによる行為行動のない、苦を離れ安楽をえている故にもはやその必要がないので学ぶことをやめた人物。

*香厳《きやうげん》の智閑《しかん》禅師は、大潙《だいゐ》に*耕道《かうだう》せしとき、一句を道得《だうて》せんとするに、数番《すばん》つゐ《(ひ)》に道不得《だうふて》なり。これをかなしみて、書籍《しよじやく》を火にやきて、*行粥飯僧《あんしゆくはんぞう》となりて、年月を経歴《きやうりやく》しき。のちに*武当山《ぶたうざん》にいりて、☆大証《だいしやう》の旧跡《きうせき》をたづねて、結草為庵《けつさうゐあん》し、放下《はうげ》幽棲《いうせい》す。一日わづかに道路を*併浄《ひんじん》するに、礫《かはら》のほどばしりて、竹にあたりて声をなすによりて、忽然《こつねん》として悟道《ごだう》す。のちに香厳寺《きやうげんじ》に住して、一盂《いちう》一衲《いちなふ》を平生に不換なり。奇岩清泉をしめて、一生*偃息《えんそく》の幽棲《いうせい》とせり。行跡おほく本山*にのこれり。平生に山をいでざりけるといふ。

☆臨済院恵照《りんざいゐんゑせう》大師は、*黄蘗《わうばく》の嫡嗣《ちやくし》なり。黄蘗の会《ゑ》にありて三年なり。純一に辦道するに、*睦州陳尊宿《ぼくしうちんそんしゆく》の教訓によりて、仏法《ぶつぽふ》の大意《だいい》を黄蘗にとふこと三番するに、かさねて六十棒を喫《きつ》す。な《(ほ)》を励志たゆむことなし。*大愚《だいぐ》にいたりて大悟《だいご》することも、すなはち黄蘗・睦州両尊宿の教訓なり。祖席の英雄は臨済・徳山といふ。しかあれども、徳山いかにしてか臨済におよばん。まことに臨済のごときは、群に群せざるなり。そのときの群は、近代の抜群《ばつくん》よりも抜群なり。行業*純一にして行持抜群せりといふ、幾枚幾般の行持なりとおもひ、擬せんとするに、あたるべからざるものなり。

師在二黄蘗一、与二黄蘗一栽二杉松一次、黄蘗問レ師曰、「深山裏、栽二許多樹一作麼」。

《師、黄蘗《わうばく》に在《あ》りしとき、黄蘗と与《とも》に杉松を栽《う》うる次《つい》でに、黄蘗、師に問うて曰く、「深山の裏《うち》に、許多《そこばく》の樹を栽《う》ゑて作麼《そも》」》

師曰、「一与二山門一為二境致一、二与二後人一作二標榜*一」。乃将レ鍬拍レ地両下。

香厳　山名。河南省鄧県にある。↓祖師

耕道　辦道と同意に用いていよう。

行粥飯僧　給仕がかりの僧。

武当山　湖北省均県の南にある山。しかし下に言われる大証(南陽慧忠)の旧跡と結びつけると未詳。

併浄　併は屏・拼に通ず。除く、払う。掃除をする。

偃息　横臥して休む。憩い安らう。

本山　この山、武当山。

黄蘗　江西省南昌県にある山。↓祖師

睦州　未詳。唐代、浙江(淳安県の西)・湖北(長陽県の東)両省の地に同名の州がおかれていた。↓祖師

大愚　江西省高安県にあるこの名の山に住した祖師。

行業　身口意のはたらき(行)という業。

標榜　善行などを知らせるための標示。

《師曰く、「一には山門の与《ため》に境致と為し、二には後人《こうじん》の与《ため》に標榜《へうばう》と作《な》す」。乃《すなは》ち鍬を将《もつ》て地を拍《う》つこと両下《りやうげ》す》

黄蘗拈二起拄杖一曰、「＊雖二然如一レ是、汝已喫二我三十棒一了也」。

《黄蘗、拄杖《しゆぢやう》を拈起《ねんき》して曰く、「然《しか》も是《かく》の如くなりと雖《いへど》も、汝已《すで》に我が三十棒を喫し了《をは》れり」》

師作二＊嘘々声一《師、嘘々声《きよきよせい》をなす》。

黄蘗曰、「吾宗到レ汝大興二於世一」。

《黄蘗曰く、「吾が宗汝に到つて大きに世に興らん」》

しかあればすなはち、得道ののちも、杉松などをうへ《(ゑ)》けるに、てづからみづから鍬柄《しうへい》をたづさへけるとしるべし。吾宗到汝大興於世《ごしゆうたうによだいこうおせ》、これによるべきものならん。＊栽松道者《さいしやうだうじや》の古蹤《しよう》、まさに単伝直指《たんでんぢきし》なるべし。黄蘗《わうばく》も臨済《りんざい》とともに栽樹するなり。黄蘗のむかしは、＊捨衆《しやしゆ》して＊大安精舎《だいあんしやうじや》の労侶《らうりよ》に混迹《こんせき》して、殿堂《でんだう》を掃洒《さうさい》する行持あり。仏殿を掃洒し、法堂《はつたう》を掃洒す。心を掃洒すると行持をまたず、ひかりを掃洒すると行持をまたず。＊裴相国《はいしやうこく》と相見《しやうけん》せし、この時節なり。

唐宣宗皇帝《せんそうくわうてい》は、憲宗皇帝第二の子なり。＊少而《せうに》より敏黠《びんかつ》なり。よのつねに結跏趺坐《けつかふざ》を愛す。宮にありてつねに坐禅す。穆宗《ぼくそう》は宣宗の兄なり。穆宗在位のとき、＊早朝罷《さうてうは》に、宣宗すなはち戯《け》而《に》して、＊竜床《りゆうしやう》にのぼりて、＊揖群臣勢《いふぐんしんせい》をなす。大臣《だいじん》これをみて、＊心風《しんぷう》なりとす。すなはち穆宗に奏す。穆宗みて宣宗を撫《ぶ》而《に》していはく、「我弟乃吾宗之＊英冑也《我が弟は乃ち吾が

雖然如是　そんなことを言っているが、と言って黄蘗は打つ真似をしたのではないか。次句の「了也」がそう思わせる。「雖然」二字で「いへども」。文語ではない(入矢)。

嘘々声　嘘はゆっくり息を吐く。嘘々と熟して、いびきの声を言う場合がある。ここはむうーんという具合に息を吐いたのだろう。さて、という感じで。

栽松道者　↓四九頁一二行

捨衆　附き従う衆侶を捨てて。

大安精舎　大安寺。

裴相国　七九四—八七〇年。字は公美、名は休。相国は官名。宰相。唐の宣宗の大中年中相国となり、懿宗の咸通年中吏部尚書太子少師となり、また諸所の節度使となる。会昌二年(八四二)鐘陵に廉となって黄蘗を竜興寺に請じ、大中二年(八四八)宛陵に廉となって開元寺に請じ、朝夕聞法した。この間の教えを記した『伝心法要』『宛陵録』がある。圭峰宗密にも参じている。

少而　わかくして。「而」は和文の中では冗辞。

早朝罷　朝の政務のおわったとき。

竜床　天子の使用する床。

揖群臣勢　群臣に挨拶する身ごなし。

心風　軽症の狂癲。手足が麻痺する神経症という。

英冑　すぐれた血筋。冑は胄とは別

宗の英冑《えいちう》なり》」。ときに宣宗、としはじめて十三なり。

穆宗は長慶《ちやうけい》四年*晏駕《あんが》あり。穆宗に三子あり、一▽は敬宗《きんそう》、二は文宗、三は武宗なり。敬宗父位をつぎて、三年に崩ず。文宗継位《けいゐ》するに、一年といふに、内臣《だいしん》*謀而《ぼうに》、これを易《えき》す。武宗即位するに、宣宗いまだ即位せずして、おい《(をひ)》のくにゝあり。武宗つねに宣宗をよぶに*癡《ち》叔《しゆく》といふ。武宗は*会昌《くわいしやう》の天子なり。仏法を廃せし人なり。武宗、あるとき宣宗をめして、昔日《せきじつ》ちゝの*くらゐにのぼりしことを罰して、*一頓打殺《いつとんたせつ》して、後花園《こうくわゑん》のなかにおきて、*不浄を灌《くわん》するに復生《ふくせい》す。

つゐ《(ひ)》に父王の邦《くに》をはなれて、ひそかに香厳《きやうげん》の閑禅師の会《ゑ》に参じて▽、剃頭《ていづ》して*沙弥《しやみ》となりぬ。しかあれど、いまだ不具戒《ふぐかい》なり。志閑禅師をともとして遊方《ゆはう》するに、廬山《ろざん》にいたる。ちなみに志閑みづから瀑布《ばくふ》を題していはく、

穿レ崖透レ石不レ辞レ労、　《崖《がけ》を穿《うが》ち石を透《とほ》して労を辞せず、

遠地方知出処高。　遠地《をんち》方《まさ》に知りぬ出処の高きことを》

この両句をもて、沙弥を*釣他《てうた》して、これいかなる人ぞとみんとするなり。沙弥これを続していはく、

渓澗豈能留得住、　《渓澗豈能《あによ》く留《とど》め得て住《とど》めんや、

終帰二大海一作二波濤一。　終《つひ》に大海《だいかい》に帰《き》して波濤《はたう》をなす》

この両句をみて、沙弥《しやみ》はこれつねの人にあらずとしりぬ。

のちに、杭州《かうしう》☆塩官斉安《えんぐわんせいあん》国師の会《ゑ》にいたりて、*書記に充《じゆう》するに、黄檗《わうばく》禅師、ときに塩官

字。あとつぎ。
晏駕　晏は日暮の意。二字で天子の柩をはこぶ乗物。天子の崩御の暗喩。
謀而これを易す　謀リテこれを易ふ。
癡叔　ばか叔父。上の「おい」はこの宣宗から見ての武宗。
会昌　唐の元号。八四一―四六年。破仏で有名な時代。
くらゐ　玉座。
一頓打殺　一息に打ちのめす。
不浄　小便。
沙弥　出家して十戒を受け、さらに具足戒(比丘・比丘尼になるための戒)を受けるまでの男子。
釣他　かれを釣り上げて。しかし、「他」は冗辞。
書記　大衆の首脳の意味でいう禅院の「頭首」六人の一。首座に次ぐ。書き役。

の首座《しゆそ》に充す。ゆへ《（ゑ）》に黄蘗と*連単《れんたん》なり。黄蘗ときに仏殿にいたりて礼仏《らいぶつ》するに、書記いたりてとふ、「不著仏求《ふぢやくぶつぐ》、不著法求《ふぢやくほふぐ》、不著僧求《ふぢやくそうぐ》、長老用礼何為《ようらいおゐ》《仏に著《つ》いて求めず、法に著いて求めず、僧に著いて求めず、長老礼を用ゐて何《なに》にかせん》」。

かくのごとく問著《もんちや》するに、黄蘗*便掌《びんしやう》して、沙弥書記にむかひて道《だう》す、「不著仏求、不著法求、不著僧求。常礼如是事《じやうらいによぜじ》《仏に著いて求めず、法に著いて求めず、僧に著いて求めず。常に如是の事を礼す》」。

かくのごとく道《だう》しお《（を）》はりて、又掌《しやう》すること一掌す。

書記いはく、「*太麁生《たいそさん》なり」。

黄蘗いはく、「遮裡是什麼所在《しやりししもしよざい》、更説什麼麁細《かんせつしもそさい》《遮裡は是《こ》れ什麼《いか》なる所在《ところ》なればか、更に什麼《なに》の麁細《そさい》をか説く》」。

また書記を掌すること一掌す。

書記ちなみに*休去《きうこ》す。

武宗のゝち、書記つゐ《（ひ）》に還俗《ぐゑんぞく》して即位す。武宗の廃仏法を廃して、宣宗すなはち仏法を中興す。宣宗は即位在位のあひだ、つねに坐禅をこのむ。未即位のとき、父王のくにをはなれて、遠地《をんち》の渓澗《けいかん》に遊方《ゆはう》せしとき、純一に辨道す。即位のゝち、昼夜に坐禅すといふ。まことに父王《ふわう》すでに崩御す、兄帝また晏駕《あんが》す、おい《（をひ）》のために打殺《たせつ》せらる。あわ《（は）》れむべき窮子《ぐうじ》なるがごとし。しかあれども、励志《れいし》うつらず辨道功夫す、奇代《きたい》の勝躅《しようちよく》なり、天真の行持なるべし。

連単　単は禅床。坐禅時の隣席。

便掌　ただちに平手打を食わし。

太麁生　生は助辞。荒っぽすぎる。（入矢）

休去　去は助辞。言無し。

掛錫　錫杖をかける。雲水が修行道場（叢林）に入住すること。

行程の接待　行程は雲水行脚の道程。接待は、人に飲食物を施すこと。中途の宿の意で言っていよう。

雪峯草創の露堂々　雪峰山（↓一〇二頁注）に道場をひらき、真面目を発揮する。

咨参　咨問参学などの略。

九上洞山三到投子　九度洞山（↓一三九頁注）良价を訪ね、三度投子（安徽省懐寧県の北にある山）大同の許に到った。

雪峯の昏昧・伶俐　誰しもその欠陥は同じように欠陥である、ひとはその長所によって見かつ学ばるべきだというこの考えは重要である。向上の方向でとらえられた人間主義。「伶俐」はさかしい、りこう。俐は利の俗字。

澡雪　雪峯の縁語。しかしその意はかならずしも雪と関係はない。先行する叙述から推せば、純一無雑の行履のごとき意。

☆雪峯真覚大師義存和尚《せつぽうしんかくだいしぎぞんをしやう》、かつて発心《ほつしん》よりこのかた、*掛錫《くわしやく》の叢林《さうりん》および行程の*接待《あんしん》、みちはるかなりといゐ(へ)ども、ところをきらはず、日夜の坐禅おこたることなし。*雪峯草創《さうさう》の露堂々《ろだうだう》にいたるまで、おこたらずして坐禅と同死す。*咨参《しさん》のそのかみは、*九上《きうじやう》☆洞山《とうざん》、三到《さんたう》☆投子《とうす》する、奇世《きせい》の辨道なり。行持の清厳《せいげん》をすゝむるには、いまの人、おほく雪峯高行《かうぎやう》といふ。雪*峯の昏昧《こんまい》は諸人《しよにん》とひとしといへども、雪峯の*伶俐《りんり》は、諸人のおよぶところにあらず。しづかに雪峯これ行持のしかあるなり。いまの道人《だうにん》、かならず雪峯の*澡雪《さうせつ》をまなぶべし。しづかに雪峯の諸方に参学せし筋力《きんりよく》をかへりみれば、まことに*宿有霊骨《しゆくいうりんこつ》の功徳《くどく》なるべし。

いま有道《いうだう》の宗匠の会《ゑ》をのぞむに、真実*請参《しんさん》せんとするとき、そのたより、もとも*難辨なり。たゞ二十、三十箇の皮袋《ひたい》にあらず、百千人の面々《めんめん》なり。おの〳〵実帰をもとむ、*授手《じゆしゆ》の日くれなんとす、*打春《たしやう》の夜あけなんとす。あるいは師の*普説するときは、わが耳目《じぼく》なくしていたづらに*見聞をへだつ。耳目そなはるときは、師またときお(を)はりぬ。*耆宿尊年《ぎしゆくそんねん》の*老《らう》古錐《こすい》すでに拊掌笑呵々《ふしやうせうかか》のとき、*新戒晩進のおのれとしては、*むしろのすへ(ゑ)を接するたよりな(ほ)をまれなるがごとし。堂奥《だうあう》にいるといらざると、*師決《しくゑち》をきくときかざるとあり。光陰は矢よりもすみやかなり、露命は身よりももろし。師はあれどもわれ参不得なるうらみあり、参ぜんとするに師不得なるかなしみあり。かくのごとくの事、まのあたり見聞せしなり。

大善知識《だいぜんちしき》かならず人をしる徳あれども、耕道功夫《かうだうくふう》のとき、*あくまで親近《しんごん》する良縁まれなるものなり。雪峯のむかし洞山《とうざん》にのぼれりけんにも、投子《とうす》にのぼれりけんにも、さだめて

宿有霊骨　宿有は生得(入矢)。生れつき人並みすぐれた土性骨を具えていた。

請参　請益参学の略。「請益」は、学人が法門のことがらに関し教えを請うこと。

難辨　この辨は具えるとか用意するとかいう意のそれ。

授手の日　手を真実の帰処を求めるものに授けて、これを導こうとしていると日が。

打春　打は名詞につけて動作を現わす接頭辞。臼をつく。ひとの食料をつくる、ひとの為にはたらくの意ならん。大鑑慧能が念頭にあることは無論。

普説　禅門でいう大衆に対する説法。「普」く法を「説」く。

見聞をへだつ　身にしみて見聞きできない。

耆宿尊年　耆は六十歳の老人。宿と二字で、老いて学徳あるもの。尊は高い。年字と熟して老年。

老古錐　錐の鋒の鋭いことを「老古」で現わす場合と、鋒の鈍ったの意で老耄のたとえに言う場合とある。ここは長老というに等しかろう。

新戒　始めて受戒した沙弥。

むしろのすへを接す　むしろは講筵。その末につらなる。接は連。

師決　師家の決定。

あくまで親近する　「する」はできるの意。

この＊事煩《じはん》をしのびけん。この行持の＊法操《ほふさう》あはれむべし、参学せざらんはかなしむべし。

正法眼蔵行持第十六　上

＊仁治癸卯正月十八日書写了

同三月八日挍点了　懐弉

事煩　ことのわずらわしさ。
法操　求法の節操。

仁治癸卯　同四年、寛元と改元された年。一二四三年。

正法眼蔵第十六

行《ぎやう》持《ぢ》　下

観音導利興聖宝林寺　　道

真丹《しんだん》初祖の西来東土《せいらいとうど》は、☆般若多羅尊者《はんにやたらそんじや》の教勅《ケウチヨク》なり。航海《カウカイ》三載の霜華《サウクワ》、その風雪いたましきのみならんや、雲煙いくかさなりの嶮浪《ケンらう》なりとかせん。不知のくにゝいらんとす、身命《しんみやう》をお《(を)》しまん凡類《ぼんルイ》、おもひ▽よるべからず。これひとへに伝法救迷情《でんぼふキウめいじやう》の大慈《だいず》よりなれる行持なるべし。*伝法《でんぼふ》の自己なるがゆえ《(ゑ)》にしかあり、伝法の遍界なるがゆゑにしかあり。尽十方界《ジンじつぱうかい》は真実道なるがゆえにしかあり、尽十方界自己なるがゆえにしかあり、尽十方界尽十方界なるがゆえにしかあり。いづれの*生縁《しやうえん》か王宮《わうぐう》にあらざらん、いづれの王宮か道場をさえ《(へ)》ん。このゆえにかくのごとく西来せり。救迷情の自己なるゆえに驚疑《きやうギ》なく、怖畏《ふゐ》せず。救迷情の遍界なるゆえに驚疑せず、怖畏なし。ながく父王の国土を辞《ジ》して、大舟をよそほふ《(う)》て、南海をへて広州に*とづく。使船の人おほく、*巾瓶《きんびやう》の僧あまたありといゑ《(へ)》ども、史者失録せり。著岸《ちやがん》よりこのかた、しれる人なし。すなはち梁代《りやうだい》の*普通八年丁未歳九月二十一日なり。

広州の*刺《シ》史《シ》蕭昂《せうガウ》といふもの、*主礼をかざりて迎接《ガウせふ》したてまつる。ちなみに*表を修《しゆ》して武帝にきこゆる、蕭昂が勤恪《キムカク》なり。武帝すなはち奏《スウ》を覧じて、欣悦して、使に詔《せう》をもたせて

伝法の自己なる　伝法というのはとりもなおさず自分自身である。しかしまた、伝法は自分ばかりではなく、遍界の存在そのもののことだから、と続く。従って、「伝法」という行為は存在の姿そのものということになり、「真実道」と同格となる。

生縁　生の縁る(可能となる)ところ。

とづく　届く。所着くか。

巾瓶　巾は手巾、瓶は水瓶。禅院では巾瓶をつねに身辺におき清浄を保つ故、それらの世話をすることは身辺に侍することとなる。随身に同じ。

普通八年　五二七年。

刺史　州の軍事と民政をつかさどった長官(入矢)。「蕭昂」は伝不明。『景徳伝燈録』の説をそのまま取る。梁の武帝と同姓。

主礼　主君に対する礼。

表　事理を明らかにして主君に奉る文。

迎請《がうしやう》したてまつる。すなはちそのとし十月一日なり。

初祖金陵*にいたりて梁武と相見《しやうけん》するに、

梁武とふ、「朕《ワレ》即位已来《ヨリコノカタ》、造寺・写経・度僧*、不レ可二勝紀一、有《アル》二何《ノ》功徳《カ》一《朕即位よりこのかた、造寺・写経・度僧、勝《あ》げて紀すべからず、何の功徳か有る》」。

師曰、「並《ニ》無《シ》二功徳一《並びに功徳無し》」。

帝曰、「何以《ナニノユエニカ》無《ナキ》二功徳一《何の以《ゆゑ》にか功徳無き》」。

師曰、「此但人天小果《ナリ》、有漏*之因《ナリ》。如《シ》二影《カゲノ》随《ガ》レ形《チニ》、雖《モ》レ有非《ズ》レ実《ニ》《此れは但《ただ》人天の小果、有漏《うろ》の因なり。影の形に随ふが如し、有りと雖も実に非ず》」。

帝曰、「如何是《レ》真《ノ》功徳《ナル》《如何ならんか是れ真の功徳なる》」。

師曰、「浄智妙円*、体自空寂*。如レ是功徳、不ニ以*レ世求一《浄智妙円にして、体自《おのづか》ら空寂なり。是《かく》の如くの功徳は、世《せ》を以て求めず》」。

帝又問《トフ》、「如何是《コレ》*聖諦第一義諦《如何ならんか是聖諦《しやうたい》第一義諦》」。

師曰、「廓然無聖《*クハクねんむしやうナリ》」。

帝曰、「対《タイシテ》レ朕《ワレ》者誰《朕に対する者は誰《た》そ》」。

師曰、「不識《シキ》」。

帝、不《ズ》二領《リヤウ》悟一。師、知《シル》二機《*キノ》不契《ヲ》一《帝、領悟せず。師、機の不契なるを知る》。

ゆえ(ゑ)にこの十月十九日、ひそかに江北にゆく。そのとし十一月二十三日、洛陽にいたりぬ。嵩山《ソウざん》少林寺に寓止《グし》して、面壁《めんぺきに》而坐《ざ》、終日《しゆうじつもくねん》黙然なり。しかあれども、魏主《ギしゆ》も不肖にして

金陵　南京市。所在の鍾山をもいう。

度僧　民を得度せしめて僧とする。

有漏　煩悩にかかわりあるもの、それを増長するもの(事物・現象)を有漏といい、煩悩は漏に当るが、ここの有漏は煩悩そのもののようだ。

浄智妙円　浄智(般若)はえも言われぬ円満の相をとり、しかも。次句の「自」、もともと、本来の意(入矢)。

空寂　実体性を持たぬものだ。

以世　世は過現未の区分。以は時期を指すことば。要するに時間中にの意。

聖諦　第一義諦と同じ。最高完全な第一の真理。

廓然　大にして空。「無聖」は聖者も聖もない、の意。

機　機能・機動・機会・機関のすべてにわたるものと見ていいだろう。

南天竺　父を香至王と言ったというが、どの地方か特定はできない。

刹利種　インド四姓の一。クシャトリヤ。

為見　為は被に同じ。「見ラル」。

うごかしむる　この「しむる」は敬語ととるのが穏当だろう。それでう

しらず、はぢつべき理もしらず。

師は南天竺*の*刹利種《セチリシユウ》なり、大国の皇子《わうじ》なり。大国の王宮《わうぐう》、その法ひさしく慣熟《クワムジユク》せり。小国の風俗は、大国の帝者に*為《ゐ》見《けん》のはぢつべきあれども、初祖、うごかしむる*こゝろあらず。*くにをすてず、人をすてず。ときに*菩《ぼ》提《だい》流《る》支《し》の誹謗《セムバウ》を*救《きう》せず、にくまず。*光統律師《くわうづりつし》が邪心をうらむるにたらず、きくにおよばず。かくのごとくの功徳おほしといへども、東地の人物、たゞ尋常の三蔵および経論師のごとくにおもふは、至愚なり、小人なるゆゑなり。あるいはおもふ、「禅宗とて一途《いちづ》の法門を開演*するが、自余の論師等の所云《しよううん》も、初祖の正法もおなじかるべき」とおもふ。これは仏法を濫穢《ランヱ》せしむる小畜なり。

初祖は釈迦牟尼仏より二十八世の嫡嗣《ちやくし》なり、父王の大国をはなれて、東地の衆生《しゆじやう》を救済《くさい》する、たれのかたをひとしくするかあらん。もし、祖師西来せずは、東地の衆生いかにしてか仏正法を見聞せむ。いたづらに*名相《みやうさう》の沙石《しやせき》にわづらふのみならん。いまわれらがごときの辺地《へんち》遠方《をんばう》の*披《ひ》毛戴角《もうタイかく》までも、あくまで正法をきくことえたり。いまは田夫・農父《ノウフ》・野老・村童《ソムドウ》までも見聞する、*しかしながら祖師航海の行持にすくはるゝなり。西天と中華と、土風はるかに勝劣《しようレツ》せり、*方俗《はうぞく》はるかに邪正《じやしやう》あり。*大忍力《だいにんりき》の大慈《だいず》にあらずよりは、*伝持法蔵の大聖《だいしやう》、*むかふべき処在にあらず。住すべき道場なし、知人《ちにん》の人《ひと》まれなり。しばらく嵩山《すうざん》に掛錫《くわシヤク》すること九年なり。人これを壁観婆羅門《へきくわんばらもん》といふ。史者《ししや》、これを習禅の列に編集すれども、しかにはあらず。仏仏嫡嫡《ちやくちやく》相伝する正法

ごくような心は持たない。
くにをすてず　不快として中国を去るようなことはしなかった。
菩提流支　五〇八年北インドから中国に入った僧。経論の漢訳者。重要なものとしては『十地経論』『無量寿経論』『金剛般若経』『入楞伽経』など。
救　さしとめる。「頭然ヲ救(ハラ)フ」(仏蔵経)という訓みならわしあり。
光統律師　慧光。中国南北朝時代の人。十三歳で出家し広く律部を学び、四分律の興隆につとめた。菩提流支の『十地経論』の飜訳に参与し、その疏を作る。国統(国中の僧尼の統領)に任ぜられたため光統律師の呼び名ができた。
開演　開示演説。→四〇頁「開演現成」注。
名相　→二六頁注
披毛戴角　この披は被、着用する。毛に覆われ角をはやしたけもの。野蛮未開のもの。下の「あくまで」は飽満するほど。
しかしながら　そうでありつつ。→二二八頁注
方俗　地方の風俗。
大忍力　六波羅蜜の一たる忍辱(侮辱悩害を忍受して怒り怨みを起さないこと)の大いなる力。
伝持法蔵　法蔵(仏の説いた法門教法)を伝持せる。
むかふ　向う。

眼蔵、ひとり祖師のみなり。

石門林間録*云、菩提達磨、初自《ヨリ》レ梁之《ユク》レ魏《ギニ》。経《ケイ》二行《シ》於嵩山之下《モトニ》一、倚二杖《ス》於少林《ニ》一。面壁燕*坐《スルノミナリ》而已、非《ズ》二習禅一也。久《ヒサシクナリテ》之人《ヒト》莫《シ》レ測《シルコト》二其《ソノ》故《イニシヨヲ》一。因以《テ》二達磨一為《ス》二習禅《ト》一。夫禅那*《ハ》、諸行之一《ヒトツ》耳《ナリ》。何足《ゾタラム》三以《テ》尽《ツクスニ》二聖人《ヲ》一。而当時之人《ヒト》、以《テ》レ之、為史者《ノ》、又従《シタガヘテ》而伝《ツラヌ》二於習禅之列《ニ》一、使《シム》下与《ニ》二枯木死灰之徒《トモガラノ》一為《ナラ》上伍《トモ》。雖レ然、聖人非《ズ》*二止《タヾ》於禅那《ノミニ》一、而亦不レ違二禅那一。如《シ》下易*(出)于陰陽、而亦不上違二乎陰陽一。

《石門の林間録に云く、菩提達磨、初め梁より魏に之《ゆ》く。嵩山の下《ふもと》に経行し、少林に倚杖《いちやう》す。面壁《めんべき》燕坐《えんざ》するのみなり、習禅には非ず。久しくなりて人其の故《いにしよ》を測《し》ること莫《な》し。因《よつ》て達磨を以て習禅とす。夫《そ》れ禅那は、諸行の一つのみなり。何ぞ以て聖人を尽《つく》すに足らむ。而も当時の人、之を以てす、為史の者、又従へて習禅の列に伝《つら》ぬ、枯木死灰の徒《ともがら》の伍《とも》ならしむ。然りと雖も、聖人はただ禅那のみに非ず、而も亦《また》禅那に違せず。易の陰陽より(出《い》でて)、而も亦た陰陽に違せざるが如し》

梁武初見《テシ》二達磨《ヲ》一之時《トキ》、即問《トフ》、「如何是聖諦第一義」。

《梁武初めて達磨を見し時、即ち問ふ、「如何ならんか是れ聖諦第一義」》

答《こたへていはく》曰、「廓然無聖《くわくねんむしやう》」。

進曰、「対レ朕《ワレ》者誰《朕に対する者は誰そ》」。

又曰、「不識《ふしき》」。

*使《イタラムヤ》下達磨不《ナラム》二通*方言《ニ》一、則何《ハチナムゾ》於二是時一、便能《ヨクシカアラシムルニ》爾上耶。

《使《も》し達磨方言《はうごん》に不通ならむには、則ち何ぞ是の時に於て、能くしかあらしむるにいたらむや》

林間録　宋の釈恵洪の撰。二巻、後集一巻。

燕坐　宴坐に同じ。坐禅。

禅那　定。定は元来「三昧」の訳語。しかし定に七つの異名が与えられ、その一つに禅那がある。静慮と漢訳されるもの。

非止於禅那　「非レ止二於禅那一」。禅那ニトドマル(単に心的に)ニアラズ。

易　周易。陰陽二気によって森羅万象の変化を考え、宇宙と人事を統一的に把握しようとする、伏羲・文王・周公・孔子を大成者とする学。

使達磨不通方言則何於是時便能爾耶　「達磨ヲシテ方言(土語。ここでは中国語)ニ通ゼザラシメバ、則チ何ゾ是ノ時ニオイテ能クシカアラシメンヤ」。もし達磨が中国語に通じていなかったなら、どうしてこの場合こうした応対が出来ただろう。

しかあればすなはち、梁《りやう》より魏へゆくことあきらけし。嵩山《すうざん》に経行《きんひん》して少林に倚杖《いちやう》す。面壁燕坐《めんぺきえんざ》すといゑ《(へ)》ども、習禅にはあらざるなり。一巻の経書《きやうしよ》を将来せざれども、正法伝来の正主《しやうしゆ》なり。しかあるを、史者あきらめず、習禅の篇につらぬるは、至愚《しぐ》なり、かなしむべし。

かくのごとくして嵩山に経行するに、*犬あり、堯《げう》をほゆ。あはれむべし、至愚なり。たれのこゝろあらんか、この慈恩をかろくせん。たれのこゝろあらんか、この恩を報ぜざらん。*世恩なほわすれず、おもくする人おほし、これを人といふ。祖師の大恩《だいおん》は父母《ぶも》にもすぐるべし、祖師の慈愛は親子にもたくらべざれ。

われらが卑賤《ヒセン》おもひやれば、驚怖《きやうフ》しつべし。*中土《ちゆうど》をみず、中華にむまれず、聖《しやう》をしらず、賢をみず、天上にのぼれる人いまだなし、人心ひとへにおろかなり。開闢《かいびやく》よりこのかた、*化俗《くゑぞく》の人なし、国をすますときをきかず。いはゆるは、いかなるか清、いかなるか濁とshiらざるによる。*二柄《へい》三才《さい》の本末にくらきによりてかくのごとくなり。いはんや*五才の盛衰《じやうすい》をしらんや。この愚は、*眼前の声色《しやうしき》にくらきによりてなり。くらきことは経書《きやうしよ》をしらざるによりてなり、経書に師なきによりてなり。その師なしといふは、この経書いく十巻といふことをしらず、この経《きやう》いく百偈《ひやくげ》、いく千言としらず、たゞ文《もん》の*説相をのみよむ。いく千偈、いく万言《まんごん》といふことをしらざるなり。すでに古経《こキヤウ》をしり、古書をよむがごときは、すなはち慕古の意旨あるなり。慕古のこゝろあれば、古経《こきやう》きたり現前するなり。*漢高祖および*魏太祖、これら*天象《てんしやう》の偈《げ》をあきらめ、地形の言《ごん》をつたゐ《(へ)》し帝者なり。かくのごときの

犬あり堯をほゆ　「跖(盗人)之狗吠堯(聖天子)」。『戦国策』に見える。
世恩　世はさきの「以世」の世に同じ。有限現実の時間。二字でその間における恩。
中土　中国・中原。結局「中華」に同じ。ただ後者は文化の保持者の色彩がある。
化俗　風俗を変化する。下の「国をすます」も国の俗を純化するの意。
二柄三才　二柄は刑と徳と。三才は天地人。四字で自然人事の意ならん。
五才　原本左注「木火土金水ヲ云五才」。この才は材。「二柄三才」の才は元・初。
眼前の声色　要するに、感官に訴え、知覚のとらえるもの。
説相　説法の表面に現われた、その限りで不変な「性」に対する「相」にも比せられるべき、変動遷移するもの。
漢高祖　劉邦(前二四七―一九五)。沛の豊の人。字は季。長安に都して漢朝を創立した。在位十二年。
魏太祖　曹操(一五五―二二〇)。後漢、沛の譙の人。後漢に仕えて黄巾の賊を平らげ、董卓を討って魏王となった。子の丕が漢を簒って後、武帝と謚した。
天象の偈　「地形の言」とともに、天地運行の理法を象徴的に言った対句だろう。

経典あきらむるとき、いささか三才あきらめきたるなり。いまだかくのごとくの聖君の化《くゑ》にあはざる百姓《はくせい》のともがらは、いかなるを*事君《じくん》とならひ、いかなるを事親《じしん》とならふとしらざれば、*君子としてもあはれむべきものなり。親族としてもあはれむべきなり。臣となれるも子となれるも、*尺璧《せきへき》もいたづらにすぎぬ、寸陰もいたづらにすぎぬるなり。*かくのごとくなる家門《かもん》にむまれて、国土のおもき職な*ほさづくる人なし、かろき官位なほお《(を)》しむ。にごれるときなほしかあり、すめらんときは*見聞もまれならん。かくのごときの辺地、かくのごときの卑賤の身命《しんみやう》をもちながら、あくまで　如来の正法をきかんみちに、いかでかこの卑賤の身命をお《(を)》しむこゝろあらん。お《(を)》しむでのちになにものゝためにかすてんとする。おもくかしこからん、なほ法のためにお《(を)》しむべからず、いはんや卑賤の身命お《(を)》や。たとひ卑賤なりといふとも、為道為法のところにお《(を)》しまずすつることあらば、*上天よりも貴《くゐ》なるべし、*輪王《りんわう》よりも貴なるべし、おほよそ天神地祇《てんじんちぎ》、三界衆生よりも貴なるべし。しかあるに、

初祖は南天竺国香至王の第三皇子《わうじ》なり。すでに天竺国の帝胤《ていいん》なり、皇子なり。高貴のうやまふべき、東地辺国には、かしづきたてまつるべき儀もいまだしらざるなり。香《かう》なし、花《くゑ》なし、坐褥《ざにく》おろそかなり、*殿台つたなし。いはんやわがくには、遠方の絶岸なり、いかでか大国の皇《わう》をうやまふ儀をしらん。たとひならふとも、*迂曲《うこく》してわきまふべからざるなり。諸侯と帝者と、その儀ことなるべし、その礼も軽重《きやうぢゆう》あれどもわきまへしらず。自己の貴賤をしらざれば自己を保任《ほうにん》せず。*自己を保任せざれば、自己の貴賤もともあきらむべきなり。

事君　「君ニツカフ」。次の「事親」の「事」も同じく仕う。
君子　君に親近し恩顧を受けるもの。『呉越春秋』の用法。
尺璧も…寸陰も　出典はさきに見た(一八三頁)。大事なものも些細なものも、物も時も。
かくのごとくなる　達磨が王家の生れだということを指す。
なほ　この「なほ」は「かくのごとくなる家門に生れて」を受ける。次の「なほ」はすぐ上の「かろき官位」を、第三(次行)の「なほ」もすぐ上の「にごれるとき」を受ける。
見聞もまれならん　注意を惹きさえしないだろう。
上天・輪王　天帝と転輪王(最高最貴の人王、もし釈迦牟尼が出家しなければこのものになったとされる)。
殿台　殿は大建築物。台はそれの基台。(入矢)
迂曲　迂曲するのはこの場合道ではなく人。見当違いばかりして。
自己を保任せざれば　次に「自己の貴賤を知らず」を補って読む。このあたり道元の出自と深くかかわる考え方。

初祖は　釈尊第二十八世の附法なり。*道にありてよりこのかた、いよ〱おもし。かくのごとくなる大聖至尊《だいしやうしいそん》、なほ師勅によりて身命《しんみやう》を《》お《(を)》しまざるは伝法《でんぼふ》のためなり、*救生《くしやう》のためなり。真丹国《しんだんこく》には、いまだ初祖西来よりさきに嫡嫡《ちやくちやく》単伝《タンでん》の仏子をみず、嫡々面授の祖面を面授せず、見仏いまだしかりき。のちにも初祖の遠孫《をんそん》のほか、さらに西来せざるなり。*曇花《ドンぐゑ》の一現はやすかるべし、*年月をまちて算数《さんじゆ》しつべし、初祖の西来はふたゝびあるべからざるなり。しかあるに、祖師の遠孫と称ずるともがらも、*楚《そ》国《こく》の至愚にゐふ《(う)》て、玉石《ぎよくせき》いまだわきまゐ《(へ)》ず、経師論師《きやうじろんじ》も斉肩すべきとおもへり。少聞《せうもん》薄解《ハクげ》によりてしかあるなり。*宿《しゆく》殖般若《じきはんにや》の正種《しやうしゆ》なきやからは、祖道の遠孫とならず、いたづらに名相《みやうさう》の邪路に跉跰《リヨウヘイ》するもの、あはれむべし。

梁の普通よりのち、なほ西天《さいてん》にゆくものあり、それなにのためぞ。*至愚のはなはだしきなり。悪業《あくごふ》のひくによりて、他国に跉跰するなり。歩々に謗法《はうぼふ》の邪路におもむく、歩々に親父《しんぶ》の家郷を逃逝《たうぜい》す、なんだち西天にいたりてなんの所得かある。たゞ山水に辛苦するのみなり。西天の東来する宗旨《そうし》を学せずは、仏法の東漸《とうぜん》をあきらめざるによりて、いたづらに西天に迷路するなり。仏法をもとむる名称《みやうしやう》ありといゐ《(へ)》ども、仏法をもとむる道念なきによりて、西天にしても正師《しやうし》にあはず、いたづらに論師経師《ろんじきやうじ》にのみあへり。そのゆへ《(ゑ)》は、正師は西天にも現在せれども、正法をもとむる正心《しやうしん》なきによりて、正法なんだちが手にいらざるなり。西天にいたりて正師をみたるといふ、たれか、その人いまだきこえざるなり。もし正師にあはゞ、いくそばくの名称をも自称せん。なきによりて自称いまだあらず。

道にありてより　出家前の身分も重かったが仏道に入ってからは。
救生　「生」は衆生。

曇花　優曇華の略。三千年に一度咲くという木の花。
年月をまちて…　年月の積るを待てばその開花のときを数えられよう。
楚国の至愚　『淮南子』説山訓に出る話。楚の荘王の猿が逃げたとき、それをつかまえるために国の林を片端から伐り倒してかえりみなかった。禍が他に及ぶことの譬えとされるが、ここでは何が大事かを知らぬことの譬えのようである。
宿殖　殖は普通植に作る。宿世に根を張った、あるいは植えた。「般若の正種」全体を修飾しているととるべきだろう。
至愚のはなはだしき　「至」があれば「はなはだしき」は不要のはずである。すでに言った道元の文章理念を反映する表現の一つ。

また真丹国《しんだんこく》にも、祖師西来よりのち、経論に*倚解《いげ》して、正法をとぶらはざる僧侶《そうりよ》おほし。これ経論を披閲《ひえつ》すといゐ(へ)ども、経論の旨趣にくらし。この*黒業《こくごふ》は今日の業力《ごふりき》のみにあらず、宿生《しゆくしやう》の悪業力《あくごふりき》なり。今生《こんじやう》つゐ(ひ)に如来の真訣《しんくゑち》をきかず、如来の正法をみず、如来の面授にてらされず、如来の仏心を使用せず、諸仏の家風をきかざる、かなしむべき一生ならん。隋・唐・宋の諸代、かくのごときのたぐひおほし、たゞ宿殖般若《しゆくじきはんにや》の種子《しゆうじ》ある人は、*不期《ふご》に入門せるも、あるは*算砂《さんじや》の業《ごふ》を解脱《げだつ》して、祖師の遠孫《をんそん》となれりしは、ともに利根《りこん》の機《き》なり、上上の機なり、*正人《しやうにん》の正種《しやうしゆ》なり。愚蒙《ぐモウ》のやから、ひさしく経論の草庵《さうあん》に止宿するのみなり。しかあるに、かくのごとくの嶮難あるさかひを辞せずいとはず、初祖西来する玄風*、いまなほあほぐ(ふ)ところに、われらが臭皮袋《シウひたい》を、おしむ(を)でつゐ(ひ)になにゝかせん。

☆香厳《きやうげん》禅師いはく、

百計《ハクケイ》*千方《セムボウ》只《タヾ》為《タメナリ》レ身《ミノ》、　《百計千方只《ただ》身の為なり、

不《ズ》レ知《シラ》身是《ハコレ》塚《ツカノ》中《ナカノ》塵《チリナルコト》。　知らず、身は是れ塚の中の塵なること。

莫《ナカレ》レ言《イフコト》白髪《ハチニ》無《ナシト》二言語《ゴムゴ》一、　言ふこと莫《なか》れ白髪に言語無しと、

此《コレ》是《ハコレ》黄泉《クワウセム》伝語《デムゴノ》人《ヒトナリ》。　此れは是黄泉伝語の人なり》

しかあればすなはち、おしむ(を)にたとひ百計千方をもてすといふとも、つゐ(ひ)にはこれ塚中《ちようちゆう》一堆《たい》の塵《ちり》と化《くゑ》するものなり。いはんやいたづらに小国の王民につかはれて、東西に馳走《チそう》するあひだ、千辛万苦《せんしんばんく》いくばくの身心をかくるしむる。義によりては身命《しんみやう》をかろくす、殉死《ジユムシ》

倚解　…に倚って解す。

黒業　白業の対。暗黒不浄の苦果を招く悪しき行い。次の「業力」は果(報)を招く業(因)の力、はたらき。「今日の」とともに用いると、「力」は要らないようにも思えるが、丁寧に考えれば「今日に因(原因)のあるしわざ」という意味になろう。次の「宿生の」は「前生における」。

不期に　期せずして。

算砂の業　さきに「名相の沙石にわづらふ」(一九三頁)とあった。経師論師となって文字言語のみを精究して、仏法の真意をとらえ得ぬ、根気がいって、空しいわざ。

正人　菩薩の異訳として正士という言葉がある。それと同じだろう。

玄風　↓一七八頁「履空」注

千方　方は、てだて。

暗頭　頭はほとり。

道器　仏道を容れる器。仏道を修めるに足る器量の人。次の「ゆえに」は「ものなるに」と言うのと同じ。

千子　多くの子。

病雀・三府環　後漢の楊宝が九歳のとき鴟梟におそわれた子雀を拾い、百日の間黄花をもって育ててやった。すると、羽が生えそろい飛びさった。その夜、西王母の使者と名告る黄衣童子が現われ、恩を謝し、白環四枚を宝に与えて、「君の子孫の潔白にして位三事(三公の位。三府はその役所)に陞ること、この環の如くならん」と言ったという、その故事(『続斉諧記』)。

窮亀・餘不　晋の孔愉なるものが餘不亭(餘不は浙江省呉興県の谷川の名)のあたりへ行ったとき、籠に入れられていた亀を買いとり、これを川に放ったところ、亀は中流で四度首を左に向けた。その後侯印を鋳させると、印の亀の首は三度鋳直させても、三度とも左を向いたという故事(『晋書孔愉伝』)。前話とともに『蒙求』に出る。

の礼わすれざるがごとし。恩につかはるゝ前途、たゞ*暗頭《あんてう》の雲霧なり。小臣につかはれ、民間に身命《しんみやう》をすつるもの、むかしよりおほし。お《(を)》しむべき人身《にんじん》なり、*道器《だうき》となりぬべきゆえ《(ゑ)》に。いま正法にあふ、百千恒沙《がうじや》の身命をすてゝも正法を参学すべし。いたづらなる小人と、広大深遠《くわうだいじんのん》の仏法と、いづれのためにか身命をすつべき。賢不肖ともに進退にわづらふべからざるものなり。しづかにおもふべし、正法よに流布《るふ》せざらんときは、身命を正法のために抛捨《ハウしや》せんことをねがふともあふべからず。正法にあふ今日のわれらをねがふべし、正法にあふ《(う)》て身命をすてざるわれらを慚愧《ザンギ》せん。はづべくは、この道理をはづべきなり。

しかあれば、祖師の大恩《だいおん》を報謝せんことは、一日の行持なり。自己の身命をかへりみることなかれ。禽《きん》獣《じう》よりもおろかなる恩愛《おんない》、お《(を)》しむですてざることなかれ。たとひ愛惜《あいじやく》すとも、長年《ちやうねん》のともなるべからず。あくたのごとくなる家門《かもん》、たのみてとゞまることなかれ。たとひとゞまるとも、つゐ《(ひ)》の幽棲にあらず。むかし仏祖のかしこかりし、みな七宝《しつぼう》*千子《せんし》をなげすて、玉殿朱楼をすみやかにすつ。涕唾《ていだ》のごとくみる、糞土のごとくみる。これらみな、古来の仏祖の古来の仏祖を報謝しきたれる知恩報恩の儀なり。*病雀《びやうじやく》なほ恩をわすれず、*三府の環《クハン》よく報謝あり。*窮亀《きうキ》なほ恩をわすれず、*餘不《よふ》の印よく報謝あり。かなしむべし、人面《にんめん》ながら畜類よりも愚劣ならんことは。

いまの見仏聞法《もんぼふ》は、仏祖面々の行持よりきたれる慈恩なり。仏祖もし単伝せずは、いかにしてか今日にいたらん。一句の恩なほ報謝すべし、一法の恩なほ報謝すべし。いはんや正法眼蔵無上大法の大恩、これを報謝せざらんや。一日に無量恒河沙《ごうがしゃ》の身命すてんことねがふべし。法のためにすてんかばねは、*世々《せぜ》のわれら、かへりて礼拝供養《らいはいくやう》すべし。諸天竜神《しよてんりゆうじん》ともに恭敬尊重《くぎやうそんぢゆう》し、守護《しゆご》讃嘆《さんだん》するところなり、道理それ必然なるがゆえ《(ゑ)》に。

西天竺国には、髑髏《どくろ》をうり髑髏をかふ婆羅門《ばらもん》の法、ひさしく風聞《ふうぶん》せり。これ聞法の人の髑髏形骸の功徳《くどく》おほきことを尊重《そんぢゆう》するなり。いま道のために身命をすてざれば、聞法《もんぼふ》の功徳いたらず。身命をかへりみず聞法《もんぼふ》するがごときは、その聞法成熟《じやうじゆく》するなり。*この髑髏は、尊重すべきなり。いまわれら、道のためにすてざらん髑髏は、他日にさらされて野外《やぐゑ》にすてらるとも、たれかこれを礼拝《らいはい》せん、たれかこれを売買《まいまい》せむ。*今日の精魂《しやうこん》かへりてうらむべし。鬼の先骨をうつありき、天の先骨を礼《らい》せしあり。いたづらに塵土《ちんど》に化《くゑ》するときをおもひやれば、*いまの愛惜《あいじやく》なし、*のちのあはれみあり。もよほさるゝところは、*みむ人のなみだのごとくなるべし。いたづらに塵土に化《くゑ》して、人にいとはれん*髑髏をもて、よくさいわい《(はひ)》に仏正法を行持すべし。

このゆえに、寒苦をおづることなかれ、寒苦いまだ人をやぶらず、寒苦いまだ道をやぶらず。たゞ不修《ふしゆ》をおづべし、不修それ人をやぶり、道をやぶる。暑熱をおづることなかれ、暑熱いまだ人をやぶらず、暑熱いまだ道をやぶらず。不修《ふしゆ》よく人をやぶり、道をやぶる。*麦をうけ、蕨《ワラビ》をとるは、道俗の勝躅《しようちよく》なり、血をもとめ、乳をもとめて、鬼畜にならわ《(は)》ざるべし。たゞまさに行持なる一日は、諸仏の行履《あんり》なり。

世々のわれら　後世に生れ出るわれら修行者自身。

この髑髏　かかる(聞法した)髑髏。

今日の精魂…　今日生きている自分の魂が死後かえって。次の「鬼の先骨を打つ」がその例話。「先骨」は前世における自分の骨。

いまの愛惜、**のちのあはれみ**　現在のわが身をいとしく惜しく思うこと、来世のわが身に対する憐れみ。

みむ人　実際にそういう情景をみた(未来完了)人。

髑髏をもて　髑髏たるべき身をもって。

麦をうけ　釈迦牟尼の故事。「蕨をとる」は言うまでもなく伯夷叔斉の故事。前者「道」、後者「俗」。

☆真丹《しんだん》第二祖大祖《たいそ》正宗普覚《しやうしゆうふかく》大師は、神鬼《じんき》ともに*嚮慕《きやうぼ》す、道俗おなじく尊重《そんちゆう》せし高徳の祖なり、*曠達《くわうたつ》の士なり。*伊洛《いらく》に久居して群書を博覧す、くにのまれなりとするところ、人のあひがたきなり。法高徳重《ほふかうとくちゆう》のゆえ《(ゑ)》に、*神物倏見《じんもつしゆくげん》して、祖にかたりていふ、

「将《マサニ》欲《ヲモハヾ》㆓受果《ジュクワヲ》㆒、何《ナムゾ》滞《トヾコホル》㆑此《コヽニ》耶《ヤ》。大道匪《アラズ》㆑遠《トホキニ》、汝《ナムヂ》其《ソレ》南《ミナミヘ》矣《ユクベシ》《将《まさ》に受果を欲《おも》はば、何ぞ此に滞るや。大道遠きに匪《あら》ず、汝其《そ》れ南へゆくべし》」。

あくる日、にわ《(は)》かに頭痛すること刺《さす》がごとし。其師《そのし》*洛陽竜門香山宝静禅師《ほうじやうぜんじ》、これを治せんとするときに、

空中有㆑声曰、「此乃換《カウルナリ》㆑骨《ホネヲ》、非《アラズ》㆓常《ツネノ》痛《イタミニ》㆒也」。

《空中に声有りて曰く、「此れ乃《すなは》ち骨を換《か》ふるなり、常の痛みに非ず」》

祖遂《ニ》以《テ》㆓見神事《ノジヲ》㆒、白《ス》㆓于師㆒。師視《ミルニ》㆓其《ノ》頂骨㆒、即《チ》如《ゴトシ》㆓*五峯秀出《ノシウシユツセルガ》㆒矣。乃曰、「汝《ガ》相吉祥《ナリ》、当《サニ》㆑有《アル》㆓所証㆒。神汝南者《ノナムヂミナミヘユケトイフハ》、斯《コレ》則《チ》少林寺《ノ》達磨大士、必汝《カナラズナムヂガ》之《シ》師也《ナリ》」。

《祖、遂に見神の事《じ》を以て、師に白《まう》す。師、其の頂骨を視るに、即ち五峯の秀出せるが如し。乃ち曰く、「汝が相《さう》、吉祥《きちじやう》なり、当《まさ》に所証有るべし。神の汝南へゆけといふは、斯れ則ち少林寺の達磨大士、必ず汝が師なり」》

この教《をしへ》をきゝて、祖すなはち少室峯に参ず。神は*みづからの久《ぐ》遠《をん》修道《しゆだう》の守道神《しゆだうじん》なり。このとき、*窮臘寒天《きゆうらふかんてん》なり。十二月初《しよ》九夜といふ。天大雨雪《てんだいうせつ》ならずとも、深山高峯の冬夜《とうや》は、おもひやるに、人物の窓前《スウぜん》に立地《りつち》すべきにあらず。竹節《ちくせつ》なほ破《は》す、おそれつべき時候なり。しかあるに、大雪匝地《だいせつさふち》、埋山没峯《まいせんもつぼう》なり。破雪して道をもとむ、いくばくの嶮難なりとかせ

嚮慕　心を寄せる。したう。

曠達　心広く、物事にこだわらぬこと。

伊洛　伊水と洛水の間。河南省・陝西省あたり。洛陽は黄河本流と洛水のあいだにある。

神物倏見　倏はたちまち。見は現わる。神物は神の類。一七行目の「人物」も人の類。

洛陽竜門香山宝静禅師　(普覚)慧可が最初について出家した師。慧可は永穆寺で具足戒を受け、講肆に遊んで大小乗の義を学んだ後、年三十二の時、また香山に帰って終日宴坐して八年を経た。激しい頭痛を覚えたのはこの時のことである。

五峯　五座の山。固有名詞ではない。

みづからの　二祖自身の。

窮臘　年末もおしつまってから。臘は一七二頁の「臘」に同じ。十二月初九とはかならずしも合わない。

ん。つゐ《(ひ)》に祖室にとづく*といゑ《(へ)》ども、入室《にっしつ》ゆるされず、顧眄《こめん》せざるがごとし。この夜、ねぶらず、坐せず、やすむことなし。やゝつもりて腰をうづむあひだ、堅立《けんりふ》不動にしてあくるをまつに、夜雪《やせつ》なさけなきがごとし。やゝつもりて腰をうづむあひだ、おつるなみだ滴々こほる。なみだをみるになみだをかさぬ、身をかへりみて身をかへりみる。自惟《じゆい》すらく、

昔人《ノ》求《ムルニ》レ道、*敲《ウチテ》レ骨《ホネヲ》取《トリ》レ髄《ズイヲ》、刺《サシテ》レ血《チヲ》済《スクフ》レ餓《ウエタルヲ》。布《シキテ》レ髪《カミヲ》淹《ヲホヒ》レ泥《デイヲ》、投《ナゲテ》レ崖《キシニ》飼《カウ》レ虎《トラニ》。古《イニシヘ》尚《ナホ》若《ゴトシ》二此《カクノ》一、我《ワレ》又《マタ》何人《ナニビトゾ》。

《昔の人、道を求むるに、骨を敲ちて髄を取り、血を刺して饑ゑたるを済《すく》ふ。髪を布《し》きて泥《でい》を淹《おほ》ひ、崖《きし》に投げて虎に飼ふ。古《いにしへ》尚此《かく》の若《ごと》し、我又何人ぞ》

かくのごとくおもふに、*志気《しいき》いよ〳〵励志《レイシ》あり。

いまいふ「古尚若此《こしやうにやくし》、我又何人《がいうかじん》」を、晩進《バムシム》もわすれざるべきなり。*しばらくこれをわするゝとき、永劫《やうごふ》の沈溺《ちんじやく》あるなり。

かくのごとく自惟《じゆい》して法をもとめ、道をもとむる志気《しいき》のみかさなる。*澡雪《さうせつ》の操《サウ》を操《さう》とせざるによりて、しかありけるなるべし。*遅明《チメイ》のよるの消息*、はからんとするに肝胆《かんタン》もくだけぬるがごとし。たゞ身毛の*寒怕《かんは》せらるゝのみなり。

初祖、あはれみて味旦《まいたん》にとふ、「汝久立二雪中一、当求二何事一《汝、久しく雪中に立つて、当《まさ》に何事をか求むる》」。

かくのごとくきくに、二祖、悲涙ますます〳〵おとしていはく、「惟《タヾシネガハクハ》願和尚、慈悲《ヲモテ》開《キ》二*甘露門《ヲ》一、広《ロク》度《スベシ》二群品*《ヲ》一《惟《ただ》し願はくは和尚、慈悲をもて甘露門を開き、広く群品《ぐんぼん》を度すべし》」。

とづく　行きつく(→一九一頁注)。下の「顧眄」の主格は達磨。

敲骨…飼虎　常啼菩薩や釈迦牟尼の故事。

志気いよ〳〵励志あり　「志気いよいよ励む」と「いよいよ励志(心を励ます)あり」が重なっている。

しばらく　ちょっとの間。かりそめ。

澡雪　「雪ニソソグ」と訓んで、満身に雪を浴びる意。一七七頁の用例に同じ。

遅明　明くるを待つ。夜明け。

消息　ここのは動静の意だろう。

寒怕　ぞっと身の毛もよだつ。(入矢)

甘露門　(不死をめぐむ甘露になぞらえられる)涅槃に至る門。

群品　群類。衆生。

かくのごとくまうすに、

初祖曰《いはく》、「諸仏無上妙道《ハ》、曠劫《ニ》精勤《シテ》、難行能行《ス》、非忍而*忍《ナリ》。豈以《テ》二小徳小智、軽心慢心《ヲ》一、欲《セム》レ冀《ネガハムト》*二真乗《ヲ》一、徒労《イタヅラニ》勤苦《ナラム》《諸仏無上の妙道は、曠劫《くわうこふ》に精勤《しやうごん》して難行能行す、非忍にして忍なり。豈《あに》小徳小智、軽心《きやうしん》慢心を以て、真乗を冀《ねが》はんとせん、徒労《いたづら》に勤苦《ごんく》ならん》」。

このとき、二祖きゝていよ〳〵*誨励《クイレイ》す。ひそかに利刀をとりて、みづから左臂《ヒヂ》を断《タチ》て、置于師前《チウシゼム》するに、初祖ちなみに二祖これ法器なりとしりぬ。

乃曰《すなはちいはく》、「諸仏最初求レ道、為レ法忘レ形。汝今断二臂吾前一、求亦可在《諸仏最初に道を求めしとき、法の為に形を忘じき。汝《なんぢ》今臂を吾が前に断ず、求むること亦可《か》なること在り》」。

これより堂奥《だうあう》にいる。執侍《しふじ》八年、勤労千万《きんらうせんばん》、まことにこれ人天《にんでん》の*大依怙《だいえこ》なるなり、人天《にんでん》の大導師なるなり。かくのごときの勤労は、西天《さいてん》にもきかず、東地はじめてあり。

*破顔は古《いにしへ》をきく、得髄は祖に学す。しづかに観想すらくは、初祖いく千万の西来ありとも、二祖もし行持せずは、今日の*飽学措大《はうがくそだい》あるべからず。今日われら正法を見聞するたぐひとなれり、祖の恩かならず報謝すべし。その報謝は、余外《よぐゑ》の法はあたるべからず、身命《しんみやう》も不足なるべし、国城もおもきにあらず。国城は他人にもうばわ《(は)》る、親子にもゆづる。身命は無常にもまかす、主君にもまかす、邪道にもまかす。しかあれば、これを挙《こ》して報謝に擬するに不道なるべし。たゞまさに日日の行持、その報謝の正道《しやうだう》なるべし。

いはゆるの道理は、日日の生命を等閑にせず、わたくしにつゐ《(ひ)》やさざらんと行持するなり。そのゆゑ《(ゑ)》はいかん。この生命は、*前来の行持の余慶なり、行持の大恩《だいおん》なり。いそぎ報

忍　→一九三頁「大忍力」注

真乗　真実の教法。人の世の海を渡り彼岸に達せしめる教えの比喩。

誨励　自動詞として用いられているので、「誨」は晦昧を破すの意だろう。睡気を払いみずからはげまし。出典では「光(神光)聞二誨励一」とあり他動詞。

大依怙　たよりとするもの。怙は恃。

破顔は古をきく…　破顔は無論釈迦牟尼仏の霊山会上の附法に因む。そういう禅機は古例として聞いている。「祖に学す」の祖は、『礼拝得髄』に因み二祖のこと。

飽学措大　措大の定義に定説なし。貧士・貧書生の称とする。その説の一たる大事を挙措するの意をとって、貧の意を持たせることはしていないらしい。

前来　さきに来る、来た、さきの世。

謝すべし。かなしむべし、はづべし、仏祖行持の功徳分より生成《しやうじやう》せる形骸《けいがい》を、いたづらなる妻子の*つぶねとなし、妻子のもちあそびにまかせて、*破落《はらく》をお《(を)》しまざらんことは。邪狂にして身命を名利《みやうり》の*羅刹《らせつ》にまかす、名利は一頭の大賊なり。名利をおもくせば、名利をあはれむべし。名利をあはれむといふは、仏祖となりぬべき身命を、名利にまかせてやぶらしめざるなり。妻子親族あはれまんことも、またかくのごとくすべし。名利は夢《む》幻空花《ゲンくうくゑ》なりと学することなかれ、*衆生のごとく学すべし。名利をあはれまず、罪報をつもらしむることなかれ。参学の正眼《しやうげん》、あまねく諸法をみんこと、かくのごとくなるべし。

世人のなさけある、金銀珍玩《ちんくわん》の*蒙恵《もうけい》なほ報謝す、好語《かうご》好声《かうしやう》のよしみ、こゝろあるはみな報謝のなさけをはげむ。如来無上の正法を見聞する大恩《だいおん》、たれの人面《にんめん》か、わするゝときあらん。これをわすれざらん、一生の珍宝なり。この行持を不退転ならん形骸髑髏《けいがいどくろ》は、生時《しやうじ》死時《しじ》、おなじく*七宝塔におさめ、一切人天皆応供養《いっさいにんでんかいおうくやう》の功徳《くどく》なり。かくのごとく大恩ありとしりなば、かならず草露《さうろ》の命をいたづらに零落《れいらく》せしめず、如山《にょせん》の徳をねんごろに報ずべし。これすなはち行持なり。

この行持の功は、祖仏として行持する*われありしなり。おほよそ初祖・二祖、かつて精《しやう》藍《らん》を草創《さうサウ》せず、*薙草《チサウ》の繁務《ハムム》なし。および三祖・四祖もまたかくのごとし。五祖・六祖の寺院を*自草《じさう》せず、青原・南嶽もまたかくのごとし。

☆石頭大師は草庵を大石にむすびて石上に坐禅す。昼夜にねぶらず、坐せざるときなし。

つぶね　やつこ。
破落　この二字の熟語ありや否や未詳。破落戸はごろつき。もと落ちぶれた家のものの自称。
羅刹　鬼類。悪鬼羅刹という言い方はタウトロギア。
おもくせば　重んずるなら。
衆生のごとく　衆生のしかするがごとく。
蒙恵　メグミヲカウムル。
七宝塔　多宝塔の別名。前出髑髏を売る婆羅門の話に因む。
われありしなり　「祖仏」と「われ」とが同一化されている。
薙草　草を刈る。寺院境内を作るため、荒地を切りひらくこと。
自草　みずから創(はじ)む。

衆務　もろもろのつとめ。

摂心　心を集中すること。次の「寐」は横たわり眠る。

脅不至席　脅は脇に同じ。脇不至席として既出（一六九頁注）。

僅　ほとんど。なんなんとす。

貞観癸卯歳　六四三年。

嚮　「タウトブ」の訓は「向ふ」の意より出たものだろう。

神色儼然　神は精神、色は顔色。儼然は気高くおごそか。

就賜珍繒　就は、就いて見るなどの用例に従う。そばに行って。繒はきぬ。

太宗　唐の太宗。李世民（五九八—六四九）。高祖の次子。

有義　義を具えた。

*衆務《しゆむ》を斷闕《きくゐち》せずといゑ（へ）ども、十二時の坐禅かならずつとめきたれり。いま青原の一派の天下に流通《るづう》すること、人天《にんでん》を利潤《りにん》せしむることは、石頭大力《だいりき》の行持堅固のしかあらしむるなり。いまの雲門・法眼《ほふげん》のあきらむるところある、みな石頭大師の法孫《ほつそん》なり。

第三十一祖大医禅師☆は、十四歳のそのかみ、三祖大師☆をみしより、服労《フクラウ》九載《サイ》なり。すでに仏祖の祖風を嗣続するより、*摂心無寐《むび》にして*脅不至席《けふしせき》なること*僅《きん》六十年なり。化《くゐ》、怨親《をんしん》にかうぶらしめ、徳、人天《にんでん》にあまねし。真丹《しんだん》の第四祖なり。

*貞観癸卯歳《チヤウグワムミヅノトノウノ》、太宗*嚮《タウトビ》ニ師《ノ》道味《ヲ》一、欲《ス》レ瞻《ミムト》ニ風彩《サイヲ》一、詔《シヨウス》ニ赴京《フキヤウヲ》一。師上表《シテ》遜謝《スルコト》、前後三返、竟《ツキ》以《テ》レ疾《シチ》辞《ジス》。第四度、命《ジテ》レ使《ニ》曰、「如果《モシハタシテ》不《ズハ》レ赴《フセ》、即取《トリテ》レ首《ヲ》来《キタレ》」。使至《シテ》レ山諭《ユス》レ旨《ヲ》。師乃引《テ》レ頸《ヲ》就《ツク》レ刃《ニ》、*神色儼然《タリ》。使異《トシ》ニ之《ヲ》一、廻以《テ》レ状聞《ス》。帝弥《イヨく》加歎慕《ス》。*就《シユ》ニ賜《シテ》珍繒《ヲ》一、以遂《トグ》ニ其志《ヲ》一。

《貞観癸卯の歳《とし》、太宗、師の道味を嚮《たふと》び、風彩を瞻《み》むとして、赴京《ふきやう》を詔《せう》す。師、上表して遜謝すること、前後三返、竟《つひ》に疾《しち》を以て辞す。第四度、使に命じて曰く、「如果《もし》して赴せずは、即ち首を取りて来れ」。使、山に至《いた》つて旨を諭《ゆ》す。師、乃ち頸を引《ひ》いて刃に就く、神色儼然たり。使、之を異とし、廻《かへ》つて状を以て聞す。帝、弥《いよいよ》加歎慕す。珍繒《ちんそう》を就賜《しゆし》して、以て其の志を遂ぐ》

しかあればすなはち、四祖禅師は、身命《しんみやう》を身命とせず、王臣に親近《しんごん》せざらんと行持せる行持、これ千載の一遇なり。*太宗は*有義《いうぎ》の国主なり、相見《しやうけん》のものうかるべきにあらざれども、かくのごとく先達《せんだち》の行持はありけると、参学すべきなり。人主《にんしゆ》としては、身命をお（を）しまず引頸就刃《いんきんしゆにん》して、身命をお（を）しまざる人物をも、なほ歎慕するなり。これいたづらなるにあらず、光陰をおし《(を)》み、行持を専一にするなり。上表三返、奇代《きたい》の例なり。いま澆季《げうき》には、もとめて帝者にまみえんとねがふあり。

*高宗*永徽辛亥歳《キムクキカノトノキノトシ》、閏九月四日、忽垂《シメシテ》二誡門人《テ》一曰、「一切諸法悉《ハコト〲》皆《ミナ》解脱《ナリ》。汝等各《ヲノ〱》自護念《スベシ》、*流二化《スベシ》未来《ヲ》一」。言訖《イヒヲハリテ》安坐《シテ》而逝《ス》。寿七十有二、塔《タウタツ》二于*本山《ニ》一。明年四月八日、塔戸《ノト》無《ナク》レ故自開《ユヘミヅカラヒラク》、儀相如《ゴトシ》レ生《イケル》。爾後《ソノヽチ》、門人不《ズ》二敢復閉《テマタトヂ》一。

《高宗の永徽辛亥の歳、閏《うるふ》九月四日、忽ちに門人に垂誡《しめ》して曰く、「一切諸法は悉く皆解脱《げだつ》なり。汝等《なんだち》各《おのおの》自護念すべし、未来を流化《るくゑ》すべし」。言ひ訖《をは》りて安坐して逝す。寿七十有二、本山に塔たつ。明年四月八日、塔の戸、故《ゆゑ》無く自ら開く、儀相《ぎさう》生ける如し。爾後《そののち》、門人敢てまた閉ぢず》

しるべし、「一切諸法悉皆解脱」なり、諸法の空なるにあらず、諸法の諸法ならざるにあらず、悉皆解脱なる諸法なり。いま四祖には、未入塔時《みにふたふじ》の行持あり、既在塔時《きざいたふじ》の行持あるなり。生者《しやうじや》かならず滅ありと見聞するは小見なり、滅者は無思覚と知見せるは小聞《せうもん》なり。学道にはこれらの小聞小見をならふことなかれ。生者《しやうじや》の滅なきもあるべし、滅者の有思覚《いうしかく》なるもあるべきなり。

福州*玄砂宗一大師、法名師備、福州閩県《ミムエムの》人也《なり》。姓《せいは》謝氏《なり》。幼年より垂釣《シテウ》をこのむ。小艇《コブネ》を*南臺江にうかめて、もろ〱の漁者《ギヨシヤ》になれきたる。唐の咸通のはじめ、*年甫《ねんぽ》三十なり。たちまちに出塵《しゆつぢん》をねがふ。すなはち釣舟をすてゝ、☆芙蓉山霊訓《フヨウザムリムクキム》禅師に投じて落髪す。*豫章《ヨシヤウ》開元寺道玄律師に*具足戒をうく。

高宗　唐の高宗。李治(六二八—六八三)。太宗の第九子。
永徽辛亥歳　六五一年。
流化　感化を及ぼす。
本山　湖北省蘄春県破頭山。

玄砂　生地同様福建省閩侯県にある。→祖師
南臺江　福建省の閩江が釣臺山の下を流れるあたりを南臺江または白竜江という。
年甫　年はじめて。また年の始をいう。ここでは「甫」は冗辞。
豫章開元寺　開元二十六年(七三八)唐の玄宗が勅して建てた。唐宋の間に多くの名僧を出した。豫章は江西の別名(→二一四頁三行)。
具足戒　小乗律に規定する比丘・比丘尼の大戒。これを保てば無量の戒徳を身に具えうる故かく呼ぶという。

布衲*芒《マウ》履《ナリ》、食《ハ》纔《ワヅカニ》接*《ス》レ気《ヲ》、常《ツネニ》終日《ヒメモス》宴坐《ス》。衆皆異《イナリトス》レ之《ヲ》。与二雪峯義存☆一、本法門《ノ》*昆仲《コムチウナリ》、而親近若《シ》二師資一。雪峯以二其苦行一、呼《ヨムデ》為《ス》二頭陀《ト》一。

《布衲芒履《ふなふまうり》なり、食《じき》は纔かに気を接す、常に終日宴坐す。衆、皆之を異なりとす。雪峯義存と、本《もと》法門の昆仲なり、而して親近《しんごん》すること師資の若《ごと》し。雪峯其の苦行を以て、呼んで頭陀と為す》

一日雪峯問曰《テク》、「阿那《ヲナ》箇是《コカコレ》*備頭陀」。

《一日、雪峯問て曰く、「阿那箇《をなこ》か是れ備頭陀《びづだ》」》

師対曰、「終《ツキニ》不三敢《ズテ》誑二於人《ヲ》一」。

《師、対《こた》へて曰く、「終に敢て人を誑《たぶら》かさず」》

異日雪峯召《ヨムデ》曰《ク》、「備《ビ》頭陀何不《ザル》二偏参去一」。

《異日、雪峯召《よ》んで曰く、「備頭陀何ぞ偏参去《へんざんこ》せざる」》

師曰、「達磨不来東土《ふらいとうど》、二祖不往西天《ふわうさいてん》」。

雪峯*然之《ネムシス》。

つゐ《(ひ)》に*象骨山《ざうこつ》にのぼるにおよむで、すなはち師と*同力締構《どうりきテイコウ》するに、*玄徒臻萃《シンすい》せり。師の入室《につしつ》*咨決《しくゑち》するに、晨昏《じんこん》にかはることなし。諸方の玄学のなかに所未決あるは、*かならず師にしたがひて請益《しんえき》するに、雪峯和尚いはく、「備頭陀にとふべし」。師、まさに*仁にあたりて不譲にしてこれをつとむ。抜群《ばつくん》の行持にあらずよりは、恁麼の行履《あんり》あるべからず。終日宴坐の行持、まれなる行持なり。いたづらに声色《しやうしき》に*馳騁《ちてい》することはおほしといゑ《(へ)》ども、終日の宴坐はつとむる人まれなるなり。いま晩学としては、のこりの光陰のすくなきことを

芒履　わらぐつ。わらじ。
接気　息をつなぐ、命を保つ。(入矢)
昆仲　(長)兄と次兄。

備頭陀　備は法名師備の下一字。

然之　コレヲ然リトス。
象骨山　雪峰山の別名。
同力締構　力をあわせ、建設する。締構は結構に同じ。
玄徒臻萃　仏法の玄奥を学ぶものらが聚まる(臻・萃ともに聚まる)。
咨決するに　咨問し決定するにかけては。下の「晨昏に」は朝に夕に。
かならず師に　この師も玄沙宗一。上の「玄学」はもとは老荘の学のこと。ここでは仏教の玄旨を学ばんとする修行者。「請益するに」は教えを受けんとするに。
仁にあたりて不譲…　『論語』衛霊公の「当仁不譲於師」からとったもの。そういう態度で「これ(雪峰の期待する誘掖)」を。
馳騁　馳・騁ともに馬をはせる。感覚的なものを追い求めて。

*おそりて、終日宴坐、これをつとむべきなり。

*長慶の慧稜《ゑりん》和尚は、雪峯下の尊宿なり。雪峯と玄沙とに往来して、参学すること僅《きん》二十九年なり。その年月に蒲団《フトム》二十枚を*坐破《ざは》す。いまの人の坐禅を愛するあるは、長慶をあげて慕古の勝躅《しようちよく》とす。したふはおほし、およぶすくなし。しかあるに、三十年の功夫《くふう》むなしからず、あるとき*涼簾《りやうれん》を巻起《くわんき》せしちなみに、忽然《こつねん》として大悟《だいご》す。

三十来年かつて郷土にかへらず、親族にむかはず、*上下肩《じやうげけん》と談笑せず、専一に功夫す。師の行持は三十年なり。*疑滞を疑滞とせること三十年、*さしおかざる利機といふべし、大《だい》根《こん》といふべし。励志《レイシ》の堅固なる、*伝聞《でんぶん》するは或従《わくじゆう》 経巻《きやうぐわん》なり。ねがふべきをねがひ、*はづべきをはぢとせん、長慶に相逢《さうふ》すべきなり。*実を論ずれば、たゞ道心なく、操行《さうぎやう》つたなきによりて、いたづらに名利《みやうり》には繋縛《けばく》せらるゝなり。

☆大潙山大円禅師《だいゐさんだいゑんぜんじ》は、*百丈の授記より、直《ちき》に潙山の峭絶《せうぜつ》にゆきて、鳥獣為伍《てうじうゐご》して結草修練《けちさうしゆれん》す。風雪を辞労することなし。橡栗《シヤウリ》*充食《じゆうじき》せり。堂宇なし、常住なし。しかあれども、行持の見成《げんじやう》すること、四十来年なり。のちには海内《かいだい》の名藍《めいらん》として、*竜象蹴踏《りゆうざうしゆくたふ》するものなり。

梵刹《ぼんせつ》の現成を願《ぐわん》ぜんにも、*人情をめぐらすことなかれ、仏法の行持を堅固にすべきなり。修練《しゆれん》ありて堂閣なきは古仏の道場なり、露地樹下《ろちじゆげ》の風《ふう》、とほくきこゆ。この処在、ながく*結界となる。まさに一人の行持あれば、諸仏の道場につたはるなり。末世《まつせ》の愚人《ぐにん》、いたづ

おそりて　おそれて。　**長慶**　招慶(福建省晋江県)と長楽府(同省閩侯県)。↓祖師。　**坐破**　坐禅しきり、その力で(金剛座—仏成道の道場を)ぶちぬいてしまう。　**涼簾**　暖簾の対。日よけの簾。　**上下肩**　禅床での左右の朋輩。　**疑滞を疑滞とせること**　疑滞は惑いとどこおること。一句全体で、将錯就錯に同じ。上の「三十年なり」を説明する挿入句と考えられる。　**さしおかざる**　上の「行持」をうける。下の「大根」は大機根。　**伝聞するは**　上のことを「伝聞するは」。「或従経巻」の「或」はここでは冗辞。経巻の教えをきくことに当る。　**はづべきをはぢとせん**　そういうことを学びとるためには。　**実を論ずれば**　この句のない本もある。またこの句はあるが、下の「道心なく」が「道心なり」になっている本もある。いずれも難解のために起ったことだろう。いま簡単に内実あるいは事の真実をあげつらってみると、と解する。しかし「実」のこういう用例がこの時代にあるかどうか。　**百丈の授記**　『授記』参照。燃燈仏が釈迦牟尼に将来仏になるとの記別を与えたのがもっとも典型的な例。これの原梵語の分りやすい訳としては「予言」。区別・説明等の意もある。↓祖師。　**充食**　食にあてる。上の「為伍」「辞労」、いずれもあいだに返り点を打って訓めばよ

らに堂閣の結構につかるゝことなかれ、仏祖いまだ堂閣をねがはず。自己の眼目いまだあきらめず、いたづらに殿堂精藍《でんだうしやうらん》を結構する、またく諸仏に仏宇《ぶつう》を供養《くやう》せんとにはあらず、おのれが名利《みやうり》の窟宅《クツたく》とせんがためなり。潙山のそのかみの行持、しづかにおもひやるべきなり。おもひやるといふは、わがいま潙山にすめらんがごとくおもふべし。深夜のあめの声、こけをうがつのみならんや、巌石を穿却《せんきやく》するちからもあるべし。冬天のゆきの夜は、禽獣もまれなるべし、いはんや*人煙《じんえん》のわれをしるあらんや。命をかろくし、法をおもくする行持にあらずは、しかあるべからざる活計なり。薙草《ちさう》すみやかならず、土木いとなまず。たゞ行持修練し、辦道功夫あるのみなり。あはれむべし、正法伝持の嫡祖《ちやくそ》、いくばくか山中の嶮岨《けんそ》にわづらふ。潙山をつたえ《(へ)》きくには、池あり、水あり、こほりかさなり、きりかさなるらん。人物《にんもつ》の堪忍すべき幽棲《いうせい》にあらざれども、*仏道と玄奥《げんあう》と、化《くゑ》、成《じやう》ずることあらたなり。かくのごとく行持しきたれりし*道得を見聞《けんもん》す、身をやすくしてきくべきにあらざれども、*行持の勤労《きんらう》すべき報謝をしらざれば、たやすくきくといふとも、こゝろあらん晩学、いかでかそのかみの潙山を、目前のいまのごとくおもひやりてあはれまざらん。

この潙山の行持の*道力化功《だうりきくゑくう》によりて、*風輪《ふうりん》うごかず、世界やぶれず。天衆《てんしゆ》の宮殿《ぐうでん》*おだい《(ひ)》かなり、人間の国土も保持《ほうぢ》せるなり、潙山の遠孫《をんそん》にあらざれども、潙山は祖宗《そそう》なるべし。のちに☆仰山《きやうざん》きたり侍奉《じぶ》す。仰山もとは百丈先師《せんじ》のところにして、問十答百《もんじふたふひやく》の*鶖子《しうじ》なりといゑ《(へ)》ども、潙山に参侍して、さらに看牛三年の功夫となる。近来は断絶し、見聞することなき行持なり。三年の看牛、よく道得《だうて》を人にもとめざらしむ。

い。**竜象蹴踏**　竜象は力量ある修行者。蹴も踏む。二字で踏み歩く。**人情**　人間の情識。**結界**　そこだけ特別の戒律が通用しその守られるべきことが要請される区域。受戒・僧会・女人禁制のためなど目的乃至性格はさまざま。戒律をゆるめるものもあり、僧が三衣から離れて宿るのを許す結界もある。**人煙**　かまどの煙。世間。**仏道と玄奥**　二者並列は難解で「仏道の」としてある本もあるという。しかし、一般の仏道と教外別伝の玄奥とも解しうる。「化」はその教化。「成ず」は現成。**道得**　話の意だろう。下の「見聞」の見は冗辞。**行持の勤労すべき**…行持の勤めはげむべきゆえんは、その報いは知り得ないことなので、呑気にきくのだけれど。**道力化功**　道力の化導(教化)の功徳。**風輪**　世界の最下部の層。その上に水輪・金輪があり、さらにその上に「九山八海」がある。**おだいか**　穏やか。**鶖子**　舎利弗のこと。智慧第一の仏弟子。その比喩的用法。

芙蓉山　一五四頁既出。同名の山諸地にあり。道楷は芙蓉湖上に結庵したとされるので先の如く確定。山下に芙蓉湖のあるものこれのみ。↓祖師。**国主**　北宋の徽宗。**修表具辞**　表を修して具さに辞す。**米湯**

＊芙蓉山《ふようざん》の楷祖《かいそ》、もはら行持見成《げんじやう》の本源なり。国主＊より定照《ちやうせう》禅師号ならびに紫袍《しはう》をたまふに、祖、うけず、＊修表具辞《しゆへうぐじ》す。国主とがめあれども、師、つゐ(ひ)に不受なり。＊米湯《べいたう》の法味つたはれり。芙蓉山に庵《いほり》せしに、道俗の川湊《せんそう》するもの、僅数百人《きんすひやくにん》なり。日食粥《にちじきしゆく》一杯なるゆえ(ゑ)に、おほく＊引去《いんこ》す。師、ちかふ(う)て＊赴斉《ふさい》せず。あるとき衆《しゆ》にしめすにいはく、

夫出家者《ハ》、＊為《ナリ》三厭《イトハム》二塵労《ヲ》一。求《メ》二脱生死《ヲ》一、休心息念《ス》、断《ス》二絶攀縁《ヲ》一。故名《ク》二出家《ト》一。豈《アニ》可《ケムヤ》下以二等閑＊《ノ》利養《ヲ》一、埋《マイモチス》中没平生《ヲ》上。直須＊両頭撒開《シ》、中間放下《スベシ》。＊遇レ声遇レ色、如《シ》二石上栽ロ華。見レ利見レ名、似《ニタルベシ》二眼中著屑《ノジヤニ》一。況従二無始一以来、不《ズ》三是不《レルニ》二曽《カツテ》＊経歴《セ》一、又不《ズ》三是不《コレルニ》レ知二次第《ヲ》一、不《ズ》レ過《スギ》二＊飜頭作尾一。＊止《ニタヾ》於レ如レ此、何須＊苦苦《ニ》貪恋《セム》。如今《イマ》不《ズハ》レ歇《ヤメ》、更《ラニ》待《タムノ》二何時《ヲカ》一。所以先聖、教《シム》二人只要＊尽却《セ》一。＊今時能《ヨク》尽《サバ》二今時《ヲ》一、更《ラニ》有《ラム》二何事一。若得《ウレバ》二心中《ノ》無事《ヲ》一、仏祖猶《ゴトシ》二是《コレ》＊冤家《ナルガ》一。一切世事、自然冷淡《リムタムナリ》、方始《ニテ》＊那辺相応《ス》。

《夫《そ》れ出家は、塵労を厭はん為《ため》なり。脱生死を求め、休心息念し、攀縁《はんえん》を断絶す。故に出家と名《なづ》く。豈に等閑の利養を以て、平生を埋没す可けんや。直《ぢき》に須《すべか》らく両頭撒開《りやうてうさつかい》し、中間放下《ちゆうげんはうげ》すべし。声《しやう》に遇《あ》ひ色《しき》に遇ふも、石上華《はな》を栽《う》うるが如し。利を見名を見《み》るも、眼中《げんちゆう》の著屑《ちやせつ》に似たるべし。況んや無始より以来《このかた》、是れ曾て経歴《きやうりやく》せざるにあらず、又是れ次第を知らざるにあらず、飜頭作尾《ほんてうさび》に過ぎず。止此《ただかく》の如くなるに於て、何ぞ須《すべから》く苦苦に貪恋《とんれん》せん。如今《いま》歇めずは、更に何れの時をか待たん。所《ゆ》以《ゑ》に先聖《せんしやう》、人をして只要《ただかなら》ず尽却《じんきや》せしむ。今時能く今時を尽《つく》さば、更に何事か有らん。若《も》し心中の無事《ぶじ》を得れば、仏祖猶《なほ》是れ冤家《をんけ》なるがごとし。一切世事、自然冷淡《じねんりんたん》なり、方《まさ》に始めて那辺相応《なへんさうおう》す》

の法味　ごく薄い粥を米湯という。窮乏のうちに営まれる修行の仏教的滋味。　**引去**　いざない去る。　**赴斉**　午斎(在家の供する昼の食膳)に赴くこと。　**為厭塵労…断絶攀縁**　「為」は以下十五字全体を支配している。最後の攀縁は〈縁〉(心意識が外界に向って動き、慮知すること)に惹かされ惑うこと。また世縁俗事に煩わされること。しかしこれは塵労と重複するので採らぬ。十五字は「厭二塵労一、求レ脱二生死一」と「休レ心息レ念断二絶攀縁一」に二分しえよう。冒頭の「出家」は抽象名詞。次のは身分の名。　**等閑利養**　等閑は何ということない(平常・随便)の義。利養は、利をはかり身を太らせる。　**両頭撒開**　あっちもこっちも明けひろげ、さらに「中間も放下」せよ。　**遇声遇色**　感覚的事物に出会うことそのことを愚挙徒労だと言っている。上の「直須」の命令法は、意味の上では「似眼中著屑」(余計で有害で無価値なもの)までを支配している。同時に、全十八字、現実認識の表現。　**経歴**　「次第(次序、順序)を知る」と対になっている点から、ただ時間的に経て来たというより(無始以来のことを)嘗めて来たの意を持とう。　**飜頭作尾**　多くの解を許すが、前後顚倒したようではあるが簡単なことだの意。「不過」でさらにそれが強まっている。　**止**　やめる。感覚世界

你《チ》不《ズヤ》レ見《ミ》、*隠山至《デ》レ死《ニ》、不レ肯レ見レ人。☆趙州至レ死、不レ肯レ告レ人。*匾担拾《テ》二橡栗《ヲ》一為《シ》レ食《ト》、☆大梅以《テ》二荷葉《ヲ》一為《シ》レ衣《ト》、*紙衣道者《ハ》只披レ紙、*玄太上座只著《キル》レ布《ヌノヲ》。*石霜置《ヲキテ》二枯木堂《ヲ》一、与《トモニ》レ衆《ト》坐臥《ス》、只要《ス》三死二了《セムコトヲ》 *你《ガ》心《ヲ》一。投子使下人辨《*ジテ》レ米、同煮共餐《セ》上、*要《ス》三得省二取《セムコトヲ》 你《ガ》事《ヲ》一。且従上《ノ》諸聖、有二如レ此《ノ》榜様一。若無二長処一、如何*甘得《セム》。*諸仁者、若也於レ斯体究《スレバ》、*的不虧人《ナリ》。若也不レ肯二承当一、向後深《ク》恐《ハ》費力《セム》。

《你《なんぢ》見ずや、隠山《おんざん》は死に至るまで人に見《まみ》えんことを肯《けん》せず。趙州《でうしう》は死に至るまで人に告げんことを肯《けん》せず。匾担《へんだん》は橡栗《しやうり》を拾つて食《じき》とし、大梅《だいばい》は荷葉《かえふ》を以て衣《え》とし、紙衣道者《しえだうじや》は只《ただ》紙を披《き》る、玄太上座は只布を著る。石霜は枯木堂を置きて、衆《しゆ》と与《とも》に坐臥す、只你が心《しん》を死了せんことを要す。投子《とうす》は人をして米を辨じて、同煮共餐せしむ、你が事を省取せんことを要得《えうて》す。且つ従上の諸聖《しよしやう》、此《かく》の如くの榜様有り。若し長処無くは、如何《いかが》甘《かん》得《て》せん。諸仁者、若也《もし》斯《ここ》に於て体究すれば、的不《てきふ》虧《き》人《にん》なり。若也《もし》承当《じやうたう》を肯《けん》せずは、向後《きやうこう》深く恐らくは費力《ひりき》せん》

*山僧行業無レ取、忝《ス》主二山門《ヲ》一。豈可《ムヤ》下*坐《ラ》費二常住《ヲ》一、頓忘《スル》中先聖《ノ》附嘱《ヲ》上。今者*輙欲《ス》下*略中斅《カウセムト》 古人為二住持一体例上。与二諸人一議定《シテ》、更不《ズ》レ下《ラ》レ山《ヲ》、不《ズ》レ赴《カ》レ斉《ニ》、不レ発二*化主《ヲ》一。唯《タヾ》将《テ》二本院《ノ》*荘課一歳《ノ》所得《ヲ》一、均《シク》作二三百六十分《ニ》一、日《ヒヾニ》取二一分《ヲ》一用《ル》レ之《ヲ》、更不二随《テ》レ人添減《セ》一。可《ニハ》二以《テ》*備飯《ス》一則作飯《ス》、作飯不足《ナレバ》則作粥《ス》。作粥不足、則《チ》作二米湯《ニ》一。*新到相見、茶湯而已《ノミナリ》、更不二*煎点一。唯置二一茶堂《ヲ》一、*自去取用《ス》。*務要省縁《シ》、専一《ニ》辨道《ス》。

《山僧《さんぞう》行業《あんごふ》取《しゆ》無くして、忝《かたじけな》く山門を主す。豈に坐《ゐなが》ら常住を費やし、頓《とん》に先聖《せんしやう》の附嘱を忘る可けんや。今《いま》は輙《すなは》ち古人の住持たる体例に略斅《りやくかう》せんとす。諸人と議定《ぎちやう》して、更に山を下らず、斉《さい》に赴か

への執着を止める。下の「歇」と同義。 **苦苦** 懇ろに、切に。「須」は不要の意の反語。 **尽却** とことんまで尽す。尽すとはどういうことか、何を尽すのかは以下に述べられる。 **今時能尽今時** 現在が現在の全体でありうれば。過去を怨まず未来を追わず、無いものを求めずに、現在を存分に生きれば。 **冤家** 一八四頁の「怨家」とは別。怨みのもととなるもの、仇敵。第二義として愛しいもの。ここでは前者。 **那辺相応** そのあたり(仏祖辺)に相応しよう。 **隠山** 潭州(湖南省長沙市)竜山に同じ。↓祖師。 **匾担** 諱暁了。匾檐(『伝燈録』)は山名だが所在未詳。↓祖師。 **紙衣道者** 紙衣克符。↓祖師。 **玄太上座** 南獄玄泰。↓祖師。 **石霜** 諱慶諸。石霜山は湖南省長沙にある。↓祖師。 **你** 汝。一般に我の立場からみたひと。「死心」は心を死なせる、滅却する。また、ある一事に専心没頭する。了は完全に…してしまうの意(入矢)。 **辦米** 辦はととのえる。 **要得省取** 要は先の二要字と同じく、もとむ。省取ははぶく。取は助辞。 **甘得** 甘んじて…しうる(入矢)。 **仁者** そなた。丁寧な二人称。 **的不虧人** 的は、確かに、かならず。不虧人は、人を裏切らない、人の期待に反することにならない、の義(入矢)。抽象名詞。 **山僧** 自称。 **坐** いたず

ず、化主《くゐしゅ》を発せず。唯本院の荘課《しやうくわ》一歳の所得を将《もつ》て、均《ひと》しく三百六十分に作《な》して、日《ひび》に一分を取つて之を用ゐる、更に人に随つて添減せず。以て備飯《びはん》すべきには則ち作飯《さはん》す、作飯不足なれば則ち作粥《さしゅく》す。作粥不足なれば、則ち米湯に作る。新到《しんたう》の相見《しやうけん》は、茶湯のみなり、更に煎点せず。唯《ただ》一の茶堂を置《お》いて、自去取用《じこしゅよう》す。務要省縁し、専一に辦道す》

又況《ヤ》活計具足《シ》、風景不疎《ナリ》。華《ハナ》*解笑《シ》、鳥《トリ》*解啼《ス》。木馬長鳴《シ》、石牛善走《ス》。天外之青山*寡《スクナク》レ色、耳畔之鳴泉無《ナシ》レ声。嶺上猿啼《サルサケムデ》、露《ツユ》湿《ヌラス》*二中霄之月《ヲ》一。林間鶴唳《ツルナイテ》、風回《ル》二清暁之松《ヲ》一。春風起時《ルトキ》枯木竜吟《ス》、秋葉凋《シボミヲチテ》而寒林花《ヲ》散《ズ》。玉堦鋪《シキ》二苔蘚之紋《ヲ》一、人面帯《ス》二煙霞之色《ヲ》一。*音塵寂爾《ニシテ》、*消息宛然《ナリ》。*一味蕭条《トシテ》、無《シ》レ可《ベキ》二*趣向《ス》一。

《又況んや活計具足し、風景不疎なり。華解笑《はなげせう》し、鳥解啼《げたい》す。木馬《もくば》長鳴《ちやうめい》し、石牛《せきぎう》善走す。天外《てんぐゑ》の青《せい》山色寡《ざんいろすくな》く、耳畔《にはん》の鳴泉声《めいせんこゑ》無し。嶺上《れいじやう》猿啼《さけ》んで、露中霄《ちゆうせう》の月を湿《ぬ》らす。林間鶴唳《つるな》いて、風《かぜ》清暁の松を回《めぐ》る。春風起る時枯木竜吟《こぼくりゆうぎん》す、秋葉凋《しぼ》みおちて寒林花を散ず。玉堦苔蘚《ぎよくかいたいせん》の紋を鋪《し》き、人面煙霞《にんめんえんか》の色を帯す。音塵寂爾《じやくじ》にして、消息宛然《せうそくゑんぜん》なり。一味蕭条《せうでう》として、趣向すべき無し》

山僧今日、向二諸人面前一説二家門一。已是*不著便、豈可《ムヤ》下更去《ニユイテ》*陞堂入室《シ》、*拈槌竪払《シ》、東喝西棒《シ》、張眉努目《シテ》、如中 癇《クナル》病発相似《シヤウスノ》上。不《アラズ》三 唯《タヾ》*屈二沈《ス》上座《ヲ》一、況《サラニマタ》*亦辜二負《セム》 先聖《ヲ》一。

《山僧《さんぞう》今日、諸人の面前に向《むか》つて家門《かもん》を説く。已《すで》に是《こ》れ不《ふ》著便《ちやびん》なり、豈に更に去《ゆ》いて陞堂《しんだう》し入室《につしつ》し、拈槌竪払《ねんついじゆほつ》し、東喝西棒《とうかつせいぼう》し、張眉努目《ちやうびどもく》して、癇病発相似《かんびやうはつしやうす》の如くなるべけんや。唯上座を屈沈するのみにあらず、況《さら》に亦先聖《せんしやう》を辜負《こふ》せん》

你不《ズヤ》レ見、達磨西来《シテ》、到二少室山《ノ》下《ニ》一、面壁九年《ス》。二祖至《デ》二於立雪断臂《スルニ》一、可レ謂、受《クルト》二 艱辛一。

らに。すずろに。**輙**　さしあたり。**略戦**　ほぼならってゆく。戦はまねる(入矢)。　**化主**　信徒に勧めて布施をさせ、その得たところを三宝に供える人。　**荘課**　領地からの収入。
備飯　備は具わる。十分飯が炊ける。
新到相見　新到は新到僧(新しく来た行脚僧)の略。それの相見のとき。
煎点　煎茶に点心を添えること。「茶湯」は茶を煎じた湯、煮茶のこと。
自去取用　めいめい勝手にそこへ行って茶をのむ(入矢)。　**務要**　できるだけ…せねばならぬの意の助動詞。以下、出来るだけ煩いのもととなるもの(縁)を捨ててひたすら辦道せねばならぬの意(入矢)。

解笑・解啼　咲くを解し、啼くを解す。「解」はできる。
寡色　人目を惹き、心をまどわせるような色はまれである。
中霄　天心。　**音塵**　音信。「寂爾」はその音・気配もなく。
消息宛然　生死の沙汰はさながらに分る。　**一味**　一にこれ。ひたすら。
趣向　目的を定めて行く。
不著便　具合がわるい。勝手がちがう(入矢)。　**陞堂**　上堂説法。
拈槌竪払　槌を取り上げ、払子を立てる。前者は説法開始の姿勢、後者は言葉であきらめることの不可能を示す姿勢。
屈沈上座　上座(長老また師家に対

する呼称)をないがしろにする。屈沈は人格を無視し、そのひとの存在を黙殺すること(入矢)。

辜負　そむく。　**措了**　始末をつける。　**還**　そうだからと言って。「雖然如是」と意味は同じ。

不為人　為人は人の為をはかってやるの意(入矢)。　**做処**　為すところ。

四事　供養のための四物。房舎・衣服・飲食・散華焼香。または飲食・衣服・臥具・湯薬。または衣服・飲食・散華・薬湯。

做手脚不迭　做手脚(→一七八頁注。手足の使い方、動作)が及ばず。追いつかない。

隔生隔世去　(そんなざまでは)輪廻の鎖にまきこまれて、この世から遙かに遠い世界(餓鬼道・畜生道)に転生してゆくばかりだろう(入矢)。

従長　宜しきに従って、ことがうまく運ぶようにと(入矢)。

相度　「アヒタスク」。上の「在」は「にあり」。「という点にかかっている」「…ことが大事だ」の意(入矢)。

也強教你不得　也は「といっても」。下五字は、本来全くの口語。無理に君たちにさせようったって出来ない相談だ(入矢)。

脱粟　玄米。

齏　きざんだ野菜のひしお酢漬け。

東西　旅に出る。よそへ出てゆく(入矢)。

珍重　ではお大事に。

然而達磨不《ズ》二曾《テ》*措了《セ》一、二祖不三曾問二著一句《ヲ》一。*還《テ》喚《デ》二達磨《ヲ》一作《セムヤ》二*不為人一得麼、喚三二祖一做《セムヤ》二不求師一得麼。山僧毎《ゴトニ》レ至《ル》三説二著《スルニ》古聖《ノ》*做処《ヲ》一、便《チ》覚《ヲボユ》レ無《ナシト》二地《ノ》容身《スベキ》一。慚愧《ハヅラクハ》後人軟弱《ナルコト》。又況百味珍羞、遞相《タガヒニアヒ》供養《シ》、道《イフ》我《ハ*》四事具足《シテ》、方《サニ》可《シ》二発心一。只恐《タヾクハ*》做手脚不迭《ニシテ》、便《ハチ》是《コレ*》隔生隔世去《セム》也。時光似《タリ》レ箭《ヤニ》、深《ク》為二可惜一。雖二然如レ是、更在三他人《ノ*》従長《シテ*》相二度《スル》山僧《ヲ》一。*也強教レ你不得《ナラ》。

《你見ずや、達磨《だるま》西来して、少室山の下《ふもと》に到つて、面壁《めんぺき》九年す。二祖立雪断臂《りふせつだんび》するに至るまで、謂《いつ》つべし、艱辛を受くると。然《しか》れども達磨曾て措了《それう》せず、二祖曾て一句を問著《もんぢや》せず。還《かへ》つて達磨を喚《よ》んで不為人《ふゐにん》と作《せ》んや、二祖を喚んで不求師と做《せ》んや。山僧古聖《さんぞうこしやう》の做処《そしよ》を説著《せつちや》するに至る毎《ごと》に、便《すなは》ち地の容身すべき無しと覚ゆ。慚愧《は》づらくは後人《こうじん》軟弱なること。又況《さら》に百味《はくみ》珍羞《ちんしう》、遞《たがひ》に相供養《くやう》し、道《い》ふ、我は四事具足して、方《まさ》に発心すべしと。只恐らくは做手脚不迭《そしゆきやくふてつ》にして、便《すなは》ち是れ隔生《きやくしやう》隔世《きやくせ》せん。時光箭《や》に似《に》たり、深く可惜《こしつ》たり。然《しか》も是《かく》の如くなりと雖も、更に他人の従長して山僧を相度する在り。也《また》強ひて你に教ふるも不得《ふて》ならん》

諸仁者、還《マタ》見《ルヤ》二古人《ノ》偈《ヲ》一麼《諸仁者、還《また》古人の偈を見るや》。

山田脱粟*飯、　《山田脱粟《さんでんだつぞく》の飯《はん》、

野菜淡黄《タムクワウ》*齏《シイ》、　野菜淡黄《たんくわう》の齏《しい》、

喫則従二君喫一、　喫することは則ち君の喫するに従《まか》す、

不レ喫任二東西*一。　喫せざれば東西に任す》

伏惟《ふゐ》同道《どうだう》、各自努力。*珍重《ちんちよう》《伏して惟んみれば同道、各自に努力《つとめ》よ。珍重》。

これすなはち祖宗単伝《そそうたんでん》の骨髄なり。高祖の行持おほしといゑ《(へ)》ども、しばらくこの一枚を

挙《こ》するなり。いまわれらが晩学なる、芙蓉高祖《ふようかうそ》の芙蓉山に修練《しゆれん》せし行持、したひ参学すべし。それすなはち*祇園《ぎをん》の正儀《しやうぎ》なり。

*洪州江西《こうしうかうぜい》開元寺大寂禅師☆、諱《いみなは》道一《だういつ》、*漢州十方県《じつぱうけんの》人なり。☆南嶽に参侍すること十余載なり。あるとき、郷里にかへらんとして、半路にいたる。半路よりかへりて焼香礼拝《せうかうらいはい》するに、南嶽ちなみに偈《げ》をつくりて馬祖☆にたまふにいはく、

勧君《スラク》　莫《レ》ニ帰郷《スルコト》一、　《勧君すらく帰郷すること莫れ、
帰郷《ハ》道《ダウ》不《ズ》レ行《ワコナハレ》。　帰郷は道行はれず。
並舎《ヘイシヤノ》　老婆子、　並舎の老婆子《らうぼす》、
説《トカム》ニ汝《ガ》旧時名《ノナヲ》一。　汝が旧時の名を説かん》

この法語をたまふに、馬祖、うやまひ*たまはりて、ちかひていはく、「われ生々《しやうじやう》にも漢州にむかはざらん」と誓願《せいぐわん》して、漢州にむかひて一歩をあゆまず。江西《かうぜい》に一住して*十方を往来せしむ。わづかに即心是仏を道得《だうて》するほかに、さらに一語の*為人《ゐにん》なし。しかありといゐ《（へ）》ども、南嶽の嫡嗣《ちやくし》なり、人天《にんでん》の命脈《めいみやく》なり。

いかなるかこれ「莫帰郷《まくききやう》」。「莫帰郷」とはいかにあるべきぞ。東西南北の帰去来、たゞこれ*自己の倒起なり。まことに「帰郷道不行《ききやうだうふあん》」*なり。*道不行なる帰郷なりとや行持する、帰郷にあらざるとや行持する、帰郷なにゝよりてか道不行なる。*不行にさえ《（へ）》らるとやせん、自己にさえ《（へ）》らるとやせん。

祇園　祇陀太子旧所有、給孤独長者購入寄進、祇陀太子植樹寄進の庭園に建てられた精舎。祇樹給孤独園。現サーヘート・マーヘート近くにあったと推定されている。

洪州　江西省南昌県。

漢州　四川省広漢県の州名。

たまはりて　給ひて。

十方　東西南北上下乾坤艮巽をいうが、ここでは十方の雲水の意及び故郷の県名、さらに現実の四方八方の意を兼ねていよう。「往来せしむ」も使役態であると同時に敬語法。諸方の問法の僧と、再び帰ろうとしなかった故郷とを、自分の許に来らしめまた去らしめ、自分は自在に尽十方界と、江西内の四方八方を往来された。

為人　人のためのはからい(言説、行為)。抽象名詞。→前頁「不為人」注

自己の倒起　倒と起で行為一切を言うのだろう。「帰郷」という限定されたことをする必要はないという結論がそこから出る。

なり　なればなり。

道不行なる　「帰郷なり」の主格。「行持する」の対語。「行持する」は扱う、見なす。

不行に…　「道不行」なのは…。「礙は礙をさへ云々」(『有時』二六二頁)と同じ考え。兼ねて、行かないということが障礙となっているのか云々という一語両義になっていよう。

*「並舎老婆子《へいしやらうばす》」は「説汝旧時名《せつによきうじめい》」なりとはいはざるなり。「並舎老婆子、説汝旧時名なり」といふ道得《だうて》なり。南嶽いかにしてかこの道得ある、江西いかにしてかこの法語をうる。その道理は、われ向南行《かうなんかう》するときは、大地おなじく向南行するなり。余方もまたしかあるべし。須弥《しゆみ》・大海《だいかい》を量としてしかあらずと*疑殆《ぎたい》し、日月星辰《にちぐわちしやうしん》に*格量して*猶滞《いうたい》するは少見なり。

*第三十二祖☆大満《だいまん》禅師は、黄梅人《の》なり。俗姓《ぞくしやう》は周氏なり。母の姓を称なり。師は無父而生《むふにしやう》なり。たとゑ（へ）ば、*李老君《りらうくん》のごとし。七歳伝法《でんぽふ》よりのち、七十有四にいたるまで、仏祖正法眼蔵、よくこれを住持し、ひそかに衣法《えほふ》を☆慧能行者《ゑのうあんじや》に附属《ふぞく》する、不群の行持なり。衣法を☆神秀《じんしう》にしらせず、慧能に附属するゆゑ（え）に、正法の寿命《じゆみやう》不断なるなり。

先師《せんじ》☆天童和尚は*越上人事《エチジヤウノジムス》なり。十九歳にして教学をすてゝ参学するに、七旬におよむでなほ不退なり。*嘉定の皇帝より紫衣師号《しえしがう》をたまはるといゑ（へ）ども、つゐ（ひ）にうけず、修表辞謝《しゆへうじしや》す。十方の雲衲《うんなふ》ともに崇重《すうぢゆう》す、遠近の有識《いうしき》ともに随喜するなり。皇帝大悦して御茶《ぎよちや》をたまふ。しれるものは奇代《きたい》の事と讃嘆《さんだん》す、まことにこれ真実の行持なり。そのゆゑ（え）は、愛名《あいみやう》は*犯禁《ぼんきん》よりもあし。犯禁《ボムキム》は一時の非なり、愛名は一生《いつしやう》の累《ルイ》なり。おろかにしてすてざることなかれ、くらくしてうくることなかれ。うけざるは行持なり、すつるは行持なり。*六代の祖師、おのおの師号あるは、みな滅後の勅諡《ちよくし》なり、在世の愛名《あいみやう》にあらず。しかあれば、

並舎老婆子は…といふ道得なり　南嶽の偈の第三句と第四句をそれぞれ独立させておいて、両者を同一だというのでなく、両者は連続単一のものだという所説である。一つの原因から起るさまざまの事態をあれこれと別個に考えず、一つの全体ととれという考え。この立場からは「帰郷道不行」はこのまま棒読みするほかない。

疑殆　疑いあやぶむ。上の「量として」は物尺として。

格量　格は度・量と熟して、いずれも品格器量の意となる。しかし、ここは格すなわち至る。二字で、上の「日月星辰」に合わせ、これらを尺度として、の意で用いられている。

猶滞　ためらい滞る。

第三十二祖　→四九頁一二行以下

李老君　老子のこと。

越上人事　越は国名として言われている。古風な言い方。上は辺。現在の浙江省。事は、…に属するものの意に用いられていよう。

嘉定　南宋寧宗の年号。一二〇八―一二二五年。

犯禁　禁は禁戒。戒律。特に重いものを言っていよう。それを犯すこと。

六代　初祖達磨より六祖大鑑慧能まで。

すみやかに生死《しやうじ》の愛名をすてゝ、仏祖の行持をねがふべし、貪愛《とんあい》して禽獣《きんじう》にひとしきことなかれ。おもからざる吾我《ごが》をむさぼり愛するは、禽獣《きんじう》もそのおもひあり、畜生《ちくしやう》もそのこゝろあり。名利《みやうり》をすつることは、人天《にんでん》もまれなりとするところ、仏祖いまだすてざるはなし。

あるがいはく、衆生利益《しゆじやうりやく》のために貪名愛利《とんみやうあいり》すといふ、おほきなる邪説なり。*附仏法《ふぶつぼふ》の外道《ぐゑだう》なり、謗正法《はうしやうぼふ》の魔儻《またう》なり。*なんぢがいふがごとくならば、不《ふ》貪名利《とんみやうり》の仏祖は*利生《りしやう》なきか。わらふべし／＼。又、不貪の利生あり、いかん。又、*そこばくの利生あることを学せず、利生にあらざるを利生と称ずる、魔類なるべし。なんぢに利益《りやく》せられん衆生は、堕獄の種類なるべし。一生のくらきことをかなしむべし、*愚蒙《ぐもう》を利生に称ずることなかれ。しかあれば、師号を恩賜すとも上表辞謝する、古来の勝躅《しようちよく》なり、晩学の参究なるべし。まのあたり先師《せんじ》をみる、これ人にあふなり。

先師は十九歳より離郷尋師、辦道功夫すること、六十五載にいたりてなほ不退不転なり。帝者《ていじや》に親近《しんごん》せず、帝者にみえず。丞相《じようしやう》と親厚《しんこう》ならず、官員《くわんゐん》と親厚ならず。紫衣師号《しえしがう》を表辞するのみにあらず、一生*まだらなる袈裟《けさ》を搭《たつ》せず、よのつねに上堂・入室《につしつ》、みなくろき袈裟・*裰子《とつす》をもちゐる。

衲子《のつす》を教訓するにいはく、「参禅学道は第一有道心《いうだうしん》、これ学道のはじめなり。いま二百来年、祖師道すたれたり、かなしむべし。いはんや一句を道得《だうて》せる皮袋《ひたい》すくなし。某甲《それがし》そのかみ*径山《きんざん》に掛錫《くわしやく》するに、☆光仏照《くわうぶつせう》そのときの粥飯頭《しゆくはんぢゆう》なりき。上堂していはく、「仏法禅道かならずしも他人の言句《ごんく》をもとむべからず、たゞ各自理会《りうい》」。かくのごとくいひて、僧堂裏*都《と》

附仏法の外道　→三七七頁注。尚一四五頁九行に既出。
なんぢ　段首の「ある(ひとびと)」(歴史上の人物、栄西ら)をさす。
利生　衆生を利益する。
そこばくの　現実の。
愚蒙を利生に　おろかさを利生の名で。「称ずる」は称揚する。

まだらなる　色模様のある。
裰子　普通ころもと呼ぶもの。直裰(→一二六頁「衣衫」注)。インドでいう「衣」ではない。
径山　浙江省餘杭県の西北の山。
都不管　すべて構わずにおく。

不管《ふくわん》なりき。*雲来兄弟也《うんらいひんでいや》都《と》不管《ふくわん》なり。祗管与官客相見《しくわんよ*くわんかくしやうけん》*追尋《ついじん》《祗管《しくわん》に官客と相見追尋《ついじん》》するのみなり。仏照ことに*仏法の機関をしらず、ひとへに貪名愛利《とんみやうあいり》のみなり。仏法もし各自理会ならば、いかでか尋師訪道の老古錐《らうこすい》あらん。真箇是光仏照《しんこしくわうぶつせう》、不曾参禅也《ふすんさんぜんや》《真箇是れ光仏照、曾て参禅せざるなり》。いま諸方長老無道心なる、たゞ、光仏照*箇児子也《こじすや》。仏法那得ニ他*手裏有一《仏法那《いづく》んぞ他が手裏に有ることを得ん》。可惜《こしつ》、可惜《こしつ》」。

かくのごとくいふに、仏照児孫おほくきくものあれど、うらみず。

又いはく、「参禅者身心脱落也、不レ用ニ焼香・礼拝《らいはい》・念仏・修懺《しゆさん》・看経《かんきん》一、祗管坐始得《しくわんざしして》《参禅は身心脱落なり、焼香・礼拝・念仏・修懺・看経を用ゐず、祗管《しくわん》に坐《ざ》して始《し》得《て》なり》」。

まことに、いま大宋国の諸方に、参禅に名字《みやうじ》をかけ、祖宗《そそう》の遠孫《をんそん》と称する皮袋、たゞ一、二百のみにあらず、稲麻竹葦《たうまちくゐ》なりとも、打坐《たざ》を打坐に勧誘するともがら、たえて風聞《ふうぶん》せざるなり。たゞ*四海五湖のあひだ、先師《せんじ》天童のみなり。諸方もおなじく天童をほむ、天童諸方をほめず。又すべて天童をしらざる大刹《だいせつ》の主もあり。これは中華にむまれたりといゐ《(へ)》ど、も、禽獣《きんじう》の流類《るるい》ならん、参ずべきを参ぜず、いたづらに光陰《くわういん》を蹉過《さこ》するがゆえ《(ゑ)》に。あはれむべし、天童をしらざるやからは、*胡説乱道《うせつらんだう》をかまびすしくするを、仏祖の家風と錯認《さくにん》せり。

先師《せんじ》よのつねに普説す、「われ十九載《さい》よりこのかた、あまねく諸方の叢林をふるに、為人《ゐにん》師《し》なし。十九歳よりこのかた、一日一夜も*不礙蒲団《ふげふとん》の日夜あらず。某甲《それがし》未住院よりこのかた、郷人とものがたりせず、光陰お《(を)》しきによりてなり。掛錫《くわしやく》の処在にあり、*庵裏《あんり》・寮舎《れうしや》す

雲来　雲のごとく集り来る。
官客　諸義ある言葉だが、それとは別におかみの客人の意だろう。
追尋　互いに往来、交際する(入矢)。
仏法の機関　仏法のはたらきの発する大本。
箇児子　箇は上の名詞をうけて形容句を作る。…というこわっぱ。
他　彼。そんなもの。
四海五湖　二語、いずれも何を指すか諸説一定しない。その「あひだ」で中国全土。
胡説乱道　でたらめの議論言説。
不礙蒲団　礙は塞ぐの意に用いられたか。蒲団をつかわない日夜なし。蒲団は坐禅用具。
庵裏・寮舎　老僧役僧雲水らの居所。

べていりてみることなし。いはんや游山翫水《ゆさんくわんすい》に功夫をつゐ《(ひ)》やさんや。▽*雲堂公界《うんだうくがい》の坐禅のほか、あるいは閣上、あるいは屛処《へいしよ》をもとめて、*独子《どくす》ゆきて、*穏便《をんびん》のところに坐禅す。つねに袖裡《しうり》に蒲団《ふとん》をたづさへて、あるいは岩下にも坐禅す。つねにおもひき、金剛座《こんがうざ》を坐破せむと。これ、もとむる所期《しよご》なり。臀肉《でんにく》の爛壊《らんゑ》するとき〳〵もありき。このとき、いよ〳〵坐禅をこのむ。某甲《それがし》今年六十五載、*老骨頭懶《らうこつてうらん》、不会坐禅《ふういざぜん》なれども、十方兄弟《じつぱうひんでい》お《(を)》あはれむによりて、住持山門《ぢゆうぢさんもん》、暁諭《げうゆ》*方来《はうらい》、為《ゐ》衆伝道《しゆでんだう》なり。諸方長老、那裡有什麼仏法《なりいうしもぶつぽふ》なるゆへ《(ゑ)》に」。

かくのごとく上堂し、かくのごとく普説するなり。

又、諸方の雲水の*人事《にんじ》の産をうけず。

*趙提挙《せうていこ》は*嘉定聖主の胤孫《いんそん》なり。*知明州軍州事《ちめいしうぐんしうじ》、管内勧農使《くわんだいくわんのうし》なり。先師《せんじ》を請《しやう》じて*州府につきて陞座《しんぞ》せしむるに、銀子《ぎんす》一万《いちまん》*鋌《てい》を布施《ふせ》す。

▽先師、陞座《しんぞ》了《れう》に、提挙にむかふ《(う)》て謝していはく、「某甲依レ例出山陞座、開二演正法眼蔵涅槃妙心一、謹以薦二福先公冥府一。*但是銀子、不二敢拝領一。僧家不レ要二這般物子一。千万賜恩、依《い》旧拝還《きうはいわん》《某甲《それがし》例に依《よ》つて出山して陞座《しんぞ》す、正法眼蔵涅槃妙心を開演す、謹《つつし》んで以て先公の冥府《めいふ》に薦福《せんぷく》す。但し是の銀子、敢へて拝領せじ。僧家《そうけ》、這般《しやはん》の物子《もつす》を要せず。千万賜恩《せんばんしおん》、旧に依つて拝還せん》」。

提挙いはく、「和尚、下官忝以二皇帝陛下親族一、到処*且貴、*宝貝見多。今以二先父冥福之日一、欲レ資二冥府一。和尚如何不《ザル》レ納《ヲサメタマハ》。今日多幸、大慈大悲、卒二留少*襯一《和尚、下官《あくわん》忝く皇帝陛下の親族なるを以て、到る処に且つ貴なり、宝貝《ほうばい》見ること多し。今先父の冥福の日を以て、冥府に資

雲堂公界　僧堂と公界(↓一二〇頁注)。
独子　ひとりぼっち。
穏便　安穏便利。
老骨頭懶　老骨頭、懶く。「骨頭」はひとを罵る言葉。ここでは謙遜の辞(入矢)。
方来　今あらたに来れるもの(入矢)。上の「暁諭」はさとす。
人事の産　この人事は入門弟子入りの際さげる礼物。産は土産、みやげもの(入矢)。
趙提挙　伝未詳。提挙は官名。特殊の事務を主管する官で、宋代には提挙常平倉、提挙水利等の官があった。
嘉定聖主　宋の寧宗(在位一一九四—一二二四)のこと。
知明州軍州事　明州(浙江省鄞県)の軍(宋代の行政単位の一)と州のことを宰る地方長官。
州府につきて　州の役所に迎えて。
鋌　延べがね。
冥府　死後の世界。「薦福」とはその世界での幸福を祈る追善(追薦)の意。
但是　この二字で「ただし」。
且　語調を軽くゆるめる時に用いる副詞、「まあ」とか「ともかく」とかの如き意(入矢)。下の「台命且厳」の「且」も同じ。
宝貝　宝物。
少襯　襯は施。二一九頁一三行目に「襯施」とあるのも二字で同じ意味。

せんと欲《おも》ふ。和尚如何《いかが》納めたまはざる。今日多《と》幸《あん》、大慈大悲《だいずだいひ》をもて、少襯《せうしん》を卒留《そつりう》すべし》」。

先師曰《いはく》、「提挙台*命且厳、不二敢遜謝一。只有二道理一、某甲《むかふ》陞座説法、提挙聡聴得《そうちんて》否《ひ》《提挙の台《たい》命《めい》且つ厳なり、敢へて遜謝《そんしや》せず。只《ただ》し道理有り、某甲陞座《それがししんぞ》説法す、提挙聡《あきら》かに聴得《ちんて》すや否や》」。

提挙曰《いはく》、「下官只聴歓喜《下官只聴《あくわんただき》いて歓喜《くわんぎ》す》」。

先師いはく、「提挙聡明、照*二鑒山語一、不レ勝二皇*恐一。更望台臨、鈞*候万福。山僧陞座時、説二得甚麼法一。試道看。若道得、拝二領銀子一万鋌一、若道不得、便府使収二銀子一《提挙聡明《そうみやう》にして、山語を照鑒す、皇恐に勝《た》へず。更に望むらくは台臨、鈞候万福《きんこうばんぷく》。山僧陞座《さんぞうしんぞ》の時《とき》、甚麼《しも》の法をか説得《せって》する。試道看。若《も》し道《い》ひ得《え》ば、銀子一万鋌を拝領せん。若《も》し道《い》ひ得ずは、便《すなは》ち府使銀子を収めよ》」。

提挙起向二先師一云《提挙、起《た》つて先師に向《むか》つて云く》、「*即辰《しちしん》伏《ふ》惟《い》、和尚法候《ほふこう》、*動止《どうし》万福《ばんぷく》」。

先師いはく、「*這箇《しやこ》是《し》挙《こ》来底《ちいち》、那箇《なこ》是《し》聴得底《ちんてち》《這箇は是れ挙し来る底、那箇か是れ聴得底なる》」。

提挙擬*議。

先師いはく、「先公冥福円成、襯施且待二先公台*判一《先公の冥福円成《ゑんじやう》なり、襯施は且《しばら》く先公の台判《たいはん》を待つべし》」。

かくのごとくいひて、すなはち請暇《しんか》するに、提挙いはく、「未《み》恨不《こんふ》領《りん》、且喜見師《しやきけんし》《未だ不領なるをば恨みず、且《ただ》喜ぶ師を見ることを》」。

かくのごとくいひて先師《せんじ》をおくる。浙東《せつとう》・浙西《せつせい》の道俗、おほく讃歎《さんだん》す。このこと、平☆侍者が日録にあり。

「卒留」は「ココニトドム」。

台命　大官の言葉に対する敬称。下の「台臨」も大官の来臨の敬語(入矢)。

照鑒　あきらかに見きわめる。「山語」は自分(僧侶)の言葉の遜称。

皇恐　おそれる。惶恐に同じ。

鈞候　鈞は高位の軍人や役人に敬意を表する接頭辞(入矢)。候は様子。次の提挙の語にある「法候」は僧の様子の敬語。「万福」まで六字で、相手を祝福しつつそれに呼びかける言葉。

即辰　即時。そのときすぐ、まのあたり。「伏惟」は伏しておもんみるに。書簡や挨拶の常用語。

動止万福　御機嫌うるわしく、祝着至極に存じます(入矢)。

這箇是…聴得底　それは私自身が(さきほど)述べたことだ。あなたのお聞きになったのはどんなことか。底は不定関係代名詞。

擬議　相手の言う意味を推し測ってぐずぐずする。

台判　台はすでに説明した。判はさばき。

平侍者いはく、「這老和尚《しやらうをしやう》、*不可得人《ふこてじん》。那裡容易得見《這《こ》の老和尚は、不可得人《ふこてじん》なり。那裡にか容易《たやす》く見ることを得ん》」。

たれか諸方にうけざる人あらむ、一万錠《ばんてい》の銀子《ぎんす》。ふるき人のいはく、「金銀珠玉、これをみんこと糞土《ふんど》のごとくみるべし」。たとひ金銀のごとくみるとも、不受《ふじゆ》ならむは衲子《のつす》の風《ふう》なり。先師《せんじ》にこの事あり、余人にこのことなし。

先師つねにいはく、「三百年よりこのかた、わがごとくなる知識いまだいでず。諸人審細に辨道功夫すべし」。

先師の会《ゑ》に、西蜀《せいしよく》の*綿州人にて道昇《だうしよう》とてありしは、道家流なり。徒黨五人、ともにちかふ《(う)》ていはく、「われら一生に仏祖の大道を辨取《はんしゆ》すべし。さらに郷土にかへるべからず」。先師ことに随喜して、経行《きんひん》・道業《だうごふ》ともに衆僧《しゆそう》と一如《いちによ》ならしむ。その排列のときは、比丘《びく》尼《に》のしもに排立《はいりふ》す、奇代《きたい》の勝躅《しようちよく》なり。

又、*福州の僧、その名善如《ぜんによ》、ちかひていはく、「善如平生《へいぜい》さらに一歩をみなみにむかひてうつすべからず。もはら仏祖の大道《だいだう》を参ずべし」。

先師《せんじ》の会《ゑ》に、かくのごとくのたぐひあまたあり。まのあたりみしところなり。余師のところになしといゑ《(へ)》ども、大宋国の*僧宗の行持なり。われらにこの心操なし、かなしむべし。仏法にあふときなほしかあり、仏法にあはざらんときの身心、はぢてもあまりあり。

不可得人　得がたい人。

綿州　四川省緜陽県。蜀は四川省。

福州　福建省閩侯県。

僧宗　僧の宗とすべきひと。

しづかにおもふべし、一生いくばくにあらず、仏祖の語句、たとひ三々両々なりとも、道得《だうて》せんは仏祖を道得せるならん。ゆゑはいかん。仏祖は身心如一なるがゆえ《(ゑ)》に、一句両句、みな仏祖のあたゝかなる身心なり。かの身心きたりて*わが身心を道得《だうて》す。正当道取時、これ道得きたりてわが身心を道取するなり。*此生道取累生身《ししやうだうしゆるいしやうしん》なるべし。*かるがゆえ《(ゑ)》に、ほとけとなり祖となるに、仏をこゑ《(え)》祖をこゆるなり。三々両々の行持の句、それかくのごとし。いたづらなる声色《しやうしき》の名利に馳騁《ちてい》することなかれ。馳騁せざれば仏祖単伝の行持なるべし。すゝむらくは*大隠小隠、一箇半箇なりとも、*万事《ばんじ》万縁《ばんえん》をなげすてゝ、行持を*仏祖に行持すべし。

仏祖行持

仁治三年壬寅四月五日書于観音導利興聖宝林寺

わが身心を道得す　自分の全存在の意味を言語表現してくれる。

此生道取累生身　「コノ生、累生ノ身ヲ道取ス」。この生は来世に生れ代るための仮りの存在ではない。今生の行持が行持のすべてである。来世があるとすればその行持も今生の行持によって尽されていなければならぬ。正しい「道取」が今生の自分の存在の意味を言いつくしえているなら、それは来世来々世のわが存在の意をすでに尽していよう。龍牙居遁の偈(二一九九頁三行以下)第二句の一字を換えたもの。→解説

かるがゆえに　今生の存在が累生の存在を含む以上、今生の存在はつねにそれより大きなものでなければならぬ故。

大隠小隠　→一八一頁注。下の「一箇半箇」はともかくみんなの意。

万事万縁　事と縁は本来別のはずである。

仏祖に　仏祖のために、仏祖に向けて、仏祖においての意味と読めよう。次の「仏祖行持」はこれに対して、「仏祖」が全体をおおっている問題の場での行持の意。

正法眼蔵第十七▽

恁《いん》麼《も》

☆雲居山弘覚《うんござんぐかく》大師は、洞山《とうざん》の嫡嗣《ちゃくし》なり、釈迦牟尼仏より三十九世の法孫《はっそん》なり。*洞山宗《とうざんしゅう》の嫡《ちゃく》祖《そ》なり。一日示衆云《じしゅにいはく》、「欲得恁麼事《よくとくいんもじ》、須是恁麼人《しゅぜいんもじん》。既是恁麼人《きぜいんもじん》、何愁恁麼事《がしゅういんもじ》《恁麼事を得んと欲《おも》はば、須く是れ恁麼人なるべし。既に是れ恁麼人なり、何ぞ恁麼事を愁へん》」。

いはゆるは、「恁麼事《いんもじ》をゐ《（え）》んとおもふは、すべからくこれ恁麼人《いんもじん》なるべし。すでにこれ恁麼人なり、なんぞ恁麼事をうれゑ《（へ）》ん」。この宗旨《そうし》は、*直趣無上菩提《ちきしゅむじゃうぼだい》、しばらくこれを恁麼といふ。この無上菩提のていたらくは、すなはち尽十方界も無上菩提の少許《せうこ》なり。さらに*菩提の尽界よりもあまるべし。われらもかの尽十方界の中に*あらゆる調度なり。*なに丶よりてか恁麼あるとしる、*いはゆる身心《しんじん》、ともに尽界にあらはれて、われにあらざるゆへ《（ゑ）》にしかありとしるなり。

身すでにわたくしにあらず、いのちは*光陰にうつされてしばらくもとゞめがたし。紅顔いづくへかさりにし、たづねんとするに蹤跡《しょうせき》なし。つら〳〵観ずるところに、往事のふたゝびあふべからざるおほし。*赤心《しゃくしん》もとゞまらず、片々として往来す。たとひまことありといふとも、*吾我《ごが》のほとりにとゞこほるものにあらず。恁麼なるに、*無端に発心するものあ

洞山宗　道元の建前としては言ってはならぬ語のはずである。

直趣無上菩提　「直チニ無上菩提ニ趣ク」。趣くは面向くだろう。

菩提の　菩提は。

あらゆる　あるところの。

なに丶よりてか…　どうしてそうだと知れるのか。われらは全世界に附属しそこで使用されるものとすれば、一体どうして自分を含む大きな世界よりもっと大きな存在の消息を知りうるのか、という発問。

いはゆる身心ともに…　「われら」が問題となるとき話頭にのぼるわれらの身・心は、全世界において、そして全世界の姿において現成し、われとは違うものであるため…。

光陰にうつされて　時間に押し流されて。この段、用語と言い文体と言い声調と言い、浄土真宗風なことに注意。『唯仏与仏』『生死』などと一類をなす。

赤心　まごころ。下の「まこと」と同列。「片々として」は多義だが、ここではたよりなく落ちつかず、軽い様子をいう。↓八〇頁「片片」注

吾我のほとり　まことが心と考えられ、それは自我とは別の存在と見られていることに注意。

無端に　これといういわれもなく。

り。この心《しん》おこるより、向来《きやうらい》もてあそぶところをなげすてゝ、所未聞《しよみもん》をきかんとねがひ、所未証《しよみしよう》を証せんともとむる、ひとへにわたくしの所為にあらず。しるべし、*恁麼人なるゆへ(ゑ)にしかあるなり。なにをもつてか恁麼人にてありとしる、*すなはち恁麼事をゑ(え)んとおもふによりて、恁麼人なりとしるなり。すでに恁麼人の面目あり、いまの恁麼事をうれふべからず。うれふるもこれ恁麼事なるがゆゑに、うれゑ(へ)にあらざるなり。*又恁麼事の恁麼あるにも、おどろくべからず。たとひおどろきあやしまるゝ恁麼ありとも、さらにこれ恁麼なり。おどろくべからずといふ恁麼あるなり。これたゞ仏量にて量すべからず、心量にて量すべからず、法界量《ほふかいりやう》にて量すべからず、尽界量にて量すべからず。たゞまさに「既是恁麼人、何愁恁麼事」なるべし。このゆへに、声色《しやうしき》の恁麼は恁麼なるべし、身心の恁麼は恁麼なるべし、諸仏の恁麼は恁麼なるべきなり。たとへば、因地倒者《いんちたうしや》のときを恁麼なりと恁《いん》麼会《もうゐ》なるに、必因地起《ひちいんちき》の恁麼のとき、因地倒《いんちたう》をあやしまざるなり。

古昔《こしやく》よりいひきたり、西天《さいてん》よりいひきたり、天上よりいひきたれる道《だう》あり。いはゆる「若因地倒《にやくいんちたう》、還因地起《ぐゑんいんちき》、離地求起《りちぐき》、終無其理《しゆうむごり》《若し地に因りて倒るるは、還た地に因りて起つ、地を離れて起きんと求むるは、終に其の理無けん》」。

いはゆる道《だう》は、「地によりてたお(ふ)るゝものはかならず地によりておく、地によらずしておきんことをもとむるは、さらにうべからず」となり。*しかあるを挙拈《こねん》して、大悟を*うるはしとし、身心をもぬくる道とせり。このゆへに、もし、「いかなるか諸仏成道の道理な

恁麼人　ここらの造語法、タターアーガタを「如来」と訳すときのそれに酷似している。タターは「しかじかの姿・形で」の意の接続句。それだけでは内容はない。それを「如」と正しく訳し、そこに「真如―あるがままの真実」の意が籠められた。恁麼も「そうした、そうした具合に」の意の無内容な副詞・形容詞である。それを冠した「人」に吾我を捨てた発心求道者を意味させている。

すなはち恁麼事をゑんと…うれふべからず　循環論法に類する。しかし同時全現成の全一存在の体得の場では、それは当然の論法と言える。

恁麼事の恁麼ある　二つの恁麼は別のものごとをまず指している。しかしその同一化が行われる。ここまで来ると恁麼は「真如」と同一以外ではない。

しかあるを　そうである真実相を。

うるはしとし　得る端緒とし。

る」と問著《もんちや》するにも、「地にたふるゝものの地によりておくるがごとし」といふ。これを参究して、向来《きやうらい》お《(を)》も透脱《てうとつ》すべし、*末上《まつじやう》お《(を)》も透脱すべし、正当恁麼時お《(を)》も透脱すべし。大悟《だいご》不《ふ》悟《ご》、*却迷失迷《きやめいしちめい》、被《ひ》悟《ご》礙《げ》、被《ひ》迷礙《めいげ》、ともにこれ地にたふるゝもの、地によりておくる道理なり。これ天上天下《てんじやうてんげ》の道得《だうて》なり、西天東地の道得なり、古往今来の道得なり、古仏新仏の道得なり。この道得、さらに道未《だうみ》尽《じん》あらず、道虧闕《だうきくゑち》あらざるなり。

しかあれども、恁麼会《いんもうい》のみにして、さらに不恁麼会《ふいんもうい》なきは、このことばを参究せざるがごとし。たとひ古仏の道得は恁麼つたはれりといふとも、さらに*古仏として古仏の道《だう》を聞《もん》著《ちや》せんとき、*向上の問著《もんちや》あるべし。いまだ西天に道取せず、天上に道取せずといへども、さらに道著の道理あるなり。いはゆる「地によりてたお《(ふ)》るゝもの、もし地によりておきんことをもとむるには、無量劫をふるに、さらにおくべからず」。まさにひとつの活路よりおくることをうるなり。いはゆる「*地によりてたを《(ふ)》るゝものは、かならず空によりておき、空によりてたを《(ふ)》るゝものは、かならず地によりておくるなり」。もし恁麼あらざらんは、つゐ《(ひ)》におくることあるべからず。諸仏諸祖、みなかくのごとくありしなり。

もし人ありて恁麼《インモニ》とはん、「空と地と、あひさることいくそばくぞ」。

恁麼問著せんに、かれにむかひて恁麼いふべし、「空と地と、あひさること十万八千里なり。若因地倒《にやくいんちたう》、必因空起《ひちいんくうき》、離空求起《りくうぐき》、終無其理《しゆうむごり》。若因空倒《にやくいんくうたう》、必因地起《ひちいんちき》、離地求起《りちぐき》、*終無其《しゆうむご》理《り》《地に因りて倒るるがごときは、必ず空に因りて起く、空を離れて起きんと求むるは、終《つひ》に其の理無けん。空に因りて倒るるがごときは、必ず地に因りて起く、地を離れて起きんと求めば、終に其の

末上　→一二〇頁「末上の老年」注。ここも「向来」(これまで、最近)と相対して、今後、究極においての意だろう。

却迷失迷　「却」は正にと訓むか、還(また)と訓むか、いずれにせよ強めの助辞。失迷は、字義通りには、迷いを見迷う、迷いのありかが分らぬ、の意(入矢)。四字で、迷えばこそ迷いを見失う、とりちがえる。下の六字は「悟ニ礙ヘラル、迷ニ礙ヘラル」。

古仏として　ひと、古仏として、あるいは、古仏、古仏として。

向上の問著　古仏の道(言葉)の上に出た問い。

地によりて…　起きるということが大事なのだ。何を力に起きるかということに執してはならぬ、とする考え。『仏性』『行仏威儀』でも見た、信にもとづく経文・祖師語の曲解乃至拡張解釈の一例。

終無其理　絶対そういうこと(そうなること)はありえぬ。(入矢)

理無けん》」。

もしいまだかくのごとく道取せざらむは、仏道の地空《ちくう》の量、いまだしらざるなり、いまだみざるなり。

第十七代の祖師、☆僧伽難提《そうがなんだい》尊者、ちなみに☆伽耶舎多《かやしやた》、これ法嗣《はつす》なり、あるとき、殿にかけてある鈴鐸《れいたく》の、風にふかれてなるをきゝて、伽耶舎多にとふ、「風のなるとやせん、鈴《れい》のなるとやせん」。

伽耶舎多まふ(う)さく、「風の鳴《めい》にあらず、鈴の鳴《めい》にあらず、我心《がしん》の鳴《めい》なり」。

僧伽難提尊者いはく、「*心はまたなにぞや」。

伽耶舎多まふ(う)さく、「*ともに寂静《じやくじやう》なるがゆへ(ゑ)に」。

僧伽難提尊者いはく、「善哉々々《ぜんざいぜんざい》、わが道を次《つ》ぐべきこと、子《ナンヂ》にあらずよりはたれぞや」。

つゐ(ひ)に正法眼蔵を伝付す。

これは、風の鳴《めい》にあらざるところに、我心鳴《がしんめい》を学す。鈴のなるにあらざるとき、我心鳴を学す。我心の鳴は*たとひ恁麼なりといへども、倶寂静《くじやくじやう》なり。

西天《さいてん》より東地につたはれ、古代より今日にいたるまで、この因縁を学道の標準とせるに、あやまるたぐひおほし。伽耶舎多の道取する、「風のなるにあらず、鈴のなるにあらず、心《しん》の鳴《めい》なり」といふは、*能聞《のうもん》の恁麼時の正当《しやうたう》に念起あり、この念起を心といふ。この心念もしなくは、いかでか鳴響《めいきやう》を*縁ぜん。この念によりて聞《もん》を成ずるによりて、聞の根本《こんぽん》といひ

心はまたなにぞや 前の答を受けて、「心とは復」と言い出したもの。

ともに寂静なるがゆへに 「心」ということを言い出した根拠の説明。本来、尽界倶寂静のはずだから、何かが鳴るときはそのものだけが鳴るとは言えないわけである。それに対する道元の評唱が次の段にある。

たとひ恁麼なりといへども たといそう(鳴)だとしても。

能聞の…念起あり 能聞は「所聞」の対。聞くはたらき、聞く力。「恁麼」はさきと同じく、「そうした」。まさに(正当に)そうした(能動的に聞くという)とき、「念」(→二一五頁「念想観」、二二六頁「依主」注)が起る。

縁ぜん 「縁」はすでに何度も見た。ここでは端的に覚知せんの意。

ぬべきによりて、「心のなる」といふなり。これは邪解《じゃげ》なり、正師《しゃうし》のちからをゑ《(え)》ざるによりてかくのごとし。たとへば、*依《え》主隣近《しゅりんごん》の論師《ろんじ》の釈のごとし。かくのごとくなるは、仏道の玄学にあらず。

しかあるを、仏道の嫡嗣《ちゃくし》に学しきたれるには、無上菩提正法眼蔵、これを寂静《じゃくじゃう》といひ、無為《むゐ》といひ、三昧《さんまい》といひ、*陀羅尼《だらに》といふ。道理は、*一法わづかに寂静なれば、万法ともに寂静なり。風吹《ふうすい》寂静なれば鈴鳴《れいめい》寂静なり。このゆへに倶寂静(五)といふなり。*心鳴は風鳴にあらず、心鳴は鈴鳴にあらず、心鳴は心鳴にあらずと道取するなり。*親切の恁麼なるを究辦《きうはん》せんよりは、さらにたゞいふべし、風鳴なり、鈴鳴なり、吹鳴なり、鳴々なりともいふべし。*何愁恁麼事《がしういんもじ》のゆへに恁麼あるにあらず、何関恁麼事《がくわんいんもじ》なるによりて恁麼なるなり。

*第三十三祖大鑑禅師☆、未剃髪《みていはつ》のとき、広州法性寺《はつしやうじ》に宿《しゆく》するに、二僧ありて相論するに、一僧いはく、「幡《ばん》の動ずるなり」。

一僧いはく、「風の動ずるなり」。

かくのごとく相論往来して休歇《きうけつ》せざるに、六祖いはく、「風動にあらず、幡動にあらず、仁者心動《じんしゃしんどう》なり」。

二僧きゝてすみやかに信受す。

この二僧は、西天《さいてん》よりきたりけるなり。しかあればすなはち、この道著《だうちゃ》は、風《ふう》も幡《ばん》も動《どう》も、ともに心《しん》にてあると、六祖は道取するなり。まさにいま六祖の道《だう》をきくといへども、

依主　「六合釈」の一。「主ニ依ル」。梵語文法に淵源し中国で変容展開された複合語の語釈法の一。依主釈を今中国の場合に限っていうと、前の語も後の語も名詞で、前者が後者に対して属格・奪格・与格等の格の性質を持ち、後者を限定するもの。次の「隣近」も「六合釈」の解の一つだが梵語文典にはない。どの本にもあがっている例でいうと、「四念処」なる語があるが、これは本来「四慧」というべきところを、「念」が「慧」のはたらきであり、類縁のものであるために造られた語だとする解。「依主」と併せて、煩瑣な差別智を弄するの意だろう。

陀羅尼　ダラナの形で保持・維持、また精神集中・理解の意。ダラニの形で脈管・大地、修行者の苦痛を消す呪文などの意。前後の関係から言って前者だろう。

一法わづかに　この法は現実界の事物現象。しかしこの意味の法、ダールマはもはや純仏教用語である。

心鳴は風鳴に…道取するなり　要するに「鳴」の否定、「寂静」の明確化のための表現。

親切の恁麼なるを…　恁麼は、そうであるところの、の意で、「親切」を受ける。親切は密接な関係(のもの)の意で、上の否定文によって現わされた「風」「鈴」「心」「鳴」の関係と、その関係においてあるそれら。

六祖の道をしらず。いはんや六祖の道得《だうて》を▽道取することをゐ《(え)》んや。為《ゐ》甚《じん》麼《も》恁《いん》麼《も》道《だう》《甚麼《なに》としてか恁麼道《い》ふ》。

いはゆる「仁者心動」の道《だう》をきゝて、すなはち仁者心動といはんとしては、仁者心動と道取するは、六祖をみず、六祖をしらず、六祖の法孫《ほつそん》にあらざるなり。いま六祖の児孫として、六祖の道《だう》を道取し、六祖の身体髪膚をへ《(え)》て道取するには、*恁麼いふべきなり。いはゆる「仁者心動」はさもあらばあれ、さらに「仁者動」といふべし。為《ゐ》甚《じん》麼《も》恁《いん》麼《も》道《だう》。いはゆる動者動なるがゆゑに、*仁者仁者なるによりてなり。既《き》是《ぜ》恁《いん》麼《も》人《じん》なるがゆへに恁麼道なり。

六祖のむかしは、新州の樵《せう》夫《ふ》なり。山おも《(を)》きわめ、水おも《(を)》きわ《(は)》む。たとひ青《せい》松《しよう》のもとに功夫して根源を截《せち》断《とん》せりとも、なにとしてか明窓のうちに従《しよう》容《よう》して、照心の古教ありとしらん、*澡《さう》雪《せつ》たれにかならふ。*いちにありて経《きやう》をきく、これみづからまちしところにあらず、他のすゝむるにあらず。いとけなくして父を喪《さう》し、長じては母をやしなふ。しらず、このころもにかゝれりける一顆珠の乾《けん》坤《こん》を照破することを。たちまちに発明せしより、老母をすてゝ知識をたづぬ、人のまれなる儀なり。*恩《をん》愛《ない》のたれかかろからん、法をおもくして恩愛を軽《かろ》くするによりて、棄《き》恩《をん》せしなり。これすなはち「有《う》智《ち》若《にやく》聞《もん》、即《そく》能《のう》信《しん》解《げ》」《智有るもの若し聞かば、即ち能く信解す》の道理なり。

いはゆる智は、人に学せず、みづからおこすにあらず。智よく智につたはれ、智すなはち智をたづぬるなり。*五百の蝙《へん》蝠《ぷく》は、智おのづから身をつくる。さらに身《しん》なし、心《しん》なし。

何愁恁麼事のゆへに…恁麼なるなり 反語法で言われた「愁」だが、ともかく愁の形をとる関心があり、しかしそれあるがためにその対象たる「恁麼」があるわけではなく、「何ぞ関せん」という無関心の表明にもかかわらずある「恁麼」であり、即「如」である。「なるによりて」は「なるなるに」、「恁麼なる」は「恁麼である」。

第三十三祖 釈迦牟尼仏から数えて。

恁麼 次の句をさす。次行の「為甚麼恁麼道」(どうしてそんなことをいうのか)の「恁麼」は上のことをさす。

仁者仁者なる 仁者→二一一頁注。上の「動者動なるがゆゑに」という論拠から「おんみはおんみだ」ということが言える、すべてはタウトロギアで現わされる。それゆえ上の「為甚麼」六字の問に答えられるのである。

澡雪 一八九頁の用例に従って解す。しかしここでは前三例(一七七頁一七行・一八九頁六行・二〇二頁一二行)ほどの縁語性はない。

いち 市。

恩愛のたれか 「たれか」はたれにとりてか、誰においてかの意だろう。

五百の蝙蝠 『阿毘達磨蔵』の読誦に聞き入って、巣食うていた樹木もろとも焼け死んだ蝙蝠。

*十千《じつせん》の游魚は、智したしく身にてあるゆへ（ゑ）に、縁にあらず、因にあらずといへども、聞法《もんぼふ》すれば即解《そくげ》するなり。きたるにあらず、入《いる》にあらず。たとへば、*東君《とうくん》の春にあふがごとし。智は有念《うねん》にあらず、智は無念にあらず。智は有心にあらず、智は無心にあらず。いはんや大小にかゝはらんや、いはんや迷悟の論ならんや。いふところは、仏法はいかにあることゝもしらず、*さきより聞取するにあらざれば、したう（ふ）にあらず、ねがふにあらざれども、聞法するに、恩をかろくし身をわするゝは、有智の身心すでに自己にあらざるがゆへに*しかあらしむるなり。これを「即能信解《そくのうしんげ》」といふ。しらず、いくめぐりの生死《しやうじ》にか、この智をもちながら、いたづらなる塵労《ちんらう》にめぐる。なほし石の玉をつゝめるが、玉も石につゝまれりともしらず、石も玉をつゝめりともしらざるがごとし。人これをしる、人これを採《とる》。これすなはち玉の期《ご》せざるところ、石のまたざるところ、石の知見によらず、玉の思量にあらざるなり。すなはち人と智とあひしらざれども、道かならず智にきかるゝがごとし。

「*無智疑怪《むちぎくゐ》、即為永失《そくゐやうしつ》《智無きは疑怪す、即ち為めに永く失ふ》」といふ道《だう》あり。智かならずしも有にあらず、智かならずしも無にあらざれども、*一時の春松なる有あり、*秋菊なる無あり。この無智のとき、三菩提みな疑怪《ぎくゐ》となる、尽諸法みな疑怪なり。このとき、*永失即為《やうしつそくゐ》なり。所聞すべき道、所証なるべき法、*しかしながら疑怪なり。*われにあらず、偏界かくるゝところなし。*たれにあらず、万里《ばんり》一条鉄《でうてつ》なり。たとひ恁麼して*抽枝《しうし》なりとも、「十方《じつぱう》仏土中《ぶつどちゆう》、唯有《ゆいう》*一乗法《いちじようほふ》」なり。たとひ恁麼して葉落《えふらく》すとも、「*是法住法位《ぜほふぢゆうほふゐ》、世《せ》間相常住《けんさうじやうぢゆう》」なり。既是《きぜ》恁麼事《いんもじ》なるによりて、有智と無智と、*日面《にちめん》と月面《ぐわちめん》となり。

十千の游魚　十千は「半千（五百）」が正しい。慈悲深い流水長者という長者によって命を助けられた上、さらに宝勝如来の名号を聞かせられたため三十三天に転生したという乾上がった池の魚。
東君　太陽の神をもいうが、ここは春の神のことか。
さきより…　前々から聞いているわけではないから。下の「ねがふにあらず」までの理由。
しかあらしむる　しかある。
無智疑怪即為永失　知りもしないで疑い怪しんでいるものは、そのことのために永久に損失を蒙るのだ。
一時の春松なる有、秋菊なる無　『有時』参照。春松・秋菊が「一時」のものなるがごとく有も無も一時のもの。そういう観点で言えば、有であり無である。
永失即為　提示の第二句四字を倒装したもの。意味のあるのは「永失」のみ。しかしこの措辞によってどちらからみても損失だという考えが暗示される。
しかしながら　「しか」は、上に両三度見た「恁麼」と同じ。すぐ上を「そうでありつつ」と受けている。三字目の「し」は、本来は接尾辞だろうが、次行の「恁麼して」（そういう風にして）の「し」と同じ為すの意味がこめられているように思える。
われにあらず・たれにあらず　誰彼

恁麼人なるがゆへに、六祖も発明せり。つゐ《(ひ)》にすなはち黄梅山に参じて、☆大満禅師を拝するに、*行堂《あんだう》に投下《てうあ》せしむ。昼夜に米《よね》を碓《つく》こと、僅《わつか》に八箇月をふるほどに、あるとき夜ふかく更《かう》たけて、大満みづからひそかに碓坊《ついばう》にいたりて、六祖にとふ、「*米白也未《めいはくやみ》《米《よね》白まれりや未だしや》」と。

六祖いはく、「白也未有篩在《はくやみいうすざい》《白けれども未だ篩《ひ》ること有らず》」と。

大満つゐして臼《うす》をうつこと三下《さんげ》するに、六祖、箕《み》にいれる米をみたび簸《ひ》る。このときを、師資の道《だう》あひかなふといふ。みづからもしらず、他も不会《ふうい》なりといへども、伝法伝衣《でんぼふでんえ》、まさしく恁麼の正当時節なり。

☆南岳山無際大師、ちなみに☆薬山とふ、「*三乗十二分教某甲粗知、嘗聞南方直指人心、見性成仏、実未二明了一。伏望和尚、慈悲指示《三乗十二分教は、某甲粗《むかふほぼ》知れり、嘗て聞く、南方の直指人心、見性成仏、実《まこと》に未だ明了ならず。伏望《ふまう》すらくは和尚、慈悲をもて指示したまはんことを》」。

これ薬山の問《もん》なり。薬山は*本為講者《ほんゐかうじや》なり。三乗十二分教は*通利せりけるなり。しかあれば、仏法さらに昧然《まいねん》なきがごとし。むかしは別宗《べつしゆう》いまだおこらず、たゞ三乗十二分教をあきらむるを、教学の家風とせり。いま人おほく*鈍致《どんち》にして、各々の宗旨《そうし》をたてゝ仏法を度《たく》量《りやう》する、仏道の法度《はつと》にあらず。

大師いはく、「*恁麼也不得《いんもやふて》、不恁麼也不得《ふいんもやふて》、恁麼不恁麼*摠不得。汝作麼生《*そもさん》《恁麼も不得、不恁麼も不得なり、恁麼不恁麼摠《さう》に不得なり。汝作麼生《そもさん》》」。

などと個体存在の差別相にこだわるのはまちがっている。

抽枝　芽生え、分枝する。

一乗法　真実の仏教はただ一つで、それに渡されて一切衆生は成仏するという教え。

是法住法位世間相常住　(上のことは即ち)法は法位に住し、世間の相は常住だということなのだ。「相」が非常住とされることはすでに見た。

日面と月面となり　日と月のようなものだ。一日の両面、違っているようだが大差のないものにすぎない。

行堂　行者(寺院で雑用をする年少の僧)の宿舎。

「米白也未」　会元一、五祖弘忍章に出る。但し出典という意味ではない。

三乗十二分教　三乗と十二分教。いずれも仏説、仏教の分類のしかた。前者は内容からの、後者は形式からの。『仏教』参照。薬山は仏説法の内容形式のすべてに通じているということ。

本為講者　もと講者たり。講者↓一〇八頁注

通利　通達し、その利益をうける。

鈍致　鈍さの致れるもの。極鈍。但し誤用。

恁麼也不得　そんなわけには行くまい。

摠　すべて。

作麼生　どうする。どうした。

これすなはち大師の薬山のためにする道《だう》なり。まことにそれ「恁麼不恁麼摠不得」なるゆへ《(ゑ)》に、恁麼不得なり、不恁麼不得なり。恁麼は恁麼をいふなり。*有限《いうげん》の道用《だうよう》にあらず、無限の道用にあらず。恁麼は不得に参学すべし、不得は恁麼に問取すべし。這箇の恁麼およひ不得、*ひとへに仏量のみにかゝはれるにあらざるなり。会不得《ういふて》なり、悟不得《ごふて》なり。

曹渓山大鑒禅師、ちなみに南岳大恵禅師にしめすにいはく、「是什麼物恁麼来《ししもぶついんもらい》」。この道《だう》は、恁麼はこれ*不疑なり、不会《ふうい》なるがゆへに、*是什麼物《ししもぶつ》なるがゆへに、万物まことにかならず什麼物なると参究すべし。一物まことにかならず什麼物なると参究すべし。什麼物は疑著《ぎちゃ》にはあらざるなり、*恁麼来なり。

正法眼蔵恁麼第十七▽

爾時仁治三年壬寅三月二十日在于観音導利興聖宝林寺示衆

寛元々年癸卯四月十四日書写之侍者寮　懐弉

有限の道用　道用は言葉のはたらき。上の「恁麼」の意味は有限ではない、また無限でもないの意。

ひとへに仏量のみに…　前の行以来、「恁麼」「不得」二者の「親切」を語ってきて、こう言うのは、「仏量」をひとまず至大非思量底と考えてそれをも超えるの意。「量」はここでも大いさの意味を持たせられており、そういう風に考えられた仏に対する否定が暗示されている。二二三頁参照。

不疑　疑えない。「不」を冠しただけで単なる否定でなく不可能性が示されることはしばしばある。「不会」も会得できない。

是什麼物なるがゆへに　上の理由によって「これは一体どういうものなんだ」と言われるのだが、それ故。以下の「什麼物」は、あえて言えば「真如なる物」の意味。

恁麼来なり　如来なり。真実体として訪れるものだの意。

底本奥書「于旹永正七年庚午六月廿四日於阿陽勝浦県桂林寺丈室中　用兼七十三歳謹写之」。

正法眼蔵第十八

観《くわん》音《のん》

☆雲岩無住大師、問二☆道吾山修一大師一《道吾山修一大師に問ふ》、「*大悲菩薩、用二許多手眼一作麼《大悲菩薩、許多の手眼《しゆげん》を用ゐて作麼《そも》》」。

道吾曰《いはく》、「如三人夜間背レ手摸二枕子一《人の夜間に手を背《うしろ》にして枕子《ちんす》を摸するが如し》」。

雲岩曰、「我《が》会也《ういや》、我会也《我れ会《うい》せり、我れ会せり》」。

道吾曰、「汝作麼《そも》生会《さんうい》《汝作麼生が会《うい》せる》」。

雲岩曰、「*遍身是《ぜ》手眼《しゆげん》」。

道吾曰、「道也太煞道《だうや*たいさあだう》、*祇《し》道得《だうて》八九成《しん》《道《い》ふことは太煞道《はなはだい》へり、ただ道得《だうて》すること八九成なり》」。

雲岩曰、「某甲《むかふ》祇如此《某甲《それがし》はただ此《かく》の如し》、*師兄《すひんそ》作麼生《もさん》」。

道吾曰、「*通身《つうしん》是《ぜ》手眼《しゆげん》」。

道得観音《だうてくわんのん》は、前後の聞声《もんしやう》まゝにおほしといゑ《(へ)》ども、雲岩・道吾にしかず。観音を参学せんとおもわ《(は)》ば、雲岩・道吾のいまの道也《だうや》を参究すべし。いま道取する大悲菩薩といふは、観世音菩薩なり、*観自在菩薩ともいふ。諸仏の父母《ぶも》とも参学す、諸仏よりも未得道なりと学することなかれ。*過去正法明如来也《くわこしやうぼふみやうによらいなり》。

大悲菩薩　慈悲門の主なる観世音菩薩の異名。

遍身・通身　前者は、至るところが。後者は、全体があげて。そういう語感の差がある。「手眼」の数が前者では無数だが、後者では全身手眼でしかないということになる。しかし普通には両語同義で体中の意。

太煞道　煞は甚し。殺とも書く。大したことぬかしたなの意。

祇道得八九成　ただ八、九割(八、九分通り)言えただけだ。

師兄　禅宗で法兄をいう。兄弟子。

観自在　観世音の新訳。語学的にはこちらが正しい。世界中の諸事物諸存在の観察、衆生の救済を自在に行うの意。次の「諸仏の父母」は、六観音(聖・千手・十一面・如意輪・馬頭と共に)の一たる准胝(清浄の意の梵語音訳)観音が胎蔵界曼陀羅の遍知院にあって如来部の部母とされることから言ったもの。

過去正法明如来也　正法は、釈迦牟尼仏の死後五百(または千)年の期間。そこでは教行証の三種の法が兼備し成仏が可能であるとされる。八字で、過去には誰でも成仏できる正法の一時があった、明くれば如来だの意。この表現からは今日が落ちているが、要は成仏はいつでもできるものだ、観音は当然如来になれるの意を持とう。

しかあるに、雲岩道の「大悲菩薩《だいひぼさつ》、用許多手眼作麼《ようこたしゅげんそも》」の道《だう》を挙拈《こねん》して、参究すべきなり。観音を保任《ほうにん》せしむる家門あり、観音を未夢見《みむけん》なる家門あり。雲岩に観音あり、道吾と同参せり。たゞ一両の観音のみにあらず、百千の観音、おなじく雲岩に同参す。観音を真箇に観音ならしむるは、たゞ雲岩会《うんがんうゐ》のみなり。所以《ゆゑ》はいかん。雲岩道の観音と、余仏道の観音と、道得道不得《だうてだうふて》なり。余仏道の観音はたゞ*十二面なり、雲岩しかあらず。余仏道の観音はしばらく八万四千手眼なり、雲岩しかあらず。なにをもつてかしかありとしる。

いはゆる雲岩道の「大悲菩薩《だいひぼさつ》用許多手眼《ようこたしゅげん》」は、「許多」の道《だう》、たゞ八万四千手眼のみにあらず、いはんや十二および三十二三の数般《すはん》のみならんや。*「許多」は、いくそばくといふなり。如許多の道なり、種般かぎらず。種般すでにかぎらずは、無辺際量にもかぎるべからざるなり。用許多のかず、その宗旨《そうし》かくのごとく参学すべし。すでに無量無辺の辺量を超越《てうをつ》せるなり。いま雲岩道の許多手眼の道を拈来するに、道吾さらに道不著《だうふちゃ》といはず、宗旨《そうし》あるべし。

雲岩・道吾は、かつて薬山に同参斉肩《どうさんせいけん》より、すでに四十年の同行《どうぎやう》として、古今の因縁を商量するに、不是処は*剗却《せんきやく》し、是処は証明す。恁麼しきたれるに、今日は「許多手眼」と道取するに、雲岩道取し、道吾証明する、しるべし、両位の古仏、おなじく*同道取せる許多手眼なり。許多手眼は、あきらかに雲岩・道吾同参なり。いまは「用作麼《ようそも》」を道吾に問取するなり。この問取を、経師論師《きやうじろんじ》ならびに十聖三賢《じつしやうさんげん》等の問取にひとしめざるべし。この

十二面　十一面観音の本面を合わせた数。四行先の「三十二三」は観音の三十二応入国土身(楞厳経六)と三十三身(後出)。「数般」は数種類。

許多　「いくそばくといふなり」は、いくそばくか知れずの意で言っていよう。ここだく、多く、沢山の意。次の「如許多」は、そんなに沢山の。

剗却　剗は削る。却は強辞。

同道取　同は意味上、上の「おなじく」と重複。しかし両者の「道取」を同一不二として捉える立場を表明したもの。

道取を挙来　把握しえた真理の十全の言語表現を持ち出したものであるとの意。挙はとりあげる、働かす、言う、問うなど多義。来は助辞。

作什麼　元来、作麼・作什麼は通じ用いられ、どうするのだ、何になるのだの意。「作」は為す(入矢)。

儀　様子。

会取せざれども　会取せずとも。

如人　冒頭の道吾の言葉では、「如」は人にはかからず、人の夜間における動作にかかる。平常の人にして同時にそうでないという考えはそこから導かれたもの。

譬喩のみにあらずは　ただの譬喩でなく、実際に「仏道の平常人(結局自覚した普通の人間ということになろう)」がそれをするのだったら。

何形段　「何」はなくてもよい。しかし「いかなる形段かある」と「咨

問取は、*道取を挙来《こらい》せり、手眼を挙来せり。いま「用許多手眼作麼」と道取するに、この功業《くごふ》をちからとして成仏する古仏新仏あるべし。「使許多手眼作麼」とも道取しつべし、「*作什麼《そしも》」とも道取し、「動什麼《どうしも》」とも道取し、「道什麼《だうしも》」とも道取ありぬべし。

道吾いはく、「如人夜間背手摸枕子《にょにんやかんはいしゅもちんす》」。いはゆる宗旨《そうし》は、たとへば、「人の夜間に手をうしろにして枕子を摸捺するがごとし」。「摸捺する」といふは、さぐりもとむるなり。「夜間」はくらき道得《だうて》なり。なを日裡《(ほ)にちり》看山《かんざん》と道取せんがごとし。「用手眼」は、「如人夜間背手摸枕子」なり。これをもて用手眼を学すべし。夜間を日裡よりおもひやると、夜間にして夜間なるときと、撿点すべし。すべて昼夜にあらざらんときと、撿点すべきなり。人の摸枕子せん、たとひこの*儀すなはち観音の用手眼のごとくなる、*会取《うゐしゅ》せざれども、かれがごとくなる道理、のがれのがるべきにあらず。

いまいふ「*如人《にょにん》」の人《にん》は、ひとへに譬喩《ひゆ》の言《ごん》なるべきか。又この人《にん》は平常の人にして、平常の人なるべからざるか。もし仏道の平常人なりと学して、*譬喩のみにあらずは、摸枕子に学すべきところあり。「枕子」も、咨問すべき*何形段《かいんとん》あり。「夜間」も、人天《にんでん》昼夜の夜間のみなるべからず。しるべし、道取するは、「取得枕子《しゅてちんす》」にあらず、「牽挽枕子《けんめんちんす》」にあらず、「推出枕子」にあらず。「夜間背手摸枕子」と道取する道吾の道底《だうち》を撿点せんとするに、*眼の夜間をうる、見るべし、すごさゞれ。手のまくらをさぐる、いまだ*剤限《さいげん》を著手せず。「背手」の機要なるべくは、*背眼《はいげん》すべき機要のあるか。夜眼《やげん》をあきらむべし。手眼《しゅげん》世界なるべきか、人手眼のあるか、ひとり手眼のみ*飛霹靂《ひひやくりやく》するか、*頭正尾正《てうしんびしん》なる手眼の一条両条

問すべき」とに言い直せる。「形段」(既出一一六頁)は小分け、部分。

眼の夜間をうる　「うる」は得るだろうが、意は「相逢」の如きか。

剤限　際限。→一四四頁注。ここまででそれ以上試みる必要はないという場所。下の「を」は普通だったら「に」だろう。剤は剪。

背眼すべき機要　眼を背中ではたらかせることの緊要さ。「すべき」はただ「の」でよい。

飛霹靂　飛は他動詞、急激な雷を飛ばすように動く。

頭正尾正なる手眼　どうみても手眼に他ならぬ「手眼」。

たれかこれ…きこゆるがごとし　誰か大悲菩薩ならん(「これ」は繫辞の是)。ただ手眼観音のみ(あるが如く、その名のみ)聞えん、の意。次行「恁麼いはゞ」は、こういう言い方をするのだったら…。

恁麼用なり用恁麼なり　上の用作麼という問いは「そういう用い方なのだ、用い方はそうなのだ」という答え(という事)を、即ち、現実的な「用」を導く。かりにそうとすると、そういう行き方は(「恁麼道得するがごときは」)と次へつづく。　**不曾蔵の那手眼…即心是仏にあらざるなり**「現成公按」のあの手眼この手眼があったとしても、(「恁麼道得」のかぎりは)そんなものは自己ではない、

なるか。もしかくのごとくの道理を撿点すれば、用許多手眼はたとひありとも、*たれかこれ大悲菩薩、たゞ手眼菩薩のみきこゆるがごとし。

　恁麼いはゞ、「手眼菩薩《しゅげんぼさつ》、用許多大悲菩薩作麼《ようこただいひぼさつそも》」と問取しつべし。しるべし、手眼はたとひあい《(ひ)》罣礙《けいげ》せずとも、「用作麼《ようそも》」は*恁麼用《いんもよう》なり、用恁麼《よういんも》なり。恁麼《いんも》道得《だうて》するがごときは、偏手眼は不曾蔵《ふすんざう》なりとも、偏手眼と道得《だうて》する期《ご》をまつべからず。*不曾蔵の那《な》手眼《しゅげん》ありとも、這手眼《しゃしゅげん》ありとも、自己にはあらず、山海《せんがい》にはあらず、日面月面《にちめんぐわちめん》にあらず、即心是仏にあらざるなり。

　雲岩道の「我会也《がういや》、我会也」は、道吾の道《だう》を我会《がうい》するといふにあらず。*用恁麼の手眼を道取に道得ならしむるには、「我会也、我会也」なり。*無端用這裡《むたんようしゃり》なるべし、無端須入《しゅにふ》今日なるべし。

　道吾道の「你作麼生会《にいそもさんうい》」は、*いはゆる「我会也《がういや》」たとひ我会也なるを罣礙するにあらざれども、道吾に「你作麼生会」の道取あり。すでにこれ我会你会《がういにうい》なり、眼会手会《げんういしゅうい》なからんや。現成《げんじゃう》の会《うい》なるか、未現成の会《うい》なるか。「*我会也」の会《うい》を我《が》なりとすとも、「你作麼生会《にいそもさんうい》」に你あることを功夫ならしむべし。

　*雲岩道の「遍身是手眼《へんしんぜしゅげん》」の出現せるは、「夜間背手摸枕子」を*講誦《こうじゅ》するに、「遍身これ手眼なり」と道取せると参学する*観音のみおほし。この観音たとひ観音なりとも、未道得《みだうて》なる観音なり。雲岩の「遍身是手眼」といふは、「*手眼是身遍」といふにあらず。*遍はたとひ遍界なりとも、*身手眼の正当恁麼は、*遍の所遍なるべからず。身手眼にたとい《(ひ)》遍の功徳あ

山海ではない、日月ではない、仏ではない。「即心是」は只添字。　**用恁麼の手眼を…**　「道取に」の次に「それを自己の」のごとき句を補ってよむ。用いてどうだというのだと言われるその「手眼」を、用い方はこうこうだと(相手が)言ってのけたところを、今度は自分が自分の言語表現(道得)として言う場合、「我会也我会也」と言うのだ。このあたり中国語でなら簡単に言え、容易に分らせられるのだがという道元の気のはやりが感ぜられる。　**無端用這裡**　何ということなくこういうときに使うのだ。　**いはゆる我会也…罣礙するにあらざれども**　雲巌道の「我会也(分った分った)」は真の理解しえたという事態の成立を妨げるものではないが。　**我会也の会を我なりとすとも…功夫ならしむべし**　前者では「会」の主体は「我」だが、問の形の後者では、それは汝である。そのことに「功夫」を費すべきである。「ならしむべし」は「に(おいて)あらしむべし」。　**雲岩道の…出現せるは**　「は」は単に提示の役。なくともよい。この句を書き起したとき潜在していたのは、一行おいて先の文章だったろう。　**講誦**　経文や祖師道の意義を説き究めつつ諳誦すること。講唱。　**観音**　求道の志はあるが成道していないものという意味だろう。　**手眼是身遍**　次の説明から逆算すれ

りとも、*攙奪行市《ざんだつあんし》の手眼にあらざるべし。手眼の功徳は、是*と認ずる見取・行取《あんしゅ》・説取あらざるべし。手眼すでに許多といふ、千にあまり、万にあまり、八万四千にあまり、無量無辺にあまる。只《ただ》遍身是手眼のかくのごとくあるのみにあらず、*度生説法《どしやうせつぼふ》もかくのごとくなるべし、国土《こくど》放光《はうくわう》もかくのごとくなるべし。かるがゆへ《(ゑ)》に、雲岩道は遍身是手眼なるべし、手*眼を遍身ならしむるにはあらずと参学すべし。遍身是手眼を使用すといふとも、動*容進止せしむといふとも、動著《どうちや》することなかれ。

道吾道取す、「道也《だうや》太煞道《たいさあだう》、祗《し》道得《だうて》八九成《しん》」。いはくの宗旨《そうし》は、道得は太煞道なり。太煞道といふは、いひあていひあらはす、のこれる未道得なしといふなり。いますでに未道得のつゐ《(ひ)》に道不得《だうふて》なるべきのこ*りあらざるを道取するときは、「祗道得八九成」なり。

いふ意旨の参学*は、たとひ十成なりとも、道未尽なる力量にてあらば参究*にあらず。道*得は八九成なりとも道取すべきを、八九成に道取すると、十成に道取するとなる*べし。当恁麼の時節に、百*千万の道得に道取すべきを、力量の妙なるがゆへに些子《しやす》の力量を挙して、わづかに八九成に道得するなり。たとへば、尽十方界を百千万力《りき》に拈来するあらんも、拈来せざるにはすぐるべし。しかあるを、一力に拈来せんは、よのつねの力量なるべからず。いま八九成のこゝろ、かくのごとし。しかあるを、仏祖の祗道得八九成の道《だう》をきゝては、道得十成なるべきに、道得いたらずして八九成といふと会取《うゐしゆ》す。仏法もしかくのごとくならば、今日にいたるべからず。いはゆるの八九成は、百千といはんがごとし、許多といはんがごとく参学すべきなり。すでに八九と道取す、はかりしりぬ、八九にかぎるべか

ば、「手眼コレ身ニ遍シ」と訓める。**遍はたとひ遍界なりとも** 遍界(尽界に遍し)と言えるような遍でも。**身手眼の正当恁麼** 「身手眼」は無論雲巌道のうちの三字。身そのものであるところの手眼がまさにそういうものである場合。**遍の所遍** 遍という状態を受動的に被せられてあること。次の句はその逆で、「遍の功徳」は「遍の能遍」と言い換えられる。**攙奪行市** 上二字一三二頁既出。市場を支配し意の儘に動かす(入矢)。能動的ではあっても理不尽の業。**是** 無論「遍身是手眼」中の一字。「認ずる」の補語。上の「手眼功徳」をかくかくであると認める見、行、証と続く。繫辞の「是」。**度生説法** 度生は衆生済度。本来次行の四字句とともに仏徳讃美の語。この仏化導とともに国土放光の霊験が生ずる。法華経化城喩品参看。ここは化導、霊験を前後に分けて言ったもの。**手眼を遍身ならしむ** 手眼を身に遍からしむ、あるいは遍身にあらしむ。但しそれが否定される。**動容進止せしむ** 動かしたり静止させたりする(容は庸、和也)。「使用す」と同じことを指す。次の「動著」は迷う、動揺する。**のこりあらざるを** 残りあらざるありさまなのを言ってのけたときは、次の如き評言を支える。句頭の「いますでに」とともに次の「道取」にかかる。この

らずといふなり。仏祖の道話、かくのごとく参学するなり。

雲岩道の「某《む》甲《かふ》只《し》如是《によし》、師兄《すひん》作麼生《そもさん》」は、*道吾のいふ道得八九成の道を*道取せしむるがゆへ《(ゑ)》に、「祗如是」と道取するなり。これ*不留朕迹《ふりうちんせき》なりといゑ《(へ)》ども、すなはち*臂長衫袖短《ひちやうさんしうたん》《臂長くして衫の袖短し》なり。わが*適来《しらい》の道を*道未尽ながらさしおくを、「某甲祗如是」といふにはあらず。

道吾いはく、「通身是《つうしんぜ》手眼《しゆげん》」。いはゆる道は、手眼*たがひに手眼として通身なりといふにあらず、*手眼の通身を通身是手眼といふなり。

しかあれば、身《しん》はこれ手眼《しゆげん》なりといふにあらず。用許多手眼は、用手用眼の許多なるには、*手眼かならず通身是手眼なるなり。「用許多身心作麼」と問取せんには、「通身是作麼《そも》」なる道得もあるべし。いはんや雲岩の遍と道吾の通と、道得尽、道未尽にはあらざるなり。雲岩の遍と道吾の通と、*比量の論にあらずといゑ《(へ)》ども、おの〳〵許多手眼は恁麼の道取あるべし。

しかあれば、釈迦老子の道取する観音はわづかに千手眼なり、十二面なり、*三十三身、八万四千なり。雲岩・道吾の観音は「許多手眼」なり。しかあれども、多少の道にはあらず。雲岩・道吾の許多手眼の観音を参学するとき、一切諸仏は観音の三昧を*成《しん》八九成《しん》するなり。

正法眼蔵観音第十八

「取」は助辞。

参学　参学そのことでなく、その成果。真意、五行先の「こゝろ」がこれに相当しよう。　**参究にあらず**　究めつくしたことにならない。

道得　言い得たところ。意味把握の観点から価値づけられた言語表現。

となるべし　とあるべし。　**百千万の道得に…**　量的に言えば、百千万にも当る道得(意味の把握提示)の姿で言う(表現す)べきところを、ただごとではない優れた力量のおかげで、わずかばかりの力を費すにとどめて。次行の「八九成に」も道得八九成の姿での意だろう。

道吾のいふ…の道　道吾が雲巌に対して言う(言った)「道得八九成」という言葉。

道取せしむる　道取せる。「せしむ」は使役でも敬語でもない。主格は道吾。

不留朕迹　しるし(朕迹)を留めず。特別何かを言い表わしてはいない。

臂長衫袖短　仏とはかくの如き存在だという石霜法永の語。会元十二。

適来　今しがた、ついさっき。来は接尾辞。　**道未尽ながら**　十分言いきらないままで。

たがひに　それぞれ。　**手眼の通身**　手眼が手眼として全身を通ずる。

手眼かならず…　手眼は「通身是手眼」という全一のものとしてある。

爾時仁治三年壬寅四月廿六日示

いま仏法西来よりこのかた、仏祖おほく観音を道取するといへども、雲岩・道吾におよばざるゆへに、*ひとりこの観音を道取す。☆永嘉《やうか》真覚大師に、*「不《ふ》見《けん》一法《ぼふ》名《みやう》如来《によらい》、方得名為《はうとくみやうゐ》観自在《くわんじざい》《一法を見ざるを如来と名づく、方《まさ》に名づけて観自在と為すことを得たり》」の道《だう》あり。如来と観音と、*即現此《そくげんし》身《しん》なりといへども、他身にはあらざる証明なり。麻《ま》浴《よく》・臨済に、正手眼の相見あり。許多の一々なり。雲門に見色明心《けんしきみやうしん》、聞声悟道《もんしやうごだう》の観音あり。いづれの声色《しやうしき》か見聞の観世音菩薩にあらざらん。百丈に入理の門あり、*楞厳会《れうごんゑ》に円通観音《ゑんづうくわんのん》あり、*法華会《ほつくゑゑ》に普門示現観音《ふもんじげんくわんのん》あり。みな与仏同参《よぶつどうさん》なり、与山河大地同参《よせんがだいちどうさん》なりといゐ《(へ)》ども、*なを《(ほ)》これ許多手眼の一二なるべし。

仁*治壬寅仲夏十日書写之　懐弉

前頁四行目の「遍身是手眼」も同様。

比量　量的比較。

三十三身　観自在菩薩は救うべき対象に応じてさまざまの色身をとる。その三十三の変化身として『法華経』普門品に出る仏身・天部身・人身・鬼道身等。三十三観音とは別。

成八九成　八、九分通り成就する。しかしその真意は、二三五頁一〇行以下の論理によって「十成」にある。「観音の三昧」は観音が観音たることに徹しそこで惑いなくあること。

ひとり　ただ…のみを。

不見一法名如来方得名為観自在　一法を見ないで、「如来ヲ名ヨブ」(伝燈録)では「即如来(如来ニ即ク)ハ」それでこそ観自在と名づけうることだ。この観自在は菩薩の名ではなく、行為・能力の名称だろう。

即現此身なりといへども　本地垂迹、法身応身の関係があるというが。

楞厳会　釈迦牟尼仏が『首楞厳経』を説かれた法会。同経巻六に観音円通の法門が説かれている。「円通」は同経によると観音の十四施無畏行遍く届かざるところなしの意らしい。

法華会　霊山の法華会。普門示現観音は右に言った三十三身。

なをこれ…　(仏法でいう至高至大単一のものと同じだが)しかし具体的な機関を若干箇具えたものである。省察、出発点に戻る。

仁治壬寅　同三年。一二四二年。

正法眼蔵第十九

古《こ》鏡《きやう》

諸仏諸祖の受持し単伝するは古鏡なり。*同見同面なり、同像同鋳《どうしゆ》なり、同参同証す。胡来胡現、十万八千、漢来漢現、*一念万年なり。古来古現し、今来今現し、仏来仏現し、祖来祖現するなり。

第十八祖☆伽耶《かや》舎多《しやた》尊者は、西域の摩《ま》提国《だいこく》の人なり。姓は鬱頭藍《うつづらん》、父名天蓋《ぶみやうてんがい》、母名方聖《もみやうはうしやう》なり。母氏《もし》かつて夢見《ユメミル》にいはく、ひとりの大神、おほきなるかゞみを持してむかへりと。ちなみに懐胎《くわいたい》す、七日ありて師をむめり。師、はじめて生ぜるに、肌体《きたい》みがける琉璃《るり》のごとし。いまだかつて洗浴せざるに、自然《じねん》に香潔《きやうけち》なり。いとけなくより閑静《かんじやう》をこのむ、言語《ごんご》よのつねの童子にことなり。むまれしより一の浄明《じやうみやう》の円鑑、おのづから同生せり。

「円鑑」とは円鏡なり、奇代《きたい》の事なり。「同生せり」といふは、円鑑も母氏《もし》の胎よりむまるにはあらず。師は胎生《たいしやう》す、師の出胎する同時に、円鑑きたりて、*天真として師のほとりに現前して、ひごろの調度のごとくありしなり。この円鑑、その儀よのつねにあらず。童子むかひきたるには、円鑑を両手にさゝげきたるがごとし、しかあれども、童面かくれず。童子さりゆくには、円鑑をおゝふ《(ほう)》てさりゆくがごとし、しかあれども、童身かくれず。童

同見同面　「(鏡を)見ルモ同ジ、面(見るひとの顔)モ同ジ」。次の「同像同鋳」の「像」は鋳像、「鋳」はこの像を生ぜしめる〈縁〉。「同参同証」は「参モ同ジ証モ同ジ」。「参」は参学、「証」は証悟。すべて鏡と人と形影相伴うこと同時同参なることからの表現。

一念　一刹那のこと。「万年」とともに多様の時間にわたっての現象の意だろう。

天真として　天台宗に天真独朗の止観、法体ということがある。機・法未分の内的証悟の姿を天真という。不生無相の本体。ここはそれを比喩として使った。

子睡眠《すいめん》するときは、円鑑そのうへにおほふ、たとへば*花蓋《くゑがい》のごとし。童子端坐のときは、円鑑その面前にあり。おほよそ動容進止にあひしたがふなり。しかのみにあらず、古来今《こらいこん》の*仏事、ことごとくこの円鑑にむかひてみることをう。また天上人間の衆事《しゆじ》諸法《しよほふ》、みな円鑑にうかみてくもれるところなし。たとへば、経書にむかひて*照古照今をうるよりも、この円鑑よりみるはあきらかなり。

しかあるに、童子すでに出家受戒するとき、円鑑これより現前せず。このゆへ(ゑ)に近里遠《をん》方《ばう》、おなじく奇妙なりと讃歎《さんだん》す。まことに此娑婆世界《このしやばせかい》に比類すくなしといふとも、さらに*他那裡《たなり》に親族のかくのごとくなる種胤《しゆいん》あらんことお(を)*莫《も》怪《くえ》なるべし、遠慮すべし。まさにしるべし、若樹若石《にやくじゆにやくせき》に化《くゑ》せる経巻《きやうぐわん》あり、若田若里《にやくでんにやくり》に流布《るふ》する*知識あり、かれも円鑑なるべし。いまの黄紙《わうし》朱軸《しゆぢく》は円鑑なり、たれか師をひとへに*希夷《キイ》なりとおもはん。

あるとき出遊するに、☆僧伽難提《そうがなんだい》尊者にあふ(う)て、直《ちき》にすゝみて難提尊者の前にいたる。尊者とふ、「汝が手中なるは、まさに*何の所表かある」。「有何所表《いうかしよへう》《何の所表かある》」を問著《もんちや》にあらずときゝて参学すべし。

師いはく、「諸仏大円鑑、内外無瑕翳《ないぐゑむけえい》。*両人同得見《りやうにんどうとくけん》、心眼皆相似《しんげんかいさうじ》」。

しかあれば、諸仏大円鑑、なにとしてか師と同生せる。師の生来《しやうらい》は大円鑑の明なり、諸仏はこの円鑑に同参同見なり、諸仏は大円鑑の*鋳像《しゆざう》なり。大円鑑は、智にあらず理にあらず、性《しやう》にあらず相《さう》にあらず。十聖三賢《じつしやうさんげん》等の法のなかにも大円鑑の名あれども、*いまの諸仏大円鑑にあらず、諸仏かならずしも智にあらざるがゆへに。*諸仏に智恵あり、智恵を諸

花蓋　蓮華の形をした天蓋。

仏事　仏にかかわること。「事」を「性」の対と考えてよかろう。

照　照ラシミル。「うる」は〈得照古照今〉の「得」。出来るの意。

他那裡　他は接頭助辞。打那裡などともいう。どこ。

莫怪　怪しむな。疑うな。

知識　仏法上の先達。「流布する」は目的格「これを」即ち「経巻を」を略した表現。

希夷　聞いたことも見たこともないようなもの。『老子』に見える言葉。

何の所表　何を表わすところのもの、何のしるし。「かある」は「であるか」。

両人同得見心眼皆相似　鏡の前後からふたりのものが同じように自分の姿を映してみることができる。そこに映る心も眼もみな相等しい。道元の解釈は次頁にある。

鋳像　鋳られた像。瑕も翳もない透明な鏡に鋳られてこの像はあるわけだ。つまり鋳像ではない。

いまの諸仏大円鑑　いまいうところの諸仏大円鑑(この五字、一語)。

諸仏に智恵あり…　この考えは重要である。ここにはいわば仏道の人間主義的還元がある。

仏とせるにあらず。

参学しるべし、智を説著《せつちやく》するは、いまだ仏道の究竟説《くきやうせつ》にあらざるなり。すでに「諸仏大円鑑」たとひわれと同生せりと見聞すといふとも、さらに道理あり。いはゆるこの大円鑑、この生に接すべからず、他生に接すべからず。玉鏡にあらず銅鏡にあらず、肉鏡にあらず髄鏡にあらず。*円鑑の言偈《ごんげ》なるか、童子の説偈《せつげ》なるか。童子この四句の偈をとくことも、曾《カツテ》人に学習せるにあらず。曾或従経巻《ぞうわくじゆうきやうぐわん》にあらず、曾或従知識《ぞうわくじゆうちしき》にあらず。円鏡をさゝげてかくのごとくとくなり。師の幼稚のときより、かゞみにむかふを常儀とせるのみなり、*生知《しやうち》の辨恵あるがごとし。大円鑑の童子と同生せるか、童子の大円鑑と同生せるか、*まさに前後生もあるべし。大円鑑は、すなはち諸仏の功徳なり。

このかゞみ、「内外《ないぐゑ》にくもりなし」といふは、*外《ぐゑ》にまつ内《ない》にあらず、内にくもれる外にあらず。面背あることなし、両箇おなじく得見あり、*心《しん》と眼《げん》とあひにたり。「相似」といふは、人の人にあふなり。*たとひ内の形象も、心眼あり、「同得見」あり。たとひ外《ぐゑ》の形象も、心眼あり、「同得見」あり。*いま現前せる依報正報《えほうしやうほう》、ともに*内に相似なり、外に相似なり。われにあらず、たれにあらず、これは「両人」の相見《しやうけん》なり、両人の相似なり。かれもわれといふ、われもかれとなる。

「心と眼と皆相似《かいさうじ》」といふは、心は心に相似なり、眼は眼に相似なり。*相似は心眼なり。たとへば、心眼各相似といはんがごとし。いかならんかこれ心の心に相似せる。*いはゆる三祖六祖なり。いかならんかこれ眼の眼に相似なる。いはゆる*道眼被眼礙《だうげんひげんげ》なり。

円鑑の言偈　円鑑の偈ヲ言ヒシ。
生知の辨恵　「生知」→二一八頁注。ただしここは生れつきの知の意で、行為でなく主体。辨慧は物の理を弁える慧敏さ。
まさに前後生…　たしかにどちらが先に生れたかという問題はあろうが。
外にまつ…内にくもれる外　「外」にたよって、それではじめて「内」も澄明だとされたり、「内」に曇りがあるのにそれを隠して、曇りのない「外」(をいうのではない)。
心と眼と　心は心と、眼は眼とそれぞれ。
たとひ内の形象…たとひ外の形象…同得見あり　実質的なのは後半の表現。対句は『眼蔵』の文章術の一つ。「形象も」は形象たりとも の意。それにはそれで「心・眼あり」と続く。
いま現前せる　鏡面に…。
内　強いて言えば、向う側に映って向う側から見るもの、の意。
相似　『仏性』趙州仏性有話の「既有」(→七〇頁)に対するのと同じ語の扱い。
いはゆる三祖六祖　数々の祖師たちの間の関係。
道眼被眼礙　「道眼(学道によって得られた眼)ハ、眼ニ礙ヘラル」。悟った眼とそれを礙える眼とがある。道眼も眼だし、眼は道眼なのだ。右の三祖六祖の関係と同じ。
菩提本無樹　直接には金剛座辺の覚

いま師の道得《だうて》する宗旨《そうし》、かくのごとし。これはじめて僧伽難提尊者に奉覲《ぶごん》する本由なり。この宗旨を挙拈《こねん》して、大円鑑の仏面祖面を参学すべし、古鏡の眷属《くゑんぞく》なり。

第三十三祖☆大鑑禅師、かつて黄梅山の法席《ほつせき》に功夫せしとき、壁書して祖師に呈する偈にいはく、

　*菩提本無レ樹、　《菩提もと樹無し
　明鏡亦*非レ台、　明鏡また台に非ず
　本来無二一物一、　本来一物無し
　何処有二塵埃一。　何れの処にか塵埃有らん》

しかあれば、この道取を学取すべし。大鑑高祖、よの人これを古仏といふ。

☆圜悟《ゑんご》禅師いはく、「*稽首曹渓真古仏《けいしゅさうけいしんこぶつ》」。

しかあればしるべし、大鑑高祖の明鏡をしめす、「本来無一物、何処有塵埃《がしょいうぢんあい》」なり。「明《みん》鏡非台《きんひたい》」、これ命脈あり、功夫すべし。明々はみな明鏡なり。かるがゆへ(ゑ)に明頭来明頭打《みんとうらいみんとうた》といふ。「*いづれのところ」にあらざれば、「いづれのところ」なし。いはんやかゞみにあらざる一塵の、尽十方界にのこれらんや。かゞみにあらざる一塵の、かゞみにのこらんや。しるべし、尽界は*塵刹《ちんせつ》にあらざるなり、ゆへに古鏡面なり。

*南岳大恵禅師の会《ゑ》に、ある僧とふ、

樹(菩提樹)を問題にしているのではない。北宗禅の祖神秀の壁書の偈「身是菩提樹、心如明鏡台、時々勤払拭、莫遣有塵埃」に対置したもの。(『伝燈録』では「無樹」が「非樹」、「明鏡」は「心鏡」になっている。)

非台　これでは通じない。敦煌本『六祖壇経』の「無台」がよい(入矢)。この偈、結句の「有」を「惹」とすれば通本壇経の形。この結句は『祖堂集』のもの。『伝燈録』では「何假払塵埃」。

稽首　頭を地につける敬礼の法。

いづれのところに…　「いづれのところ」というと不定、不確実のようだが、そうでなければ「どんなところ」もない。以下、鏡についた塵埃は、それ自体鏡だという論理。小量の知見による有無論断の排斥。

塵刹　→九〇頁注。刹は刹多羅(領土)の略。微小な国土。次句との関係では「塵」のみ有意。

南岳　湖南省衡山県の西北。→祖師

如鏡鋳像　「鏡の」とは訓んでも主格ではない。「鏡に」の意。もし鏡に何かの像が鋳られたら、鏡には凹凸がつくことになり、この凹凸の面には纒った像は映らない。普通鏡背にある彫刻についての論議。如は若し。光は光沢の義。(鏡面に像の映ることを鋳像という用語例があれば別の解も成り立つだろう。)　**大徳**　仏の

「*如二鏡鋳レ像、光帰二何処一《鏡の像を鋳るが如き、光、何れの処にか帰す》」。

師云《いはく》、「*大徳未出家時相貌、向二甚麽処一去《大徳未出家時の相貌《さうみやう》、甚麽《いづれ》の処に向つてか去る》」。

僧曰、「*成後為二甚麽一不二鑑照一《成りて後、甚麽《なに》としてか鑑照せざる》」。

師云、「雖レ不二鑑照一、*瞞二他一点一也不得《鑑照せずと雖も、他の一点をも瞞ずること、また不得《ふて》なり》」。

*いまこの万像は、なに物《もの》とあきらめざるに、*たづぬれば鏡を鋳成《しゆじやう》せる証明、すなはち師の道《だう》にあり。鏡は金《きん》にあらず玉《ぎよく》にあらず、明にあらず像にあらずといへども、たちまちに鋳像《しゆざう》なる、まことに鏡の究辨《きうはん》なり。

「光帰何処《くわうくゐがしよ》」は、「如鏡鋳像《にょきんしゆざう》」の如鏡鋳像なる道取なり。たとへば、像帰像処《ざうくゐざうしよ》なり、*鋳《しゆ》能鋳鏡《のうしゆきん》なり。「大徳未出家時相貌《さうみやう》、向什麽処去《かうしもしよくゐ》」といふは、鏡をさゝげて照面するなり。このとき、いづれの面々かすなはち自己面ならん。

「師いはく、雖不鑒照《すゐふかんせう》、瞞他一点也不得《まんたいつてんやふて》」といふは、鑑照不得《かんせうふて》なり、瞞他不得《まんたふて》なり。*海《かい》枯不到露底《こふたうろち》を参学すべし、*莫打破《もたあほ》、莫動著《もどうちや》なり。しかありといへども、さらに参学すべし、*拈像鋳鏡《ねんざうしゆきん》の道理あり。当恁麽時は、百千万の鑑照にて、*瞞瞞点々なり。

☆雪峯真覚大師、あるとき衆《しゆ》にしめすにいはく、

「*要レ会二此事一、我這裡如二一面古鏡一相似。胡来胡現、漢来漢現《此の事《じ》を会《ゑ》せんと要せば、我が這裡、一面の古鏡の如く相似なり。胡来胡現し、漢来漢現す》」。

こと。ここでは僧の二人称。　**成後**　「成」の主格は「鋳像」。この前に師の言われることは分るが、が言われずにある。　**瞞他一点也不得**　ありもしない姿を映して、そのひとを瞞すわけではない。文字通りには「他ノ一点ヲモ瞞ズルコトヲ得ジ(いささかなりとそれを瞞すことはできない)」(入矢)。　**いまこの万像**　今ここに言う映像が何の映像でもの意。　**たづぬれば…証明**　究明してゆくと、それ(万像)こそ鏡が鋳造されたものだという証明。句末の「鏡の究辨」の「の」は対格的用法だろう。鏡の正体を明らかにしたこと。「たちまちに鋳像なる」は、鏡である以上、いなやなくそれには像が鋳られているの意。いうまでもなくこの鏡は銅鏡である。　**鋳能鋳鏡**　鋳能ク鏡ヲ鋳ル。　**海枯不到露底**　この「底」は名詞。海は枯れても海だ。鏡はものを映さなくても鏡だ。　**莫打破莫動著**　ぶちこわしたり動かしたりはできない。　**拈像鋳鏡**　像ヲ拈ツテ鏡ニ鋳ル。　**瞞瞞点々**　瞞他一点也不得どころか、あっちも瞞しこっちも瞞しだ。このあたり三一三—四頁とともに物理学的思弁と言えよう。　**要会此事**　「此事」は〈次の事〉。「要」は必ず。「我這裡」は〈自分のここ〉。恐らく眼をさして言った。「如」は「似」(他動詞、似せる)までかかる。　**是什麽事**　(これは)一体何のことか。

時☆玄沙出問《時に玄沙《げんしや》出でて問ふ》、「忽遇二明鏡来一時如何《忽ちに明鏡来に遇はん時、如何》」。

師云、「胡漢俱隠《こかんくいん》《胡・漢俱《とも》に隠る》」。

玄沙云、「某甲即不然《むかふそくふねん》《某甲《それがし》は即ち然らず》」。

峰云、「你作麽生《なんぢそもさん》」。

玄沙云、「請和尚問《しんをしやうもん》《請《しん》すらくは和尚問ふべし》」。

峰云、「忽遇二明鏡来一時如何《忽ちに明鏡来に遇はん時、如何》」。

玄沙云、「百雑砕《はくざつすい》」。

しばらく雪峰道《せつぽうだう》の「此事」といふは、「*是什麽事《しじふもじ》」と参学すべし。しばらく雪峰の古鏡をならひみるべし。「如一面古鏡」の道《だう》は、一面とは、*辺際ながく断じて、内外《ないぐゑ》さらにあらざるなり。*一珠走盤《いつしゆそうばん》の自己なり。いま「胡来胡現」は、*一隻《しやく》の赤鬚《しつしゆ》なり。「漢来漢現」は、*この「漢」は、混沌《こんとん》よりこのかた、*盤古《ばんこ》よりのち、*三才・五才の現成せるといひきたれるに、いま雪峯の道《だう》には、*古鏡の功徳の漢現せり。*いまの漢は漢にあらざるがゆへ(ゑ)に、すなはち漢現なり。いま雪峰道の「胡漢俱隠《くいん》」、さらにいふべし、「鏡也自隠《きんやじいん》」なるべし。玄沙道の「百雑砕」は、*道也須是恁麽道《だうやしゆしいんもだう》《道ふことは須らく是れ恁麽道なるべし》なりとも、*比来責你《しやくにい》、還吾砕片来《くゑんごさいへんらい》、如何還我明鏡来《しゆおくゑんがみんきんらい》《比来你に責む、吾れに砕片を還し来れと、如何が我れに明鏡を還し来らん》なり。

黄帝《くわうてい》のとき、十二面の鏡あり。家訓にいはく、天授なり。又広成子《くわうせいし》の崆峒山《こうとうざん》にして与授せりけるともいふ。その十二面のもちゐる儀は、十二時に時々に一面をもちゐる、又十二

辺際ながく断じ　断は無くすの意。「ながく」はとこしなえに。辺際は境涯。空間的性質、有限、相対性。　**一珠走盤**　自由無礙の比喩。　**一隻の赤鬚**　あかひげは胡人の相。一隻は「一個」というに同じ。　**この漢は**　この句は次に続いて行かない。上の「漢来漢現は」の提示を受けて、そう言われた際の「漢は」と言っているもので、次行冒頭の「いま雪峰の道には」につづく句にかかる。「混沌よりこのかた」以下は挿入句。

盤古　天地開闢期の天子。混沌より生れる。また渾敦(混沌)氏即盤古ともいう。　**三才・五才**　天地人と金木水火土。これらのものが宇宙生成の途次現われたというのがこの挿入句の意味。　**古鏡の功徳の漢現せり**　この句が前行の初めの「漢は」を受ける。古鏡の効能が現成させた、がこの句の意味。「漢」は「現」じたのが漢だというしるしの修飾語。

いまの漢は漢に…すなはち漢現なり　前の漢は鏡に映った「漢」、あとのは現実裡の五族の一たる漢人。→校異。

道也須是恁麽道　道(い)うならそんな風に言わなくてはなるまい(入矢)。

比来責你還吾砕片来如何還我明鏡来　さっきからおれはお前に「砕片を還せ」と責めているのだ。どうしたら俺の(俺がそうであったところの)明鏡を還せるのだ。来は二字とも助辞。吾・我二字の差異は立てにくい。

月に毎月毎面にもちゐる、十二年に年々面々にもちゐる。いはく、鏡は広成子の経典《きやうでん》なり。黄帝に伝授するに、十二時等は鏡なり。これより照古照今するなり。十二時もし鏡にあらずよりは、いかでか照古あらん。十二時もし鏡にあらずは、いかでか照今あらん。いはゆる十二時は十二面なり、十二面は十二鏡なり、古今は十二時の所使なり、この道理を指示するなり。これ俗の道取也《なり》といゐ《(へ)》ども、*漢現の十二時中なり。

軒轅黄帝膝行進二崆峒一、問二道乎広成子一。

《軒轅《けんゑん》黄帝、膝行《しちかう》して崆峒《くうとう》に進んで、道を広成子に問ふ》

于レ時広成子曰、「鏡是陰陽本、治レ身長久。自有二三鏡一、云天、云地、云人。此鏡無視無聴。*抱レ神以静、形将二自正一。必静必清、無レ*労二汝形一、無レ揺二汝*精一、乃可二以長生一」。

《時に広成子曰く、「鏡は是れ陰陽の本、身を治めて長久なり。自《おのづか》ら三鏡有り、云く天《てん》、云く地《ち》、云く人《じん》。此の鏡、無視なり、無聴なり。神を抱《をさ》めて以て静かに、形、将に自《おのづか》ら正しからんとす。必静にし必清にし、汝が形を労することなく、汝が精を揺《うご》かすこと無くは、乃《すなは》ち以て長生すべし」》

むかしはこの三鏡をもちて、天下を治し、大道を治す。この*大道にあきらかなるを、天地の主とするなり。俗のいはく、「太宗は人をかゞみとせり。*安危理乱、これによりて照悉する」といふ。三鏡のひとつをもちゐるなり。人を鏡とするときゝては、博覧ならん人に古今を問取せば、聖賢の*用舎《ようしや》をしりぬべし、たとへば、*魏徴《ぎちよう》をゑ《(え)》しがごとく、*房玄齢《ばうげんれい》をゑ《(え)》しがごとしとおもふ。これをかくのごとく会取《ういしゆ》するは、太宗の「人を鏡とする」と道取する道理にはあらざるなり。「人をかゞみとす」といふは、鏡を鏡とするなり、自己を鏡と

漢現の十二時中　漢現ということの言われる「十二時中(時間の問題)」。空間主義的時間観の上程。この段『有時』を次に置く為の後補の如し。

抱神　精神を固く抱え守ること。下の「将」は「それ」のような感動の助辞と訓むべきか。「マサニ…ナラントス」と訓む出典『荘子』在宥の場合とは主格が違う。右の黄帝十二面鏡のことも他に所見がないが、以下次頁一三行まで衍文の観がある。

労　『荘子』在宥では、疲らすの意。しかしここではその結果たる歪みとか醜さだろう。下の二字の汝は冗辞。

精　生命の根源。心的であると同時に生物的。

大道にあきらか　大道に通暁した。

安危理乱　理は、おさまる。

用舎　舎は捨。二字で使用法。

魏徴　隋末道士となり、唐興るや高祖に見え、秘書丞となる。太宗の時、諫議大夫・検校侍中となり、周・隋各史に改訂を加えた。鄭国公に封ぜられ、太子太師となり在官中卒す。胆力あり、帝の怒りの烈しいときも諫言するに神色自若。その卒するや帝をして「朕一鑑を失う」と嘆ぜしめたという。

房玄齢　博学慧敏、草隷に巧み。太宗が秦王のとき見えて旧知のごとく、早く諸人と見を異にし隋統一の長くないことを察した。行軍記室参軍に任ぜられ、臨淄侯に封ぜられた。つ

するなり。五*行を鏡とするなり、五*常を鏡とするなり。人物の去来《こらい》をみるに、来無迹《らいむしやく》、去無方《むはう》を人鏡の道理といふ。賢不肖の万般なる、天象に相似なり。まことに経*緯なるべし。人面鏡面、日面月面《にちめんぐわちめん》なり。五嶽の精および四*瀆《とく》の精、よを経《へ》て四海をすます、これ鏡の慣習《くわんじふ》なり。人物をあきらめて経緯をはかるを太宗の道といふなり、博覧人をいふにはあらざるなり。

日本国自二神代一有二三鏡一、璽之*与レ剱、而共伝来至レ今。一枚ハ在二伊勢大神宮一、一枚ハ在二紀伊国日前社一、一枚ハ在二内裡内侍所一。

《日本国、神代《じんだい》より三鏡有り、璽《じ》と剱と、而も共に伝来して今に至る。一枚は伊勢の大神宮に在り、一枚は紀伊の国日前《ひのさき》の社に在り、一枚は内裡《だいり》の内侍所《ないしどころ》に在り》

しかあればすなはち、国家みな鏡を伝持すること、あきらかなり。鏡を亀《え》たるは、国を亀《え》たるなり。人つたふらくは、この三枚の鏡は、神位とおなじく伝来せり、天神より伝来せると相伝す。しかあれば、*百練《はくれん》の銅も陰陽の化成《くゑじやう》なり、今来今現、古来古現ならむ。*これ古今を照臨するは、古鏡なるべし。

雪峯の宗旨《そうし》は、「新羅来新羅現《しんららいしんらげん》、日本来日本現」ともいふべし。「天来天現、人来人現」ともいふべし。現来をかくのごとく参学すといふとも、この現いま▽われら本*末をしれるにあらず、たゞ現を相見《しやうけん》するのみなり。かならずしも来現をそれ知*なり、それ会*《うい》なりと学すべきにあらざるなり。いまいふ宗旨《そうし》は、胡来は胡現なりといふか。胡来は一*条の胡来にて、胡現は一条の胡現なるべし、現のための来にあらず。古鏡たとひ古鏡なりとも、この参学*

ねに軍に従い、幕府に人材を致すの功大であった。太宗即位後、左僕射、梁国公、相国として任にあること十五年、司空に進められて固辞。謀臣として名高い。『晋書』百三十巻を撰す。その妻、貞また烈なるをもって聞える。

五行 五方と呼び方は同じ。万物のもとである五元素。

五常 仁義礼智信、父子親・君臣義・夫婦別・長幼序・朋友信その他。儒教の徳目。

経緯 世界を形作るもの。

四瀆 中国の四大河。黄河・長江・淮水・済水。「よを経て」は代々。

之 与と同じ。と。

百練の銅も陰陽の化成 人工をつくした精銅(の鏡)も天地生成の原理である陰と陽とが変化して成ったものである。今が来れば今を映し、昔が来れば昔を映すだけのことだろう、とつづく。

これ古今を… 「これ」は発声の辞。古今を現場に臨んでのように照し出す。「なるべし」はなればなるべし。

本末 上に「その」を補って読む。

それ知・それ会 「それ」は発声の辞。知・会は上の「来現」を対格とする他動詞。

一条の ただそれっきりの。

この参学 現来というこの点に関する考究。

あるべきなり。

玄沙出《いで》てとふ、「たちまちに明鏡来《みんきんらい》にあはんに、いかん」。この道取、たづねあきらむべし。いまいふ「明」の道得は、*幾許《きこ》なるべきぞ。*いはくの道《だう》は、「その来はかならずしも胡漢にはあらざるを、これは明鏡なり、さらに胡漢と現成すべからず」と道取するなり。明鏡来はたとひ明鏡来なりとも、*二枚なるべからざるなり。たとひ二枚にあらずといふとも、古鏡はこれ古鏡なり、明鏡はこれ明鏡なり。古鏡あり明鏡ある証験、すなはち雪峯と玄沙と道取せり。これお《(を)》ば*仏道の性相《しやうさう》とすべし。これ玄沙の明鏡来の道話の*七通八達なるとしるべし、八面玲瓏なること、しるべし。*逢人《ふにん》には即出《そくしゆつ》なるべし、出即には接渠《せつこ》なるべし。しかあれば、明鏡の明と古鏡の古と、同なりとやせん、異なりとやせん。明鏡に古の道理ありやなしや、古鏡に明の道理ありやなしや。古鏡といふ言《ごん》によりて、明なるべしと学することなかれ。宗旨は、*吾亦如是《ごやくによぜ》あり、汝亦如是《によやくによぜ》あり。西天諸祖亦如是《さいてんしよそやくによぜ》の道理、はやく練《レン》磨《マ》すべし。祖師の道得《だうて》に、古鏡は磨ありと道取す。明鏡《みんきん》もしかるべきか、いかん。まさにひろく諸仏諸祖の道《だう》にわたる参学あるべし。

雪峰道の「胡漢倶隠《こかんくいん》」は、「胡」も「漢」も、*明鏡時は「倶隠」なりとなり。この倶隠の道理、いかにいふぞ。胡漢すでに来現すること、古鏡を*相罣礙《あひけいげ》せざるに、なにとしてかいま倶隠なる。古鏡はたとひ胡来胡現、漢来漢現なりとも、*明鏡来はおのづから明鏡来なるがゆへ《(ゑ)》に、*古鏡現の胡漢は倶隠なるなり。しかあれば、*雪峰道にも古鏡一面あり、明鏡一面あるなり。正当明鏡来《しんたうみんきんらい》のとき、古鏡現の胡漢を罣礙すべからざる道理、あきらめ決定《くゐちぢやう》す

幾許　前頁末の「一条」の縁で言われたもの。

いはくの道　上に「玄沙」を補って読む。次の「その来」は雪峰の道にある「来」。更に次の「胡漢には」は「胡漢の来には」。

二枚　明鏡と古鏡の二枚。

仏道の性相　不壊不変の仏道の本質と、推移変遷するその現実相。異ると見えて一なるもの。

七通八達　四方八方へ通達させたもの。推し進めたもの。

逢人…接渠なるべし　人に逢えば即ち出る(映像)が、出れば渠(かれ自身)を相手にする(接)ことになる。

吾亦如是…　ここでは冗辞。→『仏性』(五〇頁)、『行仏威儀』(八八頁)。別であって異、しかも同じの意。

明鏡時は　今までの言い方でなら、「明鏡来時は」。

相罣礙　「相」は不要。

明鏡来　明鏡来時と解すればよい。

古鏡現の胡漢　古鏡現時の胡漢。

雪峰道にも　表立てて言ってはいないが。

べし。いま道取する古鏡の「胡来胡現、漢来漢現」は、古鏡上に来現すといはず、古鏡裡に来現すといはず、古《こ》鏡外《きんぐゑ》に来現すといはず、古鏡と同参来現すといはず。この道を*聴取《ちんしゅ》すべし。胡漢来現の時節は、古鏡の胡漢を現来せしむるなり。胡漢倶隠ならん時節も、鏡は*存取すべきと道得《だうて》せるは、現にくらく、来におろそかなり。*錯乱《サクラン》といふにおよばざるものなり。

ときに玄砂いはく、「某《む》甲《かふ》はすなはちしかあらず」。

雪峰いはく、「なんぢ作麽生」。

玄沙いはく、「請《しん》すらくは和尚とふべし」。

いま玄沙のいふ「請和尚問《しんをしやうもん》」のことば、いたづらに蹉過《さこ》すべからず。いはゆる和尚問の来なる、和尚問の請《しん》なる、*父子の投機にあらずは、為《ゐ》甚如此《じんにょし》なり。すでに「請和尚問」ならん時節は、恁麽人さだめて問処を*若会《じやくうい》すべし。すでに問処の*霹靂《びやくりやく》するには、無《む》廻《うい》避《ひ》処《しよ》なり。

雪峰いはく、「忽遇明鏡来時《こつぐうみんきんらいじ》如何《しゆお》」。この問処は、父子ともに参究する一条の古鏡なり。

玄沙いはく、「百雑砕《はくざつすい》」。この道取は、百千万に雑砕するとなり。いはゆる「忽遇明鏡来時」は「百雑砕」なり、百雑砕を*参得《さんて》せんは明鏡なるべし。*明鏡を道得ならしむるに、百雑砕なるべきがゆへに。雑砕の*かゝれるところ、明鏡なり。さきに未雑砕なるときあり、のちにさらに不雑砕ならん時節を*管見することなかれ。たゞ百雑砕なり、百雑砕の*対面《ついめん》は、孤峻《こしゆん》の一なり。しかあるに、いまいふ百雑砕は、古鏡を道取するか、明鏡を道取するか。

聴　察するの意。

存取　取は助辞。これが附く動詞の勢いを増す。

錯乱　混乱。錯雑。

父子の投機…為甚如此　父子のあいだでの些かの狂いのない機にかなったやりとりでなければ、どうしてこういう具合に行くか。

若会　「カクノ如ク会ス」。上の「恁麽人」については『恁麽』参照。

霹靂す　活動の意を強く言ったもの。

参得　上の「を」は「に」に換えて読む。道元の言語表現意識には中国文があったろう。意味をつきつめ、おのがものとする。

明鏡を道得ならしむるに　明鏡に口をきかせることが出来たら。

かゝれるところ　依存するところ。

管見　小量の見を用いて予想する。

対面　本来相対するものの意で言っていよう。「孤峻の一なり」は孤峻なる単一存在なり。

更請《かんしん》*一《い》転語《てんご》《更に一転語を請ふ》なるべし。また古鏡を道取するにあらず、明鏡を道取するにあらず。古鏡・明鏡はたとひ*問来得《もんらいて》なりといへども、玄沙の道取を擬議*するとき、砂礫《しやりやく》牆壁《しやうへき》のみ現前せる舌端となりて、百雑砕なりぬべきか。*砕来《すいらい》の形段《いんとん》作麼生《そもさん》。

万古《ばんこ》碧潭空界月《へきたんくうかいぐゑつ》。

☆雪峰真覚大師と☆三聖院恵然《さんしやうゐんゑねん》禅師と行次《あんし》に、ひとむれの獼猴《みこう(を)》おみる。ちなみに雪峰いはく、「この獼猴、おの〳〵一面の古鏡を背《はい》せり」。

この語、よく〳〵参学すべし。「獼猴」といふはさるなり。いかならんか雪峰のみる獼猴。かくのごとく問取して、さらに功夫すべし、*経劫《きやうこふ》をかへりみることなかれ。「おの〳〵一面の古鏡を背せり」とは、古鏡たとひ諸仏祖面なりとも、*古鏡は向上にも古鏡なり。「獼猴おの〳〵面々に背せり」といふは、面々に大面小面あらず、一面古鏡なり。「背す」といふは、たとへば、絵像《ゑざう》の仏のうら*をおしつくるを、背すとはいふなり。獼猴の背を背《はい》するに、古鏡にて背するなり。「使得什麽糊来《すてしもうらい》《什麽《いか》なる糊をか使得し来る》」。こゝろみにいはく、「さるのうらは古鏡にて背すべし、古鏡のうらは獼猴にて背するか。古鏡のうらを古鏡にて背す、さるのうらをさるにて背す」。「各背一面」のことば、*虚設《こせつ》なるべからず。道得是《だうてし》の道得なり。しかあれば、獼猴か、古鏡か。畢竟作麽生道《ひつきやうそもさんだう》。われらすでに獼猴か、獼猴にあらざるか。たれにか問取せん。自己の獼猴にある、自知にあらず、他知にあらず。*自己の自己にある、摸揉およばず。

一転語　一語で相手の迷いを解き開悟させるような言葉。

問来得　問い得る。上の助詞「は」は提示の助詞で、「については、これを」と読むべきだろう。

擬議　かれこれ検討論議。下の「のみ現前せる舌端云々」は砂礫牆壁などという瑣末卑近脆弱なものばかりが現われる、そういうものばかりを語った言葉となって、かえって「玄沙の道取」が「百雑砕なりぬ(こなごなに砕けてしまう)べきか」の意。

砕来の形段　来は助辞。砕けたあとの小分け・形体。その砕片の一つ一つが「万古渝らぬ青々とした水を湛えた潭、空にかかった月」であり、実は砕けはせず、玲瓏一如。

経劫　「歴劫」に同じ。

古鏡は向上にも　古鏡はそれを超えた古鏡以上のものとしても。

うらをおしつくる　裏を押し附ける。裏打ちする。次の「糊」は縁語。

虚設　空虚な設定。「道得是」はその反対、「道ヘルコト、是(正し)」。「しかあれば」でこれを受けて、「各背一面」を「獼猴か古鏡か」につなぐ。

自己の自己にある摸揉およばず　自分が猿だとしても人間だとしても自分が自分なのはかれこれ探ってみる遑もないことだ。

劫裡の不出頭　現実に開始された時間の中には現われないもの。

三聖《さんしやう》いはく、「歴劫《りやくこふ》無名なり、なにのゆへ《(ゑ)》にかあらはして古鏡とせん」。これは、三聖の古鏡を証明せる一面一枚なり。「歴劫」といふは、一心一念未萌以前《みもういぜん》なり、*劫裡の不出頭なり。「*無名」といふは、歴劫の日面月面《にちめんぐわちめん》、古鏡面なり、明鏡面なり。無名真箇に無名ならんには、歴劫いまだ歴劫にあらず。歴劫すでに歴劫にあらずは、三聖の道得これ道得にあらざるべし。しかあれども、*一念未萌以前といふは今日なり、今日を蹉過《さこ》せしめず練磨すべきなり。まことに歴劫無名、この名たかくきこゆ。なにをあらはしてか古鏡とする、*竜頭蛇尾。

このとき、三聖にむかひて雪峰いふべし、「古鏡古鏡」と。

雪峰恁麽いはず、さらに「瑕生也《かさんや》」といふは、「きずいできぬる」となり。いかでか古鏡に瑕生也ならんとおぼゆれども、古鏡の瑕生也は、歴劫無名とらいふをきずとせるなるべし。古鏡の▽瑕生《かさん》は全古鏡なり。三聖いまだ古鏡の瑕生也の窟をいでざりけるゆゑに、*道来せる参究は一任に古鏡瑕なり。しかあれば、古鏡にも瑕生なり、瑕生なるも古鏡なりと参学する、これ古鏡参学なり。

三聖いはく、「*有什麽死急《いうしもすきふ》、話頭也不識《わてうやふしき》《什麽《なに》の死急か有らん、話頭も不識》」。いはくの宗旨《そうし》は、なにとしてか死急なる。いはゆるの「死急」は、今日か明日か、自己か*他門か、尽十方界か、大唐国裡か。審細に功夫参学すべきなり。「▽話頭也不識」は、「話《わ》」といふは、道来せる話あり、未道得の話あり、すでに道了也《だうれうや》の話あり。いまは*話頭なる道理現成するなり。たとへば、話頭も大地《だいち》有情同時成道《うじやうどうじじやうだう》しきたれるか、さらに*再全の錦にはあらざるなり。

無名　猿が背にしているというものの即ち諸法実相の事実は、太古以来名づけられずにすんで来たものだ。

一念未萌以前といふは今日なり　全世界の存在と合同の時間の提示。「宙」は過現未を通ずる全時間の謂なることを思えば、つまり宇宙ということである。下の「せしめず」はここも「せず」。

竜頭蛇尾　「歴劫無名」の話は高名だが、それも結局つまらないことになる。『伝燈録』十六雪峯存章に出る。

道来せる…古鏡瑕なり　来は助辞。今言った「参究」(答えの意でいう)はまるで古鏡にある瑕そのものだ。「一任に古鏡瑕」は「に」を省いて漢文として読むか、「古鏡瑕に一任」と書きかえて読むかすべき文。

有什麽死急話頭也不識　死急は火急。大事についていう禅語。一体どんな火急のことがあるのか(どうしてそんなにあわてふためくのか)、話頭さえも分らないとは(入矢)。この段の「話頭」の頭は物に附ける助辞。

他門　他家。

話頭なる…現成するなり　話という道理の現成である。↓校異

再全の錦　断ち間違えたあとでもと通りになった錦。「…にはあらざるなり」で元来この儘だった錦だの意だろう。『春秋左氏伝』襄公三十一年の子産曰「…子有美錦。不使人学製焉。大官大邑身之所庇也。而使学

*かるがゆへ(ゑ)に不識なり。*対《つい》朕《ちん》者《しや》不《ふ》識《しき》なり、対《つい》面《めん》不《ふ》相《さう》識《しき》なり。話頭はなきにあらず、祇《し》是《し》不《ふ》識《しき》なり。不識は条々の赤心なり、さらにまた明々の不見なり。

雪峰いはく、「老僧*罪過《すいこ》」。いはゆるは、「あしくいひにける」といふにも、かくいふこともあれども、しかわこゝ(は)ろうまじ。「老僧」といふことは、屋裡の主人翁なり。いはゆる余事を参学せず、ひとへに*老僧を参学するなり。千変万化あれども、神頭鬼面《しんてうきめん》あれども、参学は唯《ゆい》老《らう》僧《そう》*一《い》著《ちや》なり。仏来祖来、一念万年あれども、参学は唯老僧一著なり。「罪過」は*住持《ちゆうぢ》事繁《はん》なり。おもへばそれ、雪峰は徳山の一角なり、三聖は臨済の神足なり。両位の尊宿、おなじく系譜いやしからず、青原の遠孫《をんそん》なり、南岳の遠派《をんば》なり。古鏡を住持しきたれる、それかくのごとし。晩進の亀鑑《きかん》なるべし。

☆雪峰示衆云《じしゆにいはく》、「世《せ》界《かい》闊《くわつ》一丈《ちやう》、古鏡闊一丈。世界闊一尺、古鏡闊一尺《世界闊《ひろ》きこと一丈なれば、古鏡闊《ひろ》きこと一丈なり。世界闊きこと一尺なれば、古鏡闊きこと一尺なり》」。

時☆玄沙、指二火炉一云《時に玄沙、火炉を指《さ》して云く》、「且道、火炉闊多少《且《しばら》く道《い》ふべし、火炉闊きこと多少ぞ》」。

雪峰云《いはく》、「似《じ》古《こ》鏡《きん》闊《くわつ》《古鏡の闊きに似たり》」。

玄沙云、「老《らう》和《を》尚《しやう》脚《きやく》跟《こん》未《み》点《てん》地《ち》*在《ざい》《老和尚、脚跟未だ地に点《つ》かざること在り》」。

「一丈」、これを世界といふ、世界はこれ一丈なり。「一尺」、これを世界とす、世界これ一尺なり。*而今《しきん》の一丈をいふ、而今の一尺をいふ、さらにことなる尺丈にはあらざるなり。

者製焉。其為美錦不亦多乎」(製は裁)にもとづく語。上の「話頭も大地有情(と)同時成道しきたれるか」との間に「と問はんに」の如き句を補ってよむ。「成道」は現成の意。

かるがゆへに　およそ「話」というのは宇宙全存在と同時同参現成のものなので。

対朕者不識　梁武帝の問いと達磨の答えとを一語にまとめたもの。「話」「大地有情」「我」は同時同参現成である。次の「対面不相識」は「対面スルモ相識ラズ」と訓むべきだろう。

罪過　謝罪の意を現わす挨拶語。六行目では実辞。つみとが。

老僧を参学　老僧たるの存在に徹し、そういうものとして自己を、すなわち一切を究弁する。

一著　一事。

住持事繁　住持としてのしごとが忙しいのだ。こう言って歩き出す。雪峰は三聖との問答を打切って歩き出す。このあとの道中でさきの猿の背中の古鏡の問答が始まる。語末の「なり」は「に在り」。

在　文末に用いられる俗語の助辞で、強い断定を表わす。

而今の一丈　今通用している長さの単位の一丈。

たゞ小量の自己にして　(そういう)自己の立場、ありようで。

薄氷の見をなす　薄氷みたいなもの

この因縁を参学するに、「世界のひろさ」は、よのつねにおもはくは、無量無辺の三千大千世界および無尽法界といふも、*たゞ小量の自己にして、しばらく隣里の彼方《ひはう》をさすがごとし。この世界を拈じて、一丈とするなり。このゆへに雪峰いはく、「古《こ》鏡《きん》闊《くわつ》一丈《ちやう》、世《せ》界《かい》闊《くわつ》一丈《ちやう》」。

この一丈を学せんには、世界闊の一端を見取すべし。

又「古鏡」の道《だう》を聞取するにも、一枚の*薄氷の見をなす、しかにはあらず。一丈の闊は世界の闊一丈に同参なりとも、*形興《いんこう》かならずしも*世界の無端に斉肩なりや、同参なりやと功夫すべし。古鏡さらに一顆珠のごとくにあらず、*明珠を見解《けんげ》することなかれ、方円を見取することなかれ。尽十方界たとひ一顆明珠なりとも、古鏡にひとしかるべきにあらず。

しかあれば、古鏡は胡漢の来現にかゝはれず、*縦横の玲瓏に条々なり。多にあらず、大にあらず。*闊《くわつ》はその量を挙《こ》するなり、広《くわう》をいはんとにあらず。闊といふは、よのつねの二寸三寸といひ、七箇八箇とかぞふるがごとし。*仏道の算数《さんじゆ》には、大悟不悟と算数するに、二両三両をあきらめ、仏々祖々と算数するに、五枚十枚を見成《げんじやう》す。*一丈は古鏡闊なり、古鏡闊は一枚なり。

玄沙のいふ「火炉《くわろ》闊多少《くわつたせう》」、*かくれざる道得《だうて》なり。千古万古にこれを参学すべし。いま火炉をみる、*たれ人となりてかこれをみる。火炉をみるに、七尺にあらず、八尺にあらず。これは*動執の時節話にあらず、*新条特地《てつし》の現成なり。たとへば是什麼《ししも》物《ぶつ》恁麼《いんも》来《らい》なり。「闊多少」の言《こん》きたりぬれば、*向来《きやうらい》の多少は多少にあらざるべし。*当処解《たうじよげ》脱《だつ》の道理、うたがわ(は)

だと思う。

形興　興は象る。二字で形象。下の「しも」は不要な強め。

世界の無端　世界のとらえどころのない(無始無終の)姿。

明珠を見解　「明珠をそれ(古鏡)において」と読むべきだろう。「尽十方界一顆明珠」はいうまでもなく玄沙の語。

縦横の玲瓏に条々なり　この「に」も「において」。縦から見ても横から見ても玲瓏としており、そこに多様の相(条々)が現ずる。胡漢だけの問題ではない。だからと言って多くもなければ大きくもない。

闊はその量を…　闊は古鏡の量(ひろさ)を言う(挙す)のであって広いということを言うのではない。

仏道の算数には…　仏道でものを数える単位は「大悟不悟、仏々祖々」であって、この勘定で現実的な計数の代りができるのだ。

一丈は…　「古鏡ノ闊サ一丈」の「一丈」は、古鏡が拡がりを量る単位だということであり、それは一枚二枚と数えられる。**かくれざる**　現成せる。**たれ人…**　もとのその人でなく。**動執の時節話**　惑いと執着を断ちきれずにいる時分の話・事柄。**新条特地**　新規に現成した特別のこと。

向来の多少　従来通常の「多少」。

当処解脱　その場を去らずただちに解脱する。

ざりぬべし。火炉の諸相諸量にあらざる宗旨は、玄沙の道《だう》をきくべし。現前の*一団子《とんす》、いたづらに落地せしむることなかれ、打破《たぁは》すべし、これ功夫なり。

雪峰いはく、「如古《にょこ》鏡闊《きんくわつ》」。この道取、しづかに照顧すべし。「火炉闊一丈」といふべきにあらざれば、かくのごとく道取するなり。一丈といはんは道得是《だうてし》にて、如古鏡闊は道不是《だうふし》なるにあらず。如古鏡闊の*行李《あんり》をかゞみるべし。おゝ《(ほ)》く人のおもはくは、火炉闊一丈といはざるを道不是とおもゑ《(へ)》り。*闊の独立《どくりふ》をも功夫すべし、古鏡の一片お《(を)》も鑑照すべし、*如々《にょにょ》の行李《あんり》お《(を)》も蹉過《さこ》せしめざるべし。*動容揚古路《どうようやうころ》、不堕悄然機《ふだせうぜんき》なるべし。

玄沙いはく、「老漢脚跟未点地在《らうかんきやくこんみてんちざい》」。いはくのこゝろは、老漢といひ、老和尚といへども、*かならず雪峰にあらず、雪峰は老漢なるべきがゆへ《(ゑ)》に。「脚跟といふはいづれのところぞ」と問取すべきなり、「脚跟」といふはなにをいふぞと参究すべし。参究すべしといふは、脚跟とは正法眼蔵をいふか、虚空をいふか、尽地をいふか、命脈をいふか、幾箇ある物ぞ。一箇あるか、半箇あるか、百千万箇あるか、恁麽《いんも》勤学《きんがく》すべきなり。

「未点地在」は、地といふは、是什麽物《ししもぶつ》なるぞ。いまの大地といふ地は、一類の所見に準じて、しばらく地といふ。さらに諸類あるいは不思議解脱法門とみるあり、*諸仏所行道とみる一類あり。しかあれば、脚跟の点ずべき地は、なにものお《(を)》か地とせる。地は実有《じつう》なるか、実無《じつむ》なるか。又おほよそ地といふものは、大道のなかに寸許《すんこ》もなかるべきか。問来問去すべし、*道他道己すべし。脚跟は点地也是《てんちやし》なる、不点地也是《ふてんちやし》なる。作麽生《そもさん》なればか「未点地在」と道取する。大地無寸土の時節は、点地也未《てんちやみ》、*未点地也未《みてんちやみ》なるべし。

一団子　一つのかたまり。問題・疑問の意で言っていよう。

行李　行履に同じ。振舞い。有効射程。

闊の独立　闊が述語でなく、独立した概念だということ。それは現実的な数値によって言い表わされることはない、実体化されない。

如々の　かくのごとき。眼前様々の。次の「せしめざるべし」は、ここもせざるべし。

動容揚古路不堕悄然機　以上のようにすれば、日常の行動容儀(動容)が昔からの正道を明らかにすること(揚)が出来、ひっそり構えた罠(機)に落ちるようなことはないだろう。↓二九二頁四、五行。

かならず…　いま玄沙の言った「老漢」はきっと雪峰のことではないだろう、雪峰は老漢だから。以下「脚跟(踵)」を向上方向に価値づけて、雪峰を是とするための試み。

諸仏所行道　諸仏ノ所行(修行済度)ノ道。

道他道己　「他ニ道(ィ)ヒ、己ニ道フ」。中国語としては「他ヲ道ヒ己ヲ道フ」と訓む句(入矢)。上の「来」「去」は助辞。

未点地也未　「イマダ地ニ点カザルヤ」。「也未」は「也無」「也否」「以不」「以無」などと同じく、句末に用いる疑問詞(入矢)。二重否定とは違う。

しかあれば、「老漢脚跟未点地在」は、老漢の消息なり、脚跟の*造次《ざうじ》なり。

*婺州《ぶしう》金華山☆国泰院弘瑫《こうたう》禅師、ちなみに僧とふ、「古《こ》鏡《きん》未《み》磨《ま》時《じ》如何《しゆお》《古鏡未だ磨せざる時、如何》」。

師云《いはく》、「古鏡」。

僧云、「磨《ま》後《こ》如何《しゆお》」。

師云、「古鏡」。

しるべし、いまいふ古鏡は、磨時あり、未磨時あり、磨後あれども、一面に古鏡なり。しかあれば、磨時は古鏡の全古鏡を磨するなり。古鏡にあらざる水銀等を和*して磨するにあらず。磨*自、々磨にあらざれども、磨古鏡なり。未磨時は古鏡くらきにあらず、くろしと道取すれども、くらきにあらざるべし、活古鏡なり。おほよそ鏡を磨して鏡となす、塼《せん》を磨して鏡となす。塼を磨して塼となす、鏡を磨して塼となす。磨してなさゞるあり、なることあれども磨することゑ《(え)》ざるあり。おなじく仏祖の家業《かごふ》なり。

☆江西馬祖《かうぜいばそ》、むかし南岳に参学せしに、南岳かつて心印を馬祖に密受せしむ。磨塼のはじめのはじめなり。馬祖、伝法院《でんぼふゐん》に住してよのつねに坐禅すること、わづかに十余歳なり。雨夜《うや》の草菴《さうあん》、おもひやるべし、*封雪《ほうせつ》の寒床《かんしやう》におこたるといはず。

南岳、あるとき馬祖の庵にいたるに、馬祖侍立《じりふ》す。

造次　前にも見たが、造作と同じ意で用いている。動作、運動。造次の「造」は元来猝(ソツ)すなわち急の意。

婺州　浙江省金華県。下に弘瑫禅師とあるが、諸書単に瑫禅師とする。玄沙師備の法弟に安国弘瑫のあるのと混同したか。

和　合わせる。まぜる。

磨自々磨　磨がおのずから(為す)、またおのずからの磨。磨自自磨ではないけれども「古鏡磨古鏡なり」とつづく。

封雪　雪にとじこめられた。

図する　はかる。

磨塼用作什麽　瓦を研いで何になさるのですか。南嶽のしていることのわけが分らず不審がって訊ねたもの。「作什麽」→二三三頁注

為人の方便　人の為の(為に役立つ)方法用便。
構得　構は木を組合わせて家を建てること。人為の意で使っている。
接　受けとる。接取引導。
直指　直のみ有意。直接。しかし以下この段の表現、「直指人心見性成仏」の考えに裏打ちされている。但し二二九頁九行以下・三九一頁三行以下参看のこと。

南岳とふ、「汝《なんぢ》近日《きんじつ》作什麽《そしも》」。
馬祖いはく、「近日道一祇管打坐《しくわんたざ》するのみなり」。
南岳いはく、「坐禅なにごとお《(を)》か*図する」。
馬祖いはく、「坐禅は作仏を図す」。
南岳すなはち一片の塼《せん》をもちて、馬祖の菴のほとりの石にあてゝ磨《ま》す。
馬祖これをみてすなはちとふ、「和尚、作什麽《そしも》」。
南岳いはく、「磨塼」。
馬祖いはく、「*磨塼用作什麽《ようそしも》」。
南岳いはく、「磨作鏡」。
馬祖いはく、「磨塼豈得《きて》成鏡耶《しんきんや》」。
南岳いはく、「坐禅豈得《きて》作仏耶《さぶつや》」。

この一段の大事、むかしより数百歳《すはくさい》のあひだ、人を《(お)》ゝ《(ほ)》くおもふらくは、「南岳ひとへに馬祖を勧励せしむる」と。いまだかならずしもしかあらず。大聖《だいしやう》の行履《あんり》、はるかに凡境を出離《しゅつり》せるのみなり。大聖もし磨塼の法なくは、いかでか*為人《ゐにん》の方便あらん。為人のちからは仏祖の骨髄なり、たとひ*構得《こうて》すとも、なを《(ほ)》これ家具なり。家具調度にあらざれば、仏家につたはれざるなり。いはんやすでに馬祖を*接することすみやかなり。はかりしりぬ、仏祖正伝の功徳《くどく》、これ*直指《ちきし》なることを。まことにしりぬ、磨塼の鏡となるとき、馬祖作仏す。馬祖作仏するとき、馬祖すみやかに馬祖となる。馬祖の馬祖となるとき、坐禅すみやかに

坐禅となる。かるがゆへ《(ゑ)》に、塼《せん》を磨して鏡となすこと、古仏の骨髄に住持せられきたる。

しかあれば、塼のなれる古鏡あり、この鏡を磨しきたるとき、*従来も未染汚《みぜんわ》なるなり。塼のちりあるにはあらず、たゞ塼なるを*磨塼するなり。このところに、作鏡の功徳の現成する、すなはち仏祖の功夫なり。磨塼もし作鏡せずは、磨鏡も作鏡すべからざるなり。*たれかはかることあらん、この作《さ》に作仏あり、作鏡あることを。又疑著《ぎちゃ》すらくは、古鏡を磨するとき、あやまりて塼と磨しなすことのあるべきか。磨時の消息は、余時のはかるところにあらず。しかあれども、南岳の道《だう》、まさに*道得《だうて》を道得すべきがゆへに、畢竟じてすなはちこれ磨塼作鏡なるべし。

いまの人も、いまの塼を拈じ磨《ま》してこゝろみるべし、さだめて鏡とならん。塼もし鏡とならずは、人ほとけになるべからず。塼を泥団《でいとん》なりとかろしめば、人も泥団なりとかろからん。人もし*心《しん》あらば、塼も心あるべきなり。たれかしらん、塼来塼現の鏡子《きんす》あることを。又たれかしらん、鏡来鏡現《きんらいきんげん》の鏡子あることを。

正法眼蔵古鏡第十九

仁治二年辛丑九月九日観音導利興聖宝林寺示衆

同四年癸卯正月十三日書写于栴檀林裡

従来も　塼がまだ鏡にならないうちも。上の「鏡を磨しきたる」は鏡たらしむべく磨し来るの意。

磨塼　塼は冗辞。

たれかはかることあらん　この「はかる」は量るだろう。測り知る。

道得を道得すべきがゆへに　言いうべきことを言いえているはずである故に。「すべき」は未来完了的論理的推定。一一九頁一〇行目の唱評を想起すべき語。

心　心意識の「心」とも、心性の「心」ともとれる。「塼来塼現の鏡子あることを」につづけて「鏡来鏡現の塼(子)あることを」と対句が作られていないことは注意すべきだろう。「塼」は、鏡のある世界ではやはり質料の領域に属するごとくである。

正法眼蔵第二十

有《イウ》時《ジ》

古仏言《ノたまはク》、

*有時《いうじ》高々峯頂立《カウかうほうテイリツ》、
有時《いうじ》深々海底行《しんしんかいていかう》。
有時《いうじ》三頭八臂《さんテウはつピ》、
有時丈六八尺《ちやうろくはつしやく》。
有時拄杖払子《シユジヤウほつす》、
有時露柱燈籠《ろしゆとうろう》。
有時張三李四《ちやうさんりし》、
有時大地虚空《だいちこくう》。

いはゆる有時《いうじ》は、*時すでにこれ有《いう》なり、有はみな時なり。丈六金身《こんじん》これ時なり、時なるがゆへ《(ゑ)》に時の*荘厳光明《しやうごんくわうみやう》あり、いまの十二時に習学《シフがく》すべし。三頭八臂これ時なり、時なるがゆへにいまの十二時に一如《いちによ》なるべし。十二時の長遠短促《ちやうヲンたんソク》、いまだ度量《タクリヤウ》せずといゑ《(へ)》ども、これを十二時といふ。去来《こらい》の方跡《ハウセキ》あきらかなるによりて、人これを疑著《ぎちや》せず、疑著せざれ

有時　普通は、その時が来て、時としては、時々の意。↓一四九頁注

時すでにこれ有なり　「有」は行為・状態ではなく、ものを現わしている。存在するもの。

荘厳光明　「丈六金身(仏身)」の荘厳光明は「時」のそれだという意味。

疑著する前程　疑う以前。疑著を「中際」と見たときの「前際」。そのときの概念あるいは表象が、現に疑っている今の思惟内容と違っている。疑わないということが、知っていることそのことでない以上当然である。

同心発時　(すなわち)同じく心の発する時。

かくのごとし　「同時修行成道あり、同行修道成時なり」と言える。

どもしれるにあらず。衆生もとよりしらざる毎物《マイモツ》毎事を疑著すること一定《いちぢやう》せざるがゆへに、*疑著する前程《ぜんてい》、かならずしもいまの疑著に符合《フガウ》することなし。たゞ疑著しばらく時なるのみなり。

われを排列《ハイレツ》しおきて尽界とせり、この尽界の頭々物々《てうてうぶつぶつ》を、時々なりと覰見《しよケン》すべし。物々の相礙《さうげ》せざるは、時々の相礙せざるがごとし。このゆへに同時発心《どうじほつしん》あり、*同心発時《どうしんほつじ》なり。および修行成道《じやうだう》も*かくのごとし。われを排列《ハイレツ》してわれ*これをみるなり。自己の時なる道理、それかくのごとし。

恁麼《インモ》の道理なるゆへに、尽地に万象百草《ばんザウひやくさう》あり、*一草《さう》一象《ざう》おの〱尽地にあることを参学すべし。かくのごとくの*往来《わうらい》は、修行の発足《ホツソク》なり。到恁麼《タウインモ》の*田地《でんち》のとき、すなはち一草一象《ザウ》なり、会《エ》象《ざう》不《ふ》会《エ》象《ザウ》なり、会草不会草なり。正当恁麼時のみなるがゆへに、有時《いうじ》みな尽時なり、*有草有象《ユウさういうざう》ともに時なり。時々の時に尽有尽界《じんユウじんかい》あるなり。しばらくいまの時にもれたる尽有尽界ありやなしやと観想《クワンサウ》すべし。

しかあるを、仏法をならはざる凡夫《ぼんぶ》の時節に*あらゆる見解《けんゲ》は、有時《いうじ》のことばをきくにおもはく、あるときは三頭《てう》八臂《び》となれりき、あるときは丈六八尺となれりき。たとゑ《(へ)》ば、河をすぎ、山をすぎしがごとくなりと。いまはその山河、たとひあるらめども、われすぎゝたりて、いま玉殿朱楼《ぎよくでんシユロウ》に処せり、*山河とわれと、天と地となりとおもふ。

しかあれども、道理この一条のみにあらず。いはゆる山をのぼり河をわたりし時にわれありき、*われに時あるべし。われすでにあり、時さるべからず。時もし*去来《こらい》の相にあらず

これをみるなり 見るのが別に眼目ではない。われの対する世界を構成しているのはわれだということ。

一草一象… 象は森羅万象の「象」。「草」は森羅(林立するもの)に比定される。ただしこの森羅は万象の形容詞でなく、『法句経』の用例(森羅及万象)に従って解せられる森羅。「尽地」は測り尽した地の全体の意。それが一草にもあり一象にもあるという。一見矛盾のようだがそうでないとも言えよう。ものそれぞれにその環境があり、環境というのは全体にひろがるものだとすれば、当然こういうことになる。

往来 反復思弁。

田地 立脚地。境地。朱子にも見られる用例。

有草有象 有るところの草・象。尽事尽物。

あらゆる見解 あるところの見解。

山河とわれと天と地となりと 自然とわれわれと天地雲泥の相違あるものと。

われに時あるべし 「われ」は時の中にいたのだから、「われ」に時が存在しないはずはない。

去来の相 行ったり来たりの変化相。

有時の而今 「ある時」である今。下の同文句は、「ある時」であった今。そういう「今」のあったのは「ある時」としてなのだ。

は、上山《ジヤウサン》の時は*有時《ユウジ》の而今《シキン》なり。時もし去来の相《さう》を保任《ほうにん》せば、われに有時の而今《しきん》ある、これ有時なり。かの上山度河《ジヤウサントカ》の時、この玉殿朱楼の時を*呑却《たんきや》せざらんや、*吐却《ツうキヤ》せざらんや。

三頭八臂はきのふの時なり、丈六八尺はけふの時なり。しかあれども、その*昨今《サクコン》の道理《だうり》、たゞこれ山のなかに直入《ぢきにふ》して、千峯万峯をみわたす時節なり、すぎぬるにあらず。三頭八臂《さんでうはつび》もすなはちわが有時にて一経《キヤウ》す、彼方《ひはう》にあるににたれども而今《シキン》なり。丈六八尺もすなはちわが有時にて一経す、彼処《ヒシヨ》にあるににたれども而今《シキン》なり。

しかあれば、松も時なり、竹も時なり。時は飛去《ひこ》するとのみ解会《ゲエ》すべからず、飛去は時の能とのみは学すべからず。時もし飛去に一任せば、*間隙《ケンギヤク》ありぬべし。有時の道《だう》を*経聞《キヤウモン》せざるは、すぎぬるとのみ学するによりてなり。要をとりていはゞ、尽界にあらゆる尽有は、つらなりながら▽時時なり。有時なるによりて*吾有時《ごいうじ》なり。

有時に経歴《キヤウリヤク》の功徳《くどく》あり、いはゆる今日より明日へ経歴す、今日より昨日に経歴《キヤウリヤク》す、昨日より今日ゑ《(へ)》経歴す。今日より今日に経歴す、明日より明日に経歴す。経歴はそれ時の功徳なるがゆへ《(ゑ)》に。

古今の時、かさなれるにあらず、ならびつもれるにあらざれども、青原《せいげん》も時なり、黄檗《わうばく》も時なり、江西《かうぜい》も石頭《せきとう》も時なり。自他すでに時なるがゆへに、修証《シユシヨウ》は諸時なり。*入泥入水《にふデイにつすい》おなじく時なり。いまの凡夫《ぼんぶ》の見《けん》、および*見の因縁、これ凡夫《ぼんぶ》のみるところなりといゑ《(へ)》ども、*凡夫の法にあらず、法しばらく凡夫を因縁せるのみなり。この時、この有は、法にあ

呑却・吐却　却は強辞。
昨今の道理　それが昨今である道理たるや、と下につづく。
間隙ありぬべし　時でない、時のないところが出来てしまうだろう。
経聞　耳を傾ける。↓解説。次の「学する」は考える、思いこむ位の意。
吾有時　吾は属格「わが」。時間内存在としてのわれが「一経」する、体験するものだ、の意。
入泥入水　拕泥滞水に同じという。
見の因縁　見を生じさせる因とこの生起を助発する縁。
凡夫の法　凡夫が所有し使用する法。
未証拠者の看々なり　事実によって立証することが「証拠」の第一義。「看々」はまあちょっと見ろ、いい例だ、の如き義。
住法位の恁麼なる昇降上下　存在の根本理法として、正位に就くというそのことである、そのような形の(上の「むまひつじをあらしむる」)上下運動。存在の根本理法の正位は運動(経歴)なのだ。「うま」「ひつじ」等は方位方角の代用名詞として言われた。　**生**　衆生。
尽界をもて…界尽　すでに見たことであり今後も見ることだが、一つの単語を分解し構成しかえ、考察対象を現わす名詞を動詞につかい、ことがらの全体を表裏縦横に隙なく探り十全の形で顕然たらしめる手段とすることのやり方は、道元的である。二

らずと学するがゆへに、丈六金身はわれにあらずと認ずるなり。われを丈六金身にあらずとのがれんとする、またすなはち有時の片々《へんぺん》なり、*未証拠者《ミショウコしゃ》の看々《カンかん》なり。

いま世界に排列《ハイレツ》せるむま・ひつじをあらしむるも、*住法位の恁麼なる昇降《ショウカウ》上下なり。ねずみも時なり、とらも時なり、*生《しやう》も時なり、仏《ぶつ》も時なり。この時、三頭《てう》八臂《ぴ》にて尽界を証《ショウ》し、丈六金身にて尽界を証す。それ*尽界をもて尽界を界尽《かいじん》するを、究尽《きうじん》するとはゆふ《(い)》なり。*丈六金身をもて丈六金身するを、発心《ほっしん》・修行《しゆぎやう》・菩提《ぼだい》・涅槃《ねはん》と現成《げんじやう》する、すなはち有《いう》なり、時《じ》なり。尽時を尽有と究尽《きうじん》するのみ、さらに剰法《ゼウホウ》なし、*剰法これ剰法なるがゆへに。たとひ半究尽《はんきうじん》の有時も、半有時の究尽《キウジン》なり。たとひ蹉過《さこ》すとみゆる形段《いんとん》も有なり。*さらにかれにまかすれば、蹉過の現成する前後ながら、*有時の住位なり。住法位の活鱍々地《クワツハツぱつチ》なる、これ有時なり。無と動著《ドウジャ》すべからず、有と強為《カウゐ》すべからず。時は一向にすぐるとのみ計功《けこう》して、未到と解会《げゑ》せず。解会《げゑ》は時なりといへども、*他にひかるゝ縁なし。去来《こらい》と認じて、住位の有時と見徹せる皮袋《ヒタイ》なし。いはんや透関《テウクワン》の時あらんや。たとひ住位を認ずとも、*たれか既得恁麼《キテインモ》の保任《ホウテン》を道得《だうテ》せん。たとひ恁麼と道得《だうテ》せること*ひさしきを、いまだ面目現前を摸索《モサク》せざるなし。*凡夫の有時なるに一任すれば、菩提・涅槃もわづかに去来の相のみなる有時なり。

おほよそ、*籮籠《ラロウ》とどまらず有時《いうじ》現成《げんじやう》なり。いま右界《うかい》に現成し、左方《さはう》に現成する*天王天衆、いまもわが*尽力《じんりき》する有時なり。その余外《よぐゑ》にある水陸の衆有時《しゆいうじ》、これわがいま尽力して現成するなり。*冥陽《ミヤウヤウ》に有時なる諸類諸頭《しよルイしよテウ》、みなわが尽力現成なり、尽力経歴《きやうりやく》なり。わがいま尽

二六頁の注で言った「六合釈」の訓練が実を結んだものであろうか。道元はそれを悪く言ったのだが。

丈六金身をもて…有なり時なり　仏身、すなわち全一なる存在全体の存在様態は、「丈六云々」のような言い廻しでしか表現できないものであるが、その〈空〉なる存在の現実化は「発心」等々によって、それらのものとして行われる。「有なり、時なり」は、このことこそ「有(現実相)」であり、「時」であり、しかも「有時(ある一時)」のことであるとの意。

剰法これ剰法なるがゆへに　剰法という以上、それは存在の外にはみ出しているもののはずだから。

さらにかれにまかすれば　改めて向う(やりすごされた形段の方)を主として立てれば。

有時の住位　有時ということが正当なその位置を占めている。

他にひかるゝ縁なし　主体の活動として現成するものだ。↓解説

たれか既得恁麼の保任を…　すでにそうだ(住位)というしっかりした事実(保任)を言語化しうるものがあろうか。　**ひさしきを**　ひさしくとも。

凡夫の　凡夫の考えるような。下の「現前を」は、現前せるにこれを。

籮籠とどまらず　中国の原語は「牢籠不住」。とりこめ(牢籠)きれない、抑えこみきれないの意(入矢)。

天王天衆　四天王と天部の諸衆。

力経歴にあらざれば、一法一物も現成することなし、経歴することなしと参学すべし。

経歴《きやうりやく》といふは、風雨《ふうう》の東西するがごとく学しきたるべからず。尽界は不動転《ふドウテン》なるにあらず、不進退なるにあらず、経歴なり。経歴は、たとへば春のごとし、春に許多般《コタハン》の*様子《やうす》あり、これを経歴とゆ《(い)》ふ。外物《ぐゑもつ》なきに経歴すると参学すべし。たとへば、春の経歴はかならず春を経歴するなり。経歴は春にあらざれども、春の経歴なるがゆへ《(ゑ)》に、経歴いま春の時に成道《じやうだう》せり。審細《シンサイ》に参来参去《さんらいさんこ》すべし。経歴をいふに、*境《きやう》は外頭《ぐゑてう》にして、能経歴《のうきやうりやく》の法は、*東にむきて百千世界をゆきすぎて、百千万劫をふるとおもふは、仏道の参学、これのみを専一にせざるなり。

☆薬山弘道大師《やくさんくだう》、ちなみに☆無際大師《むさい》の指示によりて、☆江西大寂禅師《かうぜいだいじやく》に参問す。「三乗十二分教、某甲《それがし》ほゞその宗旨《そうし》をあきらむ、如何是祖師西来意《しゆおしそしせいらいい》」。

かくのごとくとふに、大寂禅師いはく、

有時《イウジ》教《カウ》*伊《イ》揚眉《ヤウビ》瞬目《シュンモク》、　《ある時は伊《かれ》をして眉を揚げ目を瞬《まじろ》がしむ、

有時《いうじ》不《ふ》教伊《かうい》揚眉《やうび》瞬目《しゆんもく》。　ある時は伊をして眉を揚げ目を瞬がしめず。

有時《いうじ》教伊《かうい》揚眉《やうび》瞬目《しゆんもく》*者是《シヤゼ》、　ある時は伊をして眉を揚げ目を瞬がしむる者是、

有時《いうじ》教伊《かうい》揚眉《やうび》瞬目《しゆんもく》者不《シヤフ》是《ぜ》。　ある時は伊をして眉を揚げ目を瞬がしむる者不是なり》

薬山きゝて大悟《だいご》し、大寂にまふ《(う)》す、「某甲《ムカウ》かつて石頭にありし、蚊子《ブンス》の鉄牛にのぼれるがごとし」。

わが尽力する有時　自分がそこにおいて尽力する有時。この段の思想は『行持』冒頭の語る思想に似る。

冥陽に有時なる…　冥界と陽界とのある時である…。

様子　型。

境は外頭にして　外に「六根」の対象たる「六境」があって、そこを、の意。頭はほとり。

東にむきて　上の「法」との縁で、仏法東進の心象を籠めると見られる。「春」の縁語とする説もある。

伊　達磨を代表とする弘法者。

者　ひとを指すわけではない。「…すれば」の意。

宗　朝宗の宗。あつめる。

是　それが「仏祖西来意」(仏法の発揚)だ。次行の「不是」はその否定。しかし両者を並べることによって問題を相対化し、執すべからざる所以を示している。

慣習　慣れている。親密である。

不是は不教伊にあらず　仏法の発揚が見られなかったからと言って、「伊」(弘法者)に何かの力(「教」は…しむるもの。恐らくは「化」)が及ばなかったということではない。「不是」が問題の大寂禅師の言葉の四行目に、「不教伊」の語がないことに注意。

これらともに有時なり　弘法者の弘法が行われないのも、仏法発揚が見

大寂の道取するところ、余者とおなじからず。眉目《びもく》は山海《せんがい》なるべし、山海は眉目なるゆへに。その「教伊揚《カウイヤウ》」は山をみるべし、その「教伊瞬《かういシユン》」は海を*宗《そう》すべし。「*是《ぜ》」は「伊《い》」に*慣習《クワンシウ》せり、「伊《い》」は「教《かう》」に誘引《ユウイン》せらる。「*不是《ふぜ》」は「不教伊《フカウイ》」にあらず、「不教伊」は「不是」にあらず、*これらともに有時なり。

山も時なり、海も時なり。時にあらざれば山海《せんがい》あるべからず、山海の而今《しきん》に時あらずとすべからず。時もし壊《エ》すれば山海も壊《エ》す、時もし不壊《ふゑ》なれば、山海も不壊なり。*この道理に明星《みやうじやう》出現す、如来出現す、眼睛《がんぜい》出現す、拈花《ねんぐゑ》出現す。これ時なり。時にあらざれば不《ふ》恁麼《いんも》なり。

*葉県《せつけん》の帰省《キセイ》禅師は、臨済《りんざい》の法孫《はつそん》なり、*首山《しゆざん》の嫡嗣《ちやくし》なり。あるとき、大衆《だいしゆ》にしめしていはく、

有時《ユウジ》意《イ》到《タウ》句《ク》不到《フタウ》、　　《ある時は意《こころ》到りて句到らず、
有時句《く》到《たう》意《い》不《ふ》到《たう》。　　ある時は句到りて意到らず。
有時意《い》句《く》両《りやう》倶《く》到《たう》、　　ある時は意句両《ふた》つ倶《とも》に到る、
有時意句倶《ク》不《フ》到《タウ》。　　ある時は意句倶に到らず》

「*意」「句」ともに有時なり、「到」「不到」ともに有時なり。*到時未了なりといへども不到時来なり。意は驢《ロ》なり、句は馬《ば》なり。馬を句とし、驢を意とせり。「*到」それ来にあらず、「不到」これ未にあらず、有時かくのごとくなり。到は到に*罣礙《ケイゲ》せられて、不到に罣礙《けいげ》

られないのも、ある時のこと、時有ってのことだ。

この道理…不恁麼なり　存在はまさに在る。開悟、成道、正法、伝法また然り。しかしそれらは変化し運動し、魚の動くがごとくである。それは「時」の性格によって語るにもっとも適わしいものだ。

葉県　河南省襄城県の南西。↓祖師にある。

首山　省念の住山。右に言う県の南にある。

意句ともに有時なり　意も句もある時のことだ、時有るものだ。

到時未了…不到時来なり　到れる(やって来た)時が未完了のうちに、到らなかった時が来ると訓める。しかし、中国文の原義では、「到」「不到」は時と関係がない。「意到」とは「意」が究極点に達していること。「句到」は「句」(言語表現)が「意」とぴったり相即していることをいう(入矢)。そうとすれば「到の時未了なりと云々」と訓むべき句。

到それ来にあらず　「到」「不到」も時の相(ある時のこと)だとする考え。「来」と言われるように今まで無関係だったところから訪れるのではない。

罣礙　↓三七頁注。道元は次頁では「さへ」「みる」と言い換えている。梵原語の意味は、覆うこと。罣、礙二字がそれぞれに持つ掛けるの意がそれと相応ずる。

せられず。不到は不到に罣礙せられて、到に罣礙せられず。意は意をさへ、意をみる。句は句をさへ、句をみる。礙は礙をさへ、礙をみる。礙は礙を礙するなり、*これ時なり。礙《ゲ》は*他法に使得《シテ》せらるといへども、他法を礙《ゲ》する礙いまだあらざるなり。我逢人《ガフニン》なり、人逢人《ニンフニン》なり、我逢我《ガフガ》なり、出逢出《シュツフシュツ》なり。これらもし時をゑ《(え)》ざるには、恁麼ならざるなり。

又、意は現成公按《げんじやうこうあん》の時なり、句は*向上関棙《クワンレイ》の時なり。到は脱体《とつたい》の時なり、不到は即此離《ソクシリ》此《シ》の時なり。かくのごとく辨肯《ハンケン》すべし、*有時《いうじ》すべし。

向来《きやうらい》の尊宿《そんしゆく》、ともに恁麼いふとも、さらに道取すべきところなからんや。いふべし、

意句半到也有時《イクハンタウヤユウジ》、
意句半不到也有時《いくはんふたうやいうじ》。

かくのごとくの参究あるべきなり。

教伊揚眉瞬目也半有時《カウイヤウビシュンモクヤハンユウジ》、
教伊揚眉瞬目也《かういやうびしゆんもくや》　*錯有時《さくいうじ》、
不教伊揚眉瞬目也錯々有時《ふかういやうびしゆんもくやさくさくいうじ》。

恁麼のごとく参来参去、参到参不到する、有時《いうじ》の時なり。

正法眼蔵有時第二十

これ時なり　時の中で行われ、時がそれによって現実化されている。

他法　「礙」にとっては他者である法。礙は「縁」、これに対して法は事物・事態である。

向上関棙　からくり、仕掛を脱出超越した境地。それは「句到」のときに起る。いわば「意」は現実であり、「句(言語表現)」は超現実である。すなわち言語表現により「脱体(透体脱落)」が現成する。

有時すべし　この句の説明ができなければこの篇が分ったことにならない。しかしまた逆にこの句の説明とはこの全篇を読むことだと言わねばならぬ。要をとって言えば、「これも有時の尽力である。徹底的に辨肯せよ。有時を生かしきり、それをその法位にあらしめよ」ということになろう。

錯　順序次第のない。乱れた。次行の「錯々」は『墨子』親士篇に研ぎすましたの意の語として出るが、ここはその用法に従うものではない。「教伊揚眉瞬目」すなわち伝法を実体化してこれにこだわってはならないという暗示が、これら「有時」に冠した「半」「錯」「錯々」にはある。ただしこの段の五行の漢字文は中国文ではない。

仁治元年庚子開冬*日書于興聖宝林寺
寛元癸卯*夏安居書写　懐弉

開冬日　開冬は陰暦十月の称。その一日のことか。
寛元癸卯　同元年。一二四三年。

正法眼蔵第二十一

授《じゆ》記《き》

仏祖単伝の大道は授記*なり。仏祖の参学なきものは、夢也未見《むやみけん》なり。その授記の時節は、いまだ菩提心をおこさゞるものにも授記す、無仏性に授記す、有仏性に授記す。有身*に授記し、無身に授記す、諸仏に授記す。諸仏は諸仏の授記を保任《ほうにん》するなり、得授記のゝちに作仏《さぶつ》すと参学すべからず、作仏のゝちに得授記すと参学すべからず。授記時に作仏あり、授記時に修行あり。このゆへ(ゑ)に、諸仏に授記あり、仏向上に授記あり。自己に授記す、身心に授記す。授記に飽学措大《はうがくそだい》なるとき、仏道に飽学措大なり。身前*に授記あり、身後*に授記あり。自己にしるゝ授記あり、自己にしられざる授記あり。他をしてしらしむる授記あり、他をしてしらしめざる授記あり。

まさにしるべし、授記は自己を現成《げんじやう》せり、授記これ現成の自己なり。このゆへに、仏々祖々、嫡々《ちやくちやく》相承《さうじよう》せるは、これたゞ授記のみなり、さらに*一法としても授記にあらざるなし。いかにいはんや山河《せんが》大地《だいち》、須弥《しゆみ》巨海《こかい》あらんや、さらに一箇半箇の張三李四なきなり。かくのごとく参究する授記は、道得《だうて》一句なり、聞得《もんて》一句なり。不会《ふうい》一句なり、会取《ういしゆ》一句なり。行取《あんしゆ》なり、説取なり。退歩《ついふ》を教令*せしめ、進歩《しんふ》を教令せしむ。いま得坐《とくざ》披衣《ひえ》*、これ古来の

授記　『行持』下に既出。↓二〇八頁注

有身　六根(肉身の相)を有するもの。

身前・身後　自分の前あと。「授記」の時に制限はないという意味。

さらに　そのほか別に。「一法としても」の「法」は宇宙の事物・現象をさす。

教令　命令・号令。この場合も「せしむ」は「す」に読む。使役の助動詞ととれば「を教令」は虚辞となる。

得坐披衣　「坐(禅坐)シ得テ、衣(中国・日本なら袈裟であるべきところ)ヲ披ク」。「兀坐」というも同じだろう。

得授記にあらざれば、現成せざるなり。合掌頂戴《がつしやうちやうだい》なるがゆへに、現成は授記なり。

仏言、それ授記に多般あれども、しばらく要略するに八種あり。いはゆる、

一者、自己知、他不知。　二者、衆人尽知、自己不知。

三者、自己衆人倶知。　四者、自己衆人倶不知。

五者、近覚、遠不覚。　六者、遠覚、近不知覚。

七者、倶覚。　八者、倶不覚。

かくのごとくの授記あり。

しかあれば、いまこの*臭皮袋《しうひたい》の精魂《しやうこん》に識度《しきたく》せられざるには授記あるべからずと活計《くわつけ》することなかれ、未悟の人面《にんめん》にたやすく授記すべからずといふ事なかれ。よのつねにおもふには、修行功満じて作仏決定《くゑちぢやう》する時授記すべしと学しきたるといへども、仏道はしかにはあらず。或従《わくじゆうち》知識《しき》して一句をきゝ、或従経巻《わくじゆうきやうぐわん》して一句をきくことあるは、すなはち得授記なり。これ諸仏の本行*なるがゆへに、百草《はくさう》の善根なるがゆへに。もし授記を道取*するには、得記人みな究竟人《くきやうにん》なるべし。しるべし、一塵なほ無上なり、一塵なほ向上なり。授記なんぞ一塵ならざらん、授記なんぞ一法ならざらん、授記なんぞ万法ならざらん、授記なんぞ修証ならざらん、授記なんぞ仏祖ならざらん、授記なんぞ功夫辨道ならざらん、授記なんぞ大悟《だいご》大迷《だいめい》ならざらん。授記はこれ*吾宗到汝《ごそうたうによ》、大興于世《だいこうおせ》なり、授記はこれ汝亦如是《によやくによぜ》、吾亦《ごやく》如是《によぜ》なり。*授記これ標榜《へうばう》なり、授記これ何必《かひち》なり。授記これ破顔微笑なり、授記これ生死

この臭皮袋の精魂に…　このむさくるしい生身の人間の「識」によって度量されない場合は。下の「活計す」はこの場合、思いはからう。

本行　因位(仏果を得る因の位相、菩薩の位のこと)の修行をいう。しかしここでは因位・果上の別を立てるのは不適当だろう。本来の修行、行履。

道取するには　あえて言えば。

吾宗到汝大興于世　『行持』上(一八六頁)に既出。臨済に対する黄檗の授記。「汝亦如是、吾亦如是」(慧能の懐譲に与えた語)もすでにしばしば見た。ここでは「授記」がこのような言葉の形で行われることもあるという意味で引かれている。

授記これ　「標榜(周知をはかるための掲示)」ではあるけれど不定(「何必」)であり、限定をはねつける。次の「破顔微笑」と「生死去来」も相矛盾する概念。

去来なり。授記これ尽十方界なり、授記これ偏界不曾蔵《ふすんざう》なり。

☆玄砂院宗一大師、侍二☆雪峰一行次、雪峯指二面前地一云、「這一片*田地、好造二箇*無縫塔一」。《玄砂院宗一大師、雪峰に侍して行く次でに、雪峯、面前の地を指《さ》して云く、「這《こ》の一片の田地《でんち》、好し、箇の無縫塔を造らんに」》

玄砂曰《いはく》、「高*多少《高さ多少ぞ》」。

雪峰乃上下顧視《雪峰乃《すなは》ち上下に顧視す》。

玄砂云、「人天福報即不レ無、和尚霊山授記、未夢見*在《人天の福報は即ち無きにあらず、和尚霊山《りやうぜん》の授記、未夢見在《みむけんざい》なり》」。

雪峰云、「你作麼生《そもさん》」。

玄砂曰、「七尺八尺」。

いま玄砂のいふ「和尚霊山授記《りやうぜんじゆき》、未夢見在《みむけんざい》」は、*雪峰に霊山の授記なしといふにあらず、雪峰に霊山の授記ありといふにあらず、「和尚霊山授記、未夢見在」といふなり。

霊山の授記は、高著眼《かうぢやげん》なり。吾《ご》有《いう》正法眼蔵《しやうぼふげんざう》涅槃妙心《ねはんめうしん》、附嘱摩訶迦葉《ふぞくまかかせふ》なり。しるべし、☆青原の石頭に授記せしときの同参は、摩訶迦葉も青原の授記をうく、青原も釈迦の授記をさづくるがゆへ(ゑ)に、仏々祖々の面々に、正法眼蔵附嘱有在《いうざい》なることあきらかなり。こゝをもて、曹谿すでに青原に授記す、青原すでに六祖の授記をうくるとき、授記に*保任《ほうにん》せる青原なり。このとき、六祖諸祖の参学、正直に青原の授記によりて行取《あんしゅ》しきたれるなり。これ

田地　単に、場所。
無縫塔　合せ目や段々のない塔。卵塔。ここでは墓としてではなく讃仏のために建てられるもの。

多少　どんなか。いくばくか。

在　→二五〇頁注。強い断定の助辞。
雪峰に霊山の授記なし…　玄沙道の原文は「そんな塔を建てても、なるほど人間界天部世界における報いの福はないではあるまいが、それでは和尚さん、あんたは釈迦牟尼仏の下さる未来成仏の証明をまるきり見たこともないことになる」の意だろう。その道を雪峰に授記があるとかないとかいう問題にすりかえることを、道元は退けたのである。
保任せる　保任せられたる。
明々百草頭明々仏祖意　森羅万象は仏祖意の顕現で隠れるところはない。「現成公案」と意味同じ。百草頭は、字義通りには百草のはしばし、同時に一本一本の百草(入矢)。四九頁以来すでに何度も見ている。
知見思量分　知見思量だけのもの。「あたはざれば」は「値はざれば」、すなわち合わざれば。

を*明々百草頭、明々仏祖意といふ。

　しかあればすなはち、仏祖いづれか百草《はくさう》にあらざらん、百草なんぞ吾汝《ごにょ》にあらざらん。至愚にしておもふことなかれ、みづからに具足する法は、みづからかならずしるべしと、みるべしと。恁麼《いんも》にあらざるなり。自己の知する法、かならずしも自己の有《いう》にあらず。自己の有、かならずしも自己のみるところならず、自己のしるところならず。しかあれば、いまの*知見思量分にあたはざれば自己にあるべからずと、疑著《ぎちゃ》することなかれ。いはんや霊山《りゃうぜん》の授記といふは、釈迦牟尼仏の授記なり。この授記は、釈迦牟尼仏の釈迦牟尼仏に授記したれるなり。授記の*未合なるには、授記せざる道理なるべし。その宗旨は、すでに授記あるに授記するに罣礙なし、授記なきに授記するに*剰法せざる道理なり。齰齖《さくあち》なく、剰法にあらざる、これ諸仏祖の諸仏祖に授記したれる道理なり。

　このゆへに古仏いはく、

古今*挙払示二東西一、　《古今挙払して東西を示す、
大意幽微*肯易参。　大意幽微にして肯易参《けんいさん》なり。
此理若無二師教授一、　此の理若し師の教授無くんば、
欲下将二何見一語中玄談上。　何《いづ》れの見を将てか玄談を語らんとするや》

　いま玄砂の宗旨《そうし》を参究するに、無縫塔の高多少《かうたせう》を量するに、「高多少」の道得《だうて》あるべし。さらに五百*由旬にあらず、八万由旬にあらず。これによりて、「上下を顧視」するをきらふにあらず。たゞこれ人天《にんでん》の福報は即不無《そくふむ》なりとも、無縫塔高を顧視するは、釈迦牟尼仏の

未合　「合」はぴったり合う。
剰法せざる　法を剰さない。余計なことにならない。『有時』の「経歴」の思想(二五八頁)参照。
挙払　払子を挙して。原作では「以払」。
肯易参　肯は豈に同じ。反語法。どうして参学究明しやすかろう。この偈を引くことで道元は師授の大切なことを暗示している。次行の「教」は原作では「印」。
由旬　呼び声のきこえる範囲を一クロシャと言い、その四倍をいう(約十四・五キロメートル)。馬具をかえずに馬を進められる距離。「さらに」以下、別にそうべら棒に高いわけではないの意。

あらざるのみなり　(授記を持たぬとは言わぬ。しかし持っていたにしてもそこにそんなこと—無縫塔の顧視—をしていいとは)書いてはないはずだ、玄沙はそう言いたいだけなのだ。道元は雪峰玄沙のいずれをも正しいとしたいのである。　**いはんや**　句末の「すべきなり」は、この語を正当に受けるためには「せざらん」となるだろう。反語的副詞なのに、結びが肯定体なのでおかしく聞える。　**授記の現成する公按**　「授記」という「現成する」ところの公案。　**当陽**　前に「当隠」という言葉が出た。「陽」なる(顕わるる)際。

授記には*あらざるのみなり。釈迦牟尼仏の授記をうるは、「七尺八尺」の道得《だうて》あるなり。真箇の釈迦牟尼仏の授記を点撿することは、七尺八尺の道得をもて撿点すべきなり。しかあればすなはち、七尺八尺の道得を是不是《しふし》せんことはしばらくおく、授記はさだめて雪峰の授記あるべし、玄砂の授記あるべきなり。*いはんや授記を挙《こ》して無縫塔高の多少を道得すべきなり。授記にあらざらんを挙して仏法を道得するは、道得にはあらざるべきなり。

自己の真箇に自己なるを会取《ういしゅ》し聞取し道取すれば、さだめて*授記の現成する公按あるなり。授記の*当陽に、授記と同参する功夫きたるなり。授記を究竟《くきゃう》せんために、如許多《にょこた》の仏祖は*現成正覚しきたれり。授記の功夫するちから、諸仏を推出するなり。このゆへ《(ゑ)》に、唯《ゆい》以一大事因縁故出現《いいちだいじいんねんこしゅつげん》といふなり。その宗旨は、*向上には非自己かならず非自己の授記をうるなり。このゆへに、諸仏は諸仏の授記をうるなり。

おほよそ授記は、一手を挙して授記し、両手を挙して授記し、千手眼《せんじゅげん》を挙して授記し、授記せらる。あるいは優曇華《うどんぐゑ》を挙して授記す、あるいは金襴衣《きんらんえ》を拈《ねん》じて授記する、ともにこれ強為《かうゐ》にあらず、授記の云為《うんゐ》なり。内《ない》よりうる授記あるべし、外《ぐゑ》よりうる授記あるべし。内外を参究せん道理は、授記に参学すべし。*授記の学道は、万里一条鉄なり。授記の兀坐《ごつざ》は、一念万年なり。

古仏いはく、「*相継得成仏《さうけいとくじゃうぶつ》、転次而授記《てんじにじゅき》《相継いで成仏することを得て、転次に而も授記せん》」。いはくの「成仏」は、かならず「相継」するなり。*相継する少許《せうこ》を成仏するなり。これ

現成正覚　正覚を現成。下の「功夫する」は、授記が生きて能動的にはたらくことをいう。**向上には**　一段上へ超えた境地では。**授記の学道**　授記の「道」を「学」するは。どこまでもどこまでも一筋につづくものだ(万里一条鉄)。従ってそれから「内外」という概念あるいは事実を究明する上での指南役のつとまる「道理」も学びとれる。**相継得成仏転次而授記**　上の五字のうち「得成仏」は『法華経』授記品、下の五字は五百弟子受記品に出る。転次は、転々相次いで。**相継する少許を成仏**　相継いでゆくことのうち少しばかりのものを仏と成す。すなわち仏道はさらに大きいと考えられている。**転得転・次得次**　「転」が転じ、「次」が次ぐを得るのだ。「縁起生」の考えからも、ものの「不染汚」を願う立場からもこうなる。**造次**　早急の間の造作。「転次」を卑近な言葉でいうという意味で「たとへば」が冠せられている。**施為**　施作と普通言う。行うこと。**局量の造身**…　「局量」も「度量」も通常の漢語における気宇の大きいことを現わすいい意味では用いられていない。区切る・測る、そういうことをする有限差別裡の思量の意。造身・造境・造作・造心は、造身心と造境に分類できる。(「造作」は、ここではすべて「造」が問題なのだから兀

を授記の「転次」するなり。転次は転得転*なり、転次は次得次*なり。たとへば造次*なり。造次は施為《せゐ》*なり。その施為は、局量《こくりやう》*の造身にあらず、局量の造境にあらず、度量《たくりやう》の造作《ざうさ》にあらず、造心にあらざるなり。まさに造境不造境、ともに転次*の道理に一任して究辨《きうはん》すべし。造作不造作、ともに転次の道理に一任して究辨すべし。いま諸仏諸祖の現成するは、施為に転次せらるゝなり。祖師の西来▽する施為に転次せらるゝなり。いはんや運水般柴《うんすいはんさい》*は、転次しきたるなり。即心是仏*の現生《げんしやう》する転次なり。即心是仏の滅度する、一滅度二滅度を*めづらしくするにあらず、如許多の滅度を滅度すべし、如許多の成道を成道すべし、如許多の相好《さうがう》*を相好すべし。これすなはち相継得成仏なり、相継得滅度等なり。相継得授記なり、相継得転次なり。転次は本来にあらず、たゞ七通八達なり。いま仏面祖面の面々*に相《しやう》見《けん》し、面々に相逢《さうふ》するは相継なり。仏授記祖授記の転次する、回避《ういひ》のところ、間隙《けんげやく》あらず。

古仏いはく、「我今従仏聞《がこんじゆうぶつもん》、授記荘厳事《じゆきしやうごんじ》、及転次受決《ぎふてんじじゆくゑち》*、身心遍歓喜《しんじんへんくわんぎ》《我れ今仏に従ひたてまつりて、授記荘厳の事、及び転次に決を受けんことを聞きて、身心遍く歓喜せり》」。

いふところは、「授記荘厳事」、かならず「我今従仏聞」なり。我今従仏聞*の「及転次受決」するといふは、「身心遍歓喜」なり。「及転次《ぎふてんじ》」は「我今」なるべし。過現当*の自他にかゝはるべからず、従仏聞*なるべし。従他聞にあらず、迷悟にあらず、衆生にあらず、草木国土にあらず、従仏聞▽なるべし。「授記荘厳事」なり、「及転次受決」なり。転次の道理、しばらくも一隅にとゞまりぬることなし。「身心遍歓喜」しもてゆくなり。歓喜なる及転

語に類する。）結局「心意識」の当体たる自己と、自己のおるべき外界とを「造作」すること。**転次の道理**　転々相次いで行くという、思量造作によらぬ、またそれを必要とせず成立する形式。**運水般柴**　般は搬に同じ。叢林における自給自足の修行生活の象徴的表現。**即心是仏の現生する転次**　この「転次」は名詞化されて、機会のごとき意。次の「滅度する」は涅槃現成の意で、「即心是仏」の現成に他ならぬ。従って下の「成道」に等しい。**めづらしくする**　稀有なこととする。**相好を相好すべし**　等正覚があらゆる現われ方で現われるようにせよ。**面々に**　それぞれ互いに。**受決**　受記に同じ。**我今従仏聞の…する**　「我今従仏聞」は単一事・単一概念として立てられ、ここでは主格。そのことが「受決する」とつづく。（この場合「する」は「なる」と同意。）上の「及転次」は冗辞化される。しかし一方主格のうちの「我今聞」と結合し次の「及転次は我今なるべし」を準備する。『眼蔵』中しばしば見られる文章の二重構造の一例。全体として「従仏聞」即「受決」の考えである。**過現当**　当は当来、将来。**従仏聞**　仏にまのあたり見えて聞く。時間の撥無。下の「迷悟」「衆生」「草木国土」は、「従他聞」と同列におかれていて、現実的経験の意。

次受決、かならず*身《しん》と同参して遍*参し、心《しん》と同参して遍参す。さらに又、身はかならず心に遍ず、心はかならず身に遍ずるゆへ《(ゑ)》に、身心遍といふ。すなはちこれ偏界偏方、偏身偏心なり。これすなはち特地《てつし》一条の歓喜《くわんぎ》なり。その歓喜、あらはに寤寐《ごみ》を歓喜《くわんぎ》せしめ、迷悟を歓喜せしむるに、おの〳〵と親切なりといへども、おの〳〵と不染汙《ふぜんわ》なり。かるがゆへに、転次而受決なる「授記荘厳事」なり。

釈迦牟尼仏、因二*薬王菩薩一告二*八万大士一、「薬王、汝見下是大衆中、無量諸天・竜王・夜叉・乾闥婆・阿修羅・迦楼羅・緊那羅・摩睺羅伽、人与二非人一、及比丘・比丘尼・*優婆塞・優婆夷、求二声聞一者、求二辟支仏一者、求二仏道一者上、如レ是等類、咸於二仏前一、聞二妙法華経一偈一句一、乃至一念*随喜者、我皆与二授記一。当レ得二阿耨多羅三藐三菩提一」。

《釈迦牟尼仏、薬王菩薩に因りて八万大士に告げたまはく、「薬王、汝、是の大衆の中の無量の諸天・竜王・夜叉《やしゃ》・乾闥婆《けんだつば》・阿修羅《あしゅら》・迦楼羅《かるら》・緊那羅《きんなら》・摩睺羅伽《まごらか》、人と非人と、及び比丘・比丘尼・優婆塞《うばそく》・優婆夷《うばい》、声聞《しゃうもん》を求むる者、辟支仏《びゃくしぶつ》を求むる者、仏道を求むる者を見るに、是の如き等の類、咸《ことごと》く仏の前《みまへ》に於て、妙法華経の一偈一句を聞きて、乃至一念も随喜せん者に、我れ皆授記を与ふべし。当に阿耨多羅三藐三菩提を得《う》べし」》

しかあればすなはち、いまの無量なる衆会《しゅゑ》、あるいは天王・*竜王、*四部・*八部、所《しょ》求《ぐ》所《しょ》解《け》ことなりといへども、たれか妙法にあらざらん一句一偈をきか*しめむ。*いかならんなんぢが乃至一念も、他法を随喜せしめん。「如是等類《にょぜとうるい》」といふは、これ法華類なり。「*咸於仏《かんおぶつ》

身と同参、遍参　重要な表現である。修行者の現身のあるところに来て立ち交わり、しかも尽時尽界に立ち交わるという考え。下の「身はかならず心に遍ず、云々」とともに存在をつねに全体的にとらえる立場の表現。
薬王菩薩　一切衆生見喜菩薩の後身。
八万大士　八万は八万四千の略。大士は摩訶薩埵の意訳。
優婆塞・優婆夷　仏を師とし、法を楽とし、僧を友とする三帰依を受け、五戒を守る在家の信者男・女。
随喜　すぐれたものを見聞し、これに随い喜ぶ意。上の「一念」(→四〇四頁注)はほんの短時間の意。
竜王　その所在、水底・水上・海底・山間・阿耨達池など、説話一定しない。
四部　四部衆その他考えられるが、「三途六道」(→一三頁注)という措辞における「三途」同様、後の語(八部)に含まれるものをさすとみる。
八部　天王・竜王のほか、本文所引経文中の夜叉以下六種の総称。
きかしめむ　きかむ。主格の「たれか」は「無量なる衆会」のうちのたれか。
いかならんなんぢが乃至一念も…　汝のどういう一念(右「随喜」注参照)でも…。「乃至」、ここでは冗辞。次の「を随喜せしめん」の「を」は、随ではなく喜にかかる。「せしめむ」は「せむ」、することあらんの意。「他法」は「妙法」でない法。
咸於仏前・咸於仏中　「前」と「中」

前《ぜん》」といふは、*咸於仏中なり。「人与非人《にんよひにん》」の*万像に錯認《さくにん》するありとも、*百草《はくさう》に下種《あしゆ》せるありとも、「如是等類」なるべし。如是等類は、「我皆与授記《がかいよじゆき》」なり。我皆与授記の頭正尾正《とうしんびしん》なる、すなはち「当得阿耨多羅三藐三菩提《たうとくあのくたらさんみやくさんぼだい》」なり。

釈迦牟尼仏告二薬王一、「又如来滅度之後、若有レ人聞二妙法華経一、乃至一偈一句、一念随喜者、我亦与二授阿耨多羅三藐三菩提記一」。

《釈迦牟尼仏、薬王に告げたまはく、「又、如来滅度の後、若し人有つて妙法華経を聞きて、乃至一偈一句に、一念も随喜せん者に、我れまた阿耨多羅三藐三菩提の記を与授すべし」》

いまいふ「如来滅度之後《にょらいめつどしご》」は、いづれの*時節到来なるべきぞ。四十九年なるか、八十年中なるか。しばらく八十年中なるべし。「若有人聞妙法華経《にやくうにんもんめうほくゑきやう》、乃至《ないし》一偈《いちげ》一句《いつく》、一念随喜《いちねんずいき》」といふは、有智《うち》の所聞なるか、無智《むち》の所聞なるか。あやまりてきくか、あやまらずしてきくか。*為他道《ゐただう》せば、「若有人《にやくうにん》」の所聞なるべし。さらに有智無智等の諸類なりとすることなかれ。いふべし、「聞法華経」はたとい《(ひ)》甚深《じんじん》無量なるいく諸仏智慧なりとも、きくにはかならず「一句」なり、きくにかならず「一偈」なり、きくにかならず「一念随喜」なり。このとき、「我亦与授阿耨多羅三藐三菩提記《がやくよじゆあのくたらさんみやくさんぼだいき》」なるべし。亦与授記《やくよじゆき》あり、皆与授記《かいよじゆき》あり。*蹉過《さこ》の張三に一任せしむることなかれ、審細の功夫に同参すべし。*句偈・随喜を「若有人聞《にやくうにんもん》」なるべし。皮肉骨髄を*頭上安頭《てうしやうあんてう》するにいとまあらず、「*見授阿耨多羅三藐三菩提記」は、「我願既満《がぐわんきまん》」なり、如許皮袋《によこひたい》なるべし、「衆望亦足《しゆまうやくそく》」なり、*如許若有人聞《によこにやくうにんもん》ならん。拈松《ねんしよう》

を同一とするこの考えは重要である。**万像に錯認**　錯認は、「錯り認む」。人と人にあらざるものの種々様々の夥しい姿の中には、見損われるものが仮にあっても。**百草に下種**　下種は、仏が衆生の心地に成仏得道の種を下すこと。上の「人与非人の」はこの「百草」をも支配していよう。人と人にあらざるもののうちの一々名を呼ぶことのできぬ個体(百草)に下種しているような場合があっても。何れにしてもの意で下に懸ってゆく。**時節到来**　時節に到来。次の「八十年」は仏陀の生涯八十一年乃至八十年というのに因む。「四十九年」は成道後寂滅までの年数をいうかと思われるが、推定される仏陀の伝記的事実とは合わない。成道の年は三十五歳、或いは三十歳と推定されている。(ただし四十九という数は、成道後説法のために起つまでの坐禅の日数に当る。)　**為他道せば…所聞なるべし**　他のために道(い)うのはすべて「人」の聞くところとなるだろう。「若有」は冗辞。上の「所聞なるか」は所聞をいうか、の意。**蹉過の張三**　迂闊な世人。下の「一任せしむる」も「一任する」だろう。**句偈随喜を若有**…　前々行の文句の倒置。別のことを言っているのでないのは他の同種の例と同じ。**頭上安頭**　「頭上ニ頭ヲ安ンズ」。屋上架屋と同義。しかしそれを道元は愚人の解として

枝《し》の授記あり、拈優曇華《ねんうどんぐゑ》の授記あり。拈瞬目《ねんしゆんもく》の授記あり、拈破顔《ねんはがん》の授記あり、靸鞋《さふあい》を転授せし蹤跡あり。そこばくの「*是《ぜ》法《ほふ》非《ひ》思量《しりやう》分別《ふんべつし》之所能解《しよのうげ》」なるべし。「*我《が》身《しん》是《ぜ》也《や》」の授記あり、「汝身是也《によしんぜや》」の授記あり。この道理、*よく過去・現在・未来を授記するなり。授記中の過去・現在・未来なるがゆへ《(ゑ)》に、*自授記に現成し、*他授記に現成するなり。

維摩詰、謂二*弥勒一言、「弥勒、世尊授二仁者記一、一生当レ得二阿耨多羅三藐三菩提一、為下用二何生一得中受記上乎。過去耶、未来耶、現在耶。若過去生、過去生已滅。若未来生、未来生未至。若現在生、現在生*無レ住。如二仏所説一、比丘、汝今即時、亦生亦老亦滅。若以二無生一得二受記一者、無生即是*正位。於二正位中一、亦無二受記一、亦無レ得二阿耨多羅三藐三菩提一。云何弥勒受二一生記一乎。為下従二*如生一得中受記上耶、為下従二*如滅一得中受記上耶。若以二如生一得二受記一者、*如無レ有レ生。若以二如滅一得二受記一者、*如無レ有レ滅。一切衆生皆如也、一切法亦如也。衆聖賢亦如也。至二於弥勒一亦如也。若弥勒得二受記一者、一切衆生亦応二受記一。所以者何、夫如者不二不異。若弥勒得二阿耨多羅三藐三菩提一者、一切衆生皆亦応レ得。所以者何、一切衆生即菩提相」。

《維摩詰《ゆいまきつ》、弥勒《みろく》に謂《いつ》て言《いは》く、「弥勒、世尊の仁者《おんみ》に記を授け、一生に当に阿耨多羅三藐三菩提を得《う》べしとは、何れの生《しやう》を用《もつ》て受記を得るとやせん。過去なりや、未来なりや、現在なりや。若し過去生といはば、過去生は已《すで》に滅す。若し未来生といはば、未来生は未至なり。若し現在生といはば、現在生は住すること無し。仏の所説の如くならば、比丘、汝が今の即時は、亦生亦老亦滅《やくしやうやくらうやくめつ》な

いる(『夢中説夢』参照)。ここでは「頭」はわが身、「安」は安置。「皮肉骨髄」をそうする「いとま」さえないというのは即座直下ということ。

見授阿耨多羅三藐三菩提記は…「見」は漢文として素直によめば「現(に)」(入矢)。しかし道元は見ると訓んでいるらしい。それを見ることは、「わが願ひ既に満つる」ことであり、「如許皮袋(そこばくの生身の人間)」もそれを見、その「願既満」し、「大衆の望みも足りた」ことである。

如許若有人聞ならん 若有は冗辞。そこばくの人間が聞く場合、そこに、の意。「ならん」は連体形。上の読点は句点に、下の句点は読点に読む。

是法非思量分別之所能解 「是(これ乃至この)法ハ非思量分別ノ能ク解スル所」。上に挙げた「授記」「転授」が、それぞれこういうもの(非思量分別にして解しうること)だの意。

我身是也 「是」は是非の是ではなく、上を受けて、「それだ」の意。

よく過去…授記するなり 句中の「を」は「授」でなく「記」へつづく。隠れている主語は「授記」。これも流れ去るものとしての時間の否定。

自授記に・他授記に 主格「授記」。

弥勒 ↓九二頁「兜率天」注。その出世は仏滅後五十六億七千万年。竜華樹下に成道し、釈迦牟尼仏の法会に洩れた衆生を済度するという。

り。若し無生を以て受記を得《う》といはば、無生は即ち是れ正位なり。正位の中に於て、また受記無し、また阿耨多羅三藐三菩提を得《う》べきこと無し。云何《いかん》ぞ弥勒一生の記を受くるや。如生《にょしゃう》より受記を得《う》とせんや、如滅《にょめつ》より受記を得とせんや。若し如生《にょしゃう》を以て受記を得といはば、如《にょ》は生有ること無し。若し如滅を以て受記を得といはば、如は滅有ること無し。一切衆生、皆な如なり、一切の法もまた如なり。衆の聖賢もまた如なり。弥勒に至るまでもまた如なり。若し弥勒受記を得ば、一切衆生もまた応に受記すべし。所以何《ゆゑいか》にとなれば、夫れ、如は不二、不異なり。若し弥勒阿耨多羅三藐三菩提を得ば、一切衆生も皆なまた応に得べし。所以何《ゆゑいか》にとなれば、一切衆生は即ち菩提の相なり」》

維摩詰《ゆいまきつ》の道取するところ、如来これを不是といはず。しかあるに、弥勒《みろく》の得受記、すでに決定《くゑちぢゃう》せり。かるがゆへに、一切衆生の得受記、おなじく決定すべし。衆生の受決あらずは、弥勒の受記あるべからず。すでに「一切衆生《いっさいしゅじゃう》、即《そく》 *菩提相《ぼだいさう》」なり。菩提の、菩提の授記をうるなり。受記は▽今日生仏の*慧命《ゑみやう》なり。しかあれば、一切衆生は弥勒と同発心するゆへに同受記なり、同成道なるべし。たゞし、維摩道《ゆいまだう》の「於正位中、亦無受記」は、正位即受記をしらざるがごとし、正位即菩提といはざるがごとし。また「過去生已滅、未来生未至、現在生無住」*とらいふ。過去かならずしも已滅にあらず、未来かならずしも未至にあらず、現在かならずしも無住にあらず、無住・未至・已滅等を過未現と学すといふとも、*未至のすなはち過現来なる道理、かならず道取すべし。

しかあれば、生滅ともに得記する道理あるべし、生滅ともに得菩提の道理あるなり。一

無住　とどまることがない。

正位　差別相対を断じ去った平等一如の本体をも、小乗の涅槃をも言う。今文意に従えば後者の意をとるべきだろう。

如生・如滅　これらの「如」は、「如来」「如去」「真如」の「如」と同じだろう。「もし」でもありうるが、その場合、「一切衆生皆如也」以下の「如」の解がむつかしくなる。煩悩執着に歪められたり、曇らされたりしない、真智の中での生滅。

如無有生・如無有滅　「得授記」であるような生・滅はもう生でも滅でもないはずだから。ただしこれは道元のではなく維摩の考え。

菩提相　本来仏性を具えている衆生は、菩提すなわち仏智の「事・相」とも考えられる。

慧命　この場合は命というに同じ。慧は、法身の智慧の義。これが衆生の元来具えているはずの法性をその生の限り、従ってその滅においてまで維持する故寿命になぞらえて言う。

とらいふ　↓一二一頁注

未至のすなはち過現来なる道理　『仏性』(四八頁)参照。

試道看　「試ミニ道(イ)ヒ看ヨ」。ためしに言って御覧。

維摩にあらざるべし　主格は弥勒。

道得用不著　言ったって無益のわざだ。

切衆生の授記をうるとき、弥勒も授記をうるなり。しばらくなんぢ維摩にとふ、「弥勒は衆生と同なりや異なりや。*試《し》道看《だうかん》」。すでに若弥勒《にゃくみろく》得記せば、一切衆生も得記せんといふ、弥勒衆生にあらずといはゞ、衆生は衆生にあらず、弥勒も弥勒にあらざるべし。いかん。正当恁麼時、また*維摩にあらざるべし。維摩にあらずは、この*道得《だうて》用不《ようふ》著《ちゃ》ならん。しかあればいふべし、授記の一切衆生をあらしむるとき、一切衆生および弥勒はあるなり。授記よく一切をあらしむべし。

正法眼蔵授記第二十一

仁治三年壬寅夏四月二▽十五日記于観音導利興聖▽宝林寺

寛元二年甲辰正月廿日書写之在于越州吉峰寺侍者寮

正法眼蔵第二十二

全《ぜん》機《き》

諸仏の大道、その究尽《きうじん》するところ、透脱《とうとつ》なり、現成《げんじやう》なり。その透脱といふは、あるいは生《しやう》も生を透脱し、死も死を透脱するなり。このゆへ《(ゑ)》に、出生死《しゆつしやうじ》あり、入生死《につしやうじ》あり。ともに究尽の大道なり。捨生死あり、度生死*あり。ともに究尽の大道なり。現成これ生なり、生これ現成なり。その現成のとき、生の全現成にあらずといふことなし、死の全現成にあらずといふことなし。

この機関*、よく生ならしめ、よく死ならしむ。この機関の現成する正当恁麼時《しやうたういんもじ》、かならずしも大*にあらず、かならずしも小にあらず。遍界にあらず、局量《こくりやう》にあらず。長遠《ちやうをん》にあらず、短促にあらず。いまの生はこの機関にあり、この機関はいまの生にあり。

生は来《らい》にあらず、生は去《こ》にあらず。生は現《げん》にあらず、生は成《じやう》にあらざるなり。しかあれども、生は全機現*なり、死は全機現なり。しるべし、自己に無量の法あるなかに*、生あり、死あるなり。

しづかに思量すべし、いまこの生、および生と同生せるところの衆法《しゆほふ》は、生にとも*なりとやせん、生にともならずとやせん。一時一法としても、生にともならざることなし、一

度生死　生死をともに度する。普通の仏教的考えなら、救って彼岸に渡すのだが、悉皆同参同時現成の世界の中で、済度するわけだから、わが生死即わが力による度生死たらざるをえぬ。

機関　からくり、はたらき。これのはたらきの対象は「生死」である。

大にあらず…小にあらず…　主格は機関。全存在の単一性と合同なのだから量的規定はできないとの意。生を生ならしめ、死を死…。

全機現　全機関現成の略。

自己に無量の法あるなかに　この法は、その中に「生死」をも含む事物現象を指すだろう。否定さるべき梵即我の考えにまさに重なろうとすること、『現成公按』(三五頁五行)で言われた考えの裏であることに注意。

とも　友。

事一心としても、生にともならざるなし。

生といふは、たとへば、人のふねにのれるときのごとし。このふねは、われ帆をつかひ、われかぢをとれり、われさをゝ《を》さすといへども、ふねわれをのせて、ふねのほかにわれなし。われふねにのりて、このふねをもふねならしむ。この正当恁麼時を功夫参学すべし、この正当恁麼時は、舟の世界にあらざることなし。天も水も岸もみな舟の時節となれり、さらに舟にあらざる時節とおなじからず。*このゆへ《ゑ》に、生はわが生ぜしむるなり、われをば生のわれならしむるなり。舟にのれるには、身心依正《しんじんえしやう》、ともに舟の機関なり。尽大地・尽虚空、ともに舟の機関なり。生なるわれ、〳〵《われ》なる生、それかくのごとし。

☆圜悟《あんご》禅師克勤《こくごん》和尚云《いはく》、「生《しやう》也《や》全機現《ぜんきげん》、死《し》也《や》全機現《ぜんきげん》」。

この道取、あきらめ参究すべし。*参究すといふは、「生也全機現」の道理、*はじめお《を》はりにかゝわ《は》れず、尽大地・尽虚空なりといへども、生也全機現を*あひ罣礙《けいげ》せざるのみにあらず、「死也全機現」お《を》も罣礙せざるなり。死也全機現のとき、尽大地・尽虚空なりといへども、死也全機現をあひ罣礙せざるのみにあらず、生也全機現お《を》も罣礙せざるなり。このゆへに、生《しやう》は死を罣礙せず、死は生を罣礙せざるなり。尽大地・尽虚空、ともに*生にもあり、死にもあり。しかあれども、一枚の尽大地、一枚の尽虚空を、*生にも全機し、死にも全機するにはあらざるなり。*一にあらざれども異にあらず、異にあらざれども*即にあらず、即にあらざれども多にあらず。このゆへに、生にも全機現の衆法あり、死にも全機現の衆法

このゆへに　主体的位置を占めるものが、その存在する場のすべてを現実化するものである故。

参究すといふは　次々行の「罣礙せざる」のあとに本来これを受けるべき結びの述語が出ずに終っているのだと解すべきだろう。

はじめおはりに…　首尾、始・終に左右されることなく、それらと相対的でなく。

あひ罣礙　主格は「生也全機現の道理」。

生にも　生においても。

生にも全機し　一方では生において全機現成させ。上を受けて言えば、一枚(一個)ずつ別々の全宇宙が、「生」「死」の機会にそれぞれ別々に現成するのではない、という意味。

一にあらざれども　上を受けて、たしかに一ではないのだが。譲歩的言回し。

即　とりもなおさず一つもの。この前後の考え、「時は経歴なり」の命題を採用して理解するとよい。

あり。生にあらず死にあらざるにも全機現あり。全機現に生あり、死あり。このゆへに、生死《しやうじ》の全機は、*壮士の臂《ひぢ》を屈伸するがごとくにもあるべし。*如人夜間背手摸枕子《にょにんやかんはいしゅもちんす》にてもあるべし。これに許多《こた》の神通光明《じんづうくわうみやう》ありて現成するなり。

正当現成のときは、*現成に全機せらるゝによりて、現成よりさきに現成あらざりつると見解《けんげ》するなり。しかあれども、この現成よりさきは、さきの全機現なり。さきの全機現ありといへども、いまの全機現を罣礙せざるなり。このゆへにしかのごときの見解《けんげ》、きほひ現成するなり。

正法眼蔵全機▽第二十二

于時仁治三年壬寅十二月十七日在雍州六波羅蜜寺側前*雲州刺史幕下示衆

同四年癸卯正月十九日書写之　懐弉

壮士の…　力強い自由自在の運動。

如人夜間背手摸枕子　『観音』参照。

現成に全機せらる　現成という事実乃至機能によって、全機という現象が十全に現実化される。「全機せらる」は、現成と別の現象ではない。

雲州刺史　出雲守（波多野義重）。

正法眼蔵第二十三

*都《つ》機《き》

諸月の円成《ゑんじやう》すること、*前三々《ぜんさんさん》のみにあらず、*後三々《ごさんさん》のみにあらず。円成の諸月なる、前三々のみにあらず、後三々のみにあらず。このゆへ《(ゑ)》に、釈迦牟尼仏言《しやかむにぶつごん》、「仏真《ぶつしん》*法身《ほつしん》、猶若虚空《いうにやくこくう》。応物現形《おうもつげんぎやう》、如水中月《によすいちゆうぐゑつ》《仏の真法身は、猶し虚空の若《ごと》し。物に応じて形を現はす、水中の月の如し》」。

いはゆる「如水中月《によすいちゆうぐゑつ》」の*如々は、水月なるべし。水如、月如、々中、中如なるべし。相似を如と道取するにあらず、*如は是なり。「仏真法身」は「*虚空」の「猶若《いうにやく》」なり、この「虚空」は「猶若」の「仏真法身」なり。仏真法身なるがゆへに、尽地尽界、尽法尽*現、みづから虚空なり。現成せる百草万象《はくさうばんざう》の猶若《いうにやく》なる、しかしながら仏真法身なり、如水中月なり。月のときはかならず夜にあらず、夜かならずしも暗にあらず。ひとへに人間《にんげん》の*小量にかゝはることなかれ。日月なきところにも昼夜あるべし、日月は昼夜のためにあらず、日月ともに如々なるがゆへに、一月両月にあらず、千月万月にあらず。月の自己、たとひ一月両月の見解《けんげ》を保任《ほうにん》すといふとも、これは月の見解なり、かならずしも仏道の道取にあらず、仏道の知見にあらず。しかあれば、昨夜たとひ月ありといふとも、今夜の月は昨月

都機　月(都紀、都奇)。しかし、都は凡也、総也の解によって、前篇同様の思想を今度は自然に即して語る篇の題として「すべての機」の意とする解も許される。機という語こそ出ないが。

前三々・後三々　数量的に規定される境地・状態。いつ幾日の如き意。

法身　仏の智慧も人智と同じく他を待たずに存在する純客観的なものとは考えがたいところから、理・智不二の仏の性格を、理に統一しようとする傾きが生じ、これの統一体を仏とみた。これが法身仏である。応身・報身とともに仏の三身の一(↓八七頁「報仏」注)。しかし、「身」の梵原語はからだの意ではなく、幹・集合体の如き意である。

如々　真如に同じ。真理の体現されているあるがままの姿。

如は是　「如」は「ごとし」ではなく、まさにそうであるものの意だ、の意。

虚空の猶若　虚空がなおそれ(仏の真法身)であるかのごときものだ。次も同じ観点から解されよう。要するに「仏真法身」と「虚空」の不二を言っている。

現　無論、提示の仏言中の「現」。法が「地」「界」に現ずるときのその作用たるもの。

小量　小さな量見、おもんぱかり。

月は月に…　月なる観念の自己同一の主張。

にあらず、今夜の月は初中後ともに今夜の月なりと参究すべし。*月は月に相嗣するがゆへに、月ありといへども、新旧にあらず。

*盤山宝積《ばんざんほうしやく》禅師云《いはく》、「*心月孤《しんぐゑつこ》円《ゑん》、光呑万象《くわうたんばんざう》。光非照境《くわうひせうきやう》、々亦非《きやうやくひ》存《ぞん》。光境倶亡《くわうきやうくまう》、復是何《ふぜか》物《ぶつ》《心月孤円、光、万象を呑めり。光、境を照らすに非ず、境また存ずるに非ず。光境倶《とも》に亡《まう》ず、復た是れ何物ぞ》」。

いまいふところは、仏祖仏子、かならず心月あり、月を*心《しん》とせるがゆへに。月にあらざれば心にあらず、心にあらざる月なし。孤円といふは、虧闕《きくゑち》せざるなり。*両三にあらざるを万象といふ。万象これ月光にして万象にあらず。このゆへに「光呑万象」なり。*万象おのづから月光を呑尽《たんじん》せるがゆへに、光《くわう》の光を呑却《たんきや》するを、「光呑万象」といふなり。たとへば、月呑月なるべし、光呑月なるべし。こゝをもて、「光非照境、々亦非存」と道取するなり。得恁麼《ていんも》なるゆへに、*応以仏身得度者のとき、*即現仏身而為説法なり。*応以普現色身得度者のとき、即現普現色身而為説法なり。これ月中の転法輪にあらずといふことなし。たとひ*陰精陽精の光象するところ、*火珠水珠の所成《しよじやう》なりとも、*即現々成なり。この心《しん》すなはち月なり、この月おのづから心なり。仏祖仏子の心《しん》を究理究事すること、かくのごとし。

古仏いはく、「一心一切法、一切法一心」。

しかあれば、心《しん》は一切法なり、一切法は心なり。心は月なるがゆへに、月は月なるべし。

盤山　河北省薊県の西北。↓祖師

心月孤円　孤円は寂然としてひとり円（まどか）。「虧闕せざるなり」とするのは道元の解。

心　こころと訓んでもよいところ。心・性と言われる際の心は仏祖のこころでありうる。　**両三**　有限数。

万象おのづから…　この句、文字を離れて現実の光景を思いやれば直ちに分る。

応以仏身得度者・即現仏身而為説法　「マサニ仏身ヲモツテ得度スベキ者」「スナハチ仏身ヲ現ハシテ為ニ説法ス」。あとの句、「仏身」を「自身」と書いた形で『仏性』(五四頁)に出る。

応以普現色身得度者　「マサニ普ク現ハルル色身ヲモツテ得度スベキ者」。この色身をもつものは、無論仏である。「即現普現色身而為説法」とともに四句二聯、得度即済度、色身即法身、「相」即「理」の思想。次の「月中の転法輪(仏説法)」はその視覚的表現。

陰精陽精　月と太陽。「光象」は盤山宝積の偈の第二句の頭尾二字。この二字で第二句の意全体を表現させようとしている。

火珠水珠　火珠は火焔宝珠。水珠も塔頂の九輪の上に乗せる宝珠の水煙即水円をいうならば、やはり火珠と呼ばれるものに同じ。「所成なりとも」は、如上の超自然的なものが現出成就するところであってもの意。

心なる一切法、これことごとく月なるがゆえ(ゑ)に、遍界は遍月なり。通身ことごとく通月なり。たとひ*直須万年《ちきしゆばんねん》の前後三々、いづれか月にあらざらん。いまの*身心依正《しんじんえしやう》なる日面仏《にちめんぶつ》月面仏《ぐわちめんぶつ》、おなじく月中なるべし。生死去来《しやうじこらい》ともに月にあり、尽十方界は、月中の上下左右なるべし。いまの日用*、すなはち月中の明々百草頭なり、月中の明々祖師心なり。

☆舒州投子山《てうすざん》慈済大師、因僧問《ちなみにそうとふ》、「月未円時如何《月未円なる時、如何》」。

師云《いはく》、「*呑却《たんきや》三箇四箇《三箇四箇を呑却す》」。

僧云、「円後如何《円なる後、如何》」。

師云、「吐却《つうきや》七箇八箇《七箇八箇を吐却す》」。

いま参究するところは、未円なり、円後なり、ともにそれ月の造次なり。月に三箇四箇*あるなかに、未円の一枚あり。月に七箇八箇あるなかに、円後の一枚あり。呑却は三箇四箇なり。このとき、月未円時の見成《げんじやう》なり。吐却《つうきや》は七箇八箇なり。このとき、円後の見成なり。月の月を呑却するに、三箇四箇なり。呑却*に月ありて現成す、月は呑却の見成なり。月の月を吐却するに、七箇八箇あり。吐却に月ありて現成す。月は吐却の現成なり。このゆえに、呑却尽なり、吐却尽なり。尽地尽天吐却*なり、蓋天蓋地呑却なり。呑自呑他すべし、吐自吐他すべし。

釈迦牟尼仏、告㆓金剛蔵菩薩*㆒言、「譬如㆔動目能揺㆓湛水㆒、又如㆔定眼猶廻㆓転火㆒。雲駛月運、

即現々成　即現に(すなわちうつつに、現実そのものにおいて)現成。

直須万年　万年にわたる。『一顆明珠』(一〇四頁)、『海印三昧』(一四六頁)の用例も同様。次の「その前後三々」はあれこれの事物の意。上の「たとひ」は冗辞。

身心依正なる日面仏月面仏　身心依正は、端的に現実の意。次の二仏はただ日月をいう。「月中なるべし」は下の「月にあり」が「月なり」であるのと同じで、月なるべし。月がすべてを包んでいるこの思惟において、月そのものも月中も同一事。

日用　日々の入用、日常当用品。

呑却　欠けているから呑んで円くなろうとする。吐却はその反対。

月に三箇…　月にあれこれの相があるうちに。

呑却に月ありて　呑むに月ありて。

尽地尽天吐却　吐却は上の四字を対格とする他動詞。

金剛蔵菩薩　金剛蔵は等覚(正覚に等しい覚悟)を具えた菩薩がさらに仏果を得るための修行をし、その果を転ずる行法をいう。

舟行岸移、亦復如レ是」。

《釈迦牟尼仏、金剛蔵菩薩に告げて言《のたま》はく、「譬へば動目の能く湛水を揺《ゆる》がすが如し、又、定眼《ちやうげん》のなほ火を廻転《うゐてん》せしむるが如し。雲駛《はし》れば月運《めぐ》り、舟行けば岸移る、また復《また》是の如し」》

いま仏演説の「雲駛《うんし》月運《ぐゑつうん》、舟行岸移《しうかうがんい》」、あきらめ参究すべし。倉卒《さうそつ》に学すべからず、*凡情に順ずべからず。しかあるに、この仏説を仏説のごとく見聞するものまれなり。もしよく仏説のごとく学習*するといふは、*円覚かならずしも身心にあらず、菩提涅槃かならずしも円覚にあらず、身心にあらざるなり。

いま如来道の「雲駛月運、舟行岸移」は、「雲駛」のとき、「月運」なり。「舟行」のとき、「岸移」なり。いふ宗旨《そうし》は、雲と月と、同時同道して同歩同運すること、*始終にあらず、*前後にあらず。舟と岸と、同時同道して同歩同運すること、*起止にあらず、流転《るでん》にあらず。*たとひ人の行《かう》を学すとも、*人の行は起止にあらず、*起止の行は人にあらざるなり。起止を挙揚《こやう》して人の行に比量することなかれ。雲の駛も月の運も、舟の行も岸の移も、みなかくのごとし。おろかに*少量の見に局量《こくりやう》することなかれ。雲の駛は東西南北をとはず、月の運は昼夜古今に休息なき宗旨、わすれざるべし。舟の行および岸の移、ともに三世にかゝはれず、よく三世を使用するものなり。このゆへに、*直至《ぢきし》如今飽不飢《にょこんはうふき》なり。

しかあるを、愚人おもはくは、くものはしるによりて、うごかざる月をうごくとみる、舟のゆくによりて、うつらざる岸をうつるとみゆると見解せり。もし愚人のいふがごとくならんは、いかでか如来の道《だう》ならん。仏法の宗旨《そうし》、いまだ人天《にんでん》の少量にあらず。たゞ*不可

凡情に順ず　凡俗の有情(衆生)にならう。

するといふは　せば。以下の「円覚」「身心」「菩提涅槃」のあいだには別の関係、別の因果が設定されるかも知れない。

円覚　円満具足の大覚。これを「体」と見て「一心」という。

始終・前後　始まりと終り、あとさき。「にあらず」は「においてあらず」。

起止　生起停止。

たとひ人の行を学すとも　かりに人間の行進し方を研究してみれば。

人の行は起止にあらず　人の歩行という事実は遍界不曾蔵悉皆同時現成の立場で言えば、いつ始まっていつとまるというものではない。

起止の行は人にあらざるなり　生起停止は「人の行」にあらざるなり。「の行」は「人」の下につくべきもの。対句を作るために枉げられた。

少量　二七八頁では「小量」。小と少は通用する。

直至如今飽不飢　→六〇頁注。今もなお円満現成だということの象徴的表現。「直」は強め。

不可量　おもんばかりえない。次行「といへども」は「なれば」。

量なりといへども、随機の修行あるのみなり。たれか舟岸を再三撈摝《らうろく》せざらん、たれか雲月を急著眼看《きふちやげんかん》せざらん。

しるべし、如来道は、雲を*什麼法《しもほふ》に譬《ひ》せず、月を什麼法に譬せず、舟を什麼法に譬せず、岸を什麼法に譬せざる道理、しづかに功夫参究すべきなり。月の一歩は如来の円覚なり、如来の円覚は月の*運為なり。動止にあらず、進退にあらず。すでに月運は譬喩にあらざれば、*孤円の性相《しやうさう》なり。

しるべし、月の*運度はたとひ駛なりとも、*初中後にあらざるなり。このゆへ《(ゑ)》に、第一月、第二月あるなり。第一、第二、おなじくこれ月なり。*正好《しんかう》修行これ月なり、正好供養これ月なり、*払袖便行《ふつしゆびんあん》これ月なり。*円尖は去来の輪転にあらざるなり。去来輪転を使用し、使用せず、放行《はうあん》し、把定《はちん》し、逞風流《しんふうりう》するがゆえ《(ゑ)》に、かくのごとくの諸月*なるなり。

正法眼蔵都機第二十三

*仁治癸卯端月六日書于観音導利興聖宝林寺　沙門▽

寛元癸卯解*制前日書写之　懐弉

什麼法　どんなかはともかく、何かの法(現象・事物)。

運為　運行の営みの意か。(入矢)

孤円の性相　ひとりまどかである「性(不変の本質)」であり「相(変化遷移するもの)」である。本質並びに原理と見なされた月の満ち欠け。

運度　運行渡行。

初中後　局面を分けて変化すること。

正好　まさによし…するに。

払袖便行　袖ヲ払ウテ(決然と)便チ(すぐその場から)行ク。

円尖は…　月の円い尖っているの変化相は、「去来」ということがめぐらし行うこと(輪転)ではない。かえって月の運行が、去来の輪転(時の推移の中における変化の相)を動かし、また動かさず、自由にさせ(放行)、また拘束し(把定)、好き勝手に振舞うために。「逞風流」→一五六頁注

なるなり　主格は遠く段首の「月の運度」。上の「かくのごとくの」は「円尖」をさす。

仁治癸卯　同四年(この年寛元と改元)。一二四三年。端月は一月。

解制　夏安居が終り、その制を解くこと。陰暦七(八)月十五日。

正法眼蔵第二十四

画《ワ》餅《ヒン》

*諸仏これ証なるゆへ(ゑ)に、諸物これ証なり。しかあれども、*一性にあらず、一心にあらず。一性にあらず、一心にあらざれども、証のとき、証々さまたげず現成《げんじやう》するなり。現成のとき、*現々あひ接することなく現成すべし。これ祖《そ》宗《そう》の*端的なり。*一異の測《しき》度《たく》を挙《こ》して、参学の力量とすることなかれ。

このゆへにいはく、「一法纔《ぼふさい》通万法通《つうまんぼふつう》《一法纔《わづ》かに通ずれば万法通ず》」。いふところの「一法通」は、*一法の従来せる面目を奪却するにあらず、一法を相対《さうつい》せしむるにあらず、一法を無対《ぶつい》ならしむるにあらず。*無対ならしむるはこれ相礙《さうげ》なり。通をして通の礙なからしむるに、一通これ、万通これなり。一通は一法なり、一法通、これ万法通なり。

古仏言《ごん》、「画餅不充飢《わひんふじゆうき》」。

この道《だう》を参学する雲衲霞袂《うんなふかべい》、*この十方よりきたれる菩薩《ぼさつ》・声聞《しやうもん》の名位をひとつにせず、かの十方よりきたれる神頭鬼面《しんてうきめん》の皮肉、あつくうすし。これ古仏今仏の学道なりといへども、樹下《じゆげ》草庵《さうあん》の*活計《くわつけ》なり。このゆへに家業《カゴウ》を正伝するに、あるいはいはく、経論の学業《ゲウ》は

諸仏これ証　仏を智として捉える。

一性にあらず一心にあらず　法界すなわち全世界を唯心的純理的には捉えない立場の表明。性と心は同一化される。

現々あひ接することなく　現成するに当って相互に触れあうことなく。自由無礙に。

端的　元来は案の定などの意の副詞。確実な事情、眼目などの意で用いる。

一異　この語多義。ここは一であるか異るものであるか。

一法の従来せる面目　一法が従来それとして通って来たその面目。それを奪い去るのではなく、さりとて一法を別の一法と相対させるのではない、と下につづく。

無対ならしむるは…　無対はここでは答えない(→一三二頁注)の意味ではない。対するもの無からしめるというのはやはり作為で、触礙である。

この十方より…　「この」は次行の「かの」と対句。「の名位を…」の主格は「雲衲霞袂」。「としての名位を…」の意。「あつくうすし」迄参究するものの種々様々なことをいう。

活計なり　生活だ、日常だ。

真智を*熏修《クンジウ》せしめざるゆへ《(ゑ)》に、*しかのごとくいふといひ、あるひ《(い)》は三乗・一乗の教学さらに三菩提のみちにあらずといはむとして、恁麼《いんも》いふなりと見解《けんげ》せり。おほよそ仮立《けりふ》なる法は真に*用不著《ようふぢや》なるをいはんとして、恁麼の道取ありと見解する、おほきにあやまるなり。祖宗《そそう》の功業《くうごふ》を正伝せず、仏祖の道取にくらし。この一言をあきらめざらん、たれか余仏の道取を参究せりと聴許《ちやうこ》せん。

「画餅不能充飢《わひんふのうじゆうき》」と道取するは、たとへば、「諸悪莫作《しよあくまくさ》、衆善奉行《しゆぜんぶぎやう》」と道取するがごとし、*「是什麼物恁麼来《ししもぶついんもらい》」と道取するがごとし、*「吾常於是切《ごじやうおしせつ》」といふがごとし。しばらくかくのごとく参学すべし。

「画餅《わひん》」といふ道取、かつて見来せるともがらすくなし、知及《ちぎふ》せるものまたくあらず。なにとしてか恁麼しる。従来の一枚二枚の臭皮袋を*勘過《かんこ》するに、疑著《ぎちや》におよばず、親覲《しんごん》におよばず。たゞ隣談に*側耳《そくに》せずして不管なるがごとし。

「画餅」といふは、しるべし、*父母所生《ぶもしよしやう》の面目あり、父母未生《ぶもみしやう》の面目あり。*米麪《めいめん》をもちひ《(ゐ)》て*作法せしむる正当恁麼、かならずしも*生不生にあらざれども、*現成道成の時節なり、去来の見聞に拘《ク》牽《ケン》せらるゝと参学すべからず。餅《ひん》を画《わ》する*丹雘《タンクワク》は、山水を画する丹雘とひとしかるべし。いはゆる山水を画するには青丹をもちゐる、画餅を画するには米麪をもちい《(ゐ)》る。恁麼なるゆえ《(ゑ)》に、その所用おなじ、功夫ひとしきなり。

しかあればすなはち、いま道著《だうちや》する画餅といふは、一切の*糊餅《うひん》・菜餅《さいひん》・乳餅《しゆうひん》・焼餅《せうひん》・*糍《ず》餅《ひん》等、みなこれ画図《わと》より現成するなり。しるべし、*画等《わとう》・餅等《ひんとう》・法等《ほふとう》なり。このゆへに、

熏修 熏りのものに染みるように、地道に深く修得すること。熏習。 **しかのごとく** 次行の「恁麼」と同格、同義。「画餅不能充飢」をさす。 **用不著** 用をなさぬ。 **是什麼物恁麼来** 大鑑慧能の語。 **吾常於是切** 上二句とともに物事の核心に逼るさりげない言葉の意。 **勘過** 「過チヲ勘フ」。糺明。「疑著」「親覲」云々の主格は、「…臭皮袋」。 **側耳** 耳ヲソバダツ。 **父母所生** 両親があって生れたもの。 **米麪** 米粉。 **作法せしむる** 作る。 **生不生** 生とか不生とかにかかわること。材料がありそれから作られたものゆえ生でもなく不生でもない。 **現成道成** 現成し、道、成ずる。 **丹雘** 丹砂と青雘。赤・青の顔料をとる土砂。雘に丹・青両種ありともいい、名ある山の麓に生ずる。そこから山水を画する「青丹」と画餅を画する「米麪」が等価とされる。 **糊餅・糍餅** 米などの粉を練って作った餅と米黍の粉を蒸して搗いた餅。 **画等・餅等・法等** 以上列挙したものがこれらの主格。それらは画・餅・法としてそれぞれに等類。↓七七頁「語等・心等・法等」注。 **しかあれども** 上のように言うと、時間に支配されているようだが。 **しかある這頭** 「しかある」か「這」かいずれか不要。 **十二時使にあらざれども** 現実の時間に支配されているわけではないが、

いま現成するところの諸餅、ともに画餅なり。このほかに画餅をもとむるには、つゐ《(ひ)》にいまだ相逢《さうふ》せず、未拈出なり。一時現なりといへども、一時不現なり。しか*あれども、老少の相にあらず、去来《こらい》の跡にあらざるなり。しか*ある這頭《しやてう》に、画餅国土あらはれ、成立《じやうりふ》するなり。

「不充飢」といふは、飢《き》は十*二時使にあらざれども、画餅に相見《しやうけん》する便宜《びんぎ》あらず、画餅を喫著《きつぢやく》するにつゐ《(ひ)》に飢をやむる功なし。飢に相*待せらるゝ餅なし、餅に相待せらるゝ餅あらざるがゆへに、活計つたわ《(は)》れず、家風つたはれず。飢も一《い》条《でう》拄杖《しゆちやう》なり、横担竪担《わうたんじゆたん》、千変万化なり。餅も一*身心現なり、青黄赤白《しやうわうしやくびやく》、長短方円なり。いま山水を画《わ》するには、青緑丹《しやうろくたん》雘《くわく》をもちひ《(ゐ)》、奇岩怪石をもちひ《(ゐ)》、七*宝四宝をもちゐる。餅を画する経営もまたかくのごとし。人を画するには四大五蘊をもちゐる、仏を画するには泥亀土塊《でいがんどくわい》をもちゐるのみにあらず、三*十二相をもちゐる、一茎草《きんさう》をもちゐる、三*祇《ぎ》百劫《こふ》の熏修《くんじゆ》お《(を)》ももちゐる。かくのごとくして、壱軸の画仏を図しきたれるがゆへに、一切諸仏はみな画仏なり。一切画仏はみな諸仏なり。画仏と画餅と撿点すべし。いづれか石《シキ》*烏《ウ》亀《クキ》、いづれか鉄拄杖なる。いづれか色法、いづれか心法なると、審細に功夫参究すべきなり。恁麼功夫するとき、生死去来はこと〴〵く画図《ワヅ》なり、無上菩提すなはち画図なり。おほよそ法界虚空、いづれも画図にあらざるなし。

古仏言、「道成*白雪千扁去、画得青山数軸来《道は成る白雪千扁去るに、画し得たり青山数軸来

われから進んで。下の「画餅に相見する」は「飢」と「画餅」とが時機性能あいかなうの意だろう。

相待せらるゝ　待望され依倚される。

一身心現　心身の現成したもの。

七宝四宝　前者は金銀瑠璃硨磲瑪瑙など。後者は「四宝蔵」に同じなら経・律・論・呪をいう。　**三十二相**　仏・転輪王の三十二相好。↓三二九頁「転輪聖王」注。　**三祇百劫**　菩薩が仏果を得るまでの修行をする無量の時間。六波羅蜜を修する三阿僧祇劫と、さらに右の三十二相を果として身につける百劫。「劫」↓四四三頁「劫量・寿量」注。

石烏亀　烏亀二字で亀。石造りの亀。

白雪千扁去…数軸来　扁は四里三百家の称。白雪千扁は、村々町々を雪が埋めつくしたの意。

十号三明　前者「如来」「善逝」「世尊」など仏の称号十種。後者は既出「六通」のうち、天眼・宿命・漏尽の三通。　**根力覚道**　三二八頁「三十七部」注のうち、五根・五力・七覚支・八正道のこと。次第を履んで解脱清浄境に入るための能力方法。

もし画は…　論理性を見よ。　**入仏入魔の分あり**　「超仏越祖の談あり」の対句。入祖でなく入魔と言ったのは、単に強意表現。この行、糊餅の展事(話。投機は冗辞)は、画餅の話の一部(「二、三枚」)で、以下の「談」

る》」。

これ大悟話《だいごわ》なり。辨道功夫の現成せし道底《だうチ》なり。しかあれば、得道の正当恁麼時は、青山・白雪を数軸となづく、画図《わと》しきたれるなり。一動《どう》一静《じやう》しかしながら画図にあらざるなし。われらがいまの功夫、たゞ画より ゑ《(え)》たるなり。*十号《がう》三明《みやう》、これ一軸の画なり。*根力覚《こんりきかく》道《だう》、これ一軸の画なり。*もし画は実にあらずといはゞ、万法みな実にあらず。万法みな実にあらずは、仏法も実にあらず。仏法もし実なるには、画餅すなはち実なるべし。

☆雲門匡真大師、ちなみに僧とふ、「いかにあらんかこれ超仏越祖之談《てうぶつをつそのだん》」。

師いはく、「糊餅《うひん》」。

この道取、しづかに功夫すべし。「糊餅」すでに現成するには、「超仏越祖の談」を説著《せつぢや》する祖師あり、聞著《もんぢや》せざる鉄漢あり、聴得《ちんて》する学人あるべし、現成する道著あり。いま糊餅の展事投機、かならずこれ画餅の二枚三枚なり。超仏越祖の談あり、*入仏入魔の分あり。

先師道《いはく》、「*修竹芭蕉《しうちくばせう》入画図《にふわと》《修竹芭蕉画図に入る》」。

この道取は、*長短を超越《てうをつ》せるものゝ、ともに画図《わと》の参学ある道取なり。「修竹」は長竹なり。*陰陽の運なりといへども、陰陽お《(を)》して運ならしむるに、修竹の年月あり。その年月陰陽、はかることうべからざるなり。*大聖《だいしやう》は陰陽を覷見《しよけん》すといへども、大聖陰陽を測度《しきたく》する事あたはず。陰陽ともに法等なり、測度等なり、道等なるがゆ ゑ《(ゑ)》に。いま外道・二乗等

「分(力量)」もそのうちにあるの意。**修竹**　脩竹。長い竹。**長短を超越…道取なり**　普通、修竹は丈高く、芭蕉は低いが、そういう長短高低にかかずらうことこそなけれ、これは絵画制作のために研究してみるべき「道得」である。**陰陽の運**　陰陽と五行の流転運行、ここではその結果。陰陽は天地間にあって相対し万物を生ずる二つの気(日月・乾坤・寒暖・男女等)。五行は水・火・木・金・土の五を言い、この排列のしかたいかんで、次のものへの自然な推移、次のものの産出、次のものに剋つという形の変化が生ずる。二八五頁の「青黄赤白」は五行説の五種の色(仏教でいう五色も同じ)から黒を除いたもの。**大聖は陰陽を覷見…**　大聖は仏。仏も陰陽(全現実)を見ることはできてもこれを測ることはできない。なんとなれば、陰陽いずれもそれだけで法(事物現象)であり、それに対する分別智のはからいであり、言語表現等だから、つまり仏だからである。ここでは冒頭と異り、理=仏の立場がとられているとせられよう。「等」はここでは冗辞。**歩暦**　暦数。天文学上の計算。**このゆへに**　修竹の根によって締めつけられ固まった地盤、そこから上に、伸び育ってゆく茎枝葉の心象。**竹篦**　禅院で学人の修行指導のために用いる竹製へら型、

の心目にかゝはる陰陽にはあらず、これは修竹の陰陽なり、修竹の*歩暦《ふりやく》なり、修竹の世界なり。修竹の眷属《くゑんぞく》として十方諸仏あり。しるべし、天地乾坤は修竹の根茎枝《こんきやうし》葉《えふ》なり。このゆへ《(ゑ)》に天地乾坤をして長久ならしむ、大海須弥《だいかいしゆみ》、尽十方界をして堅牢《けんらう》ならしむ。拄杖*竹《しつ》篦《べい》をして*一老一不老ならしむ。「芭蕉」は、地水火風空、*心意識智慧を根茎枝葉、花果《くゑくわ》光色《しき》とせるゆえに、秋風を帯して秋風にやぶる。のこる一塵なし、浄潔といひぬべし。眼裏に筋骨なし、色裡に*膠臍《かうち》あらず、当処の解脱あり。なを《(ほ)》速疾に拘牽《くけん》せられざれば、*須臾刹《しゆゆせつ》那《な》等の論におよばず。この力量を挙《こ》して、地水火風を*活計ならしめ、心意識智を大死ならしむ。かるがゆへに、*この家業《かごふ》に春秋冬夏を調度として受業《じゆごふ》しきたる。

いま修竹芭蕉の全消息、これ画図《わと》なり。これによりて、竹声を聞著《もんちや》して大悟せんものは、*竜蛇ともに画図なるべし、凡聖《ぼんしやう》の情量と疑著すべからず。那竿得恁麼長《なかんていんもちやう》なり、這竿得恁麼《しやかんていんも》短《たん》なり。*遮竿得恁麼長なり、那竿得恁麼短なり。これみな画図なるがゆえに、長短の図、かならず*相符するなり。長画あれば、短画なきにあらず。この道理、あきらかに参究すべし。たゞまさに尽界尽法は画図なるがゆへに、人法は画より現じ、仏祖は画より成ずるなり。

しかあればすなはち、画餅にあらざれば*充飢の薬なし、*画飢にあらざれば人に相逢《さうふ》せず。画充にあらざれば力量あらざるなり。おほよそ、*飢《き》に充《じゆう》し、不飢に充し、飢を充せず、不飢を充せざること、画飢にあらざれば不得《ふて》なり、*不道なるなり。しばらく*這箇は画餅なることを参学すべし。この宗旨を参学するとき、いさゝか*転物々転の功徳を、身心に究尽《きうじん》す

長さ一尺五、六寸の調度。 **一老一不老ならしむ** 「一老」のみ有意。老成する。

心意識智慧 上の五大と対句なので、智慧は智と慧に二分される。慧は意図・思考・理解能力等で、心主体(心王)の理法(心所・心所有法)。智は知識・認識等で、慧のはたらき。また照見を智とし、世諦を知るもの、解了を慧とし、真諦を知るものとする分類もある。要するに精神の本質及び全機能。 **膠臍** 臍は糯・黐等と書くべきところを膠にひかれてニクヅキをとったか。上の一句とともに、この二字を含む句は、次の句(即座の透脱)の比喩的論拠をなす。

須臾刹那 暫時。わずかな時間の量。このあたり芭蕉の風情を述べる。

活計ならしむ 活のみ有意味。活潑ならしむなどの意。芭蕉の生気を言っている。「大死ならしむ」はその対句。この二句、交替可能のはず。なお五大のうちの「空」、心識等のうち「慧」が除かれているが、拘泥の要はあるまい。 **この家業に…受業しきたる** 家は、芭蕉を擬人化して言ったもの。その行為において、四季を身辺に具わり、使えるものとして、受けて来た。受業は、受ける行為。受のみでよい。 **竜蛇** 勝劣大小。 **遮竿得恁麼長** 遮は這と同じ。この竿(箇)はよくもこんなに長くなったものだ(入矢)。 **相符** 相互符

るなり。この功徳いまだ現前せざるがごときは、学道の力量いまだ現成せざるなり。この功徳を現成せしむる、*証画現成なり。

正法眼蔵画餅第二十四

爾時仁治三年壬寅十一月初五日在于観音導利興聖宝林寺示衆

仁治壬寅十一月初七日在興聖客司書写之　懐弉

合。**薬**　癒やすこと。抽象名詞。**画飢にあらざれば…**　えがかれた飢えでないと、すなわち現実に拘泥せずに、理念的にそのものとして把握された飢えでないと、人間の直接の問題とならない。その場合は充たすことも画による「充」でなければならない。画餅を無効な非現実とのみ解することへの批判。↓校異。**飢に充し…飢を充せず**　上の「充」はあつ。この場合「画餅」は対格。下の「充」は充たす。この場合「画餅」は手段・材料。**不道**　言えない。**這箇**　上の「画飢」の飢は添辞。このもの。前々項の注に言った二種の格をとる「画餅」。**転物々転**　「物ヲ転ジ物ニ転ゼラル」。物をああも見こうも見、ああも役立てこうも役立てる。現実に処する活鱍無礙の態度。下の「身心に」は自己の身心において。

証画　「証果」「証菩提」の用法に準じ解される。画の真面目の悟了。従って「画」を機とする証悟現成。

正法眼蔵第二十五

渓《けい》声《せい》山《さん》色《しよく》

*阿《あ》耨《のく》菩《ぼ》提《だい》に伝道授業《でんだうじゆごふ》の仏祖おほし、粉骨の先蹤《せんしよう》即《そく》不《ふ》無《む》なり。断臂《だんぴ》の祖宗《そそう》まなぶべし、*掩《えん》泥《でい》の毫髪《がうはつ》もたがふることなかれ。各各の脱殻《だつかく》うるに、従来の知《ち》見解会《けんげゑ》に拘牽《くけん》せられず、*曠《くわう》劫未明《ごふみめい》の事《じ》、たちまちに現前す。恁麼時《いんもじ》の而今《しきん》は、吾《われ》も不知《ふち》なり、誰《たれ》も不識《ふしき》なり、汝《なんぢ》も不《ふ》期《ご》なり、仏眼《ぶつげん》も覰《しよ》不《ふ》見《けん》なり。人慮《にんりよ》あに測度《しきたく》せんや。

大宋国《だいそうこく》に、東坡《とうば》居士《こじ》蘇軾《そしよく》とてありしは、字《あざな》は子瞻《しせん》といふ。筆海《ひつかい》の真竜《しんりゆう》なりぬべし、仏海の竜象《りゆうざう》を学す*。重淵《ちゆうえん》にも游泳《ゆうえい》す、*曾雲《そううん》にも昇降《しようかう》す。あるとき、廬山《ろざん》にいたれりしちなみに、渓水《けいすい》の夜《や》流《りう》する声をきくに悟道《ごだう》す。偈《げ》をつくりて、☆常総禅師《じやうそうぜんじ》に呈するにいはく、

渓声便是広長舌、　《渓声便《すなは》ち是れ広長舌《くわうちやうぜつ》、

山色無レ非ニ清浄身一。　山色清浄身《さんしきしやうじやう》に非ざること無し。

夜来八万四千偈、　夜来八万四千偈、

他日如何挙ニ似人一。　他日如何《いか》が人に挙似《こじ》せん》

この偈を総禅師に呈するに、総禅師、*然之《ねんし》す。総は照覚常総禅師なり、総は*黄竜慧南《わうりゆうゑなん》禅師の法嗣《はつす》なり、南《なん》は☆慈明楚円《じみやうそゑん》禅師の法嗣《はつす》なり。

阿耨菩提に　「に」はにおいての意。

掩泥の毫髪　前世の釈迦牟尼の燃燈仏に対する供養。釈迦牟尼は自分の頭髪を切って地に敷き、その上を燃燈仏に渡らせたという。ここは「掩泥の先蹤を毫髪も」の意で、縁語的表現。

曠劫未明　曠劫は過去について言う。遙かな昔からいまだ明らめざる。

を学す　「竜象」は大力量の修行者を言うので、その蹤跡を学んだということ。あるいは、「に学す」とすべきところ。

曾雲　層雲に同じ。高雲。

然之　コレヲ然リトス。

黄竜　浙江省呉興県の北にある山か。『伝燈録』によると、鄂州(湖北省武昌県)黄竜にも禅院あり。→祖師

居士、あるとき☆仏印《ぶつちん》禅師了元和尚《れうげんをしやう》と相見《しやうけん》するに、仏印、さづくるに法衣《ほふえ》・仏戒《ぶつかい》等をもてす。居士、つねに法衣《ほふえ》を搭《たつ》して修道《しゆだう》しき。居士、仏印にたてまつるに*無価《むげ》の玉帯《ぎよくたい》をもてす。ときの人いはく、凡俗所及《しよぎふ》の儀にあらずと。

しかあれば、聞渓悟道《もんけいごだう》の因縁、さらにこれ晩流《ばんりう》の潤益《にんやく》なからんや。あはれむべし、*いくめぐりか現身説法《げんしんせつぽふ》の化儀《くゑぎ》にもれたるがごとくなる。なにとしてかさらに山色をみ、渓声をきく。一句なり*とやせん、半句なりとやせん、八万四千偈《はちまんしせんげ》なりとやせん。うらむべし、山水にかくれたる声色《しやうしき》あること。又よろこぶべし、山水にあらはるゝ時節因縁あること。*舌相も懈倦《けげん》なし、*身色《しんしき》あに存没《ぞんもつ》あらんや。しかあれども、あらはるゝときをやちかしとならう《(ふ)》、かくれたるときをやちかしとならはん。*一枚なりとやせん、半枚なりとやせん、従来の春秋は山水を見聞せざりけり、夜来の時節は山水を見聞することわづかなり。いま、学道の菩薩も、山流水不流*より学入《がくにふ》の門を開《かい》すべし。

この居士の悟道せし夜は、そのさきのひ、総禅師と無情説法話を参問せしなり。禅師の言下《ごんか》に*飜身《ほんしん》の儀いまだしといゑ《(へ)》ども、渓声のきこゆるところは、逆水《ぎやくすい》の波浪《はらう》たかく天をうつものなり。しかあれば、いま渓声の居士をおどろかす、渓声なりとやせん、照覚の*流瀉《りうしや》なりとやせん。うたがう《(ふ)》らくは照覚の無情説法話、ひびきいまだやまず、ひそかに渓流のよるの声にみだれいる。たれかこれ一升なりと辨肯《はんけん》せん、一海なりと*朝宗《てうそう》せん。畢竟《ひつきやう》じていはゞ、居士の悟道するか、山水の悟道するか。たれの明眼《みやうがん》あらんか、長舌相《ちやうぜつさう》、清浄身を急著眼《きふちやげん》せざらん。

無価　価い知れない。

いくめぐりか…ごとくなる　仏陀の現身説法は過去のことではないとされているのだから、「いくめぐりか」は何度もということになろう。そのうちの一度は蘇軾の「聞渓悟道」の機会である。何度も化儀(仏説法のやり方・形式)にあずかりそこなったような様子をしていて、哀れなことだ、それにまた、と下にかかる。「さらに」は「現身説法の化儀」の他のこと、別のこととしての意。先行の「さらに」も同義。

…とやせん　上の「きく」を受けて、きくものを…とやせんの意。その断定ができないため、下の句で言われるようなことが生ずる。

舌相　舌そのもの。「も」はむしろ無用な強め。

身色　体そのもの。この色は五境の一としての色。

一枚なりとやせん…　量的にどうだと言えるか。

…より学入の門　「山は流れ水は流れず」から学ぶという、その学に入るための門。「学入」は上の「学道」と対句的表現を作るための造語、学に入るの意だろう。「学」は懸詞になっている。

飜身　身心透脱に同じだろう。上の「言下」は、禅師の言あるや直下に。

流瀉　照覚禅師の瀉ぎこんだもの。語話。啓示。

又☆香厳智閑《きやうげんしかん》禅師、かつて☆大潙大円《だいゐだいゑん》禅師の会《ゑ》に学道せしとき、大潙いはく、「なんぢ聡明《そうみやう》博解《はくげ》なり。＊章疏《しやうしよ》のなかより＊記持《きち》せず、父母《ぶも》未生以前《みしやういぜん》にあたりて、わがために一句を道取《だうしゆ》しきたるべし」。

香厳、いはんことをもとむること数番《すばん》すれども不得《ふて》なり。ふかく身心をうらみ、年来たくわ《(は)》ふるところの書籍《しよじやく》を披尋《ひじん》するに、なほ茫然《ばうぜん》なり。つゐ《(ひ)》に火をもちて、年来のあつむる書をやきていはく、「画《ゑ》にかけるもちゐ《(ひ)》は、うゑをふさぐにたらず。われちかふ、此生《ししやう》に仏法を会《うい》せんことをのぞまじ、たゞ行粥飯僧《あんしゆくはんぞう》とならん」といひて、行粥飯《あんしゆくはん》して年月をふるなり。行粥飯僧といふは、衆僧《しゆぞう》に粥飯を＊行益《あんいき》するなり。このくにの＊陪饌役送《ばいせんやくそう》のごときなり。

かくのごとくして大潙にまうす、「智閑《しかん》は心神昏昧《しんしんこんまい》にして道不得《だうふて》なり、和尚わがためにいふべし」。

大潙のいはく、「われ、なんぢがためにいはんことを辞せず。おそらくはのちになんぢわれをうらみん」。

かくて年月をふるに、大証国師の蹤跡をたづねて武当山にいりて、国師の庵のあとにくさをむすびて為庵《ゐあん》す。竹をうゑてともとしけり。あるとき、道路を＊併浄《ひんじん》するちなみに、かわ《(は)》らほどばしりて竹にあたりて、ひゞきをなすをきくに、豁然《くわつねん》として大悟《だいご》す。沐浴し、潔斉して、大潙山にむかひて焼香礼拝《せうかうらいはい》して、大潙にむかひてまうす、「大潙大和尚、むかしわがためにとくことあらば、いかでかいまこの事あらん。恩のふかきこと、父母《ぶも》よりもすぐ

朝宗　諸侯が天子に拝謁すること、また河川が海に注ぎ集まること。上の「と」はとして。全精神を集中して考えることの比喩的表現。→二二頁「性海」注、一四一頁「朝宗」注

章疏・記持　章は、首尾ととのった一篇の詩文。疏は注疏。記持は、覚えて来る。

行益　配って歩く。

陪饌役送　食膳に侍する役と、膳部を陪膳にとりつぐ役。日本製漢語。下二字は神前の供物、天皇の供御、大饗節会の膳部等を扱うことに限って用いられるらしい。

併浄　→一八五頁注

れたり」。つゐ《（ひ）》に偈をつくりていはく、

*一撃亡㆓所知㆒、　《一撃《いちぎやく》に所知を亡ず、

*更不㆓自*修治㆒。　更に自ら修治《しゆち》せず。

*動容揚㆓古路㆒、　動容古路に揚がり、

不㆑堕㆓悄然機㆒。　悄然の機に堕せず。

*処々無㆓蹤跡㆒、　処々蹤跡無し、

*声色外威儀。　声色外《しやうしきぐゑ》の威儀《ゐいぎ》なり。

諸方達道者、　諸方達道の者、

咸言㆓上々機㆒。　咸《ことごと》く上々の機と言ふ》

この偈《げ》を大潙《だいゐ》に呈す。

大潙いはく、「此《し》子《し》*徹也《てつや》《此の子、徹せり》」。

*又霊雲▽志《し》勤《きん》禅師は、三十年の辦道なり。あるとき遊山《ゆさん》するに、山脚《さんきやく》に休息《きうそく》して、はるかに人里《にんり》を望見《まうけん》す。ときに春なり。桃花《たうくわ》のさかりなるをみて、忽然《こつねん》として悟道す。偈をつくりて大潙に呈するにいはく、

三十年来*尋劒客、　《三十年来尋劒の客、

幾回葉落又*抽㆑枝。　幾回《いくたび》か葉落ち又枝を抽《ぬき》んづる。

自㆔従一見㆓桃花㆒後、　一《ひと》たび桃花を見てより後《のち》、

一撃…　ここの八句のすべてが香厳知閑の偈の句か否か、疑いの余地あり。

更　絶えて。

修治　修善、諸悪退治。

動容…不堕…　『古鏡』二五二頁に既出。

処々　居処の意。

声色外威儀　感覚に訴える領域内の立居振舞とはちがう。

徹　印可の語だが、言葉の意味としては行きつくしたということ。

霊雲　山名。福建省閩侯県にあるという。↓祖師

尋劒　『呂子春秋』に出る故事と結びつけて解く。舟に乗り江中に剣を落した楚人が、舷を刻して目じるしとし、それによって剣を求めようとした。江上小舟の流されるのに気のつかぬ頑迷固陋を笑う例話で、既出楚国の愚の一例と見倣せるが、今、徒労の比喩として用いられているようである。

抽枝　↓二二八頁注

直至二如今一更不レ疑。　直《ちき》に如今《いま》に至るまで更《さら》に疑はず》

大潙いはく、「従縁入者《じゆうえんにつしや》、永不退失《えうふたいしつ》《縁より入る者は、永く退失せじ》」。すなはち許可するなり。*いづれの入者《につしや》か従縁せざらん、いづれの入者《につしや》か退失あらん。ひとり勤《▽きん》をいふにあらず。つゐ(ひ)に大潙に嗣法す。山色の清浄身にあらざらん、いかでか恁麼《いんも》ならん。

☆長沙景岑禅師《ちやうしやけいしん》に、ある僧とふ、「いかにしてか山河大地《せんがだいち》を転じて自己に帰せしめん」。

師いはく、「いかにしてか自己を転じて山河大地に帰せしめん」。

いまの道趣は、自己のおのづから自己にてある、自己たとひ山河大地といふとも、*さらに所帰に罣礙《けいげ》すべきにあらず。

瑯琊《らうや》の☆広照《くわうせう》大師慧覚《ゑかく》和尚は、南嶽の遠孫《をんそん》なり。あるとき、教家《けうけ》の講師《こうじ》☆子璿《しせん》とふ、「*清浄本然《しやうじやうほんねん》、云何忽生山河大地《うんがこつしやうせんがだいち》」。

かくのごとくとふに、和尚《をしやう》しめすにいはく、「清浄本然、云何忽生山河大地」。

こゝにしりぬ、*清浄本然なる山河大地を、山河大地とあやまるべきにあらず。しかあるを、経師《きやうじ》かつてゆめにもきかざれば、山河大地を山河大地としらざるなり。

しるべし、山色渓声にあらざれば拈花《ねんぐゑ》も*開演せず、*得髄も依位《えゐ》せざるべし。渓声山色の

いづれの入者か…　「縁覚」というような考えの否定。

さらに…　全然帰すべきところがどこでなければならないなどと自己を拘束すべきではない。行くべきところが「山河大地」のような広大無辺なものでも、そこでなければならないと限定してはならぬ。

清浄本然　「清浄ナルガ本然ナレバ」。欲念のけがれは持たないはずだから。

清浄本然なる…　こう言われる山河大地とただの山河大地とは違う。しかしこう言われる山河大地でなければ山河大地でないのだ。ありのままの自然をけがすのは人間の識量である。

開演　すでに度々見たが、ここでは展開・現実化の意で言われていよう。「拈花」は霊山上会附法の蹤跡の意。かねて「花」と「開」は縁語。

得髄も依位　二祖神光は位に依って立ったとき嗣法しえた。証契の現成。

功徳《くどく》によりて、大地有情同時成道し、*見明星悟《けんみやうじやうご》道《だう》する諸仏あるなり。かくのごとくなる皮袋《ひたい》、これ求法《ぐほふ》の志気《しいき》甚深《じんじん》なりし先哲なり。その先蹤《せんしよう》、いまの人、かならず*参取すべし。*遠方の近来は、まことに仏法を求覓《ぐみやく》する人まれなり。なきにはあらず、難遇なるなり。たまたまいまも名利《みやうり》にかゝはらざらん真実の参学は、かくのごときの志気をたつべきなり。出家児《しゆつけじ》となり、離俗せるにゝたるも、仏道をもて名利《みやうり》のかけはしとするのみおほし。あはれむべし、かなしむべし、この光陰《くわういん》を お《(を)》しまず、むなしく*黒暗業《こくあんごふ》に売買《まいまい》すること。いづれのときかこれ出離得道《しゆつりとくだう》の期《ご》ならん。たとひ正師《しやうし》にあふとも、*真竜を愛せざらん。かくのごとくのたぐひ、先仏これを可憐憫者《かれんみんしや》といふ。その先世《せんぜ》に悪因あるによりてしかあるなり。生《しやう》をうくるに*為法求法《ゐほふぐほふ》のこゝろざしなきによりて、真法をみるとき真竜をあやしみ、正法にあふとき正法にいとはるゝなり。この身心骨肉、かつて*従法而生《じゆうはふにしやう》ならざるによりて、法と*不受用《ふじゆよう》なり。祖宗師資《そそうしし》、かくのごとく相承《さうじよう》してひさしくなりぬ。菩提《ぼだい》心《しん》はむかしのゆめをとくがごとし。あはれむべし、宝山にむまれながら宝財をしらず、宝財をみず、いはんや法財をゑ《(え)》んや。もし菩提心お《(を)》ゝこしてのち、*六趣四生に輪転《りんでん》すといへども、その輪転の因縁、みな菩提の行願《ぎやうぐわん》となるなり。

しかあれば、従来の光陰はたとひむなしくすごすといふとも、今生《こんじやう》のいまだすぎざるあひだに、いそぎて発願《はつぐわん》すべし。

ねがはくはわれと一切衆生と、今生《こんじやう》より乃至生々《しやうじやう》をつくして、正法をきくことあらん。きくことあらんとき、正法を疑著《ぎちや》せじ、不信なるべからず。まさに正法にあはんとき、世

見明星悟道　釈迦牟尼の行履。

参取　参学会取。

遠方の近来　釈迦牟尼仏涅槃の土地から遠く離れた地方の近代の意だが、言葉の遊びがある。

黒暗業に売買　闇黒不浄の苦果(堕地獄)を招く業を「黒(暗)業」という。売買は、あくせくした世俗的行為すべてを言っている。

真竜　真の仏法。語の典拠については『坐禅箴』(一二九頁)参照。

為法求法　法ノタメニ法ヲ求ム。

従法而生　法ヨリシテ生ズ。

法と不受用　「と」は前句と対句を作るため。「を」と読んでよい。

六趣四生に　趣は、おもむき住すの意でいう境涯。六道における四生(既出。胎・卵・湿・化の四)に。下の「すといへども」は「すれば、すといへども」の二重構造。

法をすてゝ仏法を受持せん、つゐ《(ひ)》に大地有情ともに成道することをゑ《(え)》ん。かくのごとく発願《ほつぐわん》せば、おのづから正発心《しやうほつしん》の因縁ならん。この心術、懈惓《けげん》することなかれ。

又この日本国は、海外の遠方《をんぱう》なり、人のこゝろ至愚なり。むかしよりいまだ*聖人《しやうにん》むまれず、*生知《しやうち》むまれず、いはんや学道の*実士まれなり。*道心をお《(を)》しふるときは、忠言《ちゆうげん》の逆耳《ぎやくに》するによりて、自己をかゑ《(へ)》りみず、他人をうらむ。

おほよそ菩提心の行願《ぎやうぐわん》には、菩提心の発未発《ほつみほつ》、行道不行道《ぎやうだう》を世人《せじん》にしられんことをおもはざるべし、しられざらんといとなむべし。いはんやみづから口称《くしよう》せんや。いまの人は、実をもとむることまれなるによりて、身に行《ぎやう》なく、こゝろにさとりなくとも、他人のほむることありて、*行解相応《ぎやうげさうおう》せりといはん人をもとむるがごとし。迷中又迷《めいちゆういうめい》、すなはちこれなり。この邪念、すみやかに拋捨《はうしや》すべし。

学道のとき、見聞することかたきは、正法の心術なり。その心術は、仏々相伝しきたれるものなり。これを仏光明《ぶつくわうみやう》とも、仏心とも相伝するなり。如来在世より今日にいたるまで、名利《みやうり》をもとむるを*学道の用心とするにたるともがらおほかり。しかありしも、正師《しやうし》のお《(を)》しゑ《(へ)》にあひて、ひるがへして正法をもとむれば、おのづから得道す。いま学道には、かくのごとくの*やまふのあらんとしるべきなり。たとへば、初心始学にもあれ、久修練行《くしゆれんぎやう》にもあれ、伝道授業《でんだうじゆごふ》の機をうることもあり、機をえざることもあり。慕古《ぼこ》してならふ機あ

聖人　仏教的な意味で言っていよう。

生知　生れながら仏法を知るものの意だろう。『論語』季氏より。↓一一九頁注

実士　実は〈権実〉の実だろう。まことの人物。士は大士の士、衆生。

道心をおしふるときは　次行末で「他人」と言われているのが、略された主語。

行解相応　行履と解会とがぴたりとあう。

学道の用心　用心は、心がけ・心得。今日の用法とは違う。

やまふ　名詞扱いされている。一五三頁(『空華』)にも同じ用法があった。

るべし、訕謗《せんばう》してならはざる魔もあらむ。両頭《りやうてう》ともに愛すべからず、うらむべからず。いかにしてかうれへなからん、うらみざらん。いはく、*三毒を三毒としれるともがらまれなるによりて、うらみざるなり。いはんやはじめて仏道を欣求《ごんぐ》せしときのこゝろざしをわすれざるべし。いはく、はじめて発心《ほつしん》するときは、他人のために法をもとめず、名利《みやうり》をなげすてきたる。名利をもとむるにあらず、たゞひとすぢに得道をこゝろざす、かつて国王大臣の恭敬供養《くぎやうくやう》をまつこと、期《ご》せざるものなり。しかあるに、いま*かくのごとくの因縁あり、*本期《ほんご》にあらず、所求《しよぐ》にあらず。人天《にんでん》の繋縛《けばく》にかゝはらんことを期《ご》せざるところなり。しかあるを、おろかなる人は、たとひ道心ありといへども、はやく本志をわすれて、あやまりて人天《にんでん》の供養をまちて、仏法の功徳いたれりとよろこぶ。国王大臣の帰依《きえ》しきりなれば、わがみちの見成《げんじやう》とおもへり。これは学道の一魔なり、あはれむこゝろをわするべからずといふとも、よろこぶことなかるべし。

みずやほとけのたまはく、「如来現在《によらいげんざい》、猶多《いうた》怨嫉《をんしつ》」の金言あることを。愚の賢をしらず、小畜《せうちく》の大聖《だいしやう》を*あたむこと、理かくのごとし。又、西天《さいてん》の祖師、おほく外道《ぐゑだう》・二乗・国王等のためにやぶられたるを。これ外道のすぐれたるにあらず、祖師に遠慮なきにあらず。

初祖西来よりのち、嵩山《すうざん》に掛錫《くわしやく》するに、梁武《りやうぶ》もしらず、魏主もしらず。ときに両箇のいぬあり、いはゆる*菩提流支《ぼだいるし》三蔵と*光統《くわうづ》律師となり。虚名邪利の、正人《しやうにん》にふさがれんことをおそりて、あふぎて天日をくらまさんと擬するがごとくなりき。在世の*達多《だつた》よりもなほはなはだし。あはれむべし、なんぢが深愛《じんあい》する名利《みやうり》は、祖師これを糞穢《ふんゑ》よりもいとふなり。

三毒　善根を毒する貪・瞋・癡の三煩悩。
かくのごとくの因縁　上の「国王大臣の恭敬供養」を受ける。因縁は、関係出来の意だろう。
本期　本より(前世から、現世の意図のいかんによらず)本来期するところ。↓一二三頁注
あたむ　仇に活用語尾「む」のついたもの。
菩提流支三蔵・光統律師　↓一九三頁注
達多　提婆達多。釈迦牟尼のいとこという。仏在俗中ことごとに競争者の立場にあり、学術武芸、ヤシュダラを妻とすることにおいて、シッタルタに敗れた。シッタルタ成道後その弟子となったが、またその勢威を憎み、別派を立てて教権を争おうとしたが成らず、仏伝によれば生きながら堕地獄したという。
引道の発願　引道(引導。衆生を善道に導く)の願を発す。「の」は「願」にかかる。　**汝是畜生発菩提心**　汝ハコレ畜生ナレド菩提心ヲ発セン。
前仏いはく…　『法華経』安楽行品に見えるが、小異がある。「居士」は、仏を信じ戒を受けた在家の男子の意。なお、前仏は後仏弥勒に対し釈迦牟尼仏のこと。
天帝　帝釈天。須弥山上忉利天に住し喜見城の主。釈迦牟尼の修行中さまざまに身を変じ、これを試みたが、

かくのごとくの道理、仏法の力量の究竟《くきやう》せざるにはあらず、良人《りやうにん》をほゆるいぬありとしるべし。ほゆるいぬをわづらふことなかれ、うらむることなかれ。*引道《いんだう》の発願《ほつぐわん》すべし、「*汝是《によぜ》畜生《ちくしやう》、発菩提心《ほつぼだいしん》」と施設《しせつ》すべし。先哲いはく、「これはこれ人面畜生《にんめんちくしやう》なり」。

又、帰依供養《きえくやう》する魔類もあるべきなり。*前仏《ぜんぶつ》いはく、「不親近国王《ふしんごんこくわう》・王子《わうじ》・大臣《だいじん》・官長《くわんちやう》・婆羅門《ばらもん》・居士《こじ》」。まことに仏道を学習せん人、わすれざるべき行儀《ぎやうぎ》なり。菩薩初学の功徳、すゝむにしたがふ(う)てかさなるべし。

又、むかしより、*天帝《てんたい》きたりて行者の志気《しいき》を試験し、あるいは*魔波旬《まはじゆん》きたりて行者の修《しゆ》道《だう》をさまたぐることあり。これみな名利《みやうり》の志気《しいき》はなれざるとき、この事《こと》ありき。大慈大悲《だいずだいひ》のふかく、*広度衆生《くわうどしゆじやう》の願《ぐわん》の老大《らうだい》なるには、これらの障㝵《しやうげ》あらざるなり。

修行の力量おのづから国土をうることあり、*世運の達せるに相似せることあり。かくのごとくの時節、さらに*かれを辦肯《はんけん》すべきなり。かれに瞌睡《かつすい》することなかれ。愚人《ぐにん》これをよろこぶ、たとゑ(へ)ば癡犬《ちけん》の枯骨《ここつ》をねぶるがごとし。賢聖《けんじやう》これをいとふ、たとへば世人の糞穢《ふんゑ》をおづるににたり。

おほよそ初心の情量は、仏道をはからふことあたはず、測量《しきりやう》すといゑ(へ)どもあたらざるなり。初心に測量せずといゑ(へ)ども、究竟《くきやう》に究尽《きうじん》なきにあらず。*徹地《てつち》の堂奥《だうあう》は、初心の浅識にあらず。ただまさに先聖《せんしやう》の道《だう》をふまんことを行履《あんり》すべし。このとき、尋師訪道《じんしはうだう》するに、梯《てい》山航海《ざんかうかい》あるなり。導師をたづね、知識をねがふには、*従天降下《じゆうてんかうげ》なり、*従地涌出《じゆうちゆしゆつ》なり。

仏成道後は護法神となる。十二天の一、東方を守護するという。

魔波旬　魔王の波旬。ひとの善根、慧命を絶つ。欲界第六天の他化自在天、あるいは大自在天シヴァを指すとされる。

広度衆生　「広ク衆生ヲ(済)度ス」。下の「老大」はいい年をしたという皮肉な語気を帯びていることが多い。しかしここは大のみに意味があろう。(入矢)

世運の達せる　世の成行きがうまくゆく。達は通達。

かれ　そのこと。「かれに瞌睡(疲れて居睡りする)」から推すと、「国土をう(得)る」を指す。のみならずこの「かれ」の用法は七〇頁趙州無仏性話の評唱における「他」の用法についても暗示するところがある。

徹地　地は助辞。徹は動詞であるより形容詞。明。徹底的に明らめえたる。

従天降下・従地涌出　前の「梯山航海」(山ニ梯カケ、海ヲ航ス)が大苦心大努力の必要を説いているのに対し、自然な、天与の賜物のような成就を言う。後四字は『法華経』従地涌出品・見宝塔品に見られる。

接渠　→二四六頁「逢人…」注。渠はかれ。前頁末段の、明示されずに論ぜられていた初心の修行者を受ける。殆ど冗辞。(かれを)取上げる、相見説示する。　**有情に…無情に道**

その*接渠《せつこ》のところに、*有情に道取せしめ、無情に道取せしむるに、*身処《しんじよ》にきゝ、*心処《しんじよ》にきく。*若将耳聴《にやくしやうにちやう》は家常《かじやう》の茶飯《さはん》なりといへども、*眼処聞声《げんしよもんしやう》これ*何必不必《かひつふひつ》なり。見仏にも、自仏他仏をみ、大仏小仏をみる。大仏にもおどろきおそれざれ、小仏にもあやしみわづらはざれ。いはゆる大仏小仏を、しばらく山色渓声と認ずるものなり。これに広長舌《くわうちやうぜつ》あり、八万偈あり、*挙似迥脱《こじけいだつ》なり、*見徹独抜《けんてつどくばつ》なり。このゆへ《(ゑ)》に俗いはく、「*弥高弥堅《みかうみけん》」なり、先仏いはく、「*弥天弥綸《みてんみりん》」なり。春松《しゆんしよう》の操《さう》あり、秋菊《しうぎく》の秀《しう》ある、即是《そくし》なるのみなり。

善知識《ぜんちしき》この田地《でんち》にいたらんとき、人天《にんでん》の大師《だいし》なるべし。いまだこの田地にいたらず、みだりに為人《ゐにん》の儀を*存ぜん、人天《にんでん》の大賊《だいぞく》なり。春松しらず、秋菊みざらん、なにの*草料《さうれう》かあらん、いかゞ根源を截断《せちとん》せん。

又、心《しん》も肉《にく》も、懈怠《けだい》にもあり、不信にもあらんには、誠心《じやうしん》をもはらして、前仏《ぜんぶつ》に懺悔《さんぐゑ》すべし。恁麼《いんも》するとき、前仏懺悔《ぜんぶつさんぐゑ》の功徳力《くどくりき》、われをすくひて清浄《しやうじやう》ならしむ。この功徳、よく無礙《むげ》の浄信《じやうしん》・精進《しやうじん》を生長《しやうちやう》せしむるなり。浄信一現するとき、自他おなじく転ぜらるゝなり。その利益《りやく》、あまねく情・非情にかうぶらしむ。その大旨《だいし》は、

願《ねがは》くはわれたとひ過去の悪業《あくごふ》おほくかさなりて、障道《しやうだう》の因縁ありとも、仏道によりて得道せりし諸仏諸祖、われをあはれみて、*業累《ごふるい》を解脱《げだつ》せしめ、学道さわ《(は)》りなからしめ、その*功徳法門、あまねく無尽法界《むじんほふかい》に充満弥綸せらんあはれみを▽われに分布すべし。

仏祖の往昔《わうしやく》は吾等《われら》なり、吾等が当来《たうらい》は仏祖ならん。仏祖を仰観《かうくわん》すれば一仏祖なり、発心《はつしん》

取せしむ　これらの主格は行首の「その」と同じく、前段の「先聖」「導師」。「せしむ」は単に「す」。

身処・心処　処は、根と境の綜合概念をいうが、ここの「身処」は身体のこと、身根ともいう。それに準じ、「心処」は心根すなわち知能の力。「きく」の主格は「渠」。

若将耳聴　最初の「若」は断章方式のために遺留した冗辞。「耳ヲ将(以)ツテ聴ク」。

眼処聞声　「眼処(眼根)ニ声ヲ聞ク」。

何必不必　何ゾ必ズシモ…ナランヤ、必ズシモ…ナラズ。未確定、非必然のこと。

挙似迥脱　挙似スル(ひとに示す)トコロ迥(遙)カニ脱ス(他を越える)。

見徹独抜　「見徹シ得タルトコロ独リ抜ンヅ」。

弥高弥堅　これを仰げばいよいよ高く、これを鑚らんとすればいよいよ堅し。『論語』子罕に出る顔淵の言葉。

弥天弥綸　この「弥」は右の「弥」と異り動詞。満たす、亙るの意。「綸」は瀰。二字で弥漫の意に用いている。

存ぜん　あらしめん。「為人の儀」はひとのための化儀。

草料かあらん　何の役に立とう、かいがあろう。「草料」はまぐさ。既出の「草料」は別意。(入矢曰く、『趙州録』の臨済、普化、趙州のやりとりでは、草、生野菜である食い物。)「春松・秋菊(仏法の現成である自然の面貌)」を見ないでは。

業累

を観想《くわんさう》するにも一発心なるべし。あはれみを七通八達せんに、*得便宜《とくびんぎ》なり、*落便宜《らくびんぎ》なり。

このゆへに*竜牙《りようが》のいはく、

　昔生未了今須了、《しやくしやうみれうこんしゆれう》　《昔生に未だ了ぜずは今須《すべか》らく了ずべし、

　此生度取累生身。《ししやうどしゆるいしやうしん》　此生に累生身を度取す。

　古仏未悟同今者、《こぶつみごどうこんしや》　古仏も未悟なれば今者に同じ、

　悟了今人即古人。《ごれうこんじんそくこじん》　悟了せば今人即ち古人なり》

しづかにこの因縁を参究すべし、これ証仏《しようぶつ》の承当《じようたう》なり。

かくのごとく懺悔《さんぐゑ》すれば、かならず仏祖の冥助《みやうじよ》あるなり。*心念身儀発露白仏《ほつろびやくぶつ》すべし、発露のちから、罪根をして*銷殞《せうゐん》せしむるなり。これ*一色《いつしき》の正修行なり、正信心なり、正信身なり。正修行のとき、渓声渓色、山色山声、ともに八万四千偈をお(を)しまざるなり。自己もし名利身心を不惜《ふしやく》すれば、渓山また恁麼《いんも》の不惜《ふしやく》あり。たとひ渓声山色八万四千偈を現成《げんじやう》せしめ、現成せしめざることは*夜来《やらい》なりとも、渓山の渓山を挙似《こじ》する*尽力未便《じんりきみべん》ならんは、たれかなんぢを渓声山色と見聞せん。

正法眼蔵渓声山色第二十五

爾時*延応庚子結制後五日在観音導利興聖宝林寺示衆

*寛元癸卯結制前仏誕生日在同寺侍司書写之　懐弉

業の繫累。結局、業のこと。**功徳法門**　法門は仏法そのものに同じ。仏祖の功徳である法門。道元の真の信から言えば功徳ないし法と言えばよいところ。**得便宜・落便宜**　「得」は出会う、せしめる。「落」は陥る、足をとられる。この二句正しくは「得便宜是落便宜」。まんまとせしめることは実はそのことでドジを踏むことになるの意(入矢)。ここでは、どの道うまく行くの意に用いているらしい(→一四二頁「落便宜」注)。主格は「吾等」。上の「あはれみを云々」の主格は「仏祖」。**竜牙**　竜牙居遁。竜牙は山名。湖南省長沙にある。↓祖師。**心念身儀**　心・念・身・儀の四者。本体(心・身)とその機能容儀。**白仏**　仏ニ白ス。**銷殞**　銷は亡ぼす。殞は死ぬ。二字で亡ぼす。**一色**　無雑。**夜来なりとも**　前夜来の「流瀉」の有無いかんによるとしても。**尽力未便**　「未便」の便は『呂氏春秋』の用法で、成るの意。現成。「尽力」は単に力。自然自身に自然を語る力が具わっていなかったら、自然即汝、万法によって証せられる我という考えは成立たない。**延応庚子結制**　同三年(一二三八)四月十五日夏安居入り。**寛元癸卯**　同元年(一二四三)。

底本奥書「建治元年丙子七月十一日書写之　貞治五年丙午卯月廿六日於粟田嶋書写了」

正法眼蔵第二十六

仏《ぶつ》向《かう》上《じやう》事《じ》

☆高祖筠州洞山《きんしうとうざん》悟本大師は、潭州《たんしう》☆雲岩山無住大師の親嫡嗣《しんちやくし》なり。如来より三十八位の祖*向上なり、自己より向上三十八位の祖なり。

大師、有時示衆云《あるときじしゆにいはく》、「体二得仏向上事一、*方有二些子語話分一《仏向上の事を体得して、方《まさ》に些子《しやす》語話の分有り》」。

僧便問《すなはちとふ》、「如何是語話《如何ならんか是れ語話》」。

大師云《いはく》、「語話時*闍梨不聞《語話の時、闍梨不聞なり》」。

僧曰、「和尚*還聞否《和尚また聞くや否や》」。

大師云、「待二我不語話時一*即聞《我が不語話の時を待つて、即ち聞くべし》」。

いまいふところの「仏向上事」の道《だう》、大師その本祖なり。自余の仏祖は、大師の道を参学しきたり、「仏向上事を体得する」なり。まさにしるべし、仏向上事は、*在因にあらず、果満にあらず。しかあれども、「▽語話時」の「不聞」を体得し参徹することあるなり。仏向上にいたらざれば仏向上を体得することなし、語話にあらざれば*仏向上事を体得せず。相顕《さうけん》にあらず、相隠《さうおん》にあらず。相与にあらず、相奪にあらず。このゆへ(ゑ)に、語話現成のと

祖向上　祖以上の祖。「向上」↓一一八頁「大悟の渾悟」注。「仏向上」で仏を超え、仏の上に出ること。ただし、三〇二頁一七行以下、三〇八頁一八行の用例では、末から本に進む意か。↓解説。　**方有些子語話分**　こうあって(仏向上のことを体得して)始めて、言葉によって語る資格があるというものだ。(入矢)　**闍梨**　教授・規範などと意訳される梵語の音訳。弟子の行為を矯正しその手本となるべき高徳の僧。ここでは単に相手を呼ぶ語。次の「不聞」は聴覚の問題ではなく、理解不能の意だろう。聞は知。やはり『呂氏春秋』の用法。　**還聞…**　「還」は「では、じゃあ」くらいの語気。(入矢)　**即聞**　聞はきく(聴)ではなく、きこえる。主格は洞山自身。　**在因**　「因ニ在リ」。「因」のいかんにかかる、因がどうであるかによる(入矢)。↓二一三頁「相度」注。　**仏向上事**　行為としての仏向上でなく、意味・概念・思想としてのそれ。上の「語話にあらざれば」がそのことを語る。　**仏向上事自不聞**　「自」は洞山自身。　**不相干**　相干(カカ)ラズ。　**逢人不逢人恁麼不恁麼**　人に逢うこともあり逢わないこともある。そうなることもそうならないこともある。「仏向上事」を会得できることもあればできないこともある。二九九頁の「得便宜なり落便宜なり」と同じ考え方。

き、これ仏向上事なり。仏向上事現成のとき、「闍梨《じやり》不聞《ふもん》」なり。闍梨不聞といふは、*仏向上事自不聞なり。すでに「語話時闍梨不聞」なり。しるべし、語話それ聞《もん》に染汚《ぜんわ》せず、不聞に染汚せず。このゆへに聞不聞に*不相干《ふさうかん》なり。

不聞裏蔵闍梨《ふもんりざうじやり》なり、語話裡蔵闍梨《ごわりざうじやり》なりとも、*逢人不逢人《ふにんふふにん》、恁麼不恁麼《いんもふいんも》なり。闍梨語話時、すなはち闍梨不聞なり。その不聞たらくの宗旨は、*舌骨に罣礙《けいげ》せられて不聞なり、耳裡《にり》に罣礙せられて不聞なり、眼睛《がんぜい》に照穿《せうせん》せられて不聞なり、身心に塞却《そくきや》せられて不聞なり。しかあるゆへに不聞なり。これらを拈じてさらに語話とすべからず、不聞すなはち語話なるにあらず、*語話時不聞なるのみなり。高祖道の「語話時闍梨不聞」は、*語話の道頭道尾《だうてうだうび》は、如藤倚藤《にょとういとう》なりとも、語話纏語話《ごわてんごわ》なるべし、語話に罣礙せらる。

僧いはく、「和尚還聞否《わんもんひ》」。いはゆるは、*和尚を挙して聞語話と擬するにあらず、*挙聞《こもん》さらに和尚にあらず、*語話にあらざるがゆへに。しかあれども、いま僧の擬議するところは、語話時に即聞を*参学すべしやいなやと咨参《しさん》するなり。たとへば、語話すなはち語話なりやと聞取せんと擬し、還聞これ還聞なりやと聞取せんと擬するなり。しかもかくのごとくいふとも、*なんぢが舌頭にあらず。

洞山高祖道の「待我不語話時即聞」、あきらかに参究すべし。いはゆる正当語話のとき、さらに「即聞」あらず。即聞の現成は、「不語話」のときなるべし。*いたづらに不語話のときをさしおきて、不語話をまつにはあらざるなり。即聞のとき、語話を*傍観とするにあらず、真箇に傍観なるがゆへに。即聞のとき、*語話さりて一辺の那裡に存取せるにあらず、

また上の「不聞裏」は不聞という現象裡、語話中。従って「語話裏」と同じ。　**舌骨に…**　しゃべることに自己意識を奪われて、五根はなきに等しくなる。　**語話時不聞なるのみなり**　語話という遊離した事実、聞不聞という孤立した現象、そしてその組合せがあるのではないことの暗示的且つ一挙の表現。　**語話の道頭道尾…**　語話の行われる「道」の始終は、藤が藤にからまる(依)が如く、語話が語話に纏わるのであって、滑脱無礙のようだが、語話に妨げられ、「不聞(阿闍梨よ、あんたには聞えないのだ)」といわれるようなことが起る。ここの「道」も言う・述ぶの意。「語話」を述べるその首尾始終の意で「道頭道尾」と言われている。　**和尚を挙して**　「挙す、和尚」という僧の発声の言いかえ。上の「いはゆるは」は、「言うところは」。ここの「擬す」は疑い問う。三行後の「擬す」ははかる、しようとする。　**挙聞さらに**　聞を挙された(聞えるのかと問われている)のは、何も別に。　**語話にあらざるがゆへに**　和尚は語話ではないから。(問題にされているのは語話だから)。　**参学すべしや**　参究修得できるか。　**なんぢが舌頭…**　以上のようなことをいうのは…。「なんぢ」は僧を指す。語話と聞不聞の関係に関する問いは個人的なものではないの意。　**いたづら**

語話のとき、即聞したしく*語話の眼睛裏に蔵身して霹靂《ひやくりやく》するにあらず。しかあればすなはち、たとひ闍梨にても、語話時は不聞なり。*たとひ我にても、不語話時即聞なる、*これ「方《はう》有些子《いうしやす》語話分《ごわぶん》」なり、これ「体得仏向上事」なり。*たとへば、*語話時即聞を体得するなり。*このゆへ《（ゑ）》に、「待我不語話時即聞」なり。*しかありといへども、仏向上事は、七仏已前事にあらず、七仏向上事なり。

☆高祖悟本大師、示衆云《じしゆにいはく》、「須レ知レ有二仏向上人一《須《すべか》らく仏向上人有ることを知るべし》」。

時有レ僧問、「如何是仏向上人《如何ならんか是れ仏向上人》」。

大師云《いはく》、「非仏《ひぶつ》」。

雲門云、「名不得、状不得、所以言レ非《名づくること得ず、状《かた》どること得ず、所以《ゆゑ》に非と言ふ》」。

*保福云、「*仏非」。

法眼云、「方便呼為レ仏《方便に呼んで仏と為す》」。

おほよそ仏祖の向上に仏祖なるは、高祖洞山なり。そのゆへは、余外《よぐゑ》の仏面祖面おほしといへども、いまだ仏向上の道《だう》は夢也未見《むやみけん》なり。▽徳山・臨済等には、*為説すとも承当《じようたう》すべからず。▽岩頭《がんとう》・雪峰等は、粉砕其身《ふんすいごしん》すとも、*喫拳すべからず。高祖道の「体得仏向上事《たいとくぶつかうじやうじ》、方有些子語話分《はういうしやすごわぶん》」、および「▽須知有仏向上人《しゆちいうぶつかうじやうじん》」等は、たゞ*一二三四五の三阿僧祇・百大劫の修証のみにては証究すべからず。まさに*玄路の参学あるもの、その分あるべし。

すべからく仏向上人ありとしるべし。いはゆるは、*弄精魂《ろうぜいこん》の活計《くわつけ》なり。しかありといへ

に…あらざるなり　「いたづらに」は一句飛んで「不語話を…」にかかる。現に不語話のときはあり、そのときは語話すべき、あるいは語話された内容は一々了解できている。それゆえ不語話をいまさら待つわけではない。　**傍観**　→五一頁注。無関係な第三者的存在。「真箇に傍観…」は客観的に定立されている意味・概念・思想等だから、の意。　**語話さりて…**　語話が去って、どこかそっちの方の一箇所に行って存在するわけではない。「存取」の「取」も事態の進行を示す助辞。

語話の眼睛裏に…　「即聞」(即は冗辞)が語話のうちに身を蔵す、がこの表現の核心。「眼睛裏」はもっとも微妙な奥深いところに位の意。　**「霹靂」**　→二四七頁注。　**たとひ我にても**　問題がそんな僧なんかではなく、「我」(洞山良价)であっても、話してないときだけ聞える。話している最中自分には聞えないということの、裏からの表現。的確な心理学的自己観察である。　**これ…**　以上のようなことを、あの「示衆」で洞山良价は言いたかったのだ。　**たとへば**　すなわち。　**語話時即聞**　語話時即聞向上。　**このゆへに**　そういうことが体得できたので。　**しかありといへども**　上のようにいうと時間の問題のようだが。　**保福**　福

建省竜渓県に建てられた禅苑の名。↓祖師。 **仏非** 「非仏」を徹底的に言うための倒置。しかし「仏ハ非ナリ」とも訓める。 **為説** 「タメニ説ク」。「為」と上の「に」は重複。 **喫拳** 殴られる。真面目に目ざめる。 **一二三四五の…百大劫** どんな莫大な年月にせよ数えられる有限の年月。 **玄路** ↓一六一頁注。仏道の最奥。 **弄精魂の活計なり** 精魂つくしてはからえということだ。活計は命令法。 **而今の** 今の。先の洞山道。 **この関棙子** この機微。 **東京** 河南省開封。↓祖師。 **且道** まあ言って御覧。 **七識** 唯識でいう眼耳鼻舌身意の六根と末那。末那は思考・意志・知覚の綜合的能力、いわば知能で、これが第六識「意」と別に立てられるのは、そのはたらきの間断無きに依る。我と法の二執着の根本で、従って衆生の倒迷、我癡我見我慢我愛の源。第八識阿頼耶を根基とすること他の六識と同様だが、色・心一切を現前させる内的自我と解される第八識は、かえってこの第七識を動機(依)として生動する。本文中の「児子」はこの阿頼耶識に欠陥があるということになろう。 **闡提** 不成仏の義。↓七四頁注。主語は枯木禅師。 **良久** 頗る久しくありて。 **仙陀** 元来、海洋の、海洋にかかわるの意の形容詞で、塩・器・水・馬の四義を持つとされる。仙陀婆。『涅

ども、古仏を挙してしり、拳頭《けんとう》を挙起してしる。すでに恁麼《いんも》見得するがごときは、有仏向上人をしり、無仏向上人をしる。*而今《しきん》の示衆は、仏向上人となるべしとにあらず。仏向上人と相見《しやうけん》すべしとにあらず。たゞしばらく「仏向上人ありとしるべし」となり。*この関棙《くわんれい》子《す》を使得《すて》するがごときは、まさに有仏向上人を不知するなり、無仏向上人を不知するなり。その仏向上人、これ「非仏」なり。「いかならんか非仏」と疑著《ぎちや》せられんとき、思量すべし、ほとけより以前なるゆへに非仏といはず、仏よりのちなるゆへに非仏といはず、仏をこゆるゆへに非仏なるにあらず。たゞひとへに仏向上なるゆへに非仏なり。その非仏といふは、脱落《とつらく》仏面目《ぶつめんもく》なるゆへにいふ、脱落仏身心なるゆへにいふ。

*東京浄因枯木禅師〈嗣㆓芙蓉㆒、諱法成〉、示衆云、「知㆑有㆓仏祖向上事㆒、方有㆓説話分㆒。諸禅徳、*且道、那箇是仏祖向上事。有㆓箇人家児子㆒、六根不具、*七識不全、是大*闡提、無仏種性。逢㆑仏殺㆑仏、逢㆑祖殺㆑祖。天堂収不㆑得、地獄摂無㆑門。大衆還識㆓此人㆒麼」。*良久曰、「対面不㆓*仙陀㆒、睡多饒㆓寐語㆒」。

《東京浄因枯木禅師〈芙蓉に嗣す、諱《いみな》は法成〉、示衆に云く、「仏祖向上の事有ることを知らば、方《まさ》に説話の分《ぶん》有り。諸禅徳、且道《しやだう》すべし、那箇か是れ仏祖向上の事なる。箇の人家の児子《にいす》有り、六根不具、七識不全、是れ大闡提《だいせんだい》、無仏種性なり。仏に逢ひては仏を殺し、祖に逢ひては祖を殺す。天堂も収むること得ず、地獄も摂するに門無し。大衆《だいしゆ》、また此の人を識るや」。良久《りやうきう》して曰く、「対面仙陀《ついめんせんだ》にあらず、睡多くして寐語《みご》饒《ゆたか》なり」》

いはゆる六根不具といふは、眼睛被人換却《ひじんくわんきやく》*木槵子了也《もくけんすれうや》、鼻孔《びくう》被人換却竹筒了也《ひじんくわんきやちくとうれうや》、髑髏《どくろ》被人借作《ひじんしやさ》屎杓了也《ししやくれうや》。▽作麼《そも》生是《さんし》換却底《くわんきやち》道理《眼睛人《ひと》に木槵子と換却せられ了りぬ、鼻孔人《ひと》に竹筒と換却せられ了りぬ、髑髏人に借りて屎杓と作《な》され了りぬ。作麼生ならんか是れ換却底の道理》。このゆへ《(ゑ)》に六根不具なり、不具六根なるがゆへに*鑪鞴裏《ろはいり》を透過《てうこ》して金仏となれり、大海裏を透過して泥仏となれり、火焔裡を透過して木仏となれり。

「七識不全」といふは、破木杓《はもくしやく》なり。「殺仏《しぶつ》」すといへども「逢仏《ふぶつ》」す、逢仏せるゆへに殺仏す。天堂にいらんと擬すれば、天堂すなはち崩壊《ほうゑ》す、地獄にむかへば、地獄たちまちに破裂す。このゆゑに、*対面《ついめん》すれば破顔す、さらに「仙陀《せんだ》」なし。「睡多《すいた》」なるにもなほ「寐語《みご》」おほし。しるべし、この道理は、挙山匝地《こざんさふち》両知己《りやうちき》、玉石全身百雑砕《ぎよくせきぜんしんはくざつすい》なり。枯木禅師の示衆《じしゆ》、しづかに参究功夫すべし、卒爾にすることなかれ。

☆雲居山弘覚《ぐかく》大師、参㆓高☆祖洞山㆒《高祖洞山に参ず》。山問《とふ》、「闍梨《じやり》、名什麼《名は什《なに》麼ぞ》」。

雲居曰《いはく》、「道膺《だうよう》」。

高祖又問《とふ》、「*向上更道《向上更に道《い》ふべし》」。

雲居曰、「向上道即不㆑名㆓道膺㆒《向上に道《い》はば、即ち道膺と名づけず》」。

洞山道《いはく》、「吾在㆓雲岩㆒時*祇対《しつい》無㆑異也《吾が雲巌に在りし時祇対せしに異ること無し》」。

いま師資の道《だう》、かならず審細にすべし。いはゆる「向上不名道膺《かうじやうふみんだうよう》」は、道膺の向上なり。*適来《しらい》の道膺に*向上の不名道膺あることを参学すべし。向上不名道膺の道理現成するより

槃経』九にある説話に、ある王がこれを群臣に命じたところ一大臣のみよくこれを正解し、四物を欠けるところなく呈したという。臨機適切自在の処置の意味から、作家の好相見を言う語になった。ここでは、前にいるみんな気の利かない人ばかりだ、寐すぎて寐言を言うばかりだという風に使われている。

木槵子　槵子はむくの実。念珠を作るに用いる。

鑪鞴裏　炉とふいごうの中。以下三箇条の比喩的表現はいずれも趙州従諗の示衆の逆を行っているが、第三の他は合理的である。第三も不可思量なものの現成として正当化される。通じて一切衆生成仏の道。

対面すれば　ここで話頭は霊山会上の附法に転じている。気を利かして何かを持って来るなんて要らぬこと、顔を合わせるだけでいいのだ。「睡多なるにも」は、その下に「不語話なるべからんに」の語を補って、次につづける。それで、次の「山全体、大地全体どっちも自分を知っている。玉も石も全部こなごな」の句も附けられる。

向上更道　それ以上にもっと先のことを言え。

祇対　↓一〇九頁注。応待する。

適来　最前。次の「道膺」は提示の二行目のそれ。

このかた、真箇道膺なり。しかあれども、向上にも道膺なるべしといふことなかれ。たとひ高祖道の「向上更道《かうじやうかんだう》」をきかんとき、*領話《りんわ》を呈するに、「向上更名《かうじやうかんみん》道膺」と道著《だうちや》すとも、すなはち向上道なるべし。なにとしてかしかいふ。いはく、道膺たちまちに頂顙《ちんにん》に跳入して蔵身するなり。蔵身すといへども、*露影なり。

☆曹山本寂禅師、参二高祖洞山一《高祖洞山に参ず》。山問《とふ》、「闍梨、名什麼《名は什麼《なに》ぞ》」。

曹山云《いはく》、「本寂」。

高祖云、「向上更道《向上更に道《い》ふべし》」。

曹山云《いはく》、「不レ道《道《い》はじ》」。

高祖云▽、「為二甚麼一不レ道《甚麼《なに》と為《し》てか道《い》はざる》」。

師云、「不レ名二本寂一《本寂と名づけず》」。

高祖然之《高祖然之《ねんし》す》。

いはく、向上に道《だう》なきにあらず、*これ不道なり。「為甚麼不道《ゐじんもふだう》」、*いはゆる「*不名本寂《ふみんほんじやく》」なり。しかあれば、*向上の道は不道なり、▽向上の不道は不名なり。*不名の本寂は向上の道なり。このゆへに、「本寂不名」なり。しかあれば、非本寂あり、脱落《とつらく》の不名あり、脱落の本寂あり。

☆盤山宝積《ほうしやく》禅師云、「*向上一路《かうじやういちろ》、千聖不伝《せんしやうふでん》」。

向上の不名 向上、さらに言えば名は道膺ではない。この道膺の否定が先の「道膺」には籠められているとの意。

領話 話を承る。分りました。ここでは、では申し上げますの意。

露影 影を露わす。

これ不道 あっても言わないのだ。

いはゆる (道わないのじゃない)いうところは。

不名本寂 本寂と不名を一にして全なるものと捕えよと説く一方の提唱。向上の本寂は本寂でありつつ「不名」だということ、すなわち有相を脱していることの暗示。後の「向上の不道(向上のことは言わないということ)は不名なり(とりもなおさず名無しということに等しいのだ)」と意味は重なる。

向上の道は… 向上の道はこれを言わないのだ。

不名の本寂 本寂と呼ばない本寂。それがどちらから見ても成立っているという意をもって次行の「本寂不名」が言われる。

向上一路 目標のさらに先に出る一筋道。

いはくの「向上一路」は、ひとり盤山の道《だう》なり。向上事といはず、向上人といはず、向上一路といふなり。その宗旨《そうし》は、千聖競頭《せんしやうきんてう》して出来《しゆつらい》すといへども、向上一路は不伝なり。不伝といふは、千聖は不伝の分を保護《ほうご》するなり。かくのごとくも学すべし。さらに又いふべきところあり、「いはゆる千聖千賢はなきにあらず、*たとひ賢聖《けんじやう》なりとも、向上一路は賢聖の境界にあらず」と。

*智門山光祚《くわうそ》禅師、因僧問《ちなみにそうとふ》、「如何是仏向上事《如何ならんか是れ仏向上事》」。

師云《いはく》、「拄杖頭上挑二日月一《拄杖頭上日月を挑《かか》げたり》」。

いはく、*拄杖の日月に罣礙せらるゝ、これ仏向上事なり。*日月の拄杖を参学するとき、尽乾坤くらし。これ仏向上事なり。日月是《これ》拄杖とにはあらず、拄杖頭上とは、全拄杖上なり。

☆石頭無際大師の会《ゑ》に、*天皇寺の道悟禅師とふ、「如何是仏法大意《しゆおしぶつぽふだいい》《如何ならんか是れ仏法大意》」。

師云、「*不得不知」。

道悟云、「向上更有《かうじやうかんいう》 *転処也無《てんじよやむ》《向上更に転処有りや無《いな》や》」。

師云、「長空不レ礙二白雲飛一《長空白雲の飛ぶを礙《さ》へず》」。

いはく、石頭は曹渓の二世なり。天皇寺の道悟和尚は薬山の*師弟《すてい》なり。あるときとふ、

たとひ賢聖… 「千聖千賢なりとも」。ただ至極真正の仏道のみが信ぜられ、あれこれの仏祖(賢聖)は抑えられている。ここでも、向上は仏のありようで、「賢聖」がそれを超えることは問題とされていない。

智門山 湖北省随県にある。↓祖師

拄杖の日月に… 右の光祚道の映像を活用している。杖が日月に妨げられてかえってその真面目を現わす。(罣・礙はいずれにも掛けるの意あること↓二六一頁注。その意を強くとれば、光被されるの意を帯びるかとも思われる。)

日月の拄杖を… 同前。「日月」は主格。ここの「参学」はただ「参(立ち交る、その許に行く)」の意。

天皇 地名。湖南省常徳県にあった。↓祖師

不得不知 「知ラザルヲ得ズ」。しかし次頁の道元の解はまた別。

転処 窮極、一転翻身するきっかけ、はたらき。現在は知らざるを得ずというわば受身の状態でも、根源まであくまで追求して行けば、さらに一転新局面に出られようか。

師弟 おとうと弟子。

大意 ここでは単に大体の意味ではない。大いなる意味。

不得なり 対格は「仏法大意」。上に「されど」を補って読む。次行の

「いかならんか仏法大意」。この問は、初心晩学の所堪にあらざるなり。*大意《だいい》をきかば、大意を会取《ういしゆ》しつべき時節にいふなり。

石頭いはく、「不得不知」。しるべし、仏法は、初一念にも大意あり、究竟位《くきやうゐ》にも大意あり。その大意は不得なり。発心・修行・取証はなきにあらず、*不得なり。その大意は不知なり。修証は無にあらず、修証は有にあらず、不知なり、不得なり。またその大意は、*不得不知なり。*聖諦《しやうたい》・修証《しゆしよう》なきにあらず、不得不知なり。聖諦・修証あるにあらず、不得不知なり。

道悟いはく、「向上更有転処也無《かうじやうかんいうてんじよやむ》」。いはゆるは、転処もし現成することあらば、向上現成す。転処といふは方便なり、*方便といふは諸仏なり、諸祖なり。これを道取するに、「更《かん》有《いう》」なるべし。たとひ更有なりとも、更無をもらすべきにあらず、道取あるべし。

「長空不礙白雲飛《ちやうくうふげはくうんひ》」は、石頭の道《だう》なり。長空さらに長空を不礙なり。*長空これ長空飛を不礙なりといへども、さらに白雲みづから白雲を不礙なり。白雲飛不礙なり、白雲飛さらに長空飛を礙せず。他に不礙なるは自にも不礙なり、*面々の不礙を要するにはあらず、*各々の不礙を存ずるにあらず。このゆへ《(ゑ)》に不礙なり。長空不礙白雲飛の*性相《しやうさう》を挙拈《こねん》するなり。正当恁麼時、*この参学眼《さんがくげん》を揚眉《やうみ》して、仏来をも覰見《しよけん》し、祖来をも相見《しやうけん》す。自来お《(を)》も相見し、他来をも相見す。これを問一答十の道理とせり。いまいふ問一答十は、*問一もその人なるべし、答十もその人なるべし。

「不知なり、不得なり」においても同様。

不得不知なり これは「知ラザルヲ得ズ」と訓むべきだろう。しかし次の第一の「不得不知」は達磨の「不識」に呼応し「得じ、知らじ」、第二のはまた上に「されど」を補い「知らざるを得じ」だろう。

聖諦 『行持』下(一九二頁)既出。

方便 善巧に同じ。便宜、方法。「転処」も「諸仏」「諸祖」も要するに〈用〉であり〈機〉であるとする考え。

長空 大空というに同じ。

面々の不礙・各々の不礙 面々・各々は主格だろう。「要する」は必要とする、従って欠けている、また待伏せする。「存ずる」はすでに持っている、ある。

性相 性と相。上の「の」も主格を示す助詞。

この参学眼を揚眉 このことを参究して得た眼力を敏活自然にはたらかせて。ここで「このこと」というのは「不礙」ということこそ存在の性であり相であるということ。この段の「不礙」論は、『有時』末段(二六一頁)の礙不礙論より一層自在である。同時に「揚眉」一語によっても、本篇と『有時』との聯関の深さが察せられる。

問一もその人なるべし 問うも答えるもその人次第。「なるべし」は「にあるべし」に戻して読むとよい。

黄蘗☆云、「夫出家人、須レ知レ有二従上来事分一。且如二四祖下牛頭法融大師一、横説竪説、猶未レ知二向上関棙子一。有二此眼脳一、方辨二得邪正宗党一」。

《黄蘗云く、「夫れ出家人は、須《すべか》らく従上来事の分有ることを知るべし。且《しばら》く四祖下の牛頭《ごづ》法融《ほふゆう》大師の如きは、横説竪説《わうせつじゆせつ》すれども、猶ほ未だ向上の関棙子《くわんれいす》を知らず。此の眼脳有《あ》つて、方《まさ》に邪正の宗党を辨得《はんて》すべし」》

黄蘗恁麽道《わうばくいんもだう》の「従上来事」は、従上仏々祖々、正伝しきたる事《じ》なり。これを正法眼蔵涅槃妙心といふ。自己にありといふとも「*須知《しゆち》」なるべし、自己にありといへども「猶未知《いうみち》」なり、仏仏正伝せざるは夢也未見《むやみけん》なり。黄蘗は百丈の法子《ほつし》として百丈よりもすぐれ、馬祖の法孫《ほつそん》として馬祖よりもすぐれたり。*おほよそ祖宗三四世のあひだ、黄蘗に斉肩なるなし。ひとり黄蘗のみありて*牛頭《ごづ》の両角なきことをあきらめたり。自余の仏祖、いまだしらざるなり。

牛頭《ごづ》山《せん》の法融☆禅師は、四祖下の尊宿なり。横説竪説《わうせつじゆせつ》、まことに経師論師《きやうじろんじ》に比するには、▽西天東地のあひだ、*不為不足なりといへども、うらむらくはいまだ*向上の関棙子をしらざることを、向上の関棙子を道取せざることを。もし*従上来の関棙子をしらざらんは、いかでか仏法の邪正《じやしやう》を辨会《はんうい》することあらん。たゞこれ学言語《がくごんご》の漢なるのみなり。しかあれば、向上の▽関棙子をしること、向上の▽関棙子を修行すること、向上の▽関棙子を証すること、庸《よう》流《る》のおよぶところにあらざるなり。真箇の功夫あるところには、かならず現成するなり。

いはゆる仏向上事といふは、仏にいたりて、すゝみてさらに仏をみるなり。衆生の仏を

須知　知という当為の対象。知るべきもの。

おほよそ祖宗三四世のあひだ　「黄蘗から遡って」を補って読むべきか。

牛頭の両角なきこと　無論洒落である。牛頭山の所在は金陵と言われるが、この金陵は、江蘇省丹徒県の、唐代そう呼ばれていた土地ではないか。同名の山は諸方にある。

不為不足　足ラズトセズ。

向上の関棙子　向上ということの機微、しくみ。

従上来　昔からの。これまでの。

みるにおなじきなり。*しかあればすなはち、見仏もし衆生の見仏とひとしきは、見仏にあらず。見仏もし衆生の見仏のごとくなるは、*見仏錯《さく》なり。いはんや仏向上事ならんや。しるべし、黄蘗道の向上事は、いまの杜撰《とせん》のともがら、*領覧《りんらん》におよばざらん。たゞまさに法道もし法融におよばざるあり、法道おのづから法融にひとしきありとも、法融に*法兄弟《ほふひんでい》なるべし。いかでか向上の関棙子をしらん。自余の十聖三賢等、いかにも向上の関棙子をしらざるなり。いはんや向上の関棙子を*開閉せんや。この宗旨《そうし》は、参学の眼目なり。もし向上の関棙子をしるを、仏向上人とするなり、仏向上事を体得せるなり。

正法眼蔵仏向上事巻第二十六

爾時仁治三年壬寅三月二十三日在観音導利興聖宝林寺示衆

*正元元年己未夏安居日以未再治御草本在永平寺書写之　懐弉

しかあれば　しかれども。学道のひとの見仏のみが成仏たりうる真の見仏だという論理。

見仏錯なり　錯は誤りの意。「見仏」ということが問題の場での「錯」である。

領覧　見得、会得。

法兄弟なるべし　法融と伯仲の間柄だ。大したことはないの義。

開閉せんや　体得使用できようか。

正元元年　一二五九年。

正法眼蔵第二十七

*夢《む》中《ちゅう》説《せつ》夢《む》

諸仏諸祖*出興之道《しゆつこうのだう》、それ朕兆已前《ちんてういぜん》なるゆえ(ゑ)に、*旧窠《きうくわ》の所論にあらず。これによりて、仏祖辺、仏向上等の功徳あり。時節にかゝはれざるがゆへ(ゑ)に*寿者命者《じゆしやみやうしや》*なほ長遠《ちやうをん》にあらず、頓《とん》息《そく》にあらず。はるかに凡界の測度《しきたく》にあらざるべし、*法輪転また朕兆已前の規矩なり。このゆえに、*大功不賞《だいこうふしやう》、千古榜様《せんこばうやう》なり。これを夢中説夢す、証中見証なるがゆえに夢中説夢なり。

この夢中説夢処、これ仏祖国なり、仏祖会《ぶつそゑ》なり。仏国仏会、祖道祖席は、証上而証《しようじやうにしよう》、夢中説夢なり。この道取説取にあひながら仏会にあらずとすべからず、これ仏転法輪なり。*この法輪、十方八面なるがゆへに、大海須弥、国土諸仏現成《げんじやう》せり、これすなはち諸夢已前の夢中説夢なり。偏界の*弥露《みろ》は夢なり、この夢すなはち明々なる百草《はくさう》なり。*擬著《ぎちや》せんとする正当《しやうたう》なり、紛紜《ふんうん》なる正当なり。このとき、*夢草・中草・説草等なり。これを参学するに、根茎枝葉《こんきやうしえふ》、花果光色《くわくわくわうしき》、ともに大夢なり。*夢然《ばうぜん》なりとあやまるべからず。

しかあれば、仏道をならはざらんと擬する人は、この夢中説夢にあひながら、いたづらにあるまじき*夢草のあるにもあらぬをあらしむるをいふならんとおもひ、まどひにまどひ

夢中説夢 『大般若波羅蜜多経』五百八十九所見。　**出興** 出世興起。　**旧窠** 古巣。ちょっとやそっとの昔。　**寿者命者** 『智度論』にいう十六知見(我の存在に関する十六の解釈)のうちに寿者・命者がある。しかしここでは寿・命だけの意。　**なほ長遠** 上に、「これに比すれば」を補って読む。「頓息」はとどまりやすむ。そうでないという言い方で倏忽の間のこと。　**法輪転** 仏の説法が行われる。四行先の「仏転法輪」は仏が説法を行う。事を中動相的に捉えるか能動相的に捉えるかの差が二語間にある。　**大功不賞千古榜様** 大功ハ賞セズ、千古ノ榜様(手本)ナレバナリ。　**この法輪** 仏道(道は言の意を兼ねる)というに等しかろう。　**弥露** いよいよ露わ(になったその相)。　**擬著せんとする…** この擬は疑。「正ニ(当に)疑ハントスルナリ、正ニ(当に)紛紜(雑多に混乱していること)ナリ」。　**夢草・中草・説草** 一切を「草」として認識し、そこに「夢中説(夢)」が現出するのを見る立場。　**夢然** 不明自失の貌。夢字の意味が違う。　**夢草** 草の名。その葉を懐中しておくと夢を見、夢の吉凶を知りうるという。蒲に似、色紅、昼地中に入り、夜出ると『洞冥記』にある。これが主語。　**通霄の路** 天に登る道。向上の一路。上の「道取」がこれに当るという考え。

をかさぬるがごとくにあらんとおもへり。しかにはあらず。たとひ迷中又迷《めいちゆういうめい》といふとも、まどひのうへのまどひと道取せられゆく道取の*通霄《つうせう》の路《ろ》、まさに功夫参究すべし。

夢中説夢は諸仏なり、諸仏は風雨水火なり。この名号を受持し、かの名号を受持す。夢中説夢は古仏なり。*乗此宝乗《じようしほうじよう》、直至《ちきし》道場《だうぢやう》なり。直至道場は、乗此宝乗中なり。*夢曲夢直、把定放行逞風流《はちんはうあんしんふうりう》なり。正当恁麼の*法輪、あるいは大法輪界を転ずること、無量無辺なり。あるいは*一微塵にも転ず、塵中に消息不休なり。この道理、*いづれの恁麼事を転法するに も、怨家笑点頭《をんけせうてんてう》なり。いづれの*処所も、恁麼事を転法するゆへに転風流なり。このゆへに、尽地みな*驀地《まくち》の無端なる法輪なり。偏界みな*不昧の因果なり、諸仏の無上なり。しるべし、*諸仏化道および説法蘊、ともに無端に*建化《けんくゑ》し、無端に住位せり。*去来《こらい》の端をもとむる事なかれ。尽従《じんじゆうしやり》這裡去《こ》なり、尽従《じんじゆうしやり》這裡来《らい》なり。このゆへに、葛藤《かつとう》をうへ《(ゑ)》て葛藤お《(を)》まつふ、無上菩提の性相《しやうさう》なり。菩提の無端なるがごとく、衆生無端なり、*無上なり。*籠籮《ろうら》無端《むたん》なりといへども、解脱無端《げだつむたん》なり。公案見成《げんじやう》は、*放你《はうにい》三十棒、これ見成の夢中説夢なり。

しかあればすなはち、*無根樹・不陰陽地・喚不響谷《くわんふきやうこく》、すなはち見成の夢中説夢なり。これ人天《にんでん》の境界《きやうがい》にあらず、凡夫《ぼんぶ》の測度《しきたく》にあらず。夢の菩提なる、たれか疑著《ぎちや》せん、疑著の所管にあらざるがゆへに。認著《にんぢや》するたれかあらん、*認著の所転にあらざるがゆへに。*この無上菩提、これ無上菩提なるがゆへに、夢これを夢といふ。*中夢あり、夢説あり、説夢あり、夢中あるなり。夢中にあらざれば説夢なし、説夢にあらざれば夢中なし、説夢にあらざれば諸仏なし、夢中にあらざれば諸仏出世し転妙法輪《てんめうほふりん》することなし。その法輪は、*唯仏《ゆいぶつ》なり

乗此宝乗直至道場　『法華経』譬喩品。「コノ宝乗(高貴華麗な乗物、大乗の教え)ニ乗ツテ、道場(成道の場所。尼連禅河畔菩提樹下の獅子座)ニタダチニ至ラシム」。　**夢曲夢直**　〈宝乗〉の縁でいう。「夢」は冗辞。曲直。曲ったりのびたり。抑止したり自由に振舞わせたり(把定放行)、規矩に拘泥しない、とつづく。　**法輪**　戦車を仏説法の威力の比喩にとるところから出来た言葉。それが展転広作して悪を挫きよそに伝わって行くと考える。従って次の「大転法輪界」は世界というに異らない。　**一微塵にも…消息不休**　ごくこまかい塵のような世界の中でも活動するし、本当の塵の中でも生滅してやまない。　**いづれの恁麼事を**　どんな事でもそれを。次は「怨みを含む相手も笑ってうなずく」。故障は起らぬ。　**処所**　居るところ。　**驀地の無端なる法輪**　まっしぐらに進むとらえどころのない仏説法の現実化。　**不昧の因果**　歴然と現われ出ている因と果とその関係。　**諸仏化道および説法蘊**　諸仏の教化引導及び説法の集積。　**建化**　朝律(戒律)を建て、徳(仏功徳)をもって化す。　**去来の端**　去るにしても来るにしてもその際の捉えどころ。　**無上なり**　最上という意味より、上限がないの意。　**籠籮無端**　拘束(繋縛)にとらえどころがない、際限がない。　**放你三十**

与《よ》仏《ぶつ》なり、夢中説夢なり。たゞまさに夢中説夢に、*無上菩提衆の諸仏諸祖あるのみなり。さらに*法身《ほつしん》向上事、すなはち夢中説夢なり。こゝに*唯仏与仏の奉《ぶ》覲《ごん》あり。頭《づ》目髄脳《もくずいなう》、身肉《しんにく》手足《しゆそく》を愛惜《あいじやく》することあたはず、愛惜せられざるがゆへ(ゑ)に、*売金須是買金人《まいきんしゆしまいきんじん》なるを、玄之玄《げんのげん》といひ、妙之妙《めうのめう》といひ、証之証といひ、頭上安頭《てうしやうあんてう》ともいふなり。これすなはち仏祖の行履《あんり》なり。これを参学するに、頭《てう》をいふには、人の頂上《ちんしやう》とおもふのみなり。さらに*毗盧《びる》の頂上とおもはず、いはんや明々百草頭《めいめいはくさうてう》とおもはんや、いはんや*頭𩕳《てうにい》をしらず。

むかしより「頭上安頭」の一句、つたはれきたれり。愚人《ぐにん》これをきゝて、剰法《じようぼふ》をいましむる言語とおもふ。「あるべからず」といはんとては、「いかでか頭上安頭することあらむ」といふを、よのつねのならひとせり。まことにそれあやまらざるか。*説と現成する、凡聖《ぼんしやう》ともにもちい(ゐ)るに相違あらず。このゆへ(ゑ)に、凡聖ともに夢中説夢なる、きのふにても生ずべし、今日にても長ずべし。しるべし、きのふの夢中説夢は、夢中説夢を夢中説夢と認じきたる。如今《しきん》の夢中説夢は、夢中説夢を夢中説夢と参ずる、すなはちこれ*値仏《ちぶつ》の慶快《けいくわい》なり。かなしむべし、仏祖明々百草の*夢あきらかなる事、百千の日月よりもあきらかなりといへども、*生盲《しやうまう》のみざること。あはれむべし、いはゆる頭上安頭といふその頭《てう》は、すなはち百草頭なり、千種頭なり、万般頭なり、通身頭なり。全界不曾蔵頭《ぜんかいふすんざうてう》なり、尽十方界頭なり。*一句《く》合頭《がつてう》なり、百尺竿頭《はくせきかんてう》なり。*安も上も頭々《てうてう》なると参ずべし、究《きう》すべし。

しかあればすなはち、「一切諸仏及諸仏阿《いつさいしよぶつぎふしよぶつあ》耨多羅《のくたら》三藐三菩《さんみやくさんぼ》提《だい》、皆従此経出《かいじゆうしきやうしゆつ》」も、頭上安頭しきたれる夢中説夢なり。「此経《しきやう》」すなはち夢中説夢するに、阿《あ》耨菩《のくぼ》提《だい》の諸仏を出興《しゆつこう》せし

棒　お前に三十棒をくらわすところだが、放免してやる(入矢)。ひとに自在をえさせることの譬え。次の「これ見成の」は、「(上に言った自在に本来の面目において生きることは、これこそ)目に見えるように現実化された(夢中説夢だ)」の意。

無根樹…喚不響谷　待・対を脱した世界。「不陰陽地」は日向でも日陰でもない土地。

認著の所転…　認得したからと言ってそれで変転するもの…。

この無上菩提　「この」は「かの」、そして「凡ての」というのに等しかろう。

中夢あり…転妙法輪することなし　「夢これを夢といふ」と言われるように、一切事象はそのものとして独立しているが、またすべて相互に入りこみあい、関係しあい、そういう姿でなければ存在しえず、そういう姿において、そういう姿の中で、生動してやまぬ。

唯仏なり与仏なり　唯仏与仏なり。仏から仏へという伝わり方だけをするものだ。

無上菩提衆の　菩提薩埵であるところの。衆は衆生(薩埵)。

法身向上事　仏を法の体現と考えたときの仏向上事。涅槃向上事とも妙心向上事とも言えよう。

唯仏与仏の奉覲　ただ仏と仏との相見。それ故以下のようなことになる。

売金須是買金人　「金ヲ売ルハスベカラク是金ヲ

む。菩提の諸仏、さらに此経をとく、さだまれる夢中説夢なり。夢因くらからざれば夢果不昧なり。たゞまさに一*槌千当万当なり、千槌万槌は一当半当なり。かくのごとくなるによりて、*恁麽事《いんもじ》なる夢中説夢あり、*恁麽人《いんもじん》なる夢中説夢あり、不恁麽事なる夢中説夢あり、不恁麽人なる夢中説夢ありとしるべし。しられきたる道理顕赫なり。いはゆる*ひめもすの夢中説夢、すなはち夢中説夢なり。

このゆえに古仏いはく、「我今為汝夢中説夢《がこんゐにょむちゅうせつむ》、三世諸仏也夢中説夢《さんぜしょぶつやむちゅうせつむ》、六代祖師也夢中説夢《ろくだいそしやむちゅうせつむ》《我れ今汝が為に夢中説夢す、三世諸仏もまた夢中説夢す、六代祖師もまた夢中説夢す》」。

この道《だう》、あきらめ学すべし。いはゆる拈花瞬目《ねんげしゅんもく》、すなはち夢中説夢なり。礼拝得髄《らいはいとくずい》、すなはち夢中説夢なり。

おほよそ道得一句《だうてくく》、不会不識《ふういふしき》、夢中説夢なり。千手千眼、*用許多作麽《ようこたそも》なるがゆへに、見《けん》色見声《しきけんしゃう》、聞色聞声《もんしきもんしゃう》の功徳具足せり。現身なる夢中説夢あり、説夢説法蘊《せつむせっぽふうん》なる夢中説夢あり。*把定放行《はちんはうあん》なる夢中説夢なり。直指《ちきし》は説夢なり、*的当《てきたう》は説夢なり。把定しても放行しても、*平常の秤子《しんす》を学すべし。学得《がくて》するに、かならず*目銖機錙《もくしゅきりやう》あらはれて、*夢中説夢しいづるなり。銖錙を論ぜず、平にいたらざれば、平の*見成《げんじゃう》なし。平をうるに、平をみるなり。すでに平をうるところ、物によらず、秤によらず、機によらず。空《くう》にかゝれりといへども、平をゑ《(え)》ざれば平をみずと参究すべし。みづから空にかゝれるがごとく、*物を接取して空に遊《ゆ》化《くゑ》せしむる夢中説夢あり。空裡に平を現身す、平は秤子の大道なり。*空をかけ物をかく、たとひ空なりとも、たとひ色なりとも、平にあふ夢中説夢あり。解脱の夢中説夢にあらず

買フノ人ナルベシ」。有資格者にしてはじめて可能の意も、同じもののやりとりにすぎぬの意も持ちうる。道元の解する意味の「頭上安頭」と等価の語とすれば後者。 **毗盧** 毘盧遮那仏。原語、もとは太陽の意。仏智の広大無辺の象徴。盧遮那仏をこれの略称とする立場もあるし、両者別として、釈迦牟尼仏を加え、この三尊のあいだの身変化の関係を設定する立場もある。 **頭聻** すべてを頭字をもって統一的に把握しようとする立場の闡明。「明々百草頭」でも「頭」は積極的な意味(先端)を持たされている(但し「明々」は冗辞)。頭聻もここでは、これぞ頭、頭そのものというような意味だろう。

説と現成する 「夢中説夢」の「説」の縁で出た言回し。上述の解釈を現わす言語、言説が成立つ。 **値仏の慶快** 仏にあうよろこび。夢中説夢を夢中説夢と認じ参ずる昨日今日のことは、他の一見空しく思われることと同様、それをそういうものと見極めるなら、仏にまみえることだ。真理の体得即値仏。 **夢あきらかなる事** 夢は「頭」と読みかえてよい。結局「百草頭明」。一切不曾蔵の意となろう。 **生盲** 盲目の衆生。

一句合頭 合は契合の合だろう。一句の道が師資のあいだで、問答の機に契う。前々行の「その頭」の「頭」は次の「百草頭」以下頭字のついた

といふことなし。夢これ尽大地なり、尽大地は平なり。このゆへ（ゑ）に＊廻頭転脳《うゐてうてんなう》の無窮尽《むぐうじん》、すなはち夢裏証夢する＊信受奉行《しんじゆぶぎやう》なり。

☆釈迦牟尼仏言、
諸仏身金色、百福相荘厳、
＊聞法為人説、常有㆓是好夢㆒。
又夢作国王、捨㆓宮殿眷属、
及上妙五＊欲㆒、行㆓詣於道場㆒、
在㆓菩提樹下㆒、而処㆓師子座㆒、
求㆑道過㆓七日㆒、得㆓諸仏之智㆒、
成㆓無上道㆒已、起而転㆓法輪㆒、
為㆓四衆㆒説法、逕㆓千万億劫㆒、
説㆓無漏妙法㆒、度㆓無量衆生㆒、
後＊当入㆓涅槃㆒、如㆓＊烟尽燈滅㆒。
若後悪世中、説㆓是第一法㆒、
是人得㆓大利㆒、如㆓上諸功徳㆒。

《釈迦牟尼仏言《のたまは》く、
諸仏の身金色《こんじき》にして、百福の相荘厳あり、
聞法為人説《もんぽふゐにんせつ》するに、常に是の好夢有り。
又夢に国王と作《な》つて、宮殿《ぐうでん》・眷属《くゑんぞく》、
及び上妙の五欲を捨て、道場に行詣《ぎやうけい》す、
菩提樹下《ぼだいじゆげ》に在りて、師子の座に処し、
道を求むること七日に過《いた》りて、諸仏の智を得《え》、
無上道を成《じやう》じ已《をは》つて、起つて法輪を転じ、
四衆《ししゆ》の為に説法して、千万億劫を逕《へ》、
無漏の妙法を説いて、無量の衆生を度し、
後に当《まさ》に涅槃に入ること、烟尽燈滅の如くならん。
若し後の悪世の中に、是の第一法を説かんに、
是の人大利《だいり》を得ること、上の諸《もろもろ》の功徳の如くならん》▽

而今《しきん》の仏説を参学して、諸仏の仏会《ぶつゑ》を究尽《きうじん》すべし、これ譬喩《ひゆ》にあらず。諸仏の妙法は、たゞ唯仏与仏《ゆいぶつよぶつ》なるがゆへ（ゑ）に、＊夢・覚の諸法、ともに実相なり。覚中の発心・修行・菩提・

八箇の名辞の現わすもの、すなわち現実には頭など持たないこれら八種の事と物に通じ用いられるという暗示が、ここ二行にはある。頭字はそれが附属している名辞に一切拘束されず、いわば純粋な「頭」、存在のしるしである。　**安も上も頭々**　これら動詞や副詞も実在である。　**一槌千当万当**　槌の一揮いで千も万も当てる。ここぞと一撃すれば見事に効果をあげる。次句、反対に「千も万も槌をつかって一度当てるか当てないかだ」。　**恁麼事・恁麼人**　真如・如来。『恁麼』参照。　**ひめもす**　ひねもすに同じ。日常世間の意で言っている。→校異。　**夢中説夢なり**　述語。　**用許多作麼**…　「そんなに使ってどうするんだ」と問われるほど沢山だからこそ。　**把定放行なる**　ああもし、こうもするのが。主格。→九四頁二、三行。二八二頁「円尖は…」。三一一頁「夢曲夢直」注。　**的当**　確当。「直指」とともに端的適切な説示の意であろう。　**平常の**　水平を保つの意だろう。上の二句は、この語を修飾している。→解説。　**目銖機鑈**　「銖ヲ目シ、両ヲ機ル」。鑈は両(二十四銖)か。銖は百黍。一黍はもちきび一粒の重さ。秤量の本質、意味。　**夢中説夢**　真理の顕示。　**見成**　現成でなく、見成るだろう。　**物を接取して空に遊化せしむ**　どんな重いものでも平衡がとれれば、そ

涅槃あり。夢裏の発心・修行・菩提・涅槃あり。夢・覚おの〳〵実相なり。大小せず、勝劣せず。

しかあるを、「又夢作国王《いうむさこくわう》」等の前後の道著《だうぢや》を見聞する古今おもはくは、「説是第一法《せつぜだいいちほふ》」のちからによりて、夜夢のかくのごとくなると錯会《さくうい》せり。かくのごとく会取《ういしゆ》するは、いまだ仏説を暁了せざるなり。夢・覚もとより如一なり、実相なり。*仏法はたとひ譬喩《ひゆ》なりとも、実相なるべし。すでに譬喩にあらず、夢作《むさ》これ仏法の真実なり。釈迦牟尼仏および一切の諸仏諸祖、みな夢中に発心修行し、成等正覚《じやうとうしやうがく》するなり。しかあるゆへに、而今《しきん》の*娑婆世界の*一化《いつくゑ》の仏道、すなはち*夢作なり。「七日」といふは、得仏智の量なり。転法輪《てんぼふりん》、度衆生《どしゆじやう》、すでに逕千万億劫《きやうせんまんのくこふ》といふ、夢中の消息たどるべからず。

「諸仏身金色《しよぶつしんこんじき》、百福相荘厳《ひやつぷくさうしやうごん》、聞法為人説《もんぼふゐにんせつ》、常有是好夢《じやううぜかうむ》」といふ、あきらかにしりぬ、「好夢」は「諸仏」なりと証明せらるゝなり。「常有」の如来道あり、百年の夢のみにあらず。「為人説」は現身なり、「聞法」は眼処聞声《げんしよもんしやう》なり、心処聞声《しんじよもんしやう》なり。*旧巣処聞声《きうさうしよもんしやう》なり、空劫已前聞声《くうこふいぜんもんしやう》なり。

「諸仏身金色、百福相荘厳」といふ、「好夢」は「諸仏身」なりといふこと、直至如今更不疑《ちきしによこんかんふぎ》なり。覚中に仏化《ぶつくゑ》やまざる道理ありといへども、仏祖現成の道理、かならず*夢作夢中なり。莫謗仏法《もはうぶつぼふ》の参学すべし。▽莫謗仏法の参学するとき、而今の如来道たちまちに現成するなり。

こに重力による患いは消え、天秤は空に遊んでいるようなものである。この「せしむ」も「す」。「化」は「戯」の代り。**空をかけ物をかく…平にあふ夢中説夢あり** 「かく」は天秤にかける。「色」は「物」。実体のないものを測ろうとしても、延長と質料のあるものを測ろうとしても、天秤が平衡を保つ「夢中説夢(現実、真理の顕示)」はある。

廻頭転脳 現実に(あくせくと)身体と智慧をはたらかして生きる。

信受奉行 『金剛般若経』の真言の直前に出る言葉。ここでは「奉行」、その中でも「行」に意味はある。

聞法為人説 すでに成道した釈迦牟尼仏が文殊に説く偈のうちの句。夢の中でかれは金身の諸仏が法を説くのをきいて、それを人の為に説く。

五欲 五境をもいうが、ここは財欲・色欲・飲食欲・名誉欲・睡眠欲の五。修飾語「上妙」からも単に五境でないことは察せられる。

当 この場合は将と同じく未来形。

烟尽燈滅 涅槃の原義は吹き消すこと、吹き消された状態なので、これはそれの同義語。↓校異

夢・覚の諸法 夢中・覚時の諸事物・諸現象。結局全現実。

仏法はたとひ… 夢中説夢を夢中説夢と認じ参ずること、真理の体得が仏法であるなら、「譬喩」である仏

正法眼蔵夢中説夢第二十七

爾時仁治三年壬寅秋九月二十一日在雍州宇治郡観音導利興聖宝林精舎示衆

寛元元年癸卯三月廿三日書写早　侍者懐弉

法をそうと見極め、覚悟することは仏法に参じたことになろう。

娑婆世界　釈迦牟尼仏の教化する須弥世界。娑婆は強力、制圧、拮抗などの意の形容詞。また名詞として地球、人間世界。

一化　→一六七頁注

夢作　夢の中でのわざ。もっとも経中の「夢作」は「夢に…に作る」の意。

旧巣処聞声　旧巣は「旧窠」の形で本巻冒頭に出る。処は、上の二つの「根」の意味で言われた「処」とは異る。場所の意。次はそれが時間の中に展開される。

夢作夢中　「夢に…作る」と「夢の中」との二。

正法眼蔵第二十八

礼《らい》拝《はい》得《とく》髄《ずい》

修行《しゆぎやう》阿《あ》耨《のく》多《た》羅《ら》三藐三菩《さんみやくさんぼ》提《だい》の時節には、導師《だうし》をうることもともかたし。その導師は、男《なん》女等《によとう》の相《さう》にあらず、大丈夫《だいぢやうぶ》なるべし、*恁麼《いんも》人《じん》なるべし。古今人《ここんじん》にあらず、*野狐精《やこぜい》にして善《ぜん》知識《ちしき》ならん。これ得髄の面目なり、*導利なるべし。不昧因果なり、*你我渠《にがこ》なるべし。

すでに導師を*相逢《さうふ》せんよりこのかたは、万縁《ばんえん》をなげすてゝ、寸陰をすごさず精進辨道《しやうじんはんだう》すべし。有心《うしん》にても修行し、無心にても修行し、半心にても修行すべし。*しかあるを、頭燃《づねん》をはらひ、*翹足《ゲウソク》を学すべし。かくのごとくすれば、訕謗《せんばう》の魔儻《またう》にお《(を)》かされず、断臂《だんぴ》得髄《とくずい》の祖、さらに他にあらず、脱落身心の師、すでに自なりき。

髄をうること、法をつたう《(ふ)》ること、必定《ひつぢやう》して至誠《しじやう》により、信心によるなり。誠信《じやうしん》ほかよりきたるあとなし、内よりいづる方《かた》なし。たゞまさに法をおもくし、身をかろくするなり。世をのがれ、道をすみかとするなり。いさゝかも身をかへりみること法よりもおもきには、法つたはれず、道うることなし。その法をおもくする志気《しいき》、ひとつにあらず、他の教訓をまたずといへども、しばらく一二を挙拈《こねん》すべし。

いはく、法をおもくするは、たとひ露柱《ろしゆ》なりとも、たとひ燈籠《とうろう》なりとも、たとひ諸仏な

恁麼人　『恁麼』参照。そこでは「直趣無上菩提」を得んと思う人だった。しかし同時に「古今人」(現実の時間内に生き死にする人)でないのだから、「如来」である。

野狐精　野狐の精。下の「にして」は「であっても」。

導利　導引利生。道元の住寺の名の一部。

你我渠　汝、我、彼、その誰であってもよい。

を相逢　「相逢導師」と書かれた漢文訓読には、助詞として「を」「に」(「と」)いずれでも送れる。その単一化の傾向はすでに時々見たように道元の和文の特徴の一つである。

しかあるを　しかある間。「を」は感動の助詞ととれる。

翹足　釈迦牟尼が過去世において弗沙仏を見て歓喜し、七日七夜のあいだ片足で爪先立って、讃歎の偈を唱えた故事より、精進の意に用いる。しかし一般には爪先立つこと、そうして待つことをいう。

りとも、たとひ*野干《やかん》なりとも、鬼神《くゐじん》なりとも、男女《なんによ》なりとも、大法《だいほふ》を保任《ほうにん》し、*吾髄《ごずい》を汝得《によとく》せるあらば、身心《しんじん》を床座《じやうざ》にして、無量劫《むりやうこふ》にも*奉事《ぶじ》するなり。身心はうることやすし、世界に稲麻竹葦《たうまちくゐ》のごとし、法はあふことまれなり。

☆釈迦牟尼仏のいはく、「無上菩提《むじやうぼだい》を演説する師にあはんには、*種姓《しゆじやう》を観ずることなかれ、容顔を*みることなかれ、*非をきらふことなかれ、行《おこなひ》を*かんがふることなかれ。たゞ般若《はんにや》を尊重《そんぢゆう》するがゆへ《(ゑ)》に、日々に百千両の金《こがね》を食《じき》せしむべし。天食《てんじき》をおくりて供養《くやう》すべし、天花《てんくゑ》を散じて供養すべし。日々三時、礼拝《らいはい》し恭敬《くぎやう》して、さらに患悩《げんなう》の心《しん》を生《しやう》ぜしむることなかれ。かくのごとくすれば、菩提の道《だう》、かならずところあり。▽われ発心よりこのかた、かくのごとく修行して、今日は阿耨多羅三藐三菩提をえたるなり」。

しかあれば、若樹若石《にやくじゆにやくせき》も*とかましとねがい《(ひ)》、若田若里《にやくでんにやくり》もとかましともとむべし。露柱に問取《もんしゆ》し、牆壁《しやうへき》をしても参究すべし。むかし、*野干《やかん》を師として礼拝問法《らいはいもんぽふ》する天帝釈《てんたいしやく》あり、大《だい》菩薩《ぼさつ》の称つたはれり、*依業《えごふ》の尊卑によらず。

しかあるに、不聞仏法《ふもんぶつぽふ》の愚痴《ぐち》のたぐひおもはくは、われは大比丘なり、年少の得法を拝すべからず、われは久修練行《くしゆれんぎやう》なり、得法の晩学を拝すべからず、われは*師号に署せり、師号なきを拝すべからず、われは*法務司なり、得法の余僧を拝すべからず、われは*僧正司《そうじやうし》なり、得法の俗男俗女《ぞくなんぞくによ》を拝すべからず、われは三賢十聖《さんげんじつしやう》なり、得法せりとも、比丘尼等を礼拝すべからず、われは帝胤《ていいん》なり、得法なりとも、臣家相門《しんけしやうもん》を拝すべからずといふ。かくのごとくの痴人《ちにん》、いたづらに父国《ふこく》をはなれて、他国《たこく》の道路《だうろ》に跉跰《れいへい》するによりて、仏道を見聞

野干　狐の類とも狼の類ともいう。木に登るというところを見ればそのいずれでもない。梵名、悉伽羅。
吾髄を汝得　達磨と神光の禅機契合に拠る表現。吾・汝は冗辞。師の、従って仏法の真髄を得る。
奉事　つかえたてまつる。上の「身心を床坐にして」はわが身心を仏法をのせるべき台として。「身心はうることやすし」の語は強い。
種姓　インドのカスト。
みる　どういう顔かと思って。
非　仏道とはかかわりない、世間的によくないとされていること。
かんがふ　「勘ふ」。糺明。
とかまし　「説かまし」。説いてくればよい。上の「若樹若石」は前にも出たが、「若シクハ樹(も)、若シクハ石(も)」。
野干を師とし…　『未曾有経』の説話。獅子に追われた野干が野の井戸に落ち、地上に上れず、死の思いに逼られて万物の無常を感じ、十方仏の名を呼ぶ。それをきいた天帝釈はこれに聴法しようとして天降る。しかし地上にいて井底の野干の法話をきこうとしたため、野干にたしなめられ、これを天宝衣を下して救い上げたあとで法要をきく。『新草』中の『帰依仏法僧宝』に説かれている。
依業　前世の宿業。
師号に署せり　大師・禅師・国師など朝廷より与えられる号を「師号」

せざるなり。

むかし、唐朝趙州《でうしう》☆真際大師、こゝろをおこして発足行脚《ほっそくあんぎゃ》せしちなみにいふ、「たとひ七歳なりとも、われよりも勝《しょう》ならば、われ、かれにとふべし。たとひ百歳なりとも、われよりも劣《れつ》ならば、われ、かれをお《(を)》しう《(ふ)》べし」。

七歳に問法《もんぽふ》せんとき、老漢《らうかん》礼拝すべきなり。奇夷《きい》の志気《しいき》なり、古仏の心術なり。得道得法の比丘尼出世せるとき、求法《ぐほふ》参学の比丘僧、その会《ゑ》に投じて礼拝問法するは、参学の勝《しょう》躅《ちょく》なり。たとへば、渇《かつ》に飲《おん》にあふがごとくなるべし。

震旦国《しんだんこく》の志閑《しかん》☆禅師は、臨済下《りんざいか》の尊宿なり。臨済ちなみに師のきたるをみて、とりとゞむるに、師いはく、「領也《*りやうや》」。臨済は▽なちていはく、「且放你一《*しゃはうにいい》頓《とん》」。

これより臨済の子となれり。

臨済をはなれて末山*にいたるに、末山とふ、「近離甚処《*きんりじんしょ》」。

師いはく、「路口《*ろこう》」。

末山いはく、「なんぢなんぞ蓋却《*がいきゃ》しきたらざる」。

師、無語。すなはち礼拝して師資《しし》の礼をまうく。

師、かへりて末山にとう《(ふ)》、「いかならんかこれ末山」。

という。「署せり」は、署は位なりの用法に従う。すなわち、登録される(入矢)。

法務司　わが国の僧綱所の長官ともとれるが、それにしては「司」不詳。法会の事務を司るものの意か。

僧正司　僧正は中国・日本を通じて僧官の一だが、それの「司」も不詳。

領也　承知しました。

且放你一頓　「シバラク汝ニ一頓ヲ放(ユル)サン」。「頓」は一頓棒の略。一発殴ってやるところだが、まあ勘弁してやる(入矢)。

末山　江西省高安県の山。↓祖師

近離甚処　どこからやって来たか(入矢)。

路口　辻の入り口。

蓋却　蓋をする。却は動作の完了を示す強辞。「路口」と言ったのに対して言った洒落。言葉の洒落にメタフィジックな意味をもたせるのは禅問答の一つの特徴である。次の「末山」「不露頂」もまた同様。

末山いはく、「不露頂」。

師云《いはく》、「いかならんかこれ山中人」。

末山いはく、「非男女等相」。

師いはく、「*なんぢなんぞ変ぜざる」。

末山いはく、「これ野狐精《やこぜい》にあらず、なにをか変ぜん」。

師、礼拝す。

つゐ《(ひ)》に発心《ほつしん》して、*園頭《ゑんぢゆう》をつとむること始終三年なり。のちに出世*せりし時、衆《しゆ》にしめしていはく、「われ、臨済爺爺《やや》のところにして半杓を得《とく》しき、末山嬢々《ぢやうぢやう》のところにして半杓を得しき。ともに一杓につくりて、喫しお《(を)》はりて、*直至如今飽餉々《ちきしによこんはうしやうしやう》なり」。

いまこの道《だう》をきゝて、昔日《せきじつ》のあとを慕古《ぼこ》するに、末山は☆高安大愚《かうあんだいぐ》の神足《じんそく》なり、命脈《めいみやく》ちからありて志閑の嬢《ちやう》となる。臨済は黄檗運師《わうばくうんし》の嫡嗣《ちやくし》なり、功夫《くふう》ちからありて志閑の爺《や》となる。爺《や》とはちゝといふなり、嬢《ちやう》とは母といふなり。志閑禅師の末山尼了然《まつさんにれうねん》を礼拝求法《らいはいぐほふ》する、志《しい》気《き》の勝躅《しようちよく》なり、晩学の*慣節《くわんせつ》なり。*撃関破節《ぎやくくわんはせつ》といふべし。

*妙信尼《めうしんに》は☆仰山《きやうざん》の弟子《でし》なり。仰山ときに*廨院主《かいゐんじゆ》を選《せん》するに、仰山、あまねく*勤旧前資《ごんきうぜんし》等にとふ、「たれ人かその仁《じん》なる」。問答《もんだふ》往来するに、仰山つゐ《(ひ)》にいはく、「*信淮子《しんわいす》これ女流《によりう》なりといへども、大丈夫《だいぢやうふ》の志気《しいき》あり。まさに廨院主とするにたへたり」。衆みな応諾す。妙信つゐ《(ひ)》に廨院主に充《じゆう》す。ときに仰山の会下《ゑげ》にある竜象《りゆうざう》うらみず。まことに非細《ひさい》の職にあらざ

なんぢなんぞ変ぜざる　原文「何不変去」。ところがお前は当り前の相をしているではないか。どうして別の相に変っていないのだの意(入矢)。
園頭　禅林で、菜園係りをいう。
出世　一山の住持となる。
直至如今飽餉々　「飽餉々」は他で見ない字だが、「飽不飢」(→六〇頁「直至如今飽不飢」注)と意味上は同じか。腹一杯でポンポンだ。「露堂々」「活鱍々」などと同種の三字一語のオノマトペ的状態表現。「ずっと今に至るまで」そういう状態(入矢)。
慣節　慣わしとなっている定め。行履のごとき意か。
撃関破節　障害規矩拘束を物ともせず打破る。「節」字、前の語の縁。
妙信尼　仰山の高弟。
廨院　禅林で、収納・会計・渉外に従事する部局。
勤旧前資　勤旧は禅林で退休した東序の六知事、西序の諸頭首を言う。前資は前の資助者の意で、副司以下の東序の職を三次以上つとめて退休したもの。
信淮子　信は妙信の略称。淮水地方の出身だったので淮子という。

れども、選《せん》にあたらん自己としては、*自愛しつべし。

充職して廨院にあるとき、蜀僧《しよくそう》十七人ありて、儻《たう》をむすびて尋師訪道《じんしはうだう》するに、仰山にのぼらんとして、薄暮《はくぼ》に廨院に宿す。歇息《けつそく》する夜話《やわ》に、*曹谿高祖《さうけいかうそ》の風幡話《ふうばんわ》を挙《こ》す。十七人おの〳〵いふこと、みな道不是《だうふし》なり。ときに廨院主、かべのほかにありてきゝていはく、「十七頭*瞎驢《かつろ》、お《(を)》しむべし、いくばくの草鞋《さうあい》をかつゐ《(ひ)》やす。仏法也未夢見在《ぶつぽふやみむけんざい》」。

ときに行者《あんじや》ありて、廨院主の僧を不肯《ふけん》するをきゝて、十七僧にかたるに、十七僧ともに廨院主の不肯《ふけん》するをうらみず。おのれが道不得《だうふて》をはぢて、すなはち威儀《ゐぎ》を具し、焼香礼拝して請問《しんもん》す。

廨院主いはく、「*近前来《きんぜんらい》」。

十七僧、近前するあゆみいまだやまざるに、廨院主いはく、「*不是風動《ふぜふうどう》、不是幡動《ふぜばんどう》、不是《ふぜ》心動《しんどう》」。

かくのごとく為道《ゐだう》するに、十七僧ともに有省《いうしん》なり。礼謝《らいしや》して師資《しし》の儀をなす。すみやかに西蜀にかへる。つゐ《(ひ)》に仰山にのぼらず。まことにこれ三賢十聖のおよぶところにあらず、仏祖嫡々《ちやくちやく》の道業《だうごふ》なり。

しかあれば、いまも住持《ぢゆうぢ》および*半座《はんざ》の職むなしからんときは、比丘尼《びくに》の得法せらんを請《しやう》ずべし。比丘の高年宿老《かうねんすくらう》なりとも、得法せざらん、なんの要かあらん。*為衆の主人、かならず明眼《みやうがん》によるべし。

自愛　「オノヅカラ愛ス」ではなかろうか。「愛」の対象は、廨院主の「職」。

曹谿高祖の風幡話　『恁麼』(二二六頁)参照。

瞎驢　めくらかめっかちの驢馬。至愚の喩。

近前来　「近ヅキ前(スス)メ」。「近」も動詞(入矢)。来は助辞。

不是風動　コレ風ノ動ズルニアラズ。

半座　『仏性』(五八頁)注参照。

為衆　衆(一山大衆)のための。

しかあるに、*村人《そんじん》の身心に沈溺《ちんじやく》せらんは、かたくなにして、世俗にもわらひぬべきことおほし。いはんや仏法には、いふにたらず。又女人《によにん》および*師姑《しこ》等の、伝法の師僧を*拝不肯《はいふけん》ならんと擬するもありぬべし。これはしることなく、学せざるゆへ《(ゑ)》に、畜生《ちくしやう》にはちかく、仏祖にはとほきなり。

一向《いつかう》に仏法に身心を投ぜんことを、ふかく*たくはふるこゝろとせるは、仏法かならず*人をあはれむことあるなり。おろかなる人天《にんでん》、なほまことを感ずるおもひあり。諸仏の正法、いかでかまことに感応《かんのう》するあはれみなからん。土石沙礫《どしやくしやれき》にも*誠感《じやうかん》の至神《しいしん》はあるなり。

見在大宋国《げんざいだいそうこく》の寺院に、比丘尼の掛搭《くわた》せるが、もし得法の声《ナ》あれば、官家《くわんけ》より尼寺の住持に補《ふ》すべき詔《せう》をたまふには、*即寺《そくじ》にて上堂す。住持以下《いげ》衆僧《しゆそう》、みな上参して、立地《りつち》聴法《ちやうぼふ》するに、問話《もんわ》も比丘《びく》僧《そう》なり。これ古来の規矩《きく》なり。

得法せらんはすなはち一箇の真箇なる古仏にてあれば、*むかしのたれにて相見《しやうけん》すべからず。かれわれをみるに、*新条《しんでう》の特地《てつし》に相接《さうせふ》す。われかれをみるに、*今日須入今日《こんにちしゆにふこんにち》の相待《さうたい》なるべし。たとへば、正法眼蔵を伝持せらん比丘尼は、*四果《しくわ》支仏《しぶつ》および三賢十聖《さんげんじつしやう》もきたりて礼拝問法《らいはいもんぼふ》せんに、比丘尼この礼拝をうくべし。男児《だんじ》なにをもてか貴《くゐ》ならん。虚空は虚《こ》空《くう》なり、四大は四大なり、五蘊《ごうん》は五蘊なり。女流《によりう》も又かくのごとし、得道はいづれも得道す。たゞし、いづれも得法を敬重《きやうぢゆう》すべし、男女《なんによ》を論ずることなかれ。これ仏道極妙《ごくめう》の法則なり。

又、宋朝に居士《こじ》という《(ふ)》は、未出家の士夫なり。庵居《あんきよ》して夫婦そなはれるもあり、又孤独

村人の身心…　身心ともに蒙昧な田舎者のような境地に沈み溺れている。
師姑　尼僧。
拝不肯　拝スルコトヲ肯ンゼズ。

たくはふ　蘊。
人を　この人を。

誠感の至神　誠を感ずる霊妙至極のはたらき。

即寺にて　寺に即(つ)いて。その(現在掛搭している)寺で(入矢)。このあたり『行持』下(二一五頁以下)の長翁如浄の反権力的姿勢の礼讃とは矛盾している。
むかしのたれにて　その人が誰であろうと昔のその人として。
新条の特地に　新規特別の境地において。「相接」は相見と同じで、彼我相見。
今日須入今日の相待　須入今日は、『観音』(二三四頁)に出る。きわめて自然な、しかも面目一新している相互の応待。
四果支仏　四果(→三二四頁注)と辟支仏(縁覚)。

潔白《けっぱく》なるもあり。なほ*塵労稠林《ぢんらうちうりん》といひぬべし。しかあれども、あきらむるところあるは、雲衲霞袂《うんなふかべい》あつまりて礼拝請益《らいはいしんえき》すること、出家の宗匠《そうしやう》におなじ。たとひ女人《によにん》なりとも、畜生《ちくしやう》なりとも、又しかあるべし。

仏法の道理いまだゆめにもみざらんは、たとい(ひ)百歳なる老比丘なりとも、得法の男女《なんによ》におよぶべきにあらず。うやまふべからず。たゞ賓主《ひんじゅ》の礼のみなり。仏法を修行し、仏法を道取せんは、たとひ七歳の女流《によりう》なりとも、すなはち*四衆《ししゅ》の導師《だうし》なり、衆生《しゅじやう》の慈父なり。たとへば*竜女成仏《りゆうによじやうぶつ》のごとし。供養恭敬《くやうくぎやう》せんこと、諸仏如来にひとしかるべし。これすなはち仏道の古儀なり。しらず、単伝せざらんは、あはれむべし。

正法眼蔵▽礼拝得髄第二十八

延応庚子*清明日記観音導利興聖宝林寺

塵労稠林　塵労(心を労する塵ともいうが、六塵すなわち環境から来るわずらいの意でもあろう)が稠林(密林、繁茂の意で使う)である。

四衆　この語多義。「衆生」と別に立てられているので、比丘・比丘尼・沙弥・沙弥尼の意だろう。後二者の代りに優婆塞・優婆夷とおくこともあり、また発起衆(仏に経を説くように為向けるもの)・当機衆(経を聞いて正しく益をうけるもの)・影向衆(他方から来て仏の教化を助けるもの)・結縁衆(会上、見仏聞法の縁をむすぶもの)の四とするのがよいとする説もある。

竜女成仏　『法華経』提婆達多品に出る。娑竭羅竜王の女が八歳でたちまち成道したという説話。智積菩薩はその忽緒なるを疑い、舎利弗も女身成仏せりということを疑う。竜女男子となり、菩薩行を具し、南方無垢世界に行き、等正覚を成じ、仏となる。

清明日　春分後一五・二一八五日目。この年(延応二年—一二四〇年)には陰暦三月七日(広瀬秀雄氏)。

参考

以下は、七十五巻の正法眼蔵には諸本いずれも欠き、ただ永平寺に伝わる二十八巻の秘密正法眼蔵の中にだけ残ったものである。恐らく、七十五巻の正法眼蔵が整理された時、削られたものであろう。江戸時代、本山版編集の際、再び本文に続いて採録されるに至った。本来省いてよいものであるが、本山版でなじみの多くなった人々のため、参考として、原写本の様式通り片仮名をもって掲げておく。

又、和漢ノ古今ニ、帝位ニシテ女人《にょにん》アリ。其《そ》ノ国土、ミナコノ帝王ノ所領ナリ、人ミナソノ臣トナル。コレハ、人ヲウヤマウ《(ふ)》ニアラズ、位ヲウヤマウ《(ふ)》ナリ。比丘尼《びくに》モ又ソノ人ヲウヤマウ《(ふ)》コトハ、ムカシヨリナシ。ヒトヘニ得法ヲウヤマウ《(ふ)》ナリ。

又、阿羅漢《あらかん》トナレル比丘尼アルニハ、*四果ニシタガウ《(ふ)》功徳《くどく》ミナキタル。功徳ナヲ《(ほ)》シタガフ、人天《にんでん》タレカ四果ノ功徳《くどく》ヨリモスグレン。三界《さんがい》ノ諸天ミナオヨブ処《ところ》ニアラズ、シカシナガラスツルモノトナル。諸天ミナウヤマウ《(ふ)》処ナリ。況《いはん》ヤ如来ノ正法ヲ伝来シ、菩薩ノ大心《だいしん》ヲオコサン、タレノウヤマハザルカアラン。コレヲウヤマハザランハ、*オノレガオ《(を)》カシナリ。オノレガ無上菩提ヲウヤマハザレバ、謗法《はうぼふ》ノ愚痴《ぐち》ナリ。

又ワガ国ニハ、帝者《ていじゃ》ノムスメ或《あるい》ハ大臣ノムスメノ、后宮《こうぐう》ニ準ズルアリ、又皇后《くわうごう》ノ院号《ゐんがう》セルアリ。コレラ、カミヲソレルアリ、カミヲソラザルアリ。シカアルニ、貪名愛利《とんみやうあいり》ノ比丘《びく》僧《そう》ニ似タル僧侶《そうりょ》、*コノ家門《かもん》ニワシルニ、カウベヲハキモノニウタズト云《いふ》コトナシ。ナヲ《(ほ)》主従ヨリモ劣《れつ》ナリ、況《いはん》ヤマタ奴僕《ぬぼく》トナリテトシヲフルモオホシ。アハレナルカナ、小国辺地《せうこくへんち》

四果　すでに度々出たがここで多少詳注すれば、一、預流果(三界における四諦の理を弁えぬために起る惑いを断じ尽してついに聖者の流類に入り得たという意味の果)。二、一往来果(人間界においてこの果を得れば天上に生れ変り、次世に人間に生れて涅槃に入る。天上においてこの果を得れば、一度人間に生れ変ってのち、天上界で涅槃に入るという、三世往復の後はじめて成仏できる果)。三、不還果(色界の下の欲界において、三乗の聖者が修道によってはじめて断じ去れる貪・瞋・癡・慢の四惑を脱却しえて、ふたたび欲界に戻らぬ位。一往来果の聖者の断じ残した惑から脱却する)。四、無学果(阿羅漢果ともいう。三界の見惑〔預流果の聖者の断じえたもの〕・思惑〔一往来果、不還果の聖者の断じえたもの〕を断じ尽して、修学成就し、もはや学ぶべきものなく、世の供養を受くべき聖者の位)の四。

オノレガオカシ　おのれのおのれ自身に対する犯し。

コノ家門　上に記した女院たち。

ニ*ウマレヌルニ、如是《かくのごとき》ノ邪風トモシラザルコトハ。天竺唐土《てんぢくたうど》ニハイマダナシ、我ガ国ニノミアリ。悲シムベシ、アナガチニ鬢髪《びんぱつ》ヲソリテ如来ノ正法ヲヤブル、深重《じんぢゆう》ノ罪業《ざいごふ》ト云《いふ》ベシ。コレヒトヘニ夢幻空花《むげんくうくゑ》ノ世途《せいと》ヲワスル、ニヨリテ、女人《によにん》ノ奴僕《ぬぼく》ト繋縛《けばく》セラレタルコト、カナシムベシ。イタヅラナル世途《せいと》ノタメ、ナヲ《(ほ)》カクノ如《ごと》ス。無上菩提《むじやうぼだい》ノタメ、ナンゾ得法ノウヤマフベキヲウヤマハザラン。コレハ法ヲオモクスルコヽロザシアサク、法ヲモトムルコヽロザシアマネカラザルユヱナリ。スデニタカラヲムサボルトキ、女人《によにん》ノタカラニテアレバウベカラズトオモハズ。法ヲモトメントキハ、コノコヽロザシニハスグルベシ。モシシカアラバ、草木墻壁《さうもくしやうへき》モ正法ヲホドコシ、天地万法モ正法ヲアタフルナリ。カナラズシルベキ道理ナリ。真善知識ニアフトイヘドモ、イマダコノ志気《しいき》ヲタテヽ、法ヲモトメザルトキハ、法水ノウルホイ《(ひ)》カウブラザルナリ。審細ニ功夫スベシ。

又、イマ至愚ノハナハダシキ人オモウ《(ふ)》コトハ、女流ハ*貪婬所対《とんいんしよたい》ノ境界《きやうがい》ニテアリトオモフコヽロヲアラタメズシテコレヲミル。仏子如是《かくのごとく》アルベカラズ。婬所対ノ*境トナリヌベシトテイムコトアラバ、一切男子《なんし》モ又イムベキカ。*染汚《ぜんわ》ノ因縁トナルコトハ、男《なん》モ境トナル、女《によ》モ*境縁トナル。非男非女モ境縁トナル、夢幻空花《むげんくうくゑ》モ境縁トナル。アルイハ水影《すいやう》ヲ縁トシテ非梵行《ひぼんぎやう》アルコトアリキ、アルイハ天日ヲ縁トシテ非梵行アリキ。神《じん》モ境《きやう》トナル、鬼《き》モ境《きやう》トナル。ソノ縁カゾヘツクスベカラズ。八万四千ノ境界アリト云フ、コレミナスツベキカ、ミルベカラザルカ。

律《りつにいはく》云、「*男二所《なんにしよ》、女三所《によさんしよ》、オナジクコレ*波羅夷不共住《はらいふぐうぢゆう》」。

ウマレヌルニ　うまれぬるにより。

貪婬所対　貪欲・婬欲の対象となる、相手となる。

境　所対を実体化して境と言った。「所対」は元来、「縁」であり「識」である。

染汚ノ因縁トナルコトハ　相手の執着の因となり、相手をけがすという意味では。「縁」は省いて考える。「男も(そういう意味で)境」だとつづく。

境縁　単に「境」というのに同じ。

男二所女三所　それらを犯すものはの意。口、肛門、膣。

波羅夷　懺悔の法なく僧団より追放される極重罪。「不共住」は追放の意。訳語ではない。

シカアレバ、婬所対ノ境《きやう》ニナリヌベシトテキラワ《(は)》バ、一切ノ男子ト女人ト、タガイ《(ひ)》ニアイ《(ひ)》キラウテ、更ニ得度ノ期《ご》アルベカラズ。コノ道理、子細ニ撿点スベシ。

又、外道《ぐゑだう》モ妻ナキアリ。妻ナシトイヘドモ、仏法ニ入ラザレバ、邪見ノ外道ナリ。仏弟子モ、在家ノ*二衆ハ夫婦アリ。夫婦アレドモ、仏弟子ナレバ、人中天上《にんちゆうてんじやう》ニモ、カタヲヒトシクスル余類ナシ。

又、唐国《たうごく》ニモ、愚痴僧アリテ、願志《ぐわんし》ヲ立《りふ》スルニ云《いは》ク、「生々世々《しやうじやうせせ》ナガク女人ヲミルコトナカラン」。コノ願、ナニノ法ニカヨル。世法ニヨルカ、仏法ニヨルカ、外道ノ法ニヨルカ、天魔ノ法ニヨルカ。女人《によにん》ナニノトガヽアル、男子《なんし》ナニノ徳カアル。悪人ハ男子モ悪人ナル▽アリ、善人ハ女人モ善人ナルアリ。聞法ヲネガイ《(ひ)》出離ヲモトムルコト、カナラズ男子女人ニヨラズ。モシ未断惑《みだんわく》ノトキハ、男子女人オナジク未断惑ナリ。断惑証理《だんわくしようり》ノトキハ、男子女人、簡別《けんべつ》サラニアラズ。又ナガク女人ヲミジト願《ぐわん》セバ、*衆生無辺誓願度《しゆじやうむへんせいぐわんど》ノトキモ、女人ヲバスツベキカ。捨テバ菩薩《ぼさつ》ニアラズ、仏慈悲《ぶつじひ》ト云ハンヤ。タヾコレ声聞《しやうもん》ノ酒ニヱウ《(ふ)》コトフカキニヨリテ、酔狂《すいきやう》ノ言語《げんぎよ》ナリ。人天《にんでん》コレヲマコトヽ、信ズベカラズ。

又、ムカシ犯罪《ぼんざい》アリシトテキラハヾ、一切菩薩オ《(を)》モキラフベシ。モシノチニ犯罪アリヌベシトテキラワ《(は)》バ、一切発心ノ菩薩ヲモキラフベシ。如レ此《かくのごとく》キラワ《(は)》バ、一切ミナステン。ナニヽヨリテカ仏法現成セン。如レ是《かくのごとき》ノコトバヽ、仏法ヲ知ラザル癡人《ちにん》ノ狂言《くゐやうげん》ナリ。カナシムベシ、モシ*ナンヂガ願《ぐわん》ノ如クニアラバ、釈尊ヲ《(お)》ヨビ在世ノ諸菩薩、ミナ犯罪在《ぼんざいあ》リケルカ、又ナンヂヨリモ菩提心《ぼだいしん》モアサカリケルカ。シヅカニ観察《くわんざつ》スベシ、附法蔵《ふほふざう》ノ祖師ヲ《(お)》ヨビ仏在

二衆　優婆塞・優婆夷。

衆生無辺誓願度　四弘誓願、すなわち菩薩の起す誓願四つのうちの一つ。衆生を無辺に度せんことを誓願する。無辺は本来無辺際の意だが、ここでは無差別を意味させていよう。他に、煩悩無量誓願断・法門無尽誓願学・仏道無上誓願成。

ナンヂ　直接には六行目の「愚痴僧」だろう。

仏法ニナラウベキ処ヤアル　…処があるか、いややはりあるという意。従って上の「この願なくは」は「なくとも」の意になってくる。

セザルアリ　「ザ」は削って読む。

餅ヲウラズ…　『心不可得』(一〇九

世ノ菩薩コノ願《ぐわん》ナクハ、*仏法ニナラウ(ヲ)ベキ処《ところ》ヤアルト参学スベキナリ。モシ汝《なん》ヂガ願ノゴトクニアラバ、女人ヲ済度セザルノミニアラズ、得法ノ女人世《よ》ニイデヽ、人天ノタメニ説法セントキモ、来《きた》リテキクベカラザルカ。モシ来リテキカズハ、菩薩ニアラズ、スナハチ外道ナリ。

今大宋国《だいそうこく》ヲミルニ、久修練行《くしゆれんぎやう》ニ似タル僧侶《そうりよ》ノ、イタヅラニ海沙《かいじや》ヲカゾヘテ、生死海《しやうじかい》ニ流《る》浪《らう》*セザルアリ。女人《によにん》ニテアルトモ、参尋知識《さんじんちしき》シ、辨道功夫《はんだうくふう》シテ、人天《にんでん》ノ導師ニテアルアリ。*餅《もちひ》ヲウラズ、餅《もちひ》ヲステシ老婆《らうば》▽等アリ。アハレムベシ、男児ノ比丘僧ニテアレドモ、イタヅラニ教海ノイサゴヲカゾヘテ、仏法ハユメニモイマダミザルコト。

オヨソ境ヲミテハ、*アキラムルコトヲナラフベシ。*オヂテニグルトノミナラフハ、小乗声聞ノ教行ナリ。東ヲステヽ、西ニカクレントスレバ、▽西ニモ境界ナキニアラズ。タトヘ*ニゲヌルトオモウ(フ)トアキラメザルニモ、遠《をん》ニテモ境ナリ、近ニテモ境ナリ。ナヲ(ホ)コレ解脱《げだつ》ノ分ニアラズ。▽遠縁《をんえん》ハイヨ〳〵深カルベシ。

又、日本国ニヒトツノハ(ワ)ライゴトアリ。イワ(ハ)ユル或《あるい》ハ結界《けちかい》ノ地ト称ジ、アルイハ大乗ノ道場ト称ジテ、比丘尼《びくに》・女人《によにん》等ヲ来入セシメズ。邪風ヒサシクツタハレテ、人ハキマウ(ヲ)ルコトナシ。稽古《けいこ》ノ人アラタメズ、博達ノ士モカンガフルコトナシ。或《あるい》ハ*権者《ごんざ》ノ所為ト称ジ、アルイハ古先《こせん》ノ遺風ト号シテ、更ニ論ズルコトナキ、笑ワ(ハ)バ人ノ腸《はらわた》モ断ジヌベシ。権者《ごんざ》トハナニ者ゾ、賢人《けんにん》カ聖人《しやうにん》カ、神《じん》カ鬼《き》カ、十聖《じつしやう》カ三賢《さんげん》カ、*等覚《とうがく》カ妙覚カ。又、フルキヲアラ

頁)参照。

アキラムル　明らかにする。明らかに見、知ることがただちに「断」すなわち脱却に連なるという考え方。

オヂテニグルトノミ　…逃ぐるべしとのみ。

ニゲヌルトオモウト…　逃げおおせると思って。「アキラ(諦)メザルニモ」は「…ニハ」。これも順当な接続と矛盾接続の混用の例。

権者　仏菩薩が衆生済度のために現われるときの仮の姿。権現。

等覚　ここのも正覚に等しい覚の意。妙覚をまさに得んとする位にあるものの覚。

三十七部　金剛界曼荼羅の主尊三十七体のことか。涅槃に至るための三十七道品、すなわち四念処(四念処観の略。身の不浄、受(三九四頁注)の苦、心の無常、法の無我を観ずる行)・四正勤(已に生れた悪を除き、未だ生ぜざる悪を予防し、未生の善を生じさせようとし、已生の善を増長させるための精進)・四如意足(神通如意を得るための四方便。それを欲すること、得んとして精進すること、心をそのために集中すること、智慧によるそのための思惟、の四)・五根(三十七道品のうちの信・精進・念・定・慧の五根をいう。この根はここでは能力・力量の意)・五力(上の五根が増長して、欺・怠・瞋・

タメザルベクハ、生死流転《しやうじるでん》ヲバスツベカラザルカ。況ヤ大師釈尊、コレ無上正等覚ナリ。アキラムベキハ、コトゴトクアキラム。オコノウ《(なふ)》ベキワ《(は)》、コト〳〵クコレヲヲ《(お)》コノウ《(なふ)》。解脱《げだつ》スベキハミナ解脱セリ。イマノタレカ、ホトリニモヲ《(お)》ヨバン。シカアルニ、在世ノ仏会《ぶつゑ》ニ、ミナ比丘《びく》・比丘尼《びくに》・優婆塞《うばそく》・優婆夷《うばい》等ノ四衆《ししゆ》アリ。八部アリ、*三十七部アリ、八万四千部アリ。ミナコレ仏界ヲ結セルコト、アラタナル仏会《ぶつゑ》ナリ。イヅレノ会《ゑ》カ比丘尼ナキ、女人《によにん》ナキ、男子《なんし》ナキ、八部ナキ。如来在世ノ仏会ヨリモスグレテ清浄《しやうじやう》ナラン結界ヲバ、ワレラネガフベキニアラズ、天魔界ナルガユヱニ。仏会ノ法儀《ほふぎ》ハ、*自界他方、三世千仏、コトナルコトナシ。コトナル法アランハ、仏会《ぶつゑ》ニアラズト知ルベシ。

イワ《(は)》ユル四果《しくわ》ハ極位《ごくゐ》ナリ。大乗ニテモ小乗ニテモ、極位ノ功徳《くどく》ハ差別セズ。然《しか》アルニ、比丘尼ノ四果ヲ証スルオホシ。*三界ノウチニモ十方ノ仏土ニモ、イヅレノ界ニカイタラザラン。タレカコノ行履《あんり》ヲフサグコトアラン。

又、妙覚《めうがく》ハ無上位《むじやうゐ》ナリ。女人スデニ作仏《さぶつ》ス、諸法イヅレノモノカ究尽《きうじん》セラレザラン。タレカコレヲフサギテ、イタラシメザラント擬セン。スデニ「遍照於十方《へんぜうおじつぱう》」ノ功徳《くどく》アリ、*界畔イカヾセン。

又、天女《てんによ》ヲモフサギテイタラシメザルカ、神女《じんによ》ヲモフサギテイタラシメザルカ。天女《てんによ》・神女《じんによ》モイマダ断惑《だんわく》ノ類ニアラズ、ナヲ《(ほ)》コレ流転《るでん》ノ衆生《しゆじやう》ナリ。犯罪《ぼんざい》アルトキハアリ、ナキトキハナシ。人女《にんによ》・畜女《ちくによ》モ、罪アルトキハアリ、罪ナキトキハナシ。天ノミチ、神《じん》ノミチ、

恨・怨の五つの障りを退治する力となったもの)・七覚支(三十七道品の一。仏道修行の階程のうち智慧をもって諸法を観察覚了する七種の道。慧・定それぞれに属する三支分ずつと、定慧に属する一支分の七。最後のものは心の沈むときと浮動するときとに、それぞれ先の慧の三支分、定の三支分を自由に用いて禅定に入る)・八正道(正しく見、正しく考え、正しく語り、正しく為し、三業を清浄に保ち正しく生き、入涅槃まで正しく努力し、邪念を離れ正しい道を臆念し、三昧安楽の態度で、解脱し清浄の境に入ること)がこれら諸尊と対応しているといわれる。上の「八部」→二七〇頁注。下の「八万四千部」は極多数部の意。

自界他方　自他の境域。

三界ノウチニモ…　三界(欲・色・無色の三界)でも十方仏土でもどこでも。主格は「比丘尼」。

界畔　さかい。さかいを設けても何になろう。

転輪聖王　身に三十二相を具し、即位の際、天より感得した輪宝を転じて四方を降伏するという仏教説話の大王。空を飛ぶので飛行皇帝ともいう。釈迦牟尼は出家しなければこの王になっただろうとされる。

釈提桓因　帝釈天のこと。

イタラザル処　入って行けない処。

三界慈父　釈迦牟尼仏。その「長

フサガン人ハタレゾ。スデニ三世ノ仏会《ぶつゑ》ニ参詣《さんけい》ス、仏所ニ参学ス。仏所・仏会ニコトナラン、タレカ仏法ト信受セン。タヾコレ▽誑惑世間人《わうわくせけんにん》ノ至愚也《なり》。野干ノ、窟穴《くつけつ》ヲ人ニウバ、レザラントオ(を)シムヨリモヲ(お)ロカナリ。

又、仏弟子《ぶつでし》ノ位ハ、菩薩ニモアレ、タトイ(ひ)声聞《しやうもん》ニモアレ、第一比丘、第二比丘尼、第三優婆塞《うばそく》、第四優婆夷《うばい》、カクノゴトシ。コノ位、天上人間トモニシレリ。ヒサシクキコエ(え)タリ。シカアルヲ、仏弟子第二ノ位ハ、*転輪聖王《てんりんじやうわう》ヨリモスグレ、*釈提桓因《しやくだいくわんいん》ヨリモスグルベシ、*イタラザル処《ところ》アルベカラズ、イハンヤ小国辺土《せうごくへんど》ノ国王・大臣ノ位ニナラブベキニアラズ。イマ比丘尼イルベカラズト云《いふ》道場ヲミルニ、田夫《でんぷ》・野人《やじん》・農夫《のうふ》・▽樵翁《せうをう》ミダレ入ル。況《いはん》ヤ国王・大臣・百官・宰相、タレカ入▽ラザルアラン。田夫等ト比丘尼ト、学道ヲ論ジ、得位ヲ論ゼンニ、勝劣《しようれつ》ツイ(ひ)ニイカン。タトイ(ひ)世法ニテ論ズトモ、タトイ(ひ)仏法ニテ論ズトモ、比丘尼ノイタラン処《ところ》ヘ、田夫・野人アエ(へ)テイタルベカラズ。錯乱《さくらん》ノハナハダシキ、小国《せうごく》ハジメテコノアトヲノコス。アハレムベシ、*三界慈父ノ長子、小国ニキタリテ、フサギテイタラシメザル処アリ。

又、カノ結界《けちかい》ト称ズル処ニスメルヤカラ、*十悪ヲヲ(お)ソル、コトナシ、*十重ツブサニオ(を)カス。タヾ造罪界《ざうざいかい》トシテ、不《ふ》造罪人《ざうざいにん》ヲキラフカ。況《いはん》ヤ*逆罪《ぎやくざい》ヲオモキコト、ス。結界ノ地ニスメルモノ、逆罪モツクリヌベシ。カクノゴトクノ魔界ハ、マサニヤブルベシ。仏化《ぶつくゑ》ヲ学スベシ、仏界ニイルベシ。*マサニ仏恩《ぶつおん》ヲ報ズルニテアラン。*如レ是《かくのごとき》ノ古先、ナンヂ結界ノ旨趣ヲシレリヤイナヤ。タレヨリカ相承《さうじよう》セリシ、タレガ印《いん》ヲカウブレル。

子」は比丘のこと。

十悪・十重　殺生・偸盗・邪婬(以上身業に属する)・妄語(うそをつく)・綺語(駄弁を弄する)・悪口(悪罵する)・両舌(二枚舌。以上四、口業に属する)・貪欲・瞋恚・邪見(以上、意業に属する)の十悪と十重。後者は、それを「おかす」とあるから、十重戒を言っていよう。大乗顕教でいうのは、不殺生・不盗・不婬・不妄語・不酤酒(酒を売らない)・不説過罪(出家・在家の菩薩、比丘・比丘尼の罪過を説かない)、不自讃毀他・不慳(施しの為し惜しみをしない)・不瞋・不謗三宝の十。

逆罪　五逆罪。さまざまに説かれるが、一つは父・母・阿羅漢を殺す、仏身より血を出す、僧団を破壊するの五種。また、この五種を一にかぞえ、他に塔寺を破り経像を焼き仏法僧の物を奪う一、声聞・縁覚の法および大乗を誹謗覆蔵する一、沙門を打罵呵責駆使あるいは還俗させ乃至殺す一、因果を撥無し常に十不善業を行う一、この五を挙げるのが大乗の五逆。他にもある。

マサニ仏恩ヲ…　前行の「マサニヤブルベシ」以下のことこそまさに…だろう。

如是ノ古先　このような先祖。それに呼びかけて「ナンヂ」と言う。前の「結界と称ずる処にすめるやから」がそれだろう。

イワ《(は)》ユルコノ*諸仏所結ノ大界《だいかい》ニイルモノハ、諸仏モ衆生モ、大地モ虚空《こくう》モ、繋縛《けばく》ヲ解脱《げだつ》シ、諸仏ノ妙法ニ帰源《くゐげん》スルナリ。シカアレバ即《すなは》チ、コノ界ヲヒトタビフム衆生、シカシナガラ仏功徳ヲカフ《(う)》ブルナリ。不違越《ふゐをつ》ノ功徳アリ、得清浄《とくしやうじやう》ノ功徳アリ。一方ヲ結スルトキ、スナハチ法界《ほふかい》ミナ結セラレ、一重ヲ結スルトキ、法界ミナ結セラルヽナリ。アルイワ《(は)》水ヲ以テ結スル界アリ、或《あるい》ハ心《しん》ヲ以テ結界スルコトアリ、或《あるい》ハ空《くう》ヲ以テ結界スルコトアリ。カナラズ相承相伝《さうじようさうでん》アリテ知ルベキコト在《ア》リ。

況《いはん》ヤ結界ノトキ、*灑甘露《しやかんろ》ノ後《の》チ、*帰命《きみやう》ノ礼《らい(を)》オハリ、乃至《ないし》浄界《じやうかい》等ノ後《の》チ、頌《じゆ》ニ云《いはく》、「*茲界《しかい》遍法界《へんほふかい》、無為結清浄《むゐけちしやうじやう》」。

コノ旨趣、イマヒゴロ結界ト称ズル古先老人知レリヤイナヤ。オモフニ、ナンダチ、結ノナカニ遍法界《へんほふかい》ノ結セラルヽコト、シルベカラザルナリ。シリヌ、ナンヂ声聞《しやうもん》ノサケニヱウテ、*小界ヲ大事トオモウ《(ふ)》ナリ。願《ねがは》クハヒゴロノ迷酔スミヤカニサメテ、*諸仏ノ大界ノ遍界ニ違越《ゐをつ》スベカラザル、済度摂受《さいどせふじゆ》ニ一切衆生ミナ化《くゑ》ヲカフ《(う)》ブラン、功徳《くどく》ヲ礼拝恭敬《らいはいくぎやう》スベシ。タレカコレヲ*得道髄《とくだうずい》トイワ《(は)》ザラン。

正法眼蔵礼拝得髄

仁治元年庚子*冬節前日書于興聖寺

諸仏所結ノ大界　結界のうちには「大界」もある。三種結界の一たる摂僧界の一。最小の場合で一伽藍の外境以内。広いものは十里、百里四方に及ぶ。それが「諸仏所結ノ」となれば全宇宙ということになろう。

灑甘露　灑水と同じだと言われる。心に竜が海水を灑ぐと念じて、香水を壇場に灑ぐこと。〈智水〉を衆生の心地に灑ぎ浄菩提心の種子を成長させるためという。「浄界」と同じ。

帰命　己が身命をさし出して仏に帰趣すること。しかし梵原語の意味は、礼拝。

茲界遍法界無為結清浄　この結界が法界(全宇宙)の全体である。無為にして(造作にたよらず)清浄界を結している。「頌」は偈に同じ。同じ梵語の意訳と音訳。

小界　さきの「摂僧界」の第二は戒場と言い、僧衆二十一人を入れるのが最小。小界はそれより狭い。

諸仏ノ大界…　諸仏の結びたまう大界である遍界(全宇宙)と異ったりこれを越えたりすることはできないし、また、その大界に救われ渡され・摂りあげられ受入れられるということにおいて、一切衆生みな仏化をこうむるという、その大界の功徳を。

得道髄　仏道の髄を得。

冬節　冬至。三二三頁の「延応庚子」と「仁治庚子」は同年。七月十六日改元。

正法眼蔵第二十九

山《さん》水《すい》経《きやう》

而今《しきん》の山水は、古仏の*道現成《だうげんじやう》なり。ともに法位に住して、*究尽《きうじん》の功徳《くどく》を成《じやう》ぜり。*空劫已《くうごふい》前《ぜん》の消息なるがゆへ《（ゑ）》に、而今《しきん》の活計《くわつけ》なり。朕兆未萌《ちんてうみばう》の自己なるがゆへに、現成の透脱《てうとつ》なり。山の諸功徳高広《かうくわう》なるをもて、*乗雲の道徳かならず山より通達す、*順風の妙功《めうくう》さだめて山より透脱《てうとつ》するなり。

*大陽山楷和尚示衆云《たいやうざんかいをしやうじしゆにいはく》、「青山《せいざん》常運歩《ツネニウムポシ》、石女夜《せきぢよヨル》生《ウム》レ児《ヲ》」。

山はそなはるべき功徳《くどく》の虧闕《きくゑち》することなし。このゆへに常安住なり、常運歩なり。その運歩の功徳、まさに審細に参学すべし。山の運歩は人の運歩のごとくなるべきがゆへに、人間の行歩《ぎやうぶ》におなじくみえざればとて、山の運歩をうたがふことなかれ。

いま仏祖の説道、すでに運歩を指示す、これその*得本《とくほん》なり。「常運歩」の示衆《じしゆ》を究辨《きうはん》すべし。運歩のゆへに常《じやう》なり、青山の運歩は*其疾如風《ごしつによふう》よりもすみやかなれども、山中人は不覚不知なり、山中とは*世界裏の花開《くゑかい》なり。山外人《さんぐゑにん》は不覚不知なり、山をみる眼目あらざる人は、不覚不知、不見不聞、這箇《しやこ》道理《だうり》なり。もし山の運歩を疑著《ぎぢや》するは、自己の運歩をもい

道現成　言ったこと即仏道の現実化。下の「ともに」は山と水とが。　**究尽の功徳**　行けるかぎり行きつくした効験・作用。　**空劫**　四劫の一。器世間・衆生世間の成立する成劫を第一、それが存続する住劫、衆生世間、ついで器世間も破壊される壊劫を第二、第三とし、その後の無一物のまま持続する莫大な時間。二十一小劫を数えるという。そのあとまた成劫が始まる。劫は四四六頁「劫量・寿量」注参照。空劫以前は天地開闢の前。「朕兆未萌」(きざしも現われぬ前)も同じ。全く空—実体のない状態。　**乗雲・順風**　『荘子』に出る。前者は帝堯が華に遊んだときのその封人の言。「千載厭世。去而上僊。乗彼白雲。至於帝郷。三患莫至。身常無殃」(「天地」)。後者は黄帝が広成子の意を察し天下を捨てて閑居三月ののち再び空同に赴いて教えを請うたときの叙述、「順下風。膝行而進」(「在宥」)。前者、一切の欲念とわずらいを捨てる「道徳」の比喩。後者、前皇帝が下座からいざって進み、寐そべった仙人にはじめて教えをききえたという至上の功夫の比喩。教えの内容は『古鏡』(二四四頁)参照。　**大陽山**　湖北省京山県の北。↓祖師。　**得本**　「本ヲ得」。根本義を得たものだ。　**其疾如風より**　下との関係で言えば如は冗辞。断章方式のための混入。　**世界裏の花開**

まだしらざるなり、自己の運歩なきにはあらず、自己の運歩いまだしられざるなり、あきらめざるなり。自己の運歩をしらんがごとき、まさに青山の運歩をもしるべきなり。

青山すでに*有情《うじやう》にあらず、非情にあらず。自己すでに有情にあらず、非情にあらず。いま青山の運歩を疑著せんことうべからず。いく法界《はふかい》を量局《りやうこく》として、青山を照鑒《せうかん》すべしとしらず。青山の運歩、および自己の運歩、あきらかに撿点《けんてん》すべきなり。退歩歩退《ついふふつい》、ともに撿点あるべし。

未朕兆《ミチムテウ》の正当時《しやうたうじ》、および*空王那畔《くうわうナハム》より、進歩退歩に運歩しばらくもやまざること、撿点すべし。運歩もし休することあらば、仏祖不出現なり。運歩もし窮極《ぐうこく》あらば、仏法不《ぶつぽふふ》到今《たうこん》日《にち》ならん。進歩いまだやまず、退歩いまだやまず。進歩のとき、退歩に*乖向《クエカウ》せず、退歩のとき、進歩を乖向せず。この功徳を*山流とし、流山とす。

青山も運歩を参究し、東山も水上行を参学するがゆへ《(ゑ)》に、この参学は山の参学なり。山の身心《しんじん》をあらためず、やまの面目ながら*迴途《ういと》参学しきたれり。

青山は運歩不得《うんぽふて》なり、東山水上行不得《とうざんすいじやうかうふて》なると、山を誹謗《ひばう》することなかれ。低下《テイゲ》の見処《けんじよ》のいやしきゆへに、青山運歩の句をあやしむなり。少聞《せうもん》のつたなきによりて、流山の語をおどろくなり。いま流水の言も七通八達せずといへども、小見小聞に沈溺《チムジヤク》せるのみなり。

しかあれば、所積《しよしやく》の功徳を挙《こ》せるを*形名とし、命脈とせり。運歩あり、流行あり。山の山児《さんじ》を生ずる時節あり、山の仏祖となる道理によりて、仏祖かくのごとく出現せるなり。

*たとひ草木土石牆壁《さうもくどしやくしやうへき》の見成《げんじやう》する眼睛《がんぜい》あらむときも、*疑著《ぎちや》にあらず、動著《どうちや》にあらず、全現《ぜんげん》

果満ちて円満具足なるを得る仏智のように、世界もその中で咲くべき花が開いてはじめて生起するという意味の般若多羅尊者の偈に拠る。「山中人」とは世界をあらしめる開花を見るひとだの意。

有情　「情」は根(眼耳鼻舌心意)の旧訳。『仏性』(四五頁)参照。　**空王那畔**　過去「空劫」に出た空王仏、その存在した時代。　**乖向せず**　相反いた方向はとらない。　**山流**　次に掲げる偈「東山水上行」の「行」を「流」と言ったもの。進歩も退歩も同じ運動だとすれば、「山流」「流山」は同じことの表現。　**迴途**　迴は回、廻に同じ。まわっている道。はるかにまわりまわって。　**形名**　形と名でなく、単に名(形にふさわしい)と解すべきだろう。　**たとひ草木土石**…　この見成も「見、成ずる」。次頁二行目の「見現成」参照。そういうことの見える眼の玉があるとき。しかし「眼睛あらむ」は「貴重な」という程の修飾語。　**疑著にあらず**…　疑うべきでない、惑うべきでない、そんなものはまだ「全現成」ではないのだ。　**実帰**　真実、帰すべきところ。　**見現成**　先に記した見方が成立つ。　**あながちの愛処**　どうあっても愛したい、愛すべき場所。　**頂𩕳をう**　先の「眼睛あらむ」と同様の用法。上に記したよ

成《じやう》にあらず。たとひ七宝荘厳《しつぽうしやうごん》なりと見取せらるゝ時節現成すとも、*実帰にあらず。たとひ諸仏行道の境界《きやうがい》と*見現成《けんげんじやう》あるも、*あながちの愛処《あいしよ》にあらず。たとひ諸仏不思議の功徳と見現成の*頂𩕳《ちんにん》をうとも、*如実《によじつ》これのみにあらず。各々の見成は各々の依正《えしやう》なり、これらを仏祖の*道業《だうごふ》とするにあらず、一偶《グ》の管見なり。

*転境転心は大聖《だいしやう》の所呵《しよか》なり、*説心説性《せつしんせつしやう》は仏祖の所不《しよふ》肯《けん》なり。*見心見性《けんしんけんしやう》は外道《ぐゑだう》の活計《くわつけ》なり、滞言滞句《たいごんたいく》は解脱の道著《だうちや》にあらず。かくのごとくの境界《きやうがい》を透脱《てうとつ》せるあり、いはゆる「青山常《せいざんじやう》運歩《うんぽ》」なり、「東山水上行《とうざんすいじやうかう》」なり。審細に参究すべし。

「石女夜《せきぢよや》生児《しやうじ》」は、「*石女」の「生児」するときを「夜」といふ。おほよそ男石女石《なんせきによせき》あり、非男女石あり。これよく天を補《ふ》し、地を補す。天石あり、地石あり。俗のいふところなりといへども、人のしるところまれなるなり。生児《しやうじ》の道理しるべし。生児のときは*親子《しんし》並化《ヒムクワ》するか。児《じ》の親《しん》となるを生児現成と参学するのみならんや、親《しん》の児《じ》となるときを生児現成の修証なりと参学すべし、究徹《きうてつ》すべし。

☆雲門匡真《きやうしん》大師いはく、「*東山水上行《とうざんすいじやうかう》」。

この道現成《だうげんじやう》の宗旨《そうし》は、諸山は「東山」なり、一切の東山は「水上行」なり。このゆへに、*九《く》山迷盧《せんメイロ》等《トウノ》現成《げんじやう》せり、修証せり。これを東山といふ。しかあれども、雲門いかでか東山の皮肉骨髄、修証活計《しゆしやうくわつけ》*に透脱《てうとつ》ならむ。

いま現在大宋国《だいそうこく》に、杜《と》撰《せん》のやから一類あり、いまは群をなせり。*小実《せうじつ》の撃《ギャク》不能《フノウ》なるとこ

うな見方が成立する貴重な(頭の天辺をうるというような)。　**如実**　真如に同じ。事物の真の状態たるもの。　**道業**　仏道修行のわざ。　**転境転心**　転は「説」の意。「境ヲ転ジ心ヲ転ズ」と訓めば境、心の相関関係をいうとも訓めるが、あとの句との釣合い上こうとる。「所呵」は叱るところ。　**説心説性・見心見性**　「心」「性」を独立したものとしてこれを説いたり、これを見得せよという説。　**石女の生児・夜**　石女は女の石像。しかしそれも人間の知覚思量の及ばない環境の中では、児を生むということがある。以下、石と言えども人間同様であり、男もあれば女もあり非男女もある。(「非男女」については三二〇頁三行目参照。)宇宙もまたこれに助けられてあるものであり、天を補す石、地を補す石、天なる石、地なる石もある。「天を補す」は女媧氏が、往古、欠けたところのあった天を、五色の石をもって補い、全き蒼天ならしめたという『淮南子』覧冥訓の説話に拠る。　**親子並化**　「親子並ビ化ス」。子は親に変じ、親は子に変ずるという下に記された考え方。「化」は変化。「並化」は『伝燈録』二十四梁山観章によれば「二尊化ヲ並ベズ」という風に訓む語。　**東山**　固有名詞である。浙江省紹興県の南にあり、雲門寺の所在。　**九山迷盧**　九山→一一五頁

ろなり。かれらいはく、「いまの東山水上行話《とうざんすいじやうかうわ》、および南泉☆の鎌子話《れんスワ》ごときは、*無理会話《むりゑわ》なり。その意旨は、もろ〳〵の*念慮にかゝはれる語話は、仏祖の禅話にあらず。無理会話、これ仏祖の語話なり。かるがゆへ《(ゑ)》に、黄蘗《わうばく》の行棒《ぎやうぼう》および臨済《りんざい》の*挙喝《こかつ》、これら理会《りゑ》およびがたく、念慮にかゝはれず、これを朕兆未萌《ちんてうみばう》以前の大悟《だいご》とするなり。先徳の方便《はうべん》、おほく*葛藤断句《かつとうだんく》をもちゐるといふは無理会《むりゑ》なり」。

かくのごとくいふやから、かつていまだ正師《しやうし》をみず、*参学眼《さんがくげん》なし。いふにたらざる*小獃子《せうガイし》なり。宋土ちかく二三百年よりこのかた、かくのごとくの魔子《マシ》・*六群禿子《グムトクシ》おほし。▽あはれむべし、仏祖の大道《だいだう》の*癈《はい》するなり。これらが所解《しよげ》、なほ小乗声聞《せうじようしやうもん》におよばず、外道《ぐゑだう》よりもおろかなり。俗にあらず僧にあらず、人《にん》にあらず天《てん》にあらず、学仏道の畜生《ちくしやう》よりもおろかなり。*禿子がいふ無理会話、なんぢのみ無理会なり、仏祖はしかあらず。なんぢに理《り》会《ゑ》せられざればとて、仏祖の理会路《りゑろ》を参学せざるべからず。たとひ*畢竟《ひつきやう》じて無理会なるべくは、なんぢがいまいふ理会もあたるべからず。しかのごときのたぐひ、宋朝《そうてう》の諸方におほし。まのあたり見聞《けんもん》せしところなり。▽あはれむべし、かれら*念慮の語句なることをしらず、語句の念慮を透脱《てうとつ》することをしらず。在宋のとき、かれらをわらふに、かれら所陳《しよちん》なし、無語なりしのみなり。かれらがいまの無理会の邪計《じやけ》なるのみなり。*たれかなんぢにお《(を)》しふる、天真の師範《シハム》なしといへども、自然《じねん》の外道児《ぐゑだうじ》なり。

しるべし、この「東山水上行」は、仏祖の骨髄なり。諸水は東山の脚下《きやくか》に現成《げんじやう》せり。このゆへに、諸山くもにのり、天をあゆむ。諸水の頂顆《ちんにん》は諸山なり、向上直下《かうじやうちよくか》の行歩《ぎやうぶ》、とも

「九山八海」注。迷盧は蘇迷盧の略、須弥山のこと。**に透脱**　を脱却透関。離脱し自在をうる。**小実**　少々のまこと。

無理会話　理(「意」の作用でとらえられる道理の体をなしたもの)によっては会得できない話。**念慮**　「意」のはたらき。またそれによって生ずる観念・概念。**挙喝**　挙は言う、口より発する。**葛藤断句**　ごたごたしたもつれを断ち切るような句。**参学眼**　前にも出たが、参学によって得られた眼力。**小獃子**　獃は幼少にして分別なきこと。ばかったれ。**六群禿子**　仏弟子のうち、常に一群をなして非威儀を事とし、そのため戒制定の原因となった六人。**癈**　廃に同じ。すたれる。**禿子がいふ**　坊主のいう。下の「なんぢ」はこの「禿子」をさす。**畢竟じて**　結局。次句の主語は前々行の「禿子がいふ無理会話」。**念慮の語句なることを…透脱することをしらず**　『道得』に述べられた思想、また『心不可得』の「むかしよりいまだ一語をも道著せざるをその人ということ、いまだあらず」という観念とともに、道元の言語表現観念を知る上で重要な行。最初の「念慮の」は主格。次は「語句の」が主格。言語表現はひとの思量を離脱しそれ自身自立したものとなり、自在にはたらきはじめ

に水上なり。諸山《しよせん》の脚尖《キヤクセム》よく諸水を行歩《ぎやうぶ》し、諸水を*趯出《チツシユツ》せしむるゆへに、運歩七縦《じゆう》八横《わう》なり、修証即不《しゆしようそくふ》無《む》なり。

水は強弱《カウニヤク》にあらず、湿乾《シツカム》にあらず、動静《ドウジヤウ》にあらず、冷煖《リヤウナム》にあらず、有無《うむ》にあらず、迷悟にあらざるなり。こりては*金剛《こんがう》よりもかたし、たれかこれをやぶらん。融《ユウ》じては乳水《にうすい》よりもやはらかなり、たれかこれをやぶらん。しかあればすなはち、*現成所有《げんじやうしよいう》の功徳をあやしむことあたはず、しばらく十方の水を*十方にして著眼看《ちやげんかん》すべき時節を参学すべし。人天《にんでん》の水をみるときのみの参学にあらず、水の水をみる参学あり、水の水を修証するゆへに。水の水を道著《だうちや》する参究あり、自己の自己に相逢《さうふ》する通路を現成せしむべし。他己の他己を参徹する活路を進退すべし、跳出《てうしゆつ》すべし。

おほよそ山水をみること、種類にしたがひて不同あり。いはゆる水をみるに、瓔珞《えうらく》とみるものあり。しかあれども、瓔珞を水とみるにはあらず。われらがなにとみるかたちを、かれが水とすらん。かれが瓔珞はわれ水とみる。水を妙華《めうくゑ》とみるあり。しかあれど、花を水ともちゐるにあらず。鬼は水をもて猛火《みやうくわ》とみる、膿血《ノウクエチ》とみる。竜魚は宮殿《ぐうでん》とみる、楼台《ろうだい》とみる。あるいは*七宝摩尼珠《しつぼうまにしゆ》とみる、あるいは樹林牆壁《じゆりんしやうへき》とみる、あるいは清浄解脱《しやうじやうげだち》の法《ほつ》性《しやう》とみる、あるいは*真実人体《しんじつじんたい》とみる、あるいは*身相心性《しんさうしんしやう》とみる、人間これを水とみる、*殺《シヤ》活《クワツ》の因縁《いんねん》なり。すでに*随類の所見《しよけん》不同なり、しばらくこれを疑著《ぎちや》すべし。一境をみるに諸見しな〴〵なりとやせん、諸象を一境なりと誤錯《ゴサク》せりとやせん、*功夫《くふう》の頂𩕄《ちんにん》にさらに功夫

る。（しかし〈不立文字〉が否定されるわけでないことも注意されるべきだろう。）　**たれかなんぢにおしふる**…　だれがそんなことをお前に教えるのか。「天真の師範」（天与の純真な師匠）があるわけでなくとも、自然にそう思いこんだのだから、天然自然の外道の申し子だ。「自然の外道児」には「天（自）然外道」（↓四三四頁注）の意がこもっていよう。　**趯出**　趯は躍に同じ。　**金剛**　五行の金気、剛毅なるゆえ金剛という。また、金剛石をもいう。「こりては」とあるのから推せば後者か。先立つ一行は、水はその「相」の点では相対的なものだとの考えに立とう。物理学的である。　**現成所有**　現実化されてあるところの。所有は持ち物ではない。　**十方にして**　十方において、十方に見て。　**七宝摩尼珠**　摩尼珠を如意珠と解すればこれを一宝に数える七宝。またそれを珠の総称ととれば、金・銀・硨磲などは珠ではないから、これらの七宝と珠。珠は悪を去り、水を澄ましめ、災過をのがれる徳ありとされる。　**真実人体**　一五四頁既出。↓七九頁「人体」注。　**身相心性**　相なる身、性なる心。　**殺活の因縁**　水の有無、良否が死活にかかわって来ること。　**随類の所見**　類によって見るところが。　**功夫の頂𩕄**　功夫の究極。上の「一境」は感覚情識の対象。

すべし。しかあればすなはち、修証辨道も一般両般なるべからず、究竟《くきやう》の境界《きやうがい》も千種万般《せんしゆばんばん》なるべきなり。さらにこの宗旨《そうし》を憶想《おくさう》するに、諸類の水たとひおほしといへども、*本水なきがごとし、*諸類の水なきがごとし。しかあれども、随類の諸水、それ心《しん》によらず身《しん》によらず、業《ごふ》より生ぜず、依自《えじ》にあらず依他《えた》にあらず、*依《え》水《すい》の透脱《てうとつ》あり。

しかあれば、水は*地《ち》水《すい》火《くわ》風《ふう》空《くう》識《しき》等にあらず、水は青《しやう》黄《わう》赤《しやく》白《びやく》黒《こく》等にあらず、色《しき》声《しやう》香《かう》味《み》触《そく》法《ほふ》等にあらざれども、地水火風空等の水、おのづから現成せり。かくのごとくなれば、而《し》今《きん》の国土《こくど》宮殿《ぐうでん》、なにものゝ能成所成《のうじやうしよじやう》とあきらめいはんことかたかるべし。*空輪《くうりん》・風輪《ふうりん》に*かゝれると道著《だうちや》する、*わがまことにあらず、他のまことにあらず、小見の測度《しきたく》を*擬議《ぎぎ》するなり。かゝれるところなくは住すべからずとおもふによりて、この道著するなり。

*仏言《ぶつごん》、「一切諸法畢竟解脱《いつさいしよほふひつきやうげだつ》、無有所住《むうしよちゆう》《一切諸法は畢竟解脱なり、所住有ること無し》」。しるべし、解脱にして繫縛《ケバク》なしといへども、諸法住位せり。しかあるに、人間の水をみるに、流注《るちゆう》してとゞまらざるとみる一途《いちづ》あり。その流に多般あり、これ人見《にんけん》の一端なり。いはゆる地《ち》を流通《るづう》し、空《くう》を流通《るづう》し、上方《じやうはう》に流通し、下方《かはう》に流通す。一曲にもながれ、九淵《キウエム》にもながる。のぼりて雲をなし、くだりてふちをなす。

*文子曰《モムシニイハク》、「水之《ミヅノ》道《ミチ》、上《ノボリテハ》レ天《ニ》為《ナス》二雨露《ヲ》一、下《クダリテハ》レ地《ニ》為《ナス》二江河《ヲ》一」。いま俗のいふところ、なほかくのごとし。仏祖の児孫《じそん》と称ぜんともがら、俗よりもくら

本水　根本の水なるもの。
諸類の水　諸類に共通普遍の水。
依水の透脱　水は水に依って自己を超越解脱する。
地水火風空識　六大。前四種を能造の大種と言い、一切諸色がそれらに依拠して生ずるとされる。「空」を加え、五種(五大)で色蘊を構成する。「識」は有情を成立させる〈有漏識〉。本文はそういう観念的規定ではないの意。また色(五色)でも、六境(そういう抽象的なもの)でもない。
空輪・風輪　大地の下にあって、これを支えている四種の大輪のうちの二。一番下が空輪、その上が風輪、順に水輪、金輪と重なる。
かゝれる　主語は上の「国土宮殿」。下に吊られている意の「かゝる」ではない。依拠・依存する。
わがまこと　本心からの認識。
擬議する　はからいあげつらう。一一一頁一一行、二四八頁注、三〇一頁一一行、及び二一九頁注に見た用例と意一致せず。八九頁一〇行の用法と近い。
仏言　『大宝積経』より。原文のままではない。何もかもこの宇宙の一切の事物・存在は、ついには解脱する(涅槃に入る)。そうすればとどまっているところはあるわけがない。
文子　書名。二巻あり、周の辛釿撰と伝えるが後世の偽書らしい。唐代尊んで『通玄真経』という。『老子』

からんは、もともはづべし。いはく、水の道は、水の所知覚《しよちかく》にあらざれども、水よく*現行《げんぎやう》す。*水の不知覚《ふちかく》にあらざれども、水よく現行《げんぎやう》するなり。

「上天為雨露《じやうてんゐうろ》」といふ、しるべし、水はいくそばくの上天上方へものぼりて雨露をなすなり。雨露は世界にしたがふ《(う)》てしなく〳〵なり。水のいたらざるところあるといふは、小《せう》乗声聞教《じようしやうもんけう》なり、あるいは外道《ぐゑだう》の邪教なり。水は火焔裏《くわえんり》にもいたるなり、心念思量分別裏《しんねんしりやうふんべつり》にもいたるなり、覚智仏性裏《かくちぶつしやうり》にもいたるなり。

「下地為江河《あちゐかうが》」。しるべし、水の下地《あち》するとき、江河をなすなり。江河の精よく賢人となる。いま凡愚庸流《ぼんぐようる》のおもはくは、水はかならず江河海川《かうがかいせん》にあるとおもへり。しかにはあらず、水のなかに*江海をなせり。しかあれば、江海ならぬところにも水はあり、水の下地《あち》するとき、江海の功をなすのみなり。

また、*水の江海をなしつるところなれば、世界あるべからず、仏土あるべからずと学すべからず、一滴《テイ》のなかにも無量の仏国土現成なり。しかあれば、仏土のなかに水あるにあらず、水裏に仏土あるにあらず。水の所在、すでに*三際《さんざい》にかゝはれず、法界《ほふかい》にかゝはれず。しかもかくのごとくなりといへども、*水現成《すいげんじやう》の公按なり。

仏祖のいたるところには、水かならずいたる。水のいたるところ、仏祖かならず現成するなり。これによりて、仏祖かならず水を拈《ねん》じて身心とし、思量とせり。

しかあればすなはち、水はかみにのぼらずといふは、内外《ないぐゑ》の典籍《てんじやく》にあらず。水之道は上下縦横《ジユウワウ》に通達するなり。しかあるに、*仏経《ぶつきやう》のなかに、「火風は上にのぼり、地水は下にくだ

現行　うつつに行く。まさしく行く。教学の術語の「現行」ととる必要はない。

水の不知覚　前行の「所知覚(知覚するところ)」の対句。前のように言うと、知覚しないから行くと思われるかも知れないが、知覚しないから行くというわけではなく、現に行っているのだ。

江海をなせり　主語「水」を補って読むべきだろう。

水の江海をなしつる…　水が素材となって江海ができている、物質界だからと言って。

三際　前中後。過現未に配当される。

水現成の公按なり　水は水として現実化される。それがまた現実化されている鉄則そのものだ。「水現成なり」と「現成の公按なり」との二重表現。上の句は、その前に記された通り時間空間に依存するものではないが、しかもなお、の意。

仏経　『金光明経』空品。

る」。この上下は、*参学するところあり。いはゆる仏道の上下を参学するなり。いはゆる地水のゆくところを下とするなり。下を地水のゆくところとするにあらず。火風のゆくところは上なり。法界かならずしも上下*四維《しゆい》の量にかゝはるべからざれども、四大・五大・六大等の*行処によりて、しばらく*方隅《はうグ》法界《ほふかい》を建立《こんりふ》するのみなり。*無想天《むさうてん》はかみ、*阿鼻獄《あびごく》はしもとせるにあらず。阿鼻も尽法界《じんほふかい》なり、無想も尽法界《じんほふかい》なり。

しかあるに、竜魚《りゆうぎよ》の水を宮殿《ぐうでん》とみるとき、人の宮殿をみるがごとくなるべし、さらにながれゆくと知見すべからず。もし傍観《ばうくわん》ありて、なんぢが宮殿《ぐうでん》は流水《るずい》なりと為説《ゐせつ》せんときは、われらがいま山流の道著《だうちや》を聞著《もんちや》するがごとく、竜魚たちまちに驚疑《キヤウギ》すべきなり。さらに宮《ぐう》殿楼閣《でんろうかく》の欄堦露柱《らんかいろしゆ》は、かくのごとくの説著《せつちや》あると*保任《はうにん》することもあらむ。この*料理《レウリ》、しづかにおもひきたり、おもひもてゆくべし。この*辺表《へんべう》に透脱《てうとつ》を学せざれば、凡夫《ぼんぶ》の身心《しんじん》を解《げ》脱《だつ》せるにあらず、仏祖の国土を究尽《きうじん》せるにあらず。凡夫の国土を究尽せるにあらず、凡夫の宮殿を究尽せるにあらず。

いま人間《にんげん》には、海のこゝろ、江のこゝろを、ふかく水と知見せりといゐ《（へ）》ども、竜魚等、いかなるものをもて水と知見し、水と使用すといまだしらず。*おろかにわが水と知見するを、いづれのたぐひも水にもちゐるらんと認ずることなかれ。いま学仏のともがら、水をならはんとき、ひとすぢに人間のみにはとゞこほるべからず。すゝみて仏道のみづを参学すべし。仏祖のもちゐるところの水は、われらこれをなにとか所見すると参学すべきなり、仏祖の屋裏《をくり》また水ありや水なしやと参学すべきなり。

参学するところあり　参学して把握すべき意味があるのごとき意か。「参学」は多義、『大悟』(一一八頁)、『光明』(一五九頁)、『授記』(二六六頁一七行)参照。「恁麼現成する」注)、

四維　巽(東南)、坤(西南)、辰(東北)、乾(西北)の四方位。ここでは前後左右の意となる。「四大」「五大」「六大」→三三六頁「地水火風空識」注

行処　はたらく力。「処」は「根」。

方隅法界　方角を持った宇宙像。下の「建立する」の主格は前行の「法界」でありつつ、また人間の主観だろう。

無想天　外道のあるものが最高の涅槃処とするところ。「色界」の第四禅天とされ、無想有情天とも言われる。想をいとい、「心(心王、心主体)」「心所(心所有法、作用)」を滅しようとするものが修する「定」に因って入れる境地。五百大劫の間、右の「心」「心所」を発動させない〈果〉がはたらくが、果報尽きると再び有想となって死に、欲界に生れ変る。

阿鼻獄　八大地獄の一、苦を受けること間断なきゆえ「無間地獄」と言われ、地獄中最苦のところ。閻浮提下二万由旬の地にあるという。

保任する　保護任持の意なることはすでに再々見たが、それから出て、信ずる、固く思いこむの意味で使っている。主格は竜魚。すぐ上の「か

山は超古超今《てうこてうこん》より大聖《だいしやう》の所居《しよこ》なり、賢人聖人《けんにんしやうにん》、ともに山を堂奥《だうあう》とせり、山を身心《しんじん》とせり。賢人聖人によりて山は現成せるなり。おほよそ山は、いくそばくの大聖大賢《だいしやうだいけん》いりあつまれるらんとおぼゆれども、山はいりぬるよりこのかたは、一人にあふ一人もなきなり。たゞ山の活計《くわつけ》の現成するのみなり、さらにいりきたりつる蹤跡《しようせき》なほのこらず。世間《せけん》にて山をのぞむ時節と、山中にて山にあふ時節と、*頂𩕳眼睛《ちんにんがんぜい》はるかにことなり。不流の憶想および不流の知見も、*竜魚の知見と一斉《いつせい》なるべからず。*人天《にんでん》の自界にところをうる、他類これを疑著《ぎちや》し、あるいは疑著《ぎちや》におよばず。しかあれば、山流の句を仏祖に学すべし、驚疑《きやうぎ》にまかすべからず。拈*一はこれ流なり、拈一これ不流なり。一回は流なり、一回は不流なり。この参究なきがごときは、如来正法輪《によらいしやうぼふりん》にあらず。

*古仏いはく、「欲得不招無間業《よくとくふせうむげんごふ》、莫謗如来正法輪《まくはうによらいしやうぼふりん》《無間の業を招かざることを得んと欲《おも》はば、如来正法輪を謗《はう》ずること莫れ》」。

この道《だう》を、皮肉骨髄に銘ずべし、身心依正《しんじんえしやう》に銘ずべし。空《くう》に銘ずべし、色《しき》に銘ずべし。若樹若石《にやくじゆにやくせき》に銘ぜり、若田若里《にやくでんにやくり》に銘ぜり。

おほよそ、山は国界に属せりといへども、山を愛する人に属するなり。山かならず主*を愛するとき、聖賢高徳やまにいるなり。聖賢やまにすむとき、やまこれに属するがゆへ《(ゑ)》に、樹石鬱茂《ウツモ》なり、禽獣霊秀《キムジウレイシウ》なり。これ聖賢の徳をかうぶらしむるゆへなり。しるべし、山は賢《けん》をこのむ実あり、聖《しやう》をこのむ実あり。

くのごとくの」は「かくのごとしとの」の意で、内容は「流水なり」。

料理　処置。とりさばき。

辺表　ほとり。かど。

おろかに…　三三五頁の水の相についての考えとともに、この相対主義に注意すべきである。これを包摂するものとして、しかし相対と別のものとしてではなく、仏法は成立つ。物理を物理として鮮明に見る眼睛の可能な所以。

頂𩕳眼睛はるかに…　その最重最貴の点はまるで違っている。

竜魚の知見と…　竜魚は水中にあって水を「宮殿楼閣」と見るわけだが、山中に入った求道者が、山を「不流」とする「憶想」「知見」は、竜魚のそれらと同じとはされない。

人天の自界に　人間天部がそれぞれかれらの世界に。

拈一は　一つをとれば。

古仏　永嘉玄覚。「無間業」は五逆罪(→三二九頁「逆罪」注)の異称。

主　山が属する人。

帝者《ていじや》おほく山に幸《かう》して賢人を拝し、大聖《だいしやう》を拝問するは古今の勝躅《しようちよく》なり。このとき、師礼をもてうやまふ、*民間の法に準《ジユム》ずることなし。聖化のおよぶところ、またく*山賢を強為《かうゐ》することなし。山の人間をはなれたること、しりぬべし。*崆峒《クウトウ》華封《クワホウ》のそのかみ、黄帝《くわうてい》これを拝請《はいしやう》するに、膝行《シチカウ》して叩頭《コウテウ》して広成《くわうせい》にとふしなり。釈迦牟尼仏《しやかむにぶつ》かつて父王《ふわう》の宮をいでゝ山へいれり。しかあれども、父王やまをうらみず、父王やまにありて太子をお《(を)》しふるともがらをあやしまず。十二年の修道《しゆだう》、おほく山にあり。*法王の運啓《うんけい》も在山なり。まことに*輪王《りんわう》なほ山を強為《かうゐ》せず。しるべし、山は人間のさかひにあらず、上天のさかひにあらず、人慮《にんりよ》の測度《しきたく》をもて山を知見すべからず。もし人間の流に比準《ひじゆん》せずは、たれか山流山不流等を疑《ぎ》著《ちや》せむ。

あるいはむかしよりの賢人聖人、まゝに水にすむもあり。水にすむとき、魚をつるあり、人をつるあり、道をつるあり。これともに古来*水中の風流《ふうりう》なり。さらにすゝみて自己をつるあるべし、釣《つり》をつるあるべし、釣につらるゝあるべし、道につらるゝあるべし。

むかし☆徳誠《とくじやう》和尚《をしやう》、たちまちに薬山《やくさん》をはなれて江心にすみし、すなはち、*華亭江《くわていかう》の賢聖《けんじやう》をえたるなり。魚をつらざらむや、人をつらざらむや、水をつらざらんや、みづからをつらざらむや。人の徳誠をみることをうるは、*徳誠なり。徳誠の人を接するは、*人にあふなり。

世界に水ありといふのみにあらず、水界に世界あり。水中のかくのごとくあるのみにあらず、雲中にも有情世界あり、風中にも有情世界あり、火中にも有情世界あり、地中にも

民間の法　帝者を最高位におく世間法。

山賢を強為　山に住む賢者に強制する。

崆峒華封　三三一頁「乗雲・順風」の注参照。華封は華の封人(封疆を守る官)。

法王の運啓　法王は釈迦牟尼仏。運啓は開運に同じ。『宋史』楽志に見える言葉。

輪王　転輪王の略。

水中の風流　この「風流」も既出の解に従って訓んでいいだろう。礼法にかかわらず一家の風をなすこと。それぞれ自在なおのおのの趣き。

華亭江　江蘇省松江県を流れる。その「賢聖をえたる」は、擬人法的表現で自然との冥合一致を語っている。その先にこの巻の最後の一行に定式化される思想が成立つ。

徳誠なり　その人が徳誠なのだ。

人にあふなり　人、人にあふなり。前の句におけるとともに主格「人」を補って読むとよい。

有情世界あり。法界中《ほふかいちゆう》にも有情世界あり、一茎草中《いつきんさうちゆう》にも有情世界あり、一拄杖中《いつしゆぢやうちゆう》にも有情世界あり。有情世界あるがごときは、そのところかならず仏祖世界あり。かくのごとくの道理、よく〳〵参学すべし。

しかあれば、水はこれ真竜の宮なり、*流落《るらく》にあらず。流のみなりと認ずるは、流のことば、水を謗《はう》ずるなり。*たとへば、非流と強為《かうゐ》するがゆゑに。水は水の如是《によぜ》実相《じつさう》のみなり、水是《すいぜ》水功徳《すいくどく》なり、流にあらず。*一水の流を参究し、不流を参究するに、万法の究尽《きうじん》たちまちに現成《げんじやう》するなり。

山も宝にかくるゝ山あり、*沢《タク》にかくるゝ山あり、空《くう》にかくるゝ山あり、山にかくるゝ山あり。*蔵《ざう》に蔵山《ざうざん》する参学あり。

古仏云《いはく》、「山是《さんぜ》山《さん》、水是《すいぜ》水《すい》」。

この道取《だうしゆ》は、*やまこれやまといふにあらず、山これやまといふなり。しかあれば、やまを参究すべし、山を参窮すれば*山に功夫《くふう》なり。

かくのごとくの山水、おのづから賢をなし、聖《しやう》をなすなり。

正法眼蔵山水経第二十九

爾時仁治元年庚子十月十八日于時在観音導利興聖宝林寺示衆

流落にあらず　宮居であり、堅固不動聳立したものだ。

たとへば　すなわち。換言すればと言いかえられよう。以下、(流といえば)非流などと無理に言うことがあるので。相対・分別の見の生ずる素地そのものの擯斥。

一水の流を参究し…　三三七頁の「水現成の公按」と同じ考え。

沢　沢は山林藪沢の沢。水草の生えている土地。出典とせられる『荘子』大宗師における「山」は汕、網の一種。「宝」に言及されているのは『礼記』曲礼下に「問国君之富。敷地以対。山沢之出所」とあるのに関係するかも知れぬ。

蔵に蔵山する参学　蔵に蔵(山)する山あり、そのことの参学(参学把握すべき意味)がある。

やまこれやま…　山を指してこれは山だと、対象と異質のものたらざるをえぬ判断を下すのではない。そういう形で山の他に山の真姿をそこなう何かを出す立場はいけない、の義。すでに見た思考様式。

山に功夫なり　山の功夫なりと読むか、山に功夫ありと読むか。

正法眼蔵第三十

看《かん》　経《きん》

阿耨多羅三藐三菩提《あのくたらさんみやくさんぼだい》の修証《しゆしよう》、あるいは知識*をもちゐ、あるいは経巻をもちい《(ゐ)》る。知識といふは、全自己の仏祖なり。経巻といふは、全自己の経巻なり。全仏祖の自己*、全経巻の自己なるがゆへ《(ゑ)》にかくのごとくなり。自己と称ずといへども、我你《がに》の拘牽《くけん》*にあらず。これ活眼睛《くわつがんぜい》なり、活拳頭《くわつけんてう》なり。

しかあれども、念経《ねんきん》*・看経《かんきん》・誦経《ずきやう》・書経《しよきやう》・受経《じゆきやう》・持経《ちきやう》あり。ともに仏祖の修証なり。しかあるに、仏経にあふことたやすきにあらず。「於無量国中《おむりやうこくちゆう》、乃至名字不可得聞《ないしみやうじふかとくもん》*《無量国の中に於て、乃至名字だも聞くこと得べからず》」なり、於仏祖中《おぶつそちゆう》、乃至名字不可得聞《ないしみやうじふかとくもん》なり、於命《おめい》脈中《みやくちゆう》、乃至名字不可得聞《ないしみやうじふかとくもん》なり。仏祖にあらざれば、経巻を見聞・読誦・解義《げぎ》せず。仏祖参学より、かつ〳〵*経巻を参学するなり。このとき、耳処《にしよ》・眼処《げんしよ》・舌処・鼻処・身心塵処*・到処・聞処・話処の聞・持・受・説経等の現成あり。「為求名聞故《ゐぐみやうもんこ》、説外道論議《せつぐゑだうろんぎ》《名聞を求めんが為の故に、外道の論議を説く》」のともがら、仏経を修行すべからず。そのゆゑは、経巻は若樹若石《にやくじゆにやくせき》の伝持あり、若田若里《にやくでんにやくり》の流布《るふ》あり。塵刹の演出あり、虚空の開講あり。

知識　善知識、師家。

全仏祖の自己　数々ある仏祖それぞれの全体と、それらが集合して一となった場合の全体とであるところの自己。上に「自己とは」を補って読む。

我你の拘牽…　我はある。他の我(他己)もある。しかしそれは通常の我と汝の関係のような拘束牽引においてありはしない。「にあらず」の「に」は「において」の意だろう。

念経　唸経とも書く。声を出して経をよむこと。「看経」(経文の看読)に二種あることは、三五二、三頁に見える。「看経」は広義にとれば「念経」を含む。「誦経」は経文を抑揚をつけ読誦すること。他に同義の諷経の語がある。経文を見ながらであると否とに拘らない。書経は写経と同じ。「受経」は師より経を授けられ教わること。「持経」は平生経文を護持してその旨趣を忘れないこと(入矢)。

於無量国中乃至名字不可得聞　無慮無数の国を経巡ってもその名すら聞くことができない。この「乃至」の指示する最低限が「名字」なのだろう。『法華経』安楽行品。梵原文では「名字」に当るものの内容が説教の声にまで及ぶ。

かつ〳〵　わずかに。はじめて。纔。

身心塵処　この処も「根」の義。塵は「境」ではなく、染汚するものの意の修飾語だろう。心は「意」の代りに置かれたか。「耳処」以下通して「六根」の意。「身心」は身と心に分れる。「到処」以下の「処」は上についた動詞の対象を現わす。それは「境」に一致する。
聞・持・受 いずれも下に「経」が略されている。

争怪得和尚はなきにあらず なるほど、どうして和尚に腹を立てられよう、ということは言えなくはない。「怪得」は誰々を怪しからん奴だと思う、誰々に対して怒るの意(入矢)。

心迷・心悟 「心迷へバ」「心悟レバ」。主体として人間、修行者が考えられている。「転」は読むの意。
与義 与は、「義」との関係を提示する言い方。与格。

☆薬山曩祖弘道大師、久不二陞堂一《薬山曩祖《だうそ》弘道大師、久しく陞堂《しんだう》せず》。
院主白云《まうしていはく》、「大衆久思二和尚慈誨一《大衆《だいしゆ》久しく和尚の慈誨《じくゑ》を思《ねが》ふ》」。

山云、「打《た》鐘著《しゆちや》《打鐘せよ》」。

院主打鐘、大衆才集《院主打鐘し、大衆才《わつか》に集まる》。

山陞堂、良久便下座。帰二方丈一《山、陞堂し、良久して便《すなは》ち下座す。方丈に帰る》。

院主随レ後白云《院主、後《しりへ》に随《したが》つて、白《まう》して云《いは》く》、「和尚適来聴二許為衆説法一、如何不レ垂二一言一《和尚《をしやうし》適来《らいゐ》為衆説法《しゆせつぽふ》を聴許《ちんこ》せり、如何が一言を垂れざる》」。

山云、「経有二経師一、論有二論師一、争怪二得老僧一《経に経師有り、論に論師有り、争《いかで》か老僧を怪《くわい》得《て》せん》」。

曩祖の慈誨《じくゑ》するところは、拳頭有拳頭師《けんてういうけんてうし》、眼睛有眼睛師《がんぜいいうがんぜい》なり。しかあれども、しばらく曩祖に拝問すべし、「*争怪《さんくわい》得《て》和尚はなきにあらず、いぶかし、和尚是什麼師《ししもし》」。

韶州曹渓山、☆大鑑高祖会下、誦法花経僧法達来参《韶州曹渓山《せうしうさうけいざん》、大鑑高祖の会下《ゑげ》に、誦法花経《ずはくゑきやう》僧《そう》法達といふもの来参す》。

高祖為二法達一説偈云《高祖、法達が為に説偈して云く》、
*心迷法華転、*心悟転法華、　《心迷は法華に転ぜられ、心悟は法華を転ず。

誦久不レ明レ己、*与レ義作二讐家一。　誦《ず》ずること久しくして己れを明らめずは、義と讐家《しうか》と作る。

無念々即正　有念々成レ邪、　無念なれば念は即ち正《しやう》なり、有念《うねん》なれば念は邪と成る、

有無倶不レ計*　長御二白牛車*一。　有《う》無《む》倶《とも》に計せざれば、長《つね》に白牛車《びやくごしや》に御《の》らん》

しかあれば、「心迷」は「法花に転ぜられ」、「心悟」は「法花を転ず」。さらに迷悟を跳出するときは、法花の法花を転ずるなり。

法達まさに偈をきゝて、踊躍歓喜《ゆやくくわんぎ》、以偈《いげ》賛曰《さんわつ》、

経誦三千部、曹渓一句亡。　《経《きやう》、誦《ず》すること三千部、曹渓の一句に亡《まう》ず。

未レ明二出世*旨一、寧歇二累生狂一。　未だ出世の旨を明らめずは、寧《いづく》んぞ累生《るいしやう》の狂《くゐやう》を歇《や》めん。

羊鹿牛権設、初中後善揚*。　羊鹿牛《やうろくご》権《かり》に設《まう》く、初中後《しよちゆうごよ》善く揚ぐ。

誰知火宅内*、元是法中王。　誰《たれ》か知らん火宅の内、もと是れ法中の王なることを》

そのとき高祖曰《いはく》、「汝今後方可三名為二念経僧一也《汝《なんぢ》、今より後、方《まさ》に名づけて念経僧《ねんきんそう》と為すべし》」。

しるべし、仏道に念経僧《ねんきんそう》あることを、曹渓古仏の直指《ぢきし》なり。この念経僧の念は、有念無念等にあらず、有無倶不計《うむくふけ》なり。たゞそれ従劫至劫手不釈巻《じゆうこふしこふしゆふしやくくわん》、従昼至夜無不念時《じゆうちうしやむふねんじ》なるのみなり。従経至経無不経《じゆうきやうしきやうむふきん》なるのみなり。

第二十七祖、東印度般若多羅☆尊者、因東印度国王、請二尊者一斎次《第二十七祖、東印度の般若多羅尊者、因《ちな》みに東印度国王、尊者を請《しやう》じて斎する次《ついで》に》、

国王乃問《すなはちとふ》、「諸人尽転経*、唯尊者為レ甚不レ転《諸人尽《ことごと》く転経す、ただ尊者のみ甚《なに》としてか

有無倶不計　「有念」「無念」のいずれをとるかを顧慮しなければ。

白牛車　『法華経』譬喩品に、羊・鹿・牛をつけた三種の車が待っているからと言って頑是ない子供を誘い、火事で燃える屋敷の外に逃がそうとした長者の話がある。この車はそれぞれ声聞・縁覚・菩薩乗の喩えとされるが、活用されるのは膚も姿も美しく筋力すぐれた白牛の曳いた車のみであった。後の法達の偈のうちの「羊鹿牛権設」も「火宅」もこの説話にもとづく。

出世　三〇頁に既出。詳しくは、世を捨て仏道に入り、修行しあるいは法門を説き世の化導につとめること。ここでは一山の住持となる意ではない。「経誦三千部」と照応。「未明」は、明らめないうちは。次句とともに、出家入道よりもっと根本の輪廻転生の運命をどうして断ち切れようの意。

初中後善揚　初中後三際の実相が、「権りの設けなる羊鹿牛」によって、よく分った。「揚」は顕れる、知れる。

誰知火宅内　次の句とともに、悟るも解脱も火事にあった邸宅のようなこの現実を措いてその他のところでは得らるべくもないの意。

転経　この転も読むの意。

転ぜざる》」。

祖曰、「*貧道*出息不レ随ニ*衆縁一、入息不レ居ニ*蘊界一、常転ニ如是経一、百千万億巻、非ニ但一巻両巻一《貧道は出息衆縁《しゆえん》に随《したが》はず、入息蘊界《につそくうんかい》に居《こ》せず、常に如是経を転ずること、百千万億巻なり、ただ一巻両巻のみに非ず》」。

般若多羅尊者は、天竺国東印度の*種草《しゆさう》なり。☆迦葉《かせふ》尊者より第二十七世の正嫡《しやうちやく》なり。仏家の調度ことごとく正伝せり。頂𩕳眼睛《ちんにんがんぜい》、拳頭鼻孔《けんとうびくう》、拄杖《しゆぢやう》鉢盂《はう》、衣法骨髄《えほふこつずい》等を住持せり。われらが曩祖《だうそ》なり、われらは*雲孫なり。いま尊者の*渾力道《うんりきだう》は、「出息」の「衆縁」に「不随」なるのみにあらず、「衆縁」も「出息」に「不随」なり。「衆縁」たとひ頂𩕳眼睛にてもあれ、「衆縁」たとひ渾身《うんしん》にてもあれ、「衆縁」たとひ渾心《うんしん》にてもあれ、*担来担去又担来《たんらいたんこいうたんらい》、たゞ不随衆縁なるのみなり。不随は渾随なり、このゆへ《ゑ》に*築著磕著《ちくぢやかつぢや》なり。出息これ衆縁なりといへども、不随衆縁なり。無量劫来、いまだ入息出息の消息をしらざれども、而今《しきん》まさにはじめてしるべき時節到来なるがゆへに、「不居蘊界《ふこうんかい》」をきく、「不随衆縁」をきく。衆縁はじめて入息等を参究する時節なり。この時節、かつてさきにあらず、さらにのちにあるべからず。たゞ而今《しきん》のみにあるなり。

「蘊界」といふは、五蘊《うん》なり。いはゆる色受想行識をいふ。この五蘊に不居なるは、*五蘊いまだ到来せざる世界なるがゆへなり。この関棙子を拈ぜるゆへに、「所転の経」、たゞ「一巻両巻」にあらず、「常転《じやうてん》百千万億巻《ひやくせんまんのくくわん》」なり。百千万億巻はしばらく多の一端をあぐといへども、多の量のみにあらざるなり。一息出の不居蘊界を百千万億巻の量とせり。

貧道　一二頁八行目に既出。僧侶の自称。

出息　息を吐く。下の「入息」とともに、呼吸している各刹那、生きているこの現実において常に、の意(入矢)。

衆縁　縁は心識が外境を認知するそのことを言う。→二一〇頁「為厭塵労…断絶攀縁」注

蘊界　蘊(五蘊)と十八界(六根・六境・六識)。結局心的物的全現実。それに居らずとは、執せず止まらずの意だろう。

種草　そこに生い出たもの。

雲孫　自分から八代後の孫。漠然と末孫の意に用う。

渾力道　全力をもって道(い)ったこと。

担来担去又担来　ただただ担いでまわって。「衆縁」をである。そして随うことはしない。

築著磕著　ぶち当ってはっと悟る。『大慧書』に用例あり(入矢)。築は突き当てる。磕は打破の意を持つ。

五蘊いまだ…世界　父母未生前、朕兆未萌已前と同じだろう。

しかあれども、有漏無漏智の所測《しよしき》にあらず、有漏無漏法の界にあらず。このゆへ(ゑ)に、有智の知の測量《しきりやう》にあらず、有知の智の卜度《ぼくたく》にあらず。無智の知の商量にあらず、無知の智の所到にあらず。仏々祖々の修証、皮《ひ》肉骨髄《にくこつずい》、眼睛拳頭《がんぜいけんてう》、頂𩕳鼻孔《ちんにんびくう》、拄杖払子《しゆぢやうふつす》、*跗跳造次《ふてうざうじ》なり。

趙州観音院真際大師☆、因有二婆子一、施二浄財一、請二大師転大蔵経一《趙州《でうしう》観音院真際大師、因《ちな》みに婆子《ぼす》有り、浄財を施《せ》して、大師に転大蔵経を請《しやう》ず》。

師下二禅床一、遶一匝、向二使者一云《師、禅床を下りて、遶《めぐ》ること一匝《さふ》して、使者に向つて云く》、「転蔵已畢《転蔵已畢《をはり》ぬ》」。

使者廻挙二似婆子一《使者、廻《かへ》つて婆子に挙似《こじ》す》。

(婆子)々々曰、「比来請二転一蔵一、如何和尚只転二半蔵一《比来転一蔵を請《しやう》ず、如何が和尚ただ半蔵を転ずる》」。

あきらかにしりぬ。転一蔵半蔵《てんいちざうはんざう》は、*婆子経三巻《ぼすきやうさんぐわん》なり。転蔵已畢《てんざういひつ》は、趙州経一蔵《でうしうきやういちざう》なり。おほよそ転大蔵経のていたらくは、禅床《ぜんじやう》をめぐる趙州あり、禅床ありて趙州をめぐる。趙州をめぐる趙州あり、禅床をめぐる禅床あり。しかあれども、一切の転蔵は、遶禅床《ねうぜんじやう》のみにあらず、禅床遶《ぜんじやうねう》のみにあらず。

益州大隋山*神照大師☆、法諱法真、嗣二長慶寺大安禅師☆一。因有二婆子一、施二浄財一、請二師転大蔵経一《益州大隋山神照大師、法諱《はふき》は法真、長慶寺の大安禅師に嗣す。因《ちな》みに婆子《ぼす》有り、浄財を施して、師に転大蔵経を請《しやう》ず》。

師下二禅床一一匝、向二使者一曰《師、禅床を下りて一匝し、使者に向つて曰く》、「転大蔵経已畢

跗跳造次　跗については既述(七八頁注)。二語、ちょっとした動作行為などの意だろう(入矢)。

婆子経三巻　全大蔵経を読誦したの半分しか読誦しないのというのは、ばあさんの経、ばあさんである経が三巻にすぎないからだ、という意味だろうが、ここらはよしんば語釈が正しくても、それだけでは意味がないという感じがする。

大隋山　益州(四川省成都県)にある山。

《転大蔵経已畢《をはり》ぬ》」。

使者帰挙二似婆子一《使者、帰つて婆子に挙似す》。

々々(婆子)云《いはく》、「比来請二転一蔵一、如何和尚只転二半蔵一《比来転一蔵を請ず、如何が和尚ただ半蔵を転ずる》」。

いま大隋の禅床をめぐると学することなかれ、禅床の大隋をめぐると学することなかれ。拳頭眼睛《けんとうがんぜい》の*団圝《とんらん》のみにあらず、*作《そ》一円相《ゑんさう》せる*打《た》一円相《ゑんさう》なり。しかあれども、婆子《ぼす》それ有眼《いうげん》なりや、未具眼なりや。「只転半蔵《してんはんざう》」たとひ道取を拳頭より正伝すとも、婆子さらにいふべし、「比来請転大蔵経《ひらいしんてんだいざうきやう》、如何《しゆお》和尚《をしやう》只管《しくわん》弄精魂《ろうぜいこん》」。あやまりてもかくのごとく道取せましかば、具眼睛の婆子なるべし。

高祖洞山悟本大師☆、因有二官人一、設レ斎施二浄財一、請二師*看転大蔵経一。大師下二禅床一向二官人一揖。官人揖二大師一。*引二官人一倶遶二禅床一一匝、向二官人一揖。良久向二官人一云《高祖洞山悟本大師、因《ちな》みに官人《くわんにん》有り、斎を設け浄財を施《せ》し、師に看転大蔵経を請《しやう》ず。大師、禅床より下りて、官人に向つて揖《いつ》す。官人、大師を揖す。官人を引いて倶《とも》に禅床を遶《めぐ》ること一匝《さふ》し、官人に向つて揖す。良久して、官人に向つて云く》、「会麼《会《う》すや》」。

官人云、「不会《ふうい》」。

大師云、「我与レ汝看転大蔵経、如何不会《我れ汝が与《ため》に看転大蔵経せり、如何が不会なる》」。

それ「我与汝看転大蔵経《がよにょかんてんだいざうきやう》」、あきらかなり。遶禅床《ねうぜんじやう》を看転大蔵経と学するにあらず、看転大蔵経を遶禅床と会《うい》せざるなり。しかありといへども、高祖の慈誨《じくゐ》を聴取《ちんしゆ》すべし。

団圝　団欒に同じ。まるい様。すなわち「一円相」に同じ。円満・無端、従って活鱍々の解脱の象徴。禅僧の墨蹟で度々目に触れるもの。

作・打　打を打破の意とする解もある。しかし名詞の上につくのは造の意の接頭辞で、「作」と殆ど変らない。「作一円相せる」の下に読点があると考えれば、一円相をえがいたのがまさに一円相をなした「団圝」である。この「なり」は「あり」だろう。

看転　三四二頁「念経」の注に記した「看読」に相当しよう。

引官人　上に主語の「大師」が必要。

この因縁、先師古仏《せんじこぶつ》、天童山に住せしとき、高麗国の施主、入山施財《にっさんせざい》、大衆看経《だいしゆかんきん》、請先《しんせん》師《じ》陞座《しんぞ》のとき挙するところなり。挙しおわり《(をは)》て、先師すなはち払子《ほっす》お《(を)》もておほきに円相をつくること一匝していはく、「天童今日、与汝看転大蔵経」。

便擲二下払子一下座《便《すなは》ち払子を擲下して下座せり》。

いま先師の道処を看転すべし、余者に比準すべからず。しかありといふとも、看転大蔵経には、壱隻眼《いしやくげん》をもちゐるとやせん、半隻眼をもちい《(ゐ)》るとやせん。高祖の道処と先師の道処と、用眼睛、用舌頭、いくばくお《(を)》かもちゐきたれる。*究辨看《きうはんかん》。

☆嚢祖《だうそ》薬山弘《やくさんく》道大師《だうだいし》、尋常不許人看経。一日、将経自看、因僧問《尋常《よのつね》人の看経するを許さず。一日、経を将《もつ》て自ら看す、因みに僧問ふ》、「和尚尋常不許人看経、為甚麼却自看《和尚尋常、人の看経するを許さず、甚麼《なに》としてか却つて自ら看する》」。

師云《いはく》、「我只要*遮眼《我れはただ遮眼せんことを要するのみ》」。

僧云、「某《む》甲学《かふがく》和尚得《をしやうて》麼《ま》《某甲《それがし》和尚を学してんや》」。

師云、「你若看、*牛皮也須穿《にうひやしゆせん》《你《なんぢ》もし看せば、牛皮《にうひ》もまた穿《とほ》るべし》」。

いま「我要遮眼《がえうしやがん》」の道《だう》は、遮眼の*自道処なり。遮眼は*打失眼睛《たしつがんぜい》なり、打失経《たしつきん》なり、*渾眼《うんがん》遮《しや》なり、渾遮眼なり。遮眼は*遮中開眼なり、遮裡活眼なり、眼裡活遮なり、眼皮上更添《かんてん》一枚皮なり。遮裡拈眼なり、眼自拈遮なり。しかあれば、眼睛経《がんぜいきん》にあらざれば、遮眼の功徳いまだあらざるなり。

究辨看　「究辨シ看ヨ」。よくよく考えて御覧。

遮眼　(せっかく自分の眼があるのだから)その眼の前にものを置いてやる。眼にひまつぶしをさせてやる(入矢)。「要」はしなくちゃならんのだの意。

牛皮也須穿　牛の皮だって突き透してしまうだろう。薬山は僧の学妄執をからかったのである。

自道処　「ミヅカラ道(イ)フトコロ」。他が必要とするので道うという、主客対立、能所両端の情況から発する行為ではない。

打失眼睛　眼玉をなくす。「打」は動詞の上につける軽い助辞。

渾眼遮　全眼遮らるの意だろう。次の「渾遮眼」は強いて言えば全部が遮眼になっている、尽界遮眼ということだろう。

遮中開眼　右の「遮眼」の注で記したことがここで生きる。この段、非日常的な語の組みかえによって、問題は、そのあわいから浮び上がって来る存在の意味だということを語っている。最後の「眼睛経」は、眼玉そのものが経籍になりおおせている状態。

「牛皮也須穿」は、全牛皮なり、全皮牛なり、拈牛作皮なり。このゆへ《(ゑ)》に、皮肉骨髄、頭角鼻孔《てうかくびくう》を、*牛犉《にうほ》の活計とせり。「学和尚」のとき、牛為眼睛なるを遮眼とす、眼睛為牛なり。

*冶父《やふ》道川《だうせん》禅師云、

億千供仏福無辺、

争似*常将二古教一看。

白紙上辺書二墨字一、

請君開レ眼目前観。

《億千の供仏《くぶつ》福無辺なり、

争《いか》か似《し》かん、常に古教を将《もつ》て看ぜんには。

白紙上辺に墨字を書す、

請《しん》すらくは君、眼を開いて目前に観《み》んことを》

しるべし、古仏を供《く》ずると古教をみると、*福徳斎肩なるべし、*福徳超過《てうこ》なるべし。古教といふは、白紙のうへに墨字を書せる、たれかこれを古教としらん。当恁麼の道理を参究すべし。

雲居《うんご》山《ざん》弘覚《ぐかく》大師、因有二一僧一、在二房内一念経。大師隔レ窓問云《雲居山弘覚大師、因《ちな》みに一僧有り、房の内に在つて念経《ねんきん》す。大師、窓を隔てて問《と》うて云く》、「闍梨念底、是什麼経《闍梨が念底、是れ什麼《なに》の経ぞ》」。

僧対曰《こたへていはく》、「維摩経《ゆいまきやう》」。

師曰、「不レ問二你維摩経一、念底是什麼経《你《なんぢ》に維摩経を問はず、念底は是れ什麼の経ぞ》」。

牛犉 牝牛。普通は牸牛と書く。前の行の「牛皮也須穿」の最後の二字は冗辞である。

冶父 安徽省盧江県の東北。↓祖師

似 「如」と同じ。まさる。(入矢)

福徳斎肩・福徳超過 冶父の偈の中の「似」の解釈がこの二通りにできるということだろう。「似」の意味は右の注で示した如くだが、反語法や否定文の中だと、同程度をも表わしうる。

此僧従レ此得入《此の僧、此れより得入せり》。

大師道の「念底《ねんち》是《し》什麼《しも》経《きん》」は、*一条の念底《ねんち》年代深遠《じんのん》なり、*不《ふ》欲挙似於念《よくこじおねん》なり。路《みち》にしては*死蛇にあふ、このゆへ(ゑ)に「什麼経《しもきん》」の問著現成せり。*人にあふ(う)ては錯挙《さくこ》せず、このゆゑに維摩経なり。おほよそ看経《かんきん》は、尽仏祖を把拈《はねん》しあつめて、眼睛として看経するなり。正当恁麼時《たういんもじ》、たちまちに仏祖作仏し、説法し、説仏し、*仏作《ぶつさ》するなり。この看経の時節にあらざれば、仏祖の頂顊面目《ちんにんめんもく》いまだあらざるなり。

現在仏祖の会《ゑ》に、看経の儀則それ多般あり。いはゆる施主入山《せしゆにつさん》、請大衆看経《しんだいしゆかんきん》、あるいは*常転請僧看経《じやうてんしんすんかんきん》、あるいは僧衆自発心看経《すんしゆじほつしんかんきん》等なり。このほか、大衆為亡僧看経《だいしゆゐまうそうかんきん》あり。

施主入山、請僧看経は、当日の*粥時《しゆくじ》より、*堂司《だうす》あらかじめ看経牌《かんきんはい》を僧堂前および諸寮にかく。粥罷《しゆくは》に拝席を*聖僧前《しやうそうぜん》にしく。ときいたりて、僧堂前鐘を三*会《ゑ》うつ、あるいは一会うつ。住持人の指揮にしたがう(ふ)なり。

鐘声罷《しゆしんは》に、首座大衆《しゆそだいしゆ》、搭袈裟《たつけさ》、入*雲堂《にふうんだう》、就*被位《しうひゐ》、正面而坐《しやうめんにざ》《首座大衆、袈裟を搭《たつ》し、雲堂に入り、被位に就き、正面して坐す》。

つぎに住持人入堂、向聖僧問訊焼香罷《かうしやうそうもんじんせうかうは》、依位而坐《えゐにざ》《聖僧に向つて問訊し、焼香罷《をは》りて、位に依つて坐す》。

つぎに*童行《づんなん》をして経を*行《あん》ぜしむ。この経、さきより*庫院《くゐん》にとゝのへ、安排しまうけて、ときいたりて*供達《くたつ》するなり。経は、あるいは経函《きやうかん》ながら行《あん》じ、あるいは*盤子《ぼんす》に安じて行《あん》ず。

一条の念底年代深遠　「念底」以下六字を一語乃至一概念ととること。念ずるところの年月が長くはるかであるという一概念。「底」は関係詞。

不欲挙似於念　「念ヲ挙似スルコトヲ欲セズ」。これも一語、一概念。雲居道の「念底是什麼経」(念じているのはどんな経か)の属詞として右と同格。要は「念」を簡単に言うわけにはいかないということ。ただし、漢文としては「念ニ挙似…」という訓み方になる。『臨済録』に「仰山曰く」として「祇是年代深遠、不欲挙似和尚」(行録)とある(入矢)。

死蛇　この死は死をもたらすの意。死地・死闘などその用例。雲居にしてみれば「念経」は死をもたらすものだったのである。

人にあふては…　この「人」は雲居、「錯挙(間違ったことを言う)せず」の主格は念経僧だろう。

仏作するなり　強いて言えば、仏として作すなり。

常転　「常転に」と副詞句として訓む。「転」は転経。

粥時　飯時に対し、朝食時。「粥罷」は早朝喫粥後の意。

堂司　維那(衆僧の僧堂における行動を取締り、綱維を守らせる役)の居所、また維那その人。

聖僧　禅院の僧堂の中央に安置する像。釈迦牟尼仏のもっとも早い弟子阿若憍陳如・文殊師利・須菩提・大

大衆すでに経を＊請《しやう》じて、すなはちひらきよむ。

このとき、＊知客《しか》いまし施主をひきて雲堂にいる。施主まさに雲堂前にて手炉《しゆろ》をとりて、さゝげて入堂す。手炉は院門の公界《くがい》にあり。あらかじめ装香《さうきやう》して、＊行者《あんじや》お《(を)》して雲堂前にまうけて、施主まさに入堂せんとするとき、めしによりて施主にわたす。手炉をめすことは、知客これをめすなり。入堂するときは、知客さき、施主のち、雲堂の前門の＊南頰《なんけふ》よりいる。

施主、聖僧前にいたりて、焼《せう》一片香《べんかう》、拝三拝あり。拝のあい《(ひ)》だ、手炉お《(を)》もちながら拝するなり。拝のあひだ、知客は拝席の北に、おもてをみなみにして、すこし施主にむかひて、＊叉手してたつ。

施主の拝お《(を)》はりて、施主みぎに転身して、住持人にむかひて、手炉をさゝげて＊曲躬《きよくきう》し揖《いつ》す。住持人は椅子《いす》にい《(ゐ)》ながら、経をさゝげて合掌して揖《いふ》をうく。施主つぎにきたにむかひて揖す。

揖お《(を)》わ《(は)》りて、首座《しゆそ》のまゑ《(へ)》より＊巡堂す。巡堂のあひだ、知客さきにひけり。巡堂一匝《さふ》して、聖僧前《しやうそうぜん》にいたりて、なお《(ほ)》聖僧にむかひて、手炉をさゝげて揖す。このとき、知客は雲堂の＊門限のうちに、拝席のみなみに、おもてをきたにして叉手《しやしゆ》してたてり。

施主、揖聖僧《いつしやうそう》お《(を)》はりて、知客にしたがひて雲堂前にいでゝ、＊巡堂前一匝して、なお《(ほ)》雲堂内にいりて、聖僧にむかひて拝三拝す。拝お《(を)》はりて、＊交椅《かうい》につきて看経を証明す。交椅は、聖僧のひだりの柱のほとりに、みなみにむかゑ《(へ)》てこれをたつ。あるいは南柱のほとりに、きたにむかへてもたつ。

迦葉など一定しないが、今は文殊師利が普通という。
会 禅院の儀式。鐘・鼓を三十六回打つのが一会。
雲堂 僧堂(雲水の集まる堂)に同じ。
被位 単位、掛搭単ともいう。禅林僧堂内の雲水が起臥する座席。
童行 禅院で、まだ得度せず、給仕の雑役に従うもの。幼年の行者。
行ぜしむ 「行益」(→二九一頁注)せしむ。配って歩かせる。
庫院 寺院の厨房。庫裡に同じ。
供達 供える形で持って来る。
盤子 大皿、盆。子は接尾辞。
請 もらう。
知客 禅院で来客の接待をする役僧。
行者 やはり禅院で、まだ得度せず寺中諸役の下で給仕する者。
南頰 南側の横面。
叉手 はっきりした定義はない。中国の、両腕を胸の前で重ね合せる礼とも言い、インド式の、わずかに指を交叉する合掌の礼ともいう。「合掌」の礼はその名で別に出るので、ここは前者。
曲躬 身を曲ぐ。礼の形。
巡堂 堂内一巡。下の「ひけり」は引率せり(完了形)の意だろう。
門限 敷居に同じ。
巡堂前 雲堂前に同じ。「一匝」は一巡。
交椅 縄床・胡床に同じという。椅子。

施主すでに座につきぬれば、知客すべからく施主にむかひて揖してのち、くらい《(ゐ)》につく。あるいは施主巡堂のあひだ、*梵音《ぼんのん》あり。梵音の座、あるいは聖僧のみぎ、あるいは聖僧のひだり、便宜にしたがふ。

手炉には、*沈香《ぢんかう》・箋香《せんかう》等の名香をさしはさみたくなり。この香は、施主みづから辧備《はんび》するなり。

施主巡堂のときは、衆僧《しゆぞう》合掌す。

つぎに看経銭《かんきんせん》を*俵《へう》す。銭の多少は、施主のこゝろにしたがふ。あるいは綿、あるゐ《(い)》は扇等の*物子《もつす》、これを俵す。施主みづから俵す、あるいは知事これを俵す、あるいは行者《あんじや》これを俵す。俵する法は、僧のまへにこれをおくなり、僧の手にいれず。衆僧は、俵銭をまへに俵するとき、おの〳〵合掌してうくるなり。俵銭、あるいは当日の斎時にこれを俵す。もし斎時に俵するがごときは、首座*施食《せじき》ののち、さらに打槌《たつい》一下して、首座施財す。

施主回向《ゑかう》の旨趣を紙片にかきて、聖僧の左の柱に貼《てつ》せり。

雲堂裡看経のとき、揚声してよまず、低声によむ。あるいは経巻をひらきて、文字をみるのみなり。*句読《くとう》におよばず、看経するのみなり。

かくのごとくの看経、おほくは金剛般若経《こんがうはんにやきやう》・法華経普門品《ほけきやうふもんぼん》・安楽行品・金光明経《こんくわうみやうきやう》等を、いく百千巻となく、常住《じやうぢゆう》にまうけおけり。毎僧《まいそう》一巻を行《あん》ずるなり。看経おわ《(は)》りぬれば、もとの盤《ばん》、もしは函《かん》をもちて、座のまへをすぐれば、大衆《だいしゆ》おの〳〵経を安ず。とるとき、おくとき、ともに合掌するなり。とるときは、まづ合掌してのちにとる。おくときは、まづ

梵音　多義の語だが、ここでは読経の声。

沈香・箋香　沈は水に沈めておいて得られるという意味。材はその名の熱帯性灌木。箋香も香木の名。海南の産を良品とする。

俵　分ち与える。

物子　子は、物の名につける助辞。「もの」というに同じ。

施食　斎食を僧に供養すること。

句読におよばず　句切り・読みきりの分節をつけない。前後の関係でいうと、声に出して読まないというのと同じ。

経を安じてのちに合掌す。そののち、おの〳〵合掌して、低声に回向するなり。
もし常住公界《くがい》の看経には、*都監寺僧《つうかんすそう》、焼香・礼拝・巡堂・俵銭、みな施主のごとし。手炉をさゝぐることも、施主のごとし。もし衆僧《しゆぞう》のなかに、施主となりて大衆《だいしゆ》の看経を請ずるも、俗施主のごとし。焼香・礼拝・巡堂・俵銭等あり。知客《しか》これをひくこと、俗施主のごとくなるべし。

聖節《しんせつ》の看経《かんきん》といふことあり。かれは、今上《きんじやう》の聖誕《しやうたん》の、*仮令《けりやう》もし正月十五日なれば、先《まづ》十二月十五日より、聖節の看経はじまる。*今日上堂なし。仏殿の釈迦仏のまゑ(へ)に、連床《れんじやう》を二行にしく。*いはゆる東西にあひむかへて、おの〳〵南北行にしく。東西床のまへに*榿盤《だいばん》をたつ。そのうへに経を安ず。金剛般若経・仁王経《にんのうきやう》・法華経・最勝王経・金光明経等なり。堂裡僧を一日に幾僧《きすん》と請じて、斎前に点心《てんじん》をおこなふ。あるいは麵《めん》一椀《わん》、羹《かん》▽一杯を毎僧に行《あん》ず。あるいは饅頭《まんてう》六七箇、羹一分、毎僧に行《あん》ずるなり。饅頭これも椀《わん》にもれり、はしをそへたり、*かひをそへず。おこなふときは、看経の座につきながら、座をうごかさずしておこなふ。点心は、経を安ぜる榿盤に安排せり。さらに*棹子《たくす》をきたせることなし。行点心《あんてんじん》のあひだ、経は榿盤に安ぜり。点心おこなひお(を)はりぬれば、僧おの〳〵座をたちて、嗽口《そこう》して、かゑ(へ)りて座につく。すなはち看経す。粥罷《しゆくは》より*斎時にいたるまで看経す。斎時、三《さん》下鼓響《げくかう》に座をたつ。今日の看経は、斎時をかぎりとせり。
はじむる日より、建祝聖道場《けんしゆくしんだうぢやう》の牌《はい》を、仏殿の正面の東の*簷頭《せんてう》にかく、黄牌なり。また仏

都監寺　監寺の上にあって寺務一切を監督する。略して都寺という。監寺は住持に代り寺務を見るもの。監院ともいう。

仮令　「仮りに…ならしめば」。たとへばと同義。
今日　当日。
いはゆる　今いうところは。それは。
榿盤　㯃は机。盤は三五〇頁の「盤子」に同じ。上の台板の縁が折敷の縁のように立っている机。

かひ　匙。
棹子　木篇は不要。「きたせる」は持ち来せる(完了形。持って来ておく)の意だろう。
斎時　斎食を食うとき。朝から正午までの間のことだが、ここでは正午の意らしい。
簷頭　軒端。

殿のうちの正面の東の柱に、祝聖の旨趣を、障子牌*にかきてかく、これ黄牌なり。住持人の名字は、紅紙あるいは白紙にかく。その二字を小片紙にかきて、牌面の年月日の下頭《あてう》に貼《てつ》せり。かくのごとく看経して、その御降誕の日にいたるに、住持人上堂し、祝聖するなり。これ古来の例なり。いまにふりざるところなり。

また僧のみづから発心して看経するあり。寺院もとより公界《くがい》の看経堂あり。かの堂につきて看経するなり。その儀、いま清規《しんぎ》*のごとし。

高祖☆薬山弘道《やくさんくだう》大師、問二高☆沙弥一云《高祖薬山弘道大師、高沙弥《かうしやみ》に問うて云く》、「汝従看経得*、従請益*得《汝《なんぢ》看経よりや得たる、請益《しんえき》よりや得たる》」。

高沙弥云《いはく》、「不従看経得、亦不従請益得《看経より得たるにあらず、また請益《しんえき》より得たるにあらず》」。

師云、「大有人*、不看経、不請益、為什麼不得《大いに人有り、看経せず、請益せず、什麼《なに》としてか不得なる》」。

高沙弥云、「不道他無*、只是他不肯承当《他《かれ》無しとは道《い》はず、ただ是れ他の承当《じようたう》を肯《けん》せざるのみ》」。

仏祖の屋裡に承当あり、不承当ありといへども、看経・請益は、家常の調度なり。

正法眼蔵看経第三十

障子牌　木の枠に白紙を貼って作った掲示板。

清規のごとし　『禅苑清規』に見られる通りだ。

得　これに先立つ問答における高沙弥の道得のたしかさ、それをどうして得たかという問。

請益　教えを請うこと。巻首の「あるいは知識をもちゐる」に該当する。

大有人　大いに人有って。「大」は「有」を強めるだけで、数量的に大の意ではない。唐代以来の表現。寒山詩にも例が多い(入矢)。こいつめ、「看経」も「請益」もしないでおいて、どうして得ずなんてことがあるのだ。

他　この問答においては初めから対格が省かれている。この指示代名詞「他」もそれに相当する具体的なものを持たない。わずかに「大有人」の「人」を指す。

爾時仁治二年辛丑秋九月十五日在雍州宇治郡興聖宝林寺示衆
寛元三年乙巳七月八日在越州吉田県大仏寺侍司書写之　懐弉

正法眼蔵第三十一

諸《しよ》悪《あく》莫《まく》作《さ》

古仏云、「諸悪莫作《しよあくまくさ》、衆善奉行《しゆぜんぶぎやう》、自浄其意《じじやうごい》、是諸仏教《ぜしよぶつけう》《諸悪作《な》すこと莫《なか》れ、衆善奉行《ぶぎやう》すべし、自ら其の意を浄む、是れ諸仏の教なり》」。

これ七仏祖《そ》宗《そう》の通戒として、前仏より後仏に正伝す、後仏は前仏に相嗣せり。たゞ七仏のみにあらず、「是諸仏教」なり。この道理を功夫参究すべし。いはゆる七仏の法道、かならず七仏の法道のごとし。相伝相嗣、なほ*箇裡の通消息なり。すでに是諸仏教なり、百千万仏の教行証なり。

いまいふところの「諸悪」者《とは》、善性《ぜんしやう》・悪性《あくしやう》・*無《む》記性《きしやう》のなかに悪性あり。その性《しやう》これ無生《むしやう》なり。善性・無記性等もまた無生なり、無漏なり、実相なりといふとも、この*三性の箇裡に、*許多般《こたはん》の法あり。諸悪は、此界の悪と他界の悪と同不同あり、先時と後時と同不同あり、天上の悪と人間の悪と同不同なり。いはんや仏道と世間と、*道悪・道善・道無記、はるかに殊異《しゆゐ》あり。*善悪は時なり、時は善悪にあらず。善悪は法なり、法は善悪にあらず。*法等・悪等なり、*法等・善等なり。

しかあるに、阿耨多羅三藐三菩提《あのくたらさんみやくさんぼだい》を学するに、聞教し、修行し、証果するに、深《じん》なり、

箇裡の…　この辺の消息に通じた。　**無記性**　善・悪いずれでもない性質。「悪性あり」は、悪性あるなり。そしてそれが無生(生ずるのでなくあるもの)。　**三性の箇裡**　箇は冗辞。三性のうち。　**許多般の法**　幾多の現象。　**道悪・道善・道無記**　道は冗辞。　**善悪は時なり時は善悪にあらず**　時の遍在と無記性の指摘。↓『有時』。　**法等・悪等、法等・善等**　「時」や「法」(仏法、存在の理法)は無記の統轄概念だという直前の記述の言換え。「法等」「悪等」「善等」は、法は法として、悪は悪として善は善として等類。↓七七頁「語等・心等・法等」、二八四頁「画等・餅等・法等」。　**はじめは**　はじめより。　**はじめて造作して**　造作して初めて。　**ゆへに語菩提なり**　菩提の言葉だから菩提を語っている。下の「無上菩提の説著」(無上菩提の説く行為)は反復。　**量として**　その次元において。次は「その量、これ莫作なり」の意。　**正当恁麼時の正当恁麼人**　前段に述べた「菩提語」に転ぜられて、「諸悪」を作さないのが自然で必然なこととなった、そういう情況の、すでにそういう風な人。　**諸悪みづから…**　「菩提語」が「語菩提」であるのとは異って…。　**調度**　ここでは図り調えること。「一拈一放の道理」は「諸悪」の係わる道理のことで、それは拈放不定の恣意的なもの

遠《をん》なり、妙なり。この無上菩提を或従知《わくじゆうち》識《しき》してきき、或従経巻《わくじゆうきやうぐわん》してきく。*はじめは、諸悪莫作ときこゆるなり。諸悪莫作ときこへ《(え)》ざるは、仏正法にあらず、魔説なるべし。

しるべし、「諸悪莫作」ときこゆる、これ仏正法なり。この「諸悪つくることなかれ」といふ、凡夫の*はじめて造作《ざうさ》してかくのごとくあらしむるにあらず、菩提の説となれるを聞教するに、しかのごとくきこゆるなり。しかのごとくきこゆるは、無上菩提のことばにてある道著《だうぢや》なり。すでに菩提語なり、*ゆへ《(ゑ)》に語菩提なり。無上菩提の説著となりて聞著せらるるに転ぜられて、諸悪莫作とねがひ、諸悪莫作とおこなひもてゆく。諸悪すでにつくられずなりゆくところに、修行力たちまちに現成す。この現成は、尽地・尽界・尽時・尽法を*量として現成するなり。その量は、莫作を量とせり。

*正当恁麼時の正当恁麼人は、諸悪つくりぬべきところに住し往来し、諸悪つくりぬべき縁に対し、諸悪つくる友にまじわ《(は)》るににたりといへども、諸悪さらにつくられざるなり、莫作の力量見成するゆへに。*諸悪みづから諸悪と道著せず、諸悪にさだまれる*調度なきなり。一拈一放の道理あり。正当恁麼時、すなはち悪の人をお《(を)》かさゞる道理しられ、人の悪をやぶらざる道理あきらめらる。

みづからが心を挙《こ》して修行せしむ、身を挙して修行せしむるに、*機先の八九成《しん》あり、脳後の莫作あり。なんぢが心身を拈来して修行し、*たれの身心を拈来して修▽行するに、四大五蘊にて修行するちから、驀地《まくち》に見成するに、四大五蘊の*自己を染汚《ぜんわ》せず、今日の四大五蘊までも修行せられもてゆく。如今《しきん》の修行なる四大五蘊のちから、*上項《じやうくゐやう》の四大五蘊を修

だの意。**機先の八九成…** まず八、九分通り成就し、ついで現実となった当為が成り立つ。「機」「脳」は冗辞。**たれの** 誰でもいい誰かが。**自己** 主体としての「なんぢ」、「たれ」。以下は『行持』上参照。**上項** 上記。

諸時の活眼 正法眼、会得せられた仏法そのもの。**過現当の機先機後に** 三世における時期の前後を問わず、つねに。**所有** あるところの。存在する。**しかあれども** すなわち。**善悪因果をして** 善悪が因果を。しかしそうかと言って善悪が因果を動かすわけではない。「善悪」は為すべき、あるいは為すべからざる、ひとと相対的な客体ではなく、普遍的に「因果」と同平面にある。「修行」も〈法界〉における自然な不染汚の活動である。**この因果の…分明なる** 善悪と同列の普遍的事実である因果のこういう真面目が「分明」になると。**これ莫作なり…** 因果は「作るものでなく」、「事新しく生れるものでなく」、無常であり、「歴然として味(くら)ましようはなく」、しかしまた「その支配を蒙らないですむもの」である。**見得徹・坐得断** 二語とも得字が語尾に来た形と同義。坐断は普通は占住の意。ここでは把握。**初中後** 事物現象の全過程。主格。

行ならしむるなり。山河大地《せんがだいち》、日月星辰《にちぐわちしやうしん》にても修行せしむるに、山河大地、日月星辰、かへりてわれらを修行せしむるなり。一時の眼睛にあらず、*諸時の活眼なり。眼睛の活眼にてある諸時なるがゆへ(ゑ)に、諸仏諸祖をして修行せしむ、聞教せしむ、証果せしむ。諸仏諸祖、かつて教行証を染汚《ぜんわ》せしむることなきがゆへに、教行証いまだ諸仏諸祖を罣礙《けいげ》することなし。このゆへに仏祖をして修行せしむるに、*過現当の機先機後に廻避《うゐひ》する諸仏諸祖なし。衆生作仏作祖の時節、ひごろ*所有の仏祖を罣礙せずといへども、作仏祖する道理を、十二時中の行住坐臥に、つら〳〵思量すべきなり。作仏祖するに衆生をやぶらず、うばわ(は)ず、うしなふにあらず。*しかあれども、脱落《とつらく》しきたれるなり。

*善悪・因果をして修行せしむ。いはゆる因果を動ずるにあらず、造作するにあらず。因果、あるときはわれらをして修行せしむるなり。*この因果の本来面目すでに分明《ふんみやう》なる、*これ莫作なり、無生なり、無常なり、不昧なり、不落なり、脱落なるがゆへに。かくのごとく参究するに、諸悪は一条にかつて莫作なりけると現成するなり。この現成に助発《じよはつ》せられて、諸悪莫作なりと*見得徹し、*坐得断するなり。

正当恁麽のとき、*初中後、諸悪莫作にて現成するに、諸悪は因縁生にあらず、たゞ莫作なるのみなり。諸悪は因縁滅にあらず、たゞ莫作なるのみなり。諸悪もし*等《とう》なれば、諸法も等なり。諸悪は因縁生としりて、この因縁の*おのれと莫作なるをみざるは、あわ(は)れむべきともがらなり。仏種従縁起《ぶつしゆじゆうえんぎ》なれば、*縁従仏種起《えんじゆうぶつしゆき》なり。

諸悪なきにあらず、莫作なるのみなり。諸悪あるにあらず、莫作なるのみなり。諸悪は

等　輩・類に同じ。そういう一類。
おのれと　自然に。
縁従仏種起　因が果を生むとき、その過程を担いかつ助成する縁も仏種(成仏の因となる種子。菩薩の行)あればこそ生ずる。宗教的論理。因・縁・果を段階づけ、そのものとして特定することの否定。
空にあらず…　諸悪はそれを作すときはじめて存在するという上来の記述から、それが非実体的な純然たる関係だという結論が出されることへの拒否。それは莫作(人がそれに否定的に関係することで初めて存在するもの)なのだ。だが可感的存在(色)でもない。
諸悪は…莫作なるのみなり　諸悪は莫作だというと、それは「すべからず」という形で存在する(人間に関係する)もののようだが、そうではない、莫作(作すなし)のものである。
無　空とは違う。有の否定。
主・賓　文法概念。
つくられざりける　つくられるはずのなかったもの。
井の井を　存在はすべて自性に徹することによって存在するのであって、そういう情況にあっては対立違和はないことの説示。
説箇の応底道理　驢井相見の話を引出す曹山本寂の語。「の」は冗辞。「説」もここでは冗辞。「箇応底」は、これに応ずるところの、の意。「箇」は次を指す。
仏身法身…　右の「箇」字が指示する曹山自身の挙示。「仏ノ真ノ法身

*空《くう》にあらず、莫作なり。諸悪は色《しき》にあらず、莫作なり。諸悪は莫作にあらず、莫作なるのみなり。たとへば、春松は*無《む》にあらず有《う》にあらず、つくらざるなり。秋菊は有《う》にあらず無《む》にあらず、つくらざるなり。諸仏は有にあらず無にあらず、莫作なり。露柱燈籠《ろしゅとうろう》・払子《ほっす》拄杖《しゅちゃう》等、有にあらず、無にあらず、莫作なり。自己は有にあらず無にあらず、莫作なり。恁麼の参学は、見成せる公案なり、公案の見成なり。*主《しゅ》より功夫し、*賓《ひん》より功夫す。すでに恁麼なるに、*つくられざりけるをつくりけるとくやしむも、のがれず、さらにこれ莫作の功夫力《くふうりき》なり。

しかあれば、莫作にあらばつくらましと趣向するは、あゆみをきたにして越《ゑち》にいたらむとまたんがごとし。諸悪莫作は、井《ゐ》の驢《ろ》をみるのみにあらず、*井の井をみるなり。驢の驢をみるなり、人の人をみるなり、山の山をみるなり。*説箇の応底道理《おうちだうり》あるゆへに、諸悪莫作なり。*仏真法身《ぶつしんほっしん》、猶若虚空《いうにゃくこくう》、応物現形《おうもつげんぎゃう》、如水中月《にょすいちゆうぐゑち》なり。*応物《おうもつ》の莫作なるゆへに、*現形《げんぎゃう》の莫作あり、猶若虚空、*左拍右拍なり。*如水中月、被水月礙なり。これらの莫作、さらにうたがふべからざる現成なり。

「衆善奉行」。この衆善は、三性のなかの善性なり。善性のなかに衆善ありといへども、さきより現成して*行人《ぎゃうにん》をまつ衆善いまだあらず。作善《さぜん》の正当恁麼時、きたらざる衆善なし。万善は*無象《むざう》なりといゐ(へ)ども、作善のところに*計会《けうい》すること、磁鉄よりも速疾なり。そのちから、*毘嵐風《びらんぷう》よりもつよきなり。大地《だいち》山河《せんが》、世界《せかい》国土《こくど》、*業増上力《ごふぞうじゃうりき》、なほ善の計会を罣礙す

ハナホ虚空ノゴトケレド、物ニ応ジテ形ヲ現ハスコト水中ノ月ノ如シ」。**応物の莫作なる** 物に応ずることで現われる、応ずべきものがなければ現われない「莫作」であるから。**現形の莫作** 形に現われる「莫作」、その現実性。**左拍右拍** 左に拍ち右に拍ち。礙滞なし。**如水中月被水月礙** 水月を無礙自由の喩えとしたが、「水中ノ月ノ如ク水月ニ礙ヘラル」ということも起る。水月は水月の場所の外には行けない。**行人** 衆善奉行の人。単に人。**無象** 形なし。**計会** 会のみ有意。計算・思慮などが普通の意。**毘嵐風** 劫初劫末に吹く破壊力激甚にして耐えるもののない暴風。**業増上力** ↓四六頁注

おなじ認得を… 難解な段だが、以下のように読む。(一つ一つの世界で何を善と見るかは同一に行かないが)その「道理」は、それぞれの「世界によりて」「おなじ認得」による善を「善とせるがゆへに」。**如三世諸仏説法之儀**… 「おなじ」は「如」と重複。「三世諸仏」が「説法」の主体。**身量** 量的に決定しうる肉身。仏在世説法も「身量」「寿命」もすべて時の管轄ゆえ、現在がすべてであるおのおの世界にそれぞれの「善」がある。**説無分別法なり** 以上述べたことは無分別(無差別に妥当す

ることあたはざるなり。

しかあるに、世界によりて善を認ずることおなじからざる道理、*おなじ認得《にんて》を善とせるがゆへ《（ゑ）》に、*如三世《によさんぜ》諸仏《しよぶつ》、説法之《せつぽふし》儀《ぎ》式《しき》おなじといふは、在世説法、たゞ時なり。寿命・*身量またときに一任しきたれるがゆへに、*説無分別法なり。

しかあればすなわ《（は）》ち、*信行《しんぎやう》の機の善と、*法行《はふぎやう》の機の善と、はるかにことなり、*別法にあらざるがごとし。たとゐ《（へ）》ば、声聞《しやうもん》の持戒は菩薩の破戒なるがごとし。

衆善これ因縁生・因縁滅にあらず。衆善は諸法なりといふとも、諸法は衆善にあらず。因縁と生滅と衆善と、*おなじく頭正《てうしん》あれば尾正《びしん》あり。*衆善は奉行なりといへども、自にあらず、自にしられず。他にあらず、他にしられず。自他の知見は、*知に自あり、他あり、見の自あり、他あるがゆへに、各々の活眼睛、*それ日にもあり、月にもあり、これ奉行なり。奉行の正当恁麼時に、現成の公案ありとも、公案の始成《しじやう》にあらず、公案の久住《くぢゆう》にあらず、さらにこれを*奉行といはんや。

作善の奉行なるといへども、測度《しきたく》すべきにはあらざるなり。いまの奉行、これ活眼睛なりといへども、測度にはあらず。*法を測度せんために現成せるにあらず。*活眼睛の測度は、余法の測度とおなじかるべからず。

衆善、有・無、色・空等にあらず、たゞ奉行なるのみなり。いづれのところの現成、いづれの時の現成も、かならず奉行なり。この奉行にかならず衆善の現成あり。奉行の現成、これ*公案なりといふとも、生滅にあらず、因縁にあらず。奉行の*入・住・出等も又かくの

る)法である。「説」は「を説いた」。無くてもよい。　**信行・法行の機**　他の教えを信じて行為するものと、みずから思惟して法の如く行為するものとの能力。　**別法にあらざるがごとし**　信行と法行とでその能力(機)にとっての善は大いに違う。その点はかの「説無分別法」と別ものではないようである。　**おなじく頭正あれば…**　どれも同じようにそれ自身の首尾、存立の条件を持っている。**衆善は奉行なりと…**　「諸悪は莫作なり」と同じ考え方。もろもろの善は人がそれらを為すもの、必然自然に為されるものとして存在する。しかし行為者の我に対して他者の関係にはなく(「自にあらず、他にあらず」)、また当然為さるべき善として善が自知することもなく、為されるべき善として他知されるものでもない。　**知に自あり他あり…**　知には自知もあり他知もある。他知には他を知ることと他に知られることとがある。「見」についても同様である。従って「自他の知見」は「各々の活眼睛」であり、奉行即自発的行為である。　**それ日にもあり月にもあり**　挿入句。「にもあり」は「にてもあり」。「それ」は注意を求める間投詞。あれやこれやであって。その一方「奉行なり」。　**奉行といはんや**　上から、公案現成ということになってもそれは公案が始めて成ったという

ごとし。衆善のなかの一善すでに奉行するところに、尽法・全身・真実地等、ともに奉行せらるゝなり。*この善の因果、を《(お)》なじく奉行の現成公案なり。因はさき、果はのちなるにあらざれども、因円満し、果円満す。*因等法等、果等法等なり。*因にまたれて果感ずといへども、前後にあらず、*前後等の道《だう》あるゆへに。

「自浄其意《じじやうごい》」といふは、*莫作の自なり、莫作の浄なり。*自の其なり、自の意なり。莫作の其なり、莫作の意なり。奉行の意なり、奉行の浄なり、奉行の其なり、奉行の自なり。*かるがゆへに、「是諸仏教」といふなり。

いはゆる諸仏、あるいは*自在天のごとし。*自在天に同不同なりといへども、一切の自在天は諸仏にあらず。あるいは転輪王のごとくなり。しかあれども、一切の転輪聖王《てんりんじやうわう》の諸仏なるにあらず。かくのごとくの道理、功夫参学すべし。諸仏はいかなるべしとも学せず、いたづらに苦辛するに相似せりといへども、*さらに受苦の衆生にして、行仏道にあらざるなり。莫作をよび《(お)》奉行は、*驢事未去《ろじみこ》、馬事到来《ばじたうらい》なり。

唐の白居易《はくきよい》は、☆仏光如満《によまん》禅師の俗弟子なり。☆江西大寂《かうぜいだいじやく》禅師の孫子なり。杭州の刺史《しし》にてありしとき、*鳥窠《てうくわ》の道林☆禅師に参じき。ちなみに居易とふ、「如何是仏法大意《如何ならんか是れ仏法の大意》」。

ことではなく、さりとて公案が不動不変だというのでもない。こういうことを奉行(意識的行為)だと改めて言う必要があろうか。 **法** 次の諸事象諸存在の意の「余法」と当然別なので軌範(ダハルマの意味の一つ)と解すべきか。すると因果の道理が主な内容。 **活眼睛** 仏智そのもの、菩提のこと。 **公案なりといふとも** 公案なれば。 **入・住・出等** 「奉行」の「衆善」へのこれらのこと。 **この善の因果** かかる善にかかわる因果。 **因等法等果等法等** →三五六頁「法等悪等法等善等」注。 **因にまたれて** 因が待っていて。 **前後等** 前後は前後でこれまた一類。 **莫作の** 莫作ということの。 **自の其なり自の意なり** 「其」というは「自」の「其」ということで、「其意」というのは「自」の「意」のことだ。さらに言い代えると、「其」は「莫作」を受け、「意」は「莫作」の意ということになる、というのが次の表現の意味。言うまでもなくこの際「莫作」は「奉行」と置き代えることもできる。 **かるがゆへに** 以上述べたように、生動はしているが完全に自己同一の、そこからはみ出すもののない世界だから。 **自在天** 大自在天。ヒンヅー教のシヴァ神。後の信仰では梵天の上位にある世界創造神とされる。これが仏教に入って、第十地の菩薩が成仏後なるとこ

道林いはく、「諸悪莫作《しよあくまくさ》、衆善奉行《しゆぜんぶぎやう》」。

居易いはく、「もし恁麼にてあらんは、三歳の孩児も道得《だうて》ならん」。

道林いはく、「三歳孩児縦道得《じゆうだうて》、八十老翁行不得《あんふて》なり」。

恁麼いふに、居易すなはち拝謝してさる。

まことに居易は、*白将軍がのちなりといへども、奇代《きたい》の詩仙なり。人つたふらくは、*二十四生の文学なり。あるいは文殊《もんじゆ》の号あり、あるいは弥勒《みろく》の号あり。風情のきこへ《(え)》ざるなし、筆海の朝せざるなかるべし。しかあれども、仏道には初心なり、晩進なり。いはんやこの「諸悪莫作、衆善奉行」は、その宗旨《そうし》、ゆめにもいまだみざるがごとし。

居易おもはくは、道林ひとゐ《(へ)》に*有心《うしん》の趣向を認じて、「諸悪をつくることなかれ、衆善奉行すべし」といふならんとおもひて、仏道に千古万古の「諸悪莫作、衆善奉行」の亙古亙今《くわんこくわんこん》なる道理、しらずきかずして、仏法のところをふまず、仏法のちからなきがゆへ《(ゑ)》にしかのごとくいふなり。たとひ*造作《ざうさ》の諸悪をいましめ、たとひ造作の衆善をすゝむとも、*現成の莫作なるべし。

おほよそ仏法は、知識のほとりにしてはじめてきくと、*究竟《くきやう》の果上もひとしきなり。これを頭正尾正《てうしんびしん》といふ。妙因妙果といひ、仏因仏果といふ。仏道の因果は、*異熟・等流《とうる》等の論にあらざれば、仏因にあらずは仏果を*感得すべからず。道林この道理を道取するゆへに仏法あるなり。

諸悪たとひいくかさなりの尽界に弥淪《みりん》し、いくかさなりの尽法を呑却《たんきやく》せりとも、これ*莫

ろのもの。三目八臂、白牛に乗る。**自在天に同不同**　右の説話にもとづく表現。以下の「一切の自在天」という表現は、逆はかならずしも真ならずの法則で説明されうるが、自在天の単一性の否定、従って端的にその否定が本旨。**さらに受苦の…**　やはりこれは受苦の衆生だからであって、これは別に仏道を行ずることではないのだ。**驢事未去馬事到来**　ごく当り前のことがひきもきらず起ることに他ならない。**鳥窠**　松の大木の上に住して鳥とともにあったことから来た仇名。

白将軍　戦国時代の秦の将軍白起。**二十四生**　生れかわり死にかわり二十四回。「文学」は漢代以来国郡・太子府におかれた官の名。言語文字の顧問や経籍の教授を任務とした。**有心の趣向**　「有心」は心識のはたらきあること。あるいは、「有所得心」の略として、対象を一か異か、有か無か、是か非かなどと判別する心。いずれにしても慮知思量のこと。それの志向。「認じて」は承認と認識の両義にはたらいていよう。**造作の**　意図して作す。**現成の…**　そうして作されたことは作されはしても莫作の現成だ。**究竟の果上**　因位の修行によって得られる証果の位が「果上」。「究竟の」それは、仏の一切を悟り尽し体得し

作の解脱なり。衆善すでに*初中後善にてあれば、*奉行の性《しやう》・相《さう》・体《たい》・力《りき》等を如是せるなり。居易かつてこの蹤跡《しようせき》をふまざるによりて、「三歳の孩児も道得《だうて》ならん」とはいふなり。道得をまさしく道得するちからなくて、かくのごとくいふなり。

あはれむべし、居易、なんぢ道甚麽《だうしも》なるぞ、仏風いまだきかざるがゆへに。三歳の孩児をしれりやいなや、孩児の*才生《さいしやう》せる道理をしれりやいなや。もし三歳の孩児をしらんものは、三世諸仏お《(を)》もしるべし。いまだ三世諸仏をしらざらんもの、いかでか三歳の孩児をしらん。対面《ついめん》せるはしれりとおもふことなかれ、対面せざればしらざるとおもふことなかれ。一塵をしるものは尽界をしり、一法を*通ずるものは万法を通ず。万法に通ぜざるもの、一法に通ぜず。通を学せるもの通徹のとき、万法お《(を)》もみる、一法お《(を)》もみるがゆへに、一塵を学するもの、*のがれず尽界を学するなり。三歳の孩児は仏法をいふべからずとおもひ、三歳の孩児のいはんことは容易ならんとおもふは至愚なり。*そのゆへは、生をあきらめ死をあきらむるは、仏家一大事の因縁なり。

*古徳いはく、「なんぢがはじめて生下《しやうげ》せりしとき、すなはち*獅子吼《ししく》の*分あり」。師子吼の分とは、如来転法輪の功徳なり、転法輪なり。

又古徳いはく、「生死去来《しやうじこらい》、真実人体《しんじつじんたい》なり」。

しかあれば、真実体をあきらめ、獅子吼の功徳あらん、まことに一大事なるべし、たやすかるべからず。かるがゆへに、三歳孩児の*因縁行履《あんり》あきらめんとするに、*さらに大因縁なり。それ三世の諸仏の行履因縁と、同不同あるがゆへに。

きった状態。 **異熟・等流** 果の性質が因の性質と異る生起のしかたと、それらが相類するもの。
感得 感は動かす。動かし、得る。
莫作の解脱 諸悪莫作が無いということではなく…。
初中後善 時を問わず三世を通じて実現(奉行)している善。釈迦牟尼の行履がこうだったと言われる。
奉行の… 「衆善」の方が、かえって奉行の本性・様相・実体・功能等を「如是」(そのようなもの―奉行の性相体力等)たらしめている。
才生 ↓一一七頁注。はじめて生れる。 **を通ず** 「通一法」の訓読。前の句に姿を似せるためでもある。「に通ず」。 **のがれず** この因果を表現する接続詞の機能を持つ副詞には、すべての「学」は「通」の学だという論理を含む。
そのゆへは これを受ける句は下にない。句末に、「老大幼少にかかはれず」などを補う。
古徳 釈迦牟尼仏。次の「古徳」は圜悟克勤。
獅子吼 仏の音声を獅子の吠え声にたとえて、それによる仏説法をいう。
分 持前・資格・力量の意。
因縁行履 因縁となる行い。「あきらめんとするに」は明らめてみると。
さらに いよいよもって。「大因縁」は大きな果を招く因縁。次行の「行履因縁」の因縁は冗語。

居易おろかにして三歳の孩児の道得《だうて》をかつてきかざれば、あるらんとだにも疑著《ぎちや》せずして、恁麼道取するなり。道林の道声《だうしやう》の雷よりも顕赫なるをきかず。*道不得《だうふて》をいはんとしては、「三歳孩児還道得《わんだうて》」といふ。これ孩児の獅子吼お(を)もきかず、禅師の転法輪お(を)も蹉過《さこ》するなり。

禅師あはれみをやむるにあたわ(は)ず、かさねていふしなり、「三歳の孩児はたとひ道得なりとも、八十老翁は行不得《あんふて》ならん」と。

いふこゝろは、三歳の孩児に道得のことばあり、これをよく〳〵参究すべし。八十の老翁に行不得《あんふて》の道《だう》あり、よく〳〵功夫すべし。「孩児の道得《だうて》はなんぢに一任す、しかあれども、孩児に一任せず、老翁の行不得は*なんぢに一任す、しかあれども、老翁に一任せず」といひしなり。

仏法はかくのごとく辨取《はんしゆ》し、説取し、*宗取するを道理とせり。

正法眼蔵諸悪莫作第卅一

爾時延応庚子月夕*在雍州宇治県観音導利興聖宝林寺示衆

寛元元年癸卯三月下旬七日於侍司寮書写之　懐弉

道不得を　自分の言えないことを。

なんぢに一任す　お前の考えできまることだから、考えてみよ。

宗取　「取」は上の二個の取とともに「得」「著」と同様の助辞。二字で大本をそれと認め尊ぶの意。

月夕　陰暦八月十五夜。

正法眼蔵第三十二

伝《でん》衣《え》

仏々正伝の衣法《えほふ》、まさに震旦《しんだん》に正伝することは、*少林の高祖のみ也《なり》。高祖はすなはち釈迦牟尼仏より第二十八代の祖師なり。西天《さいてん》二十八代、嫡々《ちやくちやく》あひつたはれ、震旦《しんだん》に六代、まのあたり正伝す。西天東地*都盧《とろ》三十三代なり。

第三十三代の祖、☆大鑒《だいかん》禅師、この衣法を黄梅《わうばい》の夜半に正伝し、生前《しやうぜん》護持しきたる。いまなほ曹谿宝林寺に安置せり。諸代の帝王、あひつぎて内裏《だいり》に請入《しやうにふ》して供養す。*神物《じんもつ》護持せるもの也。

唐朝の中宗・粛宗・代宗、しきりに*帰内《きだい》供養しき。請ずるにもを(お)くるにも、勅使をつかはし、*詔《せう》をたまふ。すなはちこれおもくする儀なり。代宗皇帝、あるとき仏衣《ぶつえ》を曹谿山にを(お)くる詔にいはく、

「今遣《シム》二鎮国大将軍劉崇景、頂戴而送《クラ》一。朕為《ス》二之国宝《ト》一。卿可《シ》丁於二本寺《ニ》一安置《シ》、令《ム》丙僧衆《ノ》親承二宗旨一者、厳《キビシク》加《クワエ》二守護一、勿レ令乙遺墜甲《今、鎮国《ちんごく》大将軍劉崇景をして、頂戴して送らしむ。朕《ちん》、之《これ》を国宝とす。卿《けい》、本寺に安置し、僧衆の親しく宗旨を承《う》けしものをして厳《きび》しく守護を加へ、遺墜《ゐつい》せしむることなからしむべし》」。

少林の高祖のみ也　達磨大師のみの「正伝する」也。少林は寺名。河南省登封県の西北、少室山の北麓にある。創建は後魏の時代。

都盧　全部あわせて。

神物　二〇一頁既出。「物」は類。

帰内供養　内裏に帰して供養する。

詔　『伝燈録』巻五慧能伝に見える。「帰内供養」も同じ件り粛宗の事蹟を叙する文字として見える。

しかあれば即《すなはち》、数代《すだい》の帝者《ていじゃ》、ともにくにの重宝《ちょうほう》とせり。まことに無量恒河沙《むりやうごうがしゃ》の*三千大千世界を統領せんよりも、この仏衣《ぶつえ》くにゝたもてるは、ことにすぐれたる大宝《だいほう》也。*卞璧《べんべき》に准ずべからざるもの也。たとひ*伝国璽《でんこくじ》となるとも、いかでか伝仏の奇宝とならん。大唐よりこのかた、*瞻礼《せんらい》せる緇白《しはく》、かならず信法《しんぼふ》の大機《だいき》也。宿善のたすくるにあらずよりは、いかでかこの身をもちて、まのあたり仏々正伝の仏衣を瞻礼《せんらい》することあらん。信受する皮肉骨髄はよろこぶべし、信受することあたはざらんは、みづからなりという《(ふ)》とも、うらむべし、仏種子《ぶつしゅうじ》にあらざることを。

俗なほいはく、「その人の行李《あんり》をみるは、すなはちその人を見《みる》也」。いま仏衣《ぶつえ》を瞻▽礼せんは、即《すなはち》仏をみたてまつる也。百千万の塔を起立《きりふ》して、この仏衣に供養すべし。*天上海中にも、こゝろあらんはを《(お)》もくすべし。人間にも、転輪聖王《てんりんじやうわう》等のまことをしり、すぐれたるをしらんは、を《(お)》もくすべき也。

あはれむべし、よゝに国主となれるやから、わがくにゝ重宝のあるをしらざること。まゝに道士の教にまどはされて、仏法を癈《はい》せるを《(お)》ほし。その時、袈裟をかけず、円頂に*葉巾《セフきん》をいたゞく。講ずるところは、延寿長年の方《はう》なり。唐朝にもあり、宋朝にもあり。これらのたぐひは、国主也といえ《(へ)》ども、国民よりもいやしかるべき也。

しづかに観察しつべし、わがくにゝ仏衣とゞまりて現在せり。*衣《え》仏国土《ぶつこくど》なるべきかとも思惟《しゆい》すべき也。*舎利《しやり》等よりもすぐれたるべし、舎利は輪王にもあり、師子にもあり、人にもあり、乃至辟支仏《びやくしぶつ》等にもあり。しかあれども、輪王には袈裟なし、師子に袈裟なし、人

三千大千世界　日月・須弥山・四天下・四王天・三十三天・夜摩天・兜率天・楽変化天・他化自在天・梵世天を含む世界を一世界とし、これを千個合せて小千世界、小千世界を千個合せて中千世界、中千世界を千個合せて大千世界。それがまたここではガンジス河の沙の数ほど無数に合わさっている世界。↓九〇頁一六行

卞璧　卞和が楚の二王に相次いで献じた一個の荒玉が、その都度贋物とされ卞和をして両脚を失わしめるに至ったが、文王のとき玉人にこれを磨かしめたところ宝玉を得たという故事に出る語。

伝国璽　国を伝える璽。

瞻礼　まのあたり見ておがむ。「緇白」は黒衣と白衣、僧俗。

天上海中　天王竜王の居所。

葉巾　薄布のかぶりもの。

衣仏国土　仏衣あるが故の仏国土。

舎利　肉体、体格。複数で骨の意の梵語の音訳。

に袈裟なし。ひとり諸仏のみに袈裟あり、ふかく信受すべし。

いまの愚人、を《(お)》ほく舎利はを《(お)》もくすといえ《(へ)》ども袈裟をしらず、護持すべきとしれるもまれなり。これ即《すなはち》 先来より袈裟の▽を《(お)》もきことをきけるものまれ也、仏法正伝いまだきかざるゆえ《(ゑ)》にしかある也。

つら〳〵釈尊在世ををも《(お)》ひやれば、わづかに二千余年*なり。国宝神器《じんき》のいまにつたわ《(は)》れるも、これよりもすぎてふるくなれるもを《(お)》ほし。この仏法・仏衣は、ちかくあらた*也。若《にやく》田若里《でんにやくり》に展転《てんでん》せんこと、たとひ五十転々《てんでん》なれりとも、その益《やく》これ妙なるべし。かれ*なを《(ほ)》功徳あらた也、▽この仏衣、かれとを《(お)》なじかるべし。かれは正嫡《しやうちやく》より正伝せず、これは正嫡より正伝せり。

しるべし、四句偈《*くげ》をきくに得道す、一句子《くす》をきくに得道す。四句偈を《(お)》よび一句子、なにとしてか恁麼《いんも》の霊験《れいげん》ある。いはゆる仏法なるによりてなり。いま一*頂衣《ちやうえ》・九品衣《ぼんえ》、まさしく仏法より正伝せり。四句偈よりも劣《れつ》なるべからず、一句法よりも験《げん》なかるべからず。

このゆえ《(ゑ)》に、二千余年よりこのかた、*信行《しんぎやう》・法行《ほふぎやう》の諸機、ともに随*仏学者、みな袈裟を護持して身心とせるもの也。諸仏の正法にくらきたぐひは、袈裟を崇重《そうちゆう》せざる也。いま釈《しやく》提桓因《だいくわんいん》および阿那跋達多竜王《*あなばだつたりゆうわう》等、ともに在家の天主也《ナリ》といえ《(へ)》ども、竜王也《ナリ》といえ《(へ)》ども、袈裟を護持せり。

しかあるに、剃頭《ていづ》のたぐい《(ひ)》、仏子と称ずるともがら、袈裟にを《(お)》きては、受持すべきものとしらず。いはんや体《*たい》・色《しき》・量《りやう》をしらんや、いはんや著用《ちやくよう》の法をしらんや。いはんやその

二千余年　かなり幅のある概数。次の「国宝神器」をいわゆる三種の神器として、紀元を皇紀でかぞえると、「神器」の方が釈迦牟尼の誕生より古い。

あらた　この「あらた」は新だろう。一行おいて次の行および三六九頁一行のは、あらたかの意。

かれ　国宝神器。次行の「かれは正嫡より正伝せず」は皇位継承史にあらわれた数々の横道を諷していよう。

四句偈　いわゆる雪山偈。↓一四一頁「四句」注

一頂衣・九品衣　頂はかごや帽子などとともに袈裟を数える単位。伝衣一着に同じ。衣と袈裟の異同については既出(一六七頁「三領衣」注)。九品衣は九品大衣の略で、大衣をつくる細条の数を九種と定めたことにもとづく称。

信行・法行の諸機　↓三六〇頁「信行・法行の機」注

随仏学者　仏にしたがって学ぶ者。

阿那跋達多竜王　阿耨達池に住む竜王。実は第八地の菩薩の化身という。「釈提桓因」↓三二九頁注

体・色・量　品物・色・大いさの意だろう。

威儀《ゐいぎ》、ゆめにもいまだみざるところ也。

袈裟をばふるくよりいはく、除熱悩服《ぢよねつなうぶく》となづく、解脱服《げだつぶく》となづく。おほよそ功徳はかるべからざる也。*竜鱗《りようりん》の三熱、よく袈裟の功徳より解脱する也。諸仏成道のとき、かならず此衣《このえ》をもちい《(ゐ)》る也。まことに辺地にむまれ、末法にあふといえ《(へ)》ども、相伝あると相伝なきと、たくらぶることあらば、相伝の正嫡《しやうちやく》なるを信受護持すべし。

いづれの家門《かもん》にか、わが正伝のごとく、まさしく釈尊の衣法《えほふ》ともに正伝せる。*ひとり仏道のみにあり。この衣法にあはんとき、たれか恭敬供養《くぎやうくやう》をゆるくせん。*たとひ一日に無量恒河沙の身命をすて丶供養すべし。生々世々《しやうじやうせぜ》の値遇頂戴《ちぐうちやうだい》をも発願《ほつぐわん》すべし。われら仏生国をへだつること十万余里の山海《せんがい》のほかにむまれて、辺邦の愚蒙也《ナリ》といえ《(へ)》ども、此《この》正法をき丶、この袈裟を一日一夜也《ナリ》といえ《(へ)》ども受持し、一句一偈なりといえ《(へ)》ども参究する、▽これたゞ一仏二仏を供養せる福徳のみにはあるべからず、無量百千億のほとけを供養奉覲《ぶごん》せる福徳なるべし。たとひ自己なりといえ《(へ)》ども、たふとぶべし、愛すべし、をもく《(お)》すべし。祖師伝法の大恩、ねんごろに報謝すべし。畜類なほ恩を報ず、人類《にんるい》いかでか恩をしらざらん。もし恩をしらずは、畜類よりも劣《れつ》なるべし、畜類よりも愚《ぐ》なるべし。

この仏衣《ぶつえ》の功徳《くどく》、その*伝仏正法の祖師にあらざる余人は、ゆめにもいまだしらざる也。いはんや体《たい》・色《しき》・量《りやう》をあきらむるにをよ《(お)》ばんや。諸仏のあとをしたふべくは、まさにこれをしたふべし。たとひ百千万代ののちも、この正伝を正伝せん、まさに仏法なるべし。証

竜鱗の三熱　竜種には熱風熱砂に身を焼かれること、悪風のためにその宝衣を奪われること、金翅鳥に食われることの三熱(三患)がある。下の「功徳より」は功徳により。

ひとり仏道　いわゆる禅宗をこう言っている。「いづれの家門にか」ともいうので、他に宗派あることを認めていないとは言えない。

たとひ　この三字を削るか、下の「身命をすて丶」を「…すてても」として読むべきところ。

伝仏正法　仏の正法を伝える。

験これあらた也。

俗なを《(ほ)》いはく、*「先王《せんのう》の服にあらざれば服せず、先王の法にあらざればを《(お)》こなはず」。仏道もまたしかある也。先仏の法服《ほふぶく》にあらざればもちゐるべからず。もし先仏の法服にあらざらんほかは、なにを服してか仏道を修行せん、諸仏に奉覲《ぶごん》せん。これを服せざらんは、仏会《ぶつゑ》にいりがたかるべし。

後漢の孝明《かうめい》皇帝*永平年中よりこのかた、西天《さいてん》より東地に来到する僧侶《そうりよ》、くびすをつぎてたえず。震旦《しんだん》より印度にを《(お)》もむく僧侶、まゝにきこゆれども、たれ人にあひて仏法を面授せりけるといはず。たゞいたづらに論師《ろんじ》を《(お)》よび*三蔵の学者に習学《しふがく》せる名相《みやうさう》のみ也。仏法の正嫡《しやうちやく》をきかず。このゆえ《(ゑ)》に、仏衣正伝すべきといひつたえ《(へ)》るにもを《(お)》よばず、仏衣正伝せりける人にあひあう《(ふ)》といはず、伝衣《でんえ》の人を見聞すとかたらず。はかりしりぬ、仏家の*閫奥《こんあう》にいらざりけるといふことを。これらのたぐひは、ひとへに衣服《えぶく》とのみ認じて、仏法の尊重《そんぢゆう》也《なり》としらず、まことにあはれむべし。

仏法蔵相伝の正嫡に、仏衣も相伝相承《さうじよう》する也。法蔵正伝の祖師は、仏衣を見聞せざるなきむねは、人中《にんちゆう》天上あまねくしれるところなり。しかあればすなはち、仏袈裟の体・色・量を正伝しきたり、正見聞しきたり、仏袈裟の大功徳を正伝し、仏袈裟▽の身心骨髄を正伝せること、たゞまさに正伝の*家業《かごふ》のみにあり。もろ〳〵の阿笈摩教《あごふまけう》の家風には、しらざるところなり。を《(お)》の〳〵*今案《こんあん》に自立《じりふ》せるは、正伝にあらず、正嫡にあらず。

先王の服… 『孝経』卿大夫章。「非先王法服不敢服。非先王之法言不敢道。非先王徳行不敢行。是故非法不言。非道不行。云々」。本文に「服」とだけある語の原語「法服」は、規律にかなった服のことをいう。先王は古の聖王のことで特定の王者ではない。

永平年中 具体的には同十年(西暦六七年)。

三蔵 →五五頁注

閫奥 →九二頁注

家業 家風とほとんど同義。宗門のいとなみ。「阿笈摩教」は小乗の意。

今案に自立 今案を自ら立つ。

わが大師☆釈迦牟尼如来、正法眼蔵無上菩提を摩訶迦葉《まかかせふ》に附授するに、仏衣《ぶつえ》ともに伝附《でんぷ》せりしより、嫡々《ちやくちやく》相承《さうじよう》して、曹☆谿山大鑒禅師にいたるに、三十三代也。その体《たい》・色《しき》・量《りやう》を親見親伝せること、家門ひさしくつたはれて、受持いまにあらた也。即《すなはち》五宗の高祖、を《(お)》の〱受持せる、それ正伝也。あるいは五十余代、あるいは四十余代、を《(お)》の〱師資みだることなく、先仏の法によりて搭《たつ》し、先仏の法によりて製することも、唯仏与仏《ゆいぶつよぶつ》の相伝し証《*しよう》契《かい》して、代々をふるに、を《(お)》なじくあらたなり。

嫡々正伝する仏訓にいはくは、

九*条衣	三長一短	或▽四長一短
十一条衣	三長一短	或四長一短
十三条衣	三長一短	或四長一短
十五条衣	四長一短	
十七条衣	四長一短	
十九条衣	四長一短	
二十一条衣	四長一短	
二十三条衣	四長一短	
二十五条衣	四長一短	

証契　証悟契合。契心証会(一七頁注)。資の証悟が師の証悟に契うこと。

九条衣三長一短　後出十種の布を断って、長い布片三、短い布片一の割合で縦につなぎ、それを一条として、横に九条縫合せたもの。この表のうち「九品衣」は二十五条衣まで。

宿殖　↓一九七頁注

二百五十条衣　四長一短
八万四千条衣　八長一短
いま略して挙《こ》する也。このほか諸般の袈裟ある也。ともにこれ僧伽梨《そうぎやり》衣《え》なるべし。あるいは在家にしても受持し、あるいは出家にしても受持す。受持するといふは、著用する也。いたづらにたゝみもたらんずるにあらざる也。たとひかみひげをそれども、袈裟を受持せず、袈裟をにくみいとひ、袈裟をおそるゝは天魔外道也。

☆百丈大智禅師いはく、「*宿殖《しゆくじき》の善種なきものは、袈裟をいむ也、袈裟をいとう《(ふ)》なり、正法をおそれいとう《(ふ)》なり」。

仏言、「若有テ二衆生一、入テ二我法中ニ一、或犯シ二重罪ヲ一、或堕ソニ二邪見ニ一、於二一念中ニ一、敬心尊二重セバ僧伽梨衣一、諸仏及我レ、必ズ於二三乗ニ一授記ス。此人当レ得二作仏ス一。若天ハ若竜ハ、若人ハ若鬼ハ、若能ク恭二敬セ此人袈裟少分功徳ヲ一、即得ン二三乗ノ不退不転ヲ一。若有リテ二鬼神及諸衆生一、能ク得コト二袈裟ヲ一、乃至四寸セバ、飲食充足。若有テ二衆生一、共ニ相ヒ違反ハムシテ、欲セムニレ堕ムト二邪見ニ一、念ジ二袈裟力ヲ一、依二袈裟力ニ一、尋生ジ二悲心ヲ一、還得清浄ナラン。若有テレ人在ラン二兵陣ニ一、持二此袈裟ノ少分ヲ一、恭敬尊重セン、当ニレ得ウ二解脱ヲ一」。

《仏言《のたまは》く、「若し衆生有つて、我が法の中に入つて、或いは重罪《ぢゆうざい》を犯し、或いは邪見に堕ちんに、一念の中に於て、敬心《きやうしん》もて僧伽梨衣を尊重せば、諸仏及び我れ、必ず三乗に於て授記せん。此の人当《まさ》に作仏することを得《う》べし。若しは天、若しは竜、若しは人《にん》、若しは鬼《くゐ》、若し能く此の人の袈裟少分の功徳を恭敬《くぎやう》せば、即ち三乗の不退不転を得ん。若し鬼神《くゐじん》及び諸《もろもろ》の衆生有つて、能く袈裟を得ること、乃至四寸もせば、飲食《おんじき》充足せん。若し衆生有つて、共に相違反し、邪見に堕《お》ちんとせんに、袈裟の力を念じ、袈裟の力に依らば、尋《つ》いで悲心を生じ、還得清浄《ぐゑんとくしやうじやう》ならん。若し人有つて兵陣に在らんに、此の袈裟の少分を持《たも》ちて、恭敬尊重《くぎやうそんぢゆう》せん、当《まさ》に解脱を得《う》べし』

しかあればしりぬ、袈裟の功徳、それ無上不可思議也。これを信受護持するところに、かならず得授記あるべし、得不退あるべし。たゞ釈迦牟尼仏のみにあらず、一切諸仏またかくのごとく宣説しましますす也。

しるべし、たゞ諸仏の体相、即《すなはち》袈裟也。

かるがゆえ《(ゑ)》に、

仏言、当レ堕二悪道ニ一者、厭二悪《イトヒニクム》僧伽梨ヲ一《当《まさ》に悪道に堕つべき者は、僧伽梨を厭ひ悪む》。

しかあれば即《すなはち》、袈裟を見聞せんところに、厭悪《えんお》の念をを《(お)》こらんには、当堕悪道《たうだあくだう》のわがみなるべしと、悲心を生ずべき也、慚愧懺悔《ざんぐゐさんぐゑ》すべき也。

いはんや☆釈迦牟尼仏、はじめて王宮《わうぐう》をいでゝ山にいらんとせし時、樹神ちなみに僧伽梨衣一条を挙して、釈迦牟尼仏にまうす、「この衣《え》を頂戴すれば、もろ〳〵の*魔嬈《まねう》をまぬがるゝ也」。時に釈迦牟尼仏、この衣をうけて、頂戴して十二年をふるに、しばらくもを《(お)》かずという《(ふ)》。これ阿含経等の説也。

あるいはいう《(ふ)》、袈裟はこれ吉祥服《きちじやうぶく》也。これを服用するもの、かならず勝位にいたる。を《(お)》ほよそ世界にこの僧伽梨衣の現前せざる時節なき也。一時の現前は長劫中事《ちやうごふちゆうじ》也。長劫中事は一時来也。袈裟を得するは、仏標幟《ぶつへうしき》を得する也。このゆえに、諸仏如来の袈裟を受持せ

魔嬈　魔に悩まされ、なぶられることをいうか。「嬈」は悩、嬲などの義。魔撓の語あり。みいり惑わすこと。

ざる、いまだあらず。袈裟を受持せしともがらの作仏せざる、あらざる也。

搭《たつ》袈《け》裟《さ》法《ほふ》

＊偏《へん》祖《だん》右《う》肩《けん》は常途《じやうづ》の法也、通両肩搭《つうりやうけんた》の法もあり。両端ともに左の臂肩にかさねかくるに、前頭《ぜんてう》を表面にかさね、前頭を裏面にかさね、後頭《こうてう》を表面にかさね、後頭を裏面にかさぬる事、＊仏威儀の一時あり。この儀は、諸声聞衆《しよしやうもんしゆ》の見聞し相伝するところにあらず。諸阿笈摩《しよあぎふま》教《けう》の経典《きやうでん》に、＊もらしとくにあらず。

を《(お)》ほよそ仏道に袈裟を搭《たつ》する威儀《ゐいぎ》は、現前せる伝正法の祖師、かならず受持せるところ也。受持かならずこの祖師に受持すべし。仏祖正伝の袈裟は、これ即《すなはち》仏々正伝みだりにあらず。先仏後仏の袈裟也、古仏新仏の袈裟也。道を化《＊くゑ》し、仏を化す。過去を化し、現在を化し、未来を化するに、過去より現在に正伝し、現在より未来に正伝し、現在より過去に正伝し、過去より過去に正伝し、現在より現在に正伝し、未来より未来に正伝し、未来より現在に正伝し、未来より過去に正伝して、唯仏与仏《ゆいぶつよぶつ》の正伝也。

このゆえに、祖師西来《そしせいらい》よりこのかた、大唐より大宋にいたる数百歳《すはくさい》のあひだ、講経の達者、を《(お)》のれが業《＊ごふ》を見徹せるもの、を《(お)》ほく、教家律教《けうけりつけう》等のともがら、仏法にいるとき、従来旧巣の弊衣《へいえ》なる袈裟を抛却《はうきや》して、仏道正伝の袈裟を正受する也。かの因縁、即《すなはち》＊伝、広、続、普燈等録につらなれり。教律局量《こくりやう》の小見を解脱して、仏祖正伝の大道をたう《(と)》みし、みな仏祖となれり。いまの人も、むかしの祖師をまなぶべし。

偏祖右肩　右肩を片肌脱ぎする。左腕に一端をかけた大幅の一枚布を背面から右腋下に回し、胴体前面を巻くようにして左肩にかける着方。背面をまわして右肩にかけ、右腋下からさらに背面にまわしたものを左腋下から出して左腕にかけるのが「通両肩搭」で、そのうちの右肩にかかった部分をゆるめて、右手を出したものが「偏祖右肩」。もと尊者に対する着衣礼式という。

仏威儀の一時あり　威儀としてそれぞれの場合がある。「仏」は「威儀」が仏道におけるそれなことを示す修飾語。

もらしとく　漏し説く。

化　やはり化導だろう。仏の正伝が、仏をも仏の道をも化導する。この考え方の敷衍が、次の「過去より現在に正伝し」以下の、『有時』における時の「経歴」の記述と同じ記述である。

業　成仏道ではありえぬ果を招く因たるおのれのしわざ。

伝・広・続・普燈等録につらなれり　景徳伝燈録・天聖広燈録・続燈録・嘉泰普燈録等の録。

袈裟を受持すべくは、正伝の袈裟を正伝すべし、信受すべし。偽作の袈裟を受持すべからず。その正伝の袈裟といふは、いま少林・曹谿より正伝せるは、これ如来より嫡々相《ちやくちやくさう》承《じよう》すること、一代も虧闕《きくゑち》せざるところ也。このゆえ《(ゑ)》に、*道業《だうごふ》まさしく稟受《ひんじゆ》し、仏衣したしく手にいれるによりて也。

仏道は仏道に正伝す、閑人*の伝得に一任せざる也。俗諺《ぞくげん》にいはく、「千聞は一見にしかず、千見は一*経にしかず」。これをもてかえ《(へ)》りみれば、千見万聞《せんけんばんもん》たとひありとも、一得にしかず。仏衣正伝せるにしくべからざる也。正伝あるをうたがふべくは、正伝をゆめにもみざらんは、いよ〳〵うたがふべし。仏経を伝聞せんよりは、仏衣正伝せらんはしたしかるべし。千経万得ありとも、一証にしかじ。仏祖は証契《しようかい》なり、教律の凡流《ぼんる》にならふべからず。

を《(お)》ほよそ祖門の袈裟の功徳は、正伝まさしく相承せり、本様まのあたりつたはれり。受持あひ嗣法して、いまにたえず。正受せる人、みなこれ証契伝法の祖師也。十聖三賢《じつしやうさんげん》にもすぐる、奉覲恭敬《ぶごんくぎやう》し、礼拝頂戴《らいはいちやうだい》すべし。

ひとたびこの仏衣正伝《ぶつえしやうでん》の道理、この身心に信受せられん、即《すなはち》値仏《ぶつ》の兆《てう》也、学仏の道《だう》也。*不堪受是法《ふかんじゆぜほふ》ならん、悲生*なるべし。この袈裟をひとたび身体にをほ《(お)》はん、決定成菩提《くゑちぢやうじやうぼだい》の護身符子《ごしんふす》也と深肯《じんけん》すべし。一句一偈を信心にそめつれば*、長劫《ちやうごふ》の光明にして、虧闕《きくゑち》せずという《(ふ)》。一法を身心にそめん、亦復如是《やくぶによぜ》なるべし。

か*の心念も無所住也、我有《がう》にかゝはれずといえ《(へ)》ども、その*功徳すでにしかあり。身体も

道業　仏道修行の行為。

閑人　無用の人。「教律」の徒をさす。

一経　経はふる、過ぎる。体験するの意。

不堪受是法　「コノ法ヲ受クルニ堪ヘズ」。ここでは「堪」は冗辞。この法を受けなかったらという条件文。

悲生　悲生曼荼羅の語源によれば、大悲なる胎蔵から生じたの意になる。しかしここのは生をあわれむ、わが衆生の身があわれだ、の意だろう。

そめつれば　捺染しおおせれば。「信心」は信ずる心。

かの心念も…かかはれず　上に「身心」と言われたもののうちの心。そのきまったありかはない。我の所有するところだというものではない。

その功徳　袈裟の功徳。「心念」は自分のものというわけに行かないが、この功徳は早くもそういうもの(「長劫の光明にして虧闕せず」)だ。

無所従来 よりて来るところなし。あるいは、よるところなくして来る。

加す 「加」は、（を）被う。

無所住也とい え《（へ）》どもしかあり。袈裟、*無所従来《むしよじゆうらい》なり、亦無所去《やくむしよこ》也。我有《がう》にあらず、他有《たう》にあらずとい え《（へ）》ども、所持のところに現住し、受持の人に*加《か》す。所得功徳もまたかくのごとくなるべし。

作袈裟《さくけさ》の作《さ》は、凡聖《ぼんしやう》等の作《さ》にあらず。その宗旨《そうし》、十聖三賢の究尽《きうじん》するところにあらず。宿殖《しゆくじき》の道種なきものは、一生二生乃至《ないし》無量生を経歴《きやうりやく》すとい え《（へ）》ども、袈裟をみず、袈裟をきかず、袈裟をしらず。いかにいはんや受持することあらんや。ひとたび身体にふるゝ功徳も、うるものあり、えざるものある也。すでにうるはよろこぶべし、いまだえざらんはねがふべし、うべからざらんはかなしむべし。

大千界の内外《ないぐゑ》に、たゞ仏祖の門下のみに仏衣《ぶつえ》つたはれること、人天《にんでん》ともに見聞普知せり。仏衣の様子をあきらむることも、たゞ祖門のみ也。余《ヨ》門にはしらず。これをしらざらんもの、自己をうらみざらんは愚人也。たとひ八万四千の三昧陀羅尼《さんまいだらに》をしれりとも、仏祖の衣法を正伝せず、袈裟の正伝をあきらめざらんは、諸仏の正嫡《しやうちやく》なるべからず。

他界の衆生は、いくばくかねがふらん、震旦国《しんだんこく》に正伝せるがごとく、仏衣まさしく正伝せんことを。を《（お）》のれがくにに正伝せざること、はづるを《（お）》もひあるらん、かなしむこゝろふかかるらん。

まことに如来世尊の衣法正伝せる法に値遇《ちぐう》する、宿殖般若《しゆくじきはんにや》の大功徳《だいくどく》種子《しゆうじ》による也。いま末法悪時世は、を《（お）》のれが正伝なきことをはぢず、正伝をそねむ魔儻《またう（お）》をほし。おのれが所有所住は、真実のおのれにあらざる也。たゞ正伝を正伝せん、これ学仏の直道《ちきだう》也。

を《(お)》よそしるべし、袈裟はこれ仏身也、仏心也。また解脱服《げだつぷく》と称じ、*福田衣《ふくでんえ》と称ず。*忍辱《にんにく》衣《え》と称じ、*無相衣《むさうえ》と称ず。慈悲衣《じひえ》と称じ、*如来衣《にょらいえ》と称じ、阿耨多羅三藐三菩提衣《あのくたらさんみやくさんぼだいえ》と称ずる也。まさにかくのごとく受持すべし。

いま現在大宋国の律学と名称《みやうしよう》するともがら、声聞酒《しやうもんしゆ》に酔狂するによりて、おのれが家門にしらぬ*い《(へ)》えを伝来することを慙愧《ざんぐゐ》せず、うらみず、覚知せず。西天より伝来せる袈裟、ひさしく漢唐につたはれることを*あらためて、小量にしたがふる、これ小見によりてしかあり。小見のはづべき也。もしいまなんぢが小量の衣《え》をもちゐ《(る)》るがごときは、仏威儀《ぶつゐぎ》を《(お)》ほく虧闕《きくゑち》することあらん。仏儀を学伝せることのあまねからざるによりて、かくのごとくあり。

如来の身心、たゞ祖門に正伝して、*かれらが家業《かごふ》に流散《るさん》せざること、あきらか也。もし万一も仏儀をしらば、仏衣《ぶつえ》をやぶるべからず。文《もん》な《(ほ)》をあきらめず、宗《そう》いまだきくべからず。

又、ひとへに麁布《そふ》を衣財《えざい》にさだむ、ふかく仏法にそむく、ことに仏衣をやぶれり、仏弟子きるべきにあらず。ゆ《(ゑ)》えはいかん。*布見《ふけん》を挙《こ》して、袈裟をやぶれり。あはれむべし、小乗声聞《しやうもん》の見、まさに迂曲《うごく》かなしむべきことを。なんぢが布見やぶれてのち、仏衣《ぶつえ》見成《げんじやう》すべき也。いふところの絹《けん》・*布《ふ》の用は、一仏二仏の道《だう》にあらず。諸仏の大法として、*糞掃《ふんざう》を上《じやう》

福田衣　田地が穀を生むごとく福を生むものとしての衣。

忍辱衣　忍辱は六波羅蜜の一。迫害困苦をたえしのぶこと。その心の業が一切の外障を防ぐということと同じ功徳が衣にはあるとせられたことからの名称。

無相衣　事相に動かされる境涯を脱して、万法如幻を証し了せた無執着を「無相」という。そのために役立つ衣。普通、無相福田衣と熟して言う。

如来衣　如来は福田である。

いえ　家風・家業の意で言った。家。

あらためて　変更して。

かれら　律学と名称するともがら。

布見　布にかかずらわる見(現象的対象の是非得失を測度分別する心のはたらき)。

布　→一〇三頁「ぬの」注

糞掃　「糞」に汚れを除く、払うの意あり。梵原語は、塵、埃の山の意。そういうところから拾い出されたの意にとるべきだろう。

品清浄《ぼんしやうじやう》の衣財とせる也。そのなかに、しばらく十種の糞掃をつらぬるに、絹類あり、布類あり、*余帛《よはく》の類もあり。絹類の糞掃をとるべからざるか、もしかくのごとくならば、仏道に相違す。絹《けん》すでにきらはば、布《ふ》またきらふべし。絹《けん》・布《ふ》きらふべき、そのゆえなにかある。絹糸《けんし》は殺生《せつしやう》より生ずるときらふ、を《(お)》ほきにわらふべき也。布は生物の縁にあらざるか。情非情の情、いまだ凡情の情を解脱せず、いかでか仏袈裟をしらん。

又、*化糸《くゑし》の説をきたして*乱道することあり、又わらふべし。いづれか化《くゑ》にあらざる。なんぢ化をきくみゝを信ずといえ《(へ)》ども、化を見目《みる》をうたがう《(ふ)》。目に耳なし、耳に目なきがごとし。*いまの耳目《じぼく》、いづれのところにかある。しばらくしるべし、糞掃をひろふなかに、絹にたるあり、布のごとくなるあらん。これをもちゐんには、絹となづくべからず、布と称ずべからず。まさに糞掃と称ずべし。糞掃なるがゆえに、糞掃にして絹にあらず、布にあらざる也。*たとひ人天《にんでん》の糞掃と生長《しやうちやう》せるありとも、有情という《(ふ)》べからず、糞掃なるべし。たとひ松菊《しようぎく》の糞掃となれるありとも、非情という《(ふ)》べからず、糞掃なるべし。糞掃の絹・布にあらず、珠《しゆ》・玉《ぎよく》をはなれたる道理をしるとき、糞掃衣は現成する也、糞掃衣にはむまれあう《(ふ)》也。絹・布の見いまだ*零落《りんらく》せざるは、いまだ糞掃を夢也未見《むやみけん》也。たとひ麁布《そふ》を袈裟として一生受持すとも、布見を《(お)》ぼへ《(え)》らんは、仏衣正伝にあらざる也。

又、数般《すはん》の袈裟のなかに、布袈裟《ふけさ》あり、絹袈裟あり、皮袈裟あり。ともに諸仏のもちゐるところ、*仏衣仏功徳也。正伝せる宗旨《そうし》あり、いまだ断絶せず。しかあるを、凡情いまだ解脱せざるともがら、仏法をかろくし、仏語を信ぜず、凡情に*随他去《ずいたこ》せんと擬する、*附仏《ふぶつ》

余帛　その余の帛の意。帛はかとり(縑)また薄絹。絹は黄絹・あらぎぬ。

化糸　絹糸は繭の変じたもので、これを用いるは殺生にあらずとする説。

乱道　邪説をもって道理を乱す。

いまの　漢字に直せば「而今の」だろう。現実の、汝の、われらが。

たとひ人天の…　たとい人天(人間・天部)たりとも、糞掃として生長せるものあらば。「糞掃等・有情等・非情等・法等」とも言えよう。

零落　単に落に同じ使い方。

仏衣仏功徳　仏衣なる仏功徳。

随他去　「他」(それ)は上の「凡情」を受ける。したがいゆく。七六頁注、一二二頁(「切忌随他覓」注)における用法とは少しずつ違う。

附仏法の外道　『華厳経』の思想を分析すると十の主張に分れるが、そのうちに〈我〉も〈法〉も実在だとするもの(我法俱有宗)がある。このうちにさらに我は五蘊と非即非離だとする一部がある。〈我〉のかかる考え方を仏教でありつつ外道的だとするところから、この名称が出た。

法《ほふ》の外道というつべし、壊正法《ゑしやうぼふ》のたぐひ也。

*あるいはいう《(ふ)》、「天人のをしえ《(へ)》によりて仏衣《ぶつえ》をあらたむ」と。しかあらば、*天仏をねがう《(ふ)》べし、又天の流類《るるい》となれるか。仏弟子は仏法を天人のために宣説《せんぜつ》すべし、道を天人にとふべからず。あはれむべし、仏法の正伝なきは、かくのごとく也。

天衆《てんしゆ》の見と仏子の見と、大小はるかにことなることあれども、天くだりて法を仏子にとぶらふ。そのゆゑ《(え)》は、仏見と天見と、はるかにことなるがゆゑ也。律家声聞の小見、すてゝまなぶことなかれ、小乗也としるべし。

仏言《ぶつごん》、「殺父殺母《せつぶせつも》は懺悔《さんげ》しつべし、謗法《はうぼふ》は懺悔すべからず」。

を《(お)》ほよそ、小見狐疑《せうけんこぎ》の道《だう》は、仏本意にあらず。仏法の大道は、小乗を《(お)》よぶところなき也。

諸仏の大戒《だいかい》を正伝すること、附法蔵の祖道のほかには、ありとしれるもなし。

むかし黄梅の夜半に、仏の衣法すでに六祖の頂上《ちんじやう》に正伝す。まことにこれ伝法伝衣の正伝也、五祖の人をしるによりて也。四果三賢のやから、を《(お)》よび十聖等のたぐひ、教家《けうけ》の論《ろん》師経師《じきやうじ》等のたぐひは、神秀《じんしう》にさづくべし、六祖に正伝すべからず。しかあれども、仏祖の仏祖を選する、凡聖路《ぼんしやうろ》を超越《てうをつ》するがゆゑに、六祖すでに六祖となれる也。しるべし、仏祖嫡々の知人知己の道理、なほざりに測量《しきりやう》すべきところにあらざる也。

のちに、ある僧 即《すなはち》六祖にとう《(ふ)》、「黄梅の夜半の伝衣、これ布《ふ》也とやせん、絹《けん》也とやせん、帛なりとやせん、畢竟《ひつきやう》じてこれなにものとかせん」。

あるいはいう　唐の南山道宣。

天仏　天界のものなる仏。仏は本来そのうちに天をも含む六道を超越しているもの。

六祖いはく、「これ布《ふ》にあらず、これ絹《けん》にあらず、これ帛《はく》にあらず」。
☆曹谿高祖の道《だう》、かくのごとしとしるべし、仏衣は絹にあらず、布にあらず、*屈眴《くつじゆん》にあらざる也。しかあるを、いたづらに絹と認じ、布と認じ、屈眴と認ずるは、謗仏法《はうぶつほふ》のたぐひ也、いかにして仏袈裟をしらん。いはんや*善来得戒《ぜんらいとくかい》の機縁あり、かれらが所得の袈裟、さらに絹・布の論にあらざるは、仏道の仏訓也。

また*商那和修《しやうなわしゆ》が衣《え》は、在家の時は俗服也、出家すれば袈裟となる。この道理、しづかに思量功夫すべし。見聞せざるがごとくして、さしを《（お）》くべきにあらず。いはんや仏々祖々正伝しきたれる宗旨《そうし》あり。文字かぞふるたぐひ、覚知すべからず、測量《しきりやう》すべからず。まことに仏道の千変万化、いかでか庸流《ようる》の境界《きやうがい》ならん。三昧《さんまい》あり、陀羅尼《だらに》あり。*算砂《さんじや》のともがら、衣裏《えり》の宝珠をみるべからず。

いま仏祖正伝せる袈裟の体《たい》・色《しき》・量《りやう》を、諸仏の袈裟の正本《しやうほん》とすべし。その例すでに西天東地、古往今来ひさしき也。正邪《しやうじや》を分別《ふんべつ》せし人、すでに*超証しき。祖道のほかに袈裟を称ずるありとも、いまだ*枝葉《しえふ》とゆるす本祖あらず。いかでか善根《ぜんごん》の種子《しゆうじ》をきざさん、いはんや果実あらんや。

われらいま曠劫《くわうごふ》以来いまだあはざる仏法を見聞するのみにあらず、仏衣《ぶつえ》を見聞し、仏衣を学習し、仏衣を受持することえたり。即《すなはち》これまさしく仏をみたてまつる也。仏音声《ぶつおんじやう》をきく、仏光明をはなつ、仏受用《ぶつじゆよう》を受用す。仏心を単伝する也、得仏髄《とくぶつずい》なり。

屈眴　第一布、大細布と訳す、欝多羅僧のこと。綿の花心を紡いで織ったと言う。七条衣、上衣。礼拝、聴講、相互批判・自己批判の僧会に用いられる。また達磨伝来の衣はこれだとする説もある由。
善来得戒　善ク来リテ戒ヲ得。

商那和修　禅宗第三祖。中インド王舎城の長者の子。阿難陀に得法す。マトゥーラ、バーミヤン、カシミール辺りに伝法した。衣をつけて生れたという。名の意訳麻衣。↓祖師
算砂　名相家の煩瑣なしごとをいう。↓一九八頁注

超証　頓悟。一一〇・一八〇頁既出。
枝葉とゆるす　（それを）根幹から出た枝葉・子孫として許す。

長連牀　禅院僧堂内の大衆の坐する単位。長方形で、五、六ないし十人位ずつこの一床に坐す。
開静　朝の起床の合図。版を鳴らす。
相資する　相助くる。
若樹若石の因縁　上四字は前から頻繁に見る表現で、もしくは樹もしくは石という句を、一語の形容詞扱いしたもの、任意の、の意。なんらかの因縁。『古鏡』『山水経』などに見える。
嘉定十七年癸未　一二二四年。
慶元府　浙江省竜泉県の南。天童山の所在地。

伝衣

予、在宋のそのかみ、*長連牀《ちやうれんじやう》に功夫せしとき、斉肩《せいけん》の隣単をみるに、毎暁の*開静《かいじやう》のとき、袈裟をさゝげて頂上に安置し、合掌恭敬▽して、一偈を黙誦《もくじゆ》す。ときに予、未曾見《みぞうけん》のおもひをなし、歓喜《くわんぎ》みにあまり、感涙ひそかにをちて(お)襟《えり》をうるほす。阿含経《あごんきやう》を披閲《ひあつ》せしとき、頂戴《ちやうだい》袈裟《けさ》文《もん》をみるといえ(へ)ども、不分暁《ふぶんげう》也。いまはまのあたりみる、ちなみにを(お)もはく、あはれむべし、郷土にありしには、をしふる師匠なし、かたる善友《ぜんう》にあはず。いくばくかいたづらにすぐる光陰をおし(を)まざる、かなしまざらめやは。いまこれを見聞す、宿善よろこぶべし。もしいたづらに本国の諸寺に交肩《けうけん》せば、いかでかまさしく仏衣を著せる僧宝と隣肩なることをえん。悲喜ひとかたにあらず、感涙千万行《せんばんかう》。

ときにひそかに発願《ほつぐわん》す、いかにしてかわれ不肖《ふせう》也という(ふ)とも、仏法の正嫡《しやうちやく》を正伝して、郷土の衆生をあはれむに、仏々正伝の衣法を見聞せしめん。

かのときの正信《しやうしん》ひそかに*相資することあらば、心願むなしかるべからず。いま受持《じゆち》袈裟《けさ》の仏子、かならず日夜に頂戴する勤修《ごんしゆ》をはげむべし、実功徳《じつくどく》なるべし。一句一偈を見聞することは、*若樹若石《にやくじゆにやくせき》の因縁もあるべし。袈裟正伝の功徳は、十方に難遇ならん。

大宋*嘉定十七年癸未《きび》冬十月中、三韓《かん》の僧二人ありて、*慶元府にきたれり。一人はいはく智玄、一人は景雲。この二人、ともにしきりに仏経の義をいひ、あまさへ▽文学の士也。しかれども、袈裟なし、鉢盂《ほう》なし、俗人のごとし。あはれむべし、比丘形也《びくぎやうナリ》といえ《(へ)》ども、比丘法なきこと、小国辺地のゆへ《(ゑ)》なるべし。我朝《わがてう》の比丘形のともがら、他国にゆかんとき、たゞかの二僧のごとくならん。

釈迦牟尼仏、すでに十二年*中頂戴して、さしを《(お)》きましまさざる也。その遠孫《をんそん》として、これを学すべし。いたづらに名利のために天を拝し神《じん》を拝し、王を拝し臣を拝する頂門を、いま仏衣頂戴に廻向《ゑかう》せん、よろこぶべき大慶也。

ときに仁治元年庚子開冬*日記于観音導利興聖宝林寺

入宋伝法沙門　道元

袈裟をつくる衣財《えざい》、かならず清浄《しやうじやう》なるをもちゐる。清浄という《(ふ)》は、*浄信檀那《じやうしんだんな》の供養するところの衣財、あるいは市《いち》にて買得《まいて》するもの、あるいは天衆のをくる《(お)》ところ、あるいは竜神の浄施、あるいは鬼神《くゐじん》の浄施、かくのごとくの衣財もちゐる。あるいは国王大臣の浄施、あるいは浄皮、これらもちゐるべし。

また十種《じつしゆ》の糞掃衣《ふんざうゑ》を清浄也とす。

いはゆる十種糞掃衣

一者牛嚼衣《ゴシヤクゑ》　二者鼠嚙衣《そカウゑ》　三者火焼衣《クワシヨウゑ》　四者月水衣《*ぐゑつスイゑ》　五者産婦衣《セムブゑ》

六者神廟衣《じんメウゑ》　七者塚間衣《ちようケムゑ》　八者求願衣《ググワンゑ》　九者王職衣《ワウシキゑ》　十者往還衣《わうぐゑんゑ》

十二年　成道に至る苦行の(一説にいう)十二年(普通六年という)か。

開冬　→二六三頁注

浄信檀那　仏の弘誓を信じて余念を雑えずに布施する者。檀那は梵原語に忠実に解せば布施そのもの。

月水衣　女子の月経を始末するに用いた布を材料とした衣。以下産婦の用いた布、ひとの神廟に捨てた布、墓地に捨てた布、神への求願のために山林野沢に放置した布、「受王職衣」とも言われ、国王大臣が役職上不要となったため施与した(もののことらしい)布、死者を包み墓所に持って行ったのち持ち帰って布施した布、それぞれを材料として作った衣。はじめの三種は読んで字の如し。

この十種を、ことに清浄の衣財とせる也。世俗には抛捨《はうしや》す、仏道にはもちゐる。世間と仏道と、その家業《かごふ》はかりしるべし。ゝかあればすなはち、清浄をもとめんときは、この十種をもとむべし。これをえて、浄をしり、不浄を辨肯《はんけん》すべし。心をしり、身を辨肯すべし。この十種をえて、たとひ絹類なりとも、たとひ布類なりとも、その浄不浄を商量すべき也。

この糞掃衣をもちゐることは、いたづらに弊衣《へいえ》に*やつれたらんがためと学するは至愚なるべし。荘厳奇麗《しやうごんきれい》ならんがために、仏道に用著《ようちや》しきたれるところ也。*仏道にやつれたる衣《え》服《ぶく》とならはんことは、錦繍綾羅《きんしうれうら》、金銀珍珠《こんごんちんじゆ》等の衣服《えぶく》の、不浄よりきたれるを、▽やつれたるとはいう(ふ)也。おほよそ此土他界《しどたかい》の仏道に、清浄奇麗《しやうじやうきれい》をもちゐるには、この十種それなるべし。これ浄不浄の辺際《へんざい》を超越《てうをつ》せるのみにあらず、漏無漏《ろむろ》の境界《きやうがい》にあらず。*色心を論ずることなかれ、得失にかゝはれざる也。たゞ正伝受持するはこれ仏祖也、仏祖たるとき、正伝稟受《ひんじゆ》するがゆえ(ゑ)に、仏祖としてこれを受持するは、*身の現不現によらず、*心の挙不挙によらず、正伝せられゆく也。

たゞまさにこの日本国には、近来の僧尼、ひさしく袈裟を著《ちやく》せざりつることをかなしむべし、いま受持せんことをよろこぶべし。在家の男女《なんによ》、なほ仏戒を受得せんは、五条・七条・九条の袈裟を著《ちやく》すべし。いはんや出家人、いかでか著せざらん。はじめ*梵王《ぼんのう》*六天《ろくてん》より、婬男《いんなん》・婬女《いんによ》・奴婢《ぬび》にいたるまでも、仏戒をうくべし、袈裟を著すべしといふ、比丘・比丘尼これを著せざらんや。畜生なを(ほ)仏戒をうくべし、袈裟をかくべしといふ、仏子なにとしてか仏衣《ぶつえ》を著せざらん。

やつれたらん　身をやつす。みじめにしてみせる。

仏道にやつれたる衣服とならはんこと　仏道においてみじめな衣服と習わんこと。「ならはん」はしばしば参学と言われて来たのと同じ。見なす、考える。

色心　外形様相と正体。

身の現不現　現に肉身がそこに現われて受持するか、そうでないか。

心の挙不挙　前の「現」と対にすれば、この「挙」は動(『国語』魯語下の用法)のごとき意だろう。積極的に「心」がそこに参与する、しない。

梵王　梵王は大梵天王をも、色界の諸天をもいう。前者なら色界初禅天の第三天の主宰者で、娑婆世界全体をも統領する。仏法を深く信じ、仏出世ごとに最初に来って説法を請い、帝釈天とともに左右に侍すという。初禅天は婬欲を離れ寂静清浄の世界だと言われる。

六天　三界のうち欲界に属する六重の天、㈠四天王とその眷族のいるところ、日月星辰はここにある。㈡忉利天。帝釈天を中心として四方に各八天。㈢夜摩天。ここの天衆は時に随って快楽を受く。㈣兜率天。五欲の楽において歓喜満足の心を生ず。兜率は妙足とも訳され、現に弥勒菩薩がここで説法していること既出。㈤化楽天。五欲の境においてみずから変化して楽しむ。㈥他化自在天。

他をして自在に五欲の境を変化させる。ここでいう六天はこれら六天の天衆の意だろう。

衆末香花　多くの粉末にした香りよい花の意か。水に和(ま)ぜうるとあることからも、そう察せられる。下の「香花」とは別だろう。後者は香と花。

しかあれば、仏子とならんは、天上人間、国王百官をとはず、在家出家、奴婢畜生を論ぜず、仏戒を受得し、袈裟を正伝すべし。まさに仏位に正入する直道《ちきだう》也。

正法眼蔵第三十二

袈裟浣濯之時、須レ用ニ*衆末香花和一レ水。灑乾之後、畳収安ニ置高処一、以ニ香花一而供ニ養之一。三拝然後、踞跪頂戴、合掌致信、唱ニ此偈一。

《袈裟浣濯《くわんだく》の時、須《すべか》らく衆末香花を水に和して用ゐるべし。灑乾《さいかん》の後、畳《たた》み収めて高処に安置し、香花を以て之に供養すべし。三拝し然して後、踞跪《こき》頂戴し、合掌致信して、此の偈を唱ふべし》

大哉解脱服《だいさいげだつぷく》、無相福田衣《むさうふくでんえ》、
披奉《ひぶ》如来教《にょらいけう》、広度諸衆生《くわうどしよしゆじやう》。三唱。

而後立地、▽披奉《而して後《のち》立地し、披奉すべし》。

正法眼蔵第三十三

道《だう》得《て》

諸仏諸祖は道得《だうて》なり。このゆへ(ゑ)に、仏祖の仏祖を選するには、かならず「道得也未《だうてやみ》」と問取するなり。この問取、こゝろにても問取す、身にても問取す。拄杖払子《しゅぢゃうほっす》にても問取す、露柱灯籠《ろしゅとうろう》にても問取するなり。仏祖にあらざれば問取なし、道得なし、*そのところなきがゆへに。

その道得は、他人にしたがひてうるにあらず、わがちからの能にあらず、たゞまさに仏祖の究辨《きうはん》あれば、仏祖の道得あるなり。かの道得のなかに、むかしも修行し証究す、いまも功夫し辨道《はんたう》す。仏祖の仏祖を功夫して、仏祖の道得を辨肯《はんけん》するとき、この道得、おのづから三年、八年、三十年、四十年の功夫となりて、尽力《じんりき》道得するなり。

裡書《うらがき》云、三十年、二十年は、みな道得のなれる年月なり。この年月、*ちからをあわ(は)せて道得せしむるなり。

このときは、その何十年の間も、道得の間隙《けんぎゃく》なかりけるなり。*しかあればすなはち、証究のときの見得《けんて》、それまことなるべし。かのときの見得を*まことゝするがゆゑに、いまの道得なることは不疑なり。ゆへに、いまの道得、かのときの見得をそなへたるなり。かの

そのところなきがゆへに　そういうものの出る場所がない。単に能力がないというより、本来なら「問取」「道取」すべき場合なのに、それに契合しない。

ちからをあわせて　主語は「この年月」。

しかあればすなはち　そうなっていることから考えると。

まことゝす　真実と見ることができる。次の「道得なる」は道得にてあるの意。

ときの見得、いまの道得をそなへたり。このゆへにいま道得あり、いま見得あり。いまの道得とかのときの見得と、一条なり、万里《ばんり》なり。*いまの功夫すなはち道得と見得とに功夫せられゆくなり。

*この功夫の把定《はちん》の、月ふかく年おほくかさなりて、さらに従来の年月の功夫を脱落《とつらく》するなり。脱落せんとするとき、皮肉骨髄おなじく脱落を辨肯《はんけん》す、国土山河《せんが》ともに脱落を辨肯するなり。このとき、脱落を究竟《くきやう》の宝所として、いたらんと擬しゆくところに、*この擬到はすなはち現出にてあるゆへに、正当脱落《しんたうとつらく》のとき、またざるに現成する道得あり。心のちからにあらず、身のちからにあらずといへども、おのづから道得あり。すでに道得せらるるに、めづらしくあやしくおぼへ(え)ざるなり。

しかあれども、この道得を道得するとき、*不道得を不道するなり。*道得に道得すると認《にん》得《て》せるも、いまだ不道得底《ふだうてち》を不道得底と証究せざるは、なほ仏祖の面目にあらず、仏祖の骨髄にあらず。しかあれば、三拝依位而立《えゐにりふ》の道得底《だうてち》、いかにしてか*皮肉骨髄のやからの道▽得底とひとしからん。皮肉骨髄のやからの▽道得底、さらに三拝依位而立の道得に*接するにあらず、*そなわれる(ほ)にあらず。いまわれと他と、*異類中行《いるいちゆうぎやう》と相見《しやうけん》するは、いま*かれと他と、異類中行と相見するなり。われに道得底あり、不道得底あり。かれに道得底あり、不道得底あり。道底に自他あり、不道底に自他あり。

趙州《でうしう》☆真際大師示衆云、「你若一生不離叢林、兀坐不道十年五載*、無㆔人喚*㆓作你唖漢㆒、已後

いまの功夫　晩学の功夫。

この功夫の把定の　この功夫を把定する(とらえて放さぬ)ことの。

この擬到はすなはち現出にてあるゆへに　『仏性』の「時節若至といふは、すでに時節いたれり、なにの疑著すべきところかあらんとなり」(四八頁)と同じ思考の型。

不道得を不道する　言えないことは言わないでいる。

道得に　道いおおせたことを聞いて。

皮肉骨髄のやから　三拝依位而立した神光は達磨の髄を得たのである。従ってここの皮肉骨髄はその話からは切り離して考えるべきだろう。生身の人間。

接する・そなわれる　「接」は相会うの義だろう。「そなわる」はその結果としての状態。

異類中行　↓六八頁。ここで心要なのは上二字のみ。

かれと他と　他はかれの意味だが、ここでは同一者を指してはいない。あえて言えば「われ等・かれ等・他等」ということになる。

載　年と全く同じ。

喚作　喚びて…と作す。「你」はこの二字の間に入るべきもの。

諸仏也不レ及レ你哉」。

《趙州真際大師、示衆に云く、你若《なんぢ》し一生不《ふ》離《り》叢林《さうりん》なれば、兀坐《こつざ》不《ふ》道《だう》ならんこと十年五載すとも、人の你を啞漢《おかん》と喚作《くわんそ》することなからん、已後《いご》には諸仏も也《また》你に及ばじ》

しかあれば、十年五載の在叢林《ざいさうりん》、*しば〳〵霜華《さうくゑ》を経歴《きやうりやく》するに、一生不離叢林の功夫辦道《はんだう》をおもふに、*坐断せし兀坐《こつざ》は、*いくばくの道得なり。不離叢林の経行坐臥《きんひんざぐわ》、*そこばくの「無《む》人《じん》喚《くわん》作《そ》你《にい》啞《お》漢《かん》」なるべし。一生は所従来をしらずといへども、不離叢林ならしむれば不離叢林なり。一生と叢林の、いかなる*通霄路《つうせうろ》かある。たゞ「兀坐《こつざ》」を辨肯《はんけん》すべし。「不道」をいとふことなかれ。不道は道得の頭正尾正《てうしんびしん》なり。

兀坐は一生、二生なり、一時、二時にあらず。兀坐して不道なる十年五載あれば、諸仏もなんぢをないがしろにせんことあるべからず。まことにこの兀坐不道は、仏眼也覰不見《ぶつげんやしよふけん》なり、*仏力也牽不及《ぶつりきやけんふぎふ》なり。*諸仏也不奈你何《しよぶつやふないにお》なるがゆへ(ゑ)に。

趙州のいふところは、兀坐不道の道取は、諸仏もこれを啞漢といふにおよばず、不啞漢といふにおよばず。しかあれば、一生不離叢林は、一生不離道得なり。兀坐不道十年五載は、道得十年五載なり。一生不離不道得なり、道不得十年五載なり。坐断百千諸仏なり、百千諸仏坐断你なり。

しかあればすなはち、仏祖の道得底《だうてち》は、一生不離叢林なり。たとひ啞漢なりとも、道得底あるべし、啞漢は道得なかるべしと学することなかれ。道得あるもの、かならずしも啞漢にあらざるにあらず。啞漢また道得あるなり。啞声きこゆべし、啞語きくべし。啞にあ

しば〳〵…　繰返し繰返し年がめぐるわけだが、ましてや「一生不離叢林云々」とつづく。

坐断　↓三五七頁「坐得断」注。ここでは和語でいう坐りきる、のごとき意。

いくばくの　何程かの。それ相応の数の。

そこばくの　いかばかりかの。それだけの数の、の意味で言われていよう。

通霄路　天の通い路(↓三一一頁注)。ここでは単に通路の意。

仏力也牽不及　「仏力モ牽キテ及バズ」。仏の力もお前をひっぱり寄せることは叶わぬ(入矢)。

諸仏也不奈你何　諸仏モ你ヲイカントモスルナシ。

らずは、いかでか啞と相見《しやうけん》せん、いかでか啞と相談《*しやうだん》せん。すでにこれ啞漢なり、作麼生《そもさん》相見、作麼生相談。かくのごとく参学して、啞漢を弁究すべし。

雪峰の真覚大師☆の会《ゑ》に一僧ありて、やまのほとりにゆきて、草をむすびて庵を卓*す。としつもりぬれど、かみをそらざりけり。庵裡の活計《くわつけ》たれかしらん、山中の消息*悄然なり。みづから一柄《ぴん》の木杓《もくさう》をつくりて、渓《たに》のほとりにゆきて水をくみてのむ。まことにこれ飲渓《*おんけい》のたぐひなるべし。

かくて日往月来するほどに、家風ひそかに漏泄《ろうせつ》せりけるによりて、あるとき僧きたりて庵主にとふ、「いかにあらんかこれ祖師西来意」。

庵主云《いはく》、「渓深杓柄長*《渓《たに》深くして杓柄《さうひん》長し》」。

とふ僧おく*ことあらず、礼拝《らいはい》せず、請益《しんえき》せず。やまにのぼりて雪峰に挙似《こじ》す。

雪峰ちなみに挙をきゝていはく、「也甚奇怪*、雖二然如ㇾ是、老僧自去勘過始得*《也《や》甚奇怪《じんきくわい》、然も是の如くなりと雖も、老僧自《じ》去勘過《くゐかんこ》始得《して》》」。

雪峰のいふこころ▽は、「よさはすなはちあやしきまでによし、しかあれども、老僧みづからゆきてかんがへみるべし」となり。かくてあるに、ある日、雪峰たちまちに侍者に剃刀をもたせて卒*しゆく。直《ぢき》に庵にいたりぬ。わづかに庵主をみるに、すなはちとふ、「道得《だうて》ならばなんぢが頭《かみ》をそらじ」。

この問《とひ》、こゝろうべし。「道得不剃汝頭《だうてふてうにょてう》」とは、「不剃頭は道得なり」ときこゆ。いかん。

相談　あい談ず。

卓す　建つ。立てる。

消息　↓一五〇・二〇二・二一二・三一一頁注に既出。なお詳しくは、陽気の生ずるを息、陰気の死ぬを消という。そこから日月の往来の意味を持つが、ここでもその意味と、様子の意味とを兼ねていよう。

飲渓　飲河・飲江の形で通語となっている。たとえば王諸の賦に「飲河知足、巣林必安」。

渓深杓柄長　渓深と杓柄長は単に並列ではないだろう。渓深につれて杓柄長し。待つものがなければ来りはしない。

おく　原典「措」。施す、はからう。

也甚奇怪　「さりとは奇怪至極な」が中国語としての意味。(入矢)

老僧自去勘過始得　わしが自分から出かけて行って問いつめてみなけりゃならん。「始得」↓六六頁注。

卒しゆく　ひきいてゆく。↓校異

この道得もし道得ならんには、畢竟じて不剃ならん。この道得、きくちからありてきくべし。きくべきちからあるもの丶ために開演すべし。

ときに庵主、かしらをあらひて雪峰のまへにきたれり。これも道得にてきたれるか、不道得にてきたれるか。雪峯すなはち庵主のかみをそる。

この一段の因縁、まことに優曇《うどん》の一現のごとし。あひがたきのみにあらず、き丶がたかるべし。*七聖《しやう》十聖《しやう》の境界《きやうがい》にあらず、三賢*七賢の覷見《しよけん》にあらず。経師論師《きやうじろんじ》のやから、*神通《じんづう》変化《へんぐゑ》のやから、いかにもはかるべからざるなり。仏出世にあふといふは、かくのごとくの因縁をきくお《(を)》いふなり。

しばらく雪峰のいふ「道得不剃汝頭」、いかにあるべきぞ。未道得《みだうて》の人これをき丶て、ちからあらんは驚疑すべし、ちからあらざらんは茫然ならん。仏《ぶつ》と問著《もんぢや》せず、道《だう》といはず、三昧《さんまい》と問著せず、陀羅尼《だらに》といはず、かくのごとく問著する、問《もん》に相似なりといゐ《(へ)》ども、道《だう》に相似なり。審細に参学すべきなり。

しかあるに、庵主《あんじゆ》まことあるによりて、道得《だうて》に*助発《じよはつ》せらる丶に茫然ならざるなり。*家風かくれず、洗頭《せんてう》してきたる。これ*仏自智恵《ぶつじちゑ》、不得其辺《ふとくごへん》の法度《はつと》なり。現身なるべし、説法なるべし、度生なるべし、洗頭来なるべし。ときに雪峰もしその人にあらずは、剃刀を放下して呵々大咲せん。しかあれども、雪峰そのちからあり、その人なるによりて、すなはち庵主のかみをそる。まことにこれ雪峰と庵主と、唯仏与仏《ゆいぶつよぶつ》にあらずよりは、かくのごとくならじ。一仏二仏にあらずよりは、かくのごとくならじ。竜と竜とにあらずよりは、かく

七聖　小乗でいう七人の聖者。無漏の智慧をもって四諦の理を証明したものをいう。これに見道(理に迷う惑を断ずる)・修道(事に迷う惑を断ずる)・無学(もはや学ぶべきなき)の三位があり、見道位に鈍根利根を分ち随信行と随法行、修道位にも鈍根利根により信解・見至を分ち、無学位はこれを身証・慧解脱・倶解脱の三に分ち、あわせて七。

七賢　前の七聖十聖(九三頁「十聖三賢」注)が小乗大乗の組合せなので、「三賢」には小乗のそれもあるが、ここのは従前通り大乗のそれと解し、それとの組合せで、「七賢」も小乗のものと見る。見道(言いかえれば、無漏の正智を発して未曾見の四諦の理をはじめて見る位)以前のいまだ聖者でない修行位を賢と言い、これに七位を分ける。五停心観・別相念住・総相念住の三賢と、煖法・頂法・忍法・世第一法の四善根と。

神通変化　神通力をもつもの。変化の能力あるもの。

助発　仏語で言えば縁だろう。上の「道得」は単に「道」と言ってもよい。

家風かくれず　一家の真面目を現わし。

仏自智恵不得其辺　仏ノオノヅカラナル智恵モソノホトリヲ得ジ。

驪竜　黒竜。
解収　「収ムルヲ解ス」。わが手にとる能力のある。

期せざるに…　期待しないのに向うからやって来る可能性がある。
またざれども…　待っているわけではないのにその自分を知っているものがあった。

のごとくならじ。驪珠《りしゅ》は*驪竜《りりゅう》のおしむ《(を)》こゝろ解倦《けげん》なしといへども、おのづから*解収《かいしゅう》の人の手にいるなり。

しるべし、雪峰は庵主を勘過《かんこ》す、庵主は雪峰をみる。道得不道得、かみをそられ、かみをそる。しかあればすなはち、道得の良友《りゃうう》は、*期《ご》せざるにとぶらふみちあり。道不得のとも、*またざれども知己のところ▽ありき。知己の参学あれば、道得の現成あるなり。

正法眼蔵道得第三十三

仁治三年壬寅十月五日書于観音導利興聖宝林寺　沙門▽

同三年壬寅十一月二日書写之　懐弉

正法眼蔵第三十四

仏《ぶつ》教《けう》

　諸仏の*道現成《だうげんじやう》、これ仏教也。これ仏祖の仏祖のためにするゆえ《(ゑ)》に、教《けう》の教のために正伝する也。これ転法輪也。この法輪の*眼睛裏《がんぜいり》に、諸仏祖を現成せしめ、諸仏祖を*般涅《はつね》槃《はん》せしむ。その諸仏祖、かならず*一塵の出現あり、一塵の涅槃あり。*尽界の出現あり、尽界の涅槃あり。一*須臾《しゆゆ》の出現あり、*多劫海の出現あり。しかあれども、一塵・一須臾の出現、さらに*不具足の功徳なし。尽界・多劫海の出現、さらに補虧闕《ふきくゑち》の経営にあらず。このゆえに朝《あした》に成道して夕《ゆふべ》に涅槃する諸仏、いまだ功徳かけたりといはず。もし一日は功徳すくなしといはば、人間の八十年ひさしきにあらず。人間の八十年をもて十劫二十劫に比せんとき、一日と八十年とのごとくならむ。此仏彼仏の功徳、わきまえ《(へ)》がたからん。*長劫寿量《ちやうごふじゆりやう》の所有の功徳と、八十年の功徳とを挙して比量せんとき、疑著《ぎちや》するにもおよばざらん。このゆえに、仏教はすなはち教仏也、仏祖究尽《きうじん》の功徳也。諸仏は高広《かうくわう》にして、法教は狭少なるにあらず。まさにしるべし、仏大なるは教大也、仏小なるは教小也。このゆえにしるべし、仏を《(お)》よび教は、大小の量にあらず、善・悪・無記等の性《しやう》にあらず、*自教教他のためにあらず。

　ある漢いはく、釈迦老漢、かつて一代の教典《けうでん》を宣説するほかに、さらに*上乗一心の法を

道現成　言辞が現実として目の前に現われる。
眼睛裏　一番急所である、透徹した、活々した箇所。
般涅槃　般に相当する梵語は、ぐるり一帯、十全具足などの意味の前綴詞。三字で倶寂静というに等しい。
一塵の・尽界の　一塵・尽界をそれぞれ〈体〉とせる、それにおける。
須臾　仏教では刹那と等価。
多劫海　多劫なること海のごとき長時間。
不具足の功徳なし　「の」を除き五字の漢字に返り点をつけて訓めば分る。
長劫寿量の所有の　長劫寿量に(わたって)有る所の。→四四三頁「劫量・寿量」注
自教教他　自利教と利他教、小乗と大乗の別に相当する。
上乗一心の法　上乗は大乗をもいうが、「自心本来清浄、元無煩悩無漏智、本自是足」を頓悟する「心」を「仏」と言う立場で、これによって修行する禅を最上乗禅というところから出たものだろう。

摩訶迦葉《まかかせふ》に正伝す、嫡々《ちやくちやく》相承《さうじよう》したれり。しかあれば、教は*赴機《ふき》の戯論《けろん》なり、*心《しん》は理性《りしやう》の真実也。この正伝せる一心を、教外別伝《けうぐゑべつでん》という《(ふ)》。三乗十二分教の所談にひとしかるべきにあらず。一心上乗なるゆえに、直指人心《ちきしにんしん》、見性 成仏《けんしやうじやうぶつ》也という《(ふ)》。

この道取、いまだ仏法の家業《かごふ》にあらず。*出身の活路なし、*通身の威儀《ゐいぎ》あらず。かくのごとくの漢、たとい《(ひ)》数百千年のさきに先達《せんだち》と称ずとも、恁麼の説話あらば、仏法・仏道はあきらめず、通ぜざりけるとしるべし。ゆえはいかん。仏《ぶつ》をしらず、教《けう》をしらず、心をしらず、内《ない》をしらず、外《ぐゑ》をしらざるがゆえに。そのしらざる道理は、かつて仏法《ブツぼふ》をきかざるによりて也。いま*諸仏という《(ふ)》本末、いかなるとしらず。去来の辺際すべて学せざるは、仏弟子と称ずるにたらず。たゞ一心を正伝して、仏教を正伝せずという《(ふ)》は、仏法をしらざる也。仏教の一心をしらず、一心の仏教をきかず。一心のほかに仏教ありという《(ふ)》、なんぢが一心、いまだ一心ならず。仏教のほかに一心ありという《(ふ)》、なんぢが仏教いまだ仏教ならざらん。たとひ教外別伝《けうぐゑべつでん》の謬説《びうせつ》を相伝すという《(ふ)》とも、なんぢいまだ内外《ないぐゑ》をしらざれば、言理《ごんり》の符合あらざる也。

仏正法眼蔵を単伝する仏祖、いかでか仏教を単伝せざらん。いはんや釈迦老漢、なにとしてか仏家の家業にあるべからざらん教法を*施設《しせち》することあらん。釈迦老漢すでに単伝の教法をあらしめん、いづれの仏祖かなからしめん。このゆへ《(ゑ)》に、上乗一心という《(ふ)》は、三乗十二分教これ也、*大蔵小蔵これ也。

しるべし、仏心という《(ふ)》は、仏の眼睛也、破木杓《はもくさう》也、諸法也、三界なるがゆえに、山海国《せんがいこく》

赴機　投機の対としていうか。機すなわち仏縁にあって発動する衆生の可能性へと走り寄る。無論緩慢な動作ではないが、展事投機とは比べられない。

心は理性の真実　「心」は上乗の一心を指していよう。理・性はすでに何度も見た通り同一視しうる全存在の不変の本性・本質。

出身の活路・通身の威儀　前者は『光明』(一六一頁一二行)に、また、「出路」の形で『辨道話』(一一頁注)に既出。「通身」も『観音』『光明』『都機』に既出(二三一頁「遍身・通身」注)。両語、透関脱落して活動すべき可能性と、一身にゆきわたった仏としての容儀。

諸仏という本末　諸仏ということ、あるいは、ものの本末。次の「去来の辺際すべて」もこれが同様に支配している。

施設　安立・建立・発起などの義とされるが、特に仏語とする必要もない。

大蔵小蔵　前者、菩薩蔵五千四百余巻の大乗経文、後者、声聞蔵八百四十巻の小乗経文をいう。

土《ど》、日月星辰《にちぐわちしやうしん》なり。仏教という《(ふ)》は、万像森羅《まんざうしんら》也。外《ぐゑ》という《(ふ)》は、這裏《しやり》也、*這裏来《しやりらい》なり。正伝は、*自己より自己に正伝するがゆえ《(ゑ)》に、正伝のなかに自己ある也、一心より一心に正伝するなり、正伝に一心あるべし。*上乗一心は、土石砂礫《どしやくしやりやく》也、土石砂礫は一心なるがゆえに、土石砂礫は土石沙礫也。もし上乗一心の正伝といはゞ、かくのごとくあるべし。

しかあれども、教外別伝を道取する漢、いまだこの意旨をしらず。かるがゆへ《(ゑ)》に教外別伝の謬説を信じて、仏教をあやまることなかれ。もしなんぢがいふがごとくならば、教をば心外別伝という《(ふ)》べきか。*もし心外別伝といはゞ、一句半偈つたはるべからざる也。*もし心外別伝といはずは、教外別伝という《(ふ)》べからざる也。

摩訶迦葉すでに釈尊の嫡子《ちやくし》として*法蔵の教主たり、正法眼蔵を正伝して*仏道の住持也。しかありとも、仏教は正伝すべからずという《(ふ)》は、*学道の偏局《へんこく》なるべし。しるべし、一句を正伝すれば、一法の正伝せらるゝなり。一句を正伝すれば、山伝水伝あり。不《ふ》能離《のうり》却這裡《きやしやり》也。

釈尊の正法眼蔵無上菩提は、たゞ摩訶迦葉に正伝せし也、余子に正伝せず、正伝はかならず摩訶迦葉也。このゆえに、古今に仏法の真実を学する箇々、ともにみな従来の教学を*決択《くゑつちやく》するには、かならず仏祖に参究する也。決を余輩にとぶらはず。もし仏祖の正決をえざるは、いまだ正決にあらず。*依教の正不を決せんとおもはんは、仏祖に決すべき也。そのゆえは、*尽法輪の本主は仏祖なるがゆえに。道有《だうう》道無《だうむ》、道空道色《だうくうだうしき》《有《う》と道《い》ひ無と道《い》ひ、空と道ひ色《しき》と道ふ》、たゞ仏祖のみこれをあきらめ、正伝しきたりて、古仏今仏なり。

這裏来　このうちに来るもの。
自己より自己に　思考・認識の型として『身心学道』七七頁一〇行以下、『有時』二五八頁一一行以下と同様。
上乗一心は土石砂礫也…　貴いものつまらぬものなどという差別をするな。すべてそのものはそのものとしてあり、それらの全体が仏教なのだ。
もし心外別伝といはゞ　心とは即ち全現実のことなので「心外」といえば非現実にほかならぬ。
もし心外別伝といはずは　心外別伝と教外別伝は相待的なもののはずだという論拠に立つ。
法蔵　仏所説の教法、法門をいう。
仏道の住持　仏道を保持する人間。
学道の偏局　偏狭局促な仏道の学び方。上の「しかありとも(そうであるのに)」は「仏教は正伝云々」にじかにかかる。
決択　疑いを決し、正なるものを択びとる。
依教の正不　依りどころとする教の正邪。依教は、普通は「教に依って」の意につかう。
尽法輪　全仏所説。全仏教。
巴陵　湖南省岳陽県の西南の山。↓祖師
同別の論に…道取しつべき也　(寒さを避けるという一点では同じなのだから)同じだ別だと言って見てもはじまらない。(だからその点を悟らせるために、同じことが別の形で

*巴陵因《ちなみに》僧問《そうとふ》、「祖意教意、是同是別《是れ同か、是れ別か》」。師云《いはく》、「雞寒上レ樹、鴨寒入レ水《雞《にはとり》寒うして樹に上り、鴨《かも》寒うして水に入る》」。

この道取を参学して、仏道の祖宗《そそう》を相見《しやうけん》し、仏道の教法を見聞すべきなり。いま「祖意教意」と問取するは、「祖意は祖意と是同是別《ぜどうぜべつ》」と問取するなり。いま「雞寒上樹《けいかんじやうじゆ》、鴨寒《かふかん》入水《にふすい》」といふは、同別を道取すといえ《(へ)》ども、同別を見取するともがらの見聞に一任する同別にあらざるべし。しかあればすなはち、*同別の論にあらざるがゆえに、同別と道取しつべき也。このゆえに、「同別と問取すべからず」という《(ふ)》がごとし。

☆玄沙因《ちなみに》僧問《そうとふ》、「三乗十二分教即不要、如何是祖師西来意《三乗十二分教は即ち不要なり、如何ならんか是れ祖師西来意》」。

師云、「三乗十二分教総不要《三乗十二分教総に不要なり》」。

いはゆる僧問の「三乗十二分教即不要《そくふえう》、如何是祖師西来意《しゆおしそしせいらいい》」といふ、よのつねにおもう《(ふ)》がごとく、三乗十二分教は条々の岐路也、そのほか祖師西来意あるべしと問《もん》する也。三乗十二分教これ祖師西来意也と認ずるにあらず、いはんや八万四千*法門蘊すなはち祖師西来意としらんや。しばらく参究すべし、三乗十二分教、なにとしてか即不要《そくふえう》なる。もし要せんときは、いかなる規矩かある。三乗十二分教を不要なるところに、祖師西来意の参学を現成するか。いたづらにこの問の出現するにあらざらん。

現われることを)同別があるような具合に言うこともできたのである。この段のこれまでの「同別」は実は別字のみで足りる。

法門蘊　法門は元来は法の中に入ること。しかし今は入り得た仏法の全体をいうことが多い。二〇頁「安楽の法門」、二一四頁「心性大総相」、二九八頁「功徳法門」の注参照。蘊はその中に集積されたものの意。

仏祖を転ずる　仏祖を転廻させて仏祖の仏祖たる面目を現じさせる。この「転」はこの段これ以前の「転」と、意味異り、機能は同じ。　**総不要輪の転ずる**　次行「総不要なるがゆえに三乗十二分教也」の一つの言い方。(三乗十二分教)すべて不必要と説く、不必要である三乗十二分教の転、すなわち説法、現成の姿である。　**三乗十二分教なるがゆえに…**　三乗十二分教とは全存在の理法ということである。だからそれは教法ではないのだ。　**声聞**　仏の声を聞いて悟る人。　**苦・集は俗也**　苦諦は現世、ひいては三界・六趣(六道)は苦であるという真理。集諦は苦諦のとらえた苦の原因をあきらかにする真理。「集」は集合の意から発生因の意を持つに至った梵語の意訳。原因は煩悩と現実の事物現象の性質(無常・善悪等)に求められる。従ってこれら二諦は俗と言えば言える。

玄砂いはく、「三乗十二分教総不要」。この道取は、法輪なり。この法輪《リン》の転ずるところ、仏教の仏教に処在することを参究すべき也。その宗旨《そうし》は、三乗十二分教は仏祖の法輪なり、有仏祖の時処にも転ず、無仏祖の時処にも転ず、祖前祖後、おなじく転ずる也。さらに*仏祖を転ずる功徳あり。祖師西来意の正当恁麼時は、この法輪を総不要なり。「総不要」という《(ふ)》は、もちゐざるにあらず、やぶるにあらず。この法輪、このとき、*総不要輪の転ずるのみなり。三乗十二分教なしといはず、総不要の時節を覰見《しよけん》すべき也。総不要なるがゆえ《(ゑ)》に三乗十二分教也、*三乗十二分教なるがゆえに三乗十二分教にあらず。このゆえに、「三乗十二分教総不要」と道取する也。その三乗十二分教、そこばくあるなかの一隅をあぐるには、すなはちこれあり。

三　乗

一者《ひとつには》*声聞乗《しやうもんじよう》

四諦《たい》によりて得道す。四諦という《(ふ)》は、苦《く》諦《たい》・集諦《じつたい》・滅諦《めつたい》・道諦《だうたい》也。これをきゝ、これを修行するに、生老病死《しやうらうびやうし》を度脱し、般涅《はつね》槃《はん》を究竟《くきやう》す。この四諦を修行するに、*苦・集は俗也、*滅・道は第一義也という《(ふ)》は、論師《ろんじ》の見解《けんげ》也。もし仏法によりて修行するがごときは、四諦ともに唯仏与《ゆいぶつよ》仏《ぶつ》なり。四諦ともに*法住法位也。四諦ともに実相也、四諦ともに仏性なり。このゆえに、さらに無生無作《むしやうむさ》等の論におよばず、四諦ともに総不要なるがゆえに。

二者《ふたつには》*縁覚乗《えんがくじよう》

滅・道は第一義也　苦および苦の原因の絶滅としての涅槃(滅)を語る真理と、そこに至るために必要な道程(八正道)にかかわる真理と、この二諦こそ根本義だという考え。(以上の四真理が「四諦」。)　**法住法位**　「法、法位ニ住ス」。当然の仏法のありよう、姿。　**縁覚**　独覚ともいう。師を持たず、十二因縁を観ずることによって煩悩を断じ、証悟する人。

無明　正しい知識がなく愚かなこと。生前の煩悩を特に指していう。

行　過去世において為した善悪諸種の行為、意志のはたらき。「無明」を原因とし、これが縁となって次の「識」が起る。　**識**　分析認識が原義。しかし今の場合は、母胎内で初動するそれ。託胎初刹那の五蘊。

名色　託胎後六根が完成するまでの五蘊。名は、色をのぞく四蘊の総称。梵原語では名と形、個体のこと。

六入　六根が完備した状態。そういう状態でまさに母胎を出ようとする時期、状態。　**触**　六根・六境・六識の和合、従って個体内外間の接触を意味する。まだ苦楽を識別できず、苦・楽・捨という三受の原因の見分けがつかない二、三歳頃の状態。

受　五蘊の「受」に同じ。感受力。三受の因は分るが婬・貪を起すほど育っていない十三、四歳までの状態。

愛　苦を避けつねに楽しみたいとする欲望、それの盛んな十七、八歳ま

十二因縁によりて般涅槃《はつねはん》す。十二因縁といふは、一者《ひとつには》*無明《むみやう》、二者*行《ぎやう》、三者*識《しき》、四者*名色《みやうしき》、五者*六入《ろくにふ》、六者*触《そく》、七者*受《じゆ》、八者*愛《あい》、九者*取《しゆ》、十者*有《う》、十一者生《しやう》、十二者老死《らうし》。

この十二因縁を修行するに、過去・現在・未来に因縁せしめて、能観・所観を論ずとえ《（へ）》ども、一一の因縁を挙《こ》して参究するに、すなはち総不要輪転也、総不要因縁なり。しるべし、無明これ一心なれば、行・識等も一心也。無明これ滅なれば、行・識等も滅也。無明これ涅槃なれば、行・識等も涅槃也。*生も滅なるがゆえに恁麼いふなり。*無明も道著《だうちや》の一句也、識・名色等もまたかくのごとし。しるべし、無明・行等は、*吾《ご》有箇《いうこ》斧子《ふす》、与《よ》汝住《によぢゆう》山《さん》也。無明・行・識等は、発時《ほつじ》蒙和尚許《まうをしやうこ》斧子《ふす》、便請取《びんしんしゆ》なり。

三者《みつには》菩薩乗《ぼさつじよう》

六波羅蜜《はらみつ》の教行証《けうぎやうしよう》によりて、阿耨多羅三藐三菩提《あのくたらさんみやくさんぼだい》を成就《じやうじゆ》す。その成就といふは、造作《ざうさ》にあらず、*無作《むさ》にあらず、始起にあらず、新成《しんじやう》にあらず、久成《くじやう》にあらず、本行《ほんぎやう》にあらず、無為にあらず。たゞ成就阿耨多羅三藐三菩提也。

六波羅蜜とい《（ふ）》うは、*檀《だん》波羅蜜、*尸羅《しら》波羅蜜、*羼提《せんだい》波羅蜜、*毗梨耶《びりや》波羅蜜、*禅那《ぜんな》波羅蜜、般若《はんにや》波羅蜜なり。これはともに無上菩提なり。無生無作《むしやうむさ》の論にあらず。かならずしも檀をはじめとし、般若をおはりとせず。

経《きやう》云《にいはく》、「利根菩薩、般若為レ初、檀為レ終。鈍根菩薩、檀為レ初、般若為レ終《利根の菩薩は般若を初めとし、檀を終りとす。鈍根の菩薩は檀を初めとし、般若を終りとす》」。

しかあれども、羼提《せんだい》もはじめなるべし、禅那《ぜんな》もはじめなるべし。三十六波羅蜜の現成あ

での状態。　**取**　おのれの愛し欲するものに執着し、その取得のために奔走する位。愛・取は現世の「無明」である。　**有**　生存。愛・取とともにはたらいて未来の果の因を作る状態・時期。

生も滅なるがゆえに　この「生」は十二因縁中第十一支の生だろう。それが滅ならそのうちに含まれる無明以下すべて滅即涅槃なのは、理の当然である。本段劈頭の「十二因縁によりて般涅槃す」と呼応。　**無明も道著の一句**　無明と事新しく言っても、一句言っただけのことだ。

吾有箇斧子…便請取　自分にはこの斧がある。お前さんが住山するのに役立つように、これを上げよう(この「与」は与える)。—和尚は発つとき(斧を)やろうと約束して下さった。その斧をさっそく頂きとうございます(入矢)。提示と応答。先のものが出されたからあとのものも出る、の比喩。　**無作**　因・縁の協同によって作られるとか、成るとかいうことを越えていること。「無為」は「無作」と同じとも説かれるし、その上生起、安住、衰異、死滅という四相の変転を越えたこととも説かれる。

檀　檀那。布施。　**尸羅**　持戒。徳行。音訳梵語。　**羼提**　忍辱。忍耐。音訳梵語。　**毗梨耶**　精進。男らしさ、強さ、精力。音訳梵語。　**禅那**　禅定。瞑想。音訳梵語。

るべし。籮籠《らろう》より籮籠をうるなり。

「波羅蜜」という(ふ)は、彼岸到《ひがんたう》なり。彼岸は*古来の相貌蹤跡《さうめうしようせき》にあらざれども、到は現成する也、到は公按也。修行の彼岸へいたるべしとおもふこと▽なかれ。彼岸に修行あるがゆえ(ゑ)に、修行すれば彼岸到なり。この修行、かならず偏界現成の力量を具足するがゆえに。

▽十二分教

一者素呾纜《そたら》　此云二*契経一。
二者祇夜《ぎや》　▽此云二*重頌一。
三者和伽羅那《わからな》　此云二授記一。
四者*伽陀《かだ》　▽此云二諷誦一。
五者*憂陀那《うだな》　▽此云二無問自説一。
六者*尼陀那《にだな》　▽此云二因縁一。
七者*波陀那《はだな》　▽此云二譬喩一。
八者*伊帝目多伽《いていもくたか》　▽此云二本事一。
九者*闍陀伽《じやたか》　▽此云二本生一。
十者*毗仏略《びぶりやく》　此云二方広一。
十一者*阿浮陀達磨《あぶだだるま》　此云二未曾有一。
十二者*優婆提舎《うばだいしや》　此云二論議一。

古来の相貌蹤跡　「古来の」はありふれたという程の意だろう。次行の「修行の」は主格。

契経　契は道理にかない、聞くものの能力にかなうの意という。経は梵漢いずれにても糸の義。糸のごとく全体にわたって貫通し全部をまとめ上げるものの意。まとめ上げられるものを経そのものでなく、聞経所化と考える説もある。十二分経の一支分としては、法義を説く散文の箇所(長行)の意。

重頌　右の散文の箇所の意を反覆賞揚した韻文の箇所。梵語「祇夜」は歌でもって賞讃されるの意。

伽陀　経文中散文で説かれていない趣意を明らかにする韻文。一名の「孤起」はその点からの呼び方。単に偈と音訳されるものに同じ。

憂陀那　第一義はうそぶくこと。

尼陀那　第一義は索、綱。

波陀那　普通は後出のごとく阿波陀那。原義は偉業とか成就の意。語りつたえられる物語の題材。

伊帝目多伽　かくありしこと、転ぜしことの意。次の本生以外の仏、仏弟子の前世を語ったもの。また「仏はかく語った」で始まる経文をいう。

闍陀伽　何の星のもとに生れたる。新生児などが原義。特に仏陀の前生の修業談。

毗仏略　原義、広大さ。方正広大の真理を説くと説明される。

如来則為直説㆓*陰界入等仮実之法㆒、是名㆓修多羅㆒。或四五六七八九言偈、重頌㆓*世界陰入等事㆒、是名㆓祇夜㆒。或直記㆓衆生未来事㆒、乃至記㆓*鴿雀成仏等㆒、是名㆓和伽羅那㆒。或孤起偈、記㆓世界陰入等事㆒、是名㆓伽陀㆒。或無㆓入問㆒、自説㆓世界事㆒、是名㆓優陀那㆒。或*約㆓世界不善事㆒、而結㆓禁戒㆒、是名㆓尼陀那㆒。或以㆓譬喩㆒説㆓世界事㆒、是名㆓阿波陀那㆒。或説㆓本昔世界事㆒、是名㆓伊帝目多伽㆒。或説㆓本昔受生事㆒、是名㆓闍陀伽㆒。或説㆓世界広大事㆒、是名㆓毗仏略㆒。或説㆓世界未曾有事㆒、是名㆓阿浮達摩㆒。或*問㆓難世界事㆒、是名㆓優婆提舎㆒。此是*世界悉檀、為㆑悦㆓衆生㆒故、起㆓十二部経㆒。

《如来則ち為に直《ちき》に陰界入《おんかいにふ》等の仮実《けじつ》の法を説きたまふ、是を「修多羅」と名づく。或いは四、五、六、七、八、九言《ごん》の偈《げ》をもて、重ねて世界陰入等の事《じ》を頌《じゅ》す、是を「祇夜」と名づく。或いは直に衆生未来の事を記し、乃至鴿雀《かふじやく》の成仏等を記す、是を「和伽羅那」と名づく。或いは孤起偈《こきげ》をもて、世界陰入等の事を記す、是を「伽陀」と名づく。或いは人の問ふこと無く、自ら世界の事を説く、是を「優陀那」と名づく。或いは世界不善の事に約して、禁戒を結す、是を「尼陀那」と名づく。或いは譬喩《ひゆ》を以て世界の事を説く、是を「阿波陀那」と名づく。或いは本昔《ほんじやく》世界の事を説く、是を「伊帝目多伽」と名づく。或いは本昔受生の事を説く、是を「闍陀伽」と名づく。或いは世界広大《せかいくわうだい》の事《じ》を説く、是を「毗仏略」と名づく。或いは世界未曾有《せかいみぞう》の事を説く、是を「阿浮達摩」と名づく。或いは世界の事を問難す、是を「優婆提舎」と名づく。此れは是れ世界悉檀《せかいしつたん》なり、衆生を悦ばしめんが為の故に、十二部経を起す》。

十二部経の名、きくことまれなり。仏法よのなかにひろまれるときこれをきく、仏法す

阿浮陀達磨　超自然不可思議の〈法〉。

優婆提舎　論及・指摘などが原義。「訓示」が適訳だという考えもある。仏陀が自分の教えをあとで取上げ、その解釈のしかたを述べる箇所。

陰界入　陰は蘊にあたるものの旧訳。三字で蘊・界・処に同じ。

世界陰入　この言い方では、六識は「世界」のうちに含まれている。世界は、遷流(三世・時間)の意を現わす「世」と方位(空間)の意を現わす「界」の合成語。これに当るとされる梵原語 loka, loka-dhātu の語源を「輝く ruc」と、「砕く luj」の両者に同時に求めたところから出た解釈(dhātu は構成要素、原初物質などの意)。国土の義に解せられる世界の語義語源も別にあるが今は省く。

鴿　家鳩。

約　結に同じ。まとめる。

問難　伊帝目多伽の論及・指摘・参照などに相当しよう。

世界悉檀　四悉檀の一。仏が法を世間の機に応じて、さまざまの形で説いて信解を起させるのをいうと。悉檀は究極目標、ある論拠からの実物証明をもってする結論等の意。

でに滅するときはきかず。仏法いまだひろまらざるとき、またきかず。ひさしく善根をうへ《(ゑ)》てほとけをみたてまつるべきもの、これをきく。すでにきくものは、ひさしからずして阿耨多羅三藐三菩提をうべき也。

この十二、おの〳〵経と称ず。十二分教ともいひ、十二部経ともいう《(ふ)》也。十二分教おの〳〵十二分教を具足せるゆえ《(ゑ)》に、▽一百四十四分教也。十二分教*を《(お)》の〳〵十二分教を兼含せるゆえに、*たゞ一分教也。しかあれども、*億前億《ヲク》後の数《ス》量にあらず。これみな仏祖《ソ》の眼睛なり、仏祖の骨髄なり、仏祖の家業也、仏祖の光明也、仏祖の荘厳《しやうごん》也、仏祖の国土也。十二分教をみるは仏祖をみる也、仏祖を道取するは十二分教を道取する也。

しかあればすなはち、*青原の垂一足《すいいつそく》、すなはち三乗十二分教也。南岳の説似《せつじ》一物即不中《いちもつそくふちゆう》、すなはち三乗十二分教也。いま玄砂の▽道取する総不要の意趣、それかくのごとし。*この宗《そう》旨《し》挙《こ》拈《ねん》するときは、たゞ仏祖のみ也。さらに半人なし、一物なし、一事未起也《なり》。正当恁麼時、如何《いかん》。いう《(ふ)》べし、総不要。

あるいは九部というあり《(ふ)》。九分教というべきなり《(ふ)》。

九　部

一者《ひとつには》修多羅《しゆたら》　二者伽陀《かだ》　三者本事《ほんじ》
四者本生《ほんしやう》　五者未曾有《みぞう》　六者因縁《いんねん》
七者譬喩《ひゆ》　八者祇夜《ぎや》　九者優婆提舎《うばだいしや》

をの〳〵　ひとつびとつ。

たゞ一分教也　ただ一分教で十分だ。

億前億後　億以下億以上。

青原の垂一足　三九五頁の斧の話をしめくくる青原の動作。石頭希遷が、さっき発つときに和尚は斧をくれると言ったがそれをすぐもらいたいというと、青原が片足を垂らす。斧とはこれだよ、まあ歩けの意か(別解もある)。希遷は南嶽懐譲のところへ文使いに行かされて帰ったところである。希遷はここでまた南嶽にもどったという。

この宗旨挙拈するときは　「あるはたゞ」の如きを補って読む。

この九部、おの〱九部を具足するがゆえに、八十一部也。九部をの《(お)》〱一部を具足するゆえに九部なり。帰一部の功徳あらずは、九部なるべからず。帰一部の功徳あるがゆえに、*一部帰なり。このゆへ《(ゑ)》に八十一部なり。此部なり、我部なり、払子《ほっす》部なり、拄杖《しゅちゃう》部なり、正法眼蔵部なり。

☆釈迦牟尼仏言《しゃかむにぶつごん》、「我此九部法《がしくぶほふ》、随順衆生説《ずいじゅんしゅじゃうせつ》。入大乗為本《にふだいじようゐほん》、以故説是経《いこせつぜきやう》《我が此の九部の法、衆生に随順して説く。大乗に入らんには為本《これ》なり、故を以て是経を説く》」。

しるべし、「*我此《がし》」は如来なり、面目身心《めんもくしんじん》あらはれきたる。この我此すでに「九部法」なり、九部法すなはち我此なるべし。いまの一句一偈は九部法なり、我此なるがゆゑに「随順衆生説《ずいじゅんしゅじゃうせつ》」なり。しかあればすなはち、一切衆生の*生従這裏生《しゃうじゅうしゃりしゃう》、すなはち「説是経《せつぜきやう》」なり。死従這裏死《しじゅうしゃりし》は、すなはち説是経なり。乃至造次動容、すなはち説是経也。化一切衆生《くゑいっさいしゅじゃう》、皆令入仏道《かいりやうにふぶつだう》、すなはち説是経なり。▽この衆生は、我此九部法の随順なり。この随順は、随他去《ずいたこ》なり、随自去《ずいじこ》也、随衆去《ずいしゅこ》也、随生去《ずいしゃうこ》也、随我去《ずいがこ》也、随此去《ずいしこ》なり。その衆生、かならず我此なるがゆえに、九部法の条々也。

「*入大乗為本《にふだいじようゐほん》」といふは、証大乗といひ、行大乗といひ、聞大乗といひ、説大乗という《(ふ)》。しかあれば、衆生は天然として得道せりといふにあらず、*その一端なり。*入は本也、本は頭正尾正《てうしんびしん》なり。*ほとけ法をとく、法ほとけをとく。法ほとけにとかる、▽ほとけ法にとかる。火焰ほとけをとき、法をとく。ほとけ火焰をとき、法火焰をとく。

「是経《ぜきやう》」すでに説故の*良以《りやうい》あり、「故説」の良以あり。「是経《ぜきやう》」とかざらんと擬するに不《ふ》

一部帰 一部帰九部の意で言われている。二行前の「一部を具足す」は一部で完全な一つのもの、即ち「帰一部」の意だろう。

我此は如来なり 「仏言」中の主格の「我」も属格の「此」も「如来」にかかわること論なし。

生従這裏生 生ズルハ這裏ヨリ生ズ。

入大乗為本といふは 以下「入」というのは証・行・聞・説の意だという説示。

その一端 得道の一端。

入は本也… 経文で「入」というのは(十二入の入ではなく)、入大乗為本の五字からも知られるように、「本」のことである。「本」というのはしかし隠れた奥所というばかりでなく、見えるところから見えないところまでの全体である。(以下述べるように表裏いずれからも言えること、表裏のいずれもがまことであるようなことである。)

ほとけ法をとく法ほとけをとく ↓九六頁一四行以下

良以 良(まこと)に故(以)あり。良有以也の形で普通用いられる。「是経」以下「この経には、この経を説くのは何々の故というまことに「以」とすべきことがある。何々の「故」に説くというまことに「以」とすべきことがある」という、表を説き裏を説く表現。

可《こ》なり。このゆえ（ゑ）に「以▽故説是経《いこせつぜきやう》」という（ふ）。*故説は亙天《くわんてん》なり、亙天は故説なり。此仏彼仏ともに是経と一*称し、自界他界ともに是*経と故説す。このゆえに「説是経」也、是経これ仏教なり。しるべし、恒沙《ごうじや》の仏教は竹篦払子《しつぺいほつす》なり。*仏教の恒沙は拄杖拳頭《しゆぢやうけんてう》也。

おほよそしるべし、三乗十二分教等は、仏祖の眼睛《がんぜい》なり。これを*開眼《かいげん》せざらんもの、いかでか仏祖の児孫ならん。これを拈来せざらんもの、いかでか仏祖の正眼を単伝せん。正法眼蔵を体達せざるは、*七仏の法嗣《はつす》にあらざる也。

正法眼蔵仏教▽第三十四

于▽時仁治三年壬寅十一月七日在雍州興聖精舎示衆

故説は亙天なり　経文中の前の句の「入」が「本」と解されれば、「大乗」が「本」ということになり、「(以)故説」はそれと「(是)経」との間を橋渡しし、かつ天の如くすっぽり覆うはずだ。

一称し　(この経と)ひとえに(一声に唱和して)称え。結局、「と」は「を」と等しくなる。上の「此仏彼仏」は主格。

是経と故説す　「と」は「を」。ときどき見られたように、前の句と姿が似るようにするための助詞の曲用。「故」は冗辞。

仏教の恒沙は…　仏の教えが恒河の砂ほどあるとしても、その一粒一粒は具体的なものだの意。

開眼　開演に等しい。

七仏の法嗣　結局、釈迦牟尼仏の法嗣というに等しい。

正法眼蔵第三十五

神《じん》通《づう》

＊かくのごとくなる神通《じんづう》は、仏家の茶飯なり、諸仏いまに懈倦《けげん》せざるなり。これに六神通あり、一神通あり。無神通あり、最上通あり。＊朝打三千なり、＊暮打八百なるを為体《ていたらく》とせり。与仏同生せりといへどもほとけにしられず、与仏同滅すといへどもほとけを＊やぶらず。上天に同条なり、＊下天《あてん》にも同条なり、修行取証、みな同条なり。＊同雪山《どうせっせん》なり、＊如木石《にょもくせき》なり。過去の諸仏は☆釈迦牟尼仏の弟子なり、袈裟をさゝげてきたり、塔をさゝげきたる。このとき釈迦牟尼仏いはく、「＊諸仏神通不可思議《しょぶつじんづうふかしぎ》なり」。しかあればしりぬ、現在未来も亦復如是《やくぶにょぜ》なり。

☆大潙《だいゐ》禅師は、釈迦如来より直下《ちょっか》三十七世の祖なり、☆百丈大智の嗣法なり。いまの仏祖、おゝ《(ほ)》く十方に出興《しゅっこう》せる、大潙の遠孫《をんそん》にあらざるなし、すなはち大潙の遠孫なり。

大潙あるとき臥《ぐわ》せるに、☆仰山《きゃうさん》来参す。大潙すなはち転面向壁臥《てんめんきゃうへきぐわ》す。

仰山いはく、「☆慧寂《ゑじゃく》これ和尚の弟子なり、＊形迹《ぎゃうしゃく》もちい《(ゐ)》ざれ」。

大潙おくる＊いきお《(ほ)》ひをなす。仰山すなはちいづるに、大潙召《てう》して「寂子《じゃくす》」とめす。

かくのごとくなる　「恁麼」(→二二七頁)の用例で見たように、次をさす。

朝打三千・暮打八百　朝三千こなし夕八百こなす。平生頻繁に繰返される行為。

やぶらず　そこなわない。上二句、「神通」とは仏の機能であって、仏と別の何かではないことを暗示している。

下天　天の下。人間界。

同雪山・如木石　「雪山」→一二二頁注。しかしここでは「木石」とともに自然一般の意に用いられている。

諸仏神通…　諸仏の神通は不可思議なり。

形迹　行儀。

いきおひをなす　次頁注「聴勢」の勢に同じ。

仰山かへる。

大潙いはく、「老僧ゆめをとかん、きくべし」。

仰山かふ《(う)》べをたれて*聴勢《ちんせい》をなす。

大潙いはく、「わがために*原夢《げんむ》せよ、みむ」。

仰山一盆《ふん》の水、一条の手巾《しゆきん》をとりてきたる。

大潙つゐ《(ひ)》に洗面す。洗面しおわ《(は)》りてわづかに坐するに、☆香厳《きやうげん》きたる。

大潙いはく、「われ適来寂子《しらいじやくす》と*一上の神通をなす。*不同小々《ふどうせうせう》なり」。

香厳いはく、「智閑《しかん》*下面《あめん》にありて、了々に得知す」。

大潙いはく、「子《なんぢ》、こゝろみに道取すべし」。

香厳すなはち一椀の茶を点来す。

大潙ほめていはく、「二子の神通智恵《じんづうちゑ》、はるかに*鶖子《しうじ》・目連《もくれん》よりもすぐれたり」。

仏家の神通をしらんとおもはゞ、大潙の道取を参学すべし。「不同小々」のゆへ《(ゑ)》に、*作是学者《さぜがくしや》、名為仏学《みやうゐぶつがく》、不是学者《ふぜがくしや》、不名仏学《ふみやうぶつがく》なるべし。嫡々相伝《ちやくちやくさうでん》せる神通智恵なり。さらに西天竺国の外道二乗の神通、および論師等の所学を学することなかれ。

いま大潙の神通を学するに、無上なりといへども、*一上の見聞あり。いはゆる「臥次」よりこのかた、「転面向壁臥《てんめんきやうへきぐわ》」あり、「起勢《きせい》」あり、「召寂子《てうじやくす》」あり、「説箇夢《せつこむ》」あり、「洗《せん》面了纔坐《めんれうさいざ》」あり、「仰山又低頭聴《いうていていちん》」あり、「盆水来《ふんすいらい》、手巾来《しゆきんらい》」あり。

聴勢をなす　聞く勢いをなす。勢はありさま、形の意味。

原夢　原は察、本を尋ねる。二字で夢判断。

一上　一動作の意。一回の意にもなる。

不同小々　並々のものでない。「不同小可」ともいう。(入矢)

下面　次室。

鶖子・目連　舎利弗(↓二〇九頁「鶖子」注)と目犍連(仏十大弟子の一。神通第一目犍連と言われる)。

作是学者…　「コノ学ヲ作サバ名ヅケテ仏学ト為シ、カク学セザレバ仏学ト名ヅケズ」。神通は並々のものでないことの帰結。

一上の見聞　この一上は普通一場というのに近い。

しかあるを、大潙いはく、「われ適来寂子《しらい》と一上の神通をなす」と。この神通を学すべし。仏法正伝の祖師、かくのごとくいふ。*説夢洗面といはざることなかれ、一上の神通なりと決定《くゑちぢやう》すべし。すでに「不同小々」といふ、小乗・小量・小見にを《(お)》なじかるべからず、十聖三賢等に同ずべきにあらず。かれらみな小神通をならひ、小身量のみをゑ《(え)》たり、仏祖の大神通におよばず。これ仏神通なり、仏向上神通なり。この神通をならはん人は、*魔外《まぐゑ》にうごかさるべからざるなり。経師論師《きやうじろんじ》はいまだきかざるところ、きくとも信受しがたきなり。二乗外道・経師論師等は小神通をならふ、大神通お《(を)》ならはず。諸仏は大神通を住持す、大神通を相伝す。これ仏神通也。仏神通にあらざれば、盆水来手巾来《ふんすいらいしゆきんらい》せず。転面向壁臥《てんめんきやうへきぐわ》なし、洗面了纔坐《せんめんれうさいざ》なし。

この大神通のちからにおほはれて、小神通等もあるなり。大神通は小神通を*接す、小神通は大神通をしらず。小神通といふは、いはゆる毛呑巨海《もうたんこかい》、芥納須弥《かいなふしゆみ》なり。また身上出水、身下出火等なり。又五通・六通、みな小神通なり。これらのやから、仏神通は夢也未見聞《むやみけんもん》在《ざい》なり。五通・六通を小神通といふことは、*五通・六通は修証に染汚《ぜんわ》せられ、*際断を時処にうるなり。在生《ざいしやう》にありて身後に現ぜず、自己にありて他人にあらず。此土《しど》に現ずといへども他土に現ぜず、*不現に現ずといへども、現時に現ずることをゑ《(え)》ず。

この大神通はしかあらず。諸仏の教行証、*おなじく神通に現成せしむるなり。たゞ諸仏の辺に現成するのみにあらず、仏向上にも現成するなり。*神通仏の化儀《くゑぎ》、まことに不可思議なるなり。有身よりさきに現ず、現の三際にかゝはれぬあり。仏神通にあらざれば、諸

説夢洗面といはざることなかれ　「夢ヲ説キテ面ヲ洗フ」と是非言うべき場合である。下の句は「これこそ」と始まっていると見ればよい。

魔外　天魔外道。

接す　これも取る(接取)意。

五通・六通は修証に染汚せられ　五神通とか六神通とかいうのは何がしかの修行証悟を経てはじめて得られるものなのでいうこと。

際断を時処にうる　時と処によって際断されてしまう。「際断」は「前後際断」(『現成公按』)、「初中後際断」(『諸法実相』)などと熟して用いるものの一部。ただここでは辺際と熟する空間的性格のものと、三際と熟する時間的性格のものとを兼ねているとれる。いずれにせよ、断ち切られること。

不現に現ずといへども…　現れるはずのない(不現)ときに現れるが、現れるべきときに現れない。「現時」は現の時。

おなじく神通に現成せしむるなり　主格は上の「この大神通」。すぐ上の「諸仏の教行証」は対格。「神通に」は「大神通の神通において」の意。この「せしむる」も単に「する」。

神通仏　神通においてある仏。本当は単に「仏」。「化儀」→九七頁注。ここでは教・行・証のいずれも化導の方式として扱われている。

仏の発心・修行・菩提・涅槃いまだあらざるなり。いまの無尽法界海の常不変なる、みなこれ仏神通なり。毛呑巨海のみにあらず、毛保任巨《もうほうにんこ》海《かい》なり、毛現巨《もうげんこ》海《かい》なり、毛吐巨《もうつうこ》海《かい》なり、毛使巨《もうしこ》海《かい》なり。一毛に尽法界を呑却《たんきゃ》し吐却《つうきゃ》するとき、*たゞし一尽法界かくのごとくなれば、さらに尽法界あるべからずと学することなかれ。芥納須弥等もまたかくのごとし。芥吐須《かいつうしゅ》弥《み》および芥現法界、無尽蔵海にてもあるなり。毛吐巨《もうつうこ》海《かい》、芥吐巨《かいつうこ》海《かい》するに、*一念にも吐却《つうきゃ》す、万劫にも吐却するなり、万劫・一念、おなじく毛芥《もうかい》より吐却せるがゆへ《(ゑ)》に。毛芥はさらになにによりか*得《とく》せる、すなはちこれ神通《じんづう》より得せるなり。この得、すなはち神通なるがゆへに、たゞまさに神通の神通を出生するのみなり。さらに*三世の存没《ぞんもつ》あらずと学すべきなり。諸仏はこの神通のみに*遊戯《ゆけ》するなり。

☆龐居士蘊公《ほうこじおんこう》は、祖席の偉人なり。江西《かうぜい》・石頭《せきとう》の両席に参学せるのみにあらず、有道の宗師おほく相見《しゃうけん》し、相逢《さうふ》しきたる。あるときいはく、「*神通并妙用《じんづうへいめうゆう》、運水及搬柴《うんすいぎふはんさい》」。

この道理、よく〳〵参究すべし。いはゆる「運水」とは、水を運載しきたるなり。*自作自為《じゐ》あり、*他作教他《たさけうた》ありて水を運載せしむ。これすなはち神通仏《じんづうぶつ》なり。*しることは有時《イウジ》なりといへども、神通はこれ神通なり。人のしらざるには、その法の廃《ハイ》するにあらず、その法の滅するにあらず。人はしらざれども、法は*法爾《ほふに》なり。*運水の神通なりとしらざれども、神通の運水なるは不退なり。

「搬柴」とは、たき木をはこぶなり。たとへば六祖のむかしのごとし。朝打三千にも神

たゞし　ただ。「し」は強め。

一念　一刹那の訳とも、六十あるいは九十刹那のことともいう。ごく短時間。上の「するに」は「する場合、するにおいては」。　**得せる**　できるようになったのか。この段「神通」を与えられ、揮われうる、独立した、実体的なものとする見解への痛打。

三世の存没あらず　時間のうちに存在滅尽するようなものでない。「三世の」は三世における。　**遊戯**　戯はゲと読むのが普通。心にまかせて優遊自在なこと。遊戯神通の熟語あり。二義あれどこの場合は、仏菩薩が神通に遊んで人を化し(これまでは「遊化」の意)、もってみずから娯楽するをいう。→一一頁「遊化」注。

神通并妙用運水及搬柴　すべてこれ神通と妙用であり、運水と搬柴である。石頭に日用事をきかれて呈した偈の二句。妙用は、不可思議のはたらき。　**自作自為**　「ミヅカラ作シミヅカラ為ス」。「作」と「為」と通じ用いもするが、ここでは対照を作っているのだから「為」は「行」ととるべきか。作業と行為。　**他作教他**　他が作し、他をして…せしむ。他の自発的行為と使役されてする行為。　**これすなはち…**　日常の作業行為がとりもなおさず神通においてある仏だ。　**しることは有時…**　知見量解は時間と相対的なものだが、神通はそうでない。　**法爾**　「法ト

通としらず、暮打八百にも神通とおぼへ(え)ざれども、神通の見成《げんじやう》なり。
まことに諸仏如来の神通妙用を見聞するは、かならず得道すべし。このゆへに、一切諸仏の得道、かならずこの神通力に成就せるなり。しかあれば、いま*小乗の出水、たとひ小神通なりといふとも、運水の大神通なることを学すべし。運水搬柴はいまだすたれざるところ、人さしおかず。ゆへにむかしよりいまにおよぶ、*これよりかれにつたはれり。須臾も退転せざるは、神通妙用なり。これは大神通なり、*小々とを(お)なじかるべきにあらず。

☆洞山悟本《とうざんごほん》大師、そのかみ☆雲岩《うんがん》に侍せりしとき、雲岩とふ、「いかなるかこれ*介子《かいす》神通妙用《じんづうめうゆう》」。

ときに洞山叉手《しやしゆ》*近前而立《きんぜんにりふす》。

又雲岩とふ、「いかならんか神通妙用」。

洞山ときに*珍重而出《ちんちやうにしゆつす》。

この因縁、まことに神通の*承言会宗《しようごんういしゆ》なるあり。*神通《じんづう》の事存函蓋合《じぞんかんがいがふ》なるあり。まさにしるべし、神通妙用は、*まさに児孫あるべし、不退なるものなり。まさに高祖あるべし、不進なるものなり。いたづらに外道二乗にひとしかるべきとおもわ(は)ざれ。
仏道に*身上身下の神変神通《じんべんじんづう》あり。いま尽十方界は、*沙門一隻《しやく》の真実体なり。九山八海《くせんはつかい》、乃至《ないし》*性海《しやうかい》、*薩婆若海水《さばにやかいすい》、しかしながら身上・身下・身中の出水なり。又非身上・非身下・非身中の出水なり。乃至出火もまたかくのごとし。たゞ水火風等のみにあらず、身上出仏

シテ爾リ」。法としておのずからそのよう(法)である。四六頁で見た「(自然)法爾」とは意異る。
運水の神通なりと…　運水(水を運ぶという日常事)が自分自身を神通(霊妙不可思議の視力・智力・実現力)と知らなくても、神通である運水は、已むこと衰えることはない。
小乗の出水　出水は杖立ての井戸のたぐいか。　**これよりかれに**　いまよりむかしに。　**小々と**　「不同小々」と言われた「神通」と。道元の「小々」の用い方は中国語の原義とは違うらしい。　**介子**　良价お前さん。　**近前而立**　→三二一頁「近前来」注。　**珍重**　別れの挨拶。お大事に。　**承言会宗**　石頭希遷の『参同契』に「承言須会宗」の形で「勿自立規矩」と対句をなして出ている。他の言をきいてその宗旨を会得する(大事な意味をすっとのみこむ)。
神通の事存函蓋合　神通の事は「函ト蓋ノ合スルコトニ存ス」。下五字も『参同契』に出る。すっぽりはまる、過不足なく把握された。　**まさに児孫あるべし**　すなわち不退(退転しない)の象徴的表現。「不進」はそれ以上進歩しないの意。「不退」とともに〈前後際断〉、尽界に弥綸の意を構成しよう。　**身上身下**　空間的に考えて自分の上下前後左右全体。
沙門一隻の　沙門一個全身の半分しかない。しかし無論問題は数量にあ

なり、身下出仏なり。身上出祖なり、身下出祖なり。身上出無量阿僧祇劫なり、身下出無量阿僧祇劫なり。身上出法界海なり、身上入法界海なるのみにあらず、さらに世界国土を吐却《つうきゃ》七八箇し、呑却《たんきゃ》両三箇せんことも、またかくのごとし。いま四大・五大・六大・諸大・無量大、おなじく出なり没なる神通なり。呑《たん》なり吐《つう》なる神通なり。いまの大地虚空の面々*なる、呑却なり、吐却なり。*芥《かい》に転ぜらるゝを力量とせり、*毛《もう》にかゝれるを力量とせり。識知のおよばざるより同生して、識知のおよばざるを住持し、識知のおよばざるに実帰す。まことに短長にかゝはれざる仏神通の変相、ひとへに測量《しきりやう》を挙《こ》して擬*するのみならんや。

むかし五通仙人、ほとけに*事奉《じぶ》せしとき、仙人とふ、「仏有六通《ぶついうろくづう》、我有五通《がいうごづう》、如何是那一《しゅおしないつ》通《つう》《仏に六通あり、我れに五通あり、如何ならんか是れ那一通》」。

ほとけ、ときに仙人を召していふ、「五通仙人」。

々々《(仙人)》応諾《いんな》す。

仏云《いはく》、「那*一通、尓問我《にいもんが》」。

この因縁、よく〳〵参究すべし。仙人いかでか「仏」に「有六通」としる。仏有無量神《ぶついうむりやうじん》通智《づうち》恵《ゑ》なり、たゞ六通のみにあらず。たとひ六通のみをみるといふとも、六*通もきはむべきにあらず、いはんやその余の神通におきて、いかでかゆめにもみむ。

しばらくとふ、仙人たとひ釈迦老子をみるといふとも、見仏すやいまだしや、といふべし。たとひ見仏すといふとも、釈迦老子をみるやいまだしや。たとひ釈迦老子をみること

るのではない。一個人ですら尽十方界に剩る(その一方、尽十方界は個人を呑却している)という関係で。

性海 →二二頁注。 **薩婆若** 一切知という意味の梵語(sarvajña)の音訳。「性海」と同じ造語法で「海水」と結びついたもの。

面々なる それぞれ個々の存在・様相であるのは。

芥に・毛に 芥子粒ほど小さいものによって変転せしめられ、毛ほど細いものに依存するのが、「大地虚空」の「力量」である。存在の相互依存、相互支配をいう。

擬する 前にも出たが、こんなものだろうかとなぞらえる。「挙」は用いる。

事奉 つかえ(たてまつ)る。

那一通尓問我 この「那」は仙人の問のうちの「那(その)」とは違い、どのという疑問形容詞。分るわけがないではないかの暗示。

六通も その六通すら。

用葛藤 用いたる葛藤。どんなことを言ってからんだか。

をゑ《(ゑ)》、たとひ見仏すといふとも、五通仙人をみるやいまだしや、と問著《もんちや》すべきなり。この問処に*用葛藤《ようかつとう》を学すべし、葛藤断《かつとうだん》を学すべし。いはんや仏有六通、しばらく*隣珍を算数《さんじゆ》するにおよばざるか。

いま釈迦老子道の「那一通、尓問我《にいもんが》」のこゝろ、いかん。仙人に*那一通ありといはず、仙人になしといはず。那一通の*通塞《つうそく》はたとひとくとも、仙人いかでか那一通を*通ぜん。いかんとなれば、仙人に五通あれど、「仏有六通」のなかの五通にあらず。仙人通はたとひ仏通の*所通に通破《つうは》となるとも、仙通いかでか仏通を通ずることをゑ《(ゑ)》ん。もし仙人、仏の一通お《(を)》も通ずることあらば、この通より*仏を通ずべきなり。仙人をみるに仏通に相似せるあり、*仏儀をみるに仙通に相似せることあるは、仏儀なりといへども、仏神通にあらずとしるべきなり。*通ぜざれば、五通みな仏と同じからざるなり。

たちまちに那一通をとふ、なにの用かある、となり。釈迦老子のこゝろは、*一通お《(を)》もとふべし、となり。那一通をとひ、那一通をとふべし、一通も仙人はおよぶところなしとなり。しかあれば、仏神通と余者通とは、神通の名字おなじといへども、神通の名字はるかに殊異《しゆゐ》なり。こゝをもて、

☆臨済院恵照大師云、古人云、如来*挙身相、為ㇾ順㆓世間情㆒。恐㆔人生㆓*断見㆒、権且立㆓虚名㆒。仮言㆓*三十二、八十㆒也空声。有身非㆓*覚体㆒、無相乃真形。

《臨済院恵照大師云く、「古人云く、如来挙身の相は、世間の情に順ぜんが為なり。人の断見を生

隣珍　隣家の珍宝。
那一通　その一通。上の同じ三文字とは意味が違う。
通塞　通ることとふさがること。運不運の意に用いるのが普通だが、ここでは消息・動静のごとき意。今きかれたどの一通かという問題は解けても。
通ぜん　その一通を通用通達させられようか。
所通に通破　通ずるところに通じきる、そこを通じ裂く。
仏を通ず　仏を通達することができるはずだ。仏に通達すると意味が重なりあっている。
仏儀　仏威儀。仏の日常の動作。
通ぜざれば　前々行の「通ずることあらば」と対句をなす。…その一通力だけが仏の通力と仙人の通力の違いではなく…。
一通おも　一通でもいいからそれを。結局全通をということになる。
挙身　全身。「相」は容相、外形。次句の「情」は六根。
断見　「我」は身体の死とともに全く断滅してふたたび生を享けることはないと見る、因縁を認めない辺見(辺執見)。
三十二　仏及び転輪王の身に具わる三十二相のこと。「八十」は仏・菩薩の身に具わる八十種好。
覚体　覚を体現する具体的な存在。
「有身」→二六四頁注

ぜんことを恐りて、権《かり》に且《しばら》く虚名《こめい》を立つ。仮《かり》に三十二と言ふ、八十もまた空《むな》しき声《な》なり。有身は
　覚体にあらず、無相は乃ち真形なり》

你道、仏有㆓六通㆒、是不可思議。一切諸天・神仙・阿修羅・大力鬼、亦有㆓神通㆒、応㆓是仏㆒否。道流*莫㆑錯、祇如㆘阿修羅与㆓天帝釈㆒戦㆖、々敗領㆓八万四千眷属㆒、入㆓藕孔中㆒蔵。莫㆓是聖㆒否。如㆓山僧所㆑挙、皆是業通依通*。

《你道《なんぢい》ふべし、仏に六通あるは、是れ不可思議なり。一切諸天・神仙・阿修羅・大力鬼《だいりきき》もまた神《じん》通《づう》あり、応《まさ》に是れ仏なるべしや否や。道流《だうる》、錯《あやま》ることなかれ、ただ阿修羅と天帝釈《てんたいしやく》と戦ふが如き、戦《いくさ》敗れて、八万四千の眷属《くゑんぞく》を領じて、藕孔《ぐうこう》の中に入りて蔵《かく》る。是れ聖《しやう》なること莫《な》しや否や。山僧が挙する所の如きは、皆是れ業通《ごふつう》なり、依通《えつう》なり》

夫如㆓仏六通㆒者不㆑然。入㆓色界㆒不㆑被㆓色惑*㆒、入㆓声界㆒不㆑被㆓声惑㆒、入㆓香界㆒不㆑被㆓香惑㆒、入㆓味界㆒不㆑被㆓味惑㆒、入㆓触界㆒不㆑被㆓触惑㆒、入㆓法界㆒不㆑被㆓法惑㆒。所以達㆓六種色声香味触法、皆是空相*㆒、不㆑能㆓繫縛㆒。此無依道人*、雖㆓是五蘊漏質*㆒、便是地行神通*。

《夫れ、仏六通の如きは然らず。色界《しきかい》に入つて色《しき》に惑《まど》はされず、声界《しやうかい》に入つて声《しやう》に惑はされず、香界に入つて香に惑はされず、味界に入つて味に惑はされず、触界《そくかい》に入つて触《そく》に惑はされず、法界に入つて法に惑はされず。所以《ゆゑ》に六種の色声香味《しきしやうかうみ》触法《そくほふ》皆是れ空相なるに達すれば、繫縛《けばく》すること能はず。此れ無依《むえ》の道人《だうじん》なり、是れ五蘊漏質《うんろうぜつ》なりと雖も、便《すなは》ち是れ地行神通《ちぎやうじんづう》なり》

道流、真仏無形、真法無相。你祇麼*幻化*上頭作㆑模作㆑様*、設求得者*、皆是野狐精魅、並不㆓是真仏㆒、是外道見解。

道流　仏道修行の徒輩。
業通依通　宿業によって自然に得られる通力と、薬の力や呪術によって得られる通力。
色惑　眼に訴えるものによって起される惑い、煩悩。
皆是空相　上の「六種」即六境(六入)がみな空なる相(遷流変易するもの)だという考え。
無依道人　無依は無著に同じ。どんな境に対しても、それに執しそれを所依とすることのない修行者。上の「不能繫縛」の対格。
漏質　有漏の肉身(入矢)。煩悩と質料・延長のあるもの。「五蘊」あり、兼ねて煩悩あり物質的なもの。
地行神通　薬餌によって長寿を得ただけでまだ飛行できない仙人の通力。
祇麼　只麼に同じ。ひたすら、一図に。(入矢)
幻化　二義あり。ここは幻師の化作したるものの意ならん。
作模作様　模様を作す。あれこれとイメージを思いえがく。ここは仏や法について観念的思弁をたくましくする(入矢)。上の「上頭」は多義だが、ここでは上の方にの意。結局、「頭」ははとり。
設求得者　モシ求メ得レバ。

《道流《だうる》、真仏は無形なり、真法は無相なり。你祇麽《なんぢしも》に幻化上頭《げんくゑ》に模《も》をなし様《やう》をなす、設《たと》ひ求得《きうて》すとも、皆是れ野狐精魅《やこぜいみ》なり、並びに是れ真仏にあらず、是れ外道の見解《けんげ》なり》

しかあれば、諸仏の六神通は、一切諸天・鬼神および二乗等のおよぶべきにあらず、はかるべきにあらざるなり。仏道の六通は、仏道の仏弟子のみ単伝せり、余人の相伝せざるところなり。仏六通は仏道に*単伝す、単伝せざるは仏六通をしるべからざるなり。仏六通を単伝せざらんは、仏道人なるべからずと参学すべし。

百☆丈大智禅師云、「眼耳鼻舌、各々不レ貪ニ染一切有無諸法一、是名ニ受持*四句偈一、亦名ニ四果一。*六入無迹、亦名ニ六神通一。祇如下今但不レ被ニ一切有無諸法礙一、亦▽不ゅ*依ニ住知解一、是名ニ神通一。不レ*守ニ此神通一、是名ニ無神通一。如レ云無神通菩薩、蹤跡不レ可レ得レ尋、是仏向上人、最不可思議人、是*自己天」。

《百丈大智禅師云く、「眼耳鼻舌《げんにびぜつ》、各々一切有無の諸法に貪染《とんぜん》せず、是を受持四句偈《じゆぢしくげ》と名づく、また四果と名づく。六入無迹《にふむしやく》なるを、また六神通と名づく。ただ今ただ一切有無の諸法に礙《さ》へられず、また知解《ちげ》に依住《えぢゆう》せざるが如き、是を神通《じんづう》と名づく。此の神通を守らざる、是を無神通と名づく。云ふが如きの無神通菩薩は、蹤跡《しようせき》尋ぬること得《う》べからず、是れ仏向上人なり、最不可思議人なり、是れ自己天なり》

いま仏々祖々相伝せる神通、かくのごとし。諸仏神通は「仏向上人」なり、「最不可思議人」なり、「是自己天」なり、「無神通菩薩」なり。*知解不依住《ちげふえぢゆう》なり、*神通不守此《じんづうふしゆし》なり、*一《いつ》

仏道に単伝す 仏道において師資相承の関係で単伝する。

四句偈 雪山偈すなわち、「諸行無常、是生滅法。生滅々已、寂滅為楽」と見るべきだろう。

六入 内の六入と言えば、六根。外の六入と言えば六境。ここは後者。

依住 (知解を)依りどころとしてそこに安住する。

守 後生大事に抱えこむ。(入矢)

自己天 自己がそのまま天であるところにおける天部。

知解不依住・神通不守此 二句とも日本語の文構成法の語順によって作った擬似漢文。右の百丈道によって推すべきのみ。

一切諸法不被礙 上の二句と同じく和風漢文。一切諸法に礙えられず。

切諸法不《さいしよほふふ》被礙《ひげ》なり。いま仏道に六神通あり、諸仏の伝持しきたれることひさし。一仏も伝持せざるなし、伝持せざれば諸仏にあらず。その六神通は、「六入」を「*無迹《むしやく》」にあきらむるなり。無迹といふは、*古人のいはく、「六般神用空不空《ろつぱんじんゆうくうふくう》、一顆円光非内外《いつくわゑんくわうひないぐゑ》」。「非内外《ひないぐゑ》」は無迹なるべし。無迹に修行し、参学し、証入するに、六入を動著《どうぢや》せざるなり。動著せずといふは、*動著するもの三十棒分あるなり。

しかあればすなはち、六神通かくのごとく参究すべきなり。仏家の嫡嗣《ちやくし》にあらざらん、たれかこのことは《(わ)》りあるべしともきかむ。いたづらに*向外《かうぐゑ》の馳走を帰家の行履《あんり》とあやまれるのみなり。又、四果は、仏道の*調度なりといへども、正伝せる三蔵なし。算沙のやから、*跉跰《れいへい》のたぐひ、いかでかこの果実をうることあらん。*得小為足《とくせうゐそく》の類《たぐひ》、いまだ参究の達せるにあらず。たゞまさに仏々相承せるのみなり。いはゆる四果は、受持四句偈《じゆぢしくげ》なり。受持四句偈といふは、「一切有無諸法」におきて、「眼耳鼻舌各々不貪染《げんにびぜつかくかくふとんぜん》」なるなり、*不貪染《ふとんぜん》は不《ふ》染汚《ぜんわ》なり。不染汚といふは、平常心なり、吾常於此《ごじやうおし》*切《せつ》なり。

六通四果を仏道に正伝せる、かくのごとし。これと相違あらんは仏法にあらざらんとしるべきなり。*しかあれば、仏道はかならず神通より達するなり。その達する、涓滴《けんてい》の巨海《こかい》を呑吐《たんつう》する、微塵《みぢん》の高岳《かうがく》を拈放《ねんぱう》する、たれか疑著《ぎちや》することをゑ《(え)》ん。これすなはち神通《じんづう》なるのみなり。

正法眼蔵神通第三十五

無迹にあきらむ　六入(ここでも色声香味触法の六境だろう)の痕跡もないところで六境とはいかなるものかを明らかに知る。この〈知る〉には捕われないということが含まれているはずだ。百丈道では「六入無迹」を「六神通と名づく」とあったのとそこが違う。また、こういう「六神通」よりただの「大神通」の方が一層大きなものと解されていたことに注意のこと。

古人　大鑑慧能の嗣永嘉玄覚。次の「証道歌」二句のうち第二句の終り三字は原典では「色非色」となっている。「六般」は六種、「神用」は神通妙用、神変不可思議の作用。二語で六神通。「一顆円光非内外」は、摩尼宝珠の光には、内に光る外に光るの別はないの意。「色非色」なら、それは視象でもあり視象でなくもあるの意になる。しかし「無迹」という述語でしめくくられるなら、どちらでも同じ。

動著するもの…　動かすものは、三十棒やられてしかるべきだ。三十棒については黄檗と臨済の話(『行持』上、一八五―六頁)参照。「分」→三六三頁注

向外の馳走　外に向って走る。それを家に帰るための行動と考え違えをする。

調度　今日普通にいう調度。

跉跰　「算沙」とともに「名相家」の

爾時仁治二年辛丑十一月十六日在於観音導利興聖宝林寺示衆

*寛元甲辰中春初一日書写之在於越州吉峯侍者寮　懐弉

象徴。

得小為足　小ヲ得テ足レリト為ス。

不貪染は不染汚　(五欲即五境の牽引を)貪りて染まざるは染まり汚れざるなり。「不染汚」は自動詞にも他動詞にも用いられる。「貪染」は他動詞と自動詞の合成語。

切　ねんごろ。つとめる。「吾常於此切」のうち不可欠なのは吾常二字。その「吾」も不定所有代名詞扱い。

しかあれば　この段だけに通用する因果の関係である。四〇七頁一三行参照。

寛元甲辰　同二年。一二四四年。

正法眼蔵第三十六

阿*《あ》羅《ら》漢《かん》

諸漏已尽、無▽二復煩悩一、逮*二得已利一、尽二諸有結*一、心得二自在一。

《諸漏已《すで》に尽き、また煩悩無く、已利《こり》を逮得して、諸《もろもろ》の有結《うけつ》を尽《つく》し、心《しん》自在を得たり》

これ大阿羅漢なり、学仏者の極果《ごくくわ》なり。第四果となづく、仏阿羅漢《ぶつあらかん》あり。

「諸漏《しよろ》」は*没柄破木杓《もつひんはもくさう》なり。用来すでに多時なりといへども、「*已尽《いじん》」は木杓の渾身跳《うんしんてう》出《しゆつ》なり。「逮得已利《たいとくこり》」は、頂《ちん》𩕳《にん》に出入するなり。「尽諸有結《じんしよううけつ》」は、尽十方界不《ふ》曾蔵《すんざう》なり。「心《しん》得自在《とくじざい》」の形段《いんとん》、これを高処自高平《かうしよじかうへい》、低処自低平《ていしよじていへい》と参究す。このゆへ《(ゑ)》に、墻壁瓦礫《しやうへきぐわりやく》あり。自在といふは、心也全機現《しんやぜんきげん》なり。「無復煩悩《むぶぼんなう》」は、未生煩悩《みしやうぼんなう》なり、煩悩被煩悩礙《ぼんなうひぼんなうげ》をいふ。阿羅漢の神通《じんづう》・智恵《ちゑ》・禅定《ぜんちやう》・説法《せつぼふ》・化道《くゑだう》・放光《はうくわう》等、さらに外道・天魔等*▽の論にひとしかるべからず。見百仏世界等の論、かならず凡夫《ぼんぶ》の見解《けんげ》に準ずべからず。*将謂胡鬚《しやうゐう》赤《しゆしち》、更有赤鬚《しちしゆう》胡の道理なり。入涅槃《にふねはん》は、阿羅漢の*入拳頭裡《にふけんてうり》の行業《あんごふ》なり。このゆへに涅槃妙心なり、無廻避処《むういひしよ》なり。*入鼻孔《にふびくう》の阿羅漢を真阿羅漢とす、いまだ鼻孔に出入せざるは、阿羅漢にあらず。

古云*、「我等今日、真阿羅漢、以二仏道声一、令二一切聞一」。

阿羅漢　↓三二四頁「四果」注

逮得已利…　逮は捕。自分の利益になることをつかまえおおせている。四行先の同句はその成果の意で言っている。

有結　有(生死そのもの。それからの解脱をさまたげる因縁のつきない、迷いの生存)を果として招く因、すなわち貪・瞋・癡等の煩悩をいう。この引用『法華経』序品より。

没柄破木杓　柄のもげたぶっこわれひしゃく。

已尽は木杓の…　(煩悩にはさんざん悩まされて来たが、それが)すでに尽きた今では、かえって「木杓」そのものが全身かくれるところなく飛び出してくる。

等の論　等にかかわる論。

将謂胡鬚赤更有赤鬚胡　↓九九頁「将謂赤鬚胡」注

入拳頭裡の　握り拳の中に入ってしまう。ごく小さな、簡単な。

入鼻孔の　自由自在な。

古云　『法華経』信解品。漢訳では、「今日」は「今者」、「阿羅漢」は「是声聞」となっている。

《古く云く、「我等《われら》今日、真阿羅漢なり、仏道声《ぶつだうしやう》を以て、一切をして聞かしむ」》

いま「令一切聞《りやういつさいもん》」といふ宗旨は、*令一切諸法仏声なり。あにたゞ諸仏及弟子《しよぶつぎふでし》のみを挙拈《こねん》せんや。有識有知《いうしきいうち》、有皮《いうひ》有肉《いうにく》、有骨有髄《いうこついうずい》のやから、みなきかしむるを、▽令一切《りやういつさい》といふ。*有識有知といふは、国土《こくど》草木《さうもく》、牆壁瓦礫《しやうへきぐわりやく》なり。揺落盛衰《えうらくじやうすい》、生死去来《しやうじこらい》、*みな聞著《もんぢや》なり。「以仏道声、令一切聞」の由来は、*渾界《うんかい》を耳根《にこん》と参学するのみにあらず。

☆釈迦牟尼仏言、「若我弟子、自謂二阿羅漢・辟支仏一者、不レ聞レ不レ知下諸仏如来但教二化菩薩一事上、此非二仏弟子一、非二阿羅漢一、非二辟支仏一」。

《釈迦牟尼仏言《のたま》はく、「若し我が弟子、自ら阿羅漢・辟支仏《びやくしぶつ》なりと謂《い》つて、諸仏如来のただ菩薩のみを教化したまふ事を知らず聞かずは、此れ仏弟子に非ず、阿羅漢に非ず、辟支仏に非ず」》

仏言の「但教化菩薩事《たんけうくゑぼさつじ》」は、*「我及十方仏《がぎふじつぱうぶつ》、乃能知是事《ないのうちぜじ》」なり。「唯仏与仏《ゆいぶつよぶつ》、乃能究尽《ないのうぐうじん》、諸法実相《しよほふじつさう》」なり。阿耨多羅三藐三菩提なり。しかあれば、菩薩諸仏の「自謂《じゐ》」も、自謂阿《じゐあ》羅《ら》漢辟支仏者《かんびやくしぶつしや》に一斉なるべし。そのゆへはいかん。「自謂」すなはち「聞知諸仏如来《もんちしよぶつによらい》、但《たん》教化菩薩事《けうくゑぼさつじ》」なり。

古云、「声聞経中、称二阿羅漢一、名為二仏地*一」。

《古く云く、「声聞経《しやうもんきやう》の中には、阿羅漢を称じて、名づけて仏地《ぶつち》となす」》

いまの道著《だうちや》、これ仏道の証明なり。論師胸臆《くおく》の説のみにあらず、仏道の通軌あり。阿羅漢を称じて仏地とする道理お《(を)》も参学すべし。仏地を称じて阿羅漢とする道理お《(を)》も参学すべ

令一切諸法仏声　次行の「令一切」が「みなきかしむる」の意を持つとされているのから類推。「一切諸法ヲシテ仏声ヲキカシム」に同じ。下の句は「…挙拈して聞かしめんや」の意。

有識有知といふは　「有識有知」等々と上のように言ったのは、つまり大小の物質的存在のことでもあるのだ。

みな聞著なり　「有識有知」以下「牆壁瓦礫」までの一切の揺落(揺れ落ちることだが、「揺」をまだついているものの心象において考えている)盛衰、生死去来、すなわち人間界自然界の一切現象が、聴覚である。「聞仏道声」にほかならず、すなわち仏道の発現自体だという意味。

渾界を耳根と…　仏道の声を一切に聞かせるということが起って来るのは、字面からそう思われるように、森羅万象(渾処)を聴覚器官だからだと考えるだけではいけない。それは器官(根)であるばかりか、感覚作用(識)であり、それらの内容は結局「仏声」だという考え。

我及十方仏乃能知是事　「ワレ及ビ十方ノ仏スナハチヨクコノ事ヲ知ル」。さきの「釈迦牟尼仏言」以下、次の「唯仏与仏、乃能究尽、諸法実相」まで、『法華経』方便品参照。

仏地　仏たるの境地。仏果に同じ。

きなり。阿羅漢果のほかに、一塵一法の剰法《じようぼふ》あらず、いはんや三藐三菩提あらんや。阿耨多羅三藐三菩提のほかに、さらに一塵一法の剰法あらず。いはんや*四向四果あらんや。阿《あ》羅《ら》漢担来諸法《かんたんらいしよほふ》の正当恁麼時《しやうたういんもじ》、この諸法、まことに*八両にあらず、半斤にあらず。*不是心、不是仏、不是物なり。仏眼也《ぶつげんや》覰不《しよふ》見《けん》なり。八万劫の前後を論ずべからず。*抉出眼睛《けつすいがんぜい》の力量を参学すべし。*剰法は渾法剰《うんぼふじよう》なり。

☆釈迦牟尼仏言、「是諸比丘・比丘尼、自謂㆘已得㆓阿羅漢㆒、是最後身、究竟涅槃㆖、便不㆔復志㆓求阿耨多羅三藐三菩提㆒。当㆑知、此輩皆是増上慢人。所以者何、若有㆓比丘㆒、実得㆓阿羅漢㆒、若不㆑信㆓此法㆒、*無㆑有㆓是処㆒」。

《釈迦牟尼仏言《のたまは》く、「是の諸《もろもろ》の比丘《びく》・比丘尼《びくに》、自ら已《すで》に阿羅漢を得たり、是れ最後身《さいごじん》なり、究竟涅槃《くきやうねはん》なりと謂《いつ》て、便《すなは》ちまた阿耨多羅三藐三菩提を志求《しぐ》せざらん。当《まさ》に知るべし、此輩《しはい》皆な是れ増上《ぞうじやう》慢人《まんにん》なり。所以者何《ゆゑいかんとなれば》、若し比丘有つて、実に阿羅漢を得て、若し此の法を信ぜざらん、是の処《ことわり》有ること無けん」》

いはゆる「阿耨多羅三藐三菩提《あのくたらさんみやくさんぼだい》」を能信するを、阿羅漢と証す。必信此法《ひつしんしほふ》は、附嘱此法《ふぞくしほふ》なり、単伝此法《たんでんしほふ》なり、修証此法《しゆしようしほふ》なり。「*実得阿羅漢《じつとくあらかん》」は、「是最後身《ぜさいごじん》、究竟涅槃《くきやうねはん》」にあらず。阿耨多羅三藐三菩提を志求《しぐ》するがゆへ(ゑ)に、「志求阿耨多羅三藐三菩提」は、弄眼睛《ろうがんぜい》なり、壁《へき》面打坐《めんちやうさ》なり、面壁開眼なり。偏界なりといへども、神出鬼没なり。互時《くわんじ》なりといへども、*互換投機なり。かくのごとくなるを、志求阿耨多羅三藐三菩提といふ。このゆへに、志求

四向　四果(↓三二四頁注)に向う修行(いまだ果に達しない)をいう。

八両にあらず…　すでにたびたび見た言い方。数えられるような特殊有限のものではないの義。

不是心…　これ心(仏・物)ではすまない。訓みも単に「これ心(仏・物)にあらず」というのでは足りないだろう。ただの否定ではなく、それ以上のものだと言っている気味がある。

抉出眼睛の力量　眼の玉をえぐり出すほどの力。この上なく強大広範な占有力。主格は「阿羅漢が担ぎ出したる諸法(来は助辞)」、すなわち現実の諸事物諸現象。

剰法は渾法剰なり　もし右の「諸法」からはみ出す「法」があるとすると、すべての法がそういう法だということになる。

無有是処　上の「不信此法」の余地はないの意。「此法」は前頁所引の『法華経』中の文言。ここの「釈迦牟尼仏言」も『法華経』方便品より。

実得阿羅漢　「実ニ阿羅漢果ヲ得」。次の「最後身」は肉体として最後の境地の意(↓七八頁注)。

互換投機　師資相互に機をとらえ啓発しあうこと。↓五一頁「投機」注

粥足飯足　それだけで満ち足りている。阿羅漢果の上にさらに阿耨多羅三藐三菩提があるというようなものではない。

夾山　安徽省和県の北。↓祖師

阿羅漢なり。志求阿羅漢は、*粥足飯足《しゆくそくはんそく》なり。

*夾山圜悟禅師云、「古人得旨之後、向ニ深山・茆茨・石室一、*折脚鐺子煮レ飯喫十年二十年、大忘ニ人世一永謝ニ塵寰一。今時不ニ敢望一レ如レ此、但只韜レ名晦レ迹守ニ本分一、作ニ箇*骨律錐老衲一、以自*契ニ所証一、随ニ己力量一*受用。*消ニ遣旧業一、*融ニ通宿習一、或有ニ余力一、推以及レ人、結ニ般若縁一、練ニ磨自己*脚跟一純熟。▽正如三荒草裡*撥ニ剔一箇半箇一。*同知レ有、共脱ニ生死一、転益ニ未来一、以報ニ仏祖深恩一。*抑不レ得レ已、*霜露果熟、推将出世、応レ縁順適、*開ニ托人天一、終不レ操ニ心於*有求一。何況依ニ倚貴勢一、作ニ流俗*阿師一、挙止欺レ凡罔レ聖、*苟レ利図レ名、作ニ無間業一。縦無ニ機縁一、只▽恁度世亦無ニ業果一、真出塵羅漢耶」。

《夾山圜悟《かつさんゑんご》禅師云く、「古人得旨《とくし》の後、深山《しんざん》・茆茨《ばうし》・石室に向《ゆ》いて、折脚《せつきやく》の鐺子《たうす》にて飯《はん》を煮《かし》ぎて喫《くら》ふこと十年二十年、大きに人世を忘れ永く塵寰《ちんくわん》を謝す。今時敢《あへ》て此《かく》の如くなるを望まず、但只《ただ》名を韜《つつ》み迹を晦《くら》まして本分を守り、箇の骨律錐《こつりつすい》の老衲と作《な》つて、以て自ら所証に契《かな》ひ、己が力量に随つて受用せん。旧業《くごふ》を消遣《せうけん》し、宿習を融通し、もし余力有らば推して以て人に及ぼし、般若の縁を結び、自己の脚跟を練磨して純熟ならしめん。正に荒草裡に一箇半箇を撥剔《はつてき》するが如し。同じく有ることを知り、共に生死を脱し、うたた未来を益し、以て仏祖の深恩《じんのん》に報ぜん。抑已《はたや》むことを得ず、霜露果熟して、推して将《もつ》て出世し、縁に応じて順適し、人天《にんでん》を開托して、終《つひ》に心を有《いう》求《きう》に操《と》らず。何《いか》に況《いは》んや貴勢に依倚《えい》し、流俗の阿師と作《な》つて、挙止凡《ぼん》を欺き聖《しやう》を罔《な》みし、利を苟《むさぼ》り名を図り、無間《むげん》の業《ごふ》を作さんや。縦《たと》ひ機縁無《な》からんにも、ただかく度世してまた業果《ごふくわ》なき、真

折脚鐺子　脚の折れた三脚釜。
骨律錐　がりがりに瘠せこけた。よく用いられる三字の擬態語。「律」や「錐」の文字にとらわれなくてよい。(入矢)
契　合致する。
受用　受用されるのは上の「所証」。
消遣　消しゃる。「旧業」は宿業。
融通　とどこおりなく通ずる。「宿習」は旧習。前の四字とともに、宿業旧習(しみついた習わし)を消し、流し去る。
脚跟　踵。脚力の意。
撥剔　かきたてる。前後、茂りみだれたものの中からあるかなきかのものを見つけ出すのごとき意ならん。
同知有　上の句の意味するようにして見出したものとともに、等しく有(巻首「有結」注参照)の性相を知って。
抑　あるいは。はたまた。
霜露果熟　霜を帯び露を浴び、辛苦勤労して、木の実を結ぶように仏果を得れば。
開托　托は拓に同じ。
有求　「求ムルトコロアリ」。欲念あること。「操」は把る。「有求」の状態で把持する。
阿師　お師匠、お師家。(入矢)
苟　かりそめにする。「苟利」は、かりにも利をはかってはならないのに、それをする。

の出塵の羅漢ならん」》

しかあればすなはち、而今《しきん》*本色《ほんしき》の納僧《なつそう》、これ「真出塵阿羅漢《しんしゅっぢんあらかん》」なり。阿羅漢の性相をしらむことは、かくのごとくしるべし。西天の論師等のことばを妄計《まうけ》することなかれ。東地の圜悟禅師は、正伝《しやうでん》の嫡嗣《ちやくし》ある仏祖なり。

洪州☆百丈山大智禅師云、「眼耳鼻舌身意、各々不レ貪ニ染一切有無諸法一、是名ニ受持四句偈一、亦名ニ四果一」。

《洪州百丈山大智禅師云く、「眼耳鼻舌身意《げんにびぜつしんい》、各々一切有無《うむ》諸法に貪染《とんぜん》せず、是を受持《じゆぢ》四句偈《しくげ》と名づけ、また四果と名づく」》

而今《しきん》の自他にかゝはれざる「眼耳鼻舌身意」、その頭正尾正《てうしんびしん》、はかりきわ《(は)》むべからず。このゆへ《(ゑ)》に、渾身《うんしん》おのれづから「不貪染《ふとんぜん》」なり、渾《うん》「一切有無諸法《いっさいうむしよはふ》」に不貪染なり。「受持《じゆぢ》四《し》句偈《くげ》」、*おのれづからの渾々を不貪染といふ、これをまた「四果」となづく。四果は阿羅漢なり。

しかあれば、而今現成《しきんげんじやう》の眼耳鼻舌身意、すなはち阿羅漢なり。*構本宗末《こうほんそうまつ》、を《(お)》のづから透《てう》脱《とつ》なるべし。*始《し》到牢関《たうらうくわん》なるは受持四句偈なり、すなはち四果なり。透頂透底《てうちんてうち》、全体現成、さらに糸毫《しがう》の遺漏《ゐろう》あらざるなり。畢竟《ひつきやう》じて道取せん、作麼生道《そもさんだう》。いはゆる、

羅漢在*レ凡、諸法教レ他罣礙。羅漢在*レ聖、諸法教レ他解脱。須レ知、羅漢与ニ諸法一同参*也。既証ニ阿羅漢一、被ニ阿羅漢礙一也。所*以空王以前老拳頭也。

本色　本来の色、持前など多義。ここでは、本来そうである、正当恁麼の、の意。「衲僧」は衲衣(つくろい縫い合わせた衣)を着用する僧、禅僧の意でいう。

おのれづからの渾々を　「おのれづから」はおのずからに同じ。四句偈を受持するというその行為が、おのずと全面目を現わしているのを。

構本宗末　諸説あれど従いがたし。本を構え末を宗(叢)む、と訓むか。本末の意で用いているらしい。

始到牢関　諸説あれど従いがたし。始と到れるところ(終)とにおいて牢関(堅き関。堅固の意にとる)の義か。

在凡・在聖　羅漢の本質が、「凡(衆生)」「聖(覚者)」にかかっている場合。↓二一三頁「相度」、三〇〇頁「在因」注

同参也　同じ存在のしかたをしている。

所以空王以前老拳頭也　所以二字で「ゆゑに」。前(四〇八頁)にも出た。だから、過去空劫に出世した仏(空王仏)よりももっと昔の古い古い握り拳だというわけだ。思議を絶した真実事の意でいう朕兆未萌已前のことというのに等しい。しかしまた格別変ったものでもない。

《羅漢凡《ぼん》に在るや、諸法他《かれ》をして罣礙《けいげ》せしむ。羅漢聖《しやう》に在るや、諸法他《かれ》をして解脱《げだつ》せしむ。須らく知るべし、羅漢と諸法と同参なり。既に阿羅漢を証すれば、阿羅漢に礙へらる。所以《ゆゑ》に空王《くうわう》以前《いぜん》の老拳頭《らうけんとう》なり》

正法眼蔵阿羅漢第三十六

▽爾時仁治三年壬寅夏五月十五日住于雍州宇治郡観音導利興聖宝林寺示衆

＊建治元年六月十六日書写之　懐弉

建治元年　一二七五年。

正法眼蔵第三十七

春《しゆん》秋《じう》

☆洞山悟本大師、因《ちなみに》僧問《とふ》、「寒暑到来、如何廻避《寒暑到来、如何が廻避せん》」。

師云《いはく》、「何不下向二無寒暑処一去上《何ぞ無寒暑の処に向つて去らざる》」。

僧云、「如何是無寒暑処《如何ならんか是れ無寒暑処》」。

師云、「寒時*寒二殺闍梨一、熱時熱二殺闍梨一《寒時には闍梨を寒殺し、熱時には闍梨を熱殺す》」。

この因縁、かつてをゝ《(おほ)》く商量しきたれり、而今《しきん》おほく功夫すべし。仏祖かならず参来せり、参来せるは仏祖なり。西天東地古今の仏祖、おほくこの因縁を現成の面目とせり。この因縁の面目現成は、仏祖公按なり。

しかあるに、僧問の「寒暑到来《かんしよたうらい》、如何廻避《しゆおういひ》」、くはしくすべし。いはく、正当寒到来時、正当熱到来時の参詳看なり。*この寒暑、渾寒渾暑《うんかんうんしよ》、ともに寒暑づからなり。寒暑づからなるゆへ《(ゑ)》に、到来時は寒暑づからの頂𩕳《ちんにん》より到来するなり、寒暑づからの眼睛《がんぜい》より現前するなり。*この頂𩕳上、これ無寒暑のところなり。この眼睛裏、これ無寒暑のところなり。

高祖道の「寒時寒殺闍梨《かんじかんせつじやり》、熱時熱殺闍梨《ねつじねつせつじやり》」は、*正当到時の消息なり。いはゆる寒時たとひ*道寒殺《だうかんせつ》なりとも、熱時かならずしも熱殺道《ねつせつだう》なるべからず。寒也《かんや》*徹蔕寒《てつたいかん》也、熱也《ねつや》徹蔕熱《てつたいねつ》な

寒殺　ひどく寒がらせる。笑殺・愁殺と同用法。

この寒暑…寒暑づからなり　この寒暑がまるまる徹底的に寒かったり暑かったりなのは、どちらも寒暑そのもののせいだ。「寒暑づから」は寒暑の(つ)その身自体(から)。

この　「寒暑づから」の。

正当到時　まさにそうなったとき。

道寒殺なりとも　ひどく寒がらせると道(い)えるとしても。下の「熱殺道…」は「熱殺」の「道にてあるべからず」。

徹蔕　蔕は柢に通ず。結局、徹底と意味は同じ。

り。たとひ万億《ばんおく》の廻避《ういひ》を参得《さんて》すとも、なをこれ(ほ)*以頭換尾《いてうわんび》なり。寒はこれ祖宗の活眼睛なり、暑はこれ先師の煖皮肉《だんびにく》なり。

浄☆因枯木禅師、嗣二芙☆蓉和尚一、諱法成和尚、云、「衆中商量《シテ》道、這僧問既落レ偏*、洞山答《ハ》帰《ス》二正位一。其僧言中《ニ》知《*テ》レ音、却入《ル》レ正来、洞山却従《シタガヒ》レ偏《ニ》去《モテユク》。如レ斯商量、不三唯謗二瀆先聖一、亦乃屈*二沈自己一。不《ヤ》レ見レ道《フヲ》、聞《クニ》二衆生解一、意《ヲ》*下丹青《スル》、目前雖《モ》レ美《ナリト》、久蘊《*デ》成レ病《ト》。大凡行脚《ノ》高士、欲《バ》レ窮《メント》二此事《ヲ》一、先須レ識二取上祖正法眼蔵一。其余仏祖言教《ハ》、是什麽熱椀鳴声。雖二然如《ク》レ是、敢問二諸人一、畢竟作麽生《カ》是無寒暑処。還会麽。

玉楼巣《ニ》二翡翠一、金殿鏁《*サセリ》二鴛鴦一」。

《浄因枯木禅師、芙蓉和尚に嗣す、諱《いみな》は法成和尚、云く、「衆中に商量して道ふ、この僧の問、既に偏に落つ、洞山の答は正位に帰《くゐ》す。其の僧、言中に音を知つて却つて正に入り来る、洞山却つて偏に従ひ去《もてゆ》く。斯くの如く商量するは、ただ先聖《せんしやう》を謗瀆《はうとく》するのみにあらず、また乃《すなは》ち自己を屈沈す。道《い》ふことを見ずや、衆生の解《げ》を聞くに、意下に丹青す、目前美《び》なりと雖も、久しく蘊《つつ》んで病と成ると。

大凡行脚《おほよそあんぎや》の高士、此の事を窮《きは》めんと欲《おも》はば、先づ須《すべか》らく上祖の正法眼蔵を識取すべし。其の余の仏祖の言教は、是れ什麽《しも》の熱椀鳴声《ねつわんみやうしやう》ぞ。然も是の如くなりと雖も、敢て諸人に問ふ、畢竟《ひつきやう》じて作麽生《そもさん》ならんか是れ無寒暑処。また会《うい》すや。

玉楼に翡翠巣《ひすいすく》ひ、金殿鴛鴦鏁《えんあうさ》せり」》

以頭換尾なり　頭隠して尻隠さずみたいなものである。

偏　洞山五位に示された仏道修行の体と用の位相の一。『碧巌録』第四十三則など参照。

知音　楽の音をよく理解し奏者の心まで知ること。ここでは洞山の教えんとするところを正しく察したの意か。次の一句中の「来」は助辞。その下の句の「去」も助辞。

屈沈　沈屈。→二一二頁「屈沈上座」注

意下丹青　意識の表で飾り立てる。

蘊　積む、結ぼる。

鏁　鎖に同じ。とざす。「玉楼」以下十字、第二句頭の「金」を「珠」とした形で、李太白『宮中行楽詞』其二に出る。

師はこれ洞山の遠孫《をんそん》なり、祖席の英豪なり。*しかあるに、箇々おほくあやまりて、*偏正の窟宅にして高祖洞山大師を礼拝せんとすることを*炯誡《けいかい》するなり。仏法もし偏正の商量より相伝せば、いかでか今日にいたらん。あるいは野猫児《やめうに》、あるいは*田厙奴《でんしやぬ》、いまだ洞山の堂奥を参究せず。かつて仏法の道閫《だうこん》を行李《あんり》せざるともがら、あやまりて洞山に偏正等の五位ありて人を接すといふ。これは胡説乱説《うせつらんせつ》なり、見聞すべからず。たゞまさに上祖の正法眼蔵あることを参究すべし。

慶元府天童山、宏☆智禅師、嗣二丹☆霞和尚一、諱正覚和尚、云、「若論二此事一、如《ニ》二両家著碁一相似。你不レ応二我著一、我即瞞レ汝去也。若恁麽体得《セバ》、始会二洞山意一。天童不レ免下*箇注脚上。*裏頭看勿二寒暑一、直下*滄溟灑《シタミ》得乾《カハキヌ》。我道巨*鼇《ハ》能《ク》俯拾《ス》、笑《ベシ》君沙際《ニ》弄《スルコト》二釣竿《ヲ》一」。

《慶元府《きんくえんふ》天童山、宏智《わんし》禅師、丹霞《たんか》和尚に嗣す、諱《いみな》は正覚和尚、云く、「若し此の事を論ぜば、両家の著碁《ちやぎ》するが如くに相似《しやうす》なり。你《なんぢ》我が著に応ぜずは、我れ即ち汝を瞞じ去らむ。若し恁麽に体得せば、始めて洞山の意を会《うい》すべし。天童免れず箇の注脚を下すことを。裏頭看《み》るに寒暑勿《な》し、直《ちよく》下《か》に滄溟灑《した》み得て乾《かは》きぬ。我が道は巨鼇《きよがう》能く俯拾《ふしふ》す、笑ふべし、君が沙際に釣竿《てうかん》を弄すること」》

しばらく著碁《ちやぎ》はなきにあらず、作麽《そも》生是《さんし》両家《りやうけ》。もし両家著碁といはゞ、八目なるべし。もし八目ならん、著碁にあらず、いかん。いふべくはかくのごとくいふべし、「*著碁一家、敵手相逢《てきしゆさうふ》」也。しかありといふとも、いま宏智《わんし》道《だう》の「你不《にいふ》応我《おうが》著《ちや》」、こゝろを《(お)》ゝきて功夫すべし。身をめぐらして参究すべし。「你不応我著」といふは、なんぢわれなるべからずとい

しかあるに　しかあれば。下の「箇々…」は次行「礼拝せんと」を修飾する。
偏正の窟宅　例の洞山五位という窮屈な場所において。
炯誡　あきらかないましめ。
田厙奴　期限をきって地主に傭われて耕作に従う労働者、半奴隷的日傭い。(入矢)
下箇注脚　注は本文の間に入れる解釈文、脚は文の下に入れる解釈文。以下の注解(ここでは偈頌の形の)をほどこすの意。
裏頭　内側。「頭」はほとり。
滄溟　あおうなばら。「直下」はただちに。
鼇　蓬萊など三仙山をのせている想像上の大海亀。海中に住む。ここの句は、流れ落ちてしまった滄海の中から、自分の提唱する道は、この巨大な生物がうつむいて拾うという意味。それなのにそんな川っぷちで釣竿などいじくっていてどうしようというのだ。
著碁一家敵手相逢　碁を打つのは二人ではない。一人がやるのだ。その一人の中に敵が現われるのだ。
すごすことなかれ　蹉過するなかれ。

ふなり。「我《が》即《そく》瞞《まん》汝《にょ》去《こ》也《や》」、*すごすことなかれ。泥裏《でいり》有泥《いうでい》なり、*踏者《フムモノ》あしをあらひ、また*纓《えい》をあらう《(ふ)》。珠裏《しゅり》有珠《いうしゅ》なり、光明するに、かれをてらし、自をてらすなり。

☆夾山圜悟禅師、嗣二五祖法☆演禅師一、諱克勤和尚、云《夾《かっ》山《さん》圜悟禅師、五祖法演禅師に嗣す、諱《いみな》は克勤《こくごん》和尚、云く》、

盤走レ珠、珠走レ盤。　《盤《ばん》珠を走らす、珠《しゅ》盤に走る。

偏中正、正中偏。　偏中正、正中偏。

*羚羊掛レ角無二蹤跡一、　羚羊角を掛けて蹤跡無し、

猟狗遶レ林空*跳蹈。　猟《れふ》狗林を遶《めぐ》りて空《いたづ》らに跳蹈《しゅくたふ》す》

いま盤走珠《ばんそうしゅ》の道《だう》、これ*光前絶後、古今罕聞《かんもん》なり。古来はたゞいはく、盤にはしる珠の住《ちゅう》著《ちゃ》なきがごとし。羚羊いまは空に掛角《くわかく》せり、林いま猟狗をめぐる。

慶元府雪*竇山資聖寺明☆覚禅師、嗣二北☆塔祚和尚一、諱重顕和尚、云《慶元府雪竇《せってう》山《ざん》資《し》聖寺《しゃうじ》明覚禅師、北塔祚《そ》和尚に嗣す。諱《いみな》は重顕《ちょうけん》和尚、云く》、

*垂手還同二万仞崖一、　《垂手還《かへ》つて万仞の崖に同じ、

正偏何必在二*安排一。　正偏何ぞ必ずしも安排すること在らん。

琉璃ノ古殿照二明月一、　琉璃の古殿明月照らす、

*忍俊韓獹　空《イタヅラニ》上レ階。　忍俊の韓獹《かんろ》空《いたづ》らに階に上る》

うっかりするな。

踏者…　泥に踏みこんだものは出てから足を洗うばかりでは足りず、冠の纓まで洗わなければならぬ。それほど泥は底無しの泥、徹頭徹尾ついて行かねばならぬ。

纓をあらう　屈原の故事。

羚羊掛角　かもしかは夜ねるときに角を地に着けずに木の枝にかけると言われる。痕跡をとどめぬことの比喩。

跳蹈　躍り上がり地を踏む。

光前　光は俗語的用法で残らず無くしてしまうの意を持つ。それに従う。二字で空前にほぼ同じ。

雪竇山　浙江省奉化県の北。

垂手還　手を垂れるというごく当りまえの動作もやはり。

在安排　加減することなどに依存する(ものか)。

忍俊　我知らず笑顔になることをいうというが、ここでは忍(むごく)かつ俊(大きくすぐれた)、獰猛俊敏の意か。「韓獹」は戦国時代の韓国産の黒い俊犬。この偈、万事ありのままでもっとも凄じいものに等しく、追い求めても何も特別のものはありはしない、の意を寓するか。『碧巌録』第四十三則の評唱に「山云。寒時寒殺闍黎。熱時熱殺闍黎。如韓獹逐塊。走到階上。又卻不見月影」とある。

雪豆《せっちょう》は雲門三世の法孫なり。参飽の皮袋といひぬべし。いま「垂手還同万仞崖《すいしゅわんどうばんじんがい》」といひて、奇絶の標格*をあらはすといゐ《へ》ども、かならずしもしかあるべからず。いま僧問山示*の因縁、あながちに垂手不垂手にあらず、出世不出世にあらず。いはんや偏正の道《だう》をもちゐんや。偏正の眼をもちゐざれば、此《この》因縁に下手《あしゅ》のところなきがごとし。*参請《さんしん》の巴鼻なきがごとくなるは、高祖の辺域にいたらず、仏法の大家を覰見《しょけん》せざるによれり。*さらに草鞋《さうあい》を拈来して参請《さんしん》すべし。みだりに高祖の仏法は正偏等の五位なるべしといふこと、やみね。

☆東京天寧長霊禅師守卓和尚、云《いはく》、

偏中有レ正正中偏、　《偏中正《しやう》有り正中偏、

流二落《スルコト》人間一千百年、　人間に流落《るらく》すること千百年。

幾度欲レ帰帰未レ得、　幾度か帰らんとして帰ること未だ得ず、

門前依レ旧草芊々*。　門前旧に依つて草芊々《せんせん》》

これもあながちに偏正と道取すといゐ《へ》ども、*しかも拈来せり。拈来はなきにあらず、いかならんかこれ偏中有《へんちゅういう》。

☆潭州大潙仏性和尚、嗣二圜悟一、諱法泰、云《潭州大潙《たんしうだいゐ》仏性和尚、圜悟に嗣す、諱《いみな》は法泰、云く》、

無寒暑処《ノ》為レ君通《ズ》*、　《無寒暑の処《ところ》君が為に通ぜん、

枯木生《サクコト》レ花又一重*。　枯木花生《はなさ》くこと又一重。

標格　品格。風采。下の「しかある」は「奇絶」(独特至極)であることをさす。「あらはす」はみてくれ。「ある」は実相。

僧問山示　冒頭の洞山と僧との問答。これが因となり縁あって現前するのは、かならずしもここに掲げた雪竇の頌にいうごとき、垂手不垂手、出世不出世(この語、圜悟の「評唱」に見える)の問題でなければならないというわけではない。

参請　参学請益。就いて教えを請おうにも、そのいわれがない(「巴鼻なし」)ようなのは、と続いている。

さらに草鞋を…　こういうところにひっかからずに、もっと行脚を重ねるつもりで…。

芊々　草のさかんに茂る様子。

しかも拈来せり　上から、道取すといえども道取すべきにあらぬを、しかも持って来た、と続いていよう。しかし「拈来」はこのようになされている。それでは偏中に有るのはいかなるものかと、更に続いている。「有」は「いかならんか」を受ける動詞。

通　道通ずの意。(入矢)

一重　もう一回。再度。

堪《シ》ㇾ笑刻ㇾ舟求ㇾ劍者、　笑ふ堪《べ》し舟に刻して劍を求むる者、
至ㇾ今猶在ニ冷灰中《ニ》一。　今に至りて猶ほ冷灰の中に在り》
この道取、いさゝか公按踏著戴著《たふちやたいぢや》の力量あり。

泐潭《ろくたん》湛堂文準禪師云《いはく》、
熱時熱殺寒時寒、　《熱時は熱殺し寒時は寒、
々暑由来総不干。　寒暑由来総《さう》に不干なり。
行ニ尽天涯《ヲ》一語ニ世事一、　天涯を行尽《あんじん》して世事を語《そら》んず、
老君頭《ノ》戴《ニ》猪皮冠一。　老君が頭《いただき》に猪皮冠《ちよひ》を戴す》
しばらくとふべし、作麼生《そもさん》ならんかこれ不干底道理《ふかんちのだうり》。速道《しゆくたう》々々。

湖州何山仏燈禪師、嗣ニ太平仏鑑慧懃禪師一、諱守珣和尚、云《湖州《うしう》何山仏燈禪師、太平仏鑑慧懃禪師に嗣す、諱は守珣《しゆじゆん》和尚、云く》、
無寒暑処洞山《ノ》道《ナリ》、　《無寒暑処洞山の道《だう》、
多少禪人迷《カ》ニ処所《フ》一。　多少の禪人か処所《ところ》に迷ふ。
寒時向ㇾ火熱《ニハ》乗涼《ス》、　寒時は火に向ひ熱には乗涼す、
一生免得《テ》避《サレリ》ニ寒暑《ヲ》一。　一生免得《めんて》して寒暑を避《さ》れり》
この珣師《じゆんし》は、五祖法演禪師の法孫《はつそん》といゑ（へ）ども、小児子《せうにす》の言語のごとし。しかあれども、

刻舟求劍者　→二九二頁「尋劍」注
至今猶在冷灰中　第三句で歌った流動する現実を知らぬ愚かな頑固者のように、枯木に花咲く無寒暑のところのあるのも知らず、「君」は今尚冷灰の中にいる。
公按踏著戴著　公案(洞山無寒暑話)を自由に扱っている。
泐潭　江西省宜宝県洞山寺内の潭。
寒暑由来…　寒暑は従来から自分とは全く関りがない。(入矢)
猪皮冠　剛毛の、それもあまり密でない毛革帽ということか。「老君」は、普通、老子をいう。ここでは何をさすか不詳。
何山　浙江省呉興県の南西。→祖師
多少　数に関する疑問形容詞。「処所」は「無寒暑処」のあり場所、あるいはその場所の性質。洞山道をきいたためにそういう寒暑なき処について迷う禅人がどれほど多いことかという意味。(入矢)
乗涼　納涼。

「一生免得《いつしやうめんて》避寒暑《ひかんしよ》」、のちに老大の成風《じやうふう》ありぬべし。いはく、一生とは尽生なり、避寒暑は脱落身心《とつらくしんじん》なり。

おほよそ諸方の諸代、かくのごとく*鼓両片皮《くりやうへんぴ》をこと〻して頌古《じゆこ》を*供達《くたつ》すといゑ（へ）ども、いまだ高祖洞山の辺事を覷見《しよけん》せず。いかんとならば、仏祖の家常には、寒暑いかなるべしともしらざるによりて、いたづらに「乗涼向火《じようりやうかうくわ》」といふ。ことにあはれむべし、なんぢ老尊宿のほとりにして、なにを寒暑といふとか聞取せし。かなしむべし、祖師道癈せることを。この寒暑の形段《いんとん》をしり、寒暑の時節を経歴《きやうりやく》し、寒暑を使得《すて》しきたりて、さらに高祖*為示の道《だう》を頌古すべし、拈古すべし。いまだしかあらざらんは、*知非にはしかじ。俗なを（ほ）日月をしり、万物を保任《ほうにん》するに、聖人賢者のしな〳〵あり。君子と愚夫のしな〳〵あり。仏道の寒暑、なほ愚夫の寒暑とひとしかるべしと錯会《さくうい》することなかれ。直須勤学《ちきしゆきんがく》すべし。

正法眼蔵春秋*第三十七

爾時寛元二年甲辰在越宇山奥再示衆

*逢仏時而転ニ仏麟経一。祖師道、衆角雖レ多一麟足矣《逢《ぶ》仏《ぶつ》の時にして仏麟経《ぶつりんきやう》を転ず。祖師道《い》はく、「衆角多しと雖も一麟に足れり」》。

鼓両片皮　「両片皮」は上下の唇。それをペチャペチャ打合わせること、しゃべり立てること。（入矢）

供達　供を供述の供にとり、述べたてるの意と解する。（『看経』三五〇頁の用例とは異るらしい。）

為示　ために示す。「頌古」「拈古」はただ頌・拈でよい。「古」は古則の古だが、ここでは上の「道」の形容詞。

知非　おのが非を知る。

春秋　寒暑の代りに言われたものだろう。→校異

逢仏時　仏に逢うのとき、自分の方から仏に経を読みきかせる必要はない。ましてそれが麟角喩独覚の教えだとしたら。「仏麟経」を『春秋』の縁で哀公十四年の西狩獲麟にかけたとする解もあるが、次の「祖師道」の意からいま言った意と解く。祖師道を平たく言えば、いろいろと角はあるが一角の麒麟一頭の角で事は足りるの意だろう。独覚に二種あり一方は声聞乗より進むが、麟角喩独覚は初めから独居し百大劫に菩提を得るよすがとなる修行をし、辟支仏となるとされている。

正法眼蔵第三十八

葛《かっ》藤《とう》

釈迦牟尼仏の正法眼蔵無上菩提を証伝せること、霊山会《りやうぜんゑ》には☆迦葉《かせふ》大士のみなり。嫡々《ちやくちやく》正証二十八世、☆菩提達磨《ぼだいだるま》尊者にいたる。尊者みづから震旦国《しんだんこく》に祖儀*して、正法眼蔵無上菩提を☆太祖正宗普覚《しやうしゆうふかく》大師に附嘱《ふぞく》し、二祖とせり。

第二十八祖、はじめて震旦国に祖儀あるを初祖と称ず、第二十九祖を二祖と称ずるなり。すなはちこれ東土の俗なり。初祖かつて☆般若多羅尊者のみもとにして、仏訓道骨*、まのあたり証伝しきたれり、根源をもて根源を証取しきたれり、枝葉の本とせるところなり。

おほよそ諸聖《しよしやう》ともに葛藤の根源を截断《せつとん》する参学に趣向すといへども、葛藤お(を)もて葛藤をきるを截断といふと参学せず、葛藤お(を)もて葛藤をまつう(ふ)としらず。いかにいはんや葛藤お(を)もて葛藤に嗣続することをしらんや。嗣法これ葛藤としれるまれなり、きけるものなし。道著《だうぢや》せる、いまだあらず。証著《しやうぢや》せる、おほからんや。

先師古仏云《いはく》、「*葫蘆藤種纏葫蘆《うるてんしゆてんうる》《葫蘆藤種葫蘆に纏《まつ》ふ》」。

この示衆《じしゆ》、かつて古今の諸方に見聞せざるところなり。はじめて先師ひとり道示せり。

祖儀　儀に向・来の義あり。祖として来り。

仏訓道骨　仏の訓え。仏道の骨格。

葫蘆　ゆうがお、ふくべ。ゆうがおは藤の種類で、ゆうがおに纏いつく、がこの句の意味。

「葫蘆藤」の「葫蘆藤」をまつう《(ふ)》は、仏祖の仏祖を参究し、仏祖の仏祖を証契*するなり。
*たとへばこれ以心伝心なり。

第二十八祖、謂二門人一曰《第二十八祖、門人に謂《いつ》て曰く》、「時将レ至矣、汝等盍レ言二所得一乎《時将に至りなんとす、汝等《なんだち》盍《なん》ぞ所得を言はざるや》」。

時門人道副曰《時に門人道副《だうふ》曰く》、「如二我今所見一、不レ執二文字一、不レ離二文字一、而為二道用*一《我が今の所見の如きは、文字を執《しふ》せず、文字を離れず、しかも道用をなす》」。

祖曰《いはく》、「汝得二吾皮一《汝《なんぢ》、吾が皮を得たり》」。

尼《に》総持《さうぢ》曰、「如二我今所解一、如下慶喜*見二阿閦*仏国一、一見更不中再見上《我が今の所解《しよげ》の如きは、慶喜《けいき》の阿閦仏国《あしゆくぶつこく》を見しに、一見して更に再見せざりしが如し》」。

祖曰、「汝得二吾肉一《汝、吾が肉を得たり》」。

道育曰、「四大本空、五陰非レ有、而我見処*、無二一法可一レ得《四大本《もと》空なり、五陰《ごうん》有にあらず、しかも我が見処は、一法として得《う》べき無し》」。

祖曰、「汝得二吾骨一《汝、吾が骨を得たり》」。

最後恵可☆、礼三拝後、依*レ位而立《最後に恵可、礼三拝《らいさんばい》して後、位に依つて立てり》。

祖曰、「汝得二吾髄一《汝、吾が髄を得たり》」。

果為二二祖一、伝法伝衣《果して二祖として、伝法伝衣《でんぼふでんえ》せり》。

いま参学すべし、初祖《しよそ》道《だう》の「汝得吾皮《によとくごひ》肉骨髄《にくこつずい》」は、祖道なり。門人四員、ともに得処あ

証契　↓一七頁「契心証会」注。証会契合の略。証会し、これ(仏祖)と契合する。

たとへば　すなわち。換言すれば。たとえは他のものをもってする表現であることから出た使い方だろう。

道用　仏道のはたらき。二三〇頁のものとは違う。

慶喜　十大仏弟子のひとり。阿難陀の意訳。↓祖師

阿閦仏　東方阿比羅提国の教主。昔ここに大日如来が出現したとき、発願修行し、一切の瞋恚淫欲を断ちおおせて成仏したという。その名は無動・無瞋恚と訳される。国名は妙喜・善快などと訳される。

而我見処無一法可得　自分の証会見得したところは、そこに一法をも立てることのできないものだ。而は先立つ二句と順当な接続をしている。

依位　どういう位置についたか不詳。史実でない以上分るわけもないことである。しかしそれを遅滞疑惑なく決めうるところに禅機があろう。最小限の言動による自己証明の重視を語るフィクション。

り、聞著《もんちや》あり。その聞著ならびに得処、ともに跳出身心《てうしゆつしんじん》の皮肉骨髄なり、脱落身心《とつらくしんじん》の皮肉骨髄なり。知見解会《げゑ》の一著子《ちやす》お《(を)》もて、祖師を見聞すべきにあらざるなり。*能所彼此《のうじよひし》の十現成にあらず。しかあるを、正伝なきともがらおもはく、「四子各所解《おのおのしよげ》に親疎*あるによりて、*祖道また皮肉骨髄の浅深《せんじん》不同なり。皮肉は骨髄よりも疎なり」とおもひ、「二祖の見解《けんげ》すぐれたるによりて、得髄の印をゑ《(え)》たり」といふ。かくのごとくいふいひは、いまだかつて仏祖の参学なく、祖道の正伝あらざるなり。

しるべし、祖道の皮肉骨髄は、浅深《せんじん》にあらざるなり。たとひ見解に殊劣《しゆれつ》ありとも、祖道は*得吾なるのみなり。その宗旨《そうし》は、得吾髄の為示*、ならびに得吾骨の為示、ともに*為人接人《ゐにんせふにん》、拈草落草《ねんさうらくさう》に足不足あらず。たとへば拈花《ねんぐゑ》のごとし、たとへば伝衣《でんえ》のごとし。四員のために道著《だうちや》するところ、はじめより一等なり。祖道は一等なりといへども、四解《げ》かならずしも一等なるべきにあらず。四解たとひ片々なりとも、祖道はたゞ祖道なり。

おほよそ道著《だうちや》と見解《けんげ》と、かならずしも*相委《しやうゐ》なるべからず。たとへば、祖師の四員の門人にしめすには、「なんぢわが皮吾*をゑ《(え)》たり」と道取するなり。もし二祖よりのち、百千人の*門人あらんにも、百千道の説著あるべきなり。窮尽《ぐうじん》あるべからず。門人たゞ四員あるがゆへ《(ゑ)》に、しばらく皮肉骨髄の四道取ありとも、のこりていまだ道取せず、道取すべき道取おほし。しるべし、たとひ二祖に為道*せんにも、「汝得吾皮《によとくごひ》」と道取すべきなり。たとひ汝得吾皮なりとも、二*祖として正法眼蔵を伝附すべきなり。得皮得髄の殊劣によれるにあらず。また、道副・道育・総持等に為道せんにも、「汝得吾髄」と道取すべきなり。吾皮《ごひ》なりとも、

能所彼此の十現成　能動被動あれこれなどの差別相における有限数の現象。
親疎　師達磨の証悟との関係の親密疎隔。
祖道また…　祖道(祖の言葉)にも皮肉骨髄という浅深の差が設けられていたのだの意。一行おいて次の行の「祖道」は祖のみち、教え。
得吾…　一筋に吾を得たとだけなのだ。
為示　ために示す。人(相手)に示す。ここで必要なのは「示」だけ。「為道」「為説」も同じ造語法による。
為人接人　人の為にし、人を接することであって。「拈草落草」は事の扱いという位の意だろう。
相委　あいゆだぬの意か。相互に帰属しあう、一致するなど。上の「道著」は師のそれ、「見解」は弟子のそれ。
皮吾　皮なるわれ。
門人あらんにも　門人あらんには。
二祖に為道　ここも「に」と「為」とが重複。
二祖として　この得吾皮の門人を二祖として。無論、善巧方便の論旨である。真意は「祖師の身心は皮肉骨髄ともに祖師なり」。

伝法すべきなり。祖師の身心は、皮肉骨髄ともに祖師なり。髄はしたしく、皮はうときにあらず。

いま参学の眼目をそなゑ(へ)たらんに、「汝得吾皮《にょとくごひ》」の印《いん》をうるは、祖師をうる参*究なり。通身皮の祖師あり、通身肉の祖師あり、通身骨の祖師あり、通身髄の祖師あり。通身心の祖師あり、通身身の祖師あり、通心心の祖師あり。通祖師の祖師あり、*通身得吾汝等の祖師あり。これらの祖師、ならびに現成して、百千の門人に為道せんとき、いまのごとく「汝得吾皮」と説著するなり。百千の説著、たとひ皮肉骨髄なりとも、*傍観いたづらに皮肉骨髄の説著と活計《くわっけ》すべきなり。もし祖師の会下《ゑげ》に六七の門人あらば、「汝得吾心」の道著《だうぢゃ》すべし、「汝得吾身」の道著すべし。「汝得吾仏」の道著すべし、「汝得吾眼睛」の道著すべし、「汝得吾証」の道著すべし。いはゆる「汝《にょ》」は、祖なる時節あり、恵可なる時節あり。得の道理を審細に参究すべきなり。

しるべし、汝得吾あるべし、吾得汝あるべし、*得吾汝あるべし、得汝吾あるべし。祖師の身心を参見するに、内外《ないぐゑ》一如《にょ》なるべからず。*渾身《うんしん》は通身なるべからずといはゞ、仏祖現成の国土にあらず。皮をゑ(え)たらんは、骨肉髄をゑ(え)たるなり。骨肉髄をゑ(え)たるは、皮肉面目お(を)ゑ(え)たり。たゞこれを尽十方界の真実体と暁了するのみならんや、*さらに皮肉骨髄なり。このゆへ(ゑ)に得吾衣《とくごえ》なり、汝得法なり。これによりて、道著《だうぢゃ》も*跳出の条々なり、師資同参す。聞著《もんぢゃ》も跳出の条々なり、師資同参す。師資の同参究は*仏祖の葛藤なり、*仏祖の葛藤は皮肉骨髄の命脈なり。拈花瞬目《ねんぐゑしゅんもく》、すなはち葛藤なり。破顔微笑《はがんみせう》、すなはち皮肉骨髄なり。

参究なり　参究なるなり。

通身得吾汝等　全身ひとえに(遍くと言おうより)自他になりきった。

傍観いたづらに…　第三者として…するのはいたずらごとだ、の意。本文は「すべきなり」と結ばれているが、それを否定的な副詞「いたづらに」が打消す。

得吾汝　問題は「得」―師(吾)の証悟を(汝が)わがものとするところにあるので、そのことを機として転ずるなら「汝」が「吾」に対していかなる位置にあろうが、問題とするに足りないという考えの黙示的表現。

渾身は通身なるべからずといはゞ　『観音』(二三一頁注および二三五―六頁本文)参照。

さらに　改めて。還りて。

跳出の条々　透関超越の境涯が個々の言動として現実裡に現われたもの。

仏祖の葛藤　仏祖の相互に密接な関係。

仏祖の葛藤は…　仏祖の証悟のための相互関係こそ、伝えられるべき皮肉骨髄の命脈である。あるのは仏祖の葛藤だけだ。

さらに参究すべし、*葛藤種子《かつとうしゅうじ》すなはち脱体《とつたい》の力量あるによりて、葛藤を纏遶《てんねう》する枝葉花《しえふくゑ》果《くわ》ありて、*回互《ういご》不《ふ》回互《ういご》なるがゆへに、仏祖現成し、公按現成するなり。

趙州☆真際大師示衆云《じしゅにいはく》、「迦葉伝㆓与☆阿難㆒、且道、達磨伝㆓与什麼人㆒《迦葉《かせふ》、阿難に伝与せり、且《しばら》く道《い》ふべし、達磨、什麼《なに》人《びと》にか伝与せる》」。

因《ちなみに》僧問《とふ》、「*且如㆓二祖得髄㆒、又作麼生《且《しばら》く二祖の得髄の如き、又作麼生《そもさん》》」。

師云《いはく》、「莫㆑謗㆓二祖㆒《二祖を謗《はう》ずることなかれ》」。

師又云《またいはく》、「達磨也有㆑語、在外者得㆑皮、在裡者得㆑骨。且道、更在裏者得㆓什麼㆒《達磨また語《と》くこと有り、在外《ざいぐゑ》の者《ひと》は皮を得《え》、在裡の者《ひと》は骨を得《う》と。且《しばら》く道《い》ふべし、更に在裏の者《ひと》は什麼《なに》をか得る》」。

僧問、「如何《しゅお》是《し》得髄底《とくずいち》道理《だうり》《如何ならんか是れ得髄底《とくずいち》の道理》」。

師云、「但識取皮《たんしきしゅひ》、老僧者裡《らうそうしやり》、髄也《ずいや》*不立《ふりふ》《ただ皮を識取すべし。老僧が者裡、髄もまた不立《ふりふ》なり》」。

僧問、「如何是髄《如何ならんか是れ髄》」。

師云、「*与麼《よも》即《そく》皮也《ひや》模未著《もみちや》《与麼《よも》ならば即ち皮もまた模未著《もみちや》なり》」。

しかあればしるべし、「皮也模未著《ひやもみちや》」のときは、「髄也模未著《ずいやもみちや》」なり。皮《ひ》を模得するは、髄《ずい》もうるなり。「与麼即皮也模未著」の道理を功夫すべし。「如何是得髄底道理」と問取するに、「但識取皮、老僧遮裏、髄也不立」と道取現成せり。識取皮のところ、髄也不立なる

葛藤種子　葛藤という仏果を得べき種子。以下、それに自己を超越解脱する力があるので、(葛藤となって葛藤に)まといつく「枝葉花果」も発生し。

回互不回互　↓一三七頁注。凝滞いささかもなく、自在に入れかわり、どちらが元とも後とも言えない。

且　且如二字で、たとえば…は。…の場合は。(入矢)

不立　立たぬ。措定、定立しないの意(入矢)。上の「老僧者裡」は自分の場合という意になろう。

与麼　そんな風では。「模未著」は探り当てられぬ(入矢)。

を、真箇の得髄底の道理とせり。かるがゆへ《(ゑ)》に、「二祖得髄、又作麼生《いうそもさん》」の問取現成せり。「迦葉伝与阿難」の時節を*当観するに、阿難《あなん》蔵身於《ざうしんお》迦葉《かせふ》なり、迦葉《かせふ》蔵身於《ざうしんお》阿難《あなん》なり。しかあれども、伝与裡の相見時節には、*換面目《わんめんもく》皮肉骨髄の行李《あんり》をまぬかれざるなり。これによりて、「且道《しやだう》、達磨《だるま》伝与《でんよ》什麼人《しもじん》」としめすなり。達磨すでに伝与するときは達磨なり、二祖すでに得髄するには達磨なり。*この道理の参究によりて、仏法なを《(ほ)》今日にいたるまで仏法なり。もしかくのごとくならざらんは、仏法の今日にいたるにあらず。この道理、しづかに功夫参究して、自道取すべし、教他道取すべし。

「在外者得皮《ざいぐゑしやとくひ》、在裏者得骨《ざいりしやとくこつ》、且道《しやだう》、更在裏者得什麼《かんざいりしやとくしも》」。いまいふ外《ぐゑ》、いまいふ裏《り》、その宗《そう》趣《しゆ》もとも*端的なるべし。外を論ずるとき、皮肉骨髄ともに*外あり。裏を論ずるとき、皮肉骨髄ともに*裏あり。

しかあればすなはち、*いま四員の達磨、ともに百千万の*皮肉骨髄の向上を条々に参究せり。髄よりも向上あるべからずとおもふことなかれ。さらに三五枚の向上あるなり。

趙州古仏のいまの示衆《じしゆ》、これ仏道なり。▽自余の臨済・徳山・大潙・雲門等のおよぶべからざるところ、いまだ夢見《ぼうけん》せざるところなり。いはんや道取あらんや。近来の杜撰《とせん》の長老等、ありとだにもしらざるところなり。かれらに為説せば、驚怖すべし。

☆雪豆《せつてう》明覚禅師云《いはく》、「*趙睦二州、是古仏なり」。

しかあれば、*古仏の道《だう》は仏法の証験也。*自己の曾道取《ぞうだうしゆ》なり。

当観　「当」は断章方式のために生じた冗辞(四七頁『仏性』所引「仏言」参照)。要は観一字。

換面目皮肉骨髄　「面目皮肉骨髄ヲ換フ」。附法の師そのひとになってしまう。

この道理　いかに証契成就せりと言っても、達磨は達磨、慧可は慧可だったら、その間に師資の断絶があるわけで、しかもなお仏道が不断連続だとすると、それを抽象的純理的観念的なものと考えねばならないだろう。剰法の存在を承認することになる。そういうことはあってはならない、という道理。

端的　多義。ここでは明白の意。

外あり・裏あり　在外・在裏を和語に書きかえたもの。外にあり、裏にあり。

いま四員の達磨　道副・尼総持・道育・神光の四人。

皮肉骨髄の向上を…　皮肉骨髄になおそれ以上のどういう意味があるか、それ以上のところでどういうものであるかをそれぞれに(条々に)参学究尽して来ているのだ。

趙睦二州　趙州従諗(→祖師)と睦州陳尊宿(→祖師。道蹤)のこと。

古仏の道は　趙州は古仏にして、その言葉は。「証験」は「仏法」がそこに現われているところのあかし。

自己の曾道取　(古仏の言葉は)自分の言うべきことがかつて言われたも

☆雪峯真覚大師云、「趙州古《でうしうこ》仏《ぶつ》」。

*さきの仏祖も古仏の賛歎《さんだん》をもて賛歎す、*のちの仏祖も古仏の賛歎をもて賛歎す。しりぬ、古今の向上に超越《てうをつ》の*古仏なり▽といふことを。

しかあれば、皮肉骨髄の*葛藤する道理は、古仏の示衆する汝得吾の標準なり。この*標格を功夫参究すべきなり。

また初祖は西帰するといふ、これ非なりと参学するなり。*宋雲《そううん》が所見、かならずしも実なるべからず。宋雲いかでか祖師の去就《きよしう》をみむ。たゞ祖師*帰寂《きじやく》ののち、*熊耳山《ゆうじさん》に（を）おさめたてまつりぬるとならひしるを、正学とするなり。

正法眼蔵葛藤第三十八

爾時寛元々年癸卯七月七日在雍州宇治郡観音導利興聖宝林寺示衆

寛元二年甲辰三月三日在越州吉田郡吉峯寺侍司書写　懐弉

のなのだ。

さきの仏祖・のちの仏祖　前段の雪竇・雪峰を順に指したものともとれるが、下の「しりぬ古今の」に結びつければ、時代の先後で言っていると解すべきだろう。「古仏の賛歎」は古仏だという、古仏への賛歎。

古仏なり　略されている主語は趙州。古今いずれの時代からも、遡ったところをさらに上に超えた古仏。(「向上」は『仏向上事』の用例に従わず、四三三頁八行の用例に従う。)

葛藤する道理　葛藤に存する道理。

標格　四二二頁のとは意味が違うらしい。標準格式などの略。

宋雲　北魏の神亀元年(五一八)勅命によってインドに使し、三年後帰途葱嶺において、示寂後三年たつ達磨と遭遇し会話したという。

帰寂　帰元。生死界を出て本元の寂滅に帰すること。死。

熊耳山　同名の山多し。嵩州(河南省登封県)にあるそれ。

正法眼蔵第三十九

嗣《し》書《しよ》

観音導利興聖宝林寺

仏仏かならず仏仏に嗣法し、祖祖かならず祖祖に嗣法する、これ証契《しようかい》なり、これ単伝なり。このゆえ《(ゑ)》に、無上菩提なり。仏にあらざれば仏を印証するにあたはず。仏の印証をえざれば、仏となることなし。仏にあらずよりは、たれかこれを最尊なりとし、無上なりと印することあらん。

仏の印証をうるとき、無師独悟するなり、無自独悟するなり。このゆへ《(ゑ)》に、仏仏証嗣し、祖祖証契すといふなり。この道理の宗旨《そうし》は、仏仏にあらざればあきらむべきにあらず。いはんや十地《じふち》等覚《とうがく》の所量ならんや、いかにいはむや経師論師《きやうじろんじ》等の測度《しきたく》するところならんや。たとひ為《ゐ》説《せつ》すとも、かれらきくべからず。

仏仏相嗣するがゆへに、仏道はたゞ仏仏の究尽《きうじん》にして、仏仏にあらざる時節あらず。たとへば、石は石に相嗣し、玉は玉に相嗣することあり、菊も相嗣あり、松も印証するに、みな*前菊後菊如如《ぜんぎくこうぎくにょにょ》なり、前松後松如如《ぜんしょうこうしょうにょにょ》なるがごとし。かくのごとくなるをあきらめざるともがら、仏仏正伝の道《だう》にあふといへども、いかにある道得《だうて》ならんとあやしむにおよばず、

前菊後菊如如　前の菊とあとの菊といずれもありのままの真実体であり、従って一如なる法性である。

領覧　↓三〇九頁注

子仏　強いて言えば、子なる仏。

荘厳劫　現在の賢劫の前の過去の住劫。華光仏より毘舎浮仏(過去七仏の第三)に至る千仏この間に出世せりという。「賢劫」の名称のいわれ

仏仏相嗣の祖祖証契すといふ*領覧《りんらん》あることなし。あはれむべし、仏種族に相似なりといへども、仏子にあらざることを、*子仏にあらざることを。

☆曹谿あるとき衆《しゆ》にしめしていはく、「七仏より☆慧能にいたるに四十祖あり、慧能より七仏にいたるに四十祖あり」。

この道理、あきらかに仏祖正嗣の宗旨なり。いはゆる七仏は、過去《くわこ》*荘厳劫《しやうごんこふ》に出現せるもあり、現在賢劫《げんざいけんごふ》に出現せるもあり。しかあるを、四十祖の面授をつらぬるは、仏道なり、仏嗣なり。

しかあればすなはち、六祖より向上して七仏にいたれば、四十祖の仏嗣あり。七仏より*向上して六祖にいたるに、四十仏の仏嗣なるべし。仏道祖道、かくのごとし。証契にあらず、仏祖にあらざれば、仏智慧にあらず、*祖究尽《そきうじん》にあらず。仏智慧にあらざれば、仏信受なし。祖究尽にあらざれば、祖証契せず。しばらく四十祖といふは、ちかきをかつ〳〵挙《こ》するなり。

これによりて、仏仏の相嗣すること、深遠《じんのん》にして、不退不転なり、不断不絶なり。その宗旨は、☆釈迦牟尼仏は七仏以前に成道すといへども、*ひさしく☆迦葉仏《かせふぶつ》に嗣法せるなり。降《がう》生《しやう》より三十歳、*十二月八日に成道すといへども、七仏以前の成道なり。諸仏斉肩《せいけん》、同時の成道なり。諸仏以前の成道なり、一切諸仏より*末上《まつじやう》の成道なり。

さらに迦葉仏は釈迦牟尼仏に嗣法すると参究する道理あり。この道理をしらざるは、仏

は、現在の住劫二十増減中に千仏が出世するというところにあるとされる。

向上して　時間的に言えば向下してである。四三〇頁の「自己の曾道取」と反対方向の考え方で、時間撥無の思想態度を明示している。

祖究尽　ただ「究尽」でよい。全体に問題とされている「仏祖」を開いて、その一方をここに冠したもの。「仏智慧」も真の乱され曇ることない智慧は仏しか持たぬものである以上、ただ智慧と言えばよいわけである。「仏信受」の「仏」、「祖証契」の「祖」、同断。

ひさしく　ひさしくして。迦葉仏は過去七仏の第六、釈迦牟尼仏の直前で、迦葉尊者のことではない(↓四四二頁「拘那含牟尼仏」注)。ここは、知っていて敢行したアナクロニスム、むしろアクロニスム。

十二月八日　正しくは二月八日という。

末上　↓二二四頁注。すなわち最後の。入矢氏曰く、『趙州録』に大善知識でも地獄に入るかと問われた趙州が「老僧末上入」と答えたことが記されているが、それは「わしはまっさきに入る」という意味である。—しかしここは、というよりここも七仏以前でもあり、一切諸仏の最後でもある「成道」、の意で言っていると解したい。

道をあきらめず、仏道あきらめざれば仏*嗣にあらず。仏嗣といふは、仏子といふことなり。

釈迦牟尼仏、あるとき阿☆難にと*はしむ、「過去諸仏、これたれが弟子なるぞ」。釈迦牟尼仏いはく、「過去諸仏は、これ我釈迦牟尼仏《わがしやかむにぶつ》の弟子なり」。

諸仏の仏儀、かくのごとし。この諸仏に奉覲《ぶごん》して、仏嗣し成就せむ、すなはち仏仏の仏道にてあるべし。

この仏道、かならず嗣法するとき、さだめて嗣*書あり。もし嗣法なきは*天然外道《てんねんぐゑだう》なり。仏道もし嗣*法を決定《くゑちぢやう》するにあ▽らずよりは、いかでか今日にいたらん。これによりて、仏仏なるには、さだめて仏嗣仏の嗣書あるなり、仏嗣仏の嗣書をうるなり。その嗣書の為体《ていたらく》は、日月星辰《にちぐわちしやうしん》をあきらめて嗣法す、あるいは皮肉骨髄を得《とく》せしめて嗣法す。あるいは袈裟《けさ》を相嗣し、あるいは拄杖《しゆぢやう》を相嗣し、あるいは松枝を相嗣し、あるいは払子《ほつす》を相嗣し、あるいは優曇花《うどんぐゑ》を相嗣し、あるいは金襴衣《きんらんえ》を相嗣す。靸鞋《さふあい》の相嗣あり、竹篦《しつぺい》の相嗣あり。

これらの嗣*法を相嗣するとき、あるいは指血をして書嗣し、あるいは舌血をして書嗣す。あるいは油乳をもてかき、嗣法する、ともにこれ嗣書なり。嗣せるもの、得せるもの、ともにこれ仏嗣なり。まことにそれ仏祖として現成するとき、嗣法かならず現成す。現成するとき、期《ご》せざれども、きたり、もとめざれども嗣法せる仏祖おほし。嗣法あるはかならず仏仏祖祖なり。

第二十八祖、西来よりこのかた、仏道に嗣法ある宗旨を、東土に正*聞するなり。それよ

仏嗣　仏道における「嗣」。「仏」は省いてよい。

とはしむ　恐らく問うと同義。道元が助動詞の「しむ」を敬語法でも使役のためでもなく使うのは、すでにしばしば見て来たところ。ここは敬語法ともとれるが、そうすると次の「いはく」が不釣合いになる。

嗣書　嗣法の証明書の意。

天然外道　十種外道の一、自然外道に同じ。万有は一の原因ありて生ずるにあらず、自然に生じたものと主張する由。既出(四八頁)。

嗣法を決定　嗣法の次第を、すなわち嗣法の弟子を決定。

嗣法を相嗣する　法を嗣ぐとき相嗣という形で嗣ぐ。下の「書嗣」の「嗣」は冗辞。

正聞する　正しく聞く(ようになった)。

りさきは、かつていまだきかざりしなり。西天の論師《ろんじ》法師《ほふし》等、およばずしらざるところなり。および十聖三賢《じつしやうさんげん》の境界およばざるところ、*三蔵義学の呪術師《じゆじゆつし》等、あるらんと疑著《ぎちや》するにもおよばず。かなしむべし、かれら道器なる人身《にんじん》をうけながら、いたづらに教網にまつはれて透脱《てうとつ》の法をしらず、跳出の期《ご》を期せざることを。かるがゆへ《(ゑ)》に、学道を審細にすべきなり、参究の志気《しいき》をもはらすべきなり。

道元在宋のとき、嗣書を礼拝することをえしに、多般の嗣書ありき。そのなかに、惟一《ゐいち》*西堂とて、天童に掛錫《くわしやく》せしは、*越上《ゑちじやう》の人事《じんす》なり、前住広福寺の堂頭《だうてう》なり。先師《せんじ》と同郷人なり。先師つねにいはく、境風は一西堂に問取すべし。

あるとき西堂いはく、「*古蹟の可観は人間の珍玩《ちんくわん》なり、いくばくか*見来せる」。

道元いはく、「見来すくなし」。

ときに西堂いはく、「*吾那裏《ごなり》に壱軸の古蹟あり、*甚麼次第《しふすちい》なり、与老兒看《よらうひんかん》」といひて、携来をみれば、嗣書なり。*法眼下《はふげんか》のにてありけるを、老宿の衣鉢《えはつ》のなかよりえたりけり。惟一長老のにはあらざりけり。かれにかきたりしは、

「初祖摩訶迦葉☆、悟於釈迦牟尼仏。釈迦牟尼仏、悟於迦葉仏」。

かくのごとくかきたり。

道元これをみしに、正嫡《しやうちやく》の正嫡に嗣法あることを決定信受《くゑちぢやうしんじゆ》す。未曾見《みぞうけん》の法なり。*仏祖の冥感《みやうかん》して児孫を護持する時節なり、感激不勝なり。

三蔵義学　経論律三蔵にわたって、名称数目を樹て、因果の階級等を限定して、諸法の相状(現実の様相)文字などを解釈述義する仏学をいうと。

西堂　↓下二六四頁注

越上の人事　↓二一五頁注。浙江省あたりの人物。如浄と同郷ということになる。そこから「境風(土地の様子)は云々」の言が出て来たものだろう。

古蹟の可観…　古い墨蹟の観るべき(見ることのできる)ものは、人間社会の大した楽しみだ。

見来　「来」は助辞。

吾那裏　自分のところのそこらに。

甚麼次第　「なにかのついで」などの意に解したいところ。中国語としてはそれは不可能。第一語句そのものが疑わしい(入矢)。次の句、老兄に看せてあげようの意(入矢)。

法眼下　法眼文益会下の意か。

仏祖の冥感して…時節なり　まさにこれこそ、仏祖が人知れず感応して、法児孫を護持してくれる時節に相逢ったことなのだ。

つぎかみ　すぐ上の意だろう。
下頭　下の方。
余門のごとく　まるで他派のように、とも読めるが、他の家門におけると同じように、の意だろう。
五家宗派をつらぬるに　五家がそれぞれの血族、系譜を、の意。
尊重他　「他」は冗辞と見た方がよい(入矢)。尊重は他動詞。他、元来はその目的語だったか。釈迦老子を指す三人称。「なる」を「する」に置換えて読む。
江浙　江蘇と浙江。
いはく　それというのは。
法語　正法を説く言語をいう。
嗣法の標準　嗣法したというしるし。
しかあるに　そういう中で。
陪銭　銭を納入する。陪は賠に同じ(入矢)。
討得　討は求。得は完了、成功を示す助辞。

雲門下の嗣書とて、宗月長老の天童の首座職《しゆそしき》に充せしとき、道元にみせしは、いま嗣書をうる人の*つぎかみの師、および西天東地の仏祖をならべつらねて、その*下頭《あてう》に、嗣書うる人の名字《みやうじ》あり。諸仏祖より直《ぢき》にいまの新祖師の名字につらぬるなり。しかあれば、如来より四十余代、ともに新嗣の名字へきたれり。たとへば、おの〳〵新祖にさづけたるがごとし。摩訶迦葉・阿難陀等は、*余門のごとくにつらなれり。

ときに道元、宗月首座にとふ、「和尚いま*五家宗派をつらぬるに、いさゝか同異あり。そのこゝろいかむ。西天より嫡々相嗣せらば、なむぞ同異あらんや」。

宗月いはく、「たとひ同異はるかなりとも、たゞまさに雲門山の仏は、かくのごとくなると学すべし。釈迦老子、なにゝよりてか*尊重他《そんぢゆうた》なる、悟道によりて尊重なり。☆雲門大師、なにゝよりてか尊重他なる、悟道によりて尊重なり」。

道元この語をきくに、いさゝか領覧《りんらん》あり。

いま*江浙《かうせつ》に大刹《だいせつ》の主とあるは、おほく☆臨済・☆雲門・☆洞山等の嗣法なり。しかあるに、臨済の遠孫《をんそん》と自称するやから、まゝにくわ《(は)》だつる不是あり。*いはく、善知識の会下《ゑげ》に参じて、頂相《ちんざう》壱副・*法語壱軸を懇請《こんしやう》して、*嗣法の標準にそなふ。*しかあるに、一類の狗子《くし》あり、尊宿のほとりに法語・頂相等を懇請して、かくしたくわ《(は)》ふることあまたあるに、晩年におよむで、官家に*陪銭《ふいせん》し、一院を*討得《たうて》して、住持職《ぢゆうぢしき》に補《ふ》するときは、法語・頂相の師に嗣法せず、当代の名誉のともがら、あるいは王臣に親附なる長老等に*嗣法するときは、得法をとはず、名誉をむさぼるのみなり。かなしむべし、末法悪時、かくのごとくの邪風あることを。かくのごとくのやからのなかに、いまだかつて一人としても仏祖の道を夢にも見聞せるあらず。

おほよそ法語・頂相等をゆるすことは、教家の講師《こうじ》および在家の男女等にもさづく、行《あん》者《じゃ》・商客《しやうかく》等にもゆるすなり。そのむね、諸家の録にあきらかなり。あるいはその人にあらざるが、みだりに嗣法の証拠をのぞむによりて、壱軸の書をもとむるに、*有道《いうだう》のいたむところなりといへども、なまじゐ《(ひ)》に*援筆するなり。しかのごときのときは、古来の書式によらず、いさゝか*師吾のよしをかく。近来の法は、たゞその師の会《ゑ》にて得力《とくりき》すれば、すなはちかの師を師と嗣法するなり。かつてその師の印をえざれども、たゞ入室《にっしつ》・上堂に*咨参《しさん》して、長連牀《ちやうれんじやう》にあるともがら、*住院のときは、その*師承を挙《こ》するにいとまあらざれども、大事打開するとき、その師を師とせるのみおほし。

また*竜門の☆仏眼《ぶつげん》禅師清遠《せいをん》和尚の遠孫《をんそん》にて、伝《でん》といふものありき。*かの師伝蔵主《でんざうす》、また嗣書を帯せり。嘉定のはじめに、隆禅上座、日本国人なりといへども、かの伝蔵やまひしけるに、隆禅よく伝蔵を看病しけるに、勤労しきりなるによりて、看病の労を謝せんがために、嗣書をとりいだして、礼拝せしめけり。みがたきものなり、「*与《よ》你《にい》礼拝」といひけり。

それよりこのかた、八年のゝち、嘉定十六年癸未あきのころ、道元はじめて天童山に*寓

嗣法するときは　嗣法す。そのときは。

有道　元来は儒学で、道徳を身に具えていること。それより、仏道を体得していること、ひと。

援筆　筆を持つ。字を書くこと。

師吾　吾を師とす。

咨参　咨問参学。一八八頁既出。

住院　(僧堂の雲水として、師が)住持職(にあるときは)。

師承を挙す　師承は弟子が師匠より教法を承けること。挙は取る。身につける。

竜門　ただ「竜門」というときは河南省洛陽県西南にある石窟で有名な山をさす。(入矢)

かの師伝蔵主　伝が隆禅の師兄だったから「かの師」というのだろう。蔵主は禅院における経蔵管理役。

与你礼拝　你ニ礼拝セシメン。与は与格助辞。

寓直　とまり番。

直するに、隆禅上座、ねんごろに伝蔵主に請じて、嗣書を道元にみせし。その嗣書の様《やう》は、七仏よりのち、臨済にいたるまで、四十五祖をつらねかきて、臨済よりのちの師は、一円相をつくりて、*そのなかにめぐらして、*法諱《ほふき》と花字とをうつしかけり。新嗣はおは《(を)》りに、年月の下《あ》頭《てう》にかけり。臨済の尊宿に、*かくのごとくの不同ありとしるべし。

先師《せんじ》☆天童*堂頭《だうてう》、ふかく人のみだりに嗣法を称ずることをいましむ。▽先師の会《ゑ》は、これ古仏の会なり、叢林の中興なり。みづからもまだらなる袈裟をかけず。芙蓉山《ふようざん》の☆道楷《だうかい》禅師の衲法衣《なふほふえ》つたはれりといへども、上堂陞座《しんぞ》にもちゐず。おほよそ住持職として、まだらなる法衣、かつて一生のうちにかけず。こゝろあるも、物しらざるも、ともにほめき。真善知識なりと尊重《そんちゆう》す。

先師古仏、上堂するに、つねに諸方をいましめていはく、「近来おほく祖道に名をかれるやから、みだりに法衣《ほふえ》を搭《たつ》し、長髪をこのみ、*師号に署するを出世の舟航とせり。あはれむべし、たれかこれをすくはん。うらむらくは、諸方長老無道心にして学道せざることを。嗣書・嗣法の因縁を見聞せるものなほまれなり、百千人中一箇也無《いこやむ》。これ祖道*淩遅《れうち》なり」。

かくのごとくよのつねにいましむるに、天下の長老うらみず。

しかあればすなはち、誠心辨道《じやうしんはんたう》することあらば、嗣書あることを見聞すべし。見聞することあるは学道なるべし。

そのなかにめぐらして　その中に円形に。

法諱　出家入道の際、俗名を改めたとき授かる名。

かくのごとくの不同　臨済までと、臨済後新嗣に至るまで、しかも新嗣の名は年月の下にかけて書くという順序不同の書き方の意だろう。四三六頁に述べられた雲門下の嗣書の様式と違う。

堂頭　住持。

師号に署す　↓三一八頁注

淩遅　淩遅・陵遅と同じ。盛んなものが次第に衰える。

臨済の嗣書は、まづその名字《みやうじ》をかきて、「某甲《むかふし》われに参ず」ともかき、「わが会《ゑ》にきたれり」ともかき、「入吾堂奥《にふごだうあう》」ともかき、「*嗣吾《しご》」ともかきて、*ついでのごとく前代をつらぬるなり。かれもいさゝかいひきたれる法訓あり。*いはゆる宗趣《そうしゅ》は、*嗣はお《（を）》はりはじめにかゝはれず、たゞ真善知識に相見する*的々《てきてき》の宗旨《そうし》なり。臨済にはかくのごとくかけるもあり。まのあたりみしによりてしるす。

☆了派蔵主者、*威武人也。今吾子也。☆徳光参㆓侍☆径山杲和尚㆒、径山嗣㆓☆夾山勤㆒、勤嗣㆓☆楊岐演㆒、演嗣㆓☆海会端㆒、端嗣㆓☆楊岐会㆒、会嗣㆓☆慈明円㆒、円嗣㆓☆汾陽昭㆒、昭嗣㆓☆首山念㆒、念嗣㆓☆風穴昭㆒、昭嗣㆓☆南院顒㆒、顒嗣㆓☆興化弉㆒、弉是臨済高祖之長嫡也。

《了派蔵主《れうはざうす》は、威武の人なり。今吾が子なり。徳光は径山杲和尚《きんざんかう》に参侍し、径山は夾山勤《かつさんきん》に嗣し、勤は楊岐演《やうぎえん》に嗣し、演は海会端《かいゑたん》に嗣し、端は楊岐会《やうぎゑ》に嗣し、会は慈明円《じみやうゑん》に嗣し、円は汾陽昭《ふんやうせう》に嗣し、昭は首山念《しゆざんねん》に嗣し、念は風穴昭《ふけつせう》に嗣し、昭は南院顒《なんゐんぎよう》に嗣し、顒は興化弉《こうくゑじやう》に嗣す。弉は是れ臨済高祖の長嫡《ちやうちやく》なり》

これは、阿育王山☆仏照《ぶつせう》禅師徳光《とくくわう》、かきて*派無際《はむさい》にあたふるを、天童の住持なりしとき、*小師僧智庚《ちかう》、ひそかにもちきたりて、了然寮《れうねんれう》にて道元にみせし。ときに大宋嘉定十七年甲《かふ》申《しん》正月二十一日、はじめてこれをみる、喜感いくそばくぞ。すなはち仏祖の冥感《みやうかん》なり、焼《せう》香礼拝《かうらいはい》して披看《ひかん》す。

この嗣書を*請出《しんしゆつ》することは、*去年七月のころ、師広《しくわう》*都寺《つうす》、ひそかに寂光堂にて道元にか

嗣吾　吾に嗣ぐ。
ついでのごとく　順序通りに。
いはゆる　いうところの。
嗣はおはりはじめに…　嗣というものは最初は誰、最後は誰ということはない。
的々の宗旨　…という明らかな趣旨。

威武　唐のおいた行政単位「軍」の名。今の福建省閩侯県に当る。宋またこれを踏襲す。

派無際　無際了派の略。天童山如浄の前住。↓祖師
小師　具足戒を受けて後夏臘十を数えぬもの。

請出　出してくれるように頼む。
去年　前年。
都寺　都監寺の略。↓三五三頁注

たれり。

道元ちなみに都寺にとふ、「如今《しきん》たれ人かこれを帯持せる」。

都寺いはく、「*堂頭老漢那裏有相似《だうてうらうかんなりいうしやうす》。のちに請出《しんしゅつ》ねむごろにせば、さだめてみすることあらん」。

道元このことばをきゝしより、もとむるこゝろざし、日夜に休せず。このゆへ《(ゑ)》に今年ねんごろに小師の僧智庚を*堀請《くつしやう》し、一片心をなげて請得《しんて》せりしなり。

そのかける地《ち》は、白絹の*表背《へうはい》せるにかく。表紙はあかき錦《にしき》なり。軸《ちく》は玉《ぎよく》なり。長《ちやう》九寸ばかり、闊《くわつ》七尺余なり。*閑人にはみせず。

道元すなはち智庚を謝す、さらに即時に堂頭《だうてう》に参じて焼香、礼謝《らいしゃ》☆無際和尚《むさいをしゃう》。

ときに無際いはく、「遮《しゃ》一段事《だんす》、少得《せうて》見知《けんち》。如今老兄知得《しきんらうひんして》、便是《びんし》学道之《がくだうし》実帰也《じつきや》《この一段の事、見知すること得るもの少なし。如今《いま》老兄知得せり、便《すなは》ち是れ学道の実帰なり》」。

ときに道元喜感無勝。

のちに*宝慶《ほうきやう》のころ、道元、*台山《たいざん》・*鴈山《がんざん》等に雲遊するついでに、*平田《ひんでん》の万年寺にいたる。ときの住持は福州の元鼒《げんす》和尚なり。宗鑒《そうかん》長老退院《ついゐん》のゝち、鼒和尚補《ふ》す、叢席を一興せり。

*人事《じんす》のついでに、むかしよりの仏祖の家風を*往来せしむるに、大潙《だいゐ》・仰山《きやうざん》の*令嗣話《りんすわ》を*君挙《くんこ》するに、長老いはく、「曾看我箇裏嗣書也否《すんかんがこりししよやひ》」。

道元いはく、「いかにしてかみることをえん」。

堂頭老漢那裏有相似　住持の和尚の身辺にどうやらあるらしい。

堀請　堀は屈の俗字。口篇は口頭でお願いすることのしるし。「屈」とは無理なところをあえてお願いするの意(入矢)。

表背　表具。「表紙」、多分巻物なのだろう。「長」は縦、「闊」は幅。

閑人　ここも無用のひとではあるが、この嗣書に用のないひとの意に限定して使っていよう。

宝慶　宋理宗の年号。一二二五―一二二七年。

台山　天台山のこと。浙江省天台県にある。天台宗の根本道場。

鴈山　浙江省楽清・平陽両県境の雁蕩山とされる。山上に霊厳寺あり。

平田万年寺　天台山平田にあり。もと鎮国平田寺と言った。

人事　初対面の挨拶をし、贈り物をしたこと。(入矢)

往来　やりとり。この「せしむ」も別に使役の助動詞ではないだろう。

令嗣話　宗門を嗣がしむる話。

君挙　「君」字のない本もある。ただ挙する。言う。

長老すなはちみづからたちて、嗣書をさゝげていはく、「這箇《しやこ》はたとひ*親人なりといへども、たとひ侍僧のとしをへたるといへども、これを*みせしめず。これすなはち仏祖の法訓なり。しかあれども、元鼒ひごろ*出城し、見知府《けんちふ》のために在城のとき、一夢を感ずるにいはく、☆大梅山法常禅師とおぼしき高僧ありて、梅花一枝をさしあげていはく、「もしすでに船舷《せんげん》をこゆる*実人あらんには、花をおし《(を)》むことなかれ」といひて、梅花をわれにあたふ。元鼒おぼえずして夢中に吟じていはく、「未《み》跨《こ》船舷《せんげん》、好与《かうよ》三十《未だ船舷を跨せざるに、好し三十を与へん》」。しかあるに、不《ふ》経《きん》五日《じつ》、与《よ》老兄相見《らうひんしやうけん》。いはんや老兄すでに船舷跨《せんげんこ》来《らい》、この嗣書また梅花綾《むいくわりん》にかけり。大梅のおし《(を)》ふるところならん、*夢草《ぼうさう》と符合するゆゑにとりいだすなり。老兄もしわれに嗣法せんともとむや。たとひもとむとも、おし《(を)》むべきにあらず」。

道元、信感おくところなし。嗣書を*請《しやう》ずべしといへども、たゞ焼香礼拝《せうかうらいはい》して、恭敬供養《くぎやうくやう》するのみなり。ときに*焼香侍者法寧《ほふねい》といふあり、はじめて嗣書をみるといひき。

道元ひそかに思惟《しゆい》しき、この一段の事、まことに仏祖の冥資《みやうし》にあらざれば見聞なほかたし、辺地の愚人《ぐにん》として、なんのさいわい《(ひ)》ありてか数番《すばん》これをみる。感涙霑袖《てんしう》。ときに維摩《ゆいま》室《しつ》・大舎堂等に、*閑闃無人《かんげきぶじん》なり。

この嗣書は、*落地梅綾《らくちむいりん》のしろきにかけり。長《ちやう》九寸余、闊《くわつ》一尋余なり。軸子《ちくす》は黄玉なり、表紙は錦なり。

道元、台山より天童にかへる路程《ろしん》に、大梅山護聖寺《だいばいさんごしやうじ》の*旦過《たんぐわ》に宿するに、☆大梅祖師きたり、開花せる一枝の梅花をさづくる霊夢《りんむ》を感ず。*祖鑑もとも仰憑《にやんぴん》するものな

親人　親友、親善友のことか。そうとすれば、自分に随順して善行を発するものの意。ただ親しい人というだけではあるまい。

みせしめず　ただの見せずの意と同じ。もし「しめず」を使役とすれば、ひとをしてかれらに見せしめずの意となる。

出城　城外に出る。「見知府」は知府(府の長官)に会う。

実人　真実ある人の意か。

夢草　夢想の意で使ったか。

請ずべし　もらうべきだ。

焼香侍者　住持の侍者のうち、その説法・法会等の座に侍するもの。

閑闃　閑・闃ともにしずか。

落地梅綾　地に落ちた梅花文を織出した綾。

旦過　旦過寮の略。行脚僧の一夜の宿。夕に来り旦に過ぎ去るよりいうという。掛搭を許されるまで宿るのもここ。

祖鑑　祖師の手本。下の「仰憑」は仰ぎ憑むべき、そうするに足りるの意だろう。

り。その一枝花の縦横は、壱尺余なり、梅花ぁに優曇花《うどんくゑ》にぁらざらんや。夢中と覚中と、おなじく真実なるべし。道元在宋のあひだ、帰国よりのち、いまだ人にかたらず。

いまわが洞山《とうざん》門下に、嗣書をかけるは、臨済等にかけるにはことなり。仏祖の衣裏《えり》にかゝれりけるを、☆青原高祖したしく曹谿の几前にして、手指より浄血をいだしてかき、正伝せられけるなり。この指血《しくゑち》に、曹谿の指血を合して書伝せられけると相伝せり。初祖・二祖のところにも、合血の儀おこなはれけると相伝す。これ、「吾子参吾」などはかゝず、諸仏および七仏のかきつたへられける嗣書の儀なり。

しかあればしるべし、曹谿の血気は、かたじけなく青原の浄血に和合し、青原の浄血、したしく曹谿の親血に和合して、まのあたり印証をうることは、ひとり高祖青原和尚のみなり。余祖のおよぶところにあらず。この*事子《じす》をしれるともがらは、仏法はたゞ青原のみに正伝せると道取す。

嗣書

先師《せんじ》古仏天童堂上大和尚☆、しめしていはく、「諸仏かならず嗣法あり、いはゆる釈迦牟尼仏者《は》、迦葉仏に嗣法す、迦葉仏者《は》、*拘那含牟尼仏《くなごんむにぶつ》に嗣法す、拘那含牟尼仏者《は》、*拘留孫仏《るそんぶつ》に嗣法するなり。かくのごとく仏仏相嗣していまにいたると信受すべし。これ学仏

事子　単に事というのに意味は同じ。「子」なる物につける接尾辞。すでに時折見た。

拘那含牟尼仏　賢劫千仏の第二。過去七仏の第五。『長阿含第一大本経』に精しい。この仏の俗姓も迦葉。

拘留孫仏　過去七仏の第四。

の道《だう》なり」。

ときに道元まうす、「迦葉仏入涅槃《かせふぶつにふねはん》のゝち、釈迦牟尼仏はじめて出世成道せり。いはんやまた賢劫《けんごふ》の諸仏、いかにしてか荘厳劫《しやうごんごふ》の諸仏に嗣法せむ。この道理いかむ」。

先師いはく、「なんぢがいふところは*聴教の解《げ》なり、十聖三賢等の道《だう》なり、仏祖嫡嫡《ちやくちやく》の道にあらず。わが仏仏相伝の道はしかあらず。

釈迦牟尼仏、まさしく迦葉仏に嗣法せり、とならひきたるなり。釈迦仏の嗣法してのちに、迦葉仏は入涅槃《にふねはん》すと参学するなり。

釈迦仏もし迦葉仏に嗣法せざらんは、*天然外道《てんねんげだう》とおなじかるべし。たれか釈迦仏を信ずるあらん。かくのごとく仏仏相嗣して、いまにおよびきたれるによりて、箇々仏ともに正嗣《しやうし》なり。つらなれるにあらず、あつまれるにあらず。まさにかくのごとく仏仏相嗣すると学するなり。諸阿笈摩教《しよあぎふまけう》のいふところの*劫量《こふりやう》・寿量《じゆりやう》等にかゝはれざるべし。もしひとへに釈迦仏よりおこれりといはゞ、わづかに二千余年なり、ふるきにあらず。相嗣もわづかに四十余代なり、あらたなるといひぬべし。この仏嗣は、しかのごとく学するにあらず。釈迦仏は迦葉仏に嗣法すると学し、迦葉仏は釈迦仏に嗣法すると学するなり。かくのごとく学するとき、まさに諸仏諸祖の嗣法にてはあるなり」。

▽このとき道元、はじめて仏祖の嗣法あることを稟受《ひんじゆ》するのみにあらず、従来の旧窠《きうくわ》をも脱落《とつらく》するなり。

聴教　教は阿含(阿笈摩)の訳語。心にあって法、法の言葉に現われたるを「教」という。

天然外道　→四三四頁注

劫量・寿量　「劫」は何度も出たが、方高四十里(一由旬→二六七頁注)の城に芥子を満し、その一粒を三年ごとに取り去ってついに全芥子粒のなくなるまでの時間、また同じ大きさの石を天人が重さ三十銖(黍百粒の重さ)の天衣をもって三年に一度拭い、ついにこの石を磨りへらして無にしてしまうまでの時間をいうという。それと人間一生の時間。要するに「仏々相嗣」の持続は非時間的だということである。

于時日本仁治二年歳次辛丑三月二十七日觀音導利興聖宝林寺　入宋伝法沙門道元記

*寛元癸卯九月二十四日掛錫於越州吉田県吉峯古寺草庵　(花押)

寛元癸卯　同元年。一二四三年。

正法眼蔵第四十

*栢《はく》樹《じゅ》子《し》

趙州《でうしう》☆真際大師は、釈迦如来より第三十七世なり。六十一歳にしてはじめて発心し、い▽へをいでて学道す。このときちかひていはく、「たとひ百歳なりとも、われよりもおとれらむは、われかれをおし(を)ふべし。たとい(ひ)七歳なりとも、われよりもすぐれば、われかれにとふべし」。恁麼《いんも》ちかい(ひ)て、南方へ雲遊す。道をとぶらひゆくちなみに、南泉にいたりて、*顒和《ぐわんを》尚《しやう》を礼拝す。

ちなみに南泉もとより方丈内にありて臥《ぐわ》せるついでに、師、来参するにすなはちとふ、*「近離什麼処《きんりしもしよ》《近離什麼《いづれ》の処ぞ》」。

師いはく、「瑞像院*」。

南泉いわ(は)く、「還見瑞像麼《わんけんずいざうま》《また瑞像を見るや》」。

師いはく、「瑞像即不見《ずいざうそくふけん》、即見臥如来《そくけんぐわにょらい》《瑞像は即ち見ず、即ち臥如来《ぐわにょらい》を見る》」。

ときに南泉い▽ましに起《き》してとふ、「你《なんち》はこれ*有主沙弥《うしゅしゃみ》▽なりや、無主沙弥《むしゅしゃみ》▽なりや」。

師、対《つい》していはく、「有主沙弥」。

南泉いはく、「那箇是你主《なこしにしゅ》」。

栢　柏(ヒノキ科のコノテガシワ)の俗字。椢とする説もあるが日本産椢は中国にはない(牧野富太郎)。

顒和尚　南泉普願和尚の略。↓祖師

近離什麼処　既出。どこからおいでか。

瑞像院　南泉山普願の住する寺。趙州の答えはここから来ましたということになる。「瑞像」は瑞相円満な仏像の謂いで、中インド、憍賞弥国(現コーサム)の優塡王が、母のために天宮に昇り三月不在となった釈迦牟尼仏を慕い、その姿をしのぶために刻ませた像という伝説をもつ栴檀材の像で、釈迦牟尼仏像の起源とされる。その模刻が玄奘によって中国に将来されたと言い、また羅什父子によってインドの実物が中国に将来されたという。わが国嵯峨清涼寺の釈迦牟尼仏像はその様式のものとされる。

有主沙弥　師について得度した沙弥。沙弥は息悪・行慈・求寂・勤策男などと訳される梵語の音訳で、出家した男子の十戒を受けた後二百五十戒を持つ比丘となるまで、比丘(勤人)に策励される期間のものをいう。

師いはく、「*孟春《まうしゆん》猶寒《いうかん》、伏惟《ふゐ》和尚《をしやう》尊体、起《き》居万福《きよばんぷく》」。

南泉すなはち維那《ゐの》をよびていはく、「此《し》沙弥《しやみ》別処《べつしよ》安排《あんばい》《此の沙弥、別処に安排すべし》」。

かくのごとくして南泉に寓直し、さらに余方にゆかず。辦道功夫《はんたうくふう》すること三十年なり。

寸陰をむなしくせず、雑用《ざふよう》あることなし。つゐ《(ひ)》に伝道受業《じゆごふ》よりのち、趙州の観音院に住することも又三十年なり。その住持の事形、つねの諸方にひとしからず。

或時いはく、

*烟火徒労望二四隣一、　《烟火徒《いたづ》らに労す四隣を望むを、

饅頭䭔子*前年別、　饅頭《まんてう》、䭔子《たいす》前年より別れぬ、

今日思量空嚥津*、　今日思量して空しく嚥津《えんしん》す、

*持念少、嗟歎頻。　持念は少なく、嗟歎は頻《しきり》なり。

一百家中無二善人*一、　一百の家中善人《よきひと》無し、

来者祇道覓レ茶喫、　来者ただ道《い》ふ茶を覓《もと》めて喫せんと、

不レ得レ茶噇*一去又嗔。　茶を得て噇《くら》はざれば去つて又嗔《いか》る》

あわ《(は)》れむべし、烟火まれなり、一*味すくなし。雑味《ざふみ》は前年よりあはず、一百家人きたればを茶をもとむ。茶お《(を)》もとめざるはきたらず。将*来茶人は一百家人にあらざらん。これ見賢*の雲水ありとも、思斉の竜象なからん。

あるときまたいはく、

孟春　早春。次句の「伏惟(伏シテオモンミルニ)云々」は僧侶の手紙冒頭の慣用句。「起居万福」は、前にも出たが、御機嫌うるわしく祝着に存じます。この句、南泉を「主」とするという趙州の意を暗示する。

烟火徒労…　自分のところは米がなく、炊煙(烟火)の上げようもない。ただ隣近所に立ちのぼる炊煙を空しく眺めるばかりだ(入矢)。「烟火」と「徒労」のあいだに句切れがある。

䭔子　餅団子。

津　体からの分泌液一切。ここではなま唾。(入矢)

持念　正法の受持憶念。

善人　善根ある人。

噇　むさぼり食う。茶をがぶがぶ飲む。(入矢)

一味　一品だけの質素な料理をいうが、ここでは粥飯を言っているだろう。「雑味」は種々の料理。

将来茶人　茶を将ち来る人。「一百家人にあらざらん」は、一村(それを「百家」で言い表わす)中にもいはしまいの意。

見賢　「賢者ニ見エントス」。賢を菩薩ととったり、牟尼(釈迦牟尼はシャカ族の賢者の意)ととったりする道もないではないが、後の句の「思斉(斉シカランコトヲ思フ)」がそれを妨げる。「見賢思斉。見不賢而内自省也」は『論語』里仁の言なる故。

思ニ量天下出家人一、似レ我住持能有レ幾。土榻床、破蘆籭、老楡木枕全無レ被。尊像不レ焼安息香、灰裏唯聞牛糞気。《天下の出家人を思量《おもひや》るに、我に似たる住持能く幾《いくばく》か有る。土の榻床、破れたる蘆籭《ろはい》、老楡《らうゆ》の木枕全く被《ふすま》無し。尊像には焼《た》かず安息香、灰裏にはただ聞く牛糞の気》

これらの道得《だうて》をもて、院門の潔白しりぬべし、いまこの蹤跡を学習すべし。僧衆お《(ほ)》ゝからず、不満《ふまん》二十衆《しゆ》といふは、よくすることのかたきによりてなり。僧堂おほきならず、前架・後架《こうか》なし。夜間は燈光《とうくわう》あらず、冬天は炭火《たんくわ》なし。あわ《(は)》れむべき老後の生涯といひぬべし。古仏の操行《さうぎやう》、それかくのごとし。

あるとき、連牀《れんじやう》のあしのお《(を)》れたりけるに、燼木《じんもく》をなはにてゆい《(ひ)》つけて年月をふるに、知事、つくりかゑ《(へ)》んと報ずるに、師、ゆるさゞりけり。希代《きたい》の勝躅《しようちよく》なり。よのつねには、解斎粥米全無レ粒、空対ニ閑窓与ニ隙塵一《解斎《げさい》の粥米全く粒《りふ》も無し、空しく閑窓と隙塵《げやくぢん》とに対《むか》ふ》なり。あるいはこのみをひろい《(ひ)》て、僧衆もわが身も、茶飯《さはん》の日用に活計《くわつけ》す。いまの晩進、この操行を讃頌《さんじゆ》する、師の操行におよばざれども、慕古を心術とするなり。

榻床　寝台。ここは坑(かん)のこと(入矢)。

蘆籭　蘆で編んで寝台に敷くうすべり。(入矢)

安息香　辟邪樹とも呼ばれる熱帯産の喬木(安息香樹)の樹脂、夏おのずと堅く凝る。これを炷けば「通神明辟衆悪」の効ありといわれる。「牛糞」(実際に燃料とする)とのコントラスト。

よくすることのかたき　(趙州観音院に)いることがよくしがたい。

解斎粥米　いろいろに訓んでいるが、「解斎」に、早朝に食事することという用法がある。四字でそのときの粥とする米。

隙塵　隙間につまった塵か。

坐看　坐禅して御覧。「看」、ここでは冗辞。

境　感覚・分別智の対象。

起首　ものごとの始め。

作家　明眼の禅人。「家」はいえではなく、ひと。ここでも「作」にのみ意がある。↓五二頁注。全身心をこめて扱う。

なり　ならん。反語。

あるとき、衆《しゆ》にしめしていはく、「われ南方にありしこと三十年、ひとすぢに坐禅す。なんだち諸人、この一段大事をゑ《（え）》んとおもはゞ、究理《きうり》坐禅してみるべし。三年五年、二十年三十年せんに、道をゑ《（え）》ずといはゞ、老僧が頭《かしら》をとりて、杓《しやく》につくりて小便をくむべし」。かくのごとくちかひける。まことに坐禅辨道《はんだう》は、仏道の直路《ちきろ》なり、究理坐看*すべし。のちに人いはく、「趙州古仏なり」。

大師因有ㇾ僧問《大師に因みに僧有つて問ふ》、「如何是祖師西来意《如何ならんか是れ祖師西来意》」。

師云《いはく》、「庭前栢樹子《庭前の栢樹子《はくじゆし》》」。

僧曰、「和尚莫ニ以ㇾ境*示ロ人《和尚境《きやう》を以て人に示すことなかれ》」。

師云、「吾不ニ以ㇾ境示ロ人《吾れ境を以て人に示さず》」。

僧云、「如何是祖師西来意《如何ならんか是れ祖師西来意》」。

師云、「庭前栢樹子《庭前の栢樹子》」。

この一則公案は、趙州《でうしう》より起首*せりといへども、必竟《ひつきやう》じて諸仏の渾身《うんしん》に*作家《そか》しきたれるところなり。たれかこれ主人公なり*。

いましるべき道理は、「庭前栢樹子」、これ境《きやう》にあらざる宗旨《そうし》なり、「祖師西来意《そしせいらいい》」、これ境にあらざる宗旨なり、「栢樹子」*、これ自己にあらざる宗旨なり。「和尚莫以境示人《をしやうまくいきやうじじん》」なるがゆへ《（ゑ）》に、「吾不以境示人《ごふいきやうじじん》」なるがゆへに。いづ*れの和尚か和尚にさゐ《（へ）》られん、さゐ《（へ）》られず

これ自己にあらざる　自己の六根の対象でないと言われた以上、「自己」とは関わりない。

いづれの和尚か…　「和尚」「吾」「人」いずれも右の問答からの引用文字。他からどう呼ばれ、自らどう名告ろうと、要するに各人は「人」である。祖師も大師も問僧もひとしく「人」である。「自己」などというものではない。等正覚者であるはずだということになろう。

罣礙　拡大されたこの語の第二義によって理解すべきだろう。どの「境」も「西来意」にひきとめられてその真面目を現わす。

西来意の境をもちて…　「西来意」が「境」によって。「相待せる」(相手があってはじめておのれも成立つものとして成立つ)のではない。「祖師西来意」というのもそれは「人」のことで、「正法眼蔵涅槃妙心」(全一なる包括者)ではなく、純粋高貴なものではあるけれど「個」なのだ。

不是心…　↓四一四頁注。しかし若干ニュアンスが違う。ここのは単純な否定。上の「涅槃妙心」の縁でひき出された三句。

両人同得見　「両人同ジク見ヲ得タリ」。ふたりとももう所見はちゃんとあるのだ。

一人也未可相見　一方はまだ相見とは言っても見ることができずにいる。

自己也能得幾　ところで他方の自己

は、吾《ご》なるべし。いづれの吾か吾にさへられん、たとひさゐ《（へ）》らるとも、人《じん》なるべし。いづれの境か西来意に*罣礙せられざらん、境はかならず西来意なるべきがゆへに。しかあれども、*西来意の境をもちて相待せるにあらず、祖師西来意かならずしも正法眼蔵涅槃妙心にあらざるなり。*不是心なり、不是仏なり、不是物なり。

いま「如何《しゆお》是《し》祖師《そし》西来意《せいらいい》」と道取せるは、問取のみにあらず、*両人同得見《りやうにんどうとくけん》のみにあらざるなり。正当《しやうたう》▽恁麼《いんも》問時《もんじ》は、*一人也未可相見《いちにんやみかしやうけん》なり、*自己也能得幾《じこやのうとくき》なり。さらに道取するに、*渠無不是《こむふし》なり。このゆへに*錯々《さくさく》なり、錯々なるがゆへに将錯就錯《しやうさくじゆさく》なり。*承虚接響《しようこせつかう》にあらざらんや。*豁達霊根無向背《くわつたつりんこんむきやうはい》なるがゆへに、*庭前栢樹子なり。

境にあらざれば栢樹子にあるべからず。*たとひ境なりとも、吾不以境示人なり、和尚*莫以境示人なり、*古祠《こし》にあらず。すでに古祠にあらざれば、埋没《まいもつ》しもてゆくなり。すでに埋没しもてゆくことあるは、*還吾功夫来《ぐゑんごくふうらい》なり。還吾功夫来なるがゆへに、吾不以境示人なり。さらになにをもてか示人《じじん》する、*吾亦如是《ごやくによぜ》なるべし。

大師有レ僧問《大師に、僧有りて問ふ》、「栢樹還有ニ仏性一也無《栢樹また仏性有りや無《いな》や》」。

大師云《いはく》、「有《有り》」。

僧曰、「栢樹幾時成仏《栢樹幾《いづれ》の時か成仏せん》」。

大師云、「待ニ虚空落地一《虚空の落地するを待つべし》」。

僧曰、「虚空幾時落地《虚空幾《いづれ》の時か落地せん》」。

もどれほどのことができたのか。

渠無不是　向うさんだってまずいわけではない(相見できていないなどと言ってみたところで)。

錯々　向うも違う、こっちも違う。↓八一頁「将錯就錯」注。

承虚接響　虚につけこむこと響きのものに接する(応ずる)がごとくす。活鱍々の智のはたらきの意。

豁達霊根無向背　「豁達ノ霊根(この語多義。ここでは六根の一たる舌根。それを言葉を発する能力の意に用いた)ハ向背無シ(味方したり叛いたりということがない。いつも同じ)」。言葉に言うところは何に就くということはない。要するに尽界をうつした智の自己表現である。

庭前栢樹子なり　「祖師西来意は庭前栢樹子なり」と言いうるの意。

たとひ境なりとも　主格「栢樹子」が省かれている。以下趙州が「栢樹子」をとりあげて言ったのは、と続く。「吾」は冗辞。

莫　ここでは命令法ではなく否定断言の助動詞。

古祠　栢は墓地や祠の境域によく植えられる。その縁で出されたか(入矢)。「境」の縁語とも言える。人が手をつけない永続するものの象徴か。この句の主格も栢樹子。省かれている。

還吾功夫来　「吾ニ功夫ヲ還シ来レ」。上の「あるは」は「あるに」に等し

大師云、「待二栢樹子成仏一《栢樹子の成仏を待つべし》」。

いま大師の道取を聴取《ちんしゆ》し、這僧問取《しやすんもんしゆ》をすてざるべし。大師道の「虚空落地時《こくうらくちじ》」、および「栢樹成仏時《はくじゆじやうぶつじ》」は、*互相の相待なる道得《だうて》にあらざるなり。栢樹を問取し、仏性を問取す。成仏を問取し、時節を問取す。虚空を問取し、落地を問取するなり。

いま大師の*向僧道《きやうそうだう》するに、「有」と道取するは、「栢樹仏性有《はくじゆぶつしやうう》」なり。この道《だう》を通達して、仏祖の命脈を通暢《つうちやう》すべきなり。いはゆる栢樹に仏性ありといふこと、尋常に道不得《だうふて》なり、未曾道《みすんだう》なり。*すでに有仏性《うぶつしやう》なり、その為体《ていたらく》あきらむべし。有仏性なり、栢樹いまその次位の高低いかん。*寿命・身量の長短たづぬべし、*種姓《しゆしやう》・類族《るいぞく》きくべし。さらに百千の栢樹、みな同種姓《どうしゆしやう》なるか、別種胤《べつしゆいん》なるか。成仏する栢樹あり、修行する栢樹あり、発心する栢樹あるべきか。栢樹は成仏あれども、修行・発心等を具足せざるか。栢樹と虚空と、有甚麼《いうしも》因縁《いんねん》なるぞ。栢樹の成仏、さだめて「*待你落地時《たいにいらくちじ》」なるは、栢樹の樹*功、かならず虚空なるか。栢樹の地位は、*虚空それ初地《しよぢ》か、果位《くわゐ》か、審細に功夫参究すべし。我《が》還問汝《わんもんによ》趙州老《でうしうらう》、你亦《にいやく》*一《い》根枯《こんこ》栢樹《はくじゆ》《我れ還つて汝に問はん趙州老、你もまた一根の枯栢樹なり》なれば、恁麼の活計を消息せるか。

おほよそ栢樹有仏性《はくじゆうぶつしやう》は、外道二乗等の境界にあらず、経師論師《きやうじろんじ》等の見聞にあらざるなり。いはんや枯木死灰の*言華《ごんくゑ》に開演せられんや。たゞ趙州の種類のみ参学参究するなり。いま趙州道《でうしうだう》の栢樹有仏性は、栢樹被栢樹《はくじゆひはくじゆ》 *礙也無《げやむ》《栢樹、栢樹に礙《さ》へらるや無《いな》や》なり、仏性被仏性《ぶつしやうひぶつしやう》礙也無《げやむ》《仏性、仏性に礙《さ》へらるや無《いな》や》なり。この道取、いまだ一仏二仏の究尽《きうじん》するところに

い。五字で、功夫が何としても必要だ、の意。下は、そういうものだから、人に示すのに「境」を使ったりはしないということになるのだ、の意だろう。「なり」は「なるなり」。

吾亦如是　大鑑慧能の語。ここでは吾一字に意味がある。全自身をもって示すのだの意。

互相の相待　相互あい待つ。その二つだけがお互いに相手の存在によって自分を保つわけではなく、「栢樹」「仏性」「成仏」「時節」「虚空」「落地」のすべてに対して、お前は乃至これはどうだと問うているのである。尽界の有象無象の自立と相関の暗示。

向僧道　僧に向って道(い)う。

すでに有仏性なり　四四八頁の「和尚莫以境示人なるがゆへに、吾不以境示人なるがゆへに」の断定と同性格のもの。言われたことはそれだけですでに動かしがたい真実の証明だという判断の態度。『仏教』参照。

寿命・身量　『大智度論』によれば、寿と命は別でありうる。ここでも「量」は身・寿・命三者にかかっている。寿命の長短、身体の大小。

種姓・類族　血筋による区別と、同一血筋の中での区別のことだろう。

待你落地時　栢樹と虚空とが問答している。

樹功　「功」のみでよい。功徳。「虚空なるか」は虚空にあるかの意。次

あらず。仏面あるもの、かならずしもこの道得《だうて》を究尽することうべからず。たとひ諸仏のなかにも、道得《だうて》する諸仏あるべし、道不得《だうふて》なる諸仏あるべし。

いはゆる「待虚空落地《たいこくうらくち》」は、あるべからざることをいふにあらず。栢樹子の成仏する毎度に、虚空落地するなり。その落地響《らくちかう》かくれざること、百千の雷よりもすぎたり。「栢樹《はくじゆ》成仏《じやうぶつ》」の時は、しばらく十二時中なれども、さらに*十三時中なり。その落地の虚空は、*凡《ぼん》聖所見《しやうしよけん》の虚空のみにはあらず。このほかに一片の虚空あり、余人所不見《よじんしよふけん》なり、趙州一箇見《でうしういこけん》なり。虚空のおつるところの地、また凡聖所領《ぼんしやうしよりやう》の地にあらず。さらに一片地あり、*陰陽所▽不到なり、趙州一箇到なり。虚空落地の時節、*たとひ日月山河《にちぐわちせんが》なりとも、「待《たい》」なるべし。*たれか道取する、仏性かならず成仏すべしと。仏性は成仏以後の荘厳《じやうごん》なり。さらに成仏と同生同参する仏性もあるべし。

しかあればすなはち、栢樹と仏性と、*異音同調にあらず。為道《ゐだう》すらくは何必《かひつ》なり、「作麼《そも》生《さん》」と参究すべし。

正法眼蔵栢樹子第四十

爾時仁治三年壬寅五月蕤節二十一日在雍州宇治郡観音導利院示衆

寛元々年癸卯七月三日丁未書写于越州吉田郡志比庄吉峯寺院主房　懐弉

の「地位」(在り場所)の「地」は樹に因み、「虚空」と対する縁語。

虚空それ　虚空がその(栢樹の)得べき「初地」(菩薩行のうちの第一段階)であるのか、それとも〈仏果〉のえられる最上位に当るのか。

一根　ひともと。

言華　「言」のみでよい。華は「枯木死灰」の縁語。言葉で、それがどんなに美しくともと働いていよう。

礙　罣礙。その第二義における用法。

十三時中　超現実裡だ。

凡聖　一切衆生。

陰陽所不到　「陰陽ノ到ラザルトコロ」。通常の自然的条件に支配されていないところ。

たとひ日月山河なりとも　日月山河のように大きなものでも、自然存在であっては、これを待つ他ない。趙州のように自分からその「時節」の中に入るということはできない。

たれか道取する…　『仏性』に「仏性は…成仏よりのちに具足するなり。仏性かならず成仏と同参するなり」(五三頁)とあった。

異音同調　音は異るが調子は同じ。「にあらず」とともに「異音」にもあらず「同調」にもあらずの意。「何必」も、何ぞかならずしも異あるいは同ならんやの意。そこで「どうだ」と突きつめねばならぬ。この「どうだ(作麼生)」も「どうしてか」とも、「どうするか」とも割り切れない。

校異

ここに校異をあげたものは、底本の本文は改めたが、なお、他のいずれかの写本に同文の存するもの、及び底本独自の異文で、特に底本の性格を示すものに限った。

底本の明らかな誤りを正し、また底本独自の異文で、他の諸本により容易に読み改め得たものについては一々あげなかった。

底本にない文字を補った場合も、他の諸本によって容易に補い得たものについては一々あげなかった。

〔略号〕　洞本—洞雲寺本　乾本—乾坤院本　瑠本—瑠璃光寺本　秘本—秘密正法眼蔵本

頁	行	本文	底本
現成公按			
三九	9	建長壬子拾勒	ナシ(七十五巻本系ニヨリ補)
身心学道			
七六	7	拕泥滞水	拕泥帯水
即心是仏			
八四	6	近代は…いはゆる	ナシ(七十五巻本系ニヨリ補)
行仏威儀			
九九	12	大小乗	大乗
一〇一	14	仁治二年…道元(15)	ナシ(瑠本及ビ七十五巻本系ニヨリ補)
一顆明珠			
一〇四	15	道取	道得
一〇八	14	わつらふも	わつらふとも
心不可得			
一一一	7	点せんと	点セントカ
古仏心			
一二四	5	巴鼻ある	巴鼻なる
大悟			
一三〇	15	問取するなり	聞取するなり
一三三	16	いはるしかあれとも	ナシ(梵清本系ニヨリ補)
坐禅儀			
一三六	13	爾時寛元癸卯冬十一在越州吉田県吉峯精舎示衆	ナシ(七十五巻本系ニヨリ補)
坐禅箴			
一三九	1	なり…曾無正偏曾無(15)	ナシ(以下、終リマデ乾本ニヨル)
一四〇	7	正法眼蔵坐禅箴第十二	ナシ
行持上			
一七一	7	衣鉢	衣杅
一七七	15	老屋敗椽して風雨之蔽はなはたし	老屋敗椽僅蔽風雨(七十五巻本系ニヨリ改)
一八七	2	一は	いはゆる一は(七十五巻本系ニヨリ改)
	8	参して	登して
行持下			
一九一	6	よる	右傍書たつ
二一八	1	さんや…郷土にかへるへからす先師(二二〇 10)	ナシ(洞本ニヨリ補)
	11	先師	師
恁麼			
二二二	1	十七	二十九
二二七	1	道取	道得
二三〇	9	十七	二十九
古鏡			
二四三	12	いまの漢は漢にあ	如何還我明鏡来な

校異

頁	行	本文	底本
		らさるかゆへにす	り(16)ノアトニア
		なはち漢現なり	リ
二四五	15	われら本末を	われらか本末を
二四九	11	瑕生は全古鏡	瑕生也は古鏡
	16	話頭也不識	話端也不識
	17	話頭なる	話端なる
有時			
二五八	10	時時なり	時なり
二六一	7	眼睛	眼精
授記			
二六九	5	祖師の	五仏六祖を
	16	従仏聞なるへし	従仏聞なる
二七三	12	今日生仏の慧命なりしかあれは一切衆生は	ナシ(瑠本ニヨリ補)
二七四	8	二十五日	五日(七十五巻本系ニヨル)
		宝林寺	宝林寺之
全機			
二七七	8	全機	ナシ
都機			
二八二	12	沙門	沙門之
画餅			
二八七	15	画飢にあらされは	画充にあらされは
渓声山色			
二九二	12	志勤	志観
二九三	4	勤をいふ	観をいふ
二九八	16	われ	われら

頁	行	本文	底本
仏向上事			
三〇〇	13	語話時の不聞を体得し参徹することあるなり	体得することなし(次行)ノ次ニ入ル
三〇二	13	徳山臨済等には	ナシ(七十五巻本系ニヨリ補)
	14	岩頭雪峰等は	ナシ(七十五巻本系ニヨリ補)
	15	須知有仏向上人	須知向上人
三〇四	2	作麼生是換却底道理	ナシ(七十五巻本系ニヨリ補)
三〇五	9	云…高祖然之	深器也
	13	向上の不道	不道の道
三〇八	13	西天東地	西来東地
	16	関棙子	関櫖子
夢中説夢			
三一三	4	ひめもす	ひめむす
三一四	13	烟尽燈滅	烟燼燈滅
	16	妙法は	妙法
三一五	16	莫謗仏法	莫謗法
礼拝得髄			
三一八	8	われ	ナシ(秘本及ビ梵清本系ニヨリ補)
三一九	10	はなちて	ハナテ
三二三	9	礼拝得髄	ナシ
三二四	17	ソラサル	ソレサル
三二六	8	ナルアリ	ナルアル
三二七	7	等アリ	等ナリ

頁	行	本文	底本
	10	カクレント	カクレト
	12	遠縁	遠練
三二九	2	誑惑	狂惑
	8	樵翁	椎翁
	9	入ラサルアラン	入ランアラン
山水経			
三三四	7	あはれむ	あはれん
	13	あはれむ	あはれん
看経			
三五三	10	一杯	一坏
諸悪莫作			
三五七	16	修行したれの身心を拈来して	ナシ(七十五巻本系ニヨリ補)
伝衣			
三六六	8	瞻礼せんは	瞻礼セン
三六七	3	をもきこと	ヲモキコレ
	8	この仏衣	コレ仏衣
三六八	10	これたゝ	コノタヽ
三六九	15	身心	心身
三七〇	8	或四長一短	九条衣四長一短
三八〇	3	して	シキ
	16	文学	文字
三八二	7	やつれたる	ヤフレタル
道得			
三八五	12	道得底と	道底と
	13	の道得底	の道底
三八七	13	こころ	ところ
	15	卒しゆく	ナシ(七十五巻本

頁	行	本文	底本
			系ニヨリ補）
三八九	5	ありき	あり
	7	沙門	沙門、、
仏教			
三九六	3	なかれ	也
	5	十二分教	下ニ小書「修多羅亦云線経」
	7	此云重頌	下ニ小書「以偈頌修多羅也」
	9	此云諷誦	下ニ小書「此云不重頌如此間侍頌」
	10	此云無問自説	下ニ小書「無問自説経者聖人説法皆待請問（然）為衆生作不請之師故無問自説又仏法難知名無能人問若不自説衆則不知為説不説又復不知為説何法故無問自説乃所以彰所説甚（深）唯証是以寄無問自説以彰所顕也」
	11	此云因縁	下ニ小書「因縁経者欲明戒法必因犯彰過々相彰現方得立制此亦託因縁以明所顕也」

頁	行	本文	底本
	12	此云譬喩	下ニ小書「阿波陀那」
	13	此云本事	下ニ小書「此云如是語亦云本事」
	14	此云本生	下ニ小書「本（生）事者謂説前生菩薩行事本事々者謂説前世諸相応事」
三九八	5	一百四十四	一百四十八
	10	道取する	道取スルハ
三九九	11	この衆生は	ナシ（秘本及ビ梵清本系ニヨリ補）
	16	ほとけ法にとかる	ナシ（秘本及ビ梵清本系ニヨリ補）
四〇〇	1	以故説是経	以説是経
	7	仏教	ナシ（秘本ニヨリ補）
	8	于時仁治三年壬寅十一月七日在雍州興聖精舎示衆	ナシ（秘本ニヨリ補）
神通			
四〇九	8	亦不依住	亦無
阿羅漢			
四一二	3	無復煩悩	ナシ（七十五巻本系ニヨリ補）
	10	の論	ナシ（瑠本ニヨリ補）
四一三	3	令一切	令一切聞

頁	行	本文	底本
四一五	5	正如荒草裡	譬如荒草裡
	8	恁度世	恁麼度世
四一七	5	爾時仁治三年壬寅夏五月十五日住于雍州宇治郡観音導利興聖宝林寺示衆	ナシ（瑠本及ビ七十五巻本系ニヨリ補）
春秋			
四二四	11	春秋	ナシ
葛藤			
四三〇	13	自余の臨済…驚怖すへし（15末）	ナシ（瑠本及ビ七十五巻本系ニヨリ補）
四三一	3	いふことを	いふこと
嗣書			
四三四	7	あらすよりは	あらよりは
四三八	5	いましむ	いましん
四四三	16	このとき	この
栢樹子			
四四五	3	いへをいてて	ナシ（七十五巻本系ニヨリ補）
	13	いましに	いまして
		なりや	ナシ
		なりや	ナシ
四四七	9	燈光	燒光
四四九	6	恁麼問時	恁麼時
四五一	8	不到なり	不断なり

渉典

ここには、本文に引用されている文献の出所及び本文に用いられている語の典拠を示した。百丈録、趙州録等、古尊宿語録に収められているものについて、一々古尊宿語録所収の旨を示すことは省略した。

項目によって、漢文体のままのものと、読み下し体に改めたものと両様ある。読解のためと、漢文の文字面をそのまま示すためと、二つの必要に迫られた便宜上の形である。

見出し項目下の( )内の数字は、本文の頁と行数を示す。例えば、(一二12)は、一二頁一二行であることを表わす。

なお、解説「渉典について」を参照されたい。

辨道話

大師釈尊、霊山会上にして(一二12)　世尊霊山会上に在て、花を拈じて衆に示したまふ。衆皆黙然たり。唯だ迦葉のみ破顔微笑せり。世尊云、「吾有正法眼蔵涅槃妙心、実相無相微妙法門、不立文字教外別伝、付嘱摩訶迦葉」。(会要一、世尊章)
この典拠は、経典では『大梵天王問仏決疑経』(偽経とされる)があるのみであるが、禅門では宋代以来、付法説として一般に信じられた。

退亦佳矣(一六12)　法華経、方便品。霊山の法華の会座で、釈尊が舎利弗の懇請により、甚深難解の法を説かれようとした時、五千人の比丘・比丘尼・優婆塞・優婆夷がいて、その座を退いた。これに対して釈尊は、「如是増上慢、退亦佳矣」と言ってあえて制止されなかった。「諸仏いはく此翟罪根深重」(四六四下)をも見よ。

円孔に方木をいれん(一七3)　「如㆘将㆓方木㆒逗㆗円孔㆖」(会要二十二、雲居章)。

きかずや祖師のいはく(二一13)　六祖が南嶽懐譲に言った語。↓「この不染汚」(四六三下)

又いはく、「道をみるもの道を修す」(二一13)　司空山本浄禅師の語。師乃ち無修無作の偈を作て曰く、「見道方修道、不見復何修。道性如虚空、虚空何所修」。(伝燈録五、本浄章)

公事之余喜㆓坐禅㆒(二六2)　普燈録二十三。

むかし則公監院(二七11)　三百則、中二十二・宏智広録一。なお、青峰禅師は伝燈録十七の白兆志円であろう。

釈迦大師は明星をみしとき(二九3)　「菩薩於二月八日、明星出時成仏、号天人師」(伝燈録一、釈尊章)。
「至穆王三年癸未二月八日、明星現時成道」(会要一、世尊章)。

阿難尊者は…(二九3)

祖(阿難)迦葉に問て云く、「師兄(すひん)、世尊金襴袈裟を伝ふる外、別に箇の甚麼(なに)をか伝へし」。

迦葉、「阿難」と召す。

祖、応諾(いんな)す。

迦葉云く、「門前の刹竿を倒せ著」。(会要一、阿難章)

てまりによりて四果を証し(三〇1)　雑宝蔵経九に出る説話。老いぼれた老比丘があった。年若い僧たちが預流果(よるくわ)・一来果(いちらいくわ)・不還果(ふくゑんくわ)・阿羅漢果の四果について語るのを聞いて、自分もぜひその四果を得たいと思って、若い僧たちに、「どうかわたしにその四果を与えてください」とたのんだ。若い僧たちは、「われわれにごちそうをしてくれたら与えよう」と約し、老僧からたっぷりごちそうになった。その後、老僧をその家の一つの角に向って坐らせておいて、後ろから皮で作った手まりで頭を打ち「これが初果(信心確立して聖者の仲間に入った位)である」と言った。と、老僧はたちまち初果をさとった。若い僧たちはさらに老僧を別の角に向って坐らせて、同じく手まりで頭を打ち、「これが二果だ」と言うと、老僧はまた二果をさとった。このようにして順次家の四すみに坐らせて打つごとに悟って、ついに阿羅漢果を証した。

袈裟をかけて(三〇1)　「優鉢羅華比丘尼本生経に説かく、仏在世の時、此の比丘尼、六神通阿羅漢を得、貴人の舎に入り、常に出家の法を讃ず。…比丘尼言く、我れ自ら本宿命を憶念するに、時に戯女(よけど)となり、種々の衣服を著けて旧語を説く。或る時、比丘尼の衣を着けて以て戯笑をなす。是の因縁を以ての故に、迦葉仏の時、比丘尼となり、自ら貴姓端正なるを恃んで心に憍慢を生じ、禁戒を破す。破戒の罪の故に、地獄に堕して種々の罪を受け、罪を受け畢竟(はを)りて、釈迦牟尼仏に値ひたてまつり、出家して六神通阿羅漢道を得たり」(大智度論巻十三)。

癡老の比丘(三〇3)　雑宝蔵経九に出る話。聡明な一信女があった。三宝に帰依し、常に僧衆に食事の供養をしては法を聞いていた。ある時、年老いて、頭もぼけた比丘が請待をうけてごちそうになった。信女は常のごとく説法を求めたがこの老僧には何も語れない。そっと見ると、信女は瞑目端坐してこちらを見ていないようなので、そのままその場をにげ出してしまった。それを知らぬ信女が、法を説いてくれるのを待って端坐しているうちに初果を得た。信女は喜んで目をあけてみると比丘がいない。その足で寺まで行ってさがし求め、お礼を言った。比丘はそれを聞いて慚愧おくところなく、その至誠心によって老比丘もまた初果を得たという。

正法眼蔵

現成公按

たき木はひとなる(三六11)　「如㆓木成㆑灰、不㆓重為㆑木、諸仏如来、菩提涅槃、亦復如是」(首楞厳経四)。

宮殿のごとし、瓔珞のごとし(三七9)　一水四見のたとえ。「謂はゆる餓鬼に於ては、自業の変異、増上力の故に、見る所の江河は皆悉く膿血等充満する処となり、魚等の傍生は即ち舎宅遊従の道路と見、天は種種の宝の荘厳せる地と見、人は是の処清涼の水ありて、波浪の湍洄せるを見、若し虚空無辺処定に入るものは、即ち是の処に於て唯だ虚空を見る」(唐訳摂大乗論釈第四)。

以水為命(三八1)　「竜魚未㆑知㆑以㆑水為㆑命」(宏智広録二)。

何必(三八13)　「化(魏府興化)云、雲居二十年、只道得箇何必。興化即不然、争如箇道不必」(会要二十二、雲居章)。

麻浴山宝徹禅師、あふぎをつかふちなみに(三八14)　三百則、中二十三・会要四、麻谷章。

大地の黄金なるを(三九6)　↓「臂長衫袖短」(四七七上)

摩訶般若波羅蜜

観自在菩薩の行深般若波羅蜜多時は(四〇3)　この巻全体が、般若心経一巻を下敷にしている。禅家で、音読みにして常に読誦する経巻である。

「観自在菩薩。行深般若波羅蜜多時。照見五蘊皆空。度一切苦厄。舎利子。色不異空。空不異色。色即是空。空即是色。受想行識亦復如是。舎利子。是諸法空相。不生不滅。不垢不浄。不増不減。是故空中。無色。無受想行識。無眼耳鼻舌身意。無色声香味触法。無眼界。乃至無意識界。無無明。亦無無明尽。乃至無老死。亦無老死尽。無苦集滅道。無智亦無得。以無所得故。菩提薩埵。依般若波羅蜜多故。心無罣礙。無罣礙故。無有恐怖。遠離〔一切〕顚倒夢想。究竟涅槃。三世諸仏。依般若波羅蜜多故。得阿耨多羅三藐三菩提。故知般若波羅蜜多。是大神呪。是大明呪。是無上呪。是無等等呪。能除一切苦。真実不虚故。説般若波羅蜜多呪。即説呪曰。

掲帝　掲帝　般羅掲帝　般羅僧掲帝　菩提　僧莎訶」

釈迦牟尼如来会中有二一苾蒭一(四〇11)　大般若経巻二九一、著不著相品。

天帝釈問二具寿善現一言(四一13)　大般若経巻二九一、著不著相品。

天帝釈、復白レ仏言(四二3)　大般若経巻二九一、著不著相品。

先師古仏云(四三5)　如浄語録巻下、風鈴頌。道元禅師が直接、如浄禅師に向ってこの頌を讃歎し、如浄禅師また、今まで多くの人がこの頌を讃歎したが、お前ほどよく理解した者はないと、一隻眼あることを許した話が、宝慶記に載っている。

釈迦牟尼仏言、「舎利子…」(四三12)　大般若経巻一七二、讃般若品。

仏性

釈迦牟尼仏言、「一切衆生…」(四五3)　大般涅槃経第二十七、師子吼菩薩品。

是什麽物恁麽来(四五8)　→「この不染汚」(四六三下)

直截根源(四六4)

問「如何是直截根源仏所印」。

師(香厳智閑)、拄杖を抛下し撒手して去る。(伝燈録十一、香厳章)

忙忙業識幾時休(四六4)　「祐問、大地衆生、業識忙忙、無二本可一レ拠」(伝燈録十一、仰山寂章)。

偏界不曾蔵(四六6)

㈠僧有り、明牕の外に在て問ふ、「咫尺の間、什麽と為(し)てか師顔を観(み)ざる」。

師曰く、「我道は偏界不曾蔵」。(伝燈録十五、石霜章)

㈡潭州石霜山普会大師(慶諸)、因みに僧問ふ、「三千里外遠く聞く、石霜に箇の不顧有りと」。

師云く、「是なり」。

僧云く、「只だ万象歴然たるが如きには、是れ顧なりや、不顧なりや」。

師云く、「我れ道ふ、衆を驚かさず」。

僧云く、「衆を驚かさず、是れ万象と合はず、如何ならんか是れ不顧」。

師云、「遍界不曾蔵」。(三百則、上五十八・会要二十、石霜章)

不受一塵(四六8)　「実際理地不受一塵、万行門中不捨一法」(伝燈録九、潙山章)。

吾常心是道(四六9)　懐弉書写本を見ると、はじめ「平常心是道」と書き、あとから「平」を「吾」に直している。馬祖・南泉の「平常心是道」と、洞山良价の「吾常於此切」(四八八上)を合せたものであろう。

「若欲三直会二其道一、平常心是道。何謂二平常心一。無造作、無是非、無取捨、無断常、無凡無聖」(馬祖録)。

一条鉄(四七4)

有人問曰、「既是般若、為什麽被二火焼一」。

師(石門献)曰、「万里一条鉄」。(伝燈録二十、石門献章)

仏言、「欲知仏性義、当観時節因縁…」(四七12)・**其理自彰**(四八16)　会要七、潙山章。百丈が潙山に言った語。

「経曰、欲識仏性義、当観時節因縁、時節若至、其理自彰」。便ち知りぬ、己物外従り得ず。祖師云く、「悟了同未悟、無心亦無法」。只是れ虚妄無し、凡聖等心、本来心法、元自ら備足せり。汝今既に爾り、善く自ら護持せよ。

「経」は涅槃経二十八、師子吼品「欲見仏性、応当観察時節形色、是故我説、一切衆生悉有仏性」による。

第十二祖馬鳴尊者…(四九1)　伝燈録一、馬鳴章。

前三々後三々(四九9)

文殊無著に問ふ、「近離甚処」。

著云く、「南方」。

殊云く、「南方の仏法如何が住持する」。

著云く、「末法の比丘、戒律を奉ずること少なし」。

殊云く、「多少衆ぞ」。

著云く、「或は三百、或は五百」。

著、文殊に問ふ、「此間の仏法如何が住持する」。

殊云く、「凡聖同居し、竜蛇混雑す」。

著云く、「多少衆ぞ」。

殊云く、「前三三後三三」。（三百則、中二十七・会要二十九）

五祖大満禅師…（四九12）　伝燈録三、弘忍章。

むかしは何国人の人あり（五〇16）
泗州大聖に或るひと問ふ、「師は何姓ぞ」。
師云く、「姓は何」。
或るひと云く、「何国人ぞ」。
師云く、「何国人」。（会要二十九）

吾亦如是、汝亦如是（五〇16）　→「この不染汚」（四六三下）

露柱にも…（五一15）　→「露柱なりとも」（四八二下）

空裏一片石（五二7）　僧問、「如何是西来意」。
師曰、「空中一片石」。（伝燈録十五、石霜章）

震旦第六祖曹谿山大鑒禅師…（五二9）　伝燈録三、弘忍章。

無無の無（五四2）　「師自得二無無之無一、不レ無二於無一也」（伝燈録五、匾檐章）。

六祖示二門人行昌一云（五四12）　伝燈録五、志徹章。

今以現自身得度者（五四16）　法華経、普門品では観音の現身説法を、「応以仏身得度者、観世音菩薩即現仏身而為説法、応以辟支仏身得度者、即現辟支仏身而為説法、応以声聞身得度者、即現声聞身而為説法」のように三十三身にわたって説く。よく読誦される経文であるから、自身の現身に言いかえたもの。

或現長法身、或現短法身（五五1）　問ふ、「いかならんか是れ長法身」。

曰く、「拄杖長きこと六尺」。

云く、「如何ならんか是れ短法身」。

曰く、「算子短きこと三寸」。（普燈録二、達観曇穎章）

第十四祖竜樹尊者、梵云二那伽閼剌樹那一（五五11）　伝燈録一、竜樹章。

四大五蘊と道取し（五九15）

有る僧問ふ、「承聞すらく和尚言へること有り、世界壊(ゑ)する時此の性壊せずと。如何ならんか是れ此の性」

師(趙州)曰く、「四大五蘊」。

云く、「此れは猶ほ是れ壊する底、如何ならんか是れ此の性」。

師曰く、「四大五蘊」。（会要六、趙州章）

人眼の金屑（六〇4）

王敬常侍、一日臨済と僧堂に至る。乃ち問ふ、「這の一堂の僧、看経すや」。

済云く、「看経せず」。

侍云く、「習禅すや」。

済云く、「習禅せず」。

侍云く、「看経せず、習禅せず、畢竟什麼をか作す」。

済云く、「総に彼をして成仏作祖し去らしむ」。

侍云く、「金屑雖レ貴、落レ眼成レ翳、如何」。

済云く、「我れ将に汝は是れ箇の俗漢と謂(いへ)へり」。（三百則、下七・会要八、常侍王敬章）

笑裏無刀（六一11）　唐の李義府が、顔つきはやさしく丁寧で、話をすれば笑いを含んでいながら、内心は陰険で、自分の気に入らないと必ず中傷したので、「義府笑中有刀」（唐書、姦臣伝）と言われたのによる。

疎山、潙山に到つて便ち問ふ、「承すらくは師言へること有り、有句無句、如藤倚樹。忽然樹倒藤枯、句何れの処にか帰する」。

潙山、呵呵大笑す。

師云く、「某甲四千里より布単を売り来る、和尚何ぞ相弄することを得ん」。

潙山、侍者を喚んで云く、「銭を取て者(に)上座に還すべし」。

遂に嘱して云く、「向後独眼竜有つて子の為に点破し去ること在らん」。

後、明招に至るに、前話を挙す。

招云く、「潙山謂つべし、頭正尾正なりと。只是れ知音に遇はず」。

師問ふ、「樹倒藤枯、句何れの処にか帰する」。

招云く、「更に潙山をして笑ひ転(うた)た新ならしむ」。

師、言下に省有り。乃ち云ふ、「潙山元来笑裏有刀」。(三百則、中五七・会要七、大潙大安章)

杭州塩官県斉安国師…「一切衆生有仏性」(六二12)

大潙嘗て衆に示して云く、「一切衆生無仏性」。

因みに塩官或るとき衆に示して云く、「一切衆生有仏性」。

塩官の会に二僧有りて、遂に特(ことさら)に師の会に詣でて之を探す。既に至れれども、聞く所の説法、其の涯(きは)を測ること莫し。軽慢を生ずるがごとし。一日、庭中に在て坐する次でに、仰山の来るを見て、遂に勧めて曰く、「師兄(すひん)、切に須く仏法を勤学すべし、容易にすること得ざれ」。仰山遂に一円相を作して托呈して、却た背後に抛向して、復た両手を展べて二僧に索(もと)むるに、二僧茫然として措く所を知らず。仰山乃ち勧めて云く、「直に須く仏法を勤学すべし、容易にすること得ざれ。珍重」。便ち去る。

二僧塩官に返るに逮んで、行くこと三十里になんなんとするに、一人忽然として省有り。自ら嘆じて云く、「当に知るべし、潙山の云ふ一切衆生無仏性は、誠に錯(あやま)らず」。却て潙山に廻る。

一人又行くこと数里するに、因みに水を渡るに亦省処有り。自ら嘆じて云く、「潙山の道ふ一切衆生無仏性、灼然として他与麽道有り」。亦潙山に返る。(三百則、中十五・会要七、潙山章)

鳥道(六三7)　洞山三路の一。「示衆曰、我有二三路一、鳥道、玄路、展手」(洞山録)。

大潙山大円禅師…「一切衆生無仏性」(六三13)　会要七、潙山章。

張公喫酒李公酔(六四9)

僧問、「新年頭、還有仏法也無」。

師(智門師寛)云、「無」。

僧云、「日日是好日、年年是好年、為甚麽却無」。

師云、「張公喫酒李公酔」。(会要二十六、智門章)

百丈いはく、「説衆生有仏性…」(六四11)　百丈録。

百丈山大智禅師、示レ衆云、「仏是最上乗」(六五2)　広燈録九、百丈章。

黄蘗在二南泉茶堂内一坐(六六1)　広燈録八、黄蘗章。

白銀世界(六六16)　「白銀世界金色身、情与非情共一真」(伝燈録十三、首山省念章)。

水牯牛(六七8)

㈠第一座問、「和尚百年後、向什麽処去」。

師(南泉)云、「山下作一頭水牯牛去」。(伝燈録八、南泉章)

㈡大潙示衆云、「老僧百年後、山下檀越家に向て、一頭の水牯牛と作り、左脇下に五字を書して云、潙山僧某甲。此時若し喚んで潙山僧と作せば、又是水牯牛。喚んで水牯牛と作せば、又是れ潙山僧某甲。且道、喚んで什麽と作せば即ち得ん」。

時に仰山、衆を出でて礼拝して去る。(三百則、下九・会要七、潙山章)

休裏有道(六七18)　→「笑裏無刀」(四六〇下)

粥足飯足(六七18)

師(疎山光仁)問レ僧、「甚処来」。

云、「雪峰来」。

師云、「我已前到時、是事不足、如今足也未」。

師云、「粥足飯足」。

僧無対。(会要二十二、疎山章)

趙州真際大師にある僧とふ(六八14)　宏智広録、頌古第十八則。

鉄漢(六八16)　「学道須二是鉄漢一、著二手心頭一便判。直趣無上菩提、一切是非莫管」(李遵勗悟道の偈。普燈録二十三)。

三十年よりこのかた(六八17)

石鞏常張レ弓架レ箭以待二学徒一。師(三平義忠)詣二法席一次、石鞏曰、「看箭」。

師乃披レ襟当レ之。

石鞏曰、「三十年張レ弓架レ箭、只射得半箇漢」。(伝燈録十四、三平章)

入之一字も不用得(七〇9)

仰山、陸郎中に問ふ、「承聞すらく、郎中看経して得悟せりと。是なりや否や」。

陸云く、「是なり。弟子涅槃経を看るに道く、煩悩を断ぜずして涅槃に入ると」。

師、払子を竪てて云く、「只這箇の如き、作麼生か入らん」。

陸云く、「入之一字も不用得」。

師云く、「入之一字も郎中の為にせず」。

陸、便ち起ちて去りぬ。（三百則、中三十九・会要八、仰山章）

欲識庵中不死人（七〇9）　石頭和尚草庵歌（伝燈録三十）。

驢前馬後漢（七〇15）
師（睦州）問二新到僧一、「什麼処来」。
僧瞠目視レ之。
師云、「驢前馬後漢」。（伝燈録十二、睦州陳尊宿章）

いはんや、雲居高祖いはく（七〇15）　会要二十二、雲居章。

長沙景岑和尚の会に、竺尚書とふ（七一1）　会要六、長沙章。

定動智抜（七一11）

韓愈文公、一日大顚に白して云く、「弟子軍州事多し、省要の処、乞ふ師の一句」。

顚、良久す。

公、措くところ罔し。

時に三平義忠禅師、侍者たり。乃ち禅床を敲つこと三下す。

顚云く、「作麼」。

平云く、「先以レ定動、然後智抜（涅槃経、師子吼品「先以定動、後以智抜」にもとづく）」。

公乃ち三平を礼謝して云く、「和尚門風高峻なり、弟子、侍者の辺にして箇の入処を得たり」。（三百則、中二十六・会要二十、韓愈章）

無始劫来は（七三2）　従二無始劫来一、是生死根本。乃示頌云、「学道之人不レ識レ真、祇為三従前認二識神一。無始劫来生死本、癡人喚作二本来人一」（三百則上、二十・会要六、長沙景岑章）。

身心学道

南嶽大慧禅師のいはく（七四4）　↓「この不染汚」（四六三下）

金襴衣を正伝し（七四14）　↓「阿難尊者は…」（四五七下）
「爾時世尊、説二此偈一已、復告二迦葉一、吾将二金縷僧伽梨衣一、伝二付於汝一、転授補処、至二慈氏仏出世一、勿レ令二朽壊一」（伝燈録一、釈尊章）。

碓米伝衣する（七四15）　六祖慧能は五祖に参じて「嶺南人無仏性」の問答（「仏性」五二頁）により機に契ったが、なお、八ヶ月の間は碓坊で米つきをしていた。当時神秀は一会の首にあったが、五祖はひそかに夜半、達磨伝来の袈裟と鉢盂を六祖に伝えた故事をいう。
「師知二是異人一、乃訶曰、著二槽厰一去。能礼レ足而退、便入二碓坊一、服二労於杵臼之間一、昼夜不息、経二八月一。（中略）能居士跪受二衣法一」。（伝燈録三、弘忍章）

踰城し入山する（七五1）　悉多太子が父の城を出て山に入った故事。
「於二是夜子時一、有二一天人一、名曰二浄居一、於二窗牖中一、叉手白二太子一言、出家時至、可レ去矣。太子聞已心生二歓喜一、即踰レ城而去、於二檀特山中一修レ道」（伝燈録一、釈尊章）。

諸類の諸見おなじからず（七五13）　↓「宮殿のごとし、瓔珞のごとし」（四五八下）

知家非家、捨家出家（七六3）　「信家非家、捨家出家」（摩訶僧祇律一）。

咸通年前につくり（七六7）　「示衆云、老僧咸通年已前、会得法身辺事。咸通年已後、会得法身向上事」（会要二十二、疎山光仁章）。

赤脚走（七六9）
問、「如何是仏」。
師（智門光祚）云、「踢破草鞋赤脚走」。（広燈録二十二、智門光祚章）

壁落これ十方を（七六10）　「師（灌谿志閑）上堂示衆云、十方無壁落、四畔亦無門。露裸裸、赤躶躶、無可把。便下座」（広燈録十三、灌谿章）。

共出一隻手（七七1）　↓「疎山いはく、大庾嶺頭有古仏…」（四六七上）

荷葉団々（七七4）
僧問ふ、「如何ならんか是れ相似の句」。師云く、「荷葉団団なること鏡に似たり、菱角尖尖なること錐に似たり」。（会要二十一、夾山善会章）

むかし僧ありて大証国師にとふ（七七6）
僧又問、「阿那箇是仏心」。師曰、「牆壁瓦礫是」。（伝燈録二十八、南陽慧忠国師語）

千門万戸一時開閉（七七12）　「雲蓋問ふ、万戸倶閉は即ち問はず、万戸倶開の時如何」（伝燈録十五、石霜章）。

語等なり、心等なり（七七13）　「若し能く食(じき)に於て等(とう)なれば諸法も亦た等なり、諸法等なれば食に於ても亦た等なり」（維摩経三、弟子品）。
「名等義等、一切諸法皆等、純一無雑」（馬祖録）。

尽十方界是箇真実人体（七八1）
福州安国慧球禅師、了院主に問ふ、「先師（玄沙師備）の道く、尽十方世界是箇真実人体。你還(ま)た僧堂を見る麽(や)」。
主云、「和尚莫二眼花一」。
師曰、「先師還化、肉猶煖在」。（三百則、中三十一・伝燈録二十一、安国章）

生死去来真実人体（七八1）　「更討甚麽生死去来地水火風声香味触。都盧真実人体」（圜悟語録六）。

百丈大智禅師のいはく（七八4）　百丈録。

如藤倚樹（七八6）　↓笑裏無刀（四六〇下）

揚声止響（七八9）　「影由レ形起、響逐レ声来、弄レ影労レ形、不レ識三形為二影本一。揚レ声止レ響、不レ知二声是響根一。除二煩悩一而趣二涅槃一、喩二去レ形而覓レ影。離二衆生一而求二仏果一、喩二黙レ声而尋レ響」（伝燈録三、向居士章）。

たとひ威音王よりさきに（七八10）
師（南泉普願）一日捧レ鉢上堂。黄蘗和尚居二第一座一。見レ師不レ起。
師問云、「長老什麽年中行道」。
黄蘗云、「空王仏時」。
師云、「猶是王老師孫在。下去」。（伝燈録八、南泉章）

圜悟禅師いはく、「生也全機現…」（八〇1）
挙す、道吾、漸源、一家に至りて弔慰す。源、棺木を撫して云く、「生なり耶(や)、死なり耶(や)」。
吾云く、「生とも道(い)はじ、死とも道はじ」。
源云く、「什麽と為(し)てか道はざる」。
吾云く、「道はじ、道はじ」。
行いて中路に至るに、源云く、「請すらくは和尚、某甲が為に道ふべし。若し道はずは、則ち和尚を打ち去らん」。
吾云く、「打は即ち打に任す、道ふことは即ち道はじ」。
師（圜悟）拈じて云く、「銀山鉄壁有什麽階昇処、山僧今夜錦上鋪レ華、八字打開、商二量這公案一去也。
生也全機現、死也全機現、不道復不道、箇中無二背面一、直下便承当、不レ隔二一条線一、逼二塞大虚空一、赤心常片片」。（圜悟語録十七）

即心是仏

大唐国大証国師慧忠和尚問レ僧（八二10）　伝燈録二十八、南陽慧忠国師語。

古人いはく、「若人識二得心一…」（八五2）　長霊守卓禅師語録。

古徳云、「作麽生是妙浄明心…」（八五5）
師（潙山）問二仰山一、「妙浄明心、汝作麽生会」。云、「山河大地、日月星辰」。（会要七、潙山章）

行仏威儀

我本行菩薩道、所成寿命（八八5）　法華経、如来寿量品。

百年抛却任縦横（八八9）　「結レ草為レ庵莫レ生レ退、百年抛却任縦横」（石頭和尚草庵歌（伝燈録三十））。

この不染汚（八八12）・**曹谿いはく「祇此不染汚…」**（八八13）
南嶽山の大慧禅師、六祖に参ず。

祖曰、「従什麽処来」。

師曰、「嵩山安国師処来」。

祖曰、「是什麽物与麽来」。

師、措くこと罔(な)し。

是に於て執侍すること八年、方に前話を省(あき)らむ。乃ち祖に告げて曰く、「懐譲会し得たり、当初(そのかみ)来れりし時、和尚某甲を接せし、是什麽物与麽来を」。

祖曰、「你作麽生会」。

師曰、「説似一物即不中」。

祖曰、「還仮二修証一否」。

師曰、「修証即不無、染汚即不得」。

祖曰、「祇此不染汚、是諸仏之所護念。汝亦如是、吾亦如是、乃至西天諸祖亦如是」。(三百則、中一)

出典は広燈録八、会要四であるが、「乃至西天諸祖亦如是」は「西天二十七祖(会要、「二十七祖」なし)般若多羅讖云々」に作る。

性相本末等(八九5)　「止みなん、舎利弗、須た説くべからず。所以はいかん。仏の成就したまへる所は、第一希有(けう)難解(なんげ)の法なり。唯仏与仏、乃能(ないのう)究尽(ぐうじん)、諸法実相なり。所謂る諸法は、如是相、如是性、如是体、如是力、如是作、如是因、如是縁、如是果、如是本末究竟等なり」(法華経、方便品)。これを法華の十如是という。

不惜身命(八九7)　「衆生既信伏、質直意柔軟、一心欲見仏、不自惜身命」(法華経、如来寿量品偈)。

古仏いはく、「体取那辺事…」(八九17)　「古人云、体取那辺事、却来這辺行履。那辺有甚麽事、這辺又作麽生行履。所以道、有也莫将来、無也莫将去。見在底、是誰家事」(会要二十二、雲居章)。

明々百草頭なる(九〇3)

龐居士坐次に、霊照(龐居士の娘)に問て曰く、「古人道(い)はく、明明百草頭、明明祖師意、你作麽生」。

照曰く、「老老大大、這箇の語話を作(な)す」。

士曰く、「你作麽生」。

照曰く、「明明百草頭、明明祖師意」。

士乃ち大きに笑ふ。(三百則、上八十八・龐居士語録上)

出門便是草(九〇6)

因みに僧挙す、「洞山参次の示衆に曰く、兄弟、秋初夏末、或は東去し西去せん、直に須く万里無寸草処去始得と。又曰く、只万里無寸草処の如き、且作麽生去と」。

師(石霜慶諸)之を聞て乃ち曰く、「出門便是草」。

僧、洞山に挙似す。

洞山曰、「大唐国内能有幾人」。(伝燈録十五、石霜章)

至道無難(九〇10)　「至道無難、唯嫌揀択」(鑑智僧璨信心銘〔伝燈録三十〕)。

水草但念(九一18)　「若作二馲駝一、或生二驢中一、身常負重、加二諸杖捶一、但念水草、余無二所知一、謗二斯経一故、獲レ罪如レ是」(法華経、譬喩品)。

諸仏いはく、「此輩罪根深重なり」(九四1)　法華経、方便品の語。法華の会座から退出した五千人をいう。↓「退亦佳矣」(四五七上)
「此輩罪根深重、及増上慢、未得謂得、未証謂証、有二如レ此失一、是以不住、世尊黙然、而不二制止一。爾時仏、告二舎利弗一、我今此衆、無二復枝葉一、純有貞実。舎利弗、如是増上慢人、退亦佳矣」。

自他に迥脱あり(九四6)　「一言迥脱、独抜当時」(会要二十二、雲居章)。

即往兜率天(九四6)　「若有人受持読誦、解二其義趣一。是人命終、為二千仏一授レ手、令レ不二恐怖一、不レ堕二悪趣一、即往兜率天上、弥勒菩薩所」(法華経、勧発品)。

即往安楽(九四7)　「若有二女人一、聞是経典、如レ説修行。於二此命終一、即往安楽世界、阿弥陀仏」(法華経、薬王品)。

一口呑尽(九四8)
南岳慧思禅師、因みに誌公、人をして伝語せしめて云く、「何ぞ下山して衆生を教化せざる。目視雲漢して作甚麽」。
師云く、「三世諸仏、被二我一口呑尽一。何れの処にか更に衆生の化すべきか有らん」。(会要二十九)

迷頭認影(九四18)　首楞厳経四、演若達多の故事。室羅城中に演若達多という者、朝鏡を見て、目鼻立ちのよいのに満足したが、頭が見えないことに気づき、これは魑魅《ばけ》だと言って、あわてて逃げ回ったという。洞山の五位頌に、「休二更迷頭還認影一」とある。

一著落在(九五6)　「示衆云、挙レ一不レ得レ挙レ二。放過一著、落在第二」(会要二十三、乾峰章)

不是目前法(九五10)　夾山善慧の語。→「人をつらざらむや」(四八四上)

牆壁瓦礫(九五16)　→「むかし僧ありて大証国師にとふ」(四六三上)

僧堂・仏殿・厨庫・山門(九六3)　→一六二頁三行

不知有を保任せる(九六6)

僧問、「南泉云、狸奴白牯却知レ有、三世諸仏不知有。為什麽三世諸仏不知有」。

師(長沙景岑)曰、「未入鹿苑時、猶較些子」。

僧曰、「狸奴白牯為什麽却知有」。

師曰、「汝争怪得伊」。(伝燈録十、長沙章)

雪峰山真覚大師、示衆云(九六8)　圜悟語録十九。

将謂赤鬚胡(九九9)　→四八八下

釈迦牟尼仏のいはく、「若説此経…」(九九17)　法華経、見宝塔品。

箭鋒相拄(一〇〇8)　「事存函蓋合、理応箭鋒拄」(石頭和尚参同契(伝燈録三十))。

花開世界香(一〇〇9)　般若多羅尊者の遺偈、「心地生諸種、因事復生理、果満菩提円、華開世界起」による。(伝燈録二)

得者不軽微(一〇一12)　「示衆云、得者不軽微、明者不賤用。識者不咨嗟、解者無厭悪」(会要二十二、雲居章)。

一顆明珠

娑婆世界大宋国(一〇二3)　伝燈録十八、玄沙章。会要二十三、玄沙章。

尽十方世界是一顆明珠(一〇三10)　伝燈録十八、玄沙章。

逐物為己(一〇四7)

鏡清(道怤)、僧に問ふ、「門外什麽の声ぞ」。

僧云、「雨滴声」。

師云、「衆生顚倒、迷レ己逐レ物」。

僧云、「和尚奈何」。

師云、「泊《ほとんど》不レ迷レ己」。

僧云、「意旨如何」。

師云、「出身は猶易かるべく、脱体道は難かるべし」。(三百則、下八十六・会要二十四、道怤章)

「念々生滅、遺失真性。顚倒行事、性心失真。認物為己、輪廻是中、自取流転」(首楞厳経一)。

情生智隔(一〇四7)

僧問、「承古有レ言、情生智隔、想変体殊。只如二情生未生時一如何」。

師云、「隔」。(会要二十五、報慈蔵嶼章)

大用現、是大軌則(一〇四13)　「師有時云、大用現前、不レ存二軌則一」(雲門録中)。「問、大用現前不レ存二軌則一時如何」(伝燈録九、大安章)。

一尺水、一尺波(一〇四14)　「一尺水一丈波、妙高峰頂笑呵呵」(普燈録三十、冶父道川参玄歌)

今日説不定法(一〇五2)

世尊因みに外道問ふ、「昨日何《なに》なる法をか説く」。

云く、「定法を説く」。

外道云く、「今日何なる法をか説く」。

云く、「不定法を説く」。

外道云く、「昨日説定法、今日何が故ぞ不定法を説く」。

云く、「昨日は定、今日は不定」。(会要一、世尊章)

異類中行(一〇五5)　一日師(南泉普願)示衆に云く、「箇如如と道ふも早く是れ変ず。今時の師僧須く異類中に向つて行ずべし」(伝燈録八、南泉章)。

乳餅七枚(一〇五6)　「斎時三枚の乳餅、七枚の菜餅」(如浄浄慈録)。

湘之南、潭之北(一〇五6)　「湘之南、潭之北」は、南陽慧忠国師の嗣、応真が、代宗に答えた偈。「湘之南潭之北、中有二黄金一充二一国一。無影樹下合同船、瑠璃殿上無二知識一」(伝燈録五、慧忠章)。

日面月面(一〇五7)

馬大師不安、院主問、「和尚、近日尊位如何」。大師云、「日面仏、月面仏」。(宏智広録二、頌古第三十六則)

若六月道正是時(一〇五8)

李翺問ふ、「師、何姓ぞ」。師曰く、「正是時」。李、委せずして院主に問ふ、「某甲適来和尚の姓を問ふに、和尚曰く、正是時と。未審、姓は甚麼ぞ」。主曰く、「恁麼ならば則ち姓は韓也」。師、聞て乃ち曰く、「得恁麼不識好悪、若し是れ夏時に他に対せば、便ち是れ姓は熱ならん」。(五燈会元五、薬山章)

伝燈録・会要の薬山章には見えない。

衣裏にかゝる(一〇五15)　法華経、五百弟子品に出る衣裏宝珠の譬。ある貧人が、富裕な親友と出会った時、酒を飲んで酔って寝てしまった。その時友人の長者は官用で出かけなければならなくなったので、衣食に困らないようにと、貧しい友の着物の裏に無価(げむ)の宝珠を縫いつけておいて別れた。貧人はその事を知らず、醒めて後も、衣食のために艱難して生活を続けた。後に長者の友と再会して、はじめて着物の裏に高価な宝珠があったことに気づいたという。

次の「酔酒の時節にたまをあたふる親友あり」もこれによる。

頷下におさめ(一〇五15)　「夫れ千金の珠は驪竜の頷下にあり」(荘子、列禦寇篇)。

髻中におさむる(一〇五15)　転輪聖王(世界制覇の王)は、諸国を従えるのに功のあった軍人に多くの財宝を与えても、髻中の明珠だけは与えないという。(法華経、安楽行品)

たれかこれを攙奪せん(一〇六8)

福州雪峰山真覚大師、火炉を指して玄沙に謂て云く、「三世諸仏、尽在二裏許一、転二大法輪一」。沙云、「近日王令稍厳なり」。師云、「作麼生」。沙云、「不レ許三人攙二奪行市一」。(三百則、上三十八・会要二十三、玄沙章)

行市に塼をなぐる(一〇六8)

大衆晩参に師云く、「今夜答話去也。問を解する者有らば出で来るべし」。時に一僧有り、便ち出でて礼拝す。師云く、「比来、抛塼引玉、却て箇の墼子を引得せり」。(伝燈録十、趙州章)

六道の因果に不落有落をわづらふことなかれ(一〇六8)　百丈野狐の話に出る「不落因果、不昧因果」の語にかける。

百丈山大智禅師、凡そ参次に一老人有て、常に衆に随ひて聴法す。衆退けば老人も亦た退く。忽ちに一日退かず。師遂に問ふ、「面前に立せるは復た是れ何人ぞ」。老人云く、「某甲は是れ非人なり。過去迦葉仏の時に、曾て此の山に住せり。因みに学人問ふ、大修行底の人、還た因果に落つや無(ない)や。某甲他に答へて云く、不落因果。後五百生、野狐身に堕つ。今請すらくは和尚、一転語を代すべし。貴すらくは野狐身を脱せんことを」。遂に問て云く、「大修行底の人、還た因果に落つや無や」。師云く、「不昧因果」。老人言下に大悟す。(三百則、中二・会要四、百丈章)

心　不　可　得

釈迦牟尼仏言、「過去心不可得…」(一〇八3)　金剛般若経十八。

使得十二時(一〇八6)

問、「十二時中、如何用心」。師(趙州)云、「汝被二十二時使一。老僧使得十二時」。(会要二十二、趙州章)

徳山宣鑒禅師(一〇八9)　碧厳集第四則評唱。伝燈録十五。会要二十。

吹滅紙燭をみる（一一二5）

（徳山）夜に至つて入室す。侍立するに夜更深(ふけ)ぬ。（竜）潭云く、「子何ぞ下らざる」。山、遂に珍重して、簾を掲げて去る。外面黒(らく)きを見て、却回して云く、「外面黒(らく)し」。潭、紙燭を点じて度与す。山、方に接する次でに、潭、便ち吹き滅(け)つ。山、此に於て忽然大悟して、便ち礼拝す。（三百則、中四・碧巌録第四則）

古仏心

先師いはく、「与㆓宏智古仏㆒相見」（一一三14）「斂㆑衣就㆑座乃云、有㆑問有㆑答屎尿狼藉、無㆑問無㆑答雷霆霹靂。於㆑此眉毛慶快、鼻孔軒昂。直得大地平沈、虚空迸裂。正当恁麼、且与㆓宏智古仏㆒相見」。（如浄天童録）

圜悟禅師いはく、「稽首曹谿真古仏」（一一四2）　↓四七七下

疎山いはく、「大庾嶺頭有㆓古仏㆒…」（一一四7）

撫州疎山光仁禅師、有る僧為に寿塔を造り了り、来りて疎山に白す。師、僧に問ふ、「汝多少(いくら)の銭を将てか匠人に与ふべき」。僧云く、「一切和尚に在り」。師云く、「三文銭を将て匠人に与へんとするか、両文銭を将て匠人に与へんとするか、一文銭を将て匠人に与へんとするか。若し道得ならば、吾が与(ため)に親しく塔を造れり」。僧無対。羅山、時に大庾嶺に在て住菴す。其僧羅山に到つて、前話を挙す。山云く、「有人道得也未」。僧云く、「未有人道得」。山云く、「汝却回して、疎山に挙似して道ふべし。若し三文を将て匠人に与へば、和尚此の生に、決定して塔を得じ。若し両文銭を将て匠人に与へば、和尚と匠人と、共出一隻手ならん。若し一文銭を将て匠人に与へば、匠人を帯累して、眉鬚堕落せしめん」。其僧、便ち疎山に回りて前言を挙似す。疎山、是の語を聞て、威儀を具し、大庾嶺を望みて礼拝して云く、「将謂無㆑人、大庾嶺有㆓古仏㆒、放光射㆓到此間㆒」。僧に告げて云く、「汝去つて大庾嶺に向て道ふべし、猶ほ臘月の蓮の如し」。僧復た此語を持して、羅山に到つて挙似す。羅山云く、「我れ恁麼に道す、早く是れ亀毛長きこと三尺なり」。（三百則、上九十七・会要二十二、疎山章）

雪峰いはく、「趙州古仏」（一一四11）

僧問ふ、「古澗寒泉の時如何」。師（雪峰）云く、「瞪目するも底を見ず」。云く、「飲む者如何」。師云く、「口より入らず」。僧、後に趙州に挙似す。州云く、「既に口より入らず、鼻孔裏より入るべからず」。僧却た前問を理す。州云く、「苦」。僧、後語を進む。州云く、「死」。師、聞いて遥望作礼して云く、「趙州古仏」。此より答話せず。（会要二十一、雪峰章）

国師因僧問（一一五6）　伝燈録二十八、南陽慧忠国師語。

古仏の日面月面（一一五11）　↓「日面月面」（四六六上）

尽大地覓㆘一箇会㆓仏法㆒人㆖不可得（一一五14）　済（臨済）云、「打破大唐国、覓箇不会人難得。参堂去」（会要十、興化存奨章）。

和尚喚㆓這箇㆒作甚麼（一一五14）

地蔵院琛禅師、因みに玄砂問ふ、「三界唯心、汝作麼生会」。師、椅子を指して曰く、「和尚喚這箇作什麼」。

砂云、「椅子」。

師云、「和尚不会三界唯心」。

砂云、「我喚二這箇一作二竹木一。汝喚作什麼」。

師曰、「某甲亦喚作二竹木一」。

砂云、「尽大地覓二一箇会仏法人一不可得」。(三百則、中十二・伝燈録二十一、羅漢桂琛章)

漸源仲興大師、因僧問(一一六14)
　僧問、「如何是古仏心」。
然(末山了然)云、「世界傾壊」。
曰、「世界為什麼傾壊」。
然云、「寧無我身」。(伝燈録十一、末山章)
漸源の章にこの話なく、末山尼了然の章にある。

大悟

使得十二時(一一八4)　趙州の語。↓四六六下

臨済院慧照大師云(一一九8)　↓「尽大地覓一箇会仏法人…」(四六七下)

虚度光陰(一一九14)　「謹んで参玄の人に白す、光陰虚しく度ることなかれ」(石頭和尚参同契(伝燈録三十))。

京兆華厳寺宝智大師、因僧問(一二〇5)　伝燈録十七、華厳休静章。

塡溝塞壑(一二一12)
　問、「如何是仏法大意」。
曰、「塡溝塞壑」。(伝燈録十七、曹山章)

切忌随他覓(一二二12)　「你我渠」(四八二下)に引く洞山過水の偈を見よ。

随他去也(一二二13)　↓「随他去」(四八六下)

京兆米胡和尚、令三僧問二仰山一(一二二14)　会要八、米胡章。宏智広録頌古第六十二則。

大悟頭黒・大悟頭白(一二四7)

　僧馬祖に問ふ、「四句を離れ、百非を絶して、請すらくは師、某甲に西来意を直指したまへ」。

　大師云く、「我今日労倦なり、汝が為に説くこと能はず。智蔵に問取せよ」。

　僧、蔵(西堂智蔵)に問ふ。

　蔵云く、「何ぞ和尚に問はざる」。

　僧云く、「和尚教へて来問せしむ」。

　蔵云く、「我れ今日頭痛し、汝が為に説かむこと能はず。海兄に問取すべし」。

　僧、海(百丈懐海)に問ふ。

　海云く、「我れ這裏に到りて却た不会なり」。

　僧、大師に挙似す。

　大師云く、「蔵頭白、海頭黒」。(三百則、中八・会要四、馬祖道一章)

坐禅儀

金剛のうへに坐し(一二五5)　「爾の時に菩薩、魔波旬の是の如きの言を作すを見て、草を舗きて坐し、内心に思惟して、是の如くの願を発さく、我れ今彼の往昔過去の諸仏坐せし所の金剛の処に坐し、坐し已つて当に魔波旬を伏すべし。我れ今此の処に坐し已つて、欲瞋恚癡諸煩悩等を断滅せん。我れ今此の処に坐し已つて、当に微妙甘露清涼の法を証すべし」(仏本行集経二十七、向菩提樹品下)。

かれらみな草をあつくしきて坐せしなり(一二五6)　「爾の時に菩薩、復た是の如くの思惟念言を作さく、我れ今此の菩提道場に至りて、何の座を作してか阿耨多羅三藐三菩提を証せんと欲(せ)ん。即ち自ら覚知す、応に草上に坐すべしと。是の時に浄居諸天子等、菩薩に白して言さく、如是、如是。大聖仁者、所有(あらゆ)る過去の諸菩薩如来、阿耨多羅三藐三菩提を証せんと欲(せ)んには、皆悉く、舗草の上に坐して正覚を取るなり」(仏本行集経二十六、向菩提樹品中)。

坐禅箴

薬山弘道大師、坐次有僧問(一二七4) 伝燈録十四、薬山章。

行亦禅、坐亦禅、語黙動静体安然(一二八13) 永嘉大師証道歌(伝燈録三十)。

溝にみち壑にみつ(一二九2) ↓「塡溝塞壑」(四六八上)

江西大寂禅師…(一二九4) 伝燈録五、南岳章。

鉄漢(一三一4) ↓四六一下

水牯牛(一三二4) ↓四六一下

鉄牛・泥牛(一三二4・5)

「学人有二鉄牛之機一」(伝燈録十三、風穴延沼章)。

「我見二両箇泥牛闘入レ海、直至于今絶二消息一」(洞山録、竜山の語)。

拋塼引玉(一三二7) ↓「行市に塼をなぐる」(四六六下)

攙奪すべからず(一三二8) ↓「たれかこれを攙奪せん」(四六六上)

坐禅箴 勅諡宏智禅師正覚撰(一三六2) 宏智広録八。

頭長三尺頸長二寸(一三六13) 「所以古人道、頭長三尺頸短二寸。祇是這箇道理、不レ得二別会一」(曹山録)。

先師無此語(一三六17)

師(趙州従諗の法嗣光孝慧覚)、崇寿に到りしに法眼問ふ、「近離甚処」。

師云く、「趙州」。

眼云く、「承聞(しんもん)すらくは趙州に栢樹子の話(わ)有り。是なりや否や」。

師云く、「無し」。

法眼云く、「往来皆謂ふ、僧問ふ、如何ならんか是れ祖師西来意。州云く、庭前栢樹子と。上座何ぞ無と言ふことを得る」。

師云く、「先師実無此語、和尚莫謗先師好」。(会要七、慧覚章)

明頭来明頭打(一三七5) ↓四七〇上

不逢一人(一三七17)・**直須足下無糸去**(一三八18)

僧問、「師(洞山良价)尋常教三学人行二鳥道一。未審、如何是鳥道」。

師曰、「不逢一人」。

曰、「如何行」。

師曰、「直須足下無糸去」。(伝燈録十五、洞山章)

不行鳥道(一三八12)

曰、「只如二行鳥道一、莫便是本来面目否」。

師曰、「闍梨因二什麼一顚倒」。

曰、「什麼処是学人顚倒」。

師曰、「若不二顚倒一、因二什麼一認レ奴作レ郎」。

曰、「如何是本来面目」。

師曰、「不行鳥道」。(伝燈録十五、洞山章)

只在這裏(一三九2)

越州乾峰和尚、因みに僧問ふ、「十方薄伽梵、一路涅槃門。未審、路頭在二什処一」。

師、拄杖を以て指して云く、「在這裏」。(三百則、上三十七・会要二十三、乾峰章)

金沢文庫本、中八十二に、百丈野鴨子の話を挙げて、「師(百丈)負痛失声して阿耶阿耶と叫ぶ。祖(馬祖)云く、又飛過去と道ふ、元来只在二這裏一。師、直に浹背汗流ることを得たり。玆に因つて省有り」とある。出典は会要四によるが「只在這裏」の語は見えない。百丈録、広燈録とも同じ。

海印三昧

仏言、「但以衆法、合成此身…」(一四一7) 「故経云、但以衆法、合成此身。起時唯法起、滅時唯法滅。此法起時、不言我起。此法滅時、不言我滅。前念後念中念、念念不相待、念念寂滅。喚作海印三昧。摂二一切法一、如下百千異流同帰二大海一、都名中海水上。住二於一味一、既接二衆味一。住二於大海一、即混二諸流一。如下人在二大海水中一浴、即用中一切水上」(広燈録八、馬祖道一章。経は維摩経、問疾品)。

いかならんかこれ起なる(一四二8)

問ふ、「承るに古へ言へること有り、未だ一人も地に倒れて地に因つて起きざるは有らずと。如何是倒」。

師(曹山本寂)曰、「肯即是」。

曰、「如何是起」。

師曰、「起也」。(伝燈録十七、曹山章)

古仏いはく、「忽然火起」(一四二13)　法華経、譬喩品。

古仏いはく、「起滅不停時如何」(一四二14)
挙、羅山問ニ巌頭ニ、「起滅不停時如何」。
頭咄云、「是誰起滅」。(宏智広録二、頌古四十三則)

応以此身得度者なり(一四二17)　→「今以現自身得度者」(四六〇上)

たゞこの不染汚(一四三3)　→「この不染汚」(四六三下)

謂之死・執為断(一四三6)　六祖が志道に教えた偈の中の語。「無上大涅槃、円明常寂照。凡愚謂之死、外道執為断」(伝燈録五、志道章)。

官不容針、私通車馬(一四三15)
鏡清問ふ、「清虚之理、畢竟無身の時如何」。
師(曹山)曰く、「理は即ち此の如し、事作麼生」。
曰く、「理の如く事の如し」。
師曰く、「曹山一人を謾ずることは即ち得ん、諸聖の眼を争奈何(いかん)かせん」。
曰く、「若し諸聖の眼無くんば、争でか箇の不恁麼を鑒得せん」。
師曰く、「官不容針、私通車馬」。(伝燈録十七、曹山本寂章)

我於海中、唯常宣説妙法華経(一四四5)　法華経、提婆達多品。

一波纔動万波随(一四四6)・**満船空載月明帰**(一四四11)　船子徳誠の偈。「千尺糸綸直下垂、一波纔動万波随。夜静水寒魚不食、満舡空載月明帰」(会要十九、船子徳誠章)。

曹山元証大師…「承教有レ言…」(一四四17)　伝燈録十七、曹山本寂章。


明頭来明頭打(一四五17)・**従来疑著這漢**(一四六14)

鎮州普化和尚、尋常市に入るに鈴鐸を振つて云く、「明頭来明頭打、暗頭来暗頭打、四方八面来旋風打、虚空来連架打」。

一日臨済、僧をして捉住して云はしむ、「或(い)不明不暗来に遇ふ時(会要八「総不恁麼来時」ニ作ル)如何」。

師拓開して云く、「来日大悲院裏に斎有り」。

僧回りて済に挙似す。

済云、「我従来疑著這漢」。(三百則、上二十二・会要七、普化和尚章)

多福一叢竹を道取するに(一四六8)
一僧問、「如何是多福一叢竹」。
師云、「一茎両茎斜」。
僧云、「不会」。
師云、「三茎四茎曲」。(会要七、多福章)

空　華

高祖道、「一華開五葉…」(一四八3)　達磨附法の偈。「吾本来茲土、伝法救迷情。一花開五葉、結果自然成」(伝燈録三、菩提達磨章)。

結果任你結果(一四八6)

石霜因みに許州の全明上座問ふ、「一毫発穴を穿つ時、如何」。

師云、「直須万年後」。

云、「万年後如何」。

師云、「登科任ニ汝登科一。抜萃任ニ汝抜萃一」。

明、次に径山の諲に問ふ。

諲云、「光靴任ニ汝光靴一、結果任ニ汝結果一」。(三百則、上八十五・会要二十、石霜章)

使得無位真人(一四八8)

一日上堂曰、「汝等諸人、赤肉団上有ニ一無位真人一。常向ニ汝諸人面門一出入。未証拠者看看」。

時有レ僧問、「如何是無位真人」。

師下ニ禅牀一把住云、「道(い)へ道へ」。

僧擬議。

師托開云、「無位の真人、是れ什麼の乾屎橛ぞ」。

便帰方丈。(伝燈録十二、臨済章)

古先いはく、「優鉢羅華火裏開」(一四九1)　「披毛帯角入レ鄽来、優鉢羅華火裏開。煩悩海中為二雨露一、無明山上作二雲雷一。鑊湯炉炭吹教レ滅、剣樹刀山喝使レ摧、金鎖玄関留不住、行二於異類一且輪廻」(会要三十、同安察禅師十玄談のうち転移の句)。

華開世界起(一四九5)　↓「花開世界香」(四六五上)

金・銀・銅・鉄・珊瑚・頗梨樹(一四九10)　「又其国土、七宝諸樹、周満世界、金樹、銀樹、瑠璃樹、玻瓈樹」(無量寿経)。

如来道の翳眼所見は(一五〇1)・**釈迦牟尼仏言、「亦如翳人…」**(一五〇10)　「此の迷は本無し、性畢竟空なり。昔本より迷無し、迷覚有るに似れども、迷を覚すれば迷滅す。覚すれば迷生ぜず。亦た翳人(眼病の人)の空中に華を見るが如し。翳病若し除こほれば、華は空に滅す」(首楞厳経四)。

空本無華(一五〇5)　「空元無華、妄見生滅」(首楞厳経四)。

衣座室(一五〇7)　「薬王、若善男子善女人、如来の滅後に、四衆の為に是の法華経を説かんと欲(もお)はば、云何んが応に説くべき。是の善男子善女人、如来の室に入り、如来の衣を著、如来の座に坐して、爾して乃ち応に四衆の為に広く斯の経を説くべし」(法華経、法師品)。

祖師いはく、「華亦不曾生」(一五二18)　慧可伝法の偈。「本来縁有レ地、因地種華生、本来無レ有レ種、華亦不曾生」(伝燈録三、慧可章)。

張拙秀才は、石霜の俗弟子なり(一五三4)　会要二十二、秀才章。

大宋国福州芙蓉山霊訓禅師、初参…(一五四12)　伝燈録十、霊訓章。

瑯瑘山広照大師いはく(一五五8)　続燈録四、瑯瑘章。

大宋国石門山の慧徹禅師は(一五六6)　広燈録二十四、石門章。

光明

大宋国湖南長沙招賢大師、上堂示衆云(一五八3)　伝燈録十、長沙景岑章。

此光照東方万八千仏土(一五九13)　「放大光明、照于東方、万八千土。(中略)眉間光明、照于東方、万八千土」(法華経、序品)。

一条白練去(一五九18)　「便道、一条白練、古廟香炉去然」(石霜録)。

唐憲宗皇帝は(一六〇3)　三百則、中七十三・会要二十、韓愈章。

仏光は青黄赤白にあらず(一六〇9)　「光光非二青黄赤白黒一、非レ色非レ心非レ有非レ無、非二因果之法一」(梵網経)。

云何忽生山河大地(一六一6)　↓「瑯瑘の広照大師慧覚和尚…」(四八一上)

鳥道玄路(一六一10)　洞山の三路。↓「鳥道」(四六一上)

上堂示衆云、「人々尽有光明在…」(一六一18)　雲門匡真禅師広録巻中、垂示代語。圜悟録十九、頌下。

雪峯山真覚大師、示衆云(一六三8)　示衆云、「望州亭与レ汝相見了也、烏石嶺与レ汝相見了也、僧堂前与レ汝相見了也」。後、保福問二鵝湖一、「僧堂前即且致、望州亭烏石嶺、甚麼処相見来」。鵝湖驟歩帰二方丈一、保福便入二僧堂一。(会要二十一、雪峰章)

地蔵院真応大師云、「典座入庫堂」(一六三16)　襄州清谿山洪進禅師、地蔵に在りし時、第一座に居せり。一日、二僧有り、地蔵を礼拝す。和尚曰く、「倶錯」。二僧無語。下堂して修山主に請益す。修曰く、「汝自ら巍巍堂堂として、却て礼拝して他人に問はんと擬す、豈に是れ錯ならざらんや」。師(洪進)之を聞いて肯せず。修乃ち問て曰く、「未審、上座作麼生」。師曰く、「汝自ら闇に迷ふ、焉んぞ人の為にすべけんや」。修、憤然として法堂に上って地蔵に請益す。地蔵、廊下を指して曰く、「典座入庫頭去也」。修、乃ち省過す。(伝燈録二十四、清谿章)

行持上

真父の家郷に宝財をなげすてゝ(一六六12)　法華経、信解品に見える長者窮子のたとえによる。

長者の一子が、幼い時、父を捨てて他国にさすらい、困窮をきわめ自分が長者の子であることも全く忘れ、たまたま父の国に来た。父は無量の財宝を擁しながら、これを譲るべき子のないのを嘆いていた。そして、父の城下とも知らずに迷って来た子を見て、人をやって連れて来させようとしたが、子は、その威勢に恐れて逃げまどうばかりであった。そのため、父は方便を用い、まず除糞の賤業に従事させ、次第に好遇し、臨終に及んではじめて子であることを明し、一切の財宝を子の所有とした。

長者を釈迦如来にたとえ、衆生を長者の子にたとえ、本来仏でありながら仏であることを知らず、小乗・声聞の教えに滞っていた者が、一乗の教えによって一切仏であることを悟るのにたとえる。

慈父大師釈迦牟尼仏、十九歳の仏寿より…(一六六16)　十九出家、三十成道、四十九年説法は景徳伝燈録巻一の釈尊章による。

十二頭陀といふは(一六七6)　大比丘三千威儀経巻下。仏説十二頭陀経。

脇尊者、生年八十…(一六九9)　西域記二。止観弘決一之一。

六祖は新州の樵夫なり(一七一3)　伝燈録五、慧能章。

江西馬祖の坐禅する…(一七一10)　伝燈録六、馬祖章。

雲岩和尚と道吾と、おなじく薬山に参学して(一七一14)　「雲巌与二道吾一、同参二薬山一、四十年脇不レ着レ席」(碧巌集第二十一則)。

一日不作、一日不食(一七二8)　「師凡そ作務執労には必ず衆に先んず。衆その労に忍びず、密かに作具を収めて之を息めんことを請ふ。師云く、吾れ徳無し、争んぞ人を労すべき。既に偏へに作具を求む。不穫なれば亦食せず。故に一日不作、一日不食の言有り」(広燈録八、百丈章)。

後大潙和尚いはく(一七三3)　伝燈録九、大安章。

七歳童児(一七三10)　趙州録、行状に出る。

入之一叢林(一七五1)

師問レ僧、「近離甚処」。

云、「三峰」。

師云、「夏在二甚処一。」

云、「五峰」。

師云、「放二你三十棒一」。

云、「某甲過在二甚麽処一」。

師云、「為二你出一叢林、入一叢林一」。(会要二十四、鏡清章)

大梅山は慶元府にあり(一七五3)　伝燈録七、大梅章。

五祖山の法演禅師いはく(一七七15)　禅門宝訓巻一。偈は揚岐方会語録。

行無越思、々無越行(一七八16)・**日夜思之、朝夕行之**(一七八18)　「演祖云、衲子守二心城一、奉二戒律一、日夜思レ之、朝夕行レ之。行無越思、思無越行」(禅門宝訓巻一)。

尸子曰、「欲レ観二黄帝之行一…」(一七九7)　尸子、君治篇。

南泉いはく(一八〇5)　伝燈録八、南泉章。

太白山宏智禅師正覚和尚の会に(一八〇7)　宏智禅師行業記(宏智広録巻九)。

大慈寰中禅師いはく、「説得一丈…」(一八一12)　会要七、大慈寰中章。次の洞山、雲居の語は附則に見える。

洗頭到雪峰前(一八二7)

雪峰山の畔に一僧有て卓庵す。多年剃頭せず。自ら一柄の木杓を作て、渓辺に去て水を舀(く)んで喫(の)む。時に僧有て問ふ、「如何是祖師西来意」。

菴主云く、「渓深杓柄長」。

僧帰て雪峰に挙似す。

峰云く、「也甚奇恠。雖然如是、須く是れ老僧勘過して始得なるべし」。

峰、一日侍者と、剃刀を将(も)て去て他を訪ふ。纔に相見するに、便ち問ふ、「道得即不剃汝頭」。

菴主、便ち水を将て洗頭す。

峰、便ち他の与(ため)に剃却す。(三百則、中八十三・会要二十一)

若人生百歳、不レ会二諸仏機一…(一八二9)　伝燈録二、僧伽難提章。

南岳大恵禅師懐譲和尚、そのかみ曹谿に参じて(一八四9)　伝燈録五、南嶽章。

無為の絶学(一八四13)　君見ずや絶学無為の閑道人(永嘉大師証道歌(伝燈録三十))。

結草為庵し(一八五3)　↓「百年抛却任縦横」(四六三下)

臨済院恵照大師は(一八五7)

　鎮州臨済院慧照大師、黄蘗の会中に在ること三年、行業純一なり。首座(陳睦州)歎じて云く、「然も是れ後生なりと雖も、衆と異なること有り」。

　乃ち指して堂頭に参じて問はしむ、「如何是仏法的的の大意」。声未だ絶えざるに、黄蘗便ち打つ。是の如く三たび問を致すに三たび之を打つ。

　乃ち来て首座に白して云く、「幸に慈悲を蒙り、某甲をして和尚に問はしむ。三度問を発して三度棒を喫す。自ら恨むらくは障縁深旨を領せざることを。今且く辞し去らん」。

　首座云く、「汝若し去らんには、須く和尚を辞し了つて去るべし」。

　首座、先づ堂頭の処に到つて云く、「問話の後生如法なり、若し来りて和尚を辞せん時、方便して伊(かれ)を接すべし。已後穿鑿して一株の大樹と成り、天下の与に陰涼と作(な)らん」。

　師、方丈に上つて和尚を辞す。

　和尚云く、「別処に往(ゆ)くこと得ざれ、高安大愚の処に向つて去(ゆ)くべし」。

　師、大愚に到るに、大愚来処を問ふ。

　師云く、「黄蘗」。

　愚云く、「黄蘗何(か)なる言句か有る」。

　師云く、「某甲三度問を発して、三度棒を喫す。知らず、有過か、無過か」。

　愚云く、「黄蘗恁麼老婆心切なり、汝が為に徹困なることを得たり。還た有過無過を言ふ麼(や)」。

　師、言下に大悟して云く、「黄蘗の仏法、元来多子無し」。

　大愚搊住して云く、「尿牀の鬼子、適来は有過無過と道ひ、今は却つて多子無しと道ふ、何の道理をか見る。速道、速道」。

　師、大愚の肋下に築くこと三拳す。

　愚、托開して云く、「爾が師は黄蘗なり、我が事に干(かか)はらず」。

　師、辞して黄蘗に帰る。

　黄蘗問ふ、「来来去去、何の了期か有らん」。

　師云く、「祇だ老婆心切なるが為なり」。

　便ち人事了つて侍立す。

　黄蘗問ふ、「何れの処にか到り来れる」。

　師云く、「和尚の指授を蒙て、大愚に参ぜり」。

　黄蘗問ふ、「大愚何(か)なる言句か有りし」。

　師、前話を挙す。

　蘗云く、「若何が這漢の来るを得ん、待たば痛く一頓を与へんものを」。

　師云く、「何の来るを待つとか説かん。即今便ち喫すべし」。随後便掌す。

　蘗云く、「者風顚漢、這裏に来つて虎鬚を採る」。

　師、便ち喝す。

　蘗云く、「侍者、箇の風顚漢を引いて参堂し去れ」。(三百則、上二十七・広燈録十、臨済章)

黄蘗のむかしは捨衆して大安精舎の労侶に混迹して(一八六10)　「黄蘗和尚、初め黄蘗より捨衆して、大安精舎に入り、労侶に混迹して殿堂を掃洒す。時に裴休相国、寺に入つて焼香す」(三百則、上九・伝燈録十二、裴休章)。

唐宣宗皇帝…少而より敏黠なり…(一八六14)　この話は、碧巌集第十一則の評唱に引かれる。その本文は、流布本とは一致せず、大乗寺蔵一夜碧巌の本文と一致する。特に、一八七頁三行目「文宗継位するに一年」の「一年」が流布本では「一十四年」とあり、同九行目「志閑禅師」は「智閑禅師」とあるが、一夜碧巌によったとすれば敢て直す必要はない。

九上洞山、三到投子(一八九3)　「三到投子、九上洞山」(会要二十一、雪峰章)。

行　持　下

真丹初祖の西来東土は(一九一4)　伝燈録三、菩提達磨章。

伝法救迷情(一九一6)　↓「高祖道、一華開五葉…」(四七〇下)

楚国の至愚にゑうて(一九七6)　「闞子曰く、宋の愚人、燕石を梧台の東に得て、帰て之を蔵して以て大宝とす。周客聞て焉(これ)を観る。端冕玄服して以て宝を発(ひら)く。革匱十重、緹巾十襲。客之を見て盧胡して笑て曰く、此れは燕石なるのみ。瓦甓と異ならず。主人大いに怒り、之を蔵すること愈(いよ)固し」(太平御覧、地部)。

一日に無量恒河沙の…(二〇〇1)　「一日三捨二恒沙身一、尚不レ能レ報二一句之力一」(摩訶止観一上)。

髑髏をうり髑髏をかふ(二〇〇4)

往昔婆羅門あり、人の髑髏を持す、其の数甚だ多し。華氏城に詣て遍く行て衒売せり。多時を経歴するも都て買ふもの無し。時に婆羅門極めて大きに瞋恚し、高声に罵て言く、此の城中の人、愚癡闇鈍なり、若し我に就て買はずは、我れ当に悪名聞を作すべし。爾の時に城中の諸の優婆塞、聞て毀謗を畏れて、便ち銭を将て買ひ、即ち銅筋(あかがねのはし)を以て其の耳を貫穿す。若し徹過する者をば、便ち多くの価を与ふ。其の半ば徹る者をば、価を与ふること漸く少なし。都て通ぜざる者をば、全く直(あたひ)を与へず。婆羅門の言く、「我が此の髑髏皆悉く異なること無し。何が故ぞ価を与ふるに差別して不等なる」。

優婆塞の言く、「前の徹過せる者は、此の人、生けりし時、妙法を聴受して智慧高勝なり。貴すこと其れ此の如し。多くの価を相与ふ。其の半ば徹る者は、経法を聴くと雖も、未だ善く分別せず。少しき直を与ふ。全く通らざる者は、此の人往昔都て聴法せず。故に価を与へず」。

時に優婆塞、此の髑髏を持して、往て城外に至て塔を起てて供養す。命終の後、悉く天に生ずることを得たり。

此の因縁を以て、当に知るべし、妙法に大功徳有ることを。此の優婆塞、聴法人の髑髏を以て塔を起てて供養するすら尚ほ天に生ずることを得たり。況んや能く至心に経法を聴受し、供養恭敬せんをや。(法苑珠林第二十五、聴法部。また、止観輔行伝弘訣一にも引用される)

鬼の先骨をうつありき(二〇〇9)　昔、人有て道の上(ほとり)に行けり。道に一死人有るを見る。鬼神杖を以て之を鞭うつ。

行人問て曰く、「此の人已に死せり、何が故にか之に鞭うつ」。

鬼神言く、「是れ我が故身(もとのみ)なり。在生の日、父母に孝ならず、君に事(つか)へて忠ならず、三尊を敬はず、父師の教へに随はず。我をして罪に堕ちて苦痛言ひ難からしむ。悉く我が故身のゆゑなり。故に来りて鞭うつのみ」。

稍稍として前行するに、復(また)一死人を見る。天神来り下つて華を死人の屍上に散じ、手を以て之を摩抄す。

行人問て言く、「君を観るに是れ天なるに似たり。何が故にか是の死屍を摩抄する」。

答て曰く、「是れ我が故身(もとのみ)なり。生時の日、父母に孝順に、忠信もて君に事へ、三尊を奉敬(ぶぎやう)し、師父の教へを承受せり。我が神(たましひ)天に生ずることを得しめたり。皆是れ故身の恩なり。是を以て来て之に報ずるのみ」。(天尊説阿育王譬喩経)

麦をうけ(二〇〇16)　「又象頭山に至りて、諸の外道と同じく日々に麻麦を食して六年を経たり」(伝燈録一、釈尊章)。

また、随羅然国で、釈尊が五百の弟子と共に夏安居された時、施主が日々の供養を忘れたので、馬師が供養した馬用の麦を食べて九十日をすごされた話が法苑珠林七十三に見える。

真丹第二祖大祖正宗普覚大師は(二〇一1)　伝燈録三、菩提達磨章及び慧可章。

敲レ骨取レ髄(二〇二5)　大般若経、常啼菩薩品第九十六。常啼菩薩が、天帝釈のために、皮を剝ぎ、肉を割き、骨を敲き、髄を出して法を求めた。

刺レ血済レ饑(二〇二5)　賢愚因縁経第二、慈力王血施縁品に出る。釈尊が前生において弥佐羅抜王であった時、自ら身を刺して血を施し、疫病神の飢を救った話。

布レ髪淹レ泥(二〇二5)　仏本行集経に出る。釈尊前世、摩納という人であった時、燃灯仏のために、自らの髪を泥上に敷き、世尊の車を通した。

「世尊因地、布髪掩泥、献二花於燃灯仏一」(会要一、世尊章)。

投レ崖飼レ虎(二〇二5)　金光明最勝王経、捨身品に出る。釈尊前世に、摩訶羅陀国王の第三子であった時、崖から身を投じて飢えた虎に施した。

飽学措大(二〇三12)

帰宗寺の智常禅師、因みに李渤刺史問ふ、「三乗十二分教は即ち問はず、如何是祖師西来意(以上会要ハ「一大蔵経明甚麼辺事」ニ作ル)」。

師乃ち拳を竪起して云く、「会麼」。

史云く、「不会」。

師云く、「飽学措大、拳頭也不識」。(三百則、中八十八・会要四、帰宗章)

石頭大師は草庵を大石にむすびて(二〇四17)　伝燈録十四、石頭章。

第三十一祖大医禅師は(二〇五4)　伝燈録三、道信章。

福州玄沙宗一大師(二〇六14)　伝燈録十八、玄沙章。

長慶の慧稜和尚は(二〇八2)　「師来二往雪峰一、二十九載」(伝燈録十八、長慶章)。

あるとき涼簾を巻起せしちなみに(二〇八5)
初め霊雲に参じて問ふ、「如何是仏法大意」。
雲云、「驢事未去、馬事到来」。
師、往返看すること二十年、省動無し。
後、雪峰に謁す。忽ち一日簾を捲くに、豁然として大悟す。(会要二十四、長慶章)

大潙山大円禅師は、百丈の授記より(二〇八11)

時に司馬頭陀、湖南より来る。

百丈之に謂つて曰く、「老僧潙山に往かんと欲ふ、可ならんか」。

対へて云く、「潙山は奇絶なり、千五百衆を聚むべし。然れども和尚の所住に非ざらん」。

百丈云く、「何ぞや」。

対へて云く、「和尚は是れ骨人なり、彼は是れ肉山なり。設ひ之に居すとも、徒千に盈たざらん」。

百丈云く、「吾衆の中に、人有つて住得すべき莫しや否や」。

対へて云く、「之を歴観するを待つべし」。

百丈乃ち侍者をして第一座(華林)を喚び来らしむ。

問て云く、「此人如何」。

頭陀、謦欬一声して行くこと数歩ならしむ。

対へて云く、「此人不可」。

又、典座(てんぞ)(霊裕)を喚び来らしむ。

頭陀云く、「此れは正に是れ潙山の主也」。

百丈是の夜、師を召して入室せしめ、嘱して云く、「吾が化縁此に在り。潙山は勝境なり、汝当に之に居して、吾が宗を嗣続し、広く後学を度すべし」。

時に華林之を聞いて曰く、「某甲忝く上首に居す、裕公何ぞ住持たることを得む」。

百丈云く、「若し能く衆に対して一語を下得して出格ならば、当に与(ゆる)して住持せしむ」。

即ち浄瓶を指して問て云く、「喚んで浄瓶と作すこと得ず、汝喚んで什麼とか作す」。

華林云く、「喚んで木楔と作すべからず」。

百丈肯せず。乃ち師(霊裕)に問ふ。

師、浄瓶を踢倒す。

百丈笑つて云く、「第一座、山子に輸却せられぬ」。

遂に師をして潙山に往かしむ。(伝燈録九、潙山章)

直に潙山の峭絶にゆきて(二〇八11)　「是山峭絶、夐無二人煙一。師猿猱為伍、橡栗充食。山下居民、稍稍知ㇾ之、率ㇾ衆共営二梵宇一」(伝燈録九、潙山章)。

看牛三年(二〇九17)

大潙、仰山に問ふ、「承聞すらくは子(なんぢ)百丈に在りしに、問一答十すと。是なりや否や」。

仰云く、「不敢」。

師云く、「仏法向上に道取せん一句、作麼生道」。

仰、口を開かんと擬するに、師、便ち喝す。

師、是の如く三問す。

仰、是の如く三たび答へんと擬するに、凡そ喝せらる。

仰、低頭垂涙して云く、「先師道く、教ㇾ我更遇ㇾ人始得。今日便ち是れ遇人なり」。

便発心、看牛三年。

一日師、山に入て見るに、樹下に在て坐禅す。師、杖を以て点背一下す。

仰、廻首す。

師云く、「寂子、道得也未」。

仰云く、「道不得なりと雖も、且(また)人に就て別に口を借らじ」。

師云く、「寂子会也」。（三百則、中十八・会要八、仰山章）

芙蓉山の楷祖（二一〇1）

（大観）二年の春、開封の尹李公孝寿、師の道行卓として叢林に冠たり、宜しく褒顕有るべしと奏す。即ち紫方袍を賜ひ、定照禅師と号す。

内臣勅命を持して至るに、師、迎へ謝して曰く、「某(それがし)父母を辞して出家せし時、嘗て重誓を陳べき。名利の為にせず、専誠に道を学して用て九族を資(たす)けむと。苟くも願心を渝へば、当に身命を棄つべし、と。父母此を以て聴許せり。今若し本志を守らず、竊かに寵光を冒さば、則ち仏法、親盟背す矣。

是に於て修表具辞せしに、復た旨を京尹に降し、堅く之に授けしむ。師、確く守りて回らさず。命を拒みしを以て罪に坐す。旨を奉じて棘寺に下る。軽きに従はしめんが与(ため)に、寺吏有司に聞かく、「淄州に徙さんと欲ふ」。

有司曰く、「疾有らば与(ため)に刑を免れん」。

吏の之を問ふに及びて、師曰く、「疾無し」。

吏云く、「何ぞ灸瘢有るや」。

曰く、「昔は疾めり、今日は愈えたり」。

吏、之を思はしむるに(師)曰く、「已に厚意を悉せり、但妄は安んずる所に非ず」。

乃ち恬然として刑に就いて行く。之に従ふ者、市に帰するが如し。（中略）

明年冬、勅して自便せしむ。芙蓉湖心に庵す。道俗川湊、僅数百人なり。日々に粥一杯を食せしが故に多く引去す。（普燈録巻三、芙蓉章）

夫出家者…（二一〇5）　普燈録二十五、諸方広語中、芙蓉楷禅師章。

山田脱粟飯（二一三13）　伝燈録十五、牛頭微章。

洪州江西開元寺大寂禅師（二一四3）　広燈録八、馬祖章。

勧君莫ㇾ帰ㇾ郷（二一四6）　五家正宗賛には馬祖の偈とする。

衣法を神秀にしらせず（二一五8）　伝燈録三、弘忍章。なお祖師略解説「大鑑慧能」（四九七上）を見よ。

恁　麼

雲居山弘覚大師は（二二三3）　伝燈録十七、雲居章。

若因地倒…（二二三13）　伝燈録一、優波毱多章。

第十七代の祖師、僧伽難提尊者（二二五4）　伝燈録二、僧伽難提章。

第三十三祖大鑒禅師、未剃髪のとき（二二六10）　広燈録七。この因縁により、慧能が第六祖であることがわかり、六祖は剃髪して法を説くに至る。

有智若聞、即能信解（二二七15）　法華経、薬草喩品。

五百の蝙蝠（二二七18）　西域記二に見える、婆羅都邏邑にある卒塔婆について語りつがれた話。

昔、南海の浜に枯木があり、五百の蝙蝠がその穴に棲みついていた。そこへ商人の一団が来て宿ることとなった。寒いのでたき火をしているうちに枯木に燃え移った。商人の中に論蔵を誦する者があった。蝙蝠たちはその法音に聞きほれ、火に焼かれて死んだという。迦膩色迦王の時、脇尊者と共に毘婆沙論を編んだ五百の賢聖の前生譚として伝えられる。

十千の游魚（二二八1）　金光明経第四（旧訳）に出る。池の水が枯れて十千の魚が死にそうになった時、手段を尽して水を与え、また食物を与え、法を説いて聞かせた流水(るずい)長者の話。この魚は死んで忉利天に生れたという。

無智疑怪、即為永失（二二八12）　法華経、薬草喩品。

十方仏土中、唯有一乗法（二二八16）・**是法住法位、世間相常住**（二二八17）　法華経、方便品。

日面と月面と（二二八18）　「日面月面」（四六六上）

南岳山無際大師、ちなみに薬山とふ（二二九9）　会要十九、薬山章。

曹渓山大鑒禅師、ちなみに南岳大恵禅師に(二三〇5)　↓「この不染汚」(四六三下)

観　音

雲岩無住大師、問二道吾山修一大師一(二三一3)　宏智広録二、頌古第五十四則。

攙奪行市(二三五1)

雪峰火炉を指して云く、「三世諸仏、在火焔裏、転大法輪」。

師(玄沙)云、「近日王令稍ゝ厳」。

峰云、「作麼生」。

師云、「不レ許二攙行奪市一」。(会要二十三、玄沙師備章)

臂長衫袖短(二三六3)　(僧)云、「攪二長河一為二酥酪一、変二大地一作二黄金一時如何」。

師云、「臂長衫袖短」。(会要二十五、潭州伏竜章)

不見一法名如来(二三七3)　永嘉大師証道歌(伝燈録三十)。

正手眼の相見あり(二三七5)

師(臨済)因みに一日河府に到る。府主王常侍、師に陞座を請ふ。

時に麻谷出でて問ふ、「大悲千手眼、那箇か是れ正眼」。

師云く、「大悲千手眼、那箇か是れ正眼。速道速道」。

麻谷、師を拽いて下座せしめ、麻谷却て坐す。

師、近前して云く、「不審」。

麻谷擬議す。

師、亦た麻谷を拽いて下座せしめ、師却て坐す。

麻谷便出去。

師便下座。(臨済録)

見色明心、聞声悟道(二三七6)　「挙古云、聞声悟道、見色明心。師(雲門)云、作麼生是聞声悟道見色明心。乃云、観世音菩薩、将レ銭来買胡餅。放二下手一卻是饅頭一(雲門録中、室中語要)。

入理の門あり(二三七7)

因みに普請钁地の次で、忽ちに一僧有り、飯鼓の鳴るを聞きて、钁頭を挙起して大笑し、便ち帰る。

師云く、「俊なる哉、此は是れ観音入理之門なり」。(伝燈録六、百丈章)

円通観音あり(二三七7)　首楞厳経六、観音円通章。

普門示現観音あり(二三七8)　法華経、普門品。

古　鏡

第十八祖伽耶舎多尊者は(二三八6)　伝燈録二、伽耶舎多章。

若樹若石・若田若里(二三九9)　↓四八三上

あるとき出遊するに(二三九11)　伝燈録二、僧伽難提章。

道眼被眼礙(二四〇18)

法眼禅師、因みに井の砂(いさ)に泉眼を塞却せらるるを開するに、乃ち僧に問ふ、「泉眼の通ぜざるは、砂に塞却せらる。道眼の通ぜざるは什麼物にか礙(さ)へらる」。

僧、無対。

師、自ら代て云く、「被二眼礙一」。(三百則、中十一・会要二十六、法眼章)

第三十三祖大鑑禅師(二四一3)　広燈録七。↓「衣法を神秀にしらせず」(四七六上)。但し、偈は広燈録と伝燈録とでは文字に小異がある。

圜悟禅師いはく、「稽首曹渓真古仏」(二四一10)　「稽首曹渓真古仏、八十生善知識、示現不レ識二世文書一、信レ口成レ章徹法窟、葉落帰レ根数百秋、堅固之身鎮二韶石一、皎如三赫日照二長空一、煥若二驪珠一光二太極一、定慧円明拡等レ慈、所求響応猶二空谷一、河沙可レ数徳莫レ量、併出渠儂悲願力」(圜悟語録二十、偈頌)。

明頭来明頭打(二四一12)　普化の偈。↓四七〇上

南岳大恵禅師の会に、ある僧とふ(二四一16)　広燈録八、南嶽章。

莫動著(二四二13)

挙す、雪峰僧に問ふ、「什麼処去」。

僧云く、「普請去」。

師(宏智)云く、「莫動著。動著者三十棒」。(宏智広録三)
　「空生巌畔花狼藉、弾指可レ悲舜若多。莫動著、動著三十棒」(碧巌集第六則頌)。

雪峯真覚大師(二四二15)　会要二十一、雪峰章。

軒轅黄帝膝行進ニ崆峒一(二四四6)　荘子四、在宥第十一、取意文。

逢人には即出なるべし(二四六8)
　鎮州三聖院慧然禅師道、「我逢レ人即出、出即不レ為レ人」。
　興化云、「我逢レ人即不レ出、出即為レ人」。(三百則、上九十二・会要十、三聖慧然章)

万古碧潭空界月(二四八4)　「万古碧潭空界月、再三撈摝始応知」(会要三十、同安察禅師十玄談のうち回機の句)。

雪峰真覚大師と三聖院恵然禅師(二四八5)　碧巌集第六八則、評唱。

再全の錦(二四九18)　「譙周が益州志に曰く、成都錦を織る、既に成つて江水に濯ふ。其の文分明なること初成に勝る。他水に之を濯ふも江水に如かざるなり」(蜀都府、劉注、六臣注文選四)。

一角(二五〇7)
　遷(石頭希遷)又問て曰く、「曹渓大師、還識和尚否」。
　師(青原)曰、「汝今吾を識るや否や」。
　師曰、「識るも又争んぞ能く識得せんや」。
　師曰、「衆角雖レ多、一麟足矣」。(伝燈録五、青原行思章)

雪峰示衆云(二五〇10)　伝燈録十八、玄沙章。

一類の所見(二五二13)　「今日座中、無央数衆、各見不同。…或見下報身坐ニ蓮華蔵世界海一、為ニ百千釈迦牟尼仏一、説心中地法門上。或見下法身同ニ於虚空一、無レ有ニ分別一、無相無礙、遍周中法界上。或見ニ此処娑羅林地、悉是土沙草木石壁一。或見ニ此処、金銀七宝清浄荘厳一。或見ニ此処、三世諸仏所行之処一。或見ニ此処、即是不可思議、諸仏境界真実法体一」(像法決疑経)。

婺州金華山国泰院弘瑫禅師：「古鏡未磨時如何」(二五三2)　伝燈録二十一、国泰章。

江西馬祖、むかし南岳に参学せしに(二五三13)　伝燈録五、南嶽章。

有　時

古仏言、有時高々峯頂立…(二五六3)　伝燈録二十八、薬山惟儼和尚語の「須向高高山頂立、深深海底行」による。

未証拠者の看々なり(二五九2)　↓「使得無位真人」(四七〇下)

住法位(二五九3)　「是法住法位、世間相常住」(法華経、方便品)。

薬山弘道大師、ちなみに無際大師の指示によりて(二六〇9)　会要十九、薬山章。

葉県の帰省禅師は(二六一9)　会要十二、帰省章。

到時未了なりといへども(二六一15)
　僧霊雲に問ふ、「如何是仏法大意」。
　師云、「驢事未去、馬事到来」。
　僧未だ旨を愈(さと)らず、曰く、「兼(ふたた)び請ふ、垂示し玉へ」。
　師曰、「彩気夜常動、精霊日少レ逢」。(三百則、中四十三・伝燈録十一、霊雲章)
　但し伝燈録は「驢事未了」に作る。会要二十四、長慶章に引くところは「未去」に作る。

我逢人なり(二六二3)　↓「逢人には即出なるべし」(四七八上)

授　記

仏言、それ授記に多般あれども(二六五2)　瓔珞経九、無著品第二十六。

汝亦如是、吾亦如是(二六五16)　↓「この不染汚」(四六三下)

玄砂院宗一大師、侍ニ雪峰一行次(二六六2)　会要二十三、玄沙章。

霊山授記(二六六7)**・吾有正法眼蔵涅槃妙心**(二六六13)
　世尊在ニ霊山会上一、拈レ花示レ衆。衆皆黙然。唯迦葉破顔微笑。
　世尊云、「吾有正法眼蔵涅槃妙心、実相無相微妙法門、不立文字教外別伝、付嘱摩訶迦葉」。(会要一、世尊章)

古今挙払示二東西一(二六七12)　伝燈録二十九、雲頂山僧徳敷詩十首の中、古今大意の句。中間四句を省略してある。

唯以一大事因縁故(二六八8)　法華経、方便品。

金襴衣を拈じて(二六八12)　↓「金襴衣を正伝し」(四六二下)

一念万年(二六八15)

師(羅山道閑)、石霜(慶諸)に謁して問ふ、「起滅不停時如何」。霜云、「直須寒灰枯木去、一念万年去、函蓋乾坤去、純清絶点去」。(会要二十三、羅山道閑章)

古仏いはく、「相継得成仏…」(二六八16)・**古仏いはく、「我今従仏聞…」**(二六九11)　法華経、五百弟子授記品

運水般柴(二六九5)　龐居士の偈。↓「神通幷妙用」(四八八上)

釈迦牟尼仏、因二薬王菩薩一(二七〇6)・**釈迦牟尼仏告二薬王一**(二七一4)　法華経、法師品。

四十九年なるか(二七一8)

世尊入涅槃に臨んで、文珠、仏の再び転法輪したまはんことを請ふ。世尊咄して云く、「文珠、吾れ四十九年世に住せしも、未だ嘗て一字をも説かず」。(会要一、世尊章)

見授阿耨多羅三藐三菩提記(二七一16)　「爾時阿難、羅睺羅、而作二是念一、我等毎自思惟、設得二授記一、不二亦快一乎。即従レ座起、到二於仏前一、頭面礼レ足、倶曰レ仏言、「世尊、我等於レ此、亦応レ有レ分。唯有二如来一、我等所帰。又我等、為一切世間、天人阿修羅、所レ見二知識一。阿難常為二侍者一、護二持法蔵一。羅睺羅是仏之子、若仏見レ授二、阿耨多羅三藐三菩提記一者、我願既満、衆望亦足」」(法華経、授学無学人記品)。

拈松枝の授記(二七一17)　受戒の時、松枝を用いる。

「灑水器一口、松枝一枝、為二灑浄枝一」(仏祖正伝菩薩戒作法)。

「自拈二松枝一、花開二五葉一」(永平広録十)。

拈瞬目の授記(二七二1)　↓「霊山授記」(四七八下)

靸鞋を転受せし(二七二1)　大陽警玄が、浮山法遠に衣と履とを、投子義青に法系を伝えた故事。

「天禧中至二大陽明安一、安与語、遂以二衣履一、命レ師求レ人続二洞上宗旨一」(普燈録二、浮山法遠章)。

「服勤又三載礼辞、鑑(法遠)以二大陽衣履一付レ之」(普燈録二、投子義青章)。

是法非思量分別之所能解(二七二2)　「是法非思量分別之所能解、唯有諸仏、乃能知レ之。所以者何。諸仏世尊、唯以一大事因縁故、出現於世」(法華経、方便品)。

我身是也・汝身是也(二七二2・3)　「弥勒当レ知、爾時妙光菩薩、豈異人乎、我身是也。求名菩薩、汝身是也」(法華経、序品)。

維摩詰、謂二弥勒一言(二七二5)　維摩経、菩薩品。

全　機

圜悟禅師克勲和尚云、「生也全機現…」(二七六9)　↓「圜悟禅師いはく…」(四六三下)

壮士の臂を屈伸するがごとく(二七七2)　「此の事を聞き已りて、尋いで即ち命終し、譬へば壮士の臂を屈伸する頃(あひだ)の如くなるに、即ち西方極楽世界に生る」(観無量寿経)。

都　機

釈迦牟尼仏言、「仏真法身…」(二七八5)　金光明経二、四天王品。

盤山宝積禅師云、「心月孤円…」(二七九3)　伝燈録七、盤山宝積章。

応以仏身得度者(二七九11)　法華経、観世音菩薩普門品。

日面仏月面仏(二八〇2)　↓「日面月面」(四六六上)

舒州投子山慈済大師、因僧問、「月未円時如何」(二八〇5)　会要二十一、投子章。

釈迦牟尼仏、告二金剛蔵菩薩一言(二八〇16)　円覚経。

第一月、第二月(二八二7)

師(雲岩曇晟)掃地次、潙山云、「太駆々生」。

師云、「須レ知レ有二不駆々者一」。

潙山云、「恁麼即有二第二月一也」。

師、竪二起掃箒一云、「這箇是第幾月」。

潙山低頭而去。(伝燈録十四、雲巌章)

正好修行・正好供養・払袖便行(二八二8)
一夕二士(西堂智蔵、南泉普願)侍二馬祖一翫月次、祖曰、「正恁麼時、如何」。
西堂云、「正好供養」。
師(百丈懐海)云、「正好修行」。
南泉、払袖便去。
祖云、「経入レ蔵、禅帰レ海。唯有二普願一独超二物外一」。(伝燈録六、百丈章)

画　餅

古仏言、「画餅不充飢」(二八三11)　↓二九一頁六行(伝燈録十一、香厳章)
是什麼物恁麼来(二八四7)　↓「この不染汚」(四六三下)
吾常於是切(二八四7)　↓四八八上
画等・餅等・法等(二八四18)　↓「語等なり、心等なり」(四六三上)
七宝四宝をもちゐる(二八五9)
「蘇迷盧山は、四宝合成して大海の中に在り」(西域記一)。
「此曰二妙高一、七宝所成、故云レ妙」(倶舎論一)。
一茎草をもちゐる(二八五11)
上堂に挙す、善財文殊に参ず。
殊云く、「出門して一茎薬草を将(も)ち来れ」。
善財、出門して尽地を遍観するに、是れ薬にあらざる無し。還来して文殊に向て道(い)く、「尽大地是れ薬、把将那箇来」。
文殊云く、「一茎の薬草を将(も)ち来れ」。
善財、一茎草を把て文殊に度与す。
文殊、一茎を接得して、便ち衆に示して云く、「這一茎草、亦た能く人を殺し、亦た能く人を生かす。(永平広録一。出典は会要一。但し「一茎草」を「一枝草」に作る等、小異あり)

石烏亀(二八五13)
僧問、「如何是祖師西来意」。
師(竜牙居遁)云、「待二石烏亀解語時一、即向レ你道」。(会要二十二、竜牙章)

雲門匡真大師、ちなみに僧とふ(二八六7)　雲門広録上。宏智広録二、頌古第七十八則。

先師道、「修竹芭蕉入画図」(二八六12)
「上堂、六月連二三伏一、人間似二熔炉一。且道、如何、是衲僧行履処。依稀寒水玉、彷彿冷秋菰、脩竹芭蕉入二画図一」(如浄再住浄慈録)。

法等なり(二八六16)　↓「語等なり、心等なり」(四六三上)

竹声を聞著して(二八七9)　↓二九一頁一五行

那竿得恁麼長・這竿得恁麼短(二八七10)

鄂州清平山法喜禅師、翠微に問て云く、「如何是西来的的意」。

翠微云く、「人無からんを待ちて、即ち你に向て道ふべし」。

師(清平)良久して云く、「人無し、請すらくは師説かんことを」。

翠微、禅床を下て、師を引て竹園に入る。

師又云く、「人無し、請すらくは和尚説かんことを」。

翠微、竹を指して云く、「這竿得恁麼長、那竿得恁麼短」。(三百則、上七十一・伝燈録十五)

渓　声　山　色

掩泥の毫髪(二八九3)　↓「布髪淹泥」(四七四下)
渓声便是広長舌(二八九10)　普燈録二十三、賢臣篇。「山色無非清浄身」は「山色豈非清浄身」に作る。
居士、あるとき仏印禅師了元和尚と相見するに(二九〇1)
師(仏印)一日、学徒の為に入室す。適(たま)東坡居士、忽に面前に到る。

師遽に云く、「此間坐榻無し、居士此に来て作甚麼」。

坡云く、「暫く仏印の四大を借りて坐榻と為ん」。

師云く、「山僧一問有り、居士若し道得せば、即ち請ふ坐せよ。若し道不得ならば、即ち腰下の玉帯子を輸(たわ)すべし」。

坡、欣然として云く、「便請」。

師云く、「居士適来道へり、暫く山僧が四大を借りて坐榻と為んと。只山僧の如きは、四大本空、五陰有に非ず、居士甚麼処に向てか坐せん」。

坡、答を加ふること能はず。遂に玉帯を留下せり。

師却(また)贈るに衲衣を以てす。

坡、偈有り、云く、「百千灯作二一灯光一、尽是恒沙妙法王。是故東坡不二敢惜一、借二君四大一作二縄床一」。（会要二十八、洪州雲居仏印元禅師章）

山流水不流（二九〇11）　「空手把鋤頭、歩行騎水牛、人従橋上過、橋流水不流」（伝燈録二十七、善慧大士の偈）がもとになる。

香厳智閑禅師、かつて大潙大円禅師の会に学道せしとき（二九一1）　会要八、香厳智閑章。

霊雲志勤禅師（二九二12）　会要十、霊雲章。伝燈録十一、霊雲章。伝燈録は霊雲を潙山の嗣とし、会要は大安の嗣とする。ここで霊雲を潙山の嗣とする点では伝燈録に一致するが、本文は会要に近い。

長沙景岑禅師にある僧とふ（二九三6）　伝燈録十、長沙章。

瑯琊の広照大師慧覚和尚…「清浄本然…」（二九三10）

聞三瑯琊道重二当世一、即趨二其席一、値二上堂一次、出問、「清浄本然、云何忽生山河大地」。

瑯瑯覚答曰、「清浄本然、云何忽生山河大地」。

師(子璿)領悟。（普燈録三、長水子璿講師章）

「清浄本然、云何忽山生河大地」は首楞厳経四に出る。

先仏これを可憐憫者といふ（二九四8）　首楞厳経八。

如来現在、猶多怨嫉（二九六12）　法華経、法師品。

若将耳聴は家常の茶飯なりと（二九八2）　「也太奇也太奇、無情説法不思議、若将耳聴終難会、眼処聞声方始知」（洞山録）。

弥高弥堅（二九八5）　「顔淵喟然歎曰、仰レ之弥高、鑽レ之弥堅」（論語、子罕篇）。

竜牙のいはく、昔生未了今須了…（二九九2）　禅門諸祖師偈頌一、竜牙和尚偈頌。

仏向上事

大師、有時示衆云、体二得仏向上事一（三〇〇5）　伝燈録十五、洞山章。

逢人不逢人（三〇一4）　↓「逢人には即出なるべし」（四七八上）

如藤倚藤（三〇一9）　「示衆云、有句無句、如藤倚樹、樹倒藤枯。恰好なり棒を喫せんに。且道、過在甚麼処。良久云、不是僧繇手、徒説絵丹青」（会要十二、瑯琊恵覚章）。

高祖悟本大師、示衆云、「須レ知レ有二仏向上人一」（三〇二6）　伝燈録十五、洞山章。

東京浄因枯木禅師、示衆云、「知レ有二仏祖向上事一」（三〇三9）　普燈録五、法成章。

眼睛被人換却木樓子了也（三〇四1）　「若し仏と説き祖と説かば、仏意祖意、大いに木槵子を将て你が眼睛と換却するが似(ごと)く相似なり」（雲門録中）。

道元禅師は「所謂る衲僧の坐禅は、双眼蒲桃に似たりと雖も、更に木槵子に換却せんことを要す」（永平広録五）のように、凡夫の情量の全くない眼として用いている。

金仏・泥仏・木仏（三〇四4・5）　「示衆云、金仏不レ度レ炉、木仏不レ度レ火、泥仏不レ度レ水」（会要六、趙州従諗章）。

雲居山弘覚大師、参二高祖洞山一（三〇四11）　伝燈録十七、雲居章。

曹山本寂禅師、参二高祖洞山一（三〇五5）　伝燈録十七、曹山章。

盤山宝積禅師云、「向上一路…」（三〇五16）　伝燈録七、盤山章。

智門山光祚禅師、因僧問、「如何是仏向上事」（三〇六6）　広燈録二十二、智門光祚章。

石頭無際大師の会に、天皇寺の道悟禅師とふ（三〇六11）　伝燈録十四、石頭章。

黄蘗云、「夫出家人、須レ知レ有ニ従上来事分一…」(三〇八1)　伝燈録九、黄蘗章。

夢　中　説　夢

乗此宝乗、直至道場なり(三二一4)　法華経、譬喩品。

把定放行逞風流なり(三二一5)　「放行把住逞ニ風流一、総是冤家笑点頭」(如浄清涼録)。

葛藤をうゑて葛藤をまつふ(三二一10)　「落賺児孫頭尽禿、葫蘆藤種葫蘆」(如浄天童録)。

放你三十棒(三二一12)　「見成公案、放汝三十棒」(伝燈録十二、陳尊宿章)。

無根樹・不陰陽地・喚不響谷(三二一13)

世尊因みに七賢女、屍陀林に游びしに、一女、屍を指して云く、「屍在ニ這裏一、人在ニ甚麽処一」。

一女云、「作麽作麽」。

諸姉諦観して、各各契悟せり。

帝釈散花して云く、「惟願はくは聖姉、何の所須か有る。我れ当に身を終ふるまで供給すべし」。

女云く、「我が家、四事七珍、悉皆具足せり。唯三般の物を要す。一には無根樹子一株を要す。二には無陰陽地一片を要す。三には叫不響底の山谷一所を要す」。

帝釈云く、「一切の所須、我れ悉く之を有す。此の三般の物の若きは、我れ実に得ること無し」。

女云く、「汝若し此れ無くんば、争んぞ能く人を済はん」。

帝釈措くところ罔(な)し。同(もと)に往いて仏に白(まう)す。

仏言く、「憍尸迦、我が諸々の弟子、諸々の大阿羅漢、悉皆此の義を解(げ)せず。唯々諸々の大菩薩のみ有つて乃ち此の義を解す」。(会要一、世尊章)

頭目髄脳、身肉手足(三二二2)　「勤行布施、心無悋惜、象馬七珍、国城妻子、奴婢僕従、頭目髄脳、身肉手足、不惜軀命」(法華経、提婆品)。

玄之玄、妙之妙(三二二3)　「玄之又玄、衆妙之門」(老子上篇)。

一句合頭(三二二16)　↓「人をつらざらむや」(四八四上)

廻頭転脳(三二四1)

五洩の霊黙和尚、石頭に参じて問て云く、「一言相契はば則ち住せん、不契ならば則ち去らん」。

石頭不レ顧。

師、便ち払袖して行く。出て三門に至るに、頭、喚んで云く、「闍梨」。

師、回首す。

頭云く、「生より死に至るまで只這是。回頭転脳して作麽」。

師、乃ち契悟す。(三百則、下九十九・会要四、五洩霊黙章)

釈迦牟尼仏言、諸仏身金色…(三二四3)　法華経、安楽行品。

礼　拝　得　髄

野狐精(三一七4)　↓「六道の因果に…」(四六六下)

你我渠(三一七5)

又雲巌に問ふ、「和尚百年の後、忽ちに人有つて問はん、還た師の真を貎得せりや不(い)やと。如何が祇対せん」。

雲巌曰く、「但だ伊に向つて道ふべし、只這箇是」。

師(洞山)良久す。

雲巌曰く、「這箇の事を承当せんには、大いに須く審細にすべし」。

師、猶渉疑す。

後に因みに過水して影を覩て前旨を大悟す。因みに一偈有り、曰く、

「切忌従レ他覓、迢迢与レ我疎。我今独自往、処処得レ逢レ渠。渠今正是我、我今不ニ是渠一。応須恁麽会、方得契如如」(伝燈録十五、洞山价章)。

「宝鏡に臨んで形影相覩るが如し、汝不ニ是渠一、渠正是汝」(洞山録、宝鏡三昧歌)。

露柱なりとも(三一七15)

僧問、「如何是祖師西来意」。

師云、「問ニ取露柱一」。

僧云、「某甲不会」。

師云、「我更不会也」。(三百則、上四十一・会要十九、石頭希遷章)

野干(三一八1)　「野干は形小尾大、能く樹に上る。枯木は疑て上らず、狐は即ち形大なり、水を疑て渡らず、樹に上ること能はず」(祖庭事苑)。「梵語悉伽羅、此に野干と云ふ。狐に似て小なり。形色青黄、狗の如く群行す」(翻訳名義集)。

若樹若石(三一八10)　涅槃経十四にある話。釈尊が前生に、雪山童子であった時、飢えた羅刹が、「諸行無常、是生滅法」の二句を説くのを聞いて、自分の身を与える約束をして、あとの「生滅滅已、寂滅為楽」の二句を得た。童子は、この四句偈を、石や壁や樹や道(若石若壁、若樹若道)に書写して後の人のために残したという。これは、仏の正法は、樹や石さえも説くということをいう。

「我於爾時、沈思此義、然後処処、若石若壁、若樹若道、書写此偈」(涅槃経十四、聖行品下)。

若田若里(三一八10)　「若し比丘比丘尼、優婆塞優婆夷…是の経を聞きて随喜し已りて、法会より出でて余処に至らん。若しは僧坊に在り、若しは空閑の地、若しは城邑・巷陌・聚落・田里にして、其の所聞の如く…力に随ひて演説せん」(法華経、随喜功徳品)。

父国をはなれて(三一八18)　↓「真父の家郷に…」(四七一下)

むかし、唐朝趙州真際大師(三一九2)　趙州録上。

震旦国の志閑禅師は(三一九8)　広燈録十三、志閑章。伝燈録十一、末山章。

廨院(三二〇14)　「廨院主の職は、院門の収糴買売を主(つかさ)どり、僧行の宿食は郡県に探り報じ、官員の交替は応に公家に報ずべし。文字或は院門の供施を収簇し、財利或は遠方の施主を迎待す」(禅苑清規四)。

山水経

ともに法位に住して(三三一3)　↓「住法位」(四七八下)

大陽山楷和尚示衆云、「青山常運歩…」(三三一7)　普燈録三、芙蓉道楷章。

其疾如風(三三一12)　「駕以㆓白牛㆒、膚色充潔、形体姝好、有大筋力、行歩平正、其疾如風」(法華経、譬喩品)。

世界裏の花開(三三一13)　↓「花開世界香」(四六五上)

たとひ草木土石(三三二18)　↓「一類の所見」(四七八上)

七宝荘厳なりと(三三三1)　↓「七宝四宝をもちゐる」(四八〇上)

雲門匡真大師いはく、「東山水上行」(三三三13)

問、「如何是諸仏出身処」。

師云、「東山水上行」。(雲門録上)

南泉の鎌子話(三三四1)

池州南泉山願禅師、一日山に在て作務するに、僧有て過て師に問ふ、「南泉の路、向什麼処去」。

師、鎌子を拈起して云く、「我が這の茆鎌子、三十文銭買得」。

僧云、「不㆑問㆓茆鎌子三十文銭買㆒、南泉路、向什麼処去」。

師云、「我如今使得正快(まさにはやし)」。(三百則、中五十四・会要四、南泉章)

種類にしたがひて(三三五10)　↓「宮殿のごとし…」(四五八下)

仏言、「一切諸法畢竟解脱…」(三三六10)　大宝積経巻八七、取意文。なお「一切諸法悉皆解脱」(二〇六頁三行、同九行)をも見よ。

一人にあふ一人も(三三九3)　↓「不逢一人」(四六九上)

古仏いはく、「欲得不招無間業…」(三三九10)　永嘉大師証道歌(伝燈録三十)。

若樹若石・若田若里(三三九13)　↓四八三上

人をつるあり(三四〇11)

師(洞山良价)、雲居(道膺)と渡水の次でに、問ふ、「水深多少ぞ」。

居云、「不湿」。

師云、「麤人」。

居云、「和尚作麼生」。

師云、「不乾」。(会要二十、洞山章)

徳誠和尚(三四〇13)

秀州華亭の船子徳誠禅師、節操高邈、度量不群なり。道吾・雲巌と薬山に得法す。山の順寂後、三人同議し、各〻深山を卜して隠居し去る。道吾須庾に云く、「適来の所議、甚だ鄙懐に愜ふ、先師を辜負すること莫しや否や」。

師(徳誠)良久して云く、「予(われ)率性疎野、唯山水を好み、情を楽しませて自ら遣るのみ。他に能くする所無し。若し霊利の座主に遇はば、一箇を指し来たせ。或(い)は雕琢に堪へば、平日の所得を付受し、以て先師の恩に報いん」。

三人是に於て袂を分ちぬ。師、即ち小舟を華亭に泛ぶ。時人呼んで船子和尚と為す。(会要十九、徳誠章)

人をつらざらむや(三四〇14)

見ずや夾山会禅師、京口に住して上堂す。

僧有て問ふ、「如何ならんか是れ法身」。

会云く、「法身無象」。

僧問て曰く、「如何ならんか是れ法眼」。

会云く、「法眼無瑕」。

時に道吾席に在り、覚えずして失笑す。

山、下座して威儀を具し、設礼して請問す。

道吾曰く、「吾れに同行有り、華亭の船上に在て人を接す。汝往て他を見ば、必ず所得有らん。汝須く衣服を更へて、座主の形となるべし」。

山、便ち教に依て遂に席を散じ、訪て華亭に至る。

船子、来るを見て便ち問ふ、「座主、甚(いづれ)の寺にか住在せる」。

山曰く、「寺は則ち不住、住は即ち不似」。

子曰く、「汝が道ふ不似、又什麽(なに)にか似たる」。

山曰く、「不是目前法」。

子曰く、「甚(いづれ)の処にしてか学得し来る」。

山曰く、「耳目の所到に非ず」。

子曰く、「一句合杳語、万劫繋驢橛。糸を垂るる千尺、意(こころ)深潭に在り。鈎を離れて三寸、子(なんぢ)何ぞ道はざる」。

山、開口を擬す。

子、水中に打落す。

山、纔かに出づ。

子、又曰く、「道、道」。

山、開口を擬す。

子、又打つ。

山、忽然として大悟し、乃ち点頭三下す。

子曰く、「竿頭の糸線君に従(まかせ)て弄せしむ、清波を犯さざる意(こころ)自ら深し」。

山曰く、「綸を抛(す)て鈎を擲(なぐ)る、師の意如何」。

子曰く、「糸綸水に懸つて浮沈するに之を待つ意(おもひ)有り。速道、速道」。

山曰く、「語(ことば)玄を帯して路(みち)無く、舌頭談じて談にあらず」。

子曰く、「江波を釣り尽して金鱗始めて遇ふ」。

山遂に耳を掩ふ。

子曰く、「如是、如是」。

乃ち嘱して曰く、「吾れ薬山に在て三十年、方に此事を明め得たり。汝今已に得たり、向後城隍聚落に住すること莫れ、直に須く蔵身処没蹤跡、没蹤跡処莫蔵身なるべし。深山钁頭(くわくとう)の辺(ほとり)に向(ゆい)て、一箇半箇を接取して、吾宗を嗣続し、断絶せしむること無れ。

山、旨を領じて礼辞し、上岸して去る。頻々に回首す。

子、復(また)喚んで曰く、「闍梨」。

山、回首す。

船橈を挙して曰く、「汝道ふべし、別に更に有ること在り」。言ひ訖て自ら船を踏翻して煙浪に没す。

会、後に出世し、夾山に住す。謂つべし、真の釈師子也。(永平広録八、小参。出典は会要二十一、夾山章)

沢にかくるゝ山あり。(三四一8)　「夫れ舟を壑に蔵(かく)し、山を沢に蔵(かく)す、之を固と謂ふ矣」(荘子、大宗師六)。

古仏云、「山是山、水是水」(三四一10)

上堂云、「諸和尚子、莫妄想。天是天、地是地。山是山、水是水。僧是僧、俗是俗」。

良久して云く、「我が与(ため)に山を拈案し来りて看よ」。

便ち僧有て問ふ、「学人山を見るに是れ山、水を見るに是れ水なる時、如何」。

師云く、「三門什麽と為してか這裏従(よ)り過ぐる」。

進んで云く、「与麽ならば即ち不妄想去也」。

師云く、「還我話頭来」。(雲門録上)

看　経

於無量国中(三四二8)　法華経、安楽行品。

若樹若石・若田若里(三四二14)　↓四八三上
薬山曩祖弘道大師、久不二陞堂一(三四三1)　会要十九、薬山章。

韶州曹渓山、大鑑高祖会下(三四三12)　伝燈録八十六、法達章。

第二十七祖、東印度般若多羅尊者、因東印度国王…(三四四15)　宏智広録二、頌古三則。

趙州観音院真際大師(三四六4)　三百則、上七十四・大慧語録九。

益州大隋山神照大師(三四六15)　会要十、大隋章。

曩祖薬山弘道大師、尋常不許人看経(三四八8)　会要十九、薬山章。

冶父道川禅師(三四九4)　冶父道川金剛経註巻中。

雲居山弘覚大師(三四九12)　伝燈録十七、雲居章。

死蛇にあふ(三五〇3)

後洞山の師虔禅師、因みに僧問ふ、「学人径に往く時、如何」。

師云く、「死蛇大路に当る。子(なんぢ)に勧む当頭すること莫れ」。

僧云く、「当頭する時如何」。

師云く、「子が命根を喪す」。

僧云く、「当頭せざる時、如何」。

師云く、「亦廻避の処無し」。

僧云く、「正与麽の時、如何」。

師云、「失却也」。

僧云、「向二什麽処一去也」。

師云く、「草深くして尋処無し」。

僧云く、「和尚也た隄防を須ひて始得ならむ」。

師、撫掌して云く、「一等是箇毒気」。(三百則、下四・会要二十二、洞山師虔章)

高祖薬山弘道大師(三五四7)　伝燈録十四、高沙弥章。

諸　悪　莫　作

古仏云、「諸悪莫作、衆善奉行…」(三五六3)　増一阿含経巻一。大般涅槃経巻十五。
法等・善等なり(三五六14)　↓「語等なり、心等なり」(四六三上)
仏種従縁起(三五八17)　「諸仏両足尊、知法常無性、仏種従縁起、是故説一乗」(法華経、方便品)。
井の驢をみる(三五九9)・**説箇の応底道理**(同10)・**仏真法身、猶若虚空**(同11)
曹山(本寂)禅師、問二徳上座一云、「仏真法身、猶若虚空、応物現形、如水中月。作麽生説箇応底道理」。
徳云、「如二驢覰レ井」。
山云、「道即太殺道、只道得八九成」。
徳云、「和尚又如何」。
山云、「如二井覰レ驢」。(三百則、中二十五・宏智広録二、頌古五十二)
如三世諸仏、説法之儀式(三六〇3)　「如三世諸仏、説法之儀式、我今亦如是、説無分別法」(法華経、方便品)。
本行(三六〇12)　「我本行菩薩道」(法華経、寿量品偈)。
因等法等、果等法等(三六一4)　↓「語等なり、心等なり」(四六三上)
驢事未去、馬事到来(三六一13)　↓「到時未了なりといへども」(四七八下)
唐の白居易は…(三六一14)　伝燈録四、道林章。
奉行の性・相・体・力(三六三1)　↓「性相本末等」(四六四上)
古徳いはく、「なんぢがはじめて生下せりしとき、すなはち獅子吼の分あり」

（三六三13）　「普耀経云、仏初生二刹利王家一、放二大智光明一、照二十方世界一。地涌二金蓮華一、自然捧二双足一、東西南北、各行於二七歩一、分レ手指二天地一、作二師子吼声一、上下及四維、無二能尊レ我者一」（伝燈録一、釈尊章）。

又古徳いはく、「生死去来…」（三六三15）　↓「生死去来真実人体」（四六三上）

伝　衣

今遣二鎮国大将軍劉崇景、頂戴而送一…（三六五12）　伝燈録五、恵能章。

たとひ五十転々なれりとも（三六七7）　法華経を聞いて随喜した人が、順次に他の人に伝えて五十人に至るとき、その最後に聞いて随喜する福は最初の人にかわらず、無量無辺であること。法華五十転展の功徳という。

「爾（そ）の時に仏、弥勒菩薩摩訶薩に告げたまはく、阿逸多、如来滅後、若しは比丘・比丘尼、優婆塞・優婆夷、及び余の智者、若しは長、若しは幼なるも、是の経を聞きて、随喜し已り、法会より出でて余処に至り、若しは僧房に在り、若しは空閑地、若しは城邑巷陌、聚落田里ならん、その所聞の如く、父母・宗親・善友知識の為に、力に随りて演説せん。是の諸人等、聞き已りて随喜し、復た行きて教を転（つた）へ、余の人も聞き已りて亦た随喜して教を転へん。是の如くして第五十に至らん。阿逸多、其の第五十の善男子善女人の随喜の功徳を、我れ今之を説くべし」。（中略）

仏、弥勒に告げたまはく、「我れ今分明に汝に語（つ）げん、是の人、一切の楽具を以て四百万億阿僧祇世界の六趣の衆生に施し、又、阿羅漢果を得しめん、所得の功徳は、是の第五十の人の、法華経の一偈を聞きて随喜せん功徳に如（し）かじ」。（中略）

阿逸多、是の如く第五十の人の、展転して法華経を聞きて随喜せん功徳は、尚無量無辺阿僧祇なり。何（いか）に況んや最初、会の中に於て聞きて随喜せん者をや。其の福復た勝れたること、無量無辺阿僧祇にして、比ふること得べからざらん」。（法華経、随喜功徳品）

たとひ一日に無量恒河沙の身命をすてゝ（三六八7）　↓「一日に無量恒沙の」（四七四上）

仏言、「若有二衆生一、入二我法中一…」（三七一9）　悲華経巻八、諸菩薩本授記品。

樹神ちなみに僧伽梨衣一条を（三七二12）　「世尊、文殊大衆に告げて言（のたま）はく、我れ初め踰城入山して道を学せしに、無価の宝衣を以て鹿裘に貿得して著せり。樹神有り、身を現じて、手に僧迦梨を執て我に告げて言く、悉多太子、汝今道を修す、定んで正覚を得ん。（中略）樹神又言く、汝今猶ほ是れ俗人なり。未だ此の法衣を被すべからず。当に頂上に置いて恭敬供養すべし。汝をして仏道を求め、魔の為に撓せられざらしめむ」（法苑珠林四十七）。

不堪受是法（三七四14）　「斯人尠福徳、不堪受是法」（法華経、方便品）。

いま現在大宋国の律学と名称する（三七六5）　唐の南山道宣が「釈門章服儀」をあらわし、天人の教えによって袈裟の様式を改めたこと。

化糸の説（三七七6）　釈尊が出家した時、樹神が迦葉仏涅槃の時の絹の僧伽梨衣を奉った。釈尊が仏出世には絹の袈裟を着ないことになっていると言われたところ、樹神が「諸仏慈悲、蚕衣を著せず、此の糸は化出す、是れ害生に非ず」と言った話を南山道宣が引いている。（法苑珠林四十七）

随他去（三七七18）

益州大隋山神照大師、因みに僧問ふ、「劫火洞然、大千倶壊。未審、這箇還た壊すや無（な）や」。

師云く「壊す」。

僧云く、「恁麽ならば則ち随他去也」。

師云く、「随他去」。（三百則、上二十四・会要十、大隋法真章）

仏言、「殺父殺母は懺悔しつべし…」（三七八8）

尓の時に舎利弗、仏に白して言さく、「五逆罪（殺父・殺母・殺阿羅漢・破和合僧・出仏身血）と破法の罪と相似なりや」。

仏、舎利弗に告げ給はく、「相似なりと言ふべからず」。（大般若経、信毀品）

出仏身血、殺阿羅漢は但肉身を壊して法身を壊せず。……般若波羅蜜は能く人をして作仏せしむ。般若を毀る罪は則ち喩無し」（大智度六十二）。

善来得戒の機縁（三七九4）　「諸仏の常法、若し善来比丘と称ずれば便ち沙門となる。是の時に世尊、迦葉に告げて宣はく、善来比丘、此の法微妙なり、善く梵行を修すべしと。是の時、迦葉及び五百の弟子の著くる所の衣裳尽く変じて袈裟と作(な)る。頭髪自ら落ち、剃髪して七日を経たるが如し」(増一阿含十五)。

商那和修が衣は(三七九6)　「又商諾迦縛娑(商那和修の新訳)の九条の僧伽胝衣有り、絳赤の色なり。設諾迦草の皮を以て績(う)み成せり。商諾迦縛娑は阿難の弟子なり。先身の中に在て、設諾迦草の衣を以て、解安居の日に、持て衆僧に施せり。玆の福力を承けて、五百身に於て、中陰生陰に常に此の衣を服(き)たり。最後身を以て、胎より倶に出づ。身既に長ずれば、衣も亦た随て広し。阿難の度して出家せしむるに及んで、其の衣変じて法服となる。具戒を受くるに及んで、更に変じて九条僧伽胝となる」(西域記一)。

衣裏の宝珠(三七九10)　↓「衣裏にかゝる」(四六六上)

はじめ梵王六天より(三八二15)　「仏言、仏子、人の与(ため)に受戒せん時、一切国王王子、大臣百宮、比丘比丘尼、信男信女、婬男婬女、十八梵天六観天子、無根二根、黄門奴婢、一切鬼神を簡(えら)び択(えら)ぶことを得ざれ。尽(ことごと)く戒を受くることを得しめよ。応に教へて身に著くる所の袈裟、皆壊色にして道と相応せしめよ」(梵網経、軽戒第四十)。

道　得

趙州真際大師示衆云(三八五17)　会要六、趙州章。

雪峰の真覚大師(三八七3)　三百則、中八十三・会要二十一、雪峰章。

上乗一心の法(三九〇15)　「達磨大師、従二南天竺国一来、至二中国一、伝二上乗一心法一」(馬祖録)。

仏　教

巴陵因僧問、「祖意教意…」(三九三1)　伝燈録二十二、巴陵顥鑒章。

玄沙因僧問「三乗十二分教即不要、如何是祖師西来意」(三九三頁八行)　伝燈録二十五、百丈道常章。

発時蒙和尚許(三九五8)

師(青原行思)希遷をして書を持して南岳譲和尚に与へしめて曰く、「汝書を達し了りなば速やかに廻るべし。吾有二箇鈯斧子一、与レ汝住山」。

遷、彼(かしこ)に至りて未だ書を呈せざるに便ち問ふ、「不レ慕二諸聖一、不レ重二己霊一時如何」。

譲曰、「子(なんじ)が問(とい)、太高生なり、何ぞ向下に問はざる」。

遷曰く、「寧ろ永劫の沈淪を受くべきも、諸聖の解脱を求めしには従はじ」。

譲便ち休す。

遷、廻りて静居に至る。

師問ふて曰く、「子去つて未だ久しからず、送書は達せりや否や」。

遷曰く、「信も亦た不通なり、書も亦た達せず」。

師曰く、「作麼生」。

遷、前話を挙し了りて却て云く、「発時蒙和尚許箇鈯斧子。便請取」。

師、垂一足す。

遷、礼拝す。尋いで辞して南岳に往けり。(伝燈録五、青原行思章)

南岳の説似一物(三九八9)　↓「この不染汚…」(四六三下)

釈迦牟尼仏言、「我此九部法…」(三九九5)　法華経、方便品。

化一切衆生(三九九10)　法華経、方便品。

随他去(三九九11)　↓四八六下

ほとけ法を説く(三九九16)　↓九四頁一四行

神　通

大潙あるとき臥せるに(四〇一12)　会要七、潙山章。

毛呑巨海、芥納須弥(四〇三11)

普化、臨済と施主家に在て斎す。問ふ、「毛呑巨海、芥納須弥、復た是れ神通妙用とかせん、復た是れ法尓如然とかせん」。

師、遂に飯床を趯倒す。

済云、「太麤生」。

師云、「這裏是甚所在、説レ麤説レ細」。

済休去。（三百則、上九十六・会要七、普化章）

神通幷妙用（四〇四11）

一日、石頭問て曰く、「子《なんぢ》、老僧に見えてより已来《このかた》、日用の事、作麽生」。

対へて曰く、「若し日用の事を問はば、即ち開口の処無し」。

復た一偈を呈して云く、

「日用事無レ別、唯吾自偶諧。頭頭非二取捨一、処処勿張乖。朱紫誰為レ号、丘山絶点埃。神通幷妙用、運水及搬柴」。（伝燈録八、龐居士章）

六祖のむかし（四〇四18）　→「六祖は新州の樵夫なり」（四七二上）

洞山悟本大師、そのかみ…（四〇五7）　洞山録に出る。

事存函蓋合（四〇五12）　「事存函蓋合、理応箭鋒拄、承レ言須レ会レ宗、勿三自立二規矩一」（石頭和尚参同契〔伝燈録三十〕）。

むかし五通仙人、ほとけに…（四〇六8）　会要一、世尊章。

隣珍を算数する（四〇七2）　「譬へば貧窮の人の、日夜に他の宝を数へて自ら半銭の分無きが如く、多聞も亦た是の如し」（華厳経巻六）。

臨済院恵照大師云、古人云（四〇七15）　臨済録、示衆。

領二八万四千眷属一、入二藕孔中一蔵（四〇八4）　法苑珠林第五。

百丈大智禅師云、「眼耳鼻舌…」（四〇九7）　広燈録九、百丈章。

動著するもの三十棒（四一〇5）　→「莫動著」（四七七下）

吾常於此切（四一〇12）

洞山因みに僧問ふ、「三身内、那身か説法する」。

師曰、「吾常於此切」。

僧後に曹山に問ふ、「洞山道ふ、吾常於此切、意旨如何」。

山云く、「頭を要せば斫ぎ将ち去れ」。

僧又雪峰に問ふ。

峰、主丈を以て劈口に打て云く、「我も也た曾て洞山に到り来る」。（三百則、上五十五・会要二十、洞山章）

阿羅漢

諸漏已尽、無二復煩悩一…（四一一3）　法華経、序品。

高処自高平、低処自低平（四一一8）
一日潙山に随て田を開く。
師（仰山）問て曰く、「者頭得恁麽低、那頭得恁麽高」。
祐（潙山霊祐）曰、「水能平レ物、但以二水平一」。
師曰、「水也無レ憑。和尚但高処高平、低処低平」。
祐、然之す。（伝燈録十一、仰山慧寂章）

将謂胡鬚赤（四一一11）

師、至晩に上堂して前の因縁（百丈野狐の話）を挙ぐ。

黄檗便ち問ふ、「古人錯対の一転語、堕二五百生野狐身一。転転不錯ならば、箇の什麽にか作るべき」。

師云く、「近前来、你が与《ため》に道はむ」。

檗、遂に近前して師に一掌を与ふ。

師、拍手して笑て云く、「将為胡鬚赤、更有赤鬚胡」。（三百則、中二・広燈録八）

釈迦牟尼仏言、「若我弟子…」（四一三6）　法華経、方便品。

古云、「声聞経中、称二阿羅漢一…」（四一三14）　摩訶止観、三下。

不是心、不是仏、不是物（四一四3）

㈠師（百丈惟政）、南泉に問ふ、「従上の知識、還た人の為に説かざる底の法有り麽《や》」。

泉云、「有」。

師云、「作麽生是不為人説底法」。

泉云、「不是心、不是仏、不是物」。

師云、「恁麽則説了也」。

泉云、「某甲只恁麽、和尚又作麽生」。

師云、「我れ又是れ善知識にあらず、争(いか)んぞ説不説有ることを知らん」。

泉云、「某甲不会」。

師云、「我太殺為汝説了也」。(会要五、百丈章)
(二)「故に江西大師云く、不是心、不是仏、不是物。且く你後人をして恁麽に行履せしむ」(池州南泉普願禅師語要)。

釈迦牟尼仏言、「是諸比丘…」(四一四6)　法華経、方便品。
粥足飯足なり(四一五1)　↓四六一下
夾山圜悟禅師云、「古人得旨之後、向深山…」(四一五2)　圜悟録十四。
洪州百丈山大智禅師云(四一六5)　広燈録九、百丈章。

春　秋

洞山悟本大師、因僧問(四一八3)　三百則、下二十五・会要二十。

浄因枯木禅師(四一九3)　普燈録二十六、拈古。

田厙奴(四二〇3)

僧問、「至道無難、唯嫌揀択。如何是不揀択」。

師(趙州)云、「天上天下唯我独尊」。

云、「此猶是揀択」。

師云、「田厙奴。甚麽処是揀択」。(会要六、趙州章)

慶元府天童山、宏智禅師(四二〇7)　宏智広録四。

夾山圜悟禅師(四二一3)　圜悟語録十九、頌古下。

慶元府雪竇山資聖寺明覚禅師(四二一11)　雪竇頌古四十三。

偏正の道をもちゐんや(四二二3)　碧巌集評唱に、正中偏、偏中正、正中来、兼中至、兼中到を以て説いているのをいう。

東京天寧長霊禅師守卓和尚、云(四二二7)　長霊守卓禅師語録。

潭州大潙仏性和尚(四二二14)　禅宗頌古聯珠通集巻二十四。

泐潭湛堂文準禅師云(四二三4)　禅宗頌古聯珠通集巻二十四。

湖州何山仏燈禅師(四二三10)　禅宗頌古聯珠通集巻二十四。

葛　藤

先師古仏云、「葫蘆藤種纏葫蘆」(四二五13)　如浄天童語録。
第二十八祖、謂門人曰(四二六3)　伝燈録三、達磨章。
尽十方界の真実体(四二八15)　↓「尽十方界是箇真実人体」(四六三上)
趙州真際大師示衆云(四二九3)　趙州録。
雪豆明覚禅師云(四三〇16)　「師云く、者僧克由叵耐なり、一杓の屎を将て他の二員の古仏諸上座に潑す。若し能く弁得せば、唯趙睦二州の屈を雪ぐのみに非ず、亦た乃ち翠巌と天下の老宿と過無からん」。(明覚語録一、室中挙古)
雪峯真覚大師云、「趙州古仏」(四三一1)　↓四六七下
宋雲が所見(四三一6)
其の年(明帝太和十九年)十二月二十八日、熊耳山に葬す。塔を定林寺に起つ。後三歳、魏の宋雲、使を奉じて西域より迴り、師(達磨)に葱嶺に遇ふ。手に隻履を携へ、翩翩として独り逝くを見る。
雲問ふ、「師何(いず)くへか往く」。
師曰く、「西天に去る」。
又雲に謂って曰く、「汝が主、已に厭世せり」。
雲、之を聞くに茫然たり。師に別れて東に邁(ゆ)く。曁に命を復せんとするに、即ち明帝已に登遐せり矣。孝荘即位するに迨んで雲、具さに其の事を奏す。帝、壙を啓かしむるに、惟と空棺ありて一隻の革履の存するのみなりき焉。(伝燈録三、達磨章)

嗣　書

十二月八日に成道すといへども(四三三15)　↓「釈迦大師は明星をみしとき」(四五七下)

松枝を相嗣し（四三四10）　→「拈松枝の授記」（四七九上）

靸鞋の相嗣（四三四11）　→「靸鞋を転授せし」（四七九上）

未跨船舷、好与三十（四四一6）

鼎州徳山見性大師、小参の示衆に云く、「老僧今夜答話せず、問話の者三十棒ならん」。

時に僧有り、出でて礼拝す。

師、便ち打つ。

僧云く、「某甲話も也た未だ問はず、甚に因てか某甲を打つ」。

師云く、「你は甚（いづ）の処の人ぞ」。

僧云く、「新羅人」。

師云、「未レ跨二船舷一、好与三十主丈」。（三百則、上三十・会要二十、徳山章）

栢　樹　子

趙州真際大師は、釈迦如来より（四四五3）　→一七三頁九行

ちなみに南泉もとより（四四五8）　会要六、趙州章。

烟火徒労望二四隣一（四四六7）　趙州和尚十二時歌のうち、食時辰の歌。（会要三十）

思二量天下出家人一（四四七1）　趙州和尚十二時歌のうち、半夜子の歌。（会要三十）

よくすることのかたきによりてなり（四四七8）　「非レ知レ之艱一、行レ之惟艱」（書経、説命中）。「蓋非二知レ之難一、能レ之難」（文選十七、陸士衡「文賦並序」）。

夜間は燈光あらず（四四七9）　「独二坐一間空暗室一、陽焔燈光永不レ逢、眼前純是金州漆」（趙州和尚十二時歌、黄昏戌〈会要三十〉）。

解斎粥米全無レ粒（四四七13）

荒村破院実難レ論、解斎粥米全無レ粒、

空対二閑牕与二隙塵一、唯雀噪、勿二人親一、

独坐時聞落葉頻、誰道出家憎愛断

思量不レ覚涙沾レ巾。（趙州和尚十二時歌、平旦寅〈会要三十〉）

究理坐禅してみるべし（四四八2）　「汝但究理而坐、二三十年、若不会、截二取老僧頭一去」（会要六。永平広録一）

のちに人いはく（四四八5）　→「雪峰いはく、趙州古仏」（四六七下）

大師因有レ僧問、「如何是祖師西来意」（四四八6）　会要六、趙州章。

不是心、不是仏、不是物（四四九4）　→四八八下

吾亦如是（四四九12）　→「この不染汚」（四六三下）。

大師有レ僧問、「栢樹還有二仏性一也無」（四四九13）　趙州録中、三〇五。

主要祖師略解説

ここには、本書に見える祖師名についての略解説をまとめて記した。嗣承関係、出身地、生存年代、住地のごく大略をあげ、さらに詳しいことを知りたい人のためには、『景徳伝燈録』(伝燈録と略記)、『聯燈会要』(会要)、『嘉泰普燈録』(普燈録)などの収録巻数を示した。

生没年は、『景徳伝燈録』に見える限りは主として同書により、なお宇井伯寿監修『仏教辞典』(大東出版社、一九三八年)、篠原寿雄編『中国の僧伝』(松ケ岡文庫、一九六二年)を参照した。

見出し項目下の( )内の数字は、本文の頁と行数を示す。例えば、(二九3)は、二九頁三行であることを表わす。

阿難(あなん)(二九3・四二九3・四三四2)　アーナンダの音訳。訳名は慶喜。中インド王舎城、斛飯王の子、釈尊の従弟。出家して仏に侍すること二十余年、仏説をすべて記憶し、仏弟子中多聞第一と言われた。仏滅後、摩訶迦葉の法を嗣いで付法蔵第二祖となる。(伝燈録一・会要一)慶喜。

潙山霊祐(いさんれいゆう)　七七一―八五三。百丈懐海の法嗣。唐代、福州長谿の人。姓は趙氏。百丈に参じてその法を嗣ぐ。潭州潙山に住し、住山四十年、潙仰宗の祖と称せられる。諡号大円禅師。(伝燈録九・会要七)大潙山大円禅師。大潙大円禅師。大潙禅師。

雲岩(うんがん)(四〇五7)　→雲岩曇晟

雲岩曇晟(うんがんどんじょう)　七八二―八四一。薬山惟儼の法嗣。唐代、鍾陵建昌の人。姓は王氏。若くして出家し、はじめ百丈懐海のもとにあって二十年を経、百丈滅後薬山に謁して契悟した。潭州雲巌山に住した。諡号無住大師。(伝燈録十四・会要十九)雲岩。雲岩和尚。雲岩無住大師。雲岩山無住大師。

雲岩山無住大師(三〇〇3)・**雲岩無住大師**(二三一3)・**雲岩和尚**(一七一14)　→雲岩曇晟

雲居高祖(七〇16)・**雲居山弘覚大師**(一七二3・一八二6・二二二3・三〇四11)　→雲居道膺

雲居道膺(うんごどうよう)　―九〇二。洞山良价の法嗣。唐代、幽州玉田の人。姓は王氏。幼より仏門の教えを受け、二十五歳で具足戒を受けたが律儀の学に満足せず、はじめ翠微に至り、のち洞山良价に参じてその法を得た。得法後三峰庵に居し、のち撫州雲居山に住した。参学者常に一千人を下らなかった。諡号弘覚大師。(伝燈録十七・会要二十二)雲居高祖。雲居山弘覚大師。

雲門(四三六13)・**雲門匡真大師**(二八六7・三三三13)・**雲門山大慈雲匡真大師**(二六一14)・**雲門大師**(四三六10)　→雲門文偃

雲門文偃(うんもんぶんえん)　八六四―九四九。唐末五代、蘇州嘉興の人。初め睦州陳尊宿に参じ、後、雪峰義存の法を嗣ぐ。雲門山光泰院に住し、雲門宗の祖となる。後漢の隠帝、匡真禅師の号を賜うた。諡号大慈雲匡真弘明禅師。広録三巻、語録一巻。(伝燈録十九・会要二十四)雲門。雲門匡真大師。雲門山大慈雲匡真大師。雲門大師。

恵可(四二六14)・**慧可大師**(一二13)　→神光慧可(じんこうえか)

慧寂(えじゃく)(四〇一13)　→仰山慧寂(きょうざんえじゃく)

懐譲(えじょう)(一二16)　→南嶽懐譲

慧忠国師(えちゅうこくし)(二三7)　→南陽慧忠

慧徹禅師(えてつぜんじ)(一五六6)　→石門慧徹

慧能(えのう)(四三三3)・**慧能行者**(えのうあんじゃ)(二一五8)　→大鑑慧能

演和尚（一七八16）　↓五祖法演

塩官（一七五13）　↓塩官斉安

塩官斉安（えんがんせいあん）　—八四二。馬祖道一の法嗣。唐代、海門郡の人。姓は李氏。杭州塩官鎮国海昌院に住す。唐宣宗の師となる。諡号悟空禅師。（伝燈録七・会要四）

塩官。塩官斉安国師。斉安国師。

塩官斉安国師（一八七18）　↓塩官斉安

圜悟克勤（えんごこくごん）　一〇六三—一一三五。宋代、彭州の人。姓は駱氏。字は無著。幼にして出家し諸方に学んだが、五祖法演の法を嗣いだ。仏眼・仏鑑と共に五祖門下の三仏と称せられた。夾山の碧巌寺に住した時、雪竇の頌古百則を拈提して『碧巌集』を編んだ。宋の徽宗から仏果禅師の号を賜わり、高宗から圜悟の号を賜わる。晩年は昭覚寺に住した。（会要十六・普燈録十一）

圜悟禅師。圜悟禅師克勲和尚。夾山圜悟禅師。夾山勤。

圜悟禅師（えんごぜんじ）（八〇1・九六12・一一四2・二四一10）・**圜悟禅師克勲和尚**（二七六9）　↓圜悟克勤

黄蘗（六六1・一八五7・三〇八1）　↓黄蘗希運

黄蘗希運（おうばくきうん）　—八五五～九。百丈懐海の法嗣。唐代、福州閩県の人。福州黄檗山において出家した。眉間に肉珠があり、裴休の表現によれば「額に円珠有り七尺の身」という偉丈夫であった。百丈に参じてその法を嗣ぎ、洪州大安寺に住し、黄檗山と名づけた。ついで鐘陵の竜興寺、宛陵の開元寺に住したのち、黄蘗山に示寂。相国裴休がその語を録した『伝心法要』『宛陵録』が伝わる。諡号断際禅師。（伝燈録九・会要七）

黄蘗。

黄竜慧南禅師（おうりゅうえなん）（二八九14）　一〇〇二—一〇六九。慈明楚円の法嗣。信州懐国山県の人。幼より神異人にすぐれ、懐国寺で出家受具の後、諸方を遍歴したが、慈明のもとで証契した。隆興府の黄竜山に住し、黄竜派の祖といわれた。語録二巻、広録四巻あり。諡号普覚禅師。（続燈録七・会要十三）

隠山（おんざん）（二一一1）　潭州竜山。馬祖道一の法嗣。生没等不詳。（伝燈録八・会要五）

海会守端（かいえしゅたん）　一〇二五—一〇七二。楊岐方会の法嗣。衡陽の人。姓は周氏。白雲守端ともいわれる。（会要十五・続燈録十四）

海会端。

海会端（かいえたん）（四三九7）　↓海会守端

鵝湖（がこ）（一六三11）　↓鵝湖智孚

鵝湖智孚（がこちふ）　雪峰義存の法嗣。五代、福州の人。長安で書を講じていたが、玄極の理を思い、雪峰に至り、師事すること数年にしてその法を嗣いだ。生没未詳。（伝燈録十八）

鵝湖（がこ）。

何山守珣（かざんしゅじゅん）　一〇七九—一一三四。仏鑑慧懃の法嗣。安吉州、郡の施氏の子。広鑑行瑛等に参じたが契わず、太平山に至り、衾に封をして、もし不徹ならば再びこれを開かぬと誓って昼夜に坐し、七七日をこえて仏鑑の上堂を聞いて頓悟した。（普燈録十六）

何山仏燈禅師。

何山仏燈禅師（四二三10）　↓何山守珣

迦葉（かしょう）（一二12・三四五5）・**迦葉大士**（四二五3）　↓摩訶迦葉

迦葉仏（四三三14）　過去七仏の第六。釈尊の前仏。

夾山圜悟禅師（かっさんえんごぜんじ）（四一五2・四二一3）・**夾山勤**（かっさんきん）（四三九6）　↓圜悟克勤

迦那提婆（かなだいば）（五六9・五八10）　付法蔵第十五祖。竜樹の法を嗣いだ。カナは梵語で隻眼の意。一方の眼が眇（すがめ）だったという。三世紀ごろ、南インドの人。姓は毘舎羅。『百論』『広百論』『百字論』等の著があるので、竜樹に次ぎ、三論宗の祖とされる。（伝燈録二・会要一）

伽耶舎多（かやしゃた）（二二五4・二三八6）　付法蔵第十八祖。その伝は本文に詳しい。（伝燈録二・会要一）

顒和尚（四四五6）　↓南泉普願

灌渓志閑（かんけいしかん）　—八九五。臨済義玄の法嗣。魏府館陶の人。姓は史氏。幼

にして出家し、のち臨済についてその法を得た。(伝燈録十二・会要十)

志閑禅師。

鑑智僧璨《かんちそうさん》　—六〇六。慧可の法嗣。出身地不明。俗士として二祖に見えてその法を嗣いで後、舒州の皖公山に隠れ、太湖県司空山に往来して十余年、後周の武帝の破仏法の難をさけて一定の居処がなかった。唐の玄宗が鑑智禅師と諡した。(伝燈録三・会要二)

三祖大師。

観音院真際大師従諗和尚(一七三9)　↓趙州従諗

帰宗寺至真禅師《きすじしんぜんじ》(一五四12)　↓帰宗智常

帰宗智常《きすちじょう》　馬祖道一の法嗣。重瞳を手でこすったので目が赤くなり、世人が赤眼の帰宗とよんだという。伝未詳。諡号至真禅師。(伝燈録七・会要四)

帰宗寺至真禅師。

迦智《きゃち》(一七七10)　大梅法常の法嗣。新羅国の人。朝鮮第一祖と言われる。伝不明。(伝燈録十)

香厳《きょうげん》(四〇二6)　↓香厳智閑

香厳智閑《きょうげんしかん》　潙山霊祐の法嗣。五代、青州の人。幼にして百丈懐海に従い、のち潙山に参じた。潙山の法を得て後、香厳寺に住した。諡号襲燈大師。(伝燈録十一・会要八)

香厳。香厳智閑禅師。香厳の智閑禅師。

香厳智閑禅師(一九八11・二九一1)・**香厳の智閑禅師**(一八五1)　↓香厳智閑

仰山《きょうざん》(六八2・一二二14・二〇九16・三二〇14・四〇一12)　↓仰山慧寂

仰山慧寂《きょうざんえじゃく》　八〇七—八八三。潙山霊祐の法嗣。唐代、韶州懐化の人。姓は葉氏。十五歳の時、出家を望んだが父母が許さないので、二指を断ち、正法を求めて劬労に報いる旨を誓って許された。はじめ耽源に謁し、さらに潙山に参じてその堂奥に入った。袁州大仰山に住して宗風を振う。諡号智通禅師。(伝燈録十一・会要八)

慧寂。仰山。

行思(一二16)　↓青原行思

行昌《ぎょうしょう》(五四12)　↓江西志徹

京兆米胡和尚(一二二14)　潙山霊祐の法嗣。伝未詳。(伝燈録十一・会要八)

径山杲和尚《きんざんこう》(四三九6)　↓大慧宗杲《だいえそうこう》

鏡清道怤　八六四—九三七。雪峰義存の法嗣。杭州永嘉の人。姓は陳氏。雪峰の法を得て後、鏡清禅院に住し、後、竜冊寺を創建したので竜冊道怤ともいう。(伝燈録十八・会要二十四)

鏡清和尚。

鏡清和尚(一七二14)　↓鏡清道怤

倶胝《ぐてい》(一七七9)　天竜の法嗣。一指頭の禅を以て知られる。生没年等未詳。(伝燈録十一)

慶喜《けいき》(四二六8)　↓阿難

華厳休静《けごんきゅうじょう》　洞山良价の法嗣。唐代福州東山の華厳寺に住し、後、唐の荘宗に法要を説いた。生没未詳。諡号宝智大師。(伝燈録十七・会要二十二)

宝智大師。

玄沙(二四三1・二五〇12・三九三8)・**玄砂院宗一大師**(九六10・二〇六14・二六六2)・**玄砂宗一大師**(二〇六14)　↓玄沙師備

玄沙師備《げんしゃしび》　八三五—九〇八。雪峰義存の法嗣。福州閩県の人。姓は謝氏。初め漁夫であったが、芙蓉霊訓禅師に投じて出家した。雪峰義存とは法の兄弟であったが、義存に師事した。師の法を嗣いで後も雪峰山にあって後進の指導に当ったが、のち、福州玄沙山に住した。『一顆明珠』(一〇二3以下)を見よ。(伝燈録十八・会要二十三)

玄沙。玄砂院宗一大師。玄砂宗一大師。

玄太上座《げんたいじょうざ》(二一一2)　↓南嶽玄泰

高安大愚《こうあんだいぐ》(三二〇10)　帰宗智常の法嗣。伝燈録十に名を連ねるが機縁はない。臨際が黄檗の指示に従って大愚に至って悟り、また、法嗣に末山尼了然のあることを見ても大力量の人であったことが知られる。

興化弉《こうけじょう》(四三九8)　↓興化存奨

興化存奘(こうけぞんしょう)　―九二五。臨済義玄の法嗣。魏府興化寺に住した。後唐の同光二年(九二四)召されて荘宗の師となる。諡号広済大師。(伝燈録十二・会要十)
興化弉。
高沙弥(こうしゃみ)(三五四7)　薬山惟儼の法嗣。伝不明。(伝燈録十四・会要十九)
広照大師慧覚和尚(二九三10)　→瑯瑘慧覚
江西志徹(こうぜいしてつ)　六祖慧能の法嗣。行昌は志徹の俗名。江西の人。姓は張氏。行昌ははじめ神秀の門人にたのまれて六祖を殺そうとしたが、六祖の徳にうたれ、出家した。のち、六祖に涅槃経の常無常の義について尋ね、六祖の教えを受けて悟り、六祖から志徹の名を与えられた。(伝燈録五・会要三)
行昌。
高祖(一四八3)　→菩提達磨
高祖筠州洞山悟本大師(きんしゅうとうざん)(三〇〇3)・**高祖悟本大師**(三〇二6)・**高祖洞山**(三〇四11)　→洞山良价
江西(こうぜい)(一一三7・二一四11)・**江西大寂禅師**(一二九4・二六〇9・三六一14)・**江西馬祖**(一七一10・二五三13)　→馬祖道一
光仏照(二一六17)　→拙庵徳光
国泰院弘瑫禅師(こくたいこうとう)(二五三2)　玄沙師備の法嗣。生没等不明。(伝燈録二十一・会要二十六)
牛頭法融(ごずほうゆう)　五九四―六五七。唐代、潤州延陵の人。姓は韋氏。十九歳の時、経史の学に通じたが、大部の般若を見て空の真義をさとり、出家し、牛頭山の幽棲寺北巌の石室に入った。四祖道信がこれを訪ねて法を伝えたので道信の旁出法嗣に列せられる。(伝燈録四・会要二)
法融禅師。
五祖法演(ごそほうえん)　―一一〇四。海会守端の法嗣。北宋代、綿州の人。俗姓は鄧氏。二十五歳で出家受具し、成都で唯識百法を習ったが、のち海会守端に参じてその法を得た。黄梅東山(五祖山)に住したので五祖法演という。語録四巻あり。(会要十六・普燈録八)
演和尚。法演禅師。楊岐演。
後大潙和尚(ごだいい)(一七三3)　→長慶大安
悟本大師(ごほんだいし)(一七一15)　→洞山良价
三聖院恵然禅師(さんしょういんえねん)(二四八5)　臨済義玄の法嗣。臨済の法を得て後も諸方の叢林に歴参した。後、鎮州三聖院に住す。生没等伝未詳。(伝燈録十二・会要十)
三祖大師(さんそだいし)(二〇五4)　→鑑智僧璨
三平山義忠禅師(さんぺいざんぎちゅう)(一七三1)　大顛宝通の法嗣。唐代、福州の人。姓は楊氏。初め石鞏慧蔵に参じ、後、潮州の大巓和尚についてその法を得た。漳州三平山に住して学人を接得した。生没年不詳。(伝燈録十四・会要二十)
紙衣道者(しえどうじゃ)(二一一2)　涿州紙衣。諱は克符。臨済義玄の法嗣。生没等伝不詳。(伝燈録十二・会要十)
志閑禅師(しかんぜんじ)(三一九8)　→灌渓志閑
子璿(しせん)(二九三10)　九六四―一〇三八。長水子璿。華厳宗。杭州銭塘の人。楞厳経を究めたが、なお禅源を探ろうとして瑯瑘慧覚に参じて領悟した。子璿は衣を替えて師事せんことを求めたが、瑯瑘の教えに従い、後、長水に住して、華厳宗を弘めた。その撰『首楞厳経疏』はひろく世に行われる。賜号長水疏主楞厳大師。(普燈録三)
地蔵院真応大師(一六三16)　→羅漢桂琛《らかんけいしん》
慈明円(じみょうえん)(四三九7)　→慈明楚円
慈明楚円(じみょうそえん)　九八七―一〇四〇。石霜楚円ともいう。汾陽善昭の法嗣。二十二歳出家し、宋代、全州の人。俗姓は李氏。二十二歳出家して汾陽に師事してその法を得たのち諸方に歴遊し、潭州石霜山に住し、晩年は興化寺に住した。諡号慈明禅師。(会要十二・普燈録二)
慈明円。慈明楚円禅師。
慈明楚円禅師(じみょうそえんぜんじ)(二八九15)　→慈明楚円
釈迦大師(二九3)・**釈迦如来**(二一1)　→釈迦牟尼仏
釈迦牟尼仏(しゃかむにぶつ)(四三12・四五3・一〇八3・一五〇10・一六六16・三一四3・三七〇1・三七二12・三九九5・四〇一7・四一三6・四一四6・四三三14)　釈迦牟

尼は釈迦族の聖者の意。釈尊の伝記については異説が多いが、道元禅師は、『景徳伝燈録』により、十九歳出家、十二年修行、三十歳成道、八十歳入滅の説に従っているようである。『景徳伝燈録』では、釈尊生誕は周昭王二十四年甲寅四月八日(前一〇二七)、入滅は周穆王壬申二月十五日(前九四九)である。なお釈尊出世年代については望月信亨『仏教大年表』、宇井伯寿『印度哲学研究第二』に仏滅年代論などがある。

釈迦大師。釈迦如来。釈尊。

釈尊(一一12)　→釈迦牟尼仏

首山省念(しゅざんしょうねん)　九二六—九九三。風穴延沼の法嗣。後晋代、莱州狄氏の子。風穴の法を得て後、首山に住し、第一世となり、さらに広教・宝応に住した。語録一巻がある。(伝燈録十三・会要十一)

首山念。

首山念(しゅざんねん)(四三九7)　→首山省念

浄因枯木禅師(四一九3)　→浄因法成

浄因法成(じょういんほうじょう)　芙蓉道楷の法嗣。宋代、嘉興の人。伝未詳。(会要二十九・普燈録五)

浄因枯木禅師。東京浄因枯木禅師。

趙州(じょうしゅう)(一一四11・一七三9・二一一1)　→趙州従諗

趙州従諗(じょうしゅうじゅうしん)　七七八—八九七。南泉普願の法嗣。唐代、曹州郝郷の人。趙州観音院に住した。語録三巻がある。諡号真際大師。(伝燈録十・会要六)

趙州。真際大師。観音院真際大師従諗和尚。

常総禅師(じょうそうぜんじ)(二八九9)　一〇二五—一〇九一。照覚常総。黄竜慧南の法嗣。宋代、剣州尤渓の人。慧南禅師に師事すること二十年にして、その法を得た。初め泐潭に住し、後、江州東林の竜興寺にうつる。賜号広慧禅師・照覚禅師。(続燈録十二)

商那和修(しょうなわしゅ)(三七九6)　付法蔵第三祖。舎那婆斯、また商諾迦とも書く。自然服と訳す。中インド王舎城の人。釈尊滅後、阿難に従って法を得て第三祖となる。第四祖優波毱多に法を付して寂す。(伝燈録一・会要一)

少林の高祖(三六五3)　→菩提達磨

舒州投子山慈済大師(二八〇5)　→投子大同

真覚大師(一〇二7・三八七3)　→雪峰義存

神光慧可(じんこうえか)　四八七—五九三。中国禅宗第二祖。初め神光といい、また僧可ともいう。四十をこえてから、崇山少林寺に菩提達磨尊者をたずねた。積雪腰を没する中に暁まで立ち続け、ついに左臂を断って決意を示し、ようやく入室を許された。随侍八年、心印を伝えて二祖となった。唐の太宗、正宗普覚大師と諡号し、徳宗、さらに大祖禅師と加諡した。(伝燈録三・会要二)

恵可。慧可大師。真丹第二祖大祖正宗普覚大師。太祖正宗普覚大師。

真際大師(六八14・三一九2・三四六4・三八五17・四二九3・四四五3)　→趙州従諗

神秀(じんしゅう)(二一五9)　—七〇六。唐代、開封尉氏の人。姓は李氏。はじめ儒を学んで博綜多聞であったが俄に出家し、諸方に師を尋ね、五十歳の時、五祖弘忍に参じて坐禅に努めた。五祖も、悟解については他に及ぶ者がないと許したが、達磨から伝来の袈裟と鉢盂は慧能に伝えられたので、五祖の旁出第一世の法嗣となる。五祖の滅後、則天武后の帰依あり、都に召されて内道場で法要を説いた。江陵の当陽山に住し、宮廷人の尊信供養を受けた。諡号大通禅師。(伝燈録四・会要三)

神照大師(三四六15)　→大隋法真

信禅師(一〇八13)　→竜潭崇信

浄禅師(じんぜんじ)(一二一1)　→天童如浄

浄和尚(じんわじょう)(四五6)　→天童如浄

真丹第二祖大祖正宗普覚大師(二〇一1)　→神光慧可

斉安国師(せいあんこくし)(六二12)　→塩官斉安

西和尚(せいかしょう)(一一13)　→明庵栄西(みょうあんようさい)

西京光宅寺大証国師(せいけいこうたくじ)(一一五2)　→南陽慧忠

青原(一一三6・二六六13)・**青原高祖**(四四二4)　→青原行思

青原行思(せいげんぎょうし)　—七四〇。六祖慧能の法嗣。唐代、吉州安城の人。姓は劉氏。幼にして出家し、のち六祖について参学すること多年、その法を嗣いだ。吉州青原山静居寺に住して全国から集まる修行者の指導に当った。諡号弘済禅師。（伝燈録五・会要十九）

行思。青原。青原高祖。

青峰の禅師（せいほうのぜんじ）（二七15）　『景徳伝燈録』十七に、白兆志円が玄則に丙丁童子の話を教えたとある。恐らくこの人であろう。感潭資国の法嗣。

石霜（せきそう）（一五三4・二一一2）　→石霜慶諸

石霜慶諸（せきそうけいしょ）　七九七—八八八。道吾円智の法嗣。唐代、廬陵新淦の人。姓は陳氏。幼にして出家し、初め戒を学し、のち潙山に参じ、さらに道吾についてその法を得た。世を避けて長沙に居たが、洞山良价に識られ、潭州石霜山に住するに至る。住山二十年。諡号普会大師。（伝燈録十五・会要二十）

石霜。

石頭（せきとう）（一一三7）　→石頭希遷

石頭希遷（せきとうきせん）　七〇〇—七九〇。青原行思の法嗣。唐代、端州高要の人。姓は陳氏。はじめ六祖慧能につき、その示寂後、青原についてその法を得た。天宝初年、衡山の南寺に往き、石上に庵を結んで居たので、世人が石頭和尚と呼んだ。江西の馬祖と並んで湖南の石頭と並び称せられた。『参同契』『草庵歌』を撰し、世に行なわれる。諡号無際大師。（伝燈録十四・会要十九）

石頭。石頭大師。石頭無際大師。無際大師。南岳山無際大師。

石頭大師（二〇四17）・**石頭無際大師**（三〇六11）　→石頭希遷

石門慧徹（せきもんえてつ）　梁山縁観の法嗣（広燈録による）。伝燈録は石門寺献禅師の法嗣とし、梁山下には連ねていない。生没等未詳。（広燈録二十四・伝燈録二十三）

慧徹禅師。

葉県帰省（せっけんきせい）　首山省念の法嗣。宋代、汝州葉県の広教院に住した。生没等未詳。（会要十二・広燈録十六）

葉県の帰省禅師。

葉県の帰省禅師（二六一9）　→葉県帰省

拙庵徳光（せったんとくこう）　—一二〇一〜四。大慧宗杲の法嗣。宋代、臨江の人。俗姓は彭氏。仏照は諡号。径山住持は紹熙四年（一一九三）から慶元元年（一一九五）に至る三年間で、如浄三十一歳から三十三歳の時に当る。（続燈録三十二・会要十八）

光仏照。徳光。仏照禅師徳光。

雪竇重顕（せっちょうじゅうけん）　九八〇—一〇五二。智門光祚の法嗣。宋代、遂寧府の人、俗姓は李氏。光祚の法を得て後、蘇州翠峰寺に住し、後、雪竇山資聖寺に住した。『景徳伝燈録』の中から古則百則をえらんで頌を作ったものに、のち圜悟克勤が評唱を付して『碧巌集』となる。遺録七集あり。明覚は賜号。（続燈録三・会要二十七）

明覚禅師。雪豆明覚禅師。

雪豆明覚禅師（せっちょうみょうかくぜんじ）（四三〇16）　→雪竇重顕

雪峰（二五〇10・二六六2）　→雪峰義存

雪峰義存（せっぽうぎぞん）（二〇七1）　八二二—九〇八。徳山宣鑑の法嗣。唐代、泉州南安の人。姓は曾氏。幼より仏事を喜（この）み、十七歳落髪、諸方の禅会に歴参したが徳山のもとでその法を得た。咸通十一年（八七〇）福州府の西二百里の象骨山に登り、雪峰と名づけた。語録二巻がある。唐の懿宗から真覚大師の号を賜わった。（伝燈録十六・会要二十一）

雪峰。雪峰山真覚大師。雪峰真覚大師。雪峯真覚大師義存和尚。真覚大師。

雪峰山真覚大師（九六8・一六三8）・**雪峰真覚大師**（一六一14・二四二15・二四八5・四三二1）・**雪峯真覚大師義存和尚**（一八九1）　→雪峰義存

漸源仲興（ぜんげんちゅうこう）（一一六14）　道吾円智の法嗣。生没年等未詳。（伝燈録十五・会要二十）

全公（ぜんこう）（一一11）　→仏樹房明全

船子徳誠（せんすとくじょう）　薬山惟儼の法嗣。華亭の呉江に小舟を浮べて船頭をしていたので、船子和尚と言われる。（伝燈録十四・会要十九）

徳誠和尚。

僧伽難提（そうがなんだい）（二二五4・二三九11）　付法蔵第十七祖。室羅閲城、宝荘厳王の子。生れながらによく物言い、常に仏事を讃歎したという。七歳から出家を望んだが、父母許さず、家にあって出家して僧伽難提と号した。十九年を経て天光の下る中に家を出、十六祖羅睺羅多の法を嗣いだ。(伝燈録二・会要一)

曹谿(そうけい)(八八13・一一三3・一八四9・四三三3)・**曹谿高祖**(そうけいこうそ)(三七九2)・

曹谿山大鑒禅師(そうけいざんだいかんぜんじ)(五二9・三七〇2)　↓大鑑慧能

曹山元証大師(一四四17)　↓曹山本寂

曹山本寂(そうざんほんじゃく)(三〇五5)　八四〇―九〇一。洞山良价の法嗣。唐代、泉州莆田の人。姓は黄氏。十九歳出家、二十五歳受具。洞山に参じてその法を嗣いだ。撫州曹山、のち荷玉山に住して修行者を指導した。諡号元証大師。(伝燈録十七・会要二十二)

曹山元証大師。

則公監院(そくこうかんいん)(二七11)　↓報恩玄則

疎山(一一四7)　↓疎山光仁

疎山光仁(そざんこうにん)　洞山良价の法嗣。吉州の人。身相短陋であったが精弁衆にすぐれていた。(伝燈録十七・会要二十二)

疎山。

大安禅師(三四六15)　↓長慶大安

大潙山大円禅師(だいいさんだいえんぜんじ)(六三13・二〇八11)・**大潙禅師**(だいいぜんじ)(四〇一10)・**大潙**

大円禅師(だいえんぜんじ)(二九一1)　↓潙山霊祐(いさんれいゆう)

大医禅師(だいいぜんじ)(五〇1・二〇五4)　↓大医道信

大医道信(だいいどうしん)　五八〇―六五一。中国禅宗第四祖(付法蔵第三十一祖)。鑑智僧璨の法嗣。蘄州広済の人。姓は司馬氏。十四歳の時、三祖僧璨に謁し、師事すること九年、ついに衣鉢を伝えた。常に坐禅し、六十年、横に臥したことがないという。はじめ廬山の大林寺に住し、唐の武徳七年(六二四)蘄州に帰って破頭山に入り、唐の太宗が召しても山を下らなかった。諡号大医禅師。(伝燈録三・会要二)

大医禅師。

大慧宗杲(だいえそうこう)　一〇八九―一一六三。圜悟克勤の法嗣。南宋代、宣州の人。俗姓は奚氏。十三歳出家し、初め宝峰準禅師に見え、後、圜悟克勤に師事してその法を得た。紹興七年(一一三七)勅により径山に住し、後、事に座して衡山に流された。この間に『正法眼蔵』六巻を撰す。恩赦により育王山に住し、さらに径山に再住した。孝宗から大慧禅師の賜号あり。諡号普覚禅師。広録八十巻がある。(会要十七・普燈録十五)

径山杲和尚(きんざんこう)。

大鑑慧能(だいかんえのう)　六三八―七一三。中国禅宗第六祖(付法蔵第三十三祖)。俗姓は盧氏。父は范陽(河北省)の人であったが南方の新州(広東省)に左遷され、慧能はその地で生れた。幼にして父を失い、家が貧しいのできこりをし、薪を売って母を養っていた。一日、客が金剛般若経を誦するのを聞いて発心し、黄梅山の五祖弘忍のもとに投じた。五祖と相見の最初、仏性についての問答があり(『仏性』五二9)、五祖はその法器であることを認めたがなお機の熟するのをまち、八カ月間碓坊(米つき部屋)で米つきをさせた。当時五祖門下には神秀上座が第一座として一衆の信望をあつめていた。五祖は、六祖となるべき人を定めるため門下に各自の心境をのべる偈を求めた。神秀は「身は是れ菩提樹、心は明鏡台の如し、時々に勤めて払拭すべし、塵埃有らしむることなかれ」という偈を壁に書きつけた。慧能は童子にたのんでそのわきに「菩提本《もと》樹に非ず、心鏡また台に非ず、本来無一物、何ぞ塵埃を払ふことを仮らん」(伝燈録三、弘忍章による)という偈を書かせた。

五祖はこれによって慧能が六祖となるべき人であることを確認し、夜半ひそかに達磨伝来の衣鉢を慧能に授け、難の及ぶことを恐れて南方にのがれさせた。慧能は南方にあって十六年、世に出なかったが、儀鳳元年(六七六)広州法性寺で剃髪受戒し、翌年曹谿山宝林寺に入った。ここに住して説法すること三十五年、先天元年(七一二)新州の国恩寺に移り、翌二年示寂した。唐の憲宗から大鑑禅師と諡された。

以上は『景徳伝燈録』による。遺弟の編んだ『六祖壇経』が世に流布し、これによる六祖伝がよく知られているが全部を真説と認めることはできない。道元禅師もまた『壇経』は「これ偽書なり」「仏祖の児孫またく依用

せざる書なり」(『四禅比丘』)と言っている。(伝燈録五・会要四)

慧能。慧能行者。曹谿。曹谿高祖。曹谿山大鑒禅師。大鑑禅師。大鑑高祖。

大鑑禅師(一二14・二二六10・二四一3・三六五6)・**大鑑高祖**(二一1・三四三12)

↓大鑑慧能

大慈寰中禅師《だいじかんちゅう》(一八一12)　七八〇—八六二。百丈懐海の法嗣。唐代、蒲坂の人、姓は盧氏。頂骨が円く聳え、声は鐘のようであったという。諡号性空大師。(伝燈録九・会要七)

大寂禅師(二一四3)　↓馬祖道一

大証(一八五3)　↓南陽慧忠

大随法真《だいずいほうしん》　長慶大安の法嗣。伝不詳。蜀主欽尚し、使を遣してしばしば召したが老病を理由に応じなかったので、神照大師の号を贈ったという。(伝燈録十一・会要十)

神照大師。

大宋国湖南長沙招賢大師(一五八3)　↓長沙景岑

大宋国福州芙蓉山霊訓《ふようざんりんきん》**禅師**(一五四12)　↓芙蓉霊訓

太祖正宗普覚大師(四二五5)　↓神光慧可

大巓《だいてん》(一七三1)　↓大巓宝通

大巓宝通《だいてんほうつう》　七三二—八二四。石頭希遷の法嗣。(伝燈録十四・会要十九)

大巓。

大唐国大証国師慧忠和尚(八二10)　↓南陽慧忠

大梅《だいばい》(二一一1)・**大梅祖師**(四四一18)　↓大梅法常

大梅法常《だいばいほうじょう》　七五二—八三九。馬祖道一の法嗣。唐代、明州襄陽の人。姓は鄭氏。伝は『行持』上(一七五3)を見よ。(伝燈録七・会要四)

大梅。大梅祖師。法常禅師。

太平仏鑑慧懃禅師(四二三10)　↓仏鑑慧懃

大満弘忍《だいまんぐにん》　六〇二—六七五。大医道信の法嗣。中国禅宗第五祖(付法蔵第三十二祖)。唐代、蘄州黄梅の人。姓は周氏。四祖道信の法を嗣ぎ、黄梅山に住して禅風を振った。諡号大満禅師。(伝燈録三・会要二)

大満禅師。

大満禅師(四九12・二一五6・二二九1)　↓大満弘忍

大陽山楷和尚《たいようざんかい》(三三一7)　↓芙蓉道楷

達磨大師(一九7)　↓菩提達磨

丹霞子淳《たんかしじゅん》　—一一一九。芙蓉道楷の法嗣。北宋代、剣州の人。姓は賈氏。幼にして出家し、芙蓉道楷の法を得て後、鄧州丹霞山に住した。門下に真歇清了、天童正覚あり。『虚堂集』及び語録がある。(続燈録十二・普燈録五)

丹霞和尚。

丹霞和尚(四二〇7)　↓丹霞子淳

潭州大潙仏性和尚(四二二14)　↓仏性法泰

湛堂文準禅師《たんどうぶんじゅん》(四二三4)　九六六—一一一五。真浄克文の法嗣。興元府、唐固の人。俗姓は梁氏。幼より仏像を見るを喜み、八歳の時出家した。潙山真如に参じて契わず、九峰に克文をたずねてその法を得、のち殿中監范公の請により泐潭に移り住した。槌払を下すこと常に数千指であったので自ら湛堂と号した。(会要十五・普燈録七)

智門山光祚禅師(三〇六6)　↓智門光祚

智門光祚《ちもんこうそ》　香林澄遠の法嗣。初め北塔に住し、後、随州智門に移る。生没等不明。語要一巻がある。(会要二十七・広燈録二十二)

智門山光祚禅師。北塔祚和尚

長慶大安《ちょうけいだいあん》　七九三—八八三。百丈懐海の法嗣。唐代、福州の人。姓は陳氏。幼にして出家し、黄蘗山で律乗を聴習していたが、のち遊方して百丈に参じ、その法を得た。同参の霊祐が潙山に禅刹を創めたのをたすけ、その滅後、引き続き潙山に住して後大潙と称せられた。のち、福州長慶に住した。諡号円智禅師。(伝燈録九・会要七)

後大潙和尚。大安禅師。

長慶の慧稜和尚《えりん》(二〇八2)　八五四—九三二。雪峰義存の法嗣。唐末五代、杭州塩官の人。姓は孫氏。十三歳、蘇州通玄寺に出家し、後、霊雲に参じたが尚凝滞あり、雪峰に参じてその法を嗣いだ。(伝燈録十八・会要二

十四）

長沙景岑（ちょうしゃけいしん）　南泉普願の法嗣。行化年月不詳。初め鹿苑に住して第一世となったが、後、居所を定めず、縁に従って人を接した。（伝燈録十・会要六）

長沙景岑和尚。長沙景岑禅師。大宋国湖南長沙招賢大師。

長沙景岑和尚（七一1）・**長沙景岑禅師**（二九三6）　↓長沙景岑

張拙秀才（ちょうせつしゅうさい）（一五三4）　秀才張公拙。石霜慶諸の法嗣。伝未詳。（会要二十二）

長霊守卓（ちょうれいしゅたく）　―一一二三。黄竜惟清の法嗣。宋代、泉州の人。姓は荘氏。（会要十六・普燈録十）

東京天寧長霊禅師守卓和尚。

天童（四三八5）・**天童和尚**（二一五10）・**天童堂上大和尚**（四四二13）　↓天童如浄

天童如浄（てんどうにょじょう）　一一六三―一二二八。雪竇智鑑の法嗣。南宋代、明州の人。長身であったので、世の人が長翁と呼んだ。建康の清涼、台州の瑞岩、臨安の浄慈、明州の瑞岩、再住浄慈、明州天童に歴住した。語録二巻がある。『行持』下（二一五10）を見よ。

浄禅師。浄和尚。天童。天童和尚。天童堂上大和尚

天皇寺の道悟禅師（三〇六11）　↓天皇道悟

天皇道悟（てんのうどうご）　七四八―八〇七。石頭希遷の法嗣。唐代、婺州東陽の人。姓は張氏。十四歳出家、二十五歳具戒。径山道欽・馬祖道一に歴参したが、石頭に参じてその法を得た。荊州柴紫山に住し、のち天皇寺に住した。（伝燈録十四・会要十九）

天皇寺の道悟禅師。

天竜（てんりゅう）（一七七9）　大梅法常の法嗣。倶胝に一指頭の禅を教えたという。伝不明。（伝燈録十・会要七）

道吾（一七一14）　↓道吾円智

道吾円智（どうごえんち）　七六九―八三五。薬山惟厳の法嗣。唐代、予章海昏の人。姓は張氏。幼にして出家し、薬山のもとで法を得た。潭州道吾山に住した。諡号修一大師。（伝燈録十四・会要十九）

道吾。道吾山修一大師。

道楷禅師（どうかいぜんじ）（四三八6）　↓芙蓉道楷

道吾山修一大師（二三一3）　↓道吾円智

洞山（とうざん）（一三九8・一四五8・一八九3・四三六13）・**洞山悟本大師**（とうざんごほん）（一八二2・三四七10・四〇五7・四一八3）　↓洞山良价

洞山良价（とうざんりょうかい）　八〇七―八六九。雲巌曇晟の法嗣。唐代、会稽の人。姓は兪氏。幼にして出家し、南泉普願、潙山霊祐に参じ、潙山の指示によって雲巌曇晟につき修行すること数歳、大悟してその法を嗣いだ。はじめ新豊山に住し、のち筠州洞山に移り学徒常に数百を下らなかった。諡号悟本大師。『宝鏡三昧歌』『玄中銘』『新豊吟』等の撰がある。（伝燈録十五・会要二十）

高祖筠州洞山悟本大師。高祖悟本大師。高祖洞山。悟本大師。洞山。洞山悟本大師。

投子（とうす）（一八九4）　↓投子大同

投子大同（とうすだいどう）　八一九―九一四。翠微無学の法嗣。唐代、懐寧の人。姓は劉氏。翠微に見えてその法を得て後、諸方に遊んだが故郷の投子山に帰って庵居した。山に居ること三十余年、教えを請う者は常に室に満ちていた。唐の中和年中、巣寇の乱の時には狂徒が白刃を持って押し入ったが、投子の説法により拝伏し、身につけていた衣服を脱いで布施としたという。諡号慈済大師。（伝燈録十五・会要二十一）

投子。舒州投子山慈済大師。

曩祖薬山弘道大師（どうそやくさんくどうだいし）（三四八8）　↓薬山惟儼

道林禅師（どうりん）（三六一15）　七四一―八二四。牛頭山第五世智威禅師下三世の旁出。杭州富陽の人。姓は潘氏。九歳で出家し、二十一歳で受戒し、長安西明寺復礼法師のもとで華厳経・起信論を学んだ。径山道欽に謁して法を得た後、秦の望山に長松が有り、枝葉が繁茂して屋根のようになっているのを見てその上に棲んだ。時の人は鳥窠禅師と言い、また鵲が巣を作っておそれなかったので鵲巣和尚とも言った。（伝燈録四・会要二）

徳光（四三九6）　↓拙庵徳光

徳山（八四8）　↓徳山宣鑑禅師

徳山宣鑑禅師（とくさんせんかん）（一〇八9）　七八二―八六五。唐代、剣南の人。姓は周氏。初め律及び性相を究め、常に金剛般若経を講じたので周金剛と称せられた。のち禅に帰し、竜潭崇信の法を嗣いだ。諡号見性大師。（伝燈録十五・会要二十五）

徳山。

徳誠和尚（とくじょう）（三四〇13）　↓船子徳誠（せんすとくじょう）

多福（たふく）（一四六8）　杭州多福。趙州従諗の法嗣。生没年等不詳。（伝燈録十一・会要七）

東京浄因枯木禅師（とんきんじょういんこぼくぜんじ）（三〇三9）　↓浄因法成

東京天寧長霊禅師守卓和尚（四二二7）　↓長霊守卓

南院慧顒（なんいんえぐう）　―九四八〜五〇。興化存奨の法嗣。汝州南院に住して臨済の宗風を挙揚した。（伝燈録十二・会要十一）

南院顒。

南院顒（なんいんぎょう）（四三九8）　↓南院慧顒

南嶽（二一三6・二一四3）　↓南嶽懐譲

南嶽懐譲（なんがくえじょう）　六七七―七四四。六祖慧能の法嗣。唐代、金州安康の人。姓は杜氏。先天二年（七一三）南岳の般若寺観音堂に入り、住すること三十余年。諡号大慧禅師。（伝燈録五・会要四）

南嶽。懐譲。南嶽大慧禅師。南岳大恵禅師。南岳大恵禅師懐譲和尚。

南嶽玄泰（なんがくげんたい）　石霜慶諸の法嗣。出身地不明。常に布衲を着ていたので泰布衲と言われた。石霜の法を嗣いで後、衡山の東に在って、居所を七宝台と号した。誓って弟子をとらず、教えを請う者には交友の礼をとったという。（伝燈録十六）

玄太上座。

南嶽大慧禅師（七四4・一二九4）・**南岳大恵禅師**（二四一16）・**南岳大恵禅師懐譲和尚**（一八四9）　↓南嶽懐譲

南岳山無際大師（二二九9）　↓石頭希遷

南泉（六六1・一七三13・一八〇5・三三四1）　↓南泉普願

南泉普願（なんせんふがん）　七四八―八三四。馬祖道一の法嗣。唐代、鄭州の人。姓は王氏。馬祖の法を嗣いでのち、貞元十一年（七九五）池陽南泉院に禅院を構え、三十年山を下らなかった。世の人は王老師と称した。語録一巻がある。（伝燈録八・会要四）

願和尚。南泉。

南陽慧忠（なんようえちゅう）　―七七五。六祖慧能の法嗣。唐代、越州諸暨の人。姓は冉氏。師の法を得て後、南陽の白崖山党子谷に入って四十年山を下らなかった。唐の粛宗に迎えられて千福寺に住し、後、代宗の帰依を受けて光宅寺に移る。諡号大証国師。（伝燈録五・会要三）

慧忠国師。西京光宅寺大証国師。大証。大唐国大証国師慧忠和尚。

馬祖（ばそ）（一七五4・二一四5）　↓馬祖道一

馬祖道一（ばそどういち）　七〇九―七八八。南嶽懐譲の法嗣。唐代、漢州什邡県の人。姓は馬氏。江西の馬祖と称せられる。容貌奇異、牛行虎視、舌を引けば鼻を過ぐ、と伝えられる。南岳の法を嗣ぎ、江西鐘陵の開元寺に住して、修行の僧を指導し、入室の弟子百三十九人と言われる。語録一巻がある。諡号大寂禅師。（伝燈録六・会要四）

江西（こうぜい）。江西大寂禅師。江西馬祖。大寂禅師。馬祖。

派無際（はむさい）（四三九13）　↓無際了派

巴陵（はりょう）（三九三1）　顥鑒。雲門文偃の法嗣。嶽州巴陵院に住す。伝未詳。（伝燈録二十二・会要二十六）

盤山宝積禅師（ばんざんほうしゃく）（二七九3・三〇五16）　馬祖道一の法嗣。唐代、幽州盤山に住した。諡号凝寂大師。（伝燈録七・会要四）

般若多羅（はんにゃたら）（一九一4・三四四15・四二五7）　付法蔵第二十七祖。東インド婆羅門種。幼にして父母を喪い、不如蜜多に師事してその法を嗣ぎ、菩提達磨に大法を付授した。（伝燈録二・会要一）

百丈（ひゃくじょう）（六四11・一七三6・二〇八11）　↓百丈懐海

百丈懐海（ひゃくじょうえかい）　七二〇―八一四。馬祖道一の法嗣。唐代、福州長楽の人。幼にして出家し、馬祖に参じてその法を嗣いだ。洪州百丈山に住して教化を振い、またはじめて禅門の規範を作った。語録一巻・広録一巻がある。

諡号大智禅師。(伝燈録六・会要四)

百丈。百丈山大智禅師。百丈大智。百丈大智禅師。

百丈山大智禅師(六五2・一七二7・四一六5)・**百丈大智**(四〇一10)・**百丈大智禅師**(七八4・三七一7・四〇九7)　↓百丈懐海

風穴延沼(ふけつえんしょう)　八九六―九七三。南院慧顒の法嗣。宋代、余杭の人。初め鏡清に至るも堂奥に入らず、南院に参じてその法を得た。天福二年(九三七)風穴寺に住して大法を説いた。(伝燈録十三・会要十一)

風穴昭。

風穴昭(ふけつしょう)(四三九7)　↓風穴延沼

仏鑑慧懃(ぶっかんえごん)　―一一一七。五祖法演の法嗣。宋代、舒州懐寧の人。姓は汪氏。圜悟克勤・仏眼清遠と共に五祖門下の三仏と称せられた。五祖の法を得てのち、舒州の太平寺、汴京の智海寺に住し、晩年は建康の蔣山に退いた。

太平仏鑑慧懃禅師。

仏眼禅師清遠和尚(ぶつげんせいおん)(四三七13)　一〇六七―一一二〇。五祖法演の法嗣。蜀の臨邛の人。姓は李氏。年十四で出家して具足戒を受け、はじめ律を学んだが、法華経の「是の法は思量分別の能く解する所に非ず」という句に至って義学名相のたのむべからざるを知り、南遊して演禅師の法席に至り七年を経てその法を得た。舒州の万寿寺から竜門寺に移り、後、和州の褒禅寺に住した。(会要十六・普燈録十一)

仏光如満禅師(ぶっこうにょまん)(三六一14)　馬祖道一の法嗣。唐の順宗の師となり、よく仏法を説いた。(伝燈録六・会要五)

仏樹房明全(ぶつじゅぼうみょうぜん)　一一八四―一二二五。姓は蘇我氏。伊賀の人。横川《よかわ》首《しゅ》楞厳院《りょうごんいん》の僧、椙井坊明融阿闍梨の弟子であったが、建仁寺栄西に参じてその上足となる。貞応二年(一二二三)道元禅師とともに入宋し、天童山景徳禅寺に入り、無際了派、ひき続き如浄禅師のもとで修行したが、宝慶元年(一二二五)五月二十五日天童山の了然寮において入寂した。入宋前、後高倉上皇に菩薩戒を授けている。

仏照禅師徳光(四三九13)　↓拙庵徳光

全公。

仏性法泰(ぶっしょうほうたい)　圜悟克勤の法嗣。漢州の人。姓は李氏。圜悟のもとで法を明らめ、後、徳山に住した。また、勅により大潙山に住した。寂年不詳。語録一巻がある。仏性は賜号。(普燈録十四・会要十六)

潭州大潙仏性和尚。

仏印禅師了元和尚(二九〇1)　↓仏印了元

仏印了元(ぶっちんりょうげん)　一〇三二―一〇九八。開先善暹の法嗣。宋代、饒州浮梁の人。姓は林氏。得法ののち、廬山開先寺・帰宗寺、洪州雲居寺等に歴住した。仏印は諡号。(会要二十八・続燈録六)

仏印禅師了元和尚。

芙蓉和尚(四一九3)・**芙蓉山の楷祖**(ふようざんのかいそ)(二一〇1)　↓芙蓉道楷

芙蓉山霊訓禅師(ふようざんりんきん)(二〇六16)　↓芙蓉霊訓

芙蓉道楷(ふようどうかい)　一〇四三―一一一八。投子義青の法嗣。宋代、沂州の人。姓は崔氏。幼より穀を辟(さ)け、伊陽山に隠れ、のち京師に遊び、術台寺で出家具戒した。投子の法を得てのち、大陽・浄因等に歴住し、大観元年(一一〇七)東京の天寧寺に住す。芙蓉山に住するについては『行持』下(二一一〇1)を見よ。(会要二十八・普燈録三)

大陽山楷和尚。道楷禅師。芙蓉山の楷祖。

芙蓉霊訓(ふようりんくん)　帰宗智常の法嗣。伝未詳。諡号弘照大師。(伝燈録十・会要七)

大宋国福州芙蓉山霊訓禅師。芙蓉山霊訓禅師。

汾陽昭(ふんようしょう)(四三九7)　↓汾陽善昭

汾陽善昭(ふんようぜんしょう)　九四七―一〇二四。首山省念の法嗣。宋代、大原の人。姓は兪氏。遊方して七十一人の知識に謁し、最後に首山に至ってその法を嗣いだ。汾陽太子院に住した。語録三巻がある。(伝燈録十三・会要十一)

汾陽昭。

平侍者(へいじしゃ)(二一九17)　天童如浄の侍者。伝不詳であるが、宝慶元年(一二二五)九月、道元禅師が如浄から仏祖正伝菩薩戒作法を授けられた時、祖日侍者・宗端知客とともにこの戒儀の周旋に当っている。

匾担(へんだん)(二一一1)　匾担暁了。六祖慧能の法嗣。伝不明。(伝燈録五)

法演禅師(ほうえんぜんじ)(一七七15・四二一3)　↓五祖法演

龐蘊(ほうおん)　馬祖道一の法嗣。衡州衡陽県の人。字は道玄。石頭・丹霞に歴参したが、馬祖に参じてその法を得、更に二年の間参随した。竹で漉籬(ざる)を作って生計を立てた。女に霊照あり、父に劣らぬ禅機を得ていた。語録三巻がある。生没等不詳。(伝燈録八・会要六)

龐居士蘊公。

報恩玄則(ほうおんげんそく)　法眼文益の法嗣。宋代、滑州衛南の人。金陵の報恩院に住した。(伝燈録二十五・会要二十七)

則公監院。

法眼禅師(ほうげん)(二七11)　↓法眼文益

法眼文益(ほうげんぶんえき)　八八五―九五八。羅漢桂琛の法嗣。唐末五代、余杭の人。姓は魯氏。七歳で出家し、律を学び、また儒典にも通じたが、のち南方に遊び、福州長慶の法会に入ったが契わず、地蔵院桂琛に参じてその法を得た。臨川の崇寿院、金陵の報恩院、清涼院等に住した。法眼宗の祖と言われる。法眼は諡号。(伝燈録二十四・会要二十六)

法眼禅師。

龐居士蘊公(ほうこじおんこう)(四〇四10)　↓龐蘊

法常禅師(ほうじょう)(一七五3・四四一4)　↓大梅法常

宝智大師(ほうちだいし)(一二〇5)　↓華厳休静

法融禅師(ほうゆう)(三〇八12)　↓牛頭法融

睦州陳尊宿(ぼくしゅうちんそんしゅく)(一八五8)　七八〇―八七七。黄蘗希運の法嗣。道蹤または道明という。江南の人。姓は陳氏。初め睦州の竜興寺に住したが、のち、迹を晦まし、草屨(わらぐつ)を作って道路上に置き、旅人の持ち去るに任せたので世人が陳蒲鞋(ちんほあい)とよび、また敬って陳尊宿ともよんだ。(伝燈録十二・会要八)

北塔祚和尚(ほくとうそ)(四二一11)　↓智門光祚

菩提達磨(ぼだいだるま)(一二12・四二五4)　付法蔵第二十八祖。中国禅宗第一祖。南天竺国香至王第三子。二十七祖般若多羅尊者について出家し、その法を嗣ぐ。般若多羅の指示によりその滅後六十七年、中国に渡る。梁の普通元年(五二〇)広州に着き、武帝に会って禅要を説いたが機縁熟せず、北の方、魏にゆき、嵩山少林寺で面壁坐禅の日を送ったので人々は壁観婆羅門と呼んだ。のち慧可・道育・道副・尼総持の四人の弟子を化し、慧可に法を伝えた。(↓皮肉骨髄の語により得法の証明をしたことは『葛藤』四二六頁を見よ)この間九年、菩提流支・光統律師の讒にあい、また毒殺されたという。大通二年(五二八)十月五日寂。崇州の熊耳山に葬ったが、その後三年、魏の宋雲という者が西域に使して帰国の途中、葱領で履(はきもの)の片方を持った達磨に出会った。不審に思い、帝京に復ってこのことを報告し、擴(かは)を啓(ひら)いて見たところ、革履(かわぐつ)の片方だけが残っていたという。(伝燈録三・会要一)

高祖。少林の高祖。達磨大師。

達磨の伝記を歴史的に研究すればいくつかの異説があるが、道元禅師はほとんど『景徳伝燈録』の説によっている(『行持』下一一二頁以下を見よ)。なお達磨の伝記研究としては、宇井伯寿『禅宗史研究』一頁以下、関口真大『達磨の研究』等がある。

保福(ほふく)(一六三11・三〇二10)　↓保福従展

保福従展(ほふくじゅうてん)　―九二八。雪峰義存の法嗣。後唐、福州の人。姓は陳氏。十五歳から雪峰のもとで出家し、多年執侍してその法を嗣いだ。漳州刺史王公が保福禅苑を創って居らせ、学徒は常に七百を下らなかったという。(伝燈録十九・会要二十四)

保福。

波栗湿縛(はりしつば)(一六九3)　訳名脇尊者。付法蔵第十祖。二世紀初頭、中インドの人。香蓋長者の子。有部宗の長老で、迦膩色迦王に勤めて第四結集をさせた。(伝燈録一・会要一)

摩訶迦葉(まかかしょう)(五八13・一六七5・四三五14)　付法蔵第一祖。王舎城摩訶婆陀羅村の婆羅門に生る。家を捨てて出家し、仏成道後三年の頃、仏に謁して化を受け、八日の間に阿羅漢果を得た。一生頭陀《ずだ》行《ぎょう》を行じ、教団の上首として頭陀第一と言われた。霊山において仏の法を伝え、仏滅後、王舎城で第一結集を行ない、のち、法を阿難に附して弥勒下生の日を期して鶏足山に入定した。『行持』上(一六七5以下)を見よ。(伝燈録一・会要一)

迦葉。迦葉大士。迦葉仏。

末山(まつさん)(三一九12)　→末山了然

末山了然(まつさんりようねん)　高安大愚の法嗣。生没等伝未詳。(伝燈録十一・会要十)

末山。

麻浴山宝徹禅師(まよくざんほうてつ)(三八14)　→麻浴宝徹

麻浴宝徹(まよくほうてつ)　馬祖道一の法嗣。生没年等未詳。(伝燈録七・会要四)　浴は伝燈録等「谷」に作るが、永平広録・正法眼蔵三百則等の古写本もみな「浴」に作る。

麻浴山宝徹禅師。

明庵栄西(みようあんようさい)　一一四一―一二一五。備中吉備津の人。十一歳の時安養寺に入り、十四歳、叡山に上り、ひろく顕密を学んだ。仁安三年(一一六八)、文治三年(一一八七)の二回入宋して、虚庵懐敞(きあんえしよう)から臨済宗黄竜派の禅を伝えた。幕府の支持を得て、京都の建仁寺、鎌倉の寿福寺に住した。『興禅護国論』を著わし、叡山の圧迫を受けながらも禅をひろめることにつとめた。

西和尚。

明覚禅師(みようかくぜんじ)(四二一11)　→雪竇重顕

無際和尚(四四〇9)　→無際了派

無際大師(二六〇9)　→石頭希遷

無際了派(むさいりようは)　拙庵徳光の法嗣。(続燈録三十五)

無際和尚。派無際。了派蔵主。

馬鳴(めみよう)(四九1)　阿湿縛窶沙の訳。また、功勝ともいう。梵名阿那菩底(あなぼてい)。付法蔵第十二祖。波羅那国の人。初め異学を学んだが、のち仏教に帰し、第十一祖の法を嗣いだ。(伝燈録一・会要一)

薬山(やくさん)(一七一14・二二九9)　→薬山惟儼

薬山惟儼(やくさんいげん)　七五一―八三四。石頭希遷の法嗣。唐代、絳州の人。石頭の法を嗣いで後、澧(れい)州薬山に住して修行者を指導した。諡号弘道大師。(伝燈録十四・会要十九)

嚢祖薬山弘道大師。薬山。薬山弘道大師。薬山嚢祖弘道大師。

薬山弘道大師(やくさんくどうだいし)(一二七4・二六〇9・三五四7)・**薬山嚢祖弘道大師**(やくさんどうそくどうだいし)(三四三1)　→薬山惟儼

冶父道川禅師(やぶどうせん)(三四九4)　浄因法成の法嗣。南宋代、崑山狄氏の子。在俗の時は狄三と呼ばれていた。金剛般若経の頌を作ったのがひろく世に行なわれている。(普燈録十七)

永嘉真覚大師(ようかしんかく)(一三七3)　六六五―七一三。大鑑慧能の法嗣。温州永嘉の人。姓は戴氏。幼にして出家し、徧く三蔵を探り、特に天台止観円妙法門に精しく、特に禅観を行なっていた。六祖に参じて直ちにその法をさとり、一宿して山を下ったので一宿覚と呼ばれた。『永嘉集』世に行なわれ、特に「証道歌」は人に知られている。(伝燈録五・会要三)

楊岐会(ようぎえ)(四三九7)　→楊岐方会

楊岐演(ようぎえん)(四三九6)　→五祖法演

楊岐方会(ようぎほうえ)　九九六―一〇四九。宋代、袁州宜春の人。姓は冷氏。慈明楚円の法嗣。出家して諸方に学び、楚円に参じてその法を得た。袁州楊岐山に住し、のち潭州雲蓋山に移った。楊岐派の祖と言われる。(会要十三・普燈録三)

楊岐会(ようぎえ)。

羅漢桂琛(らかんけいしん)　八六七―九二八。玄沙師備の法嗣。唐代、常山の人。姓は李氏。雲居・雪峰に参じた後、玄沙のもとでその法を嗣ぐ。漳牧王公、地蔵院を建てて請じたが、のち漳州羅漢院に住して学人の指導に当った。地蔵院桂琛ともいう。諡号真応大師。(伝燈録二十一・会要二十六)

地蔵院真応大師。

竜樹(りゆうじゆ)(五五11)　梵名ナーガールジュナ。付法蔵第十四祖。南インド婆羅門の出。幼い時から並はずれて賢く、早く当時の諸学に通じたが、心を翻して出家し、第十三祖迦毘摩羅尊者の法を嗣ぎ、第十四祖となる。『中論頌』『十二門論』『空七十論』『大智度論』等の大乗論部の著がある。そのため、中観派の祖とされ、日本・中国で八宗の祖師と仰がれる。(伝燈録一・

会要一）

竜潭崇信（りゅうたんそうしん）　七八二—八六五。天皇道悟の法嗣。もと渚宮の餅売りの子であった。姓氏未詳。道悟が天皇寺に潜居していた時、常に十枚の餅を饋ったのが縁で出家し、その法を嗣いだ。（伝燈録十四・会要十九）

信禅師。

竜牙（りょうが）（二九九2）　↓竜牙居遁

竜牙居遁（りょうがこどん）　八三五—九二三。洞山良价の法嗣。唐末五代、撫州南城の人。姓は郭氏。十四歳出家し、翠微・徳山に参じたが契わず、洞山に至ってその法を得た。湖南省の竜牙山妙済禅院に住した。（伝燈録十七・会要二十二）

竜牙。

梁山（りょうざん）（一五六6）　↓梁山縁観

梁山縁観（りょうざんえんがん）　同安観志の法嗣。生没年等不詳。（伝燈録二十四・会要二十七）

梁山。

了派蔵主（りょうはぞうす）（四三九6）　↓無際了派

臨済（りんざい）（八四8・四三六13）　↓臨済義玄

臨済院慧照大師（一一九8）　↓臨済義玄

臨済院恵照大師（一八五7・四〇七15）　↓臨済義玄

臨済義玄（りんざいぎげん）　—八六六。黄檗希運の法嗣。唐代、曹州南華の人。姓は邢氏。はじめ黄檗の会下にあり、陳尊宿の指示により三度仏法の大意を問うて、黄檗から三度棒を喫し、高安大愚に至って真意を悟り、帰って黄檗の法を嗣いだ。臨済宗の祖となる。『行持』上（一八五7以下）を見よ。語録二巻及び行録あり。諡号慧照大師。（伝燈録十二・会要九）

臨済。臨済院慧照大師。臨済院恵照大師。

霊雲志勤禅師（れいうんしごん）（二九二12）　潙山霊祐の法嗣（伝燈録による。聯燈会要は後大潙大安の嗣とする）。唐代、福州長谿の人。大安・雪峰・玄沙の門に歴参したが、見桃花の因縁により、契悟した。（伝燈録十一・会要十）

瑯瑘慧覚（ろうやえがく）　汾陽善昭の法嗣。北宋代、西洛の人。汾陽の法を嗣いで後滁州瑯瑘山に入って学人を指導した。雪竇重顕と相唱和し、当時の二甘露門と言われた。生没年未詳。（会要十二・普燈録二・続燈録四）

広照大師慧覚和尚。瑯瑘山広照大師。

瑯瑘山広照大師（ろうやさんこうしょう）（一五五8）　↓瑯瑘慧覚

宏智正覚（わんししょうかく）　一〇九一—一一五七。丹霞子淳の法嗣。南宋代、隰州の人。姓は李氏。天童山に住すること三十年、天童正覚ともいう。広録九巻あり。宏智は諡号。『行持』上（一八〇7以下）を見よ。（会要二十九・普燈録九）

宏智禅師。宏智禅師正覚和尚。

宏智禅師（わんしぜんじ）（一三九3・四二〇7）・**宏智禅師正覚和尚**（一三五15・一八〇7）

↓宏智正覚（わんししょうかく）

伝燈仏祖法系略図

この法系略図は、本書に収めた正法眼蔵の各巻を読むための参考として、釈迦牟尼仏から孤雲懐奘に至るまでの法系を一覧できるようにした。第一祖摩訶迦葉から第二十七祖般若多羅までの祖師の名は、『正法眼蔵』仏祖巻の祖師名によった。達磨大師以後の祖師名ならびに嗣承関係は、『景徳伝燈録』に見える限りは同書によった。
〔 〕をつけた祖師名は、それ以前の頁にすでに出たものの重出であることを示す。

釈迦牟尼仏─第一祖 摩訶迦葉─第二祖 阿難陀─第三祖 商那和修─第四祖 優婆毱多─第五祖 提多迦─第六祖 弥遮迦─第七祖 婆須密多─第八祖 仏陀難提─第九祖 伏駄密多

─第十祖 波栗湿縛─第十一祖 富那夜奢─第十二祖 馬鳴─第十三祖 迦毘摩羅─第十四祖 那伽閼剌樹那(竜樹)─第十五祖 迦那提婆─第十六祖 羅睺羅多─第十七祖 僧伽難提─第十八祖 伽耶舎多

─第十九祖 鳩摩羅多─第二十祖 闍夜多─第二十一祖 婆修盤頭─第二十二祖 摩拏羅─第二十三祖 鶴勒那─第二十四祖 獅子─第二十五祖 婆舎斯多─第二十六祖 不如密多─第二十七祖 般若多羅

─西天二十八祖 震旦初祖(─五三四?・) 菩提達磨─二祖(四八七─五九三) 慧可神光─三祖(─六〇六) 鑑智僧璨─四祖(五八〇─六五一) 大医道信─五祖(六〇二─六七五) 大満弘忍─六祖(六三八─七一三) 大鑑慧能

- 大医道信─牛頭法融(五九四─六五七)(牛頭禅)─智巌─慧方─法持─智威─鶴林玄素─径山道欽─鳥窠道林(七四一─八二四)
- 大満弘忍─神秀(─七〇六)─普寂(六五一─七三九)─道璿─行表─伝教(日本)
- 大鑑慧能
  - ─匾担暁了
  - ─江西志徹(行昌)
  - ─青原行思(─七四〇)─石頭希遷(七〇〇─七九〇)→
  - ─南嶽懐譲(六七七─七四四)─馬祖道一(七〇九─七八八)→
  - ─永嘉玄覚(六六五─七一三)
  - ─司空本浄(六六七─七六一)
  - ─南陽慧忠(─七七五)─耽源応真／代宗／粛宗
  - ─荷沢神会(六六八─七六〇)

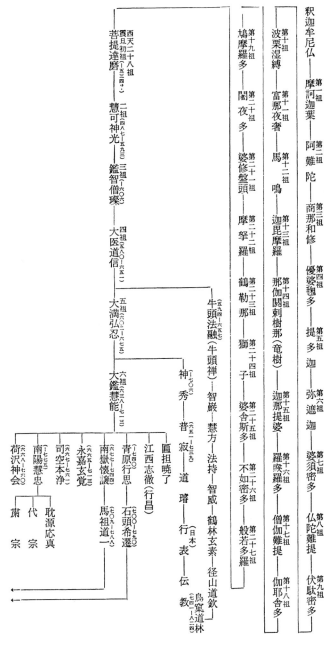

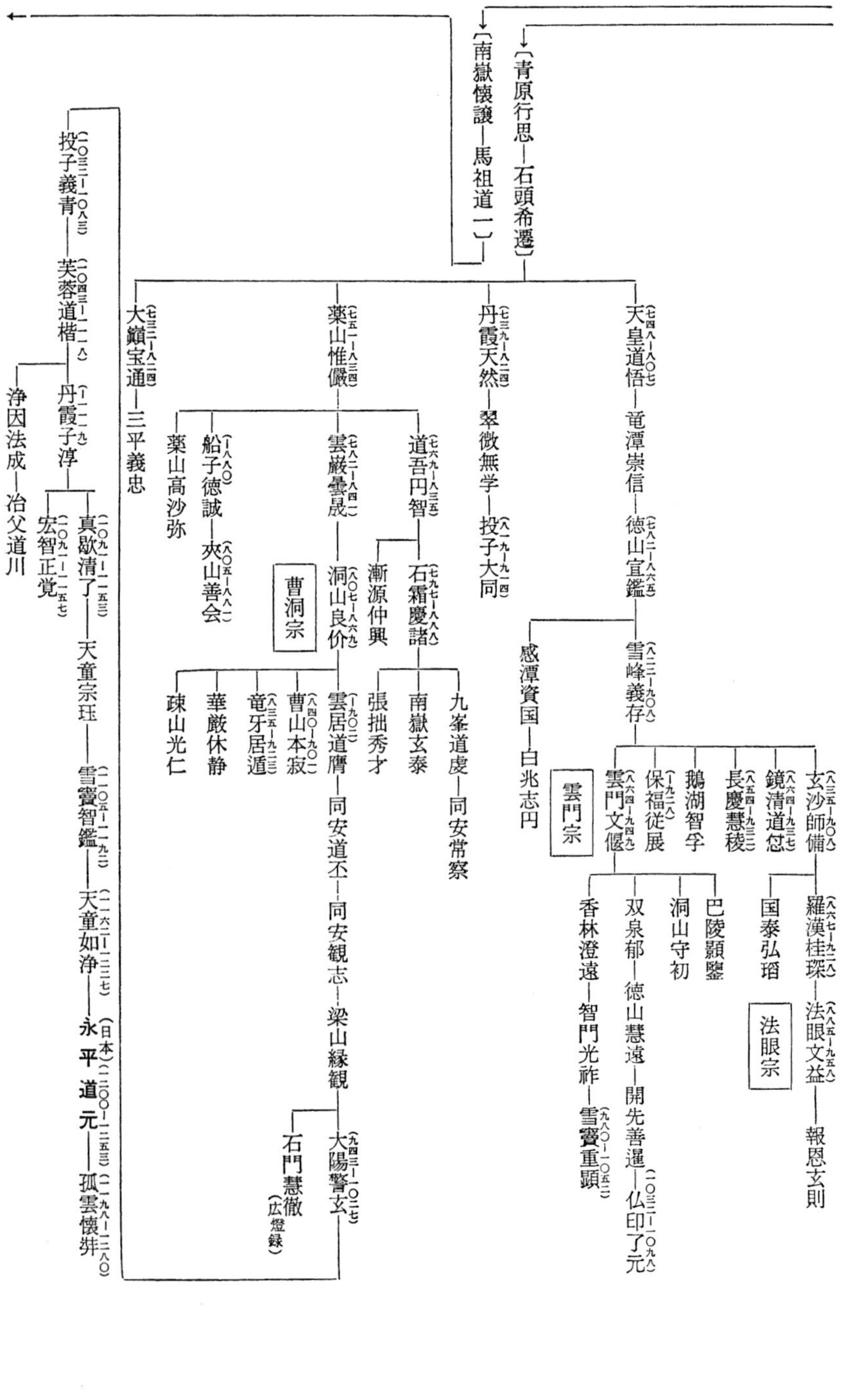
青原行思
石頭希遷
南嶽懐譲
馬祖道一
天皇道悟(七四八―八〇七)
竜潭崇信
徳山宣鑑(七八二―八六五)
雪峰義存(八二二―九〇八)
感潭資国
白兆志円
玄沙師備(八三五―九〇八)
羅漢桂琛(八六七―九二八)
法眼文益(八八五―九五八)
報恩玄則
国泰弘瑫
法眼宗
鏡清道怤(八六四―九三七)
長慶慧稜(八五四―九三二)
鵝湖智孚
保福従展(―九二八)
雲門文偃(八六四―九四九)
雲門宗
巴陵顥鑒
洞山守初
双泉郁
徳山慧遠
開先善暹
仏印了元(一〇三二―一〇九八)
香林澄遠
智門光祚
雪竇重顕(九八〇―一〇五二)
丹霞天然(七三九―八二四)
翠微無学
投子大同(八一九―九一四)
薬山惟儼(七五一―八三四)
道吾円智(七六九―八三五)
石霜慶諸(七九七―八八八)
漸源仲興
九峯道虔
同安常察
南嶽玄泰
張拙秀才
雲巌曇晟(七八二―八四一)
洞山良价(八〇七―八六九)
曹洞宗
雲居道膺(―九〇二)
同安道丕
同安観志
梁山縁観
大陽警玄(九四三―一〇二七)
石門慧徹(広燈録)
曹山本寂(八四〇―九〇一)
竜牙居遁(八三五―九二三)
華厳休静
疎山光仁
船子徳誠(―八八〇)
夾山善会(八〇五―八八一)
薬山高沙弥
大巓宝通(七三二―八二四)
三平義忠
投子義青(一〇三二―一〇八三)
芙蓉道楷(一〇四三―一一一八)
丹霞子淳(―一一一九)
浄因法成
治父道川
真歇清了(一〇九一―一一五三)
宏智正覚(一〇九一―一一五七)
天童宗珏
雪竇智鑑(一一〇五―一一九二)
天童如浄(一一六二―一二二七)
(日本)永平道元(一二〇〇―一二五三)
孤雲懐奘(一一九八―一二八〇)

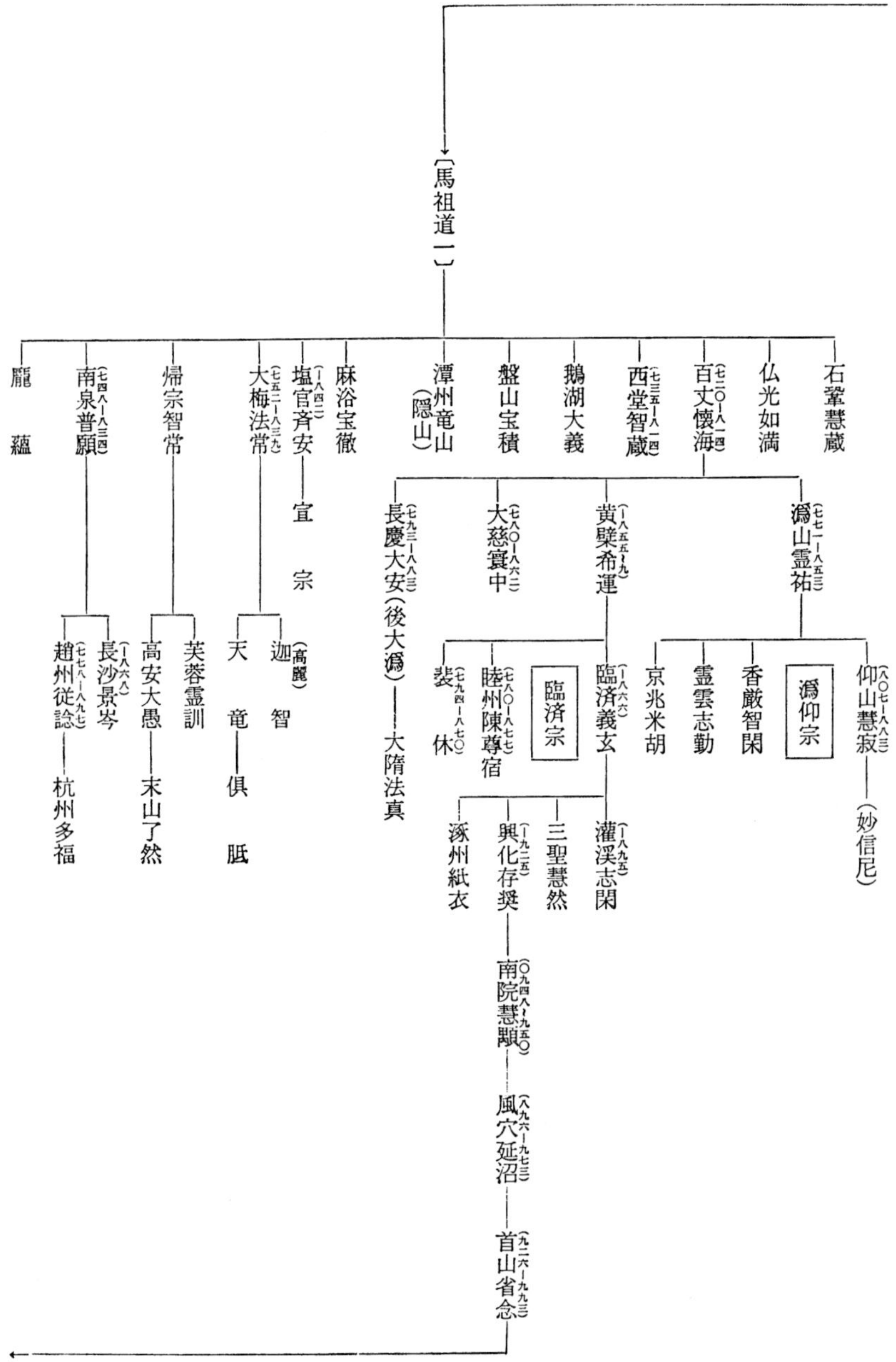
馬祖道一
石鞏慧蔵
仏光如満
百丈懐海(七二〇—八一四)
西堂智蔵(七三五—八一四)
鵝湖大義
盤山宝積
潭州竜山(隠山)
麻浴宝徹
塩官斉安(—八四二)
大梅法常(七五二—八三九)
帰宗智常
南泉普願(七四八—八三四)
龐蘊
潙山霊祐(七七一—八五三)
黄檗希運(—八五五～九)
大慈寰中(七八〇—八六二)
長慶大安(七九三—八八三)(後大潙)
大隋法真
仰山慧寂(八〇七—八八三)
(妙信尼)
潙仰宗
香厳智閑
霊雲志勤
京兆米胡
臨済義玄(—八六六)
臨済宗
睦州陳尊宿(七八〇—八七七)
裴休(七九四—八七〇)
灌渓志閑(—八九五)
三聖慧然
興化存奨(—九二五)
涿州紙衣
南院慧顒(〇九四八～九五〇)
風穴延沼(八九六—九七三)
首山省念(九二六—九九三)
宜宗
迦智(高麗)
天竜
倶胝
芙蓉霊訓
高安大愚
末山了然
長沙景岑(—八六八)
趙州従諗(七七八—八九七)
杭州多福

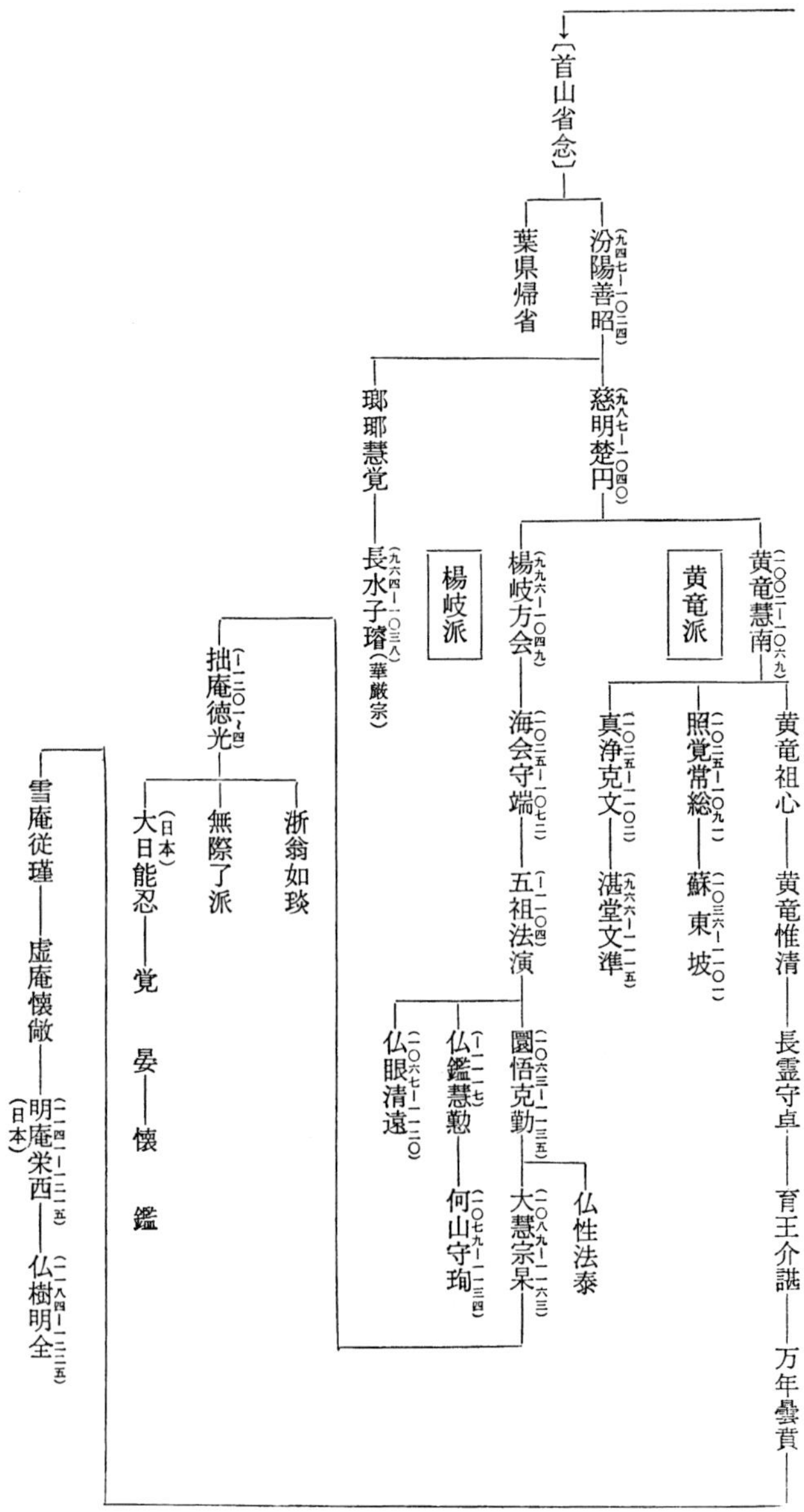
首山省念
汾陽善昭(九四七―一〇二四)
葉県帰省
慈明楚円(九八七―一〇四〇)
瑯耶慧覚
黄竜慧南(一〇〇二―一〇六九)
黄竜派
楊岐方会(九九六―一〇四九)
楊岐派
長水子璿(九六四―一〇三八)(華厳宗)
黄竜祖心
照覚常総(一〇二五―一〇九一)
真浄克文(一〇二五―一一〇二)
黄竜惟清
蘇東坡(一〇三六―一一〇一)
湛堂文準(九六六―一一一五)
長霊守卓
育王介諶
万年曇賁
海会守端(一〇二五―一〇七二)
五祖法演(―一一〇四)
圜悟克勤(一〇六三―一一三五)
仏鑑慧懃(―一一一七)
仏眼清遠(一〇六七―一一二〇)
仏性法泰
大慧宗杲(一〇八九―一一六三)
何山守珣(一〇七九―一一三四)
拙庵徳光(一一二一―一二〇四)
浙翁如琰
無際了派
大日能忍(日本)
覚晏
懐鑑
雪庵従瑾
虚庵懐敞
明庵栄西(一一四一―一二一五)(日本)
仏樹明全(一一八四―一二二五)

解説

『正法眼蔵』の思惟の構造

寺田透

『正法眼蔵』の根本にあるのはどういう問題意識かというところからまず説いて行こう。ただしこう書くのは、実は諸君がすでに右本文を読み終えたものと見なしてのことである。大切なのは原典を読むことであって、解説だのそれについての議論を読むことでないというのは、『眼蔵』の場合にも、『眼蔵』の場合には、特に当て嵌ることなのだ。

というのは、『眼蔵』はけして簡素な素直な正常な日本文で書かれてはいず、頭注でもしばしば指摘した通り、経文や祖師の語録から一章句を切り取って、日本文の中に、日本語による思惟の中に象嵌するというやり方を頻繁にしているため、中国語原文における詞型の必然(主として音韻の必然らしい)が切り捨てることを許さぬ文字が、日本文の中では無意味、あるときは、反対の意味を呼びよせる場合も、捨てられずにいるという例などが実にたびたびあるからだ。前者の例としてはただ従経巻と言えばいいところ、あるいはただ従と言えばいいところにすら「或従経巻」という四文字を用いている場合、後者の例としては必要なのは離一字なのにそれの否定である「莫離」が用いられている場合などが挙げられるが、これらは誰も異論のはさみようのない、もっとも見易い一例にすぎない。

また和文として見ても、順当な接続を示す助詞、副詞と、矛盾した関係を示すそれらとが全く反対に用いられている場合が珍しくないのも頭注で何度か示した通りだし、『源氏物語』の中で諷刺的にえがかれている博士たちの言葉遣いでもきくように、普通は使役の関係か敬意を表現するための助動詞「しむ」が、それらしいはたらきを持たず、恐らく声調のためか、あるいはただの言葉癖で少からず用いられているということもある。

いまはからずも声調のことに触れたが、道元も『平家物語』の出来た時代の文章家として、散文にはずんだ、あるいは朗唱に適する調子をつけ、漢語によって和文に模様をつけ、耳新しい響きをそえようとする労苦を、『随聞記』にしるされているように本当に詮ないわざと思っていたのかどうか、払っている。

また、偶然ひらいた頁にある「発菩提心者、あるひは生死にしてこれをうることあり、あるひは涅槃にしてこれをうる事あり、あるひは生死涅槃のほかにしてこれをうることあり。ところをまつにあらざれども、発心のところにさへられざるあり。」(『身心学道』七六頁)という一節の解釈にしても、出来上った正しい解釈文をよむより、それがよしんば完璧な解釈文であっても、みずから錯誤をくりかえしつつやってみて、正しい思考の筋道を探り当てることの方がどれほど有意義か知れず、それに比べれば、出来合いの模範的解釈など、貧弱なものにすぎない。

そう言っておいて自分が解釈文を示すのもおかしな話だが、これだけの文章でも、その前後運動、重畳、屈折の底に、どんな一筋の理路が、――道元を読む際のもっとも貴重な、魅力的な地下資源が隠れているかの例証に当るものなので、こころみに左にそれをしるしてみる。

「智慧、覚を求める心が目ざめるのは、ある場合はこれを生死の間、生死を免れぬ運命のものとしてある間にそうなることもあり、あるいは生死の苦を脱した寂静においてそうなることもあり、そういう二つの境遇とはかかわりのない辺際でそうなることもある。そういういくつか(三つ)の辺際を、智慧、覚を求める心を得るために待つわけではないけれども、その心を起す辺際というものに――と順調に読んで来てわれわれはおかしいぞと思う。これは、――その心を起す辺際というものはやはりあるもので、ただその辺際の拘束は受けないのだ、と読むべきものではないかと思う。しかし「そのところあり」というような句を補ったこの読みよりは、——その心の発せられる辺際を待つ、そういう辺際を必要なものとして期待するわけでなく、発心の辺際などというものに拘束されることはないのだ、——と読んだ方がよくはないか、注にも記したように、『あらざれども』も『あらずして』と読んだ方がよくはないかということである。それにしても最後の『あり』は落著きがわるい。これは今も口語訳したように、根拠を提示しているのだから、『あるなり』か『なり』とあるべきではなかろうか。」

しかしこれを根拠の提示ではなく、事実の直叙であるとする立場をとるとどうなるか、つまり「発心のところにさへざるあり」としか書けないことがらだとするとどうなるかを考えてみよう。すると「あり」の前にものかことを補わねばならず、しかも先立つ行文においてはすべて「こと・事」が論考の対象なので「こと」をそこに置くとすると、この記述は多くの場合の一つを提示したにすぎないことになる。

「こと」を插まぬにしても、「さへられざるあり、さへらるるあり」という、反対の場合の併存を予想する構文で、力のない考察になってしまう。

これは道元の日本文を格の正しいものでなければならないとするところから出る道元の思惟に対する値引きで、俗に言う贔屓の引き倒しということになろう。

道元の文章は日本文としては破格であり、幾多の場合不当であるということをいわば「承当」乃至「保任」することによって、道元の精神と思惟を高めることがかえって可能なのだということを、これらの事例はわれわれに教えるのである。最初に言った道元を正しく解釈した模範文を手に入れるより、試行錯誤をくりかえしながら道元の思惟の坑道を掘りあてることの方が何層倍か大事なことだという主張の意味はこういうところにある。

ついでだからあといくつか、漢語の用い方の異風なことを、例示しておこう。

いずれも簡単な単語だが、単語自身が道元の禅的思惟、禅的態度の特徴を語る一方で、その用い方、強引とも恣意的とも言える自分の方へ引きつけてのその用い方に、かれの思想的、精神的態度が窺われるからである。

その一つは罣礙。この言葉は『般若心経』に「……菩提薩埵。依般若波羅蜜多故。心無罣礙。無罣礙故。無有恐怖。遠離〔一切〕顚倒夢想。究竟涅槃。」という風に否定的に用いられているのと同じ言葉で、これに相当するサンスクリットの原語は覆うこと、隠すことの意である。「礙」は単純に止める、距てる、妨げる等の意を主とするが、しかしかける、挂也とされる意味があり、「罣」の第一義が絓也、掛ける、掛かるの意とされるのと熟して、〔罣にも妨げる、挂えるの意はある〕、サンスクリット原語 āvaraṇa の意味を忠実に写していると言える。

道元はこれを『眼蔵』初出の場所〔『現成公按』〕では、「人のさとりを罣礙せざること、滴露の天月を罣礙せざるがごとし」〔三七頁〕と、漢語本来の意味、及びサンスクリット原語の意味で用いているが、これが、次出の場合〔『仏性』〕では、

「仏性非大非小等の道取、よのつねの凡夫二乗〔すなわち菩提薩埵でないすべての人間〕に例諸することなかれ、〔「諸」については本文の注を見てもらいたいが、これも和文の中ではその在り場所を得ていないとすべきだろう。〕偏枯に仏性は広大ならんとのみおもへる、邪念をたくわゑきたるなり。大にあらず小にあらざらん、正当恁麼時の道取に罣礙せられん道理、いま聴取するがごとく思量すべきなり。」〔五七頁〕

最後の文だけ今こころみに僕の言葉に直してみると次のようになる。――大でもない小でもない量的規定を越えたものだと考えられる仏性が、まさにそうである〔仏性の非大非小を認識しえた〕場合の完全な言語表現に、ひきとめられ、その本来の面目を現わすという道理〔道理はいうまでもなく、「罣礙せられん」の対格ではない〕は、これをいま〔この副詞も、さきに提示された『景徳伝燈録、竜樹章』の一問法者の聴取のように、という意味にも、今現在耳にきくことのように、という意味にも解しうるが、前の段が、「眼見目睹にならふべし〔肉眼の見る場合に準じて考えよ〕」とあるのとの均衡上、

後者にとる〕耳に聞くことのように、考えねばならぬ。

そしてこれが「思量なる聴取を使得するがゆへに」――思考そのものである聴覚をひとは使用するのであるから、すなわち、今耳にきくことは疑うべからざる、それだけがその場合の精神にとっては唯一の現実であるその現実の現実性をもって精神の姿、すなわち思考そのものとなるのであるから、とつづくのである。

別の言い方をすれば最上智の声をきくがごとく、その場合にはその声の意味すること以外には精神乃至意識に現われるものはない筈、すなわち最上智の声はわれわれの意識の姿なので、この比喩も使える、それでこう書くのだというわけである。

これはもっと先、『仏向上事』において、「洞山高祖道の待我不語話時即聞、あきらかに参究すべし」と言われていることと対偶の関係にある。すなわちそこには、こうある。

「いはゆる正当語話のとき、さらに即聞あらず。即聞の現成は不語話のときなるべし。いたづらに不語話のときをさしおきて、不語話をまつにはあらざるなり。」(三〇一頁)

これは、洞山良价が、自分の不語話のときになったら、自分でも自分の話が聞けると言ったことを敷衍している言葉だが、内心の声というようなものがもしあるとして、それが聞えるということがあるとすれば、黙っているときでしかないという、自己反省的心理学の真理をあやまたず言葉にしている言葉だと言える。しかしまた一方、声が自分の内心の声でなく、聞くに足る、という言葉でわれわれは考え直すに足り、記憶するに足りるということを意味するのが常だが、聞くに足る他人の言葉もやはり、黙らなくては聞きとれず、自分の思惟とならないということを、同時にひとは想起するだろう。だから、自分の沈黙のときをいたずらに待つというようなことはありはしないので、沈黙のあいだに自分はひとの言葉において考えているか、自分の内心の声によって考えているかなのだ。

道草ついでに洞山良价の示衆、問答を、僕の言葉に直して掲げておこう。

洞山は言う、「仏を超え仏以上のものになるという問題を体得したので、どうやらはじめて少しひとに話す資格ができた。」

するとすかさず問う僧があった、「どんな話ですか。」

洞山が言う、「話しても、そのときあんたには分るまい。〔分るは、聞字で表わされている。〕」

僧が言う、「じゃ和尚さんには聞えるんですか。」この僧は自分で話しているときは自分はその内容も形式も聴覚によって知るのではないということを知っているのだ。洞山はその裏をかく。

「自分が話さない場合が来たら、すぐその場で聞きとるさ。」

こういう問答を冒頭提示して道元の考察はすすめられるのだが、さっきの引用にあった「即聞」という文字は、ここで「すぐその場で聞きとるさ」に当るもので、言いかえれば、洞山良价の語から切りとられたまま附きまとっているものであって、特別の意味はないのだ。すなわち意味の上では冗辞と言っていいものなのだが、しかしまたあいだに余物をまじえず、間髪入れずに聞きとるという気味合いはあり、それが次の叙述に至って生きるのだとあるいは言えるかも知れない。

「即聞のとき、語話を傍観とするにあらず、真箇に傍観なるがゆへに。」（三〇一頁）

沈黙のときは即聞のときであって、この際、語話——まずひとの、しかし次いで自分の内心の語話が、没交渉な他者扱いされるのとは違うが、客観的に存立する財として自分の無意識的、意識的思惟の場に取りこまれるのだ。それは語話というもの、すなわち声にのり、肉化された観念というものは、真に第三者的、客観的存在であるからだ、そういうものとしてわれわれに関係するものであるからだ。

（道元にとっても、観念は、ソクラテスにおけるようにダイモーンの声だった、つまり天啓のごときものだったのではないかとわれわれに疑わせる事例が一つここにある)。

こういう推論の中で「罣礙」という言葉がどう用いられているか、幸いにも見出される次の一節を挙げておこう。

「闍梨語話時、すなはち闍梨不聞なり。その不聞たらくの宗旨は、舌骨に罣礙せられて不聞なり、耳裡に罣礙せられて不聞なり。眼睛に照穿せられて不聞なり。身心に塞却せられて不聞なり。しかあるゆへに不聞なり。これらを拈じてさらに語話とすべからず、不聞すなはち語話なるにあらず。」(三〇一頁)

ここでは「罣礙」はその第一義で用いられていることがあきらかである。同時に、今、洞山良价と僧の問答の現代日本語訳の中でも言及しておいたように不聞が六根の活動、すなわち六識に礙えられての不聞をいう場合と、思惟の充実と強力さ、さきの言葉で言えば内心の声を意識的に聞くゆえの不聞をいう場合とがあるのだということをわれわれは知るのである。あえて言えば、分らないという意味の「不聞」は、このあとの場合のひとつの場合と言えるだろう。それは真理をきくことを妨げるものによって心・意・識が拘束されている場合だからである。

用語例の説明としてはすでに長すぎもし、内容に立入りすぎもしたが、内容と無関係に言葉の用例を考察するのは不可能、ではないまでもそこに暗示や誘導の手つづきを欠くわけに行かない以上、一種のヒポクリシーであって、——また道元の場合は、すでに見たように、共通語としては持たない意味をある語に与えること、またやがて見るように同じ一語を正反対の意味につかうこと(「罣礙」の用法もサンスクリット原語の意味をかえりみれば、すでにこの範疇に入るものと言えるが、それや)、また意識的に普通の意味を否定し自己流の定義をある語にあたえること、そういう事例が実に頻繁に目につくので、語の意味内容を追究することは、用例の穿鑿にほとんど不可欠の作業なのである。

今見た「罣礙」の例は、これを専門語と見ることもできる。しかし次に見る「擬議」はけしてそういうわけに行くまい。しかしそれが次のようにほとんど毎回違った意味、ニュアンスで用いられているのを、われわれは見ねばならないのだ。

最初同じ『仏向上事』から用例を拾う。

「僧いはく、和尚還聞否。いはゆるは和尚を挙して聞語話と擬するにあらず、挙聞さらに和尚にあらず、語話にあらざるがゆへに。しかあれどもいま僧の擬議するところは、語話時に即聞を参学すべしやいなやと咨参するなり。」（三〇一頁）（じゃ和尚には聞えるのかという、ここで言われているのは、和尚に呼びかけこれを相手として、話が聞えるかと疑い問うのではない。聞えるのかと問われているのは、話の方であって別に和尚ではない。和尚は話ではないからだ。それを、今僧の擬議する〔疑いはかる〕のは、自分の話しているときその場で自分に聞えるようになることを学びとるべきかどうかと、咨問参究しているのだ。）

これが『山水経』の用例では、

「…而今の国土宮殿、なにもの丶能成所成とあきらめいはんことかたかるべし。空輪風輪に〔それら国土宮殿の〕かゝれると道著する、わがまことにあらず、他のまことにあらず〔誰の真実な受けとり方でもない〕。小見の測度を擬議するなり。かゝれるところなくは住すべからずとおもふによりて、この道著するなり。」（三三六頁）

ここでは「擬議」は、「（とりあげて）なぞらえ測る」というような、むしろ肯定的態度を言い表わす言葉として用いられている。これは『行仏威儀』において次のように用いられているのと近い用法と見ていいかも知れぬ。

「捨は無量なること忘るべからず。仏量を拈来して大道を測量し度量すべからず。仏量は〔仏を単位量とした量単位でもということである〕一隅なり、たとへば花開のごとし〔花開きて世界起ると言われるように、世界と同参、そのうちに世界を蔵している花開も、全体に対する部分の役しか与えられないわけだ〕。心量を挙来して威儀を摸索すべからず、擬議すべからず、心量は一面なり、たとへば世界のごとし。」（八九頁）（言うまでもなくこの「心」は三界唯心とか、即心是仏とか言われるときの、場合によっては仏そのものと同一視される心である。それすらが部分にすぎないばかりか、それでは

「威儀」すなわち仏の行住坐臥をこの程度のものかとなぞらえ測るわけには行かぬというのだ。)

ところが、それが、今度は『心不可得』では、

「…婆子すなはち徳山にむか(つ)ていふべし、和尚はたゞもちゐの心を点ずべからずとのみしりて、心のもちゐを点ずることをしらず、心の心を点ずることをもしらず。恁麽いはんに徳山さだめて擬議すべし。当恁麽時もちゐ三枚を拈じて徳山に度与すべし。」(二一一頁)

のように用いられており、これは『行持下』で「提挙、擬議」(二一九頁)と用いられているのに極めて近いが、しかしこちらが、相手の言ったことをどういう意味かと疑って、その疑いや躊いが外面に現われた場合を言っているらしいのに対して、前者は純粋に内心の疑惑や当惑を現わしていると見られ、ニュアンスの差は歴然としている。言うまでもなく後者「提挙擬議」は中国人の用例である。これを疑ってみなければならぬひとつの場合とするのは僭越であり、それをこそ基準と考えるべきだが、しかし問題は、道元がこの親炙した師の朋輩の手になる言行録の用語例からも外れた用い方をしているということにあるのである。

のみならず次に『古鏡』の用例をとれば、これは、今まで挙げたような、疑惑であろうと肯定であろうと、ともかく及び腰の精神的態度とは異り、正の価値を賦与する積極的姿勢の表現と知れよう。

「明鏡を道得ならしむるに百雑砕なるべきがゆへに、雑砕のかゝれるところ明鏡なり。さきに未雑砕なるときあり、のちにさらに不雑砕ならん時節を管見することなかれ、たゞ百雑砕なり。百雑砕の対面は孤峻の一なり。しかあるにいまいふ百雑砕は古鏡を道取するか、明鏡を道取するか、更請一転語なるべし。また古鏡を道取するにあらず、明鏡を道取するにあらず、古鏡明鏡はたとひ問来得なりといへども〔古鏡かそれとも明鏡かということはたとえこちらに問いかけて来ることの可能なことだとしても〕、玄沙の道取を擬議するとき〔頭注にしるしたようにあれこれと検討議論するときだろう〕、

砂礫牆壁のみ現前せる舌端となりて、百雑砕なりぬべきか。砕来の形段作麼生〔砕けてしまったあとさきの形の違いはどうか。万古碧潭空界月。」（二四七頁）

右の玄沙の道取というのは『古鏡』所引の記述の通り、雪峯義存が、「自分のこの内部は一面の古鏡のようなもので、胡人が来れば胡人が映るし、漢人が来れば漢人が映る」と言ったところ、玄沙師備が、「それじゃいきなり明鏡が来るのにぶつかったらどうか」と訊ねる。すると義存の「胡人も漢人も姿をかくす」と言った答えに、師備は自分はちがうと言った上で、わざわざ同じ問いをかけさせてから「百雑砕」と答えた、その言葉をさすのである。

ここでの問題はそれを疑うとか、かれこれ推しはかるとかいうのではなく、これは一体どういうことを言っているのかと、正面から男々しく問いきわめることだろう。それがここでは「擬議」と言われているのだ。

こういうのが道元の言葉のつかい方、言葉に対する態度だと言えるだろう。

日本の古典にも関心のある外国文学研究の碩学のひとりが、注釈書の盛行よりむしろ完備した辞書の刊行こそ望ましいと言ったことがあるが、そしてそれはたしかに望ましいことではあるが、こういう道元の用例までを記載した辞書は、辞書というより研究書の結論的部分の集大成ということになり、一般の読書人には使いこなせないと考えた方がいいだろう。ある語の項下に一つの意味とそれとは正反対の意味が記載されるということは、現在でも漢和辞典の「慊」の項などにすでにその例が見出せるが、そういう例の頻出は結局読書家を注釈書に赴かせるのが落ちだろう。

それほどでなくても、一語が多義な場合そのうちどの意味を採用して理解に役立てるかというのは、今度の注作成の場合、注釈者自身が再々ぶつかった情況で、――そういうことになるだろうと思ったのが、漢和辞典を引けば分るじゃないかと一方で反論するもののあるのを、自分のうちに感じながら、その種の注をつけつづけることにきめた主な理由なのだ。

そのことはしかし、注釈者を単に言語学者ではない論理家にしたててしまう。無論注釈者が原著者に親炙していて、難解な語句の一々について原著者がもらしたそこから汲みとるべき意味、籠めた意味を聞き知っている場合には、論理的斉合をかえりみず、それをとるべき解乃至理解に役立つ暗示として注記することもできるだろう。しかしそうでないたとえば僕の場合、国語学的、仏教学的、それとは別のものとしてあえて言えば禅学的知識を篩にかけて語のもっとも裸形の意味を、その語を含む文脈の中でもっとも合理的と思われる意味を注記することに自分の態度を方向づけるのがかえって当然のことであった。

同じことがまた逆に、言語学的配慮を注釈者に要請するという反語的事情も一方においてないではない。すなわちサンスクリットではどういう意味か、また仏教や禅人が選抜採用する前の、理想的にはその当時の語の、いわゆる漢語、中国語としての意味はどうだったのかを明らかにしたいという顧慮が注釈者のうちにはたらくということである。「罣礙」の次の用例をここに掲げるのにも、そういう事情を納得してもらいたいという意図が若干含まれていなくはない。

「意、句ともに有時なり、到、不到ともに有時なり。到時未了なりといへども不到時来なり。意は驢なり、句は馬なり。馬を句とし、驢を意とせり。到それ来にあらず、不到これ来にあらず、有時かくのごとくなり。到は到に罣礙せられて、不到に罣礙せられず。不到は不到に罣礙せられて、到に罣礙せられず。意は意をさへ、意をみる。句は句をさへ、句をみる。礙は礙をさへ、礙をみる。礙は礙を礙するなり、これ時なり。礙は他法に使得せらるといへども、他法を礙する礙いまだあらざるなり。」(『有時』二六一頁)

これも僕流の言葉に引直せば、次のようになる。

――意想も、それを表現すべき言語表現もともにあるときのこと、時あって存在するものである。到というのも不到というのも、同じことだ。(告白すれば、この到不到を僕はやってくる、来ないの意にとって、時間的要素の入る解釈を下したが、それを中国語学的には許されない解釈だとする入矢義高氏の批判があった。従って次は、やって来た時が未完了のうちにではなく)到すなわち意想がその究極まで達し、意想とぴったり合致する表現のえられる事態が(「時」はここでは事、事態でしかありえぬだろう)、未了のうちに、反対の事態が来る。驢前馬後という言葉があるが、意想と言語表現はその驢・馬のようなもので、それらの「到」「不到」というのは来る来ない(否定された「来」)の問題ではない。「有時」とはそういうことなのだ。すなわち、あるときとか時あってとかいうのは、主体がある場所にいて、そこへそのときが来るのではなく、それは一時点としてそれ自身のところにあるのだ。従って「到」「不到」はそれぞれ「到」「不到」にさまたげられることはあっても、それらでないものにさまたげられるということはなく、その場でそれ自身に作用し、それと相見する。その本性を見る。結局それ自身の本性を現わす。「意は意を礙へ意を見る、句は句を礙へ句を見る」と言えるゆえんがそこにある。「礙」もまた同様に言えるのだが、これは機能、なんなら縁と言っていいものなので、「時」だという点では諸実在と同じだが、因のないところにははたらかず、結局諸実在の作用のもとにあるもので、これがみずから諸実在に作用するわけには行かない。それは「礙」が自分自身を「礙」するという言い方で現わされうることである。

罣礙というのは、かくて、「擬議」を話題とした部分の前にもどり、人間のことに限って言えば、自覚の契機となるもの、しかし人間は意識があり、意識がとらえる対象界があるのではじめて現実化されうるもの、ということになる。ということは、道元の「罣礙」は『般若心経』のそれとは、まして梵原語アーヴァラナとは関係のないものということであって、それは「時節若至すれば仏性不至なり」(四八頁)という道元の立言同様、仏教的敬虔の埒の外にあると言わねばならないだろう。

同じようなやり方の考察を、もう少し意味の複雑な「将錯就錯」を例として下してみよう。

この言葉を道元は、「錯を将(も)って錯と就(成)す」と訓むのがいいような言葉としても、また「錯を将って錯に就(附)く」と訓むのがいい言葉のようにも使っている。今前者の用例を示せば『即心是仏』冒頭の、

「仏々祖々、いまだまぬかれず保任しきたれるは、即心是仏のみなり。しかあるを、西天〔インド〕には即心是仏なし、震旦〔中国〕にはじめてきけり。学者おほくあやまるによりて、将錯就錯せず。将錯就錯せざるゆへに、おほく外道に零落す。」(八一頁)

が、それに当ろう。『行仏威儀』における、

「出門便是草、入門便是草、〔だから〕万里無寸草〔と言えるのだ〕。入之一字、出之一字、這頭也不用得、那頭也不用得〔入の字も出の字も、どこにも使えない〕なり。いまの把捉は、放行をまたざれども〔まつまでもなく〕、これ夢幻空花なり。たれかこれを夢幻空花と将錯就錯せん。」(九〇頁)

も、さらにこの巻にもう一つ見出される『栢樹子』の用例、

「いま如何是祖師西来意と道取せるは、問取のみにあらず、両人同得見のみにあらざるなり〔ただ問うただけでなく、さりとてすでにふたりとも見得ているというわけでもない〕。正当恁麼問時は、一人也未可相見なり、自己也能得幾なり〔ちゃんとこう問いの出されるときは、一方もたしかにまだ相見できていないのだが、自分の方だってどれほどできているのか分ったもんじゃない〕。さらに道取するに、渠無不是なり〔さらに言うなら、向うにもそうでない、相見できていないということは、ないのだ〕。このゆへに錯々なり〔どっちも間違いだ、出来ていないのだ〕。錯々なるがゆへに将錯就錯なり。」(四四九頁)

も、同じく、錯を将って錯と就し、それにこだわらず、先に進もうの意に解せられる。それは「さもあらばあれ」の思想、この語の語る姿勢によってことを究明、いずこか到達すべきところに到達しようとする態度の表明、一面においては執着を断ち、仏祖向上の露堂々を現実化するための手段の規定だと言えよう。

あとでまた論ずることになるかも知れないが、「さもあらばあれ」は、『仏性』においては「疑著〔の〕時節さもあらばあ

れ、還我仏性来なり」(四八頁)という風に、『恁麼』においては「いはゆる仁者(そなた)心動はさもあらばあれ、さらに仁者動といふべし。為甚麽恁麽道(どうしてこう言うのか、といえば)。いはゆる動者動なるがゆゑに、仁者仁者なるによりてなり」(二二七頁)という風に、また『行持上』では「任他非心非仏(非心非仏はさもあらばあれ)、我祇管即心是仏」(一七七頁)という風に用いられて、より大切なものをわがものとし、わが考えとして示すための譲歩節を作るための句である。

これに対して『別本心不可得』には、

「スベテ国師ノ行李ヲシラザルニヨリテ、カクノゴトクノ不是アリ。コノユヱニ、イマ仏道ノ心不可得ヲキカシムルナリ。コノ一法ヲ通ズルコトエザラントモガラ、自余ノ法ヲ通ゼリトイハンコト信ジガタシトイヘドモ(ともかくこの一法をきかせるわけは)、古先モカクノ如ク将錯就錯アリトシルベシ(べければなり、と僕の文脈では言うべきである)。」

とある。ここでは問題の四字は、過誤に過誤を重ねるの意で用いられていると考えるべきだろう。

将就二字の熟語は古く『詩経、周頌訪落』に、「将予就之。継猶判渙」(自分を昭王の位置に就かせても、継承の具合はなお区々分散して統一は不可能だろう)に見出されるとされるが、それにかなった将錯就錯の活用はむしろ『別本心不可得』の用例にあると見るべきだろう。すなわち「さもあらばあれ」からは言葉の意味の遠い方が、古い用法に近いと言って差支えないと思われるが、いずれにせよ、この語を含む文章の総体の意味するところは、結局、それはともかくとして、という心的態度に帰着するということは、まず言ってよさそうに思われる。

しかしこれまで見て来た例は、道元が言葉を(言葉というものはつねに既成のものである)、普通とはちがう意味また自分自身の他の場合の使用例とはちがう意味で使用したことがあるということを示すまでで、その中にはあるときは通常の用法に従い、別の場合だけ自己流の用法に従うというやり方で使用された言葉もある。道元がそれらの言葉をどう考えていたのか、単に道元は言葉の意味を精しく究めようとしないで誤用をしたのかも知れないが、その辺のところが、今迄の例では分らないのである。

今度はそうでない、道元の言葉に対する個性的なそして独創的な、ということはかなりの程度に恣意的だということになるが、それが、われわれの解釈や想像としてでなく、かれの態度表明そのものによって明示されている例を採り上げる。

「むかしより頭上安頭の一句、つたはれきたれり。愚人これをきゝて、剰法をいましむる言語とおもふ。あるべからずといはんとては、いかでか頭上安頭することあらむといふを、よのつねのならひとせり。まことにそれあやまらざるか。」

(『夢中説夢』三一二頁)

一般世間の言葉としては(そうであってはじめて言葉はその生命を養うことができるのだが)、道元がこうしてあやまりではないかときめつけているのが、屋上架屋という言葉に似た意味を持つこの言葉の普通の用法なのだが、かれはそれを、「しるべし、きのふの夢中説夢は、夢中説夢を夢中説夢と認じきたる。如今の夢中説夢は、夢中説夢を夢中説夢と参ずる、すなはちこれ値仏の慶快なり」という考え方によって、すなわち注にも記したように、どんなはかないものでも、それをあるがままに見得れば仏に相見ゆるにひとしいという見地によって、あるものをいよいよあるがままに、あるものとして見る思想的態度の表明と解すべきだというのである。

「いはゆる頭上安頭といふその頭は、すなはち百草頭なり、千種頭なり、万般頭なり、通身頭なり、全界不曾蔵頭なり、尽十方界頭なり。一句合頭なり、百尺竿頭なり。安も上も頭々なると参ずべし、究すべし。」

安という人間の動作、上という関係位置、そういうものはありはしないで、ただ頭があるだけだ、そしてここで頭というのは宇宙の全事物、全存在様態というに異らないのだというのがこの三行の意味だろうが、それは、

「売金須是買金人なるを、玄之玄といひ、妙之妙といひ、証之証といひ、頭上安頭ともいふなり。これすなはち仏祖の行履なり。」

という考えから引出され附与される意味内容であり、また逆にこれによって是認支持されるわれわれの把握のしかたなのだ。

「売金須是買金人」もすでに頭注で述べたが、同一資格同一能力のもの同士のあいだのやりとりだけがたしかなものだ、本物だと、ごく抽象的には解釈しうる言葉で、結局タウトロギアによって言い現わす他しょうのないことしか、大事だと言えることはないのだという考えを暗示している。それこそまた今われわれが陥った(それを実例をもって示した)循環論法の原因だと主張することもできるだろう。

「玄之玄、妙之妙」——至極玄妙のものとはそういうものであり、この境地に別の呼び名を与えようなら、それは「頭上安頭」となる、そう道元は言っているのだ。

さきに別の目的をもって引用した『仏性』の一節の前後、

「時節若至の道を、古今のやから往々におもはく、仏性の現前する時節の向後にあらんずるをまつなりとおもへり。かくのごとく修行しゆくところに、自然に仏性現前の時節にあふ。時節いたらざれば、参師問法するにも、辦道功夫するにも現前せずといふ。恁麼見取して、いたづらに紅塵にかへり、むなしく雲漢をまぼる。かくのごとくのたぐひ、おそらくは天然外道の流類なり。…いはゆる仏性をしらんとおもはゞ、しるべし、時節因縁これなり。時節若至といふは、すでに時節いたれり、なにの疑著すべきところかあらんとなり。疑著時節さもあらばあれ、還我仏性来なり。〔我に仏性を還し来れ〕、というこの命令法は一体誰に向って言われているのだろう。考えられることは「時節」に向って言われているとすることだが、しかし我は他のすべてとともに時節の中にあるのだから、ある時節到来のとき、それに対して命令を発することはできない筈である。命令を発しえられるようだったらすでに別の時節がすでに到来している筈で、そこから、中国語学的には間違っているかも知れないが、還って乃至また我に仏性来るという穆山流の訓み方に何分かの理があるという判断が生れる。これは僕の曲解かも知れないが、それはそれとして、これに訓読文を附することをしなかったらしい道元の意識的曲解は次のようにつづく。」しるべし、時節若至は、十二時中不空過なり。若至は、既至といはんがごとし。時節若至すれば、仏性不至なり。」(四八頁)

かような表明のしかたをされる思想態度は、これまた、今「頭上安頭」について下されるのを見た解釈と同一形式のものだということは、誰も疑おうという気にはならないだろう。

そしてまた「向上」ということが、この注の作成に当って甚大の教示を与えられた入矢義高氏のいうように、もと俗語で、俗語としてはその上、それから先の意味しか持たず、(諸橋大漢和辞典などが説くように)上に向って行くことではないとすると、問題の巻(『仏向上事』)に引かれている洞山良价の「体得仏向上事。方有些子語話分」や「須知有仏向上人」(三〇二頁)などの「仏向上」は仏の更に上の、仏を超えたの意となり、洞山のいうことは、すでに見たようにすっと飲みこめるが、それに附けた道元の解説、

「…仏向上人、これ非仏なり。いかならんか非仏と疑著せられんとき、思量すべし、ほとけより以前なるゆへに非仏といはず、仏よりのちなるゆへに非仏といはず、仏をこゆるゆへに非仏なるにあらず。たゞひとへに仏向上なるゆへに非仏なり。」

は、不可解になる。この一節は「その非仏といふは、脱落仏面目なるゆへにいふ、脱落仏身心なるゆへにいふ」と結ばれているのだが、道元の「透脱」の哲学では、仏となって仏を超えるということはあっても、そうしてなった非仏も仏であり、洞山道のごとき仏向上はなかったのだと、少くも『仏向上事』の行文からは言わねばならない。

「いはゆる仏向上事といふは、仏にいたりて、すゝみてさらに仏をみるなり。衆生の仏をみるにおなじきなり。しかあればすなはち、見仏もし衆生の見仏とひとしきは、見仏にあらず。見仏もし衆生の見仏のごとくなるは、見仏錯なり。い

はんや仏向上事ならんや。」(三〇八頁)

ここには同じだから違うという論理がはたらいており、同じだという判断はふたつ以上別のものがあるからこそ、それらの関係に対して下せるので、従って同じだというのは別のものがある、別のものであるというのに等しいと道元は考えているように見える。そしてこの考え方は、たとえば『仏教』のうちに見られる次のようなソフィスト的論法、乃至、機智と言っていい位の弁別作用を思いやれば、読む方の曲解とはかならずしも言えないのである。

「仏教というは万像森羅也。外〔教外別伝の外〕というは這裏也、這裏来なり〔ここのうち、ここのうちに来るもの、つまり森羅万象の外ではないということで、「仏面祖面と相見することもしばらく万有を錯認するなり」(『海印三昧』一四六頁)という仏教者としては大胆すぎる位の表現の意味することと同じである〕。正伝は自己より自己に正伝するがゆえに、正伝のなかに自己ある也。一心より一心に正伝するなり、正伝に一心あるべし。上乗一心は土石砂礫也、土石砂礫は一心なるがゆえに。土石砂礫は土石砂礫也。もし上乗一心の正伝といはゞかくのごとくあるべし〔すなわち、執着を去り染汚されない眼と心とをもって見た現実こそ、正伝された上乗一心そのものであり、その他に「心」はないということである〕。しかあれども教外別伝を道取する漢、いまだこの意旨をしらず。〔ここまではいいのだ。道元はその教説の大意において、ほとんど一貫してそうであるように、全宇宙の他にさらに剰法なしと信じて、その全宇宙によって証示される我を我と見よと言っている。しかしそのことの最後的論拠をかれがどこにおくかというと、それはこうだ。〕かるがゆへに教外別伝の謬説を信じて仏教をあやまることなかれ。もしなんぢがいふがごとくならば、教をば心外別伝というべきか。もし心外別伝といはゞ、一句半偈つたはるべからざる也〔けだし頭注にも記したように、それではこの伝は非現実裡の伝ということになり、そこには伝達も伝統もありえないと当然考えられるからだ〕。」(三九二頁)

——われわれはこういう風に、道元の言語表現が実際にどうなっているかを確めながら、そしてそれを根拠として道元の思想の内奥に、ということはその構造にということだが、それに参ぜねばならぬので、ひとによっては煩わしく感ずるかも知れない、この引用の中でさらに引用を行うというこのやり方を、今後も何度か繰返さねばならぬだろうが、今はこれだけのことを見ておいて、『仏向上事』からの引用にもどろう。

そこで「仏向上」の用法だが、さきの引用の最後の「仏向上事」という語は、悟本大師のいう意味での仏向上事、仏を超えることと一応は読める。しかしそれは否定されるために、――事柄としての否定ではないが、属詞として、主格との関係を否定されるために言われるので、大した論拠にはならない。それは視野の外に押しやられてしまう観念なのだ。それよりも、重要なのは、書き出しにあるように、それが「仏にいたりて、すゝみてさらに仏をみるなり」と説明されることの方にあろう。

仏道修行者が仏を見るのは、「おほよそ一切諸仏は、見釈迦牟尼仏、成釈迦牟尼仏するを成道作仏といふなり」(『見仏』下巻)という理論にもとづき、成仏、成道そのことに他ならないので、「見仏」あるいは「見」そのことは、修行者と衆生において同一でありえても、この一点において両者の見仏はたちまち異る内容のものとなるのである。右に指摘した、同じだからこそ違っているという論理は、この根拠の上でかえってはじめて有効なものとなると言えるのだ。

もっとも「向上」については「将錯就錯」と同じように、道元がこれを、右にも見た中国文の引用の場合だけでなく、自分の文章の中でも両様につかっているのは実例に即して確められ、そのうち次のようなのは入矢氏のいうもと俗語だったこの語の用例に従うものとすべきだろう。

「大悟より仏祖かならず恁麼現成する参学を究竟すといへども、大悟の渾悟を仏祖とせるにはあらず、仏祖の渾仏祖を渾大悟なりとにはあらざるなり。仏祖は大悟の辺際を跳出し、大悟は仏祖より向上に跳出する面目なり。」(『大悟』一一八頁)

以上述べたようなことを、僕は読者が自分で観察し銘記してくれなければならぬと思うし、この解説を読む読者はすでに道元の原典に則ってこれらのことを認識しているものと考えたい。

しかしそれにしても、目に余ると言っていい位の、以上のような道元の言語に対する態度は、それによって道元がどういうことを明らかにしたいと考えてとった態度なのか、今度述べねばならないのはそのことである。それは一言でいえば、『辦道話』の中で言われている「修をはなれぬ証を染汚せざらしめんがため」(二一頁)という言葉をもって説明されることなのだが、その前に見ておきたいことがある。

それもまた道元の言語に対する態度の問題ではあるが、従来見て来たのが、既存の言葉の用い方における道元の態度のいわば算術的問題だったとすれば、今見ておきたいのは、道元がおよそ言葉というものを、(漢字がつかえる有難さで)語の分割までふくめて、どのようにまで扱ってよいものであり、そうすることによって超現実のどういう世界、とは言わないまでもその局面をつくるに役立たせうるものであると考えていたかの問題、対比的に言えば代数的な問題である。

『山水経』に、「無理会話」(三三四頁注参照)ということを論じたあとで次のように書かれている件りがある。

「あはれむべし、かれら(自分らに理解できない祖師の語を、無理会話と称して、自分らが事を解するのに用いる理なるものの性質や価値を疑ってみようともしない、現在宋に存在している坊主たち)念慮の語句なることをしらず、語句の念慮を透脱することをしらず。在宋のときかれらをわらふにかれら所陳なし。無語なりしのみなり。」

これは注でも指摘しておいたことだが、『道得』の巻頭に、

「諸仏諸祖は道得なり。このゆへに仏祖の仏祖を選するには、かならず道得也未と問取するなり。」(三八四頁)

また、『心不可得』に、

「むかしよりいまだ一語をも道著せざるを、その人といふことといまだあらず。」(一一〇頁)

とある言葉と、同一視野のうちに置いてみらるべき考えであり、同時に、すでに見た、「仏面祖面と相見することもしばらく万有を錯認する〔万有を仏面祖面と錯りみとめる〕なり。」(『海印三昧』一四六頁)、あるいは、「古徳云、作麼生是妙浄明心、山河大地日月星辰。あきらかにしりぬ、心とは山河大地なり、日月星辰なり。」(『即心是仏』八五頁)によって光被させ、考察すべき考えである。

というのは、「言葉は思想の直接的現実態である」(マルクス)乃至「文章は思想の肉である」(フロベール)とする考えの逆を行き、道元は「念慮」すなわち思想が言語・文章そのものであるとする考えを示す一方で、さらに、マルクスやフロベールと接近するかのごとく、語句がついに思想から独立した現実体として、思想を離脱するという見方をこれらの語句は語っていると言えるが、それは、言いかえれば、もっとも透徹した眼で見られた現実は、仏そのもの、法そのもの、心そのものに他ならぬとする唯心論、物質の明視を不可欠、根本的な精神の義務とする思想の領導下にある言語観、思想観だからである。

「草木国土これ心なり、心なるがゆへに衆生なり、衆生なるがゆへに有仏性なり。日月星辰これ心なり、心なるがゆへに衆生なり、衆生なるがゆへに有仏性なり。」(『仏性』六三頁)と。また「牆壁瓦礫これ心なり。」(『身心学道』七六頁)と。

こういう考え方をするかれが、『有時』の薬県帰省の偈に附した評唱で次のように言うのだ。

「到は到に罣礙せられて不到に罣礙せられず。不到は不到に罣礙せられて到に罣礙せられず。意は意をさへ意をみる。句は句をさへ句をみる。」(二六一頁)

到・不到が一見そう思われるように、来る来ないの問題ではなく、それによって時間的次序、空間的距離を考えてはいけないというのは、中国語の問題として入矢氏が教えて下さったことだが、ここには「到それ来にあらず、不到これ未来*にあらず」とあって、いわば、到がまだ来ていないことも、不到がすでに来ていることもありうるということが、明記されている。結局到・不到とは、表現者の、さきほどの道元の言葉を用いれば、「念慮」が究極にまで押しつめられ純化、聖化された場合、また「語句」がそういう点にまで「到」った「念慮」と寸分のすきもなく合致した場合、内容から見ても形式から言っても非の打ちようのない表現から得られた場合と、そうでない場合ということであり、同時に、時の中で、来たり来なかったりする「時節」の中で、その様相としてわれわれに関係することということになろう。

それらはそれぞれ、もし妨げられるとすれば、それ自身によって妨げられるのであり、自分自身を承当しえないのであって、他のものに妨げられるということはない、というのが先の引用の意味だが、実際われわれの表現は、何かうまい表現があって、それに対する顧慮から失敗することも、それに不当な援助を求めたために失敗することもないではないにせよ、もともとまずくしか行かないようだからそういうことも起るのであり、逆に、うまく行く場合は、対象への的確な切り込みと自己把握の充実のために、他の何かの援助も拘束もなしにうまく行くのだということを考えれば、この唯心論者の分析は、実は現実的な批評なのである。

うまく行かないのはうまく行かなくさせる条件のためにそうなるのであり、うまく行くのはうまく行かせる条件が揃っているのでそうなるのであり、もしうまく行かなかった筈のものがうまく行ったら、それは外からうまく行かせる条件が援助してくれたからではなく、うまく行かせない条件が解消したからである。うまく行く筈のものがうまく行かなかったとしたら、それも、それ自身のうちにそれを妨げるものが生じたからである。

かくて「意は意をさへ意をみる。句は句をさへ句をみる」(二六二頁)と言えることになるのだが、ここに表明されているのは、根本的には、道元の禅思想の、全現実は全体が一の仏として成立っているが、その中の、それ自身また仏である個別存在は、他を曖昧に融合することのない個体として露堂々、明白々の存在し方を持つという思想の言語の問題に対する適用、もっと正確には言語表現の問題を機としての発明なのだ。言えば、観念や思想や「念慮」と呼ばれるものはそれ自身として存立生動しており、言葉に盛られる、あるいは詰めこまれる、要するに言葉の型で切り抜かれるべき内容とか実体とかいうものではなし、言葉は言葉で自立しており、「念慮」の伝達の道具としてどこかに用意されるか、転がっているかするものではないということだろう。

そこからあの恣意的ともあまりに強引すぎるとも見える言葉の使用法は生れ、許される。

すなわち、言葉が言葉として完全な自立性を持ち、伝達すべき内容、「念慮」に仕えるべき道具でなく、また一方「念慮」を自分の寸法に合せて切断する権限を持つ何か強圧的な定式でもない以上、それはどのように切断され、組みかえられ、未聞の使い方をされようと、自分の神聖さや権威を犯されたことにはならず、そこでかえってそれはその新しい生命を獲得すると見られるからである。

道元の言葉のけして錆びの来そうのない清新な輝きは、アルチュール-ランボーの散文詩のそれと好一対と僕には見えるが、その至福の主たる原因はもっとも根本的には今述べたようなところにあると言っていいのではなかろうか。

頭注で僕は、時々、たとえば『有時』では、「それ尽界をもて尽界を界尽するを究尽するとはゆふなり。」(二五九頁)の句につけて、「一つの単語を分解し構成しかえ、考察対象を現わす名詞を動詞につかい、ことがらの全体を表裏縦横に隙間なく探り十全の形で顕然たらしめる手段とするやり方」を指摘したり、あるいは『古仏心』において、「古心の証仏なるあるべし、古心の作仏なるあるべし、仏古の為心なるあるべし。古心といふは心古なるがゆへなり。心仏はかならず古なるべきがゆへに。」(一一五頁)あたりを、「古仏心」の三字を分解しそのうちの二字あるいは一字をもって自由に語を構成しまた表現を敢行したもので、「言語表現そのものの透脱」の例と評したり、『空華』において、祖師の語の断章によって得られた主格「欲識〔識らんと欲す〕および不是」を「すなはち現成の奇哉なり、太奇なり。」(一五六頁)で受ける構文を、「一言語表現を分解し、個々の要素、またそれらの組合せのあらゆる存立様式をもって、もとの語句の意味したことの正しさを、なまの抽象的な形でではなく、すなわち言葉の意味によってではなく、姿をもって、象徴的具体的に、あえて言えば「真如」の現成様態をもって表現しようとする道元の態度の、割合に抽象的裸形な一例」と説明したり、すぐその近くに「空華」と相称的に持ち出されている「地華」について、「具体的存在を指すために言葉を用いていない例証の一つ。現実から特立した言語空間での語の組合せの可能性を極端にまで行使しようとする態度」を見てとり、そこに具体世界と並ぶもう一つの世界を構成する言語的行為を思いやったりした。また『即心是仏』の巻では、標題の四文字を分け、「仏百草」「即公按」「是三界」「心牆壁」などの語をつくり出した造語法、『現成公按』では、後に詳論するつもりだが、「鳥もしそらをいづればたちまちに死す。魚もし水をいづればたちまちに死す。以水為命しりぬべし、以空為命しりぬべし。以鳥為命あり、以魚為命あり。以命為鳥なるべし、以命為魚なるべし。このほかさらに進歩あるべし。」(三七頁)という文章の作られる過程などに僕が、特別関心をひかれ、何か言わずにはいられなくなるのは、以上のような動機による。

言葉を使用する上での達人だった道元は、ひとの発語本能を刺戟する上でも強力である。かれは黙らせない。『正法眼蔵』の始終を通じてかれは、「一語を道著せざるはその人にあらず」と言いつづけているようなのだ。

さらにこれらの文章構成法、語作成法をつきつめ単一化した場合の実証であるかのごとく、「かくのごとく弁肯すべし、有時すべし」という結論が『有時』の末尾にしるされているのを読むと、驚歎の念に見舞われる。これこそ正に、さきに言った「不染汚」にして「全円」(『辨道話』。――もっともこれは道元に対する問いの中の語であるが)の言語表現の典型ではなかろうかと思って。

しかしその句には先立つ句があり、その全円は実は次の通りである。

「…意は現成公按の時なり。句は向上関棙の時なり。到は脱体の時なり。不到は即此離此の時なり。かくのごとく辨肯すべし、有時すべし。」(二六二頁)

（「念慮」、思想、観念は時のうちに現実化されるものとしてひとつの時であるが、それは現にあるもの、理法の具体化として現にあるものである。「語句」、言語表現はこれに対して、表現をはばみ、あるいはそのかす厄介なからくりを上に越えた、独立自尊の形相であるが、それも時の中で現実化されるものとして一個の時である。「念慮」が徹底的に濃縮純化され、それと寸分の狂いもない表現形態をそれがうるというのは、一切の束縛がそこで払いのけられ、「念慮」も「語句」も自由を得たことだが、これも有時の中で現実化されることであり、一個の時である。そういうことがうまく行かず、思想とか観念とかいうものも中途半端な曖昧な姿のままでいるのは、これまたひとつの時ではあるが、今も言う通り、表現としても、「念慮」としてもそれは動揺不安の時なのだ。このように、これはこれ、それはそれと、きっぱり弁別し、はっきり位置づけて、――これはギリシャ語の κρίνειν 、今日批評と訳されるようになったクリティックという言葉の意味そのものである――、この「有時」という問題の総体をもう一回「親切」に考えねばならぬ。）

　そうして表現ということの成就される言語であり、何度もかえりみるように「一語を道著せざるをその人といふことといまだあらず」に違いないのだが、それはいつもすべての仏祖が同じようになしおおせることではない。趙州の「栢樹子有仏性」ほどの道得になると、「諸仏のなかにも道得する諸仏あるべし、道不得なる諸仏あるべし。」(四五一頁)ということになる。

　一口に言えばそれは、言われたことが、言われたということとそれだけで、真実と証明されうるような言葉である。それは次のような凄じい言葉でなければならない。

　「いはゆる待虚空落地はあるべからざることをいふにあらず。栢樹子の成仏する毎度に、虚空落地するなり。その落地響かくれざること、百千の雷よりもすぎたり。」(『栢樹子』四五一頁)

このような徹底した言語観の下に書かれたこの書物全体は、いわば道元の「証」の道元自身による説明なのだが、それに要する言語表現のためにその証が、染汚されるようなことがあっては、これは自己矛盾である。言いかえればその証の内容である「心身脱落脱落身心」、あるいは、もっと修行者の個体性、乃至人間を感じさせない、ひとともののとに同時に応用できる言葉を借りて言えば「透体脱落」(『仏性』)が、言語表現そのもののこととして現実化されねばならないのである。

今そのことを、今まで見て来たようなその原理ではなく、実践を通じて、さきに予告したように、『現成公按』の一節をひいて説明しよう。

「うを水をゆくに、ゆけども水のきはなく、鳥そらをとぶに、とぶといへどもそらのきはなし。しかあれどもうをとり、いまだむかしよりみづそらをはなれず。只用大のときは使大なり、要小のときは使小なり。かくのごとくして、頭々に辺際をつくさずといふ事なく、処々に踏飜せずといふことなしといへども、鳥もしそらをいづれば、たちまちに死す、魚もし水をいづれば、たちまちに死す。以水為命しりぬべし、以空為命しりぬべし。」(三七頁)

ここまではまず順当な論理と言っていいだろう。「用」「要」のつかいわけにどういう意味があるのかと訝しく思うことはあっても――、それは用いるところというのと、要するところというのとでは、若干の時間的要因をへだてて、外的に存在して待たれていたものが、主体に同化、摂取されてゆく場合の前後だと考えて、同一化しうるだろう。そうして先に進むことが可能だし、「以水為命、以空為命」も主格に魚と鳥とをあてはめれば簡単に解決のつくことなのでそれ以上検討してみる必要もないだろう。またそれにつづく「以鳥為命あり、以魚為命あり」も、主格に空と水とを持って来れば理解にてまどる表現ではない。

ただそうとしても、これらの場合なぜ主格が省かれねばならなかったかと訊ねてみる必要はある。というのは、そこに出る答えは、われわれが今明らかにしようとしていることこそ、正にその動機だと語るだろうからである。すなわち、主格と述語と補語という構文によって暗示される、というよりむしろ強制される存在の関係の一方向性と非可逆性を、道元は、かれ自身世界認識から排除したかったのである。さらにそれらにつづいてかれが、「以命為鳥なるべし、以命為魚なるべし。」というとき、そこから読みとれるのもそのこと以外の何だろう。

先廻りして言ってしまえば、それは省かれた主格が何かと考えることをさえ無用のこだわりだと思わせる存在認識である。そして同時に、そういう種類の表現によって提示される宇宙的普遍的な表現者自身を包含する存在だと言えるだろう。自分の命を、鳥や魚なのだと言い、見、かつ鳥や魚にする主体は何かと言えば、それは宇宙そのものである宇宙の生命、無始無終と規定することも前提される時の観念によってこれを「染汚」する惧れのある全一な存在以外にはないだろう。

すなわち、『仏性』で、

「尽界はすべて客塵なし、直下さらに第二人あらず。直截根源人未識、忙忙業識幾時休なるがゆへに。――この偈の二句のような十四字は、ただその結論だけを必要とする言葉で、悟ってみれば〈本来無一物〉、あるいは〈一切空〉とかいうだけのことである――。妄縁起の有にあらず、偏界不曾蔵のゆへに。…本有の有にあらず、亘古亘今のゆへに。始起の有にあらず、不受一塵のゆへに。条々の有にあらず、合取のゆへに。無始有の有にあらず、是什麼物恁麼来のゆへに。――どんなものがそうして来たんだと尋ねることが可能なような、来処、出発点のあるものだから、というのが頭注では示さなかったこの七字の中国語の意味だろう。――始起有の有にあらず、吾常心是道のゆへに。――この五字の漢語のうち、この文脈に必要なのは結局常のみである。――」(四六頁)

と、すべて否定によって表現されている全一の、しかし静止してはいないものがそこでの問題なのだ。

それが静止してはいないということは、たとえば、今度の七十五巻本には入らない『法華転法華』中の美しい一句、

「塔中に霊山あり。霊山に宝塔あり。宝塔は虚空に宝塔し、虚空は宝塔を虚空す。」

がそれを暗示している。

霊鷲山は塔の中にある。しかしそれを小さくあると言い直すことの許されぬのが、すなわち量的規定をしりぞけるのが、道元の理解した仏教的認識の根本的特徴の一つだ、ということはやがて見る通りだが、そういう道元の理解表明にもかかわらず、この『眼蔵』という書物は較べる書物もない位量という文字に満ちており、そういうところにまで、実験も観測もしなかった道元の思惟の物理学的特性は反映して来ているということを今から言っておいて先に進もう。

「宝塔は虚空に宝塔し、」――虚空はここでは場所であり、宝塔とは別のものである。そこに宝塔が立つとも聳えているとも言われずに「宝塔す」と、主格の名詞とタウトロギアの性格を持つ動詞でその行為が表現された理由を考えることが今の問題なのだ。

宝塔の存在が宝塔でないものによって表現され、説明され、主体たる宝塔に対して異化されることへの拒否。もっとも玲瓏たる存在様式はタウトロギアによってしか表現できない、そう道元が考えているらしい証跡は『眼蔵』の随所にあり、さきの「かくのごとく辨肯すべし、有時すべし」もその一例だが、次の一節もまたそうだろう。

「いはゆる仁者心動の道をきゝて、すなはち仁者心動といはんとしては、仁者心動と道取するは、六祖をみず六祖をしらず、六祖の法孫にあらざるなり。〔ここまではたしかにタウトロギアの否定である。しかし、同じ言葉で同じ事柄を表現しても同量の表現にはならない、「八九成」にすらならない他者の鸚鵡返しがしりぞけられるだけのことで、再検討され、自己確認し、意識的に採用されたタウトロギアは、是認されるのである。以下、その実例。〕いま六祖の児孫として六祖の道を道取し、六祖の身体髪膚をへて道取するには恁麼いふべきなり〔頭注でも言ったように、この「恁麼」はこれから言われることを指している〕。いはゆる仁者心動はさもあらばあれ、さらに仁者動といふべし。為甚麼恁麼道。いはゆる動者動なるがゆゑに。仁者仁者なるによりてなり。既是恁麼人なるがゆへに恁麼道なり。」(『恁麼』二二七頁)

しかしさきの「宝塔」に戻って言えば、宝塔がその存在の場所として「虚空」を持っていたことはたしかであり、そういうおのれでないおのれの存在の場所を持ちつつ、そこでおのれであるということが、また「虚空」という語をはさんで「宝塔は…宝塔す」と表現される、そこにこの場合のタウトロギアが別にあると言わねばならぬ。

ではこのとき「虚空」は単に、宝塔の一個の主体として存立を容れる、なんなら、存在性を持つものの存立の場としてのみ存在を許されるものだろうか。「宝塔は虚空に」存在するのだから、この表現ですでに「虚空」は「宝塔」より先にとは言えないまでも、「宝塔」とともに、同時に、存在化されるものだということは分る。しかしそれがさらにもっと積極的に、「虚空は宝塔を虚空す」と表現されることが関心をひく。

「虚空は宝塔を」と言われる以上、「宝塔」が虚空の動作に対して受身なのは明白である。虚空は宝塔を存在せしめる場所である。場所が存在主体をしてあらしめるのである。しかしそのやり方たるや、またしてもタウトロギアによって表現される種類のもの、すなわち自己改造を行わぬ行為、自己が変ることによってかれを密接に囲繞しているものが動かされ、その関係が壊れ変ってゆくということのない存在様式なのだ。すなわち「虚空は…虚空する」のみで「宝塔」は現実化されるのである。しかしそれが、「を虚空する」という表現を持ちうる。

こういうのが道元のオントロギアである。

存在の世界の中には無差別という関係があるのではない。それは全存在を現実化させるとともにこれを支配し、保護任持している一法、すなわち全存在を担当していることによって、その形相においておのれの姿を現わす一法の他に、諸法というものを見とめる仏教の根本理念から推せば言わずして分ることだが、道元の世界にあっても、無媒介な冥合だとか、努力を必要としない解脱、瑠璃地の現成などということは許されないので、「自己」に対して「他己」という言葉を用いていることからも察せられるように、自他の差別は明白に存在するのだ。

のみならずそれは強調されさえする。それをまた『栢樹子』によって見てみよう。さきの引用に先立つ個所。

「栢の木に仏性はあるのですか」と訊ねた一僧に趙州従諗は「有る」と答える。趙州は「狗子に仏性はあるのですか」と訊ねられ、あるときは「有る」と答え、別のときは「無い」と答えるような祖師だ。今は「有る」と答えたので僧は「栢の木はいつ成仏するのですか」と問いを重ねる。「虚空が地に落ちる時になったら。」「虚空はいつ地に落ちるのですか。」「栢の木が成仏する時になったら。」

堂々たるタウトロギアのこの一例を、道元はこう評唱する。

「いま趙州の言葉をこうだと聴き知って、さてこの僧の問いを捨ててしまってはならぬ。趙州のいわれる『虚空の落ちるとき』というのと『栢の木の成仏するとき』というのは、互いに保ちつ保たれつの関係で成立つということを言ったものではないのだ。栢の木、仏性、成仏、時節のそれぞれに『お前はどうだ。お前は何だ』と問うているのであり、虚空にも落地にも、『お前は何だ。お前はどうだ』と問うているのだ。」

森羅万象の絶対的な相関と、それにもかかわらずその中でそれぞれが保つそれぞれの独立が、道元の言いたいところなのだ。あえて言えば趙州は不可避の雄大な相関関係のみを言ったのに対して、道元はその中における個々の存在の自立を主張したのだと言っていいかも知れない。

しかしこういう自他の別、個々の存在(の存在性)は、そう言われ、自覚された途端に撥無されるという関係において存在しているとも言える。

『現成公按』からの引用で、さきに説明を加えはじめたまま置き去りにした一節よりさらに少し前に、「仏道をならふといふは自己をならふ也、自己をならふといふは自己をわするゝなり、自己をわするゝといふは、万法に証せらるゝなり。万法に証せらるゝといふは、自己の身心をよび他己の身心をして脱落せしむるなり。」(三六頁)と言われている個所があるのに注意しよう。これは、全一なる存在のうちにおける個別的諸存在の存在とその関係を語る言葉であって、「万法のわれにあらぬ」――全個別存在がわれに属さぬ、われにおいて存在しないという状態は、実はそれらへの執着を絶ち、そのために必要な智を身につけるということに他ならないと言っているのだということに気づく。

現に右の一節のすぐ次には、「人、はじめて法をもとむるとき、はるかに法の辺際を離却せり。」とある。

そして、「法すでにをのれに正伝するとき、〔おのれ〕すみやかに本分人なり。」という綱領がつづく。

こういう関係だと知れると、置き去りにした一節のうちの最後の句、「以命為鳥、以命為魚」の主体も、誰か、何かの人格のはたらきによらなければ何物も作られず、生れぬというものの考え方の染みこんだわれわれが、ついそう考えるように、造物主というような超越的ではあるにせよ一人格であるもの、ひとが自分の姿に似せて想像した絶対者であってはならぬと断る必要が感ぜられる。

それは単に主体と環境の相互賦活作用と当該個所の頭注で言ったこと、一切縁起、一切空の思想の一表現であるとともに、執拗果敢な修辞家道元の、また別の言い方をすれば六合釈(二二六頁「依主」注参照)の大家道元の、個性的必要にもとづく造語と見ていい一面を持つとも言えるものだということになる。

ついでだから、さらに次の、この他さらに進歩あるべし――もっと考察をすすめればひろがる視野があるだろうと言って記してある、

「修証あり、その寿者命者あること、かくのごとし。」(三八頁)

について、僕の考えを述べておこう。

「修証あり。」――これはどう考えても、鳥にも魚にも空にも水にも関係はない。「以命為鳥・以命為魚」の主体にもかかわりなく、それらについて語る人間にしか関係しない。しかし人間はこの段落に無関係だった筈である。ということは

道元が、この段落の記述の中からきれいに自分を消し去っていたということであり、しかもその外に立ち、たとえば造物主に代って至高権力を掌握することもなかったということである。

それならばなぜここで「修証」を持ち出したのか。

推定しうることは、直前に言った「進歩」のあいだ、というよりむしろその一形態として修と証が現成するという考えである。そしてそれと同じように、その中に、寿命のあるそれぞれの個体が現成し、以空為命、以水為命、以鳥為命、以魚為命、以命為鳥、以命為魚が作り出す円環のうちに加わるのである。寿者命者の頭につく「その」は多分、まず発声のための間投詞であり、同時に直前の「修証あり」を超えて、あれら四字ずつの漢字群が醸成する存在の様式に呼びかけるのではなかろうか。

あれら四字ずつ六句の漢字群をはじめの二句から次の二句、第三の二句へと実際性が次第にうすくなる――と考えるのは、第一群の主格たる鳥魚に比して、第二群の主格の空水は、その存在の現実性にもかかわらず無機物質であるために生命として論ぜられる資格においてより乏しく、従ってそれらを主格とみとめるのも単に文法的、思弁的なことにすぎず、第三群に至っては主体の存在はこれをみとめることが出来ても、その実体性は疑わしいからだが、そしてそう見て、そこに道元の修辞的要求の現れをさきほどみとめたが、そうでありつつ、それはそうだからこそ言葉そのものに透体脱落の実物証明をさせるこころみ、換言すれば、透体脱落の言葉における現成の実地立証だったと断定したいのだ。

それをもっと明瞭な実例によって見て見よう。頭注でも指摘したし、さきに一部を引用しもしたが、南陽慧忠とその師大鑑慧能の問答、「如何是古仏心」「牆壁瓦礫」を捉え来って、道元が次のように書いているのがその例である。(『古仏心』)

「いはゆる問処〔ここで言われている質問〕は、這頭得恁麼といひ那頭得恁麼といふなり〔あっちじゃああなり、こっちじゃこうなる、とらえどころはあるまい、すなわち「無端」じゃないかと言っているのだ〕。この道得を挙して問処とせるなり。この問処、ひろく古今の道得となれり。このゆへに、花開の万木百草、これ古仏の道得なり、古仏の問処なり。――ここで「この故」というのは、今しがたの、「如何是古仏心」という問いが、「這頭得恁麼、那頭得恁麼じゃないか」という反問と等価だとする前段の道元自身の評唱を受けての接続詞だが、この因果の措定を一層確実にする素地を示すかのごとく、ということは論理ではなく、存在そのものに暗黙の支援を求めて、曹渓古仏に問いかけた南陽慧忠が説明ぬきで古仏とされていることを念頭にとどめておくべきことだろう。――世界起の九山八海、これ古仏の日面月面なり、古仏の皮肉骨髄なり。さらに又古心の行仏なるあるべし、古心の証仏なるあるべし、古心の作仏なるあるべし、仏古の為心なるあるべし。古心といふは心古なるがゆへなり。――この件りの古、仏、心が「古仏心」を分解した結果の三文字であるのはすでに再三指摘したことで、今更言うまでもないが、そのうちの古と心の、この順序での組合せは、一句おいて次に「古心といふは心古なるがゆへなり」、すなわち、古というのは単に品質形容詞にすぎないのだという理由づけと、しかも「心仏はかならず古なるべきがゆへに」、すなわち、単に品質形容詞にすぎないというところに考えねばならぬことはあるので、心はかならず古という状態でしか存在しないのだ、だからこそ尋常簡明に両語は結びつくのだという理由づけを先取りして考えると、単に「心」ととってよく、それにそれぞれ行仏、証仏、作仏がある、成仏の主体として心があるという風に推論はなされうるだろう。そこから次の句が生れる。――仏古の為心なるあるべし〔すなわち仏の心たるあるべし〕。古心といふは心古なるがゆへなり、云々。(下略)」(一一五頁)

存在論哲学者として道元が、全存在を問題とし、それをわれわれの前にえがき出すとき、大抵の存在論者がそうであるように、自分を自分の考察対象である全存在の外、とは言わないまでもその頂上の、いわば造物主の位置においている印象が全くなく、自分をその中にいるもののように扱っていると思われるのは、かなり大きくこういう個性的な、基くところ深い文章技術の効果によると見ていいだろう。

そこには長く一神教信仰の下にあった風土とは異る、一切を包摂し一切である至高存在、しかも、智としてそうだとされる至高存在、間違いのないようにもう一度言い直せば、次第に智そのものと解釈され出す知の体得者、覚者の光被のもとにあったとされる一風土の反映があると考えるのは、恐らく自然なことである。中国の禅僧のいう意味での仏向上事が一つの考えとして可能なのも、仏陀がキリストのようには人格でないからではあるまいか。キリスト教圏において反キリストはあっても、超キリストがないのも同様の理由による。

キリストは限りなく完全な人格であるから、同じ人間としてこれを超えるということはありえない。対等のもの、同等のものが出て、それがそういうものとして反キリストになることは理論的に可能だが、それ以上には出られない。等しく人間であり、向うは限りなく完全な人格だからである。

これに対して仏陀は、その死において、抽象と化したのである。寂滅は何の質量も持たない。それは存在するものであるより、存在の状態である。釈迦牟尼の人格は、その肉身とともに、この状態において、状態の中へと消えてしまったのだ。たしかにかれには二十世紀の日本の詩人にこう叫ばせるところがあるのだ。

赭土の多い丘陵地方の
さびしい洞窟の中に眠つてゐるひとよ
君は貝でもない　骨でもない　物でもない。
さうして磯草の枯れた砂地に
ふるく錆びついた時計のやうでもないではないか。
ああ　君は「真理」の影か　幽霊か

いくとせもいくとせもそこに坐つてゐる
ふしぎの魚のやうに生きてゐる木乃伊よ。
……………………………………
萩原朔太郎、仏陀或は「世界の謎」

こういうもの、――いな状態がさらに人格化されて「仏」と言われるとき、みずからをどう考えるか、その内容次第でこれを超えるという考えも成立不能ではない。われわれが考察しなければならないのは道元の思想であって、中国の祖師たちの思想ではないのだが、かれがかれらによって思想の展開を触発されながら、かれらの思想なり表現なりをしばしば曲解しているかの如きやり方で、恐らくはそれ以上とかれの信ずるものをわれわれの前に提示するのが常である以上、やはり幾分かは、かれら祖師たちの思想を、われわれに可能な範囲でにすぎないにせよ、考察するのは、すでに幾分かはやったことであるが、ここでもこの解説者の余儀ない役廻りとして許してもらえるだろう。

そう思って、またその程度でにすぎないにせよ、洞山良价の言葉に眼をくばれば、第一に、一僧の問い「如何是仏向上人」(三〇二頁)に対するかれの答えが「非仏」だったことが眼につく。これに対する雲門文偃の「名不得、状不得、所以言非。」という解釈なり説明は平凡だが、しかし人格でありながら人格でないものとして、涅槃の釈迦牟尼仏と同じく、仏向上人は非在たらざるをえぬであろう。非仏というのはまずそういう意味の筈で、これに超仏であるので、仏でないという意味が重って来る。

『眼蔵』というのはこういう世界、すなわち、その中に一切が包摂されており、この世界のそういう性格を論ずるものまでがその中に包摂される世界、しかもその世界が無限に非実体的であるため、その中の道元ははたして衆生なのか菩薩なのか仏なのか、「あくまで正法をきくことをえたる」「辺地遠方の披毛戴角」(『行持 下』一九三頁)にとどまるのか、それとも、「雲岩道の遍身是手眼の出現せるは、夜間背手摸枕子を講誦するに、遍身これ手眼なりと道取せると参学する観音のみおほし。」(『観音』二三四頁)と菩薩を貶黜できるもの、すなわちすでに仏位にあるものなのか、道元自身の意識においてそのどちらだったのか明瞭でないという印象が生ずるような、そういう世界の内部消息なのだ。

すでに言ったことの蒸しかえしになるが、道元が「向上」を両義に用いているのは、このような道元の自己意識の両面性のせいではなかろうか。

「すべからく仏向上人ありとしるべし。いはゆるは〔かくいうのは〕、弄精魂の活計なり〔精魂つくして思いはからえということだ〕。しかありといへども〔本来は精魂つくして思いはからうべきことだが〕、古仏を挙してしり、拳頭を挙起してしる。〔古仏に問うて知り、殴る勢いを見せて、知りうることだ。これは前に「岩頭・雪峯等は、粉砕其身すとも喫拳すべからず」と言われているのと同じ拳の扱い、喫拳によって知られるのは自分の真面目であるとともに、まず、事柄の真面目なのだ。——〕すでに恁麼見得するがごときは、有仏向上人をしり、無仏向上人をしる。——いきなりこう言われることにわれわれはとまどうが、有・無・非非有はつねに同時に見得されねばならないのが、道元の立場である。さらにしかし進んで言えば、有の方向にひたすら「仏向上事」を推進したらどうなるかという問題が当然残ろう。——而今の示衆は、仏向上人となるべしとにあらず、仏向上人と相見すべしとにあらず、たゞしばらく仏向上人ありとしるべしとなり。この関棙子を使得するがごときは〔こういう重要な機微を思うままに扱える力量のものは〕まさに有仏向上人を不知するなり、無仏向上人を不知するなり。その仏向上人、これ非仏なり。いかならんか非仏と疑著せられんとき思量すべし、ほとけより以前なるゆへに非仏といはず、仏よりのちなるゆへに非仏といはず、仏をこゆるゆへに非仏なるにあらず、たゞひとへに仏向上なるゆへに非仏なり。」(三〇二頁)

この「非仏」は、雲門のいう非仏ほど向上においてあるものとは見えない。それは突き脱けていない。「仏向上」が、仏へと遡及することと、仏へと進歩上昇することの意で言われているとは言えないにせよ、超仏の意でないこともあきらかで、道元は、この問題からむしろ離れたがっているようにさえ見えるだろう。

「その非仏といふは脱落仏面目なるゆへにいふ、脱落仏身心なるゆへにいふ。」

これでは仏にまで向上し、そこで仏に見え、仏たることを透脱する、すなわち「向上」の問題から離脱することが、仏向上事なのかも知れないと、思われさえするだろう。ましてすでに引いた、

「いはゆる仏向上事といふは、仏にいたりてすゝみてさらに仏をみるなり。衆生の仏をみるにおなじきなり。」(三〇八頁)

は仏に見えることで仏となることを予想させはしても、それを超えることを問題としていないことを、われわれに知らせる。

あえて言えばここでは道元はまだ仏向上人でなく、菩薩にすぎないと言ってもいい。仏としてでもなく菩薩として問題を論じていると言えるのだ。

菩提をえようとつとめる人間、衆生そのものでないとともに仏陀でもない、しかしその一方で、仏をそれとして見ることによってそれになることの出来る人間、それが菩薩という言葉の意味である。

道元は菩薩だったのか、仏ではないまでも仏向上人だったのか、そうふたたび問うてみると、かれが、ここでも、自分を「凡聖」のいずれかでしかないという判断は避けていたという点は、ほぼ確らしく判定できるのではなかろうか。

『嗣書』においても、あの熱烈清澄に「杜鵑鳴山竹裂」の如浄の上堂語の語られている『諸法実相』の巻でも、自分がいかなる下語によって印可を得たかが、実際にかれの嗣書とされるものはあるにもかかわらず、全く語られていないということもその点について暗示的だ。

道元の宗教乃至その仏教観の根本を示すものとして有名な『辦道話』の次の見解、

「それ修・証はひとつにあらずとおもへる、すなはち外道の見なり。仏法には修・証これ一等なり。いまも証上の修なるゆゑに、初心の辦道すなはち本証の全体なり。」

「すでに修の証なれば証にきはなく、証の修なれば修にはじめなし。」(二〇頁)

これらも、これらの方式によって仏果をえたもの、すなわち仏祖の言葉でなく、また仏果をうべく斉輩とともに辦道する一修行者すなわち菩薩の言葉でもないのは、アンビヴァランな道元の自己意識の性格を恐らく十分に語っているのだ。沙門道元とはかれの自称だが、かれは自分をそう自己規定しつつ一方で仏祖の内証の開示者であるという奇妙な立場にみずからを置いたと言わねばならないのではなかろうか。

その点が「体得仏向上事。方有些子語話分」と言いえた中国の祖師のように、かれの態度を率直でも端的でもないと思わせるのである。

以上の考察を、われわれは「古仏心」という語に対する道元の操作を観察することから導びいて来たのだが、同じ注意を、かれの「即心是仏」という語に対する操作に向けることによって、語を解体し、語に執することを否定しつつ、しかも語の意味することがらは普遍的に成立しているというかのごときかれの態度に基くところも合点できるかも知れない。いずれも前節において、ごく大雑把にかれの造語法の一例として引用しておいたものである。

「いはゆる仏祖の保任する即心是仏は、外道二乗ゆめにもみるところにあらず。唯仏祖与仏祖のみ即心是仏しきたり、究尽しきたる聞著あり、行取あり、証著あり。——このうち、唯仏祖与仏祖究尽は、『法華経』方便品の唯仏与仏乃能究尽諸法実相からの断章を拡張したものなのは言うまでもなく、その点を念頭におけばこの難解な句も、即心是仏は、ただ仏祖と仏祖のみが即心是仏の関係で相承しているのであり、当然のこと、即心是仏の聞著、行取、証得を究尽しているという意味だと察せられよう。――仏百草を拈却しきたり打失しきたる、しかあれども丈六の金身に説似せず。――頭注にも記したように仏百草は仏一字で即心是仏を表わしている筈だが、そうするとこの句は、即心是仏ということは全宇宙のありようであり、もろもろの具体的事物はそれが取上げ取失うそのもののしわざそのものに他ならないということになるが、一方でそれが仏のありようそのものなので、仏を対者として説くというようなことはしないという意になろう。――即公按あり、見成を相待せず、敗壊を廻避せず。――即一字で、即心是仏の意を持たされている筈だと考えられるのは前の仏字と同様だが、そうだとすると、この句は、即心是仏なる公案があって、これはつねにすでに現成しているものであり、現成を待ち望みそれに依存することはないが、その反面で、公案現成が瓦壊することがあっても、それ自身公案の現成なのだからこれを回避することはないと語っているのだと解されよう。――是三界あり、退出にあらず、唯心にあらず。――是のみで表わされる即心是仏が、欲界・色界・無色界の三界をそのうちに含み、それは出るの退くのという出所去所を持つ空間と相対的なものではないが、さりとて三界唯心と言われるような具合にただ心ではなく、人間の主観の作り出すものでもない。――心牆壁あり、いまだ泥水せず、いまだ造作せず。――心のみで表わされる即心是仏、そういうものである牆壁瓦礫、無機瑣末な具体的存在が現実にはあり、それは歴然と存在するものとして、泥だらけびしょ濡れという低迷の様相はとっていず、また煩瑣なはからいによって事をなすということもない。すべてはそのものとしてあり、露堂々である。これこそ即心是仏である。と、このようにここでも道元は、結局否定的にしか輪郭づけられないものとして、即心是仏をえがき出した揚句その四字をさらに次のように組みかえて、それから実体性を奪うまでに至る。――あるひは即心是仏を参究し、心即仏是を参究し、仏即是心を参究し、即心仏是を参究し、是仏心即を参究す。」(『即心是仏』八四頁)

この四字の組合せは綿密にあげれば二十四個挙げられるが、その作業によって起るのはまさに即心是仏の脱落だろう。無いのではなく、有るのではあるけれど、実体を持たず、従って他を礙えるということのないもの、しかし生動して、そのうちにすべてを擁し、結局すべてがそのものとしてあり、しかもそれらの存在様態そのものがその中で脱落し、みずからも脱落するに至るもの、そういう、むしろことを表現するのにこの、漢字を用いているおかげで可能な、表現主義的に象徴主義的と言える文章法は有効だし現実的なのである。

しかしさらに道元は実辞二つしか残さないための次のような文を構える。

「しるべし心を識得するとき、蓋天撲落し、迊地裂破す。あるひは心を識得すれば大地さらにあつさ三寸をます。古徳云、作麼生是妙浄明心。山河大地日月星辰。あきらかにしりぬ、心とは山河大地なり、日月星辰なり。しかあれどもこの道取するところ、すゝめば不足あり、しりぞくればあまれり。——すゝめば、は分る。この断言をさらに押し進めると、これでも言い足りないと思われるところができて来るの意だろう。しりぞくれば、とはどういうことだろう。思考というものはどんな退嬰的保守的な思考でも、意識的に意図的にやった以上、進んだのであって、思考に退くということはないはずではないか。しりぞくればを、今、この断言の意味を内輪に解する、の意味にとる。そのときあまるとされるのは何か。さきの場合とは逆に、それは断言に収容しきれなかった実在だろう。——山河大地心は山河大地のみなり、さらに〔そこに含まれた〕波浪なし、風煙なし。日月星辰心は日月星辰のみなり、さらに〔そこに収められた〕きりなし、かすみなし。〔こういうことは抽象的なものごとについても言え〕、生死去来心は生死去来のみなり、さらに迷なし悟なし。牆壁瓦礫心は牆壁瓦礫のみなり、さらに泥なし、水なし。四大五蘊心は四大五蘊のみなり、さらに馬なし猿なし。椅子払子心は椅子払子のみなり、さらに竹なし木なし。かくのごとくなるがゆへに、即心是仏不染汚即心是仏なり、諸仏不染汚諸仏なり。」(『即心是仏』八五頁)

この最後の二句は、本文及びその他すべてのテクストのように、「不染汚」を形容詞ととることも無論可能だが、動詞として見て、「即心是仏、即心是仏を染汚せず、諸仏、諸仏を染汚せず」と訓むこともまた十分許されることだろう。

あえて言えば自分自身に対する自分自身のはたらきかけを自分自身のおのずからなる性状として持ち、その結果を、あるいはそれを「果」として身に帯びる、そういう存立様態において即心是仏は成立ち、諸仏は成立つ。というよりも、そういう存立様態そのものが仏だということなのだ。

当然のことその諸仏は、

「いはゆる諸仏とは釈迦牟尼仏なり、釈迦牟尼仏、これ即心是仏なり、過去現在未来の諸仏ともにほとけとなるときは、かならず釈迦牟尼仏となるなり、これ即心是仏なり。」(八六頁)

こういう風に時処を撥無され、個別性を撥無されて、一仏に帰するのである。

さきの引用で、われわれは、是即という虚辞が撥無され、心と仏とのみが残るのを見たが、今や心も撥無され、仏による、仏における一元化が行われるのを見る。

しかもその仏は大日如来でも薬師如来でも阿弥陀如来でもなく、釈迦牟尼仏なのだ。無上等正覚者なのである。智即全現実即存在という等式がここで成り立つと言っていいだろう。

実際今写した四行の語るところと、『渓声山色』の次の言葉は結局同じ言葉だが、

「仏祖の往昔は吾等なり、吾等が当来は仏祖ならん。仏祖を仰観すれば一仏祖なり。」(二九八頁)

ほど、『眼蔵』の中で僕を強く打った言葉はないのである。なぜこれらが僕を打ったかと言えば、世界の入り口に釈迦牟尼仏が立ち、その終局にも釈迦牟尼仏が立ち、しかも世界は一つの巨大な球状をなし、釈迦牟尼仏もその中に包摂せられ、球状のこの世界の他に何もなく、この球状の中では時間は「経歴」としてしか存せず、それも生動はするがいずこからか来て、いずこにか去ってしまう、流体ではないという、そういう世界の澄明な健康さは、久しくわれわれから奪い去られていたものだからである。

これらの断言に、「初心の辦道すなはち本証——釈迦牟尼仏の正覚、釈迦牟尼仏が釈迦牟尼仏であるゆえんのもの——の全体なり」(『辦道話』二〇頁)を結びつけて解すれば、身心学道を惜しまぬ一沙弥はすでにそのまま釈迦牟尼仏だということになろう。そうして、この沙弥が釈迦牟尼仏であるのには、次のような、修行の方針ではなく、存在の理法そのものが、惜しみない援助を与えるのだということを、われわれは告げられる。

道元の意志の烈しさ、意力の強さ、意図の高さとともにある異様なまでの済度心の優しさが、ここには包含されていると言えるだろう。

「仏祖の大道、かならず無上の行持あり。道環して断絶せず。発心修行菩提涅槃しばらくの間隙あらず。行持道環なり。このゆへにみづからの強為にあらず、他の強為にあらず、不曾染汚の行持なり。この行持の功徳、われを保任し、他を保任す。その宗旨は、わが行持、すなはち十方の匝地漫天みなその功徳をかふむる。他もしらず、われもしらずといへども、しかあるなり。このゆへに諸仏諸祖の行持によりてわれらが行持見成し、われらが大道通達するなり。われらが行持によりて諸仏の行持見成し、諸仏の大道通達するなり。——冒頭言われたように、仏祖の大道だけがその功徳として道環して断絶しないばかりでなく、——われらが行持によりて、この道環の功徳あり。」(『行持上』一六五頁)

かくて初発心の沙弥はそのまま釈迦牟尼仏なのだが、しかも、有無相即の論理はここをも貫徹していて、釈迦牟尼仏は、われわれ、あるいは身心学道の初発心の沙弥、あるいは諸仏と同時に別のものなのだ。それがあの「仏向上事」における見仏が、衆生の見仏と等しくまた等しくないと言われたときの半面の論理だったが、下巻に収める次の『見仏』の言葉も、諸存在が釈迦牟尼仏とは別のものとして有るからこそ言えることと言えるだろう。有るのでなければそれに成るということもない筈だから。

「おほよそ一切諸仏は見釈迦牟尼仏・成釈迦牟尼仏するを成道作仏といふなり。」(『見仏』下巻)

右の「・」(中黒)でつなげられている六字ずつ二組の漢字は相互に隔絶した二つのことの併列ではなく、倏忽の間に継起する同一事を示す語句だろう。見るがゆえに成るのでも、見てそれから成るのでもなく、見ることがそのまま、すなわち同時のことではあるが別のこととして、成ることだという関係を現わしていよう。ここでまた「有」は当然否定される。

『行持下』の巻末に、『仏向上事』の結びでは疑わしく思われた道元における超仏越祖の思想を正の方向に向けて表現するとともに、今問題の有無相即あるいは非有非非有の論理を体現もしていると思われる一節があるので、それに読者の注意を求めてこの節は終るとしよう。

「しづかにおもふべし、一生いくばくにあらず、仏祖の語句、たとひ三々両々なりとも、道得せんは〔言い得たらんは〕、仏祖を道得せるならん。ゆゑはいかん。仏祖は身心如一なるがゆえに。一句両句みな仏祖のあたゝかなる身心なり。かの身心きたりてわが身心を道得す。〔そのとき仏祖は仏祖ではなくわれとなる。〕正当道取時、これ道得きたりてわが身心を道取するなり。此生道取累生身なるべし。かるがゆえにほとけとなり祖となるに、仏をこゑ祖をこゆるなり。」(二二一頁)

「かるがゆえに」とはどうして言えるのだろう。――それは、仏祖の身心そのものである仏祖の言葉がわれらをみまって、われら修行者、菩提薩埵、さらに言いかえれば、発心した衆生であるものの身心をいささかの遺漏もなく言いとり、それになりきり、それが仏祖の身心となり、結局われらは仏祖そのものとなるのであるから、この変化と同じ方向の変化が、仏祖にも起るわけで、仏祖は当然のこととして仏祖向上であるという事情による。そしてそれは全く他でもないこの現実の中で行われる。

今の引用の終りの方に、「此生道取累生身」という言葉があったことを銘記しよう。これは『渓声山色』に引用された偈の一句、「此生度取累生身」(二九九頁)の度を道と言いかえたものに他ならず、そのことによっても道元は、「語句」すなわち「済度」と見る立場を暗に語っていると論理的には言える筈で、その語句のきける場所として想定されるのは、どこか他の世界である必要はなく、それは必要がないばかりか、法に剰れる法を想定することに結局はなり、自己に矛盾することとして擯けられざるをえないことだろう。

釈迦牟尼仏をそのうちに持ちつつ釈迦牟尼仏そのものと同一化されるこの単一世界が、しかしけして一元的均質なものでなく、また時間を撥無しながら生成をとめてもいないことを、われわれは留意しなければならない。言うまでもなくこの世界の中には二乗外道もおれば、三教の一致を説く杜撰のやからもおれば、見仏が成仏を意味しない衆生もいる。廃仏の王者もあれば黒暗業に終止する流類もある。それればかりでなく、道元が単純率直にこれこそ世界だとして、すなわち仏法界だとしてえがき出す世界も、異質なものを孕む相対的世界として出来ていることを見ておこう。

「しばらく山河大地日月星辰、これ心なり。この正当恁麼時、いかなる保任か現前する。山河大地といふは、山河はたとへば山水なり。大地は此処のみにあらず、山もおほかるべし、大須弥小須弥あり、横に処せるあり、竪に処せるあり、三千界あり、無量国あり色にかゝるあり、空にかゝるあり。河もさらにおほかるべし、天河あり、地河あり、四大河あり、無熱池あり、北倶盧洲には四阿耨達池あり、海あり、池あり。地はかならずしも土にあらず、土かならずしも地にあらず。土地もあるべし、心地もあるべし、宝地もあるべし。万般なりといふとも、地なかるべからず、空を地とせる世界もあるべきなり。日月星辰は人天の所見不同あるべし、諸類の所見おなじからず。」(『身心学道』七五頁)

単にこの「仏法」世界の構造が一種類のものだけで統一されていず、相対的に出来ている上に、そこに住む生類の同一事物の評価のしかたまで異るということがここにはあきらかに言われている。それは「諸類の所見」を「随類の所見」と、進んで言っている『山水経』によればなおあきらかである。

「おほよそ山水をみること種類にしたがひて不同あり。いはゆる水をみるに瓔珞とみるものあり、しかあれども瓔珞を水とみるにあらず。われらがなにとみるかたちを、かれが水とすらん。かれが瓔珞はわれ水とみる。水を妙華とみるあり、しかあれど花を水ともちゐるにあらず。鬼は水をもて猛火とみる、濃血とみる。…あるいは清浄解脱の法性とみる、あるいは真実人体とみる、あるいは身・相・心・性とみる。人間これを水とみる、殺活の因縁なり〔水は人間にとっては生き死にの原因だということだろう〕。すでに随類の所見不同なり。しばらくこれを疑著すべし。」(三三五頁)

そこでもとにかえって、『身心学道』の引用文の結びに当る言葉を見ると、それはこうなっている。

「恁麼なるがゆへに、一心の所見、これ一斉なるなり。」

ここの「一心」は、この記述の劈頭の「心をもて学するとはあらゆる諸心をもて学するなり」からずっと続いて来ている考察のはてにあるもので、一種類の心とっていいものだろう。一種類の心の見るところは一斉である、斉然として一種類であるというこの命題をしるすために、冒頭「恁麼なるがゆへに」と置くのは、それに先行する前提が「諸類の所見おなじからず」である以上、不自然である。精しくは「恁麼なりといへど、一心にありてはその所見、一斉なり」とするか、「恁麼なるがゆへに」のまま続ければ、結びは「一斉ならざるべからず」という当為の表明、定言的判断の表明でなければならなかったろう。

そこでわれわれが想起するのは『諸悪莫作』の次のような記述である。

「諸悪なきにあらず、莫作なるのみなり。諸悪あるにあらず、莫作なるのみなり。諸悪は空にあらず莫作なり、諸悪は色にあらず莫作なり。諸悪は莫作にあらず、莫作なるのみなり。」(三五八頁)

諸悪は否定的当為の対象として把握されるべきではなく、すでに存在となった当為と一体化されて、結局この当為が否定形で表わされる当為である以上、無なる存在として、あるのでなければならないということになる。

しかしこういうことは、和文のあいだに插まれた漢語を考察の手段とするからこそできるのではなかろうか。「諸悪是莫作」とは書かれていないこの経文の句を前において、中国の僧侶が道元のような推論をなしえなかっただろうことは、容易に想像のつくことだ。

引例があまり多岐にわたりすぎるようでもあるが、ここでやはり、経文の句の曲解であるとともに、当為を存在に転換させる同種の例なので、一わたり見直すことを許してもらいたい。(『行仏威儀』)

すなわち『法華経』如来寿量品の「我本行菩薩道、所成寿命今猶未尽、復倍上数」(自分が前世において行じた菩薩道の結果現実化された寿命は上に述べた数すなわち無量阿僧祇劫の倍もあるのだ。――サンスクリット原典からの翻訳では「今猶未尽」は「本行菩薩道」と「所成寿命」の両方を受け、前世において果すべきだった菩薩行も、寿命もふたつながらまだ満了していないの意味になるが、その点は今は問うまい。)――この文句について道元が言うのは次のようである。

「しるべし、菩薩の寿命いまに連綿とあるにあらず。仏寿命の過去〔前世〕に布遍せる〔あまねく行きわたる〕にあらず。いまいふ上数は全所成なり、いひきたる今猶は〔つづいている現在の寿命が〕全寿命なり。我本行〔自分の前世に行じた菩薩道〕、たとひ万里一条鉄なりとも〔ひとつづきに無限に延長される一筋のものであっても、時間の中の一延長ではなく〕、百年抛却任縦横なり〔多大の時間の中にほうり投げて、前後左右上下縦横に布遍するならさせてもいいものだ。それはそれで「前後際断」のものだ〕。しかあればすなはち修証は無にあらず、修証は有にあらず、修証は染汚にあらず〔染汚するものでなく、染汚されるものでもない〕。無仏無人の処在に〔場所に、修証が〕百千万ありといへども、行仏を〔行を〕染汚せず。ゆへに行仏の〔行は〕修証に染汚せられざるなり。修証の不染汚なるにはあらず。この不染汚、それ不無なり。曹谿いはく、祇此不染汚、是諸仏之所護念。汝亦如是。吾亦如是。乃至西天諸祖亦如是。」(八八頁)

こういう記述を読みつらねて来るうちに、われわれは、本文をよむ上で、しばしば遭遇する順当な接続と不順当な接続を現わすそれぞれの接続詞・句の倒錯がどういう深い基礎の上に立つか、思いめぐらすことを強いられる羽目になる。

時もまた有って無く、有りつつ前後際断された非有にして非非有なる存在として『眼蔵』の中には登場する。さきに引照した『諸悪莫作』の冒頭にすでに「善悪は時なり、時は善悪にあらず」という言葉が見出されたが、このように普遍的であって善悪無記の「時」はしかし、さきに先廻りして言ったように、「経歴」するものとして生動している。瀰漫し充実し、鎮座するという姿で現実的なのではなく、それは生動するものとして、絶えず自分自身に対して異質なものとして、現実的にあるのである。

「衆生もとよりしらざる毎物毎事を疑著すること一定せざるがゆへに、疑著する前程かならずしもいまの疑著に符合することなし。たゞ疑著しばらく時なるのみなり。われを排列しおきて尽界とせり。――時々におけるわれの造作思量、状態までを、外界に投映して、ということである。――この尽界の頭々物々を時々なりと覰見すべし。――このすべしはかなり重い言い方で、個々の全現実はひとつびとつ時なのだと見なければならぬのだの意で言われている。――物々の相礙せざるは、時々の相礙せざるがごとし。」(『有時』二五七頁)

相互に礙げあわなくとも、というより、そういうことが問題になる以上、時は全一等質の空間の中を流れまわる時々に、従って相互に異質の渦潮のごときものとして表象されはしなかろうか。

道元の記述するそれは次のようである。

「いはゆる山をのぼり河をわたりし時にわれありき。われに時あるべし。われすでに〔ここに〕あり、時さるべからず。時もし〔かくて〕去来の相にあらずは、上山の時は有時の〔うちの。有としての時に属する〕而今なり。時もし去来の相を保任せば〔保任すとも。保任するものとしても〕、われに有時の〔この三字は省いてよい。〕而今ある、これ有時なり。」(『有時』二五七頁)

「時は飛去するとのみ解会すべからず。飛去は時の能とのみは学すべからず。時もし飛去に一任せば間隙ありぬべし。

有時の道を経聞せざるは〔時は有るのだ、有だという理論を聞いても従えないのは。——この解は経聞の経を『周礼』考工記、輪人における用法の理に順うの意にとっての解である。しかし経聞は経を聞くごとく聞くの意に用いられていはしないかという疑問も湧かぬではない。——しかしそれはともかくそういう時を〕、すぎぬるとのみ〔時が過ぎてしまうものだとばかりある〕学するによりてなり。要をとりていはゞ、尽界にあらゆる尽有はつらなりながら時時なり。有時なるによりて吾有時なり。——この言葉も難解である。有時なるによりては、尽有がそれである時々、すなわち前後際断されたそれぞれの時はそれ自体有時、すなわち有るところの、有ったところの時なのであるからと解され、従って吾の有時、有であるところの吾の時である、と論理は展開しているのではなかろうか。——だからこそ、すなわちありけるわれ、あるわれがそれと認められるゆえに、——有時に経歴の功徳あり。——とも言える。——いはゆる今日より明日へ経歴す、今日より昨日に経歴す、昨日より今日ゑ経歴す、今日より今日に経歴す、明日より明日に経歴す。経歴はそれ時の功徳なるがゆへに。〔功徳とは無論単にはたらきの意である〕」。」(二五八頁)

かくて時は実在ではあるけれど実体を持たず、機能として、透明に、可逆的にも、自在に運動して全宇宙をみたすものとして存在する。ついでに言えば、宇宙という漢語も全空間を表わす宇と、無始無終の時間を表わす宙との熟語であるということに、道元を論ずるときの常で今度も何度目かの注意を僕はしておきたい。

それはさておき、今の引用文は「古今の時かさなれるにあらず、ならびつもれるにあらざれども、青原も時なり、黄檗も時なり、江西も石頭も時なり」とつづいていたのだが、その意味は、今解釈したように時は実体ではないのだから重層併列などということはありうべくもないが、しかし時の中にこれら祖師たちがかつて実在し、今もかれらの実在性は奪われてはいないということに関する、喜ばしい発見にあったと解していいだろう。実際ここには道元の発見の喜びが反響しているのだと言っていいのだ。

それを抽象的に表わせば、もう少し先の次の句になろう。

「住法位の活鱍々地なる、これ有時なり、無と動著すべからず。有と強為すべからず。」(二五九頁)

しかもこの「有時」は、それが何の「有時」でも「吾」の「尽力」によって「現成」するとされる。ここからは、先に見た行持道環の考えはただちに引き出せるし、「経歴」が非実体的透明なもののそれであるにもかかわらず、異質多様なものの錯綜流動に他なるまいと見るわれわれの表象の根拠も見つかるだろう。なぜなら「吾」とはすべてのひとということだから。「有」は「始起有の有にあらず、吾常心是道のゆへに。」(四六頁)と言われたときの「吾」も同じ解釈を許すものであって、「吾常心是道」五字のうち必要なのは「常」のみと、僕の考える根拠もそこにある。

「冥陽に有時なる諸類諸頭、みなわが尽力現成なり。尽力経歴なり。わがいま尽力経歴にあらざれば、一法一物も現成することなし、経歴することなしと参学すべし。」(二五九頁)

こういう道元の世界の中で、無数の時が経歴し錯綜をきわめるが、道元もその世界も時に囚われ、その中にとじこめられるということはない。

一つには、具体的には、つい今しがたの『有時』からの引用のすぐあとにあった、「解会は時なりといへども、他〔それ、時〕にひかるゝ縁なし。」(二五九頁)という句、また『坐禅箴』(一三七頁)にある、「知はもとより覚知にあらず、覚知は小量なり、了知の知にあらず、了知は造作なり。かるがゆへに知は不触事なり。」という句、同じ『坐禅箴』の一段先で、宏智正覚のそれの一句「其知自微、曾無分別之思」を評唱して、

「思の知なる、かならずしも他力をからず。其知は形なり。形は山河なり。この山河は微なり。この微は妙なり。〔すなわち、思の形相としての知は、外界においては自然として存在しているとさえ見られ、その性質は微妙不可思議なものである。〕使用するに活潑々なり。竜を作するに禹門の内外にかゝわれず〔情況・場所のいかんに依らない〕。いまの一知、

わづかに使用するは〔使用するに〕尽界山河を拈来し尽力して〔全自然の力を尽しての意だろう〕知するなり〔知として使用されるのだ〕。山河の親切に〔自然と密に接するところで、すなわち、自然の存在様態そのものに〕わが知なくは、一知半解あるべからず。」(一三七頁)

と述べている箇所などに見てとれる。道元の絶対的知性主義が、そういう結果をもたらしたのである。これには「諸仏かならずしも智にあらざるがゆへに。諸仏に智恵あり、智恵を諸仏とせるにあらず」(『古鏡』二三九頁)とする、重要な人間主義的保留のつくことを忘れてはならないが、しかし「解会」が、時でありつつ時の牽引と拘束を蒙らないとされているのは道元における智の絶対性を語って十分であり、対象の対地的性質やあるいは機縁によって知りえたり知りえなかったりするようなものとは異るものとして、「知」があり、むしろ「智」が対象の機微に入ってそこではたらき、ものの真を把握するときは、それは、そういうものとして絶対なのである。さきにも「教外別伝」という考えを破却するために道元が発揮したソフィスト的論法を別の見地から観察したが、今同種の詭弁的弁別乃至綜合を、道元の主知主義によって支えられる言語至上主義的観念論の一表出として挙げることもできよう。「しるべし、ただ諸仏の体相即袈裟〔インドでは大衣〕也」とまで言われるものについて揮われる、それは、才智だから、あえて言えば信の表明であるより、理をどこまでも貫徹させようとする態度だから、目立つのである。

「しばらくしるべし、糞掃をひろふなかに絹にたるあり、布のごとくなるあらん。これをもちゐんには絹となづくべからず、布と称ずべからず、まさに糞掃と称ずべし。糞掃なるがゆえに糞掃にして絹にあらず、布にあらざる也。たとひ人天の糞掃と生長せるありとも、有情というべからず。糞掃なるべし。たとひ松菊の糞掃となれるありとも非情というべからず。糞掃なるべし。」(『伝衣』三七七頁)

こういう知が、そのうちに自己とその存在までの認識をおのが功徳としうるし、せざるをえないことは当然で、その断葛藤が、けして易解とは言えない『正法眼蔵』の内容をなしており、この世界を、澄明空濶と見せるのである。

『仏性』で、『大般涅槃経』の仏言を引いて、「仏性義をしらんとおもはゞといふは、たゞ知のみにあらず、行ぜんとおもはゞ、証せんとおもはゞ、と〔説〕かむとおもはゞとも、わすれんとおもはゞともいふなり」(四七頁)と評釈を加えはじめており、「知」のみでは足らぬことが暗に主張されてはいるが、それも、経文の文句そのものが「仏性の義を知らんと欲はば」と説き起している問題の場の中のこと故、これら「説・行・証・亡〔忘〕・錯・不錯等」は、これらすらすべて「知」のうちに包摂同化されることをその運命とせざるをえないものだ。

道元の宗教は只管打坐のそれだと言われ、それはそうに違いないが、『正法眼蔵』の通読はけして打坐している道元の姿をわれわれの印象に残しはしない、ということも今問題としていることと無関係ではないだろう。打坐する道元の姿が見えぬどころか、雍州観音導利院におけるにせよ、越宇吉峯精舎におけるにせよ、道元が一体僧侶としてどう行為していたか、『眼蔵』からは見えて来ないのである。

道元はここでは思惟者、教授者としてのみ姿を現わしており、その音声の清澄激越は読者に生き生きと伝わるが、その姿ということになると、現わすという言葉をつかうのも実は便宜的で、道元はここで抽象的に、姿なくその姿を現わしているというように過ぎない。

あえて言えば、この『眼蔵』の内容のような内容を持ち、その表現様式のような表現様式を持つものを書くために不可欠の手段として只管の打坐はあった、とさえ言いたくなる。待悟禅を否定(『大悟』)し、修証一等を説く道元は、只管の打坐のあとばかりでなくそのあいだにも無量の思量を重ねることを、その本分として担っていたと考えていいのではなかろうか。

実際、『辨道話』からして早くも「古今に見色明心し、聞声悟道せし当人、ともに辨道に擬議量なく…」(二九頁)と記され、はかること、数量的考慮を、ことごとに退けているこの書物におけるほど量(料)字の多く用いられている書物は他にないとはさきほども仄めかしたことである。

量ずる、小量、少量から始めて仏量・祖量・法量・悟量・会量・度量・局量・測量・比量・辺量・界量・過量・格量・器量・力量・想料・心量・身量・寿量・有量・無量・劫量・思量・不思量・非思量・情量・一茎草量・仏祖心量・法華量、

「ふかきことはたかき分量なるべし」(『現成公按』三七頁)……

また次のような考察様式(『恁麽』)――、

「この無上菩提のていたらくは、すなはち尽十方界も無上菩提の少許なり。さらに菩提の〔菩提は〕尽界よりもあまるべし。われらもかの尽十方界の中にあらゆる調度なり、なにゝよりてか恁麽ありとしる。」(二二二頁)

また、単純な算術的論理だと言えばそれまでだし、「億前億後の数量にあらず」と言って否定されるには違いないが、ともかく鞏靮に揮われる次のような数理的論述。

「この十二、おの〳〵経と称ず。十二分教ともいひ、十二部経ともいう也。十二分教おの〳〵十二分教を具足せるゆえに一百四十四分教也。十二分教をの〳〵十二分教を兼含せるゆえにたゞ一分教也。」(『仏教』三九八頁)

同じように、「此部なり、我部なり……正法眼蔵部」なりと言って撥無されるものだが、次のような推論。

「この九部おの〳〵九部を具足するがゆえに八十一部也。九部をの〳〵一部を具足するゆえに九部なり。帰一部の功徳あらずは九部なるべからず。帰一部の功徳あるがゆえに一部帰なり。このゆへに八十一部なり。」(三九九頁)

それ以上に、『夢中説夢』のうちの物理学的とさえ言える次の個所、

「直指は説夢なり。的当は説夢なり。把定しても放行しても平常の秤子を学すべし。学得するにかならず目銖機錙〔分銅の見方、秤量の意味合いを知るということだろう。それが〕あらはれて、夢中説夢しいづるなり。――夢中説夢とは要

するに正法を説くこと、正覚を得させることであることは、前行の文においてあきらかである。——銖錙を論ぜず、平にいたらざれば平の見成なし。平をうるに平をみるなり。すでに平をうるところ、物によらず、秤によらず、機〔秤子としての機能〕によらず。空にかゝれりといへども、平をゑざれば平をみずと参究すべし。みづから空にかゝれるがごとく物を接取して空に遊化〔遊戯〕せしむる、夢中説夢なり、空裡に平を現身す。——以上の件り、句読点の打ち方が厄介だが、夢中説夢なりと空裡に云々は同格で、後者は前者の意味合いを改めて言ったものととり、このように点を打つ。——平は秤子の大道なり。空をかけ物をかく。たとひ空なりとも、たとひ色なりとも平にあふ、夢中説夢なり。解脱の夢中説夢にあらずといふことなし。」(三一三頁)

このうち白抜きの点(。)をもって示した「みづから空に」の空、同様に「空に遊化」の空、また「空裏に平」の空はいずれも空中の空で、いわば物理学的な空だが、それに対して中黒の圏点(●)をもって示した二つの空、これはうつろの意、従って仏教的な空だという区別ができよう。

圏点(。)をもって示した空という言葉で道元が言うのは、完全に平衡のとれた天秤ばかりでは、天秤はみずからの重力的規制を脱し、単に形と位置との表徴たるにすぎぬものになりおおせるということである。後者の空では、前者におけるように、物と物、あるいは物と分銅のあいだに重力の平衡のとれた場合ではなく、すなわち秤子の機能ではなく、秤子そのものの性質が、構造が問題とされていると見られよう。皿にのせるものがよしんば空であっても、色すなわち可感的事物であっても、ともかく秤子は平衡をうるように出来ている。このことを、この物理学的理法が現実化されていることを、夢中説夢——正法を説くことだと、引用文中の最後の一つ前の句は語っているのである。

秤子のこの平衡状態を、重力に支配されながら、それを脱して非実体的な形と位置との表徴となってしまうその物理学的事実を、道元は、「解脱」の、透体脱落の、すなわち実体性を透脱、跳出、超越することの、表徴と見たとしか考えられない。

観測や実験をすることはなく、単に平生くりかえされる観察でしか養われない、しかし正に物理学的であるこのような思弁、また、インド以来の仏教は無論のこと、現実の俗社会から多くの表現を借りて来たかに見える中国初期禅林の文書に現われる数字や数的表現の投影とみられる諸要素は無視するとして、さきに見た「量」という語の多用は、最初に見た道元の知性尊重の態度の疑いがたい表徴と見られるだろう。

これが仏教書であるにもかかわらず『眼蔵』を、超宗教的な、香煙の気のない、不信者にもなお親しみうる、書物としている第一の性格である。

『有時』でかれが「疑著せざれどもしれるにあらず」という警句を吐いた後、

「衆生もとよりしらざる毎物毎事を疑著すること一定せざるがゆへに、疑著する前程かならずしもいまの疑著に符合することなし。たゞ疑著しばらく時なるのみなり。」(二五七頁)

と書くのを読むとき、われわれはほとんどデカルトを、あの方法的懐疑の提唱者で代数学的幾何学の創始者であったデカルトをふと思い出させられるのだ。そしてそう気づいたとき、一方で道元が、ただちに存在の不断連帯観に転化する自我独在論を次のように表明しているのを想起して、『眼蔵』の知的な豊かさの発生源がどこにあるかを理解しえたかに思うのである。要は自己否定の内的葛藤、その表現による克服ということであったろう。

「生といふはたとへば人のふねにのれるときのごとし。このふねは、われ帆をつかひ、われかぢをとれり。われさをゝさすといへども、ふねわれをのせてふねのほかにわれなし。われふねにのりて、このふねをもふねならしむ。この正当恁麼時を功夫参学すべし。この正当恁麼時は、舟の世界にあらざることなし。天も水も岸もみな舟の時節となれり。さらに舟にあらざる時節とおなじからず。このゆへに生はわが生ぜしむるなり。われをば生のわれならしむるなり。舟にのれるには身心依正ともに舟の機関なり。尽大地尽虚空、ともに舟の機関なり、生なるわれ、〱なる生、それかくのごとし。」（『全機』二七六頁）

男々しく聡明で、自己を捨てつつ強い自信に満ち、透徹した認識と沈著な信仰のあいだを支配するみごとな調和がここには見られるように思う。

さて第二の性格は『現成公按』の次の件りがことにあきらかに示している実体的な連続に対する拒否の性格である。

「しるべし、薪は薪の法位に住してさきありのちあり、前後ありといへども前後際断せり。灰は灰の法位にありてのちありさきあり。かのたき木はいとなりぬるのち、さらに薪とならざるがごとく、人のしぬるのちさらに生とならず。しかあるを、生の死になるといはざるは仏法のさだまれるならひなり。このゆへに不生といふ。死の生にならざる、法輪のさだまれる仏転なり。このゆへに不滅といふ。生も一時のくらゐなり、死も一時のくらゐなり。たとへば冬と春とのごとし。冬の春となるとおもはず、春の夏となるといはぬなり。」（三六頁）

これまで道元の文章を考察するのに、引用文の中に插入した括弧や罫のあいだでそれをやるという、読者にとっては煩わしかったかも知れない方法をとって来たが、今度はその外で、それを逐行的にやってみる。理由の主なものは、引用文の長さに比して、解釈者の付け加える分が長すぎるだろうというところにある。（頭注として掲げておいた考えを繰返す場合もあろうが、それを一々断らない点は、諒承していただきたい。）

「薪の法位」というのは、そうはいうが、いかに尽十方界是一顆明珠という玄沙師備の語を是認讃歎しての発言としても、薪を仏法的存在と巧まずにみての呼称である筈はない。本来尽界是法界なら、その中ですべての事物が占める位置はことごとく法位の筈で、従って特に「法位」という必要はないのだ。しかるにそれをそう呼んだのは、道元の弘法者としての心的努力に出たものと解すべきものだろう。「薪は薪の法位に住して」とは要するに「薪は薪として」ということである。

「前後際断せり」。前(初)中後三際というのは過現未に対応する仏教的な時間区分で、かならずしも前世現世後生とは対応しない。そのうちの前後際断というのは、「前後際、断」であって、「前後、際断」でないことをまず知るべきだろう。しかし、『眼蔵』の中では『神通』においても「際断を時処にうる」という風に用いられていて、「際断」は剤断、断ち切るのごとき意を持たされている。ここでも前後は切り離されているという意味で、本大系の内容見本の一番早く出たものの中の、ちょうど組見本として用いられたこの個所で、僕が「前後は区切られている」と注しているのはその観察に基いていた。

それはともかく、『眼蔵』の世界を難解ながらに透徹玲瓏たらしめている因子の一つとして僕の挙げたいのがこのことなのだ。「前後ありといへども前後際断せり。」ただ現在だけがあるばかりだが、この現在が尽界であり尽時である。すべてのものが、同時に、この現在において現実化されていて、「さらに剰法あらず虧闕あらず」(『面授』下巻)なのだ。『現成公按』中の言葉で言えば、「万法の家風(家は冗辞。全宇宙全事物現象を一師家と見立てての表現である)をきかむには、方円とみゆるよりほかにのこりの海徳山徳おほくきはまりなく、よもの世界あることをしるべし。かたはら(一方の外界)のみかくのごとくあるにあらず、直下も一滴もしかあるとしるべし。」(三七頁)ということであり、今、ただそれのみあるという「中際」は、この「よもの世界」を包含した「一滴」だと言えよう。

それが飛去流失する時間のうちの一時点としてそうなのではなく、あるときのことではあっても、あるときはそれとして「住位の有時」(『有時』)であるから、而今に合致する尽時なのだ。この個所の言葉で言えば「たとへば冬と春とのごとし。冬の春となるとおもはず、春の夏となるといはぬなり」(三六頁)。冬は冬、春は春、夏は夏ですべてであり、他のものがそれになったというようなものではない。冬春夏はつづいていながらその意味で切れており、春のときは冬も夏もない。そしてその春の中にかつて冬であったということと、やがて夏であるということとが、春そのものと同一の大きさで包含されているというわけである。

しかし「人のしぬるのちさらに生とならず」という言い方は、「かのたき木、はいとなりぬるのちさらに薪とならざるがごとく」というのと相称図型をなすとは言えなかろう。人の死んだのち、その人がなることの出来ないのは生きている人となることであって、生そのものではないからだ。しかし人の死ぬるのちその死さらに生とならず、と言っては凡庸な運命論にすぎなかろう。次の接続詞が「しかあるを」であるのは、この凡庸と不吉とを脱却するための掛け声のようなものではなかろうか。論理的には「しかあれば」で足りるし、その方がうつりはいいのである。

ここにあるのは成る成らないの関係ではなく、生は生の全機現、死は死の全機現(『全機』)で、前後際断されているのだから、次の句は、自然には出て来る筈がないのである。

もっとも「しかあるを」を意味もそのまま素直にとることも出来はしないか。死者は生者とはならない、ということは死において生きていた人は全く別者になったということである。それを「しかあるを、〔それなのに〕生の死に云々」ととる解釈は、それはそれで成立たなくはなかろう。

この解釈をとるとき、しかし見えて来るのは、今、「ということは死において生きていた人は云々」という形で「しかあるを」の前に補って考えてみた言葉、すなわち、死において別のものになる「人」という言葉が、先に、薪と灰、人の生と死のあいだの比較においてどこかへ行ってしまったのを見た「人」同様、欠落しているということであり、この対応は正確だということである。

言いかえれば、「人のしぬるのち〔その死〕さらに生とならず」と言わない限り、薪と灰の比喩との間の相称図型は構成されないのに、あえてそう言わなかった考え方の特質が、別者になった人間をも視野の外に追いやっているのではないかということである。

僕が透徹玲瓏かつ強壮だと言って喜ぶ世界はこういう「人」を容れない世界、他のところ(『海印三昧』)で見るように、曹山本寂の絶気者不著の断言が何としてでも正当化されねばならぬ世界、すなわち反面に『一言芳談抄』を必要とする世界なのかも知れないということになる。

しかしそこに「このゆへに不生といふ。死の生にならざる、法輪のさだまれる仏転なり。このゆへに不滅といふ」という件りが来る。

ここの「不生といふ」は上の「生」を受けて「生不生といふ」という句を、あとの「不滅といふ」は「死不滅といふ」という句を構成するかのように見えもするが、『般若心経』の「是諸法空相。不生不滅。不垢不浄。不増不減」の想起において書かれた句だとすれば、ただ生の対立概念としては不生、死の対立概念としては不滅ということがあるし、そう言われうるという意図をもって言われたものにすぎないのではなかろうか。

この諸法の相の空なる中で、生も死も、薪や灰と同じように、それぞれ時であり、前後際断されている「法位」だというのが、ここからの帰結であろう。「住位の有時」だということになるということである。「生も一時のくらゐ」「死も一時のくらゐ」の「くらゐ」は法位と書いても一向に差支えないもの、と言える。

かくて遍界不曾蔵、全機現とは、一切は空、ただし不断に現成の機においてある空ということになるだろう。

しかもそこではつねに見釈迦牟尼仏・成釈迦牟尼仏が可能とされており、従って時間は撥無されている。

あの曲解中の曲解たる「若至は既至といはんがごとし」(四八頁)の評唱が記されるのも、このような世界の中で、このような世界の性質に支えられてである。

「時節若至の道を、古今のやから往々におもはく、仏性の現前する時節の向後にあらんずるをまつなりとおもへり。かくのごとく修行しゆくところに自然に仏性現前の時節にあふ。時節いたらざれば、参師問法するにも辦道功夫するにも現前せずといふ。恁麼見取していたづらに紅塵にかへり、むなしく雲漢をまぼる。かくのごとくのたぐひ、おそらくは天然外道の流類なり。」(四八頁)

天然外道は自然外道とも言われるもので、『眼蔵』の中でしばしば問題とされること、梵即我と説く先尼外道以上だが、道元がこれを気にするのは、『建撕記』という室町時代の永平寺住持のひとりが書いた道元伝の中で告げられている道元の参禅の動機、「本来本法性、天然自性身、若如此則三世諸仏、依甚更発心求菩提耶」の疑いの解きがたかったことと、遠く符合するからではなかろうか。自分もあの疑いが解けず、疑いの中に安住するようになったら天然外道であったろう。天然外道でも仏を尊び、仏になろうとしている点ではけして邪悪なものとは言えない。それだからこそかえってそれはいとうべきものなのだ。『大悟』冒頭の「いづれの情無情(衆生と牆壁瓦礫)か生知にあらざらむと参学すべし」(一一九頁)という逆説と、それから当然に(自然にでもあるのだが)引き出される「生知あれば生悟あり、生証明あり、生修行あり」という立論は、その出発点とそれからの自分の出発の願望の上に立っているとおのずから想像されるのである。

『辦道話』で、「大宋国」に留学してはじめて啓発されえたことのごとくに言っている「しるべし得道のなかに修行すべしといふことを」(二一頁)は、それが見出されなくては、道元が成り立たなかったところの根拠だったのだ。

「すでに修の証なれば証にきはなく、証の修なれば修にはじめなし。ここをもて釈迦如来、迦葉尊者、ともに証上の修に受用せられ、達磨大師、大鑑高祖、おなじく証上の修に引転せらる。仏法住持のあとみなかくのごとし。」(二〇頁)

これも同様である。

ここで釈迦牟尼も大迦葉も、中国祖師第一世も六世も、受身の形で、修行に受け入れられたように、事は受けとられていることは注意に価いする。

「しるべし、諸仏の仏道にある、覚をまたざるなり。仏向上の道に行履を通達せること、唯行仏のみなり。自性仏等、夢也未見在なるところなり。」(『行仏威儀』八七頁)

これまた同様である。出発点をふりかえっての自責、自戒であり、修行者として自己承認、自己策励である。こういう自己意識と、時間意識の拒否(時間の撥無というのはそれ以外ではない)とが、一時引用を中断した『仏性』のあの件りの思惟を成立せしめるのである。

「いはゆる仏性をしらんとおもはゞ、しるべし、時節因縁これなり。——中国文では仏性是時節因縁と書くべきところだろう。提示された『経曰』の文句は別にそうは言っていず、仏性認識にとって、またその到来にとっても、時節因縁は単に機縁なのだが——時節若至といふは、すでに時節いたれり、なにの疑著すべきところかあらんとなり。疑著〔の〕時節さもあらばあれ、還我仏性来なり〔この句についてこの解説者の考えているところはすでに記した〕。しるべし、時節若至は〔今の今だと考えて〕十二時中不空過なり。若至は既至といはんがごとし。時節若至すれば仏性不至なり。しかあればすなはち、時節すでにいたれば〔至っているのでの意の已然形構文だろう〕これ仏性の現前なり。あるいは其理自彰なり。——この其は、仏性をさすととるのが素直だが、なお仏性の義を知ることと、時節因縁との関係をさすとすることもできるということは、かつても言ったことがあるがここでも言っておこう。——おほよそ時節の若至せざる〔すなわち至らざる。若はここでは冗辞である〕時節いまだあらず、仏性の現前せざる仏性あらざるなり。」(四八頁)

時間が撥無されるということはつねに今だということだが、ここにもあの「本来本法性、天然自性身」の観念は時をえて生きている。幾度かの否定のこころみのあと、みずから加えた棒喝のあと、なおかつ殺されずにその真の意味を現わしたのだと言えるだろう。

しかしこれは同時に、飛去流失にまかせられる結果間隙をみずからのうちに、というよりみずからとみずからのあいだに孕まざるをえなくなる時というものに対して、あの行持の道環でもない、また「いはゆる智は人に学せず、みづからおこすにあらず、智よく智につたはれ、智すなはち智をたづぬるなり」（『恁麼』二二七頁）とされる智でもない、というより「修証一等」の立場からすれば両者の別々のものたりえないのは誰しも察しのつくことだが、それはともかく、かようなものが途中で切れ、とまどうことがないようにするためには、若至は既至だという*時間観は、何としてでも成立させねばならぬものだったのであり、これはほとんど立場からの論理的必然であったろう。

実際道元における論理貫徹の欲求は次の二例が示すほど個性的に熾烈だったのである。

一、それは同じ『仏性』のうちの、道元が趙州有仏性の話を評唱している件りである（六八頁）。ある僧がこのもっとも即物的で素朴で強烈と思われる祖師に、「犬ころに一体仏性があるか」と問うと、前の同じ問いには「無い」と答えた趙州が、「有る」と答える。道元はこの有が、小乗の思弁的、一般的、人間に対して超絶的な有ではないことを言ったのち、それは「仏〔の〕有」であり、すなわち「趙州〔の〕有」であり、すなわち「狗子〔の〕有」であり、すなわち「仏性〔の〕有」であると断定する。今ここに補った「の」は何かを、筆者は説明しなければならぬだろうが、それは属格の助詞「の」であり、この属格は主格の行為を示すと、考える。そして「有」は、問答におけるそれが所持を意味したのに対して、「狗子有」までは同じ意味を保持するが、「仏性有」に至って、所持とはその主体における存在だという契機から、存在の意に転化しているのだ、と言いたいし、言えると思う。仏性は狗子のうちに有るのだ。

ではどうして一体犬ころはその犬ころとしての外形の中に入ったのか。――こう僧は問う。

すると趙州は「その犬ころは自分には仏性があると知りながら、わざと犬ころの皮をかぶったんだ」と答える。

事は物に即して明快である。仏性はある。犬ころはいる。僧はいる。趙州もいる。しかし道元はこの趙州の答えの前に次のような論評を加えた。

「一体この僧の言いえたのは、今の有のことか、昔の有のことか、すなわち『時処に際断をうる』有のことか。それとも既に有る、既に有って今ないものでなく、あのつねに時節は既至なるがゆえにつねに今に有るといわれる仏性の存在同様の存在のことなのか。そう問うてみると、その『既に有る』は今も言った『今有・古有』を含むいろんな有に似ているが、しかしそれは虚屋の灯のごとくひとり明らかなもの、すなわち『仏性之義廓然虚明』とされるそのものでなければならないのだ。かようなものが、つまりは仏性が、犬ころの外形の中に突っこめるかどうか。できないか。――このところで道元に躊いが起ったらしく思われるがどうだろう。――犬ころの外形の中に突っこむという動作・行為は、無駄に、事の本質をやりすごしてしまっていて、功夫ができていない。」

最後の件りの「行履」は、今、現代口語訳したように、順当に汲めるその意味とともに、『渓声山色』に「先聖の道をふまんことを行履すべし」(二九七頁)、また『古鏡』に「一丈といはんは道得是にて、如古鏡闊は道不是なるにあらず。如古鏡闊の行李をかゞみるべし」(二五二頁)などの用例におけるように、思量の意味をこめて言われているだろう。

また「蹉過の功夫」も、「蹉過(うっかりやりすごす)」から悪い意味を取り去り、ただ「過」の意味で用いるかのように、突っこむの突っこまないのなどという問題はやりすごしてしまうという功夫を考えて言っているらしいことを、ついでに言っておこう。

さてこういう構文の揚句、趙州の「それはそいつがわざと知ってて入りこんだんだ」という言葉が掲げられると、そいつ(他)は、既有即仏性を受ける指示代名詞と自然に見えて来る。少くも「狗子」でなくなってしまうのは確かだろう。現に道元も次の段では、石頭希遷の草庵歌から句を借りて、「他」を「庵中不死の人」に擬し、そういうひとでもこの自分と同じ生身の人間の外形を被ていると言い、「撞入」するものが「脱体」のものであり、「撞入」は「脱体の行履」だと言っているのだ。また「ことさら入りこむ(故犯)と言ってもかならず皮袋に入ることを意味しはしない。この――と言って道元がいうのは、石頭の這か趙州の這か、明瞭でないのに困惑する必要はない。それは要するに添辞である——皮袋に突っこむという場合もかならずしも『知っていながらことさら入りこむ』わけではない。まず知っているということがあればこそ、その結果『わざと入りこむ』ということもある筈なのだ」と言っているのは、ここでは「撞入」するのが、単純具体的な犬ころでないことを暗示している。狗子だとしてもまるまる仏性であるそれなのだ。狗子が忘れられているというのではない。しかしそれはこの段の最後にやっと出るのだし、しかもそれは抽象的なのである。

「…半枚学仏法辺事、ひさしくあやまりきたること日深月深なりといへども、これ、這皮袋に撞入する狗子なるべし。知而故犯なりとも、有仏性なるべし。」(七〇頁)

あきらかに条件とそれにもかかわらず生ずる結果がここで倒置されている。

道元の抽象的論理的情熱はこれほどだったというのが、今、引用文の分析を終えた筆者の言いたいことである。

そこで最後に、というのがその二に当るのだが、注釈という不馴れなしごとのあいだに、注の代りに、思わずこの論理性！と欄外に書きこみをせずにはおられなかった一節を掲げる。

「もし画は実にあらずといはゞ、万法みな実にあらず。万法みな実にあらずは、仏法も実にあらず。仏法もし実なるには画餅すなはち実なるべし。」(『画餅』二八六頁)

では結局上巻では暗示にとどめておく他なかった不染汚世界とはどういうものだったか。これこそそれを注釈なしに二個所からの引用文をもって示せば、

一、『海印三昧』より。

「海中は有人にあらず。我於海は世人の住処にあらず、聖人の愛処にあらず。我於ひとり海中にあり。これ唯常の宣説

なり。この海中は中間に属せず、内外に属せず、鎮常在説法華経なり。東西南北に不居なりといへども満船空載月明帰なり。この実帰は便帰来なり。たれかこれを滞水の行履なりといはん。たゞ仏道の剤限に現成するのみなり。」(一四四頁)

二、『空華』より。

「まさにしるべし、空は一草なり。この空かならず花さく。百草に花さくがごとし。この道理を道取するとして如来道は空本無華と道取するなり。本無花なりといへども今有花なることは、桃李もかくのごとし。梅柳もかくのごとし。梅昨無華、梅春有華と道取せむがごとし。しかあれども時節到来すればすなはちはなさく、花時なるべし、花到来なるべし。この花到来の正当恁麼時、みだりなることいまだあらず。梅柳の花はかならず梅柳にさく、花をみて梅柳をしる、梅柳をみて花をわきまふ。桃李の花、いまだ梅柳にさくことなし。梅柳の花は梅柳にさき、桃李の花は桃李にさくなり。空花の空にさくもまた〳〵かくのごとし。」(一五二頁)

要するにいかに知見思量が尾鰭をつけようと、現実は現実で不曾蔵に現成する、それこそが不染汚の瑠璃地ということだと、『眼蔵』の全体は語っているようだが、そういうことは、無時間世界の成立ということとともに下巻で詳論したい。

今言っておきたいことは、むしろ伝記にかかわることで、たとえば大久保道舟氏の研究をよむと、あれほど道元が誇らかに言う大宋国留学にしても、それには俗人の、武士らしい、家来がふたりもついていたというようなことがある。

そういうことはいささかならず僕をがっかりさせるのだ。

そういうことが、達磨の出自をあれほど(『行持 下』)強調する態度とともに、一方で師天童如浄の権力に対する厳浄を賞揚する反面、中国ではいかに明哲の尼僧が尊信されているかの証拠に、朝廷のかの女に対する殊遇を挙げるというような矛盾をかれに犯させたのである。

僕が道元の伝記を考究する気がないのは、僕のその面での無能とともに、そういう事実による。

それはそれとして、しかし、「女人ナニノトガ、アル、男子ナニノ徳カアル。悪人ハ男子モ悪人ナルアリ、善人ハ女人モ善人ナルアリ。」(三二六頁)とか、「又ナガク女人ヲミジト願セバ、衆生無辺誓願度ノトキモ、女人ヲバスツベキカ。捨テバ菩薩ニアラズ、仏慈悲ト云ハンヤ。」とか、「得法ノ女人世ニイデ、人天ノタメニ説法セントキモ来リテキクベカラザルカ。モシ来リテキカズハ、菩薩ニアラズ、スナハチ外道ナリ。」(三二七頁)とか、こういう言葉には、その痛切なひびきの淵源を伝記に求むべきゆえんがつきまとっていることを、いかな僕でも否定はできないのである。

　そういう点についても、解説者は読者を大久保道舟氏の『道元禅師伝の研究』に送り出したい。あえて言えば、ここ(『礼拝得髄』)では道元が、不特定な考察対象とともに自分を菩薩以上の位にあきらかに置いていないことを指摘しておこうか。これはわれわれを『仏向上事』の末段に立戻らせるし、また、あの「諸仏に智恵あり、智恵を諸仏とせるにあらず」の句を、すなわち等正覚の人間主義的還元とともに、というよりそれ故に仏の超越的個体化をひそかに承認、いな暗に希求していたかのような思惟傾向を思い起させるものだが、そういう不意にはたらく道元の自己抑制、宗教的に言えば謙抑とともに、われわれの目にまざまざと見えて来るのは、女が男と同じ生活圏の中で、共通の政治的事件に巻きこまれ、犠牲とされることの多かった『平家物語』や『太平記』の語る日本中世の性格である。

　中古の女たちは、『物語』によるかぎり、男の犠牲になることはあっても、男とともに何かの犠牲になるということはなかったのに。

＊(五三一頁)　諸本異同のある文字。解説者は長年読み馴れた岩波文庫本によって、ここは考えている。

＊(五七一頁)　この問題については寺田透『覚書き 日本の思想』(岩波書店一九八三年)四〇頁参照。景徳伝燈録、五燈会元いずれもその潙山霊祐の章に、「若至」でなく「既至」の語を記している。

『正法眼蔵』の本文作成と渉典について

水野弥穂子

一　諸本と本文決定

1　諸　本

正法眼蔵の本文決定のための主な資料として、次の諸本がある。

㈠真筆本及び真筆本に準ずることのできるもの

A　真筆本

嗣書　　京都市里見氏旧蔵
山水経　　愛知県全久院蔵
行持下　　熊本県広福寺蔵
諸法実相(断簡)　　愛知県竜台院・兵庫県永沢寺蔵
祖師西来意(断簡)　　福井県永平寺蔵

B　真筆本に準ずることのできるもの(懐弉書写本)

仏性　　福井県永平寺蔵
十方　　愛知県全久院蔵

㈡その他の古写本(書写年次を記さないものも、用紙・筆跡などから、真筆本からあまり遠くないものと推測されるも

の）

仏性　嘉元二年（一三〇四）写

空華　文保二年（一三一八）写

渓声山色　貞治五年（一三六六）写

身心学道　（書写年次不明）

偏参　（同　右　）　以上、福井県永平寺蔵

坐禅箴　（書写年次不明）　熊本県広福寺蔵

㈢編集された形の古写本

A　七十五巻の正法眼蔵

①乾坤院本　愛知県乾坤院蔵　全十五冊

第一冊・第二冊に永享二年（一四三〇）正月書写の奥書があり、第十五冊のうちの他心通巻に永享二年三月の奥書がある。

第六冊に明応四年（一四九五）珠宗書写の奥書がある。一筆ではない。

②正法寺本　岩手県正法寺蔵　二十七冊

全三十冊のうち三冊（第四身心学道巻から第十三海印三昧巻まで）を欠く。

永正九年（一五一二）正法寺住持の寿雲良椿が発願して、寺宝とするため、門下の人々と手分けして、出羽国最上の竜門寺にある七十五巻の正法眼蔵を筆写したもの。第三十冊の奥書に

「正慶癸酉（一三三三）孟夏第二日、出（於の誤り）馬州菟束荘終書写功畢。伏願世々結良縁、頓入諸仏無上道矣

永平末流菩薩比丘通源

于時文明肆年（一四七二）壬辰九月廿三日能登州鳳至《ノトノクニフゲシノ》郡梳比《クシヒ》荘諸岳山総持禅寺伝法庵客寮於北牕軒下謹誌之」という記録がある。

A′　八十四巻の正法眼蔵

七十五巻の正法眼蔵を正篇とし、それに後述する六十巻の正法眼蔵に存して七十五巻の正法眼蔵にない三時業・法華転法華・菩提薩埵四摂法・袈裟功徳・出家功徳・供養諸仏・帰依仏法僧宝・発菩提心・四馬の九巻を別輯として補ったもの。

①梵清本　京都府徳雲寺蔵　十四冊

応永二十六年（一四一九）太容梵清（―一四三三）の写。もと二十六冊（綱目一冊を含む）あったが文政十一年（一八二八）火災にあい、損傷をうけ全体の約四分の一を残す。ただし、次の長円寺本・玉雲寺本と合せると全貌をうかがい知ることができる。この本は江戸時代に至るまで、標準的眼蔵として書写されることが多かった。

②玉雲寺本　京都府玉雲寺蔵　二十一冊（綱目と七十五巻の部分）

長円寺本より時代は下るが、損傷以前の梵清本の丹念な写。別輯九巻を欠くが、梵清書写の奥書および朱印の形まで知ることができる。梵清本の原形を知るに欠くことのできない資料である。

③長円寺本　愛知県長円寺蔵　二十六冊（綱目一冊を含む）

寛永二十一年（一六四四）同寺二代暉堂宋慧（当時五十九歳）の写。恐らく梵清本の副本からの写しかと思われるが、きわめて綿密な写しで、損傷以前の梵清本を復元するための重要な資料となる。

B　六十巻の正法眼蔵

七十五巻の正法眼蔵のうち、心不可得・坐禅箴・礼拝得髄・山水経・伝衣・仏教・春秋・嗣書・説心説性・諸法実相・仏道・密語・仏経・面授・仏祖・梅華・洗浄・三十七品菩提分法・三昧王三昧・転法輪・大修行・自証三

味・他心通・王索仙陀婆・出家の二十五巻を欠く五十巻に、後述する、十二巻の正法眼蔵のうちの三時業・四馬・発菩提心・袈裟功徳・出家功徳・供養諸仏・帰依仏法僧宝の七巻、及び七十五巻にも十二巻にも全く見えない法華転法華・菩提薩埵四摂法の二巻が加えられたもの。以上で五十九巻であるが、行持巻を上下に分けて各一巻に数えるので、六十巻となる。過半数の巻に懐弉書写の記録が見える。

B′

○洞雲寺本　　広島県洞雲寺蔵　　全二十冊

現成公按から大悟までを収めた第一冊・第二冊は、おそらく永平寺十五世光周が永平寺九世宋吾書写本から写したものであろう。第三冊以降は阿波桂林寺の住持人用兼と、昌桂首座とが、永正七年(一五一〇)五月から八月にわたって、阿波の桂林寺で書写したものである。

他の諸本が漢字と片仮名で書いてあるのに対し、全巻漢字と平仮名で書いてある。

八十三巻の正法眼蔵

六十巻の正法眼蔵に、七十五巻の正法眼蔵に存して、六十巻の正法眼蔵にない二十三巻(実際は二十五巻足りないのであるが、ここではさらに春秋巻と嗣書巻が漏れている)を加えて、八十三巻としたもの。

○瑠璃光寺本　　山口県瑠璃光寺蔵　　全十六冊

上十冊、下六冊に分れ、上十冊には六十巻の正法眼蔵を収め、下六冊には七十五巻の中から、六十巻にない二十三巻を収める。上之二・上之三・上之四・下之三・下之四等に、延徳二年(一四九〇)から三年にかけて、防陽元賀・防陽昌誾・豫陽祖噩等の人々によって書写された記録が見える。これのもとになった本は、摂州永沢寺で、永享五年から六年に書写されたものという記録がある。特に、下之六の終りには、

「正慶癸酉孟夏第二日、於馬州菟束庄終書写功了、伏願世々結良縁、頓入諸仏無上道矣　永平末流菩薩比丘通源」

とあって、正法寺本の伝承と同じである。

C　二十八巻の正法眼蔵

○秘密正法眼蔵　福井県永平寺蔵　三冊

七十五巻の正法眼蔵に存して六十巻にない、心不可得・諸法実相・礼拝得髄・仏道・三昧王三昧・三十七品菩提分法・伝衣・仏教・山水経・密語・転法輪・自証三昧・大修行・嗣書・仏祖・出家・仏経・面授・説心説性の十九巻と、別本仏向上事・別本心不可得・別本仏道の三巻と、十二巻眼蔵の中の深信因果・八大人覚・受戒・四禅比丘の四巻と、秘密正法眼蔵にのみ伝わった生死・唯仏与仏の二巻の合計二十八巻をもつ。かなは片仮名になっているが、多くの巻に懐弉書写の奥書があり、「二代和尚真筆」(箱書)の寺伝は重視すべきものである。

D　十二巻の正法眼蔵

○石川県永光寺蔵　三冊

道元禅師がまず七十五巻の正法眼蔵を撰述し、さらに全百巻の正法眼蔵にするため、新たに稿を起された十二巻の写しがこれである。

文安三年(一四四六)能州蔵見保の薬師堂で永平末流小新戒比丘の写したもので、そのもとの本は応永二十七年(一四二〇)加賀の永安寺で写したという奥書がある。

以上は、真筆本以下、室町時代から江戸初期までの特に重要な正法眼蔵の諸本をあげたものである。ここでは、真筆本およびそれに準ずる資料が残っていること、室町時代の写本がほとんど完全に近い形で残っていることと同時に、宗門の聖典として、敬虔な態度で書写せられてきていて、書写者の恣意による字句の改変がほとんど零に近いことが注意される。これを見ると、正法眼蔵の伝来は、わが国の古典の中では、資料に恵まれたものということができよう。

これら巻数と内容の異なる諸本の成立をどのように理解するのが最も原著者道元禅師の意図に沿うものであろうか、という点については、まず、次の数行がその指針を与えてくれる。

右本、先師最後御病中之御草也。仰以前所撰仮名正法眼蔵等皆書改并新草具都盧壱百巻可撰之云云

既始草之御此巻、当第十二也。此之後御病漸々重増、仍御草案等事即止也。所以此御草等、先師最後ノ教勅也。

我等不幸不拝見一百巻之御草、尤所恨也。若奉恋慕先師之人、必書此十二巻而可護持之。此釈尊最後之教勅、且先

師最後之遺教也。　懐弉記之

〈この八大人覚巻は、先師(道元禅師)の最後の御病中に書かれたものである。思うに、禅師は前に撰述された仮名の正法眼蔵の巻々を皆書き改め、さらに新しく書いた巻を合せて、すべてで百巻を撰述しようとしておられた。そうして書き初められて、この八大人覚巻は第十二巻に当る。しかしこの後御病気は次第に重くなり、御撰述のことなどもやまってしまった。だからこの十二巻の正法眼蔵は先師最後の教えである。われわれが不幸にして百巻の御撰述を拝見することができないのは特に残念なことである。もし、先師を恋いしたい奉る人は、必ずこの十二巻を書いて大切に持っているがよい。この八大人覚巻は、釈尊最後の教勅であり、かつ先師最後の遺教である。懐弉之を記す。〉

この奥書は、建長五年(入滅の年)正月六日に、道元禅師が書かれた八大人覚巻を、二年後の建長七年七月に至って義演書記に清書させ、一校をおえたそのあとに記されてある。

これによると、道元禅師はそれまでに書かれた仮名書の正法眼蔵を改訂し、新しい巻々を加えて全百巻にしようとされたが、新草第十二巻の八大人覚巻に至って病重り、以後筆をとることができずに入滅された。道元禅師を慕う者は、必ずこの十二巻を書写して護持するがよい、というのである。

ここには、八大人覚巻を最後とする十二巻の正法眼蔵のあることが明記されている。これに相当するものが、石川県永光寺にある十二巻の正法眼蔵と見てよい。

次には、十二巻の正法眼蔵を除いたあとの正法眼蔵はどの巻序で読むべきかということになる。最も単純に考えるなら

ば、十二巻正法眼蔵と一巻も重複しない七十五巻本であるべきである。七十五巻の正法眼蔵は、正法寺本・乾坤院本・梵清本と、写本によって多少形式は異なるが、巻序も内容も互に等しいものである。また、延慶元年(一三〇八)に完成した最古の注釈書である正法眼蔵抄(大分県泉福寺蔵)も七十五巻の巻序に従っていて、それについて何ら疑っていない。つまり正法眼蔵は七十五巻に十二巻を加えた八十七巻が本来の姿である。

こうして十二巻と七十五巻を別にすると、後に残るのは、六十巻本と二十八巻本とである。

六十巻本は特に永平寺に伝わる正法眼蔵として一まとまりになっており、四代義雲禅師はそれに従って「正法眼蔵品目頌」を撰している。従って、これを重んじたい気持になるのも当然で、江戸時代以来、現今に至るまで、六十巻もまた道元禅師編集の巻序であると主張する人もある。しかし、前掲の八大人覚巻の奥書によれば、十二巻眼蔵は道元禅師入滅後に、まとめて書写されたものである。

この十二巻は道元禅師最後の病中に執筆され、滅後二年、建長七年に、二代懐弉禅師が義演書記に清書させるまで、禅師が書かれたまま手をつけられずにあったものである。この十二巻の中の何巻かが、ばらばらにして組み入れられた正法眼蔵があるとすれば――六十巻の正法眼蔵がその形であるが――それは禅師自らなされるはずのないものである。

六十巻および秘密二十八巻の正法眼蔵の性格を考えるには、この二つの正法眼蔵を合せて見るのが便宜である。この二つの正法眼蔵は、互いに重複する巻を持たない。伝衣・山水経・嗣書・面授・仏祖のような、道元禅師の宗教の核心というべき巻は、六十巻の正法眼蔵の中から省かれていて、それらは、二十八巻の秘密正法眼蔵の中に入っている。江戸時代、本山版の正法眼蔵が刊行された時、なお、伝衣・仏祖・嗣書・自証三昧・受戒等の諸巻は白紙のまま残された。それら重要な巻に限って、本山まで行って許可を受けて謄写をしなければ、正法眼蔵の全巻を見ることができない仕組になっていた。それと同様に、六十巻の正法眼蔵にはそれら重要な巻々が省かれていると見ることができる。

また、六十という数字は、わが国中世では特別な信仰をもった数であった。源氏物語さえ、これを仏教教義に付会される時には、六十巻という事実無根の巻数と共に行われたことがあった。ある寺伝には、六十巻本正法眼蔵は、朝廷から正法眼蔵を奉れといわれた時、差出した形であるとしているそうであるが、これもまた、六十巻の正法眼蔵が一般の人の読む流布本としての役目を負わされて、義雲禅師のころ編纂し直されたとの考えを支持するもののようである。また、洞雲寺本の場合、十五世光周禅師書写の六十巻本は、他に写させるため、阿波の桂林寺まで貸し出されている。これも六十巻眼蔵の一つの役割を示すものである。

以上によって、正法眼蔵は七十五巻と十二巻とを、一つのグループとして読んでゆくのが、最も原著者の意に合った読み方というべきであろう。

江戸時代、正法眼蔵がはじめて刊行された時は、九十五巻をあつめ、すべて撰述の年代順に排列した。九十五巻の中には、重雲堂式、示庫院文のような元来正法眼蔵と関係ないものまで、禅師の仮名法語であるために編入された。以後、昭和五年に編まれた「道元禅師全集」(大久保道舟編、春秋社)、あるいは岩波文庫本等、一般人の目に触れる正法眼蔵は、片仮名を平仮名に変えただけで、本山版をそのまま襲いだものである。それで、九十五巻が正法眼蔵の形態であると、一般には考えられてしまった。本山版刊行の当時は、まだ全古写本をあつめてその成立をさぐるといったことなど行われる時ではなかった。むしろ、写本に優劣をつけるようなことは、その所蔵の寺や、それを支持する師僧の面目ともかかわりを持つため、公平に年代順に排列するということになったというのが実状であろう。しかし、本山版の「彫刻永平正法眼蔵凡例」と各巻の奥書を丹念に見ていっても、九十五巻の体裁が便宜的なものであることは、本来明らかなことである。

辦道話について 辦道話は、道元禅師の仮名文の撰述では最も早い成立の日付を有し、従って本山版正法眼蔵の巻頭に載せられている。その性格からいっても、これは、栄西の興禅護国論のような一種の立宗宣言と見られるから、偶然ながら最も適当な位置を占めたものと言うべきである。しかし、この一篇が道元禅師の撰述にあったということは早く忘れ去られていたもので、江戸時代に、京都の公卿の家から発見され、元禄年中、板撓晃全禅師が九十五巻の正法眼蔵を編んだ時、はじめて採り入れられたという。

江戸時代の古写本で、梵清本の系統の本文をほぼ完全に伝える長円寺本が、「拾遺の部」として別に辦道話を一冊写し加えてあるのは、大体の江戸時代における辦道話の扱いであったと思われる。のち、天明八年(一七八八)になって、玄透即中禅師により、一冊の刊本として公にされてから、ひろく世に行われるようになった。近年岩手県正法寺の正法眼蔵雑文という文書の中に、その草稿と思われる辦道話が発見され、禅師のごく初期の撰述として、この一巻があったことが更に裏付けされた。

このようなわけで、辦道話はもともと、七十五巻とか、十二巻とか、あるいは六十巻の組織の中でも、かつて正法眼蔵の名を冠して採り入れられたことはないものである。ただ、その内容から言って、正法眼蔵の総序として、開経の意味で巻頭におくには、ふさわしい巻である。この思想大系本においても、辦道話は正法眼蔵の号を冠せず、現成公按の前に置いた。

礼拝得髄巻について　この巻は、男女の差別を言うのは愚かなことで、男女とも得法を敬うべきであるということを主として述べている。七百年前の日本においてまことに希有な男女平等論であり、かつ実力第一の主張である。本山版では第八番目にあるため、少しでも正法眼蔵を見た人なら必ず読む巻である。

ところがこの巻を七十五巻の本文で見ると、「しらず、単伝せざらんはあはれむべし」で切れていて、「又和漢ノ古今ニ」(三二四頁)以下は省かれている。「又和漢ノ古今ニ」以下の文は、秘密正法眼蔵の中にだけ残っていたのを、本山版編纂の際、禅師の仮名法語ならすべて入れるという方針のもとに、「単伝せざらんはあはれむべし」のあとに続けて入れられてしまったのである。

おそらく、道元禅師は、七十五巻の正法眼蔵を編纂される際、後半を不要と見て削られたと思われる。この部分をよく読むと、当時の日本の情勢を反映して、風俗的には面白い点もあるが、第一義の面から言えば、全くなくもがなと思われる内容といってよいであろう。禅師もそこに気づかれて、あとから削除されたのであろう。本書では、九十五巻の正法眼蔵になじんだ人のために、参考として、あげておいたが、七十五巻の巻序に従って読むときは、必要のない部分である。

2 本文の決定

上に見てきたように、正法眼蔵は、宗門の聖典として代々大切に護持され、長い時代を通じていつも篤志の眼蔵研究者が現われて、埋れた資料を発掘し、秘蔵された資料については一層その価値が認められてきた。それぞれの写本群は、多少の差はあるが、後人の改竄、書き入れというようなことが極めて少なく、異文についても、なぜそのような現象が起ったかを説明することが可能な場合が少なくない。

これらのおもな写本をすべて参照し、本文の異同を一々明記し、傍注などについても綿密に記録した正法眼蔵は、昭和四十四年五月、大久保道舟博士によって、「道元禅師全集　上巻」として筑摩書房から刊行された。これは正法眼蔵の本文研究上劃期的な書というべきである。

このたび思想大系の本文を作成するに当っては、諸本間の一々の異同等はすべて前書に譲り、ただ一つの本文を最も正しい形で読めるようにすることを目標とした。正法眼蔵は豊富な資料をもち、異本間の相違もきわめて少ないのであるから、本来の正しい本文への復原は可能と考えられる。

正法眼蔵では、これだけ多くの有力な写本があるので、底本だけの書き誤りは簡単に見分けられる。また、近時国語の学問の進展により、当時の国語としてどれが正しいかの選択は、他の同時代あるいは前時代の資料にてらして判断を下すこともできるようになっている。従ってその種の異同の一々よりも、六十巻系統の写本と、七十五巻系統の写本との群に分れた異同に注目すべきである。これは、七十五巻が編成し直された時、道元禅師自身によって手を入れられたか、あるいは七十五巻系統の書写が行われた時に、その筆写者の信ずる何かの根拠があったかによるのである。この点について、特に異文の取捨が問題となる。具体的には、本書の本文作りは、次のようにして行なった。

一、真筆本あるいはそれに準ずる写本のある巻はそれに依る。

二、右以外の巻は、洞雲寺本に依る。

洞雲寺本は書写の年代からいえば、他の写本に比べて古いとはいえないが、永平寺十五世光周の写本をもとにしているので、永平寺に伝わった寂円系の正法眼蔵として最も由緒正しいものである。漢字と平仮名とで書いてある点からも、真筆に近い俤を伝えていると思われる。

本書では、洞雲寺本にない巻は乾坤院本により、また洞雲寺本または乾坤院本にあるが、さらに古く、原本の俤を伝えている古写本のある場合は、それぞれの古写本によった。（凡例参照）

二　渉典について

正法眼蔵の読解にあたり、用語の典拠が不明なため、更に深い読解に至り得ないのではないかという焦燥にかられることは、正法眼蔵を読んだことのある人なら必ず経験したことであろう。正法眼蔵読解のため、まず道元禅師の見られた典拠を探ろうと志し、長い年月をこれに費やした古人今人は少なくない。

瑞方面山（一六八三―一七六九）は、元文三年（一七三八）五十六歳の時からこの事業に専念し、宝暦九年（一七五九）七十九歳までかかって「正法眼蔵渉典録」を完成した。万仞道坦は明和八年（一七七一）に「正法眼蔵渉典補闕録」を、天保七年（一八三六）には黄泉無着が「正法眼蔵渉典続貂」を著わしてそのあとを継いでいる。天桂伝尊の「弁註」、父幼老卯の「那一宝」、本光瞎道の「却退一字参」にも、細かい渉典の記録が載っている。古人の地味な渉典研究のあとがしのばれるものである。故衛藤即応博士が校訂された岩波文庫本正法眼蔵の各巻末にも渉典の項がある。ここでは、多くの宗門の若い研究者がその仕事を助けられたという。特に余吾翠巌氏の研究に負うところ多いと聞いている。また鏡島元隆博士は、岩波文庫の渉典に携わられて以来、引き続き渉典研究に専心せられ、昭和四十年十月、「道元禅師の引用経典・語録の研究」(木耳社)を公にして、それまでの業績をまとめられた。博士の研究は、面山が道元禅師以後の文献に典拠を求めたことは正しい方法ではないとして、これを道元禅師以前の文献に当り直し、また、同じ文献でも時代により版の違うものを妥当な版によって考え直し、大正新修大蔵経、続蔵等における所在を明らかにされたものである。面山以来の業績を集大成し、新しい学問上の資料として使えるように検討し直し、自らも新資料による発見をなされた博士の業績は大きいものである。

このたび渉典を受け持つに当り、これら前人の業績、特に、渉典続貂、却退一字参、岩波文庫本渉典、そして鏡島博士の前記著述に負うところきわめて大きい。

なお、このたびは、渉典の成果を具体的に、正法眼蔵の本文の読解に役立てようと試みたのであるが、探り尽せないものがいくつも残っている。その不備についてはさらに今後の年月をかりるほかない次第である。

金沢文庫本正法眼蔵について　金沢文庫に、「正法眼蔵 中」という三十丁足らずの帖葉綴の小冊子がある。これは「正法眼蔵三百則」といって、上中下三冊に各百則ずつの古則公按を緝録したものの中の一冊で、「弘安十年十月十八日点了」の記録が見える。

正法眼蔵に真字本と仮字本とがあったことは、前に掲げた八大人覚巻の奥書に、「仮名正法眼蔵をすべて書き直し」という意味の語があるのによってもうかがい知られる。また、宗門の古い記録に、明徳三年(一三九二)、通幻寂霊禅師の示寂に際し、遺品として三百則三巻が越前国聖興寺に寄せられたことがあり、また、延宝七年(一六七九)永沢寺の交割帳に三百則三巻とあるなどのことから、「正法眼蔵三百則」の存在は知られていた。

江戸時代、指月慧印(一―一七六四)がこの三百則を拈提したのをもとにして、高足本光瞎道が「拈評三百則不能語」天地人の三冊を明和三年(一七六六)に刊行した。以来、道元禅師に正法眼蔵三百則の撰があったことが、ひろく知られるようになった。ところがこの三百則なるものは、すべて古則公按の羅列であるので、一部には禅師の真撰ではあるまいと疑う人もあった。しかし、金沢文庫に弘安の加点の記録をもつ「正法眼蔵」があったということから、どうしても道元禅師にこの漢字正法眼蔵の撰があったことを認めなければならなくなった。

ただ、これを道元禅師の宗教あるいは著述の中でどういう位置づけをするかは、人によってまちまちであった。大体において、正法眼蔵撰述の前提とは見ておられるが、なお禅師の中国語研究の結果であるとか(圭室諦成氏)、禅師の室中における実参実究の依拠であるとか(伊藤慶道氏)言われ、大久保道舟博士は、「道元禅師が在宋五年間にわたって検討されたもののうち最も枢要なものを選定して、門下の参究に資せられたのではないか」と言われる(「道元禅師伝の研究」)。鏡島博士もまた、ほぼこれに同意され、三百則はその手控えであるという見解をとっておられる(「道元禅師の引用経典・語録の研究」)。

しかし、私はこのたび、正法眼蔵本文読解のためにその典拠となった本文を調べているうちに、次のようなことに気がついた。

正法眼蔵の中に出てくる語の中で、典拠を求めると、実に頻繁に三百則の中に取り入れられた古則公按に一致するものが見出される。むしろ三百則の各則が頭に入っていると、正法眼蔵の片言隻語が何を語りかけているか、意味が明らかに呑み込めてくるのである。

三百則は嘉禎乙未(一二三五)の序がある。この前年には懐弉の参随がある。帰朝後数年を経て、ようやく叢林の形が整ってきた時である。いよいよ宋土の仏法をこの国の人々のために説く時が来た。その場合、中国の祖師たちの悟道の機縁は、必要最低限の知識であった。それを祖録の中から書き集めて弟子の参考にしたのがこの三百則であったのではなかろうか。

「正法眼蔵随聞記」には、「学人初心ノ時、道心有テモ無クテモ、経論・聖教等ヨク〳〵見ルベク学ブベシ」（五ノ七）と言われ、また、「無智ノ道心、始終退スル事多シ。智恵有ル人、無道心ナレドモ、ツヒニ道心ヲオコス也。当世現証是多シ」（六ノ五）とも言っている。

このように、書物を読むことをすすめても、現代とは異なり、書物は、皆が皆持つことは望むべくもない。むしろ書物は貴族階級のものであった。そこで伝燈録とか聯燈会要とかを、めいめい持つかわりに、このような百則ずつの古則公按集を示され、門下の人々に力に応じて読んだり写したりすることを勧められたのではなかろうか。道元禅師の方はその下地のあることを承知の上で、正法眼蔵の中で、片言隻句に縦横に言及し得たと考えてみることもできよう。

今、仮名正法眼蔵の本文と三百則との関係を、さらに細かに検討することは他日に譲るほかはない。ただここでは、三百則のうち、特に中巻の本文が、正法眼蔵の引用漢文と極めてよく一致することを述べ、三百則が道元禅師の初期叢林において重要な役割をもっていたところから、正法眼蔵読解のためには、必読の書と考えた方がよいということを述べておきたい。このたびの渉典に、まずいわゆる「正法眼蔵三百則」の巻と本則番号とをあげ、次にその典拠となった書名をあげたのは、以上のような考えにもとづくものである。

また、この渉典はどこまでも読解を助けるためであるので、原典との細かい異同を一々あげることはしなかった。

日本思想大系 12
道元　上

1970 年 5 月25日　第 1 刷発行
1989 年 6 月 5 日　第16刷発行
1990 年12月 7 日　新装版第 1 刷発行
1991 年 6 月20日　新装版第 2 刷発行
2017 年 5 月10日　オンデマンド版発行

校注者　寺田《てらだ》　透《とおる》　水野《みずの》弥穂子《やおこ》

発行者　岡本　厚

発行所　株式会社　岩波書店
〒101-8002　東京都千代田区一ツ橋 2-5-5
電話案内　03-5210-4000
http://www.iwanami.co.jp/

印刷／製本・法令印刷

ISBN 978-4-00-730602-0　Printed in Japan